탈구된 중국

Dislocating China: Muslims, Minorities,
and Other Subaltern Subjects by Dru C. Gladney
© 2003 by Dru C. Gladney
All rights reserved

Korean translation edition © 2025 by Sanzini
Published by arrangement with Hurst Publishers
Through Bestun Korea Agency
All rights reserved

이 책의 한국어 판권은 베스툰 코리아 에이전시를 통하여
저작권자와 독점 계약한 산지니출판그룹에 있습니다.
저작권법에 의해 한국 내에서 보호를 받는 저작물이므로
어떠한 형태로든 무단 전재와 무단 복제를 금합니다.

탈구된 중국

무슬림, 소수민족, 서발턴 주체들에 관한 성찰
Dislocating China

드루 글래드니 지음
문우종 옮김

산지니

서문

이 책은 내가 1991년에 출간한 『중국 무슬림: 중화인민공화국의 민족주의』의 후속작이다. 프라센짓 두아라(Prasenjit Duara)가 1992년 서평에서 언급했듯, 나는 이 책을 통해 '중국 연구를 변방에서부터 내부로 재구성'하고자 했다. 표면적으로 후이족에 관한 이 책은 중국과 중국성(Chineseness)이 일반적으로 이해되는 방식, 즉 '핵심' 문화라는 주류 전통에 특권을 부여하고 그 본질적 핵심에 맞지 않는 사람이나 사물을 주변화하는 경향에 도전하려는 시도이다. 중국 무슬림인 후이족은 중국 사회의 불가결한 부분인 동시에 중국 사회에 대한 우리의 많은 가정에 도전적일 수 있음을 보여주었다. 그럼에도 불구하고 바로 이러한 이유로 후이족을 비롯한 다른 소수민족들은 서구 학계에서 대체로 간과되어왔다.

1987년 내가 박사 논문을 마친 이후 중국의 민족성과 소수민족에 관한 출판물, 컨퍼런스, 연구 프로젝트가 급증하고 있는 것은 사실이다. 그러나 나는 여전히 이러한 연구의 상당수가 소수민족 사회에 관한 이전의 모습을 되풀이하고 있다는 우려를 지울 수가 없다. 실제로 '소수민족' 또는 '주변부 연구'라는 용어 자체가 다수/소수, 중심/주변, 원시/근대라는 이분법을 근간으로 중국에 대한 이해를 수용하고 있음을 시사하는 것이다. 이 책은 이러한 지배적인 관점을 뒤엎으면서 중국학은 물론이고 중국 그 자체에 진지한 탈구적(dislocating) 시도가 필요함을 제시하고자 한다. 또한 남아시아 학계의 서발턴 연구와 문화비평 연구를 기반으로 우리는 왜 아직까지 정체성, 민족성, 국민성에 대한 연구를 중국에 대한 이해의 중심에 두려 하지 않는지 질문한다.

이 책을 쓰게 된 계기는 연례 아시아 연구회에서의 비공식적인 '중국 인류학자' 금요일 저녁 모임에서 있었던 격렬한 대화에서 비롯되었다. 나는 학계에서 저명한 중국 인류학자들 사이에 앉아 있었는데, 토론의 주제가 민족(minzu)으로서의 한족에 대한 주제로 이어지고 있었다. 나는 중국 문화와 문명화가 오랜 역사와 연속성(심각한 불연속성 및 단절과 함께)을 지니고 있지만, 민족으로서의 한족은 19세기 후반 일본을 통해 중국으로 유입된 민족주의의 20세기 담론의 구성물이라고 넌지시 언급했다. 외국에서 파생된 민족주의 담론은 더 나아가 사람, 인민, 장소, 가족, 씨족, 지역과 같은 중국 고유의 정체성 개념들을 대체하고 뒤섞었다.

한 인류학자는 내 의견에 격분해서 테이블 반대편으로 자리를 옮기기까지 했다. 나는 "한족은 명백히 하나의 민족이며, 그 앞길에 있는 누구든 깔아뭉갤 수 있는 강력한 존재다!"라는 그의 외침을 결코 잊을 수 없다. 이에 또 다른 선배 학자 역시 강력하게 동의했고, 조금은 덜 소란스럽게 중국은 역사적으로 문화적, 사회적 통일성을 지닌 구조적으로나 사회적으로 통합된 사회라고 강조했다. 중국에서 현지조사를 마치고 최근에 돌아온 젊은 인류학자들은 반대편 테이블에 조용히 앉아 있었다. 나중에서야 그들 중 한 명이 내게 다가와 "내가 도와주고 싶었지만 끼어들 방법이 없었다"고 말했다.

민족으로서의 한족의 의미에 대한 불일치가 이토록 격렬한 이유가 무엇일까? 나는 1992년 2월 취안저우에서 열린 해상 실크로드에 관한 유네스코 후원 컨퍼런스에서 논문을 발표했을 때도 이 문제의 중요성을 다시 한번 실감했다. (나는 이븐 바투타[Ibn Battutah]가 자이툰[Zaytun]으로 불렀고 폴로의 저서에서는 세계에서 가장 큰 항구로 묘사된 취안저우 항구의 다문화적 특성에 관해 중국 및 해외 학자들이 모인 공개

모임에서 발표했다. 남송[12~13세기] 이후 이 지역에 거주한 많은 외국인들의 족보 기록을 활용했으며, 이에는 남송과 이후 몽골 원나라[13~14세기]의 무슬림 항구 관리자 푸 쇼우겅[Pu Shougeng]도 포함되었다. 이 시기의 한족 분류는 구체적으로 남방인은 제외되고 모든 북방인과 조선족까지 포함되도록 원나라 행정부에 의해 제정되었다. 즉, 나는 오늘날 한족으로 알려진 사람들은 문화적 혹은 민족적 통일성이 아니라 중국 시민권이나 거주권의 개념으로 간주되어야 한다고 제안했다.) 내가 이런 생각을 발표하자 한 여성 사회과학자가 불쑥 일어나서 말 그대로 눈물을 흘리며 선언하듯 "나는 한족이다. 나는 한족일 뿐이다!"라고 말했다. 이런 격앙된 반응은 내가 예전에 푸저우 거리에서 만났던 하카족(Hakka) 교사가 나에게 "비록 우리는 스스로를 하카어로 당족이라 부르지만, 우리는 한족의 일원이다. 하카족은 낙후된 소수민족이 아니다"라고 외쳤던 것과 사실상 동일했다.

1990년 후반에 기록적일 만큼의 민족 재분류가 있었음에도(2장 참조) 소수민족이 된다는 것을 대부분의 한족이 원하지 않는다는 것은 분명하다. 그런데 왜 서구의 학자들도 마찬가지로 이에 동조하고 있는 것일까? 이는 아마도 자신들의 중국에 대한 인식이 그러한 생각에 의해 대체되거나, 탈구되거나, 또는 의문이 제기될 수 있기 때문일 것이다. 남아시아의 학자들이 (근본적으로 철학적이며 텍스트 기반 전통에 대한 강한 신념에도 불구하고) 인도의 동질성 개념에 집착한다거나 무슬림, 기독교인 또는 다른 소수자들에 대한 연구를 인도 사회의 이해와 관련이 적다고 폄하할 것이라 상상하는 것은 쉽지 않다. 인도에서는 서발턴 연구자들이 큰 영향을 미친 반면(Duara 1995:6 참조), 중국에서는 이와 유사한 움직임이 거의 발생하지 않았다는 것으로 중국의 이질성에 대한 인정과 관용의 의미를 고려해야 할 것이다. 서발턴 연구 동향에는 다양한 그룹의 남아시아 학자들이 합류했는데, 인도 사회의 탈식민주의 연구 저작에 함께 힘써온 가야트리 차크라보티 스피박, 라나짓 구하, 디페시 차크라바티, 파르타 채터지, 호미 바바, 지넨드라 판데이, 샤히드 아민, 아킬 굽타 등이 있다. 1988년 라나짓 구하가 편집한 구하와 스피박의 모음집 서문에서 에드워드 사이드가 언급했듯이, 1982년 발간된 『서발턴 연구: 남아시의 역사와 사회에 관한 저작들』 1부에는 "지금까지 인도 역사는 식민주의자와 엘리트주의자의 관점에서 기록되어왔지만, 실제로 인도 역사의 대부분은 서발턴 계급에 의해 만들어져왔다. 즉, 새로운 역사 기술이 필요하다"(Said 1988:v)는 주장이 담겨 있다.

중국에서는 본격적인 '서발턴 연구'가 아직 나타나지 않았다. 특히 해외에 거주하는 중국 지식인들의 반체제 및 여성 문학이 증가하고는 있으나, 소수민족 또는 차별받거나 소외된 집단들의 시각을 담은 글들은 거의 없는 상황이다. 그나마 지금까지 거의 들리지 않았던 여성학 및 중국 사회의 여성에 관한 연구가 그 목소리를 내기 시작했다(Honig and Hershatter 1988 참조). 이러한 연구들은 지금까지 억압되거나 무시되어왔던 다양한 시각으로 중국 사회를 보기 시작했다. 『중국을 낳다』(Gilmartin et al. 1994) 선집은 젠더의 문화적 구성이 그 사회에서 젠더화된 주체들이 어떻게 행동하는지뿐 아니라 우리가 그들을 보는 방식에도 영향을 미친다는 것을 보여주면서, 중국 사회에 대한 다양한 관점을 열어주었다. 레이 초우(Chow 1990)는 중국 자체가 서구에 대해 젠더화된 여성적 타자가 되었으며, 이로써 중국 사회 내부의 젠더 차이와 정교화에 대한 관심이 결여되었다고 주장했다. 다시 말하면, '여성' 또는 '단일 문화로서의 한족'이라는 중국의 동질성이 매우 다양한 서발턴의 목소리를 침묵시켜왔던 것이다.

굿맨과 시걸의 『중국 해체』(Goodman and Segal 1994)라는 선집

에서도 중국 사회의 획일적 모델이 어떻게 무너지고 있는가를 지적했다. 하지만 책의 어느 장에서도 중국 사회의 파편화에 사로잡힌 사람들과 서발턴 주체들의 목소리는 나오지 않았다. 이전의 초기 연구들은 물론이고 이 선집 또한 '지역주의' 개념을 활용하며 중국의 장기적인 사회, 문화, 정치적 다양성을 경시하는 중심/주변 모델에 계속 의존하고 있었다. 다시 말하면, 서발턴은 언제나 주변부, 하위 지역 또는 '하위 민족'의 위치에 처해지면서, 그들의 언어를 통해서 이해될 만큼 독자적인 역사와 문화적 기억을 가진 서발턴의 목소리를 반영하는 연구는 거의 없었던 것이다.

물론, 중국의 정치 현실로 인해 비판적 학문이 대체로 중국 외부에서 생산되고 있으며, 중국 내의 서발턴 운동도 아직 일어나지 못하고 있다. 또한 남아시아 학계의 소위 서발턴 연구자들은 대부분 식민주의와 서구 및 엘리트 교육 시스템의 혜택을 받은 계층이라는 것도 인식해야 한다. 그럼에도 불구하고 이 학자 그룹은 소수 집단, 하층민, 기타 주변부 공동체와 같은 주체와 주체성에 관한 글을 쓰면서 탈식민주의 및 탈오리엔탈리즘 학문을 개시했고 인도 연구를 재고하도록 강력히 밀고 나갔다. 마찬가지로 나는 그들이 제시한 집단들과 질문들에 집중하면서 중국 연구에서도 서발턴 비평을 진척시킬 수 있기를 희망한다. 이 연구에서 '서발턴 주체들'은 어느 정도 덜 정통적이며, 더 주변적이고, 더 나아가서는 중국의 핵심 선통에서 제거되기까지 하는 집단, 개인, 주체성을 의미한다.

아마도 요점을 더 파고든다면, 한족의 이질성 개념을 발전시키지 않으려는 것은 대만의 하카족이나 동남아시아의 푸젠성 사람들 사이에서 수행된 현장 연구의 일반화 작업에 의문을 제기하는 것을 꺼리기 때문일 수 있다(Gladney 1996a:107-11 참조). 1980년대까지 중국 사회에 대한 서구 연구의 대부분은 서구의 (탈)식민 영향 및 지배하에 있던 지역(대만, 홍콩, 동남아시아 일부)에서 수행되어 왔다. 실제로 아시아 연구 컨퍼런스의 저녁 식사 자리에서 나에게 반박했던 중국 인류학자들 대부분은 '중국 본토' 이외의 지역에서 '중국 문화'에 대한 연구를 바탕으로 인류학 경력을 쌓아왔다. 그러한 연구들과 미국과 영국의 연구비 지원 기관들은 중국인들은 모두 동일하다는 사고를 바탕으로 태국과 대만에서의 중국 문화 연구가 중국 본토에서의 중국 문화 이해와 유사할 것이라는 것을 입증하는 것을 중요시했다. 이 연구들은 '중국'이 의미하는 것이 무엇인지, 또는 어떤 본질적인 특성에 대한 언급조차 없이 왜 중국 본토 외부의 사람들이 본토의 주변부에 있는 사람들만큼 동일하게 중국인으로 간주되어야 하는지에 대한 질문을 거의 하지 않았다. 모리스 프리드만은 1969년 '왜 중국인가?'(Skinner 1979:407-24 인용)라는 강연에서 이 질문을 제기한 몇 안 되는 중국 인류학자 중 한 명이었다. 하지만 그 이후의 학자들은 안타깝게도 중국성의 본질을 중국 안팎의 다양하고 지역화된 맥락에서 보기보다는 혈통, 가족, 종교와 같은 구체화된 특성과 자질에서만 찾으려고 시도했다.

최근까지도 한족의 문화적, 인종적 동일성에 대한 신화는 지속되어왔다. 브루킹스 연구소의 저명한 중국 경제학자인 니콜라스 라디는 왜 중국이 소비에트 연방과 달리 해체되지 않을 것인지에 대해 다음과 같이 주장했다. "중국이 자치구 및 준자치구로 분해될 가능성을 완전히 배제할 수는 없겠지만, 몇 가지 이유로 그럴 가능성은 낮아 보인다. 무엇보다 중국은 소련과 유고슬라비아의 해체에 주요하게 작용했던 역사, 종교, 인종 등의 각종 차이로 나누어지지 않기 때문이다. 중국은 한족이 압도적으로 많이 거주하고 있는 국가이다"(Lardy 1994:25).

나는 라디가 중국의 경제 통합을 위한 중앙 계획의 장기적인 기여도를 강조하는 측면이 있지만, 경제학자가 현재 및 미래의 지정학적 현실에 대해 문화적이며 심지어 인종차별적인 설명을 내놓는다는 것에 놀라움을 느꼈다. '인종적' 유사성을 인정한다고 하더라도, 그것은 분명히 한국이나 예멘은 물론이고 동유럽의 여러 국가들이 분열되는 것을 막지 못했다. 결국 라디가 강조하는 인종적 동질성은 헌팅턴(1993b)의 '문명적' 동질성과 크게 다르지 않은 것이었다(6장에서 비판적으로 평가됨). 현대 사회이론가들이 문화적, 문명적, 인종적 동질성을 연속성에 필수적인 것으로 간주하게 된 동력은 무엇일까? 학자들과 정치인들이 역사, 문화, 사회조직에 대해 생각하는 방식을 결정하는 근대 민족국가의 영향력 때문인가? 우리는 소련 학자들이 거대한 러시아제국의 해체에 대해 동일하게 비관적이었지만 인종차별적 설명을 제시하지는 않았다는 것도 알아야 한다.

    (내가 보아왔던 중국 역사를 라디도 동일하게 읽었는지 의아스럽지만) 분명히 이 책은 중국이 곧 붕괴하거나 이후에 그럴 것이라고 주장하는 것이 아니다. 중국이 앞으로도 계속 함께할 것이라고 믿는 이유와 이에 대해 다양한 민족, 지역, 개인들이 어떤 관련을 맺고 있으며 무엇을 말할 수 있는지에 대해 의문을 제기할 것이다.

2003년 7월
드루 글래드니

Contents

서문   5

1장   서론: 현대 중국에서 문화의 위치와 문화의 탈구   18

1부 승인

2장   **현대 중국의 문화민족주의**   26
     중국의 민족 정체성   26
     민족 정체성의 정치   29
     한족 민족주의의 정치   35
     민족 분리주의의 정치   39
     인구 정치학: 1990년대 '커밍아웃'   43
     '비공식적' 민족성의 정치   46
     중국의 해체?   50

3장   **중국 매핑(mapping)**   53
     국가 매핑, 민족 매핑   53
     경로 의존성: 민족주의의 파생 담론들   54
     폴리네시아 문화센터: 원시 경로?   57
     혼재된 미디어, 모호한 장르, 그리고 파생 담론들   61
     중화민족문화공원 매핑   67
     경로 의존성과 테마파크의 유혹   77
     암호화된 경로, 해제된 경로   78
     경로 의존성의 타파   81

2부 재현

4장 정체성 만들기, 정체성 표식과 마케팅   **84**
    정체성의 재현   84
    타자로서의 소수민족 전시와 상품화   88
    한족의 본질화   93
    한족의 근대성과 원시성의 구성   94
    중국 소수민족의 이국화와 에로틱화   100
    소수민족 그리기: 윈난학파(Yunnan School)의 창조   106
    중국 영화의 중심을 주변화하기   113
    경쟁하고 협력하는 타자성: 무슬림의 에로틱화   117
    소수자이자 타자로서의 여성   121

5장 영화와 국가   **126**
    제5세대   126
    영화 〈말도둑(Horse Thief)〉과 비평가들   129
    소수민족의 재현   131
    소수민족 영화의 배경   134
    경계 없는 횡단: 중국 영화에서의 이국화   135
    〈말도둑〉에서 소수민족의 재현   138
    주류 어젠다와 소수민족   140

3부 민속화

6장 얽힌 문명들   **144**
    중국에서 헌팅턴의 '문화충돌'   144
    혼종성의 창조: 인간과 후이족의 기원   149
    혼종성의 정당화: 황실의 승인   155

| 혼종성의 유지: 결혼과 민족 혼합 | 160 |
| 어중간한 사이에서 | 168 |

7장 현지화와 초국적 순례 — 172
- 후이족의 정의 — 172
- 사적묘와 국제적 명성 — 173
- 수피(Sufi)묘와 초국적 네트워크 — 179
- 지역묘와 공동의 이익 — 195
- 지역의 공베이와 민속 — 201
- 묘지와 후이족의 전래 전통 — 206

4부 민족화

8장 대화형 정체성 — 210
- 민족적 대화 — 210
- 불가사의한 후이족: 민족 집단으로의 탐색 — 212
- 북서부의 수피 공동체 — 214
- 베이징 니우지에(Oxen Street)의 후이족 공동체 — 215
- 남동해안 지역의 후이족 공동체 — 216
- 중국 소수민족 지역의 후이족 공동체 — 217
- 후이족 정체성과 국가의 인정 — 218
- 민족성과 민족국가 — 220
- 민족 정체성의 대화적 특성 — 222
- 무슬림 소수민족의 형성: 회교에서 후이족으로 — 224
- 명칭(labels)의 사회적 삶 — 230
- 후이족 정체성의 지역적 표현 — 232
- 범후이족(pan-Hui) 정체성의 부상 — 234
- 국가의 정의, 소수민족 정체성, 그리고 한족 민족주의 — 235
- 민족성의 대화와 경합 — 240

9장 관계적 타자성   **244**

    '부족'의 재등장   244

    세 가족, 세 '국가'   251

    중국 무슬림: 혼종성 만들기   258

    관계적 타자성과 상반되는 정체성   260

    위구르족: 장소의 토착성, 공간과 국가의 인정   265

    카자흐족: 유목민의 향수와 계보의 힘   269

    과도하게 구조화된 정체성의 해제   275

    관계적 타자성   277

5부 토착화

10장 민족 형성인가, 민족 학살인가?   **282**

    위구르족: 과거와 현재   282

    민족 형성과 민족국가   286

    위구르족의 민족 형성   288

    20세기 중국의 팽창과 위구르족 정체성   295

    근대 위구르족 정체성과 신장의 통합   300

    위구르족 정체성과 중화 민족국가   308

11장 사이버 분리주의   **311**

    위구르족 정체성의 재구성   311

    위구르족의 초국적화: 살만 루슈디(Salman Rushdie)와 유라시아 횡단철도   313

    이슬람화와 중국의 지정학   318

    사이버 분리주의: 위구르족 저항의 가상 목소리   323

    논쟁적인 타자성   346

6부 사회화

12장 중국의 타자 교육하기   **350**
    무슬림 만들기   350
    교육과 중국의 문명화 사명   352
    소수민족 국적자로서의 무슬림 재현   355
    무슬림의 자기 재현   357
    중국의 무슬림 교육   358
    1949년 이후 중국의 무슬림 교육   361
    젠더 격차: 무슬림 남성/여성의 교육 차이   368
    이슬람 교육의 부상과 중국 교육에 미치는 영향   371
    중국에서 이슬람 지식에 관한 공적, 사적 담론   375

13장 번영에 관한 서발턴의 시각   **377**
    휴대폰과 무선호출기: 후이족에게 온 자본주의   377
    무슬림 민족과 중국   380
    북서부 수피 공동체의 민속종교 부활   385
    푸젠성 후이족의 경제 번영과 민족의 재창조   392
    후이족의 번영에 관한 성찰   396
    사회주의 중국의 한족 자본주의   399
    한족과 후이족의 시장 관점: 대조적인 도덕성   411

7부 정치화

14장 걸프전과 난민들   **416**
    중국과 중동   416
    초국적 이슬람과 중국에서의 무슬림 국가 정체성   419
    이슬람 운동과 부흥운동   424
    1차 걸프전과 중국의 무슬림: 경계선   428

상호 철수와 '평화적 해결'	431
여러 주인이 지배하는 식민주의	435
하지만 양고기 가격은?	437
이라크 전쟁: 이슬람과의 전쟁인가?	440
열린 문, 조심스러운 표정	444

15장 신체적 위치, 사회적 기질   **446**

천안문의 이미지들	446
천안문 진혼곡	451
신체적 효능과 〈엘레지 강〉	457
신체적 기질과 천안문	462
공적 영역의 신체적 점거	474

16장 결론   **477**

9/11 이후의 중국	477
중국 지리체(geo-body)에 대한 서발턴의 관점	479
중국 민족주의와 서발턴의 함의	481
서발턴 분리주의와 중국의 대응	482
중국의 내부 식민주의 확대	485

역자 후기	487
참고문헌	492
찾아보기	533

1장
서론: 현대 중국에서 문화의 위치와 문화의 탈구

호미 바바는 문화를 어떤 본질적인 핵심 특질에 두는 것이 아니라 권력, 계급, 사회적 차이의 연계 속에서 주변부 또는 추정된 진정성의 경계에 둘 것을 요청했다. 이 책은 그의 요청에 따라 중국과 중국 문화를 불변하고 연속적이며 이미 결정된, 어떤 본질적인 '중국성'에 두지 않는다. 오히려 광범위하고 다양한 사회적 역사와 현대의 다문화적 복잡성 속에서 중국 문화를 이해하려 하며, 중국 및 중국성에 대한 우리의 관념에 일반적으로 부합하지 않은 경계적 타자, 서발턴 주체들을 통해 중국을 알고자 한다. 바바는 이와 관련해 다음과 같이 상세히 기록했다.

국가성(nationness), 공동체 이익 및 문화적 가치에 대한 상호주관적인 집단 경험은 서로 다른 영역이 중첩되고 전위되며 발생한 틈새에서 협상된다. 그러면 주체들은 어떤 방식으로 다름의 '사이에서' 또는 다름을 넘어서며 차이 나는 '부분들'의 합을 형성하는 것일까? 박탈과 차별의 역사를 공유하는 공동체들이 가치와 의미, 우선순위의 교환에서 항상 대화하거나 협력하지 않고 오히려 심각하게 적대적이고 갈등하며 심지어 일말의 공통성도 보이지 않는 경쟁적 상황에서 어떻게 대표성이나 권한부여의 전략이 공식화될 수 있는 것인가? … 고정된 정체성 사이의 이런 간극적 통로는 가정되거나 부과된 위계 없이도 즐길 수 있는 문화적 혼종성의 가능성을 열어준다. … 점점 더 '국가적' 문화가 권리를 박탈당한 소수민족의 관점에서 생산되고 있다. (Bhabha 1994:2-6)

이 책은 권리를 박탈당한 집단이나 다른 서발턴 주체들(무슬림, 소수민족, 학생들, 젠더화된 타자들 등)을 통해 중국의 맥락에서 '국가성'과 중국성에 대한 이해를 어떻게 확장시킬 수 있을 것인지를 탐색한다. 인종화가 소위 주변부 민족의 희생을 통해 중국 문화의 동질화를 추구한다(Dikötter 1997 참조)는 것은 이 책 서문에서 언급한 라디(Lardy 1994:25)의 논의에서도 확인할 수 있었다. 또 다른 이들은 중국의 '국가 정체성 추구'를 다양한 본질화의 용어들로 (재)정의하려 했는데, 유교 또는 신유교(일본과 '네 마리 용'의 동아시아 경제의 급속한 산업적 성공을 이끈 것이 유교문화라는 정치경제학계의 최근 진단), 언어와 문자(중국어를 말하고 읽으면 중국인이라는 통념), 한족의 정주 농업(소수민족의 유목생활에 대비, Fei Xiaotong 1989 참조), 중화인민공화국에 의해 점유된 지리물리적 공간(Zhongguo, 중국 영토를 중심으로 하는 왕국, Thierry 1989 참조), 또는 범중화적 황인종이라는 생물유전학적이며 신인종주의적 개념(수샤오캉의 1989년 TV 시리즈 〈엘레지 강〉) 등이 있다. 중국의 다문화적 역사(Hershatter et al. 1996 참조)를 이해하기 위한 더 유익한 접근법이라고 내가 생각하는 것은 '지리체(geo-body)'(Winichakul 1994)의 외부와 내부 경계에서 중국을 이해하려고 하는 것이다. 누가 순수한 중국인으로 간주되는지, 누가 '혼혈'인지 또는 중국인의 본질에 부합하지 않는지를 면밀히 검토해야만 우리는 중국 사회와 문화의 역동성을 이해하기 시작할 것이다.

물론 바바의 '간극적' 접근법을 호출함으로 인해 양 끝단에 있는 것으로 추정되는 무언가를 본질화하는 문제에 빠질 수 있다는 점에 유의해야 한다. 로버트 영(Young 1995)이 '혼종성'의 개념을 그것이 비판적으로 평가하려는 인종차별적 개념을 전제로 한다고 비판했던 것처럼(순수한 유전자 풀로 추정되는 것이 없다면 생물유전학에서 '혼종'의 개념이 존재할 수 없기 때문), 이 책이 다루는 주체들이 서발턴 혹은 경계적이라고 하는 전제는 그 반대의 '순수한' 주류의 관념을 지지하는 측면도 생기는 것이다. 나에게는 중국의 '문명화 사명'(Harrel 1995)에 관한 연구가 '주변부' 민족의 문명화 사명을 비판하는 동시에 중국의 핵심 문명화를 제기하는 것과 같은 동일한 맥락의 위험성을 지니는 것으로 보인다. 사실 중국연구에서 핵심/주변 또는 중심/변경이라는 정신적 경향을 넘어서기는 어려울 수도 있다. 이것이 아마도 중국이 '중원왕조(Central Kingdom)'로 번역되는 이유일 것이다. 하지만 이 용어는 많은 동등한 왕조 또는 국가들 중의 하나만을 지칭하는 것이며, 다른 상대와의 관계 속에서만 의미를 지닌다는 것을 기억해야 한다(11장 참조). 또한 중국의 가장 거대한 팽창이 소위 주변부의 왕조에 의해 정복당했을 때 이루어졌다는 것이 자주 잊히기도 한다.

이 책이 서발턴 연구와 유럽 중심적인 아시아 타자 구성에 대한 에드워드 사이드의 비판을 인정하는 탈오리엔탈리즘 연구와 같은 탈식민주의 연구에 영향을 받기는 했지만, 서구에 의해 완전히 식민화된 적은 없는 중국은 이러한 접근법의 영향을 덜 받아왔다. 다소 어색하고 억지스럽지만 탈식민지 연구에 동조하기 위해 애쓰는 여러 학자들은 중국을 '반식민지' 국가로 말하기 시작했다. 이러한 시도는 중국 역사를 서구의 비판적 경향에 끼워 맞추려는 부당한 처사이며, 가장 심각한 푸코적 방식으로 억압, 탄압, 통치당하지는 않았지만 스스로를 식민화되었다고 생각하는 중국 구성원들에게 훨씬 더 부당하다고 나는 생각한다. 이 책에서 나는 마이클 헥터(Michael Hechter)의 내부 식민주의 이론을 참고로 이 프로세스를 설명할 것이다. 중국의 많은 서발턴 주체들에게 그들의 식민 경험에서 '반(semi)'이라는 것은 존재하지 않는다.

2장에서 나는 중국의 문화적, 민족적 국가주의의 일반적인 배경을 검토한다. 코사쿠 요시노(Kosaku Yoshino 1995)의 일본의 문화민족주의에 대한 심도 깊은 연구를 참고하여 중국 문화 분류의 윤곽을 살펴본다. 예를 들어, 하카족, 광둥민족, 쑤베이족 등 훨씬 많은 인구와 영향력 있는 역사를 가진 집단이 소수민족으로 인정받지 못한 반면, 와족, 세족, 허저족과 같은 집단은 어떻게 인정받게 되었을까? 왜 일부 집단은 소수민족으로 분류되기를 원하지 않는 것일까? 또 한편으로 주로 민족 상태의 재분류에 의한 것이나 소수민족 인구가 주류민족에 비해 3배나 빠르게 증가하는 것에서 볼 수 있듯이 21세기 중국에서 소수민족으로 인정받는 것이 점차 더 바람직한 것으로 여겨지는 이유에 대해서도 분석할 것이다. 중국에서 이런 종류의 문화민족주의가 더 거대한 중국 민족주의를 향한 국가적 추세에 영향을 미칠 수 있을 것으로 보인다.

3장은 이러한 민족주의가 중국에서 어떻게 매핑되고 전시되는지 검토한다. 통차이 위니차쿨(Thongchai Winichakul 1994)의 태국의 지리체에 대한 탁월한 분석을 바탕으로 중국의 문화적 지형의 많은 부분이 박물관의 확장, 민족 예술품의 판매 증가, 대중 테마파크의 증가와 함께 매핑되고 있다고 주장한다. 나는 파르타 채터지(Partha Chatterjee)의 파생 담론 개념을 활용하여 베이징의 한 테마파크가 몰몬교가 소유하고 운영하는 하와이의 폴리네시아 문화센터에 직접적인 기반을 두고 있다는 것을 보여준다. 이는 4장으로 이어지는데, 여기서 나는 주류/소수의 대상화가 주류 근대성을 확립하기 위해 소수민족의 원시성 개념을 구체화시키고 중국의 공공 영역에서의 상품화로 나타난다고 주장한다. 다음 장에서는 티엔좡좡의 영화 〈말도둑〉을 중심으로 현대 중국 영화계의 5세대 영화에 나타나는 소수민족이 타자화되는 방식을 분석한다. 흥미롭게도 이 영화는 무슬림 후이족 작가인 장청즈의 소설을 원작으로 하면서도 영화에서 이국화되고 귀화된 존재인 서발턴 주체는 티베트인이며 무슬림이 훨씬 덜 우호적으로 그려진 것으로 여겨진다.

6장에서는 중국과 이슬람 문화의 혼재를 다루며 이러한 혼종성이 널리 파급된 새뮤얼 헌팅턴의 '문명의 충돌' 이론에 완벽한 반박이 된다고 주장한다. 중국에서 무슬림과 비무슬림이 충돌한 역사는 분명히 존재하지만, 중국 이슬람의 1200년 역사에서 두 집단 간의 다툼보다는 내부의 다툼이 더 자주 있었고, 두 집단은 서로 결혼하기도 하고 개종도 했으며 평화롭게 섞여 살아왔다. 7장에서는 메카에 대한 무슬림의 지향성과 세계화 및 초국화의 강력한 힘이 역설적으로 특정 종류의 지역화를 이끌었다고 주장한다. 초국적 상호작용과 디아스포라의 흐름 속에서 지역화를 보아야 한다는 아르준 아파두라이의 제안을 따라 후이족 무슬림이 현지에 뿌리내리는 과정을 보고 그들을 더 넓은 국가 및 초국가적 무슬림 세계와 연결시키면서 묘지와 주변 민속의 역할을 살펴본다.

4부에서는 정체성, 민족성, 국적에 관한 본질적이고 정적인 이론이 동시적 자아와 고도로 정치화된 정체성의 상반된 이동을 설명하지 못한다는 점을 제안하면서 무슬림 혼종성의 모순적 특성을 논의한다. 나는 인종/민족/국가의 생물유전학적 메타포 대신 변화하는 케이블 채널과 제어된 통신 신호가 근대 민족국가에서 변화하면서도 규제되는 정체성을 이해하는 데 더욱 효과적인 수단이라는 것을 제안한다.

정체성을 전달하는 채널을 결정하는 국가의 역할과 국가가 정의하는 역사에 대한 지역의 저항은 '토착화'라는 제목의 다음 파트에서 다룬다. 여기에서 나는 땅과 역사, 그리고 이슬람에 대한 위구르족의 관념을 억제하고 이를 유지하려는 사람들을 억압하려는 국가의 여러 시도에도 불구하고, 그러한 관념을 형성하는 토착성의 역할을 검토한다. 11장은 위구르족에 대한 국가의 '국민화' 작업이 중국 내 튀르크계 이민자들의 정치적 관련성을 증대시키는 '사이버 분리주의' 운동을 조장했다는 것을 보여준다. 다음 '사회화' 파트에서는 중국의 서발턴들을 정해진 경로에 따라 교육하고 동화시키려는 중앙집권적 교육시스템에도 불구하고 지식 전달의 다른 전통이 그들의 지식과 역사를 평행하게 유지하려 한다는 것을 주장한다. 특히 '번영'에 관한 글에서 무슬림의 부에 대한 개념이 중국인의 개념과 유사하게 보이기도 하지만, 중상주의와 계급 위계에 대한 중국의 의혹에 억눌리지 않았음을 시사한다.

마지막 두 장으로 구성된 7부 '정치화' 파트는 1991년과 2003년 걸프전과 냉전 종식기에 발생한 천안문 광장의 학생 학살 사건에 대한 서발턴 주체들의 반응에 대해 분석한다. 두 경우에서 서발턴 그룹들은 모두 자신들보다 큰 세계적 사건에 휘말렸고, 그들의 다양한 반응은 압도적인 국가적 대응에 부딪혔다. 동시에 고도로 정치화된 이 사건들은 중국의 서발턴들이 더 이상 세계와 미디어로부터 단절되지 않았으며, 중국의 그들에 대한 대응을 외부 세계가 더 이상 간과하지 않고 있다는 것을 보여주었다. 다소 모순된 무슬림의 걸프전에 대한 반응과 베이징 심장부에서의 학생 시위라는 두 사건은 매우 다른 방식이지만 마오쩌둥 주석이 주창한 농민대

중처럼 맞서 일어섰다는 것을 나타낸다. 그리고 이제 전 세계가 이를 지켜보고 있는 것이다.

　이 책에서 제기되는 이슈들은 중국학 연구에서 거의 다루어지지 않았지만, 우리가 중국에 대해 가지고 있던 지배적인 관점에 도전적인 것들이다. 물론 이 책이 중국 서발턴의 목소리를 대변하지는 못하겠지만, 중국 사회의 틈새에서 그들이 목소리를 낼 수 있는 공간을 창출해내기를 희망한다.

1부

승인

2장
현대 중국의 문화민족주의

중국의 민족 정체성

중국은 다양한 문화와 민족이 공존하는 민족국가이며 산재한 인구 간의 문화적, 지리적, 언어적 이질성이 매우 크다. 그러나 중국은 일반적으로 다민족 국가라기보다는 국경지역의 큰 의미 없는 소수민족과 주류 인구집단인 한족을 위주로 구성된 국가로 여겨진다.[1] 중국에 대한 논의는 일반적으로 중국의 문화적 단일성을 당연시하고 종종 동질적인 민족국가로 묘사한다. 이 장은 중국과 그 인구집단에 대한 기존의 개념화에 이의를 제기한다. 나는 '공식적인' 소수민족 사이에 엄청난 민족적 다양성이 있으며 중국의 주류 인구집단인 한족 내에도 동일하게 중요한 문화적 차이가 존재한다고 주장한다. 문화적, 민족적 다양성은 탈냉전 시대에 문화적 차이의 정치가 부상하면서 점점 더 큰 중요성과 반향을 가져올 것으로 생각된다. 21세기 중국을 이해하기 위해서는 소수민족과 주류민족

---

1   에릭 홉스봄은 『1780년 이후의 민족과 민족주의』라는 그의 고전적 저서에서 중국의 단일 민족성에 대한 널리 파급된 생각을 되풀이했다. "중국, 한국, 일본은 … 역사적 국가 중에서 실제로 그 인구가 거의 또는 완전히 동질적인 민족으로 구성된 매우 드문 사례에 속한다"(Hobsbawm 1990:66). 그는 계속해서 다음과 같이 언급했다. "오늘날 (비아랍) 아시아 국가 중에서 일본과 두 개의 한국은 99% 동질적이며, 중국의 94%는 한족이다"(Hobsbawm 1990:66 n.37).

사이의 문화민족주의를 진지하게 고찰해야 할 것이다. 기존의 '민족 정체성'(Dittmer and Kim 1994)과 '중국 민족주의'(Unger 1996)에 관한 논의는 중국의 다양한 민족주의와 다양한 문화의 국가화를 검토하기보다는 민족주의와 민족 정체성을 획일적인 것으로 간주하는 경향이 있었다. 여기서 문화민족주의는 문화의 양상들이 민족으로 정의되는 사람들의 정체성, 역사, 열망을 표현하기 위해 취해지는 방식을 의미한다. 언어, 종교, 신체적 또는 인종적 표현과 같은 각종 문화적 양상들로 이루어진 문화는 한 민족의 역사적 발전과 사회적 표현에서 드러나는 국가를 대표하기 위해 자연화된다(Duara 1995 참조). 이처럼 문화민족주의는 문화의 양상들이 민족국가나 그에 속한 사람들에 의해 민족주의적 목표를 위해 이용되는 프로세스이다.[2]

중화인민공화국은 공식적으로 56개의 민족으로 구성되어 있다. 각 성, 지역, 현에 거주하는 공식 소수민족 인구는 총 9,100만 명이며, 세계에서 가장 규모가 큰 4개 언어군—중국티베트어족(베이징어, 티베트어, 캄타이어, 미야오야오어 등), 튀르크-알타이어족(카자흐어, 위구르어, 몽골어, 만주-퉁구스어, 한국어 등), 오스트로아시아어족(몽족어, 베트남어 등), 인도유럽어족(타지크어, 러시아어 등)—을 포함해 매우 다양한 언어를 사용한다. 이 집단들은 중국의 국내 및 국제 관계에서 항상 중요한 역할을 해왔다(Pye 1975 참조). 1990년대 이후로 중국에서 공식 민족들의 중요성이 극적으로 증가해왔다. 중국은 이제 국경 양쪽에 거대한 규모를 지닌 신생 국가들과 대치하고 있고 베이징의 지도자들에게 민족 분리주의는 매우 큰 우려가 되었다.

---

2   특히 일본에 적용된 문화민족주의 개념에 관한 탁월한 논의는 요시노(Yoshino 1995)를 참조하시오.

공식 소수민족 외에 국가가 인정하는 주류민족은 1990년 기준 인구의 91%를 차지하는 한족이다. 이들은 상호이해가 불가능한 8개의 언어를 사용하는 문화적으로나 민족적으로 다양한 인구집단으로 구성되어 있다. 게다가 이런 중국 언어의 하위 그룹 내에도 뚜렷한 언어적, 문화적 다양성이 발견된다. 예를 들면, 위에(Yue)어족 내에서 광둥어와 타이산어를 사용하는 사람들은 거의 말이 통하지 않으며, 남민(Southern Min)어 사용자 중에서도 취안저우, 창저우, 샤먼 방언 사이의 의사소통은 매우 어렵다. 화북 방언인 베이징어(Mandarin)는 20세기 초반에 국어로 지정되어 의사소통을 위해 모두가 사용하는 공용어가 되었고 학교에서 배워야 하는 언어가 되었다. 그럼에도 표준어를 사용하는 베이징 사람들은, 광둥이나 상하이에서 자부심으로 인한 지역 언어 표현이 많아지면서 야채나 라디오를 구매하는 것도 어려워지고 때로는 더 높은 가격을 지불해야 한다고 말한다. 또한 정부의 강력한 규제와 만류에도 불구하고 영화, 라디오, 텔레비전에서 광둥어 등 지역 언어가 등장하고 재생되는 것은 문화적 차이에 대한 관심이 증가하고 있음을 보여주는 하나의 실례이다.

중국 내 엄청난 문화적, 민족성 다양성에 대한 인식이 높아지고 있음에도 불구하고, 대부분의 중국 연구 입문서는 주로 국가와 사회, 특히 경제, 정치, 종교, 가족이나 예술과 같이 더 큰 이슈에 초점을 두고 있으며 문화적 다양성이 이 이슈들에 끼치는 영향에 대해서는 거의 관심을 보이지 않는다. 문화적 차이가 언급된 경우에도 대부분은 '지역적'인 것으로 설명되며 중국의 국가 정체성을 이해하는 데에는 중요치 않은 것으로 다루어진다. 민족 정체성이 언급된 경우에는 일반적으로 중국 사회의 지리적, 사회정치적 경계지로 주변화된 소수민족 연구로 초점이 맞춰진다(Dreyer 1976;

Heberer 1989; Ma Yin 1989 참조). 공식 소수민족이 9,100만 명이나 되고 티베트족, 몽골족, 위구르족과 같은 민족이 국제적인 관심을 받고 있다는 점에서 분명히 중요한 측면이 있지만, 중국 전체 인구의 9%에 불과하다는 면에서 이들은 중국 전반의 경제, 정치, 사회에 대한 연구에서 중요치 않은 존재로 여겨진다. 중국에서 민족성에 대한 논의는 일반적으로 이런 소수민족에 국한되며, 적은 인구 비율로 인해 거의 관심을 받지 못하는 현실이다. 이 장은 중국의 민족 정체성과 문화민족주의의 양상들을 소개하고, 공식적인 민족성에 초점을 두기 위해 소수민족을 간과해왔던 이유, 그리고 21세기에는 더 이상 그렇게 할 수 없는 이유에 대해 탐색한다. 이 장에서는 중국에서 소수민족 연구가 민족과 국가 정체성에 대한 우리의 일반적인 이해와 별개가 아니며, 중국에서 문화적 차이를 이용한 정치의 점증하는 중요성과도 분리되어서는 안 된다는 점을 제시할 것이다.

민족 정체성의 정치

중화인민공화국 수립 직후 베이징의 국가 기획자들은 공식 민족으로 등록될 만한 그룹들을 식별하고 인정하기 위해 연구자, 사회과학자, 공산당 간부들로 구성된 팀들을 국경지역으로 파견했다. 그러한 그룹을 지칭하는 民族(민족)이라는 단어는 비교적 최근의 복잡한 역사를 지닌 총칭으로 영어로는 'nation', 'nationality', 'ethnicity', 또는 'people'로도 번역된다. 1953년 첫 인구조사에서 400개 이상의 그룹이 민족 인정을 신청했지만 42개만 등재되었다. 1964년에는 43개, 이후 1982년과 1990년 인구조사에 56개 민족이 등재되었다. 거의 350개에 이르는 다른 그룹은 어떻게 된 것일까? 그들 중 일부는 여전히 승인을 요청하고 있다. 셰르파족, 쿠콩족, 중국계 유대인 등 적어도 15개의 그룹이 공식적으로 민족 승인의 대상으로 고려 중에 있다. 1990년 인구조사에 의하면 여전히 749,341명이 '신원 미확인' 상태로 승인을 기다리고 있는 것으로 나타난다. 이들은 민족적으로 다르게 여겨지며, 국가가 인정한 어떠한 '공식' 민족 범주에도 속하지 않는다.

인정받지 못한 그룹의 대부분은 한족에 속한 것으로 여겨지거나 일부 유사성을 공유하는 다른 소수민족으로 분류된다. 정확하게 누구는 인정받고 누구는 인정받지 못하는 방식에 대한 기록은 거의 없지만, 중국의 저명한 사회인류학자 페이샤오퉁 교수는 소련이 신원확인 프로그램에서 사용한 민족 범주가 중국에 영향을 미쳤음을 드러냈다. 이 범주는 조셉 스탈린이 이후에 공통 '문화'로 일반화한 '네 가지 공통점', 즉 '공통의 언어, 공통의 영토, 공통의 경제생활, 공통의 심리적 구성'을 기반으로 한다(Stalin 1953:349).[3] 이 프로세스의 사례로 페이샤오퉁은 구이저우성의 '촨칭족 흑인' 사례를 논의한다. 이들이 해당 지역에서 한족과 밀접한 관계를 맺고 있지만, 스탈린의 기준에 따라 인정할 만한 언어, 지역성, 경제생활, 심리적 구성에서 독특한 특징을 가지고 있다는 것이다. 그러나 정부 소속 연구원들이 더 상세하게 수행한 언어학적, 역사적 분석에 의하면 촨칭족은 결코 별개의 민족이 아니라 명나라 때 전 왕조의 잔존 세력을 정복하기 위해 남방으로

---

3   줄리안 헉슬리와 해든(Huxley and Haddon 1936)은 '네 가지 공통점'에 대한 스탈린의 강조에 익살맞게 반응하며, "국가는 냉소적이지만 부적절하지는 않을 정도로 그 기원에 대한 공통의 실수와 주변 이웃에 대한 공통의 혐오에 의해 뭉쳐진 사회로 정의된다"고 말했다. 민족성과 국가성에 관한 탁월한 인류학적 논의는 윌리엄스(Williams 1989)를 참조하기 바란다. 이 연구에서는 민족성이 문화적 차이와 집단 정체성의 자기 인식을 의미하는 것으로 사용되며, 국가성은 특별히 국가에 의해 공식적으로 인정된 그룹을 지칭한다.

파견되었고 후에 현지 주민과 결혼한 한족 수비대의 후손이라는 것이 밝혀졌다. 그러나 이 결론은 촨칭족에 의해 수용되지 않았다. 이미 이들은 1970년 후반에 구이저우성에서만 80여 개 집단으로 구성되어 총 인구 90만 명에 이르러 민족으로의 승인을 요청하고 있었다(Guizhou Minzu Yanjiu 1981 3:70; Heberer 1989:37-8 재인용).

그럼에도 다른 성공한 그룹도 존재했다. 버마 북부와 윈난성 남부의 경계에 사는 지누족은 가장 최근 1979년에 공식적으로 인정받은 소수민족이다.[4] 1978년에는 더 이상 이슬람교를 믿지 않는다 하더라도 외국 무슬림의 후손임이 입증된 3만여 명의 푸젠 사람들이 이슬람 후이족으로 인정받았다. 이 경우에는 9세기에서 14세기 사이에 남해안에 정착한 외국 무슬림 관료와 상인의 후손임을 증명하는 족보만으로도 인정받기에 충분했다. 이를 계기로 다른 많은 그룹들이 언어, 지역성, 경제나 종교 등 민족성의 문화적 특징이 전혀 없음에도 불구하고 외국계 조상의 역사적 기록만을 근거로 민족 인정을 요구하기 시작했다.[5]

중국에서 어떤 사람들이 왜 공식 소수민족으로 인정받고자 하며, 중국 정부는 왜 처음부터 소수민족을 인정하고자 했던 것일까?

---

4 마인의 지누족에 대한 논의는 1979년에 어떻게 승인되었는지를 제시하지는 않았지만, 그들을 인정하는 것이 왜 유용했는지를 밝혀준다. 이는 지누족이 마르크스주의의 '원시' 소수민족에 관한 진화론적 틀에 잘 맞아떨어졌기 때문이다. 마인(Ma Yin 1989:334)은 "지누 모계 사회가 약 300년 전에 부권제 사회로 전환되었지만, 1949년 중화인민공화국이 수립되던 시기에도 그들은 원시사회에서 계급사회로의 전환 중에 있었다"고 썼다.

5 후이족으로 인정받은 외국 무슬림의 남부 해안 후손들에 관해서는 글래드니(Gladney 1996a:6장)의 글을 참조 바란다. 한족과 문화적으로 유사하지만 공식 소수민족 지위를 확보한 그룹으로는 만주족, 여진족, 투쟈족, 좡족, 후어하오터의 몽골족이 있다.

그 답은 중국공산당의 역사 속에 있고, 1934~35년 장제스 국민당에 의한 전멸 위협을 피해 도피한 1만 킬로미터 대장정의 영향일 수 있다. 대장정 기간 동안 중국공산당 지도자들은 남서부에서 북서부로 이동하는 고된 여정에서 다양한 사람들의 생생한 민족 정체성을 명확하게 알게 되었다. 중국에서 소수민족들이 가장 밀집해 있는 지역을 지나면서 그들이 공산주의적 대의에 항상 동조하지는 않는다는 것도 알았다. 에드거 스노우(Snow 1938)는 한쪽에서는 일본인과 국민당에게 다른 쪽에서는 '사나운' 야만 부족민들에게 괴롭힘당하는 대장정에 합류한 사람들의 절망적인 처지를 생생하게 묘사했다. 공산당은 자신들이 국가 권력을 장악할 경우 먀오족, 이족, 티베트인, 몽골족, 후이족 등 소수민족에게 특별 대우를 약속하거나 그들을 제거해야 할 수도 있다는 선택의 기로에 놓였다. 그들이 비교적 안전한 피난처인 옌안의 산속 동굴에 도착했을 때는 북쪽의 수많은 몽골족, 서쪽의 후이족 무슬림, 그리고 닝샤의 강력한 군벌인 마훙쿠이를 달래기 위한 계획을 세워야 했다. 한 가지 해결책은 후이족을 별도의 민족으로 인정하고 닝샤 남부 통신 지역을 최초의 소수민족 자치구로 제정할 것을 약속하는 것이었다. 공산당에 대한 지원의 대가로 교환한 민족 승인과 자치의 약속은 1949년 중화인민공화국 수립 이전에 소수민족에게 했던 수많은 약속 중 일부에 불과했다.

중국공산당은 처음부터 소수민족 공화국의 진정한 분리의 가능성을 열어두는 소련의 정책을 따랐는데, 결국 이 정책은 1991년 소련의 해체라는 결과를 가져왔다. 그러나 중국은 건국 이후에 분리주의 정책을 유지하지 않았다. 권력을 잡기 전 마오쩌둥은 1931년의 중국공산당 헌법 제14조를 자주 언급했는데, 이 조항에는 공산당은 '중국 소수민족의 자결권, 중국으로부터의 완전한 분리에 대한 권리, 각 민족의 독립국가 수립의 권리를 인정한다'라고 명시되어 있다(「중화소비에트공화국 헌법」, 1931년 11월 7일, Brandt, Schwartz 및 Fairbank 1952:220 재인용). 이 정책은 중화인민공화국 수립 때까지도 지지되었는데, 1948년 류샤오치(Liu Shao-chi 1968:127-8)도 중국공산당은 '모든 민족의 자발적 연합과 자발적 분리를 지지한다'고 선언했다.[6]

그러나 중화인민공화국 건립 이후에는 분리의 모든 실제적 가능성은 더 이상 필요치 않은 것으로 파기되었다. 대신에 1949년 10월 21일 중국신화통신의 중앙당 선전부는 북서부 지부에 다음과 같은 발표를 했다(Gladney 1996a:89-90 인용).[7]

> 오늘날 소수민족의 '자결권'에 대한 문제는 더 이상 강조할 필요가 없다. 우리가 이 슬로건을 강조했던 이유는 과거 내전 중에 국민당의 반동적 통치에 대한 소수민족의 저항을 강화하기 위해서였다. 당시에는 그것이 옳았지만, 지금은 상황이 근본적으로 바뀌었다. 국민당의 반동적 통치는 뿌리까지 파괴되었고 이미 신중국의 당 지도자들이 일어섰다. 통일이라는 우리 국가의 위대한 목표와 중국의 국가 통일을 분열시키려는 제국주의자와 다른 교활한 세력들의 음모를 저지하기 위해서 우리는 국내의 민족 문제를 강조해서도 안 되고 제국주의자와 국내 민족 사이의 반동세력이 이를 이용하도록 해서도 안 된다. … 더욱이 국가의 대다수 인구를 차지하

---

6 나는 워커 코너의 중화인민공화국 창설에서 소수민족의 역할에 관한 탁월한 논의(Connor 1984:67-101)에 감사를 표한다.
7 '자결권' 파기에 대한 공산당 간부의 솔직한 분석은 장치이(Chang Chih-I 1966)의 '중국 혁명에서의 민족 문제와 실제 민족 정책'(초안)을 참고하고, 중국을 적극적 우대정책 조치 국가로 이해하기 위해서는 마틴(Martin 2001:27-35)의 논의를 참고하시오.

고 있는 한족은 오늘날 중국 혁명의 주요 동력이 되었다. 중국공산당의 영도하에서 중국 인민의 민주혁명을 향한 승리는 주로 한족의 노고에 의지하고 있다.

중국이라는 위태로운 신생 국가를 지원하기 위해 활용했던 '통일민족 전선'의 전략적 구축 외에도 소수민족 식별 정책의 수립에는 중화국가 그 자체의 특성에 관한 또 다른 문제가 걸려 있었다. 20세기 초부터 국민당이든 공산당이든 중국 개혁론자들은 중국인들이 영국, 독일, 일본이나 심지어 티베트인이나 만주족과 달리 국가 의식이 부족하다고 우려했다. 쑨얏셴은 통렬하게 다음과 같이 말했다(Sun Yat-sen 1924:2, 5).

중국인들은 가족과 씨족에게 가장 큰 충성을 보여왔으며, 그 결과 중국에는 가족주의와 씨족주의가 있을 뿐 진정한 민족주의는 존재하지 않는다. 외국인들은 중국인들이 한 겹의 느슨한 모래층 같다고 말한다. 중국인들의 통일은 씨족 앞에서 바로 멈춰왔고 국가로 확장되지 않았다.

중국의 특정 집단을 소수민족으로 식별하는 것과 한족을 통일된 주류민족으로 인정하는 것은 통일된 중화국가를 건설하는 데 근본적인 역할을 해왔다. 국민당이 하나의 역사를 가진 하나의 민족이라는 국가 정체성을 재구성한 것은 중국 내의 여러 민족만이 아니라 중국 영토를 침범하려는 외세에 대한 정체성을 강화하는 데 큰 도움이 되었다.

통일된 한족이라는 관념은 공산당에 근본적인 도움이 되었는데, 공산당은 한족을 발전과 문명의 최전선에 두면서 이들을 마르크스적 진보 이데올로기 속으로 통합시켰다. 공산주의자들의 그림 속에서 한족은 인민혁명의 '선봉'에 놓였으며, 소수민족들은 한족의 모범을 따르도록 유도되었다. 소수민족이 더 후진적이고 원시적일수록, 통합된 민족 정체성은 더욱 필요해졌다.

한족 민족주의의 정치

러시아 민족주의의 부상에 관한 연구가 1970년대 이후 소비에트를 연구하는 외국 및 러시아 학자들에 의해 활발해졌지만 (Dunlop 1983; Yanov 1987 참조), 한족 민족주의의 생성에 대한 대규모 연구는 아직 나오지 않았다. 이는 현 체제에서도 유지되고 있는 중국학의 주류 전통에서 훈련받은 학자들이 '한족'이 '중화'와 동일한 것으로 가정하기 때문인 것으로 보인다. 소련의 붕괴와 러시아 국경지대의 새로운 국가들의 주요 민족 국가주의의 부상에 따라 러시아화 패러다임은 폐기되었고 대부분의 관심은 구소련의 내부와 주변의 차이에 대한 정치학으로 더욱 진지하게 옮겨졌다. 중국 연구는 이와 다르게 진행되었다. 중국에서 중국화에 대한 집착이 러시아화 동화주의 담론과 병행되면서 중국 내 소수민족과 기타 외국인들이 중국 주류 문명, 즉 한족 문명에 얼마나 흡수되는지에만 관심을 드러냈다.[8]

1990년 이후부터 중국 민족수의와 중국의 국가 정체성 '탐구'에 대한 학술 연구가 쏟아지기 시작했다. 그러나 여전히 대부분의 연구는 계속해서 주류 한족의 형성에 관한 이슈를 중화 정체성이

---

8 중국인과의 접촉을 위해 들어오는 모든 외국 그룹은 빠르고 가차없이 동화된다는 '중국화' 가설의 고전적 공식은 천위안(Ch'en Yüan 1966)의 글에서 확인할 수 있으며, 추가로 랄(Lal 1970)을 참고하시오.

라는 더 큰 질문과 합쳐가고 있었다.[9] 단지 한족을 중국인을 대표하는 것으로 받아들일 뿐 어떻게 그들이 중국에서 91%의 주류가 되었는지 질문하는 연구는 거의 없다.

한인이라는 개념은 분명히 수세기 동안 존재했는데, 이들은 한왕조(206 BC~AD 220)의 후예들을 지칭한다. 그러나 한족의 개념은 중화제국에서 근대 민족국가로의 전환 속에서 발생한, 전적으로 근대적인 현상이다. 즉 로마인을 로마제국의 신민이라 불렀던 것처럼 한왕조의 신민을 한인으로 불렀을 것으로 생각된다. 이는 그들의 '민족성'에 대해서 거의 아무것도 알려주지 않으며, 오늘날 누가 로마인인지 판단하는 것만큼 매우 어려울 것이다. 그럼에도 여전히 한족은 존재한다고 간주된다. 통일된 한족 '민족성'의 개념은 쑨얏센 박사에 의해 대중적으로 파급되었다. 1911년 중국의 마지막 제국을 무너뜨린 공화정 운동의 지도자였던 쑨얏센은 일본에서 장기 체류하는 동안 일본에서의 강력한 민족주의 흐름에 영향을 받았음이 분명한 것으로 보인다. 民族라는 중국어는 みんぞく라는 일본어로부터 직접 차용된 것으로 20세기 초반 이후에야 중국에 들어온 용어이다. 쑨얏센은 진정한 민족주의 운동이 중국을 휩쓸게 하고 인민들의 지지를 불러일으키려면 중국 왕조의 긴 역사동안 지속된 통치자와 신민의 관계가 근본적으로 변화되어야 한다고 주장했다. 보다 실제적으로 그는 동북지역의 만주족에 의해 건설된 청나라의 통치에 대항하기 위해 모든 인민들을 동원하는 방법을 찾아야 했다. 그는 중국인의 대다수가 한족이라는 주장을 내세워 만주족과 다른 외국인에 대항하는 상징적인 수단을 마련했고, 이에 중국의 대다수의 다양한 민족들이 결집하도록 만들었다.

9 이에 관한 전형적인 사례는 베푸(Befu 1993)와 디트머와 김(Dittmer and Kim 1993)을 참고하시오.

쑨얏센은 한족, 만주족, 몽골족, 장족(티베트인), 후이족(중국의 모든 무슬림을 칭하는 용어였으나 지금은 위구르족, 카자흐족, 후이족 등으로 구분)을 포함하는 '중국의 오민(五民)' 사상을 주창했다. 이 다섯 민족에 대한 인정이 청왕조를 무너뜨리고 중국의 첫 공화국을 수립하게 했던 공화정 혁명의 주요 기반이었고, 중국의 민족이라는 개념이 인민혁명 성공의 핵심이 되었던 것이다. 쑨얏센의 오민 정책과 전 중국 통일 열망의 중요한 연결은 그가 중국 근대화의 선결조건으로 주장했던 삼민주의(三民主義)의 첫 번째 민족주의에 대한 논의에서 명확하게 나타난다.

쑨얏센이 중화언어 공동체에 속한 다양한 민족을 모두 포함하는 국가 집단으로 한족의 개념을 사용하게 된 것은 놀라운 일이 아니었다. 하와이에서 광둥인 화교로 자란 그는 중국 북부에 연고가 거의 없었고 억양이 심한 베이징어를 구사했기 때문에 송나라(AD 960~1279)까지 거슬러가는 남방의 급진적 운동에 대한 전통적인 북방 사람들의 의심을 쉽게 불러일으킬 수 있었다. 광둥인과 북방 민족 간의 오랜 반감은 그가 민족주의 운동을 추진하는 데 큰 장애가 되었을 것이다. 이에 그는 깊게 박혀 있는 남북 자민족 중심주의를 극복할 방법을 찾은 것이다. 한족이라는 용어의 활용은 당시 중국을 위협하던 만주족과 다른 외국인들에 대항하여 비광둥어권, 특히 북방 베이징어 사용자와 저장과 상하이의 강력한 상인들을 하나의 민족 집단으로 동원하기 위한 탁월한 시도였다. 즉, 한족은 국경 내의 '내부 외국인'으로 만주족, 티베트족, 몽골족, 후이족과 국경 밖의 '외부 외국인'인 서구 제국주의자들과 대립하는 것으로 보여지게 되었다. 민족주의자들은 이러한 '내부 외국인'을 식별해나가면서 새롭고 광범위하게 정의된 한족 정체성을 육성했다. 베네딕트 앤더슨(Anderson 1991:87)의 용어를 빌리자면, 쑨얏센은 '세국의 거대한 몸집에 민족이라는 짧고 타이트한 피부를 펼침'으로써 새로운 '상상된 공동체'를 건설하는 데 일조한 것이다.

공산주의자들은 소비에트 모델을 따라 5개가 아닌 한족을 포함한 55개의 민족 집단으로 그 외연을 더욱 확장했다. 국경에 있는 민족들의 지지를 얻어야 하는 정치적 필요성이 민족주의자와 공산주의자들로 하여금 소수민족을 인정하도록 했고 내부의 차이를 강조하지 않으면서 외부에 대항하여 국가를 통일하고자 하는 열망이 강했다. 중국이 더 이상 외부의 위협에 직면하지 않게 된 지금 우리가 현대 중국의 지역정치와 정체성의 복잡성을 온전히 이해하기 위해서는 내부의 차이를 고려해야 한다.

오늘날 중국에 대한 가장 좋은 비유는 아마도 신유럽과 고대 로마제국일 것이다. 루시아 파이(Pye 1993:130)는 '로마제국이 지금까지 지속되고 영국, 프랑스, 독일 등의 개별 국가가 따로 출현하지 않았을 경우 유럽의 모습이 지금의 중국일 것'이라고 말했다. 프랑스어와 스페인어가 다른 만큼 광둥어와 상하이어가 다를 것이라고 생각하는 사람은 드물고, 현대 언어학자들은 이 생각에 동의할 수도 있다. 하지만, 존 드프란시스와 제리 노만은 로맨스어(Romance languagres)만큼이나 중국 방언들 사이의 다양성도 매우 크다는 것을 입증했다. 이탈리아어와 프랑스어만큼 베이징과 차오저우 방언의 차이가 크며, 하이난의 민(Min) 방언은 스페인어와 루마니아어가 다른 만큼 시안(Xi'an) 방언과 다르다 (Norman 1988:187; DeFrancis 1984:54-7 참조).[10] 남부 민족 집단에 대한 연구에서 프레드 블레이크(Blake 1981:7)는 '고대 중국어에

---

10 중국의 소수 언어와 중국어와의 관계에 대한 최고의 논의는 램지(Ramsay 1989)를 참고하시오.

공통의 뿌리를 둔 광둥어, 하카어, 호키엔어(푸젠어)는 라틴어에 뿌리를 둔 프랑스어, 이탈리아어, 스페인어만큼이나 서로 다르다'고 기록했다. 중세 라틴어와 같이 이렇게 다양한 언어 집단은 상호 배타적이긴 하나 모두 하나의 표준 문자체계인 중국 표의문자를 사용한다. 이 다양한 공동체를 하나로 묶어온 것은 중국 국가의 힘과 외세의 지배에 대한 두려움이었다. 더 이상 외부의 위협이 없고 경제개혁을 통해 지역의 자율성이 강화된 중국에게 '공식적' 또는 '비공식적' 민족 노선에 따른 오래된 내부 분열은 21세기에 접어든 베이징의 가장 큰 우려사항 중 하나가 되고 있다.

민족 분리주의의 정치

1993년 6월 16일 신장 남부의 큰 시장 도시인 카슈가르의 오아시스 호텔에서 두개의 폭탄이 터져 3명이 사망하고 호텔 전면이 완전히 무너졌다. '동튀르키스탄' 독립 선동 단체가 이 폭발을 자신들의 소행이라 주장했으며, 위구르 분리주의와 신생 독립 튀르크국의 영향력 증가에 대해 베이징 지도부가 느끼는 두려움의 근거가 분명해졌다(Kristof 1993:1). 1993년은 이전보다 조용했지만, 티베트 독립 운동의 오랜 투쟁도 계속 보고되고 있다(Goldstein, M 1993 참조). 그러나 바로 그 이전까지 대부분의 중국 학자들은 티베트 분리주의의 가능성을 매우 낮게 여겼고 폭력 사건들은 거대한 중국의 변방에서 일어나는 중앙 당국에 전혀 위협이 되지 못하는 사소한 일들로 일축해왔다. 위구르족, 카자흐족, 타지크족, 몽골족, 심지어 티베트족은 오랜 기간 중국 주류에 동화되어왔다고 여겨지는 만주족의 길을 따라갈 것으로 예상되는 주변부 소수민족에 불과했다. 내가 중국의 해체를 예측하거나 옹호하는 것은 아니지만, 최근 카슈가르의 위구르족 사이에 벌어진 사건과 광둥 등의 지역에서 고조되는 남방 민족주의와의 연관성을 민족적 차이의 심각성을 반영하는 것으로 인식하는 것이 중요할 것이다.

중국의 55개 공식 소수민족 그룹에는 러시아와 국민의 대부분이 무슬림인 신생 중앙아시아 국가들과의 국경지대에 거주하고 있는 10개의 무슬림 민족들이 포함된다. 전체 무슬림 인구가 2천만 명에 달하는 (사우디아라비아, 이라크, 리비아, 시리아보다 많은) 중국은 무슬림이 가장 많은 국가 중 하나이다. 1991년 신장이 철도로 카자흐스탄과 직접 연결되었고 파키스탄, 카자흐스탄, 타지키스탄, 키르기스스탄으로 이어지는 육로가 열리면서 국경을 넘는 여행이 훨씬 자유로워졌다. 신장의 행정중심지 우루무치에서는 이스탄불, 사우디아라비아, 중앙아시아로 가는 항공편이 매주 운항되고 있다. 값싼 중국 노동력, 소비재, 무기 등을 포함해 중동과의 대외 무역 관계가 상당한 수준으로 증가하면서 중국은 중동 무슬림과 밀접한 관계를 맺게 되었다. 이처럼 무슬림 세계와의 친밀한 관계를 유지하기 위해 중국은 무슬림 소수민족에 대한 처우에 더 많은 관심을 기울일 수밖에 없는 것이다.[11] 1990년 사우디아라비아의 중국에 대한 외교적 승인 이후 중국에서 메카로 향하는 무슬림 순례자들의 증가가 개선된 관계를 보여준다. 그러나 지역 현안에 대한 고려 없이 무슬림 소수민족 지역에서의 모스크 건물 제한, 출산 제한, 광물 및 에너지 개발 등의 이슈로 인한 무슬림, 특히 위구르족의 불만이 지속된다면 그러한 관계는 위태로워질 수도 있다.

위구르족 및 여타 무슬림들의 시위는 종교, 가족, 환경 등 폭넓은 이슈들을 다루었다. 이러한 이슈들은 동부 및 동남부 해안지역과 북부 및 북서부 무슬림 지역 간의 소득 격차 증가로 더욱 악화되

---

11 중국-중동 관계에 대한 조사는 이츠하크(Yitzhak 1989)를 참고하시오.

고 있다(Christofferson 1993 참조). 중국 북서부 국경에 접한 중앙아시아 무슬림과의 접촉이 증가함에 따라 경제 성장에 대한 열망과 지방 자치 또는 독립을 위한 움직임이 저울질될 수도 있는 상황이다. 신장의 무슬림들은 아제르바이잔과 타지키스탄의 민족적, 정치적 갈등 상황을 잘 알고 있으며, 그들 중 다수는 국경 너머의 같은 종교인들보다 경제적으로 부유하다. 중국의 도전은 북서부 무슬림들에게 저항보다 협력을 통해 더 많은 이익을 얻을 수 있다는 것을 설득하는 것이다.

남쪽 베트남 국경지대에는 1,200만 명의 캄타이어를 사용하는 좡족이 거주하고 있으며, 지난 수년간 미얀마, 캄보디아, 태국과의 국경 관계가 급증한 윈난성에는 24개 이상의 소수민족이 살고 있다. 윈난성의 성도 쿤밍과 방콕, 치앙마이를 연결하는 항공편이 매주 운항되고 있다. 육로 통행 또한 증가하고 있는데 이는 중국 국경을 통한 마약 밀매 문제를 증가시키고 있기도 하다. 캄보디아, 베트남, 버마 고원지대의 분쟁 해결이 베이징의 지도자들에게 높은 우선 과제가 되고 있는데, 이는 해결이 잘 되지 않을 경우 중국 남부 국경을 넘어 민족 간 전쟁으로 번질 가능성이 크기 때문이다.

중국 국경지대와 장기발전에 있어 소수민족의 중요성은 그 인구수와 비례하지는 않는다. 그들은 전체 인구의 9%에 불과하지만, 광물과 천연자원이 풍부한 지역에 집중해 살고 있으며 중국 국토의 60%에 가까운 면적을 차지하고 있다. 신장, 티베트, 내몽고, 윈난성의 많은 국경 도시는 소수민족의 인구가 90%를 넘어선다.[12]

---

12 소수민족 밀집 지역을 탁월하게 표현한 그래프는 중화인민공화국 국무원 인구조사국 및 중국과학원 지리연구소(Population Census Office of the State Council of the People's Republic of China and the Institute of

중국 정부는 소수민족의 중요성과 특수성을 인정하면서 소수민족의 자치행정의 수준을 높여가고 있다. 소수민족 밀집 지역으로는 5개의 자치구, 31개의 자치주, 96개의 자치현와 자치기(旗) 및 그 외 수많은 자치향촌들이 있다. '자치'라는 것은 주로 자원 관리, 세금, 출산 계획, 교육, 법적 관할권, 종교적 표현에 대해 지방의 통제권이 더 크다는 것을 의미한다. 그렇다고 진정한 정치 통제권이 소수민족에게 있다는 것은 아니다. 대부분 소수민족 지구에 소수민족 정부의 지도자들이 있긴 하지만 권력의 실질적인 원천은 대부분 지역에서 한족이 우위를 갖고 있는 공산당에게 있다. 중국은 자치구에 대해 적극적인 감시를 하고 있는데, 이에 따라 간쑤성, 칭하이성, 쓰촨성 등 더 많은 소수민족이 있는 지역보다도 이들 자치 지역이 더 면밀한 감시를 받고 있다.[13]

    자치구라는 이름이 의미하는 바가 충분한 것 같지는 않지만, 중국 소수민족에게는 여전히 열망하는 목표임은 분명하다. 1982년과 1990년의 인구조사 사이에 이전에는 자치행정구역이 없던 랴오닝성의 만주족을 위한 3개의 현을 포함해 18개의 자치현이 새롭게 신설되었다. 초기 자치구 대부분은 1950년대 후반 민족 식별조사 프로그램 직후에 만들어진 것이었다. 정부가 새로운 민족의 인정을 제한하려고 하는 것은 분명하지만, 새로운 자치행정구역 지정은 급증하는 듯이 보인다. 자치향과 함께 총 숫자가 발표된 적도 없는 수많은 자치촌에 더해 향후 8개의 새로운 자치향이 설립될 예정

13 Geography of the Chinese Academy of Sciences 1987) 자료를 참고하시오. 소수민족 자치구에서 소수민족으로 제1 당서기를 지낸 사람은 내가 아는 바로는 극소수에 불과하다. 1947년 7월 1일부터 1966년 12월까지 내몽골의 울란푸, 1982년부터 1987년까지 티베트에서 당서기를 지낸 쓰촨성 출신의 이족 우진화, 1964년 2월 6일부터 1967년까지 그리고 1980년대에 닝샤 후이족 자치구의 후이족 서기였던 양징런, 1960년대와 1970년대 광시성의 좡족 웨이궈칭이 그들이다.

이다.¹⁴ 1980년대 후반과 1990년대에 점점 더 많은 자치구가 설립되는 것은 중앙 관할권으로부터의 독립성을 높이고자 하는 열망을 반영한다. 현실적으로 자치가 아무리 제한적일지라도 많은 이들이 원하는 것은 명백한다.

인구 정치학: 1990년대 '커밍아웃'

자치행정구와 소수민족 인구의 증가는 현대 중국에서 소수민족의 폭발적인 증가를 반영한다. 1982년과 1990년 사이 한족 인구가 10% 증가한 반면, 소수민족 인구는 전반적으로 35% 증가했다. 무슬림 인구의 경우에도 평균 30~40% 증가했다. 주류 한족에 동화된 것으로 여겨졌던 만주족은 3개의 자치구역을 보유하게 되었고 인구가 128% 증가하여 430만 명에서 980만 명으로 급증했다. 실제로 베이징에서는 자신이 한족이 아니라는 것을 시인하고, 만주족이나 다른 민족이라고 커밍아웃하는 사례가 유행처럼 번졌다.

남서부에 널리 흩어져 살고 있는 투자족은 1982년과 1990년 사이에 인구가 280만 명에서 580만 명으로 두 배 이상 증가했으며, 신설 예정인 8개 자치현 중에서 5개를 확보할 것으로 보인다. 구이저우성의 거라오족의 경우는 더 놀라운데, 불과 8년 만에 인구가 무려 714% 증가했다. 이러한 증가율은 단순한 다산 이상의 의미를 지니며 국가 차원의 1가구 1자녀 제한 정책의 소수민족 예외가 폭넓게 활용되었음을 반영한다. 이런 대규모 인구 증가는 사람

---

14 설립 예정인 새로운 자치현은 칭하이성 다퉁의 후이족-투자족 자치현과 민허 후이족-투자족 자치현, 쓰촨성에서는 치엔장 투자족-묘족 자치현, 펑수이 묘족-투자족 자치현, 스주 투자족 자치현, 마비엔 이족현, 어비엔 이족현, 구이저우성에서는 유핑 동족현이다(Ma Yin 1989: 434-48).

들이 한족에서 소수민족으로 또는 한 소수민족에서 다른 소수민족으로 민족을 재정의하는 '범주이동'을 가져온다. 민족 간 결혼한 부모의 자녀는 이전에는 부모가 자녀의 민족을 결정할 수 있었지만 이제는 18세에 스스로 선택할 수 있게 되었다. 또한 앞에서 설명한 푸젠성의 후이족 사례처럼 자신의 소수민족 계보를 증명할 수 있는 경우에는 재등록 신청이 가능하게 되었다. 단 8년 만에 소수민족 인구가 6,700만 명에서 9,100만 명으로 증가한 데에는 이러한 범주이동이 많았을 것으로 보인다.[15] 한 학자는 이런 인구 증가 속도가 지속된다면 소수민족 인구는 2000년에 1억 명, 2010년 1억 3,100만 명, 2030년 2억 2,100만 명, 그리고 2080년에는 8억 6,400만 명이 될 것으로 예측했다(Tian Xueyuan 1983:147; Heberer 1989:85 재인용). 이에 중국은 지난 몇 년간 특히 도시에서의 소수민족 출산을 제한하기 시작했다. 하지만 쏟아지는 민족 재등록 신청을 제한할 수 있을까? 첫 승인을 신청하는 수백의 민족 집단들은 어떻게 할 것인가?

또한 중국의 국내 소수민족 정책에 국제 압력이 새롭게 가해지고 있다. 나는 중동의 무역 파트너들에게 호감을 줄 수 있도록 중국이 무슬림 소수민족에게 보다 개방적인 정책을 추진하려는 노력에 주목해왔다. 반대로 중국의 티베트인 처우에는 국제 압력이 거의 영향을 미치지 못했는데, 이는 티베트인의 호소에 대한 실질적인 지정학적 지지가 부족하기 때문일 것이다. 중국과 한국의 교역 증가의 영향은 더 커지고 있고 이는 랴오닝성과 만주의 조선

---

[15] 1990년과 2000년 사이에 이주로 인한 소수민족 인구 증가는 거의 없었지만, 베트남인(징족 51% 증가)과 러시아인(어뤄쓰족 360% 증가)은 주목할 만한 예외적 사례이다. 구소련 사태 이후로 러시아인들이 무역이나 취업을 위해 중국으로 상당수 유입되었고, 중앙아시아인 및 시베리아인의 러시아인에 대한 적대감으로 인해 중국에 정착하려는 시도가 있었다는 점도 주목할 만하다.

족에게 영향을 미치게 될 것이다. 한족과 더불어 조선족은 중국에서 가장 교육 수준이 높은 민족이며, 관광과 풍부한 천연자원에 대한 한국의 투자로 지역 경제는 호황을 누리고 있다. 중국 소수민족 지역으로의 외국인 관광과 여행도 지역 경제에 큰 영향을 미치고 있는데, 특히 신장 지역으로의 실크로드 관광은 성공적이며 일본, 대만, 동남아 화교 단체 관광객을 대상으로 하는 윈난성과 구이저우성의 '다채로운' 소수민족 지역으로의 패키지 여행도 활력을 주고 있다.

국제관계 변화에 따른 중국의 단일 민족 지향 정책에서 가장 눈에 띄는 변화는 1992년 중국과 이스라엘 관계 개선 직후 중국 유대인을 공식 민족으로 인정하는 것에 관한 논의가 있어왔다는 것이다. 한때 사라진 것으로 알았던 중국 유대인은 현재 2,000명에서 8,000명으로 추정된다.[16] 중국에서 마지막으로 운영되었던 회당은 카이펑에 있었는데, 그곳에서 마르코 폴로가 언급했던 유대 공동체 구성원들은 인구 감소, 박해의 가능성, 다른 유대인과의 접촉 부족으로 19세기 중반까지 결국은 이 지역의 후이족 무슬림과 동화된 것으로 간주되었다. 돼지고기를 먹고 다신교를 믿는 중국인 사이에서 유대인과 무슬림이 식습관과 종교적 유사성을 공유한다는 점에서 소규모 유대인 공동체가 대규모의 무슬림 공동체에 점차 동화되었다는 것은 놀라운 일은 아니었다. 중국 유대인은 19세기 유럽과 러시아에서 중국 동북부 및 동부 해안 도시로 들어온 유럽계 유대인과는 구별된다. 그들 대부분은 1949년 공산당이 장악했을 때 중국을 떠났다. 카이펑의 중국 유대인과 그들의 재등장에 대

---

16 1992년 8월 16일부터 18일까지 조나단 골드스타인이 조직하고 하버드대학교 존 킹 페어뱅크 센터에서 개최된 '중국의 유대인 디아스포라: 역사적, 비교적 관점'에 관한 학술대회 논문집(Goldstein, J. 1999)을 참고하시오.

한 관심이 되살아난 것은 중국에서 '잃어버린' 유대인에 대한 국제적 관심, 특히 미국 유대인의 학문적 관심 때문이기도 하고 민족 의식(이들 다수는 원치 않게 후이족과 한족으로 흡수되었다고 주장)이 부상해서이기도 하다.

분명히 21세기 중국에서 '공식적으로' 소수민족이 된다는 것은 대중화되었다. 그러나 아직 그 이유에 대한 질문은 필요하다. 한 가지는 1982년 인구조사의 민족 등록에서 중국 정부의 진정한 의도에 대한 의구심이 남아 있었을 것이라는 설명이다. 민족, 종교, 문화, 정치 등 모든 것의 차이가 무자비하게 억압되던 10년간의 문화대혁명이 불과 몇 년 전에야 종결되었다. 당시 모스크, 불교사원, 교회, 종족회관 및 기타 문화시설들은 '네 가지 오래된 것'을 파괴한다는 명목으로 허물어졌다. 1980년대 중반이 되어서야 공식 소수민족으로 분류된 사람들이 여러 가지 '적극적 우대' 프로그램을 통해 실질적인 혜택을 받기 시작한 것이다. 가장 중요한 특권에는 더 많은 아이의 출산(도시 지역을 제외하고 소수민족은 한 자녀 정책에 얽매이지 않음), 더 낮은 세금, (중국식이지만) 더 나은 자녀 교육, 공직에 대한 더 큰 접근성, 그들의 모국어 사용과 학습, 예배와 종교 수행(샤머니즘과 같은 종교적 수행, 한족에서는 여전히 금지), 예술과 대중 문화를 통한 문화적 다양성 표출 등이 있다. 이러한 특권이 과거에는 거의 존중되지 않았지만, 1980년대 중반 이후 점차 실질적인 이득과 특권이 되었으며 영향력을 발휘하기 시작했다. 이렇게 사람들은 '공식적으로' 소수민족이 되기를 원하게 된 것이다. 하지만 한족 사이의 '비공식적 민족'은 어떠한가?

'비공식적' 민족성의 정치

중국, 특히 남부 지역에서 계보 및 민족적 연계를 재평가하려는 새로운 분위기가 형성되고 있다. 이 지역의 사람들은 남부의 극적인 경제성장과 함께 그들의 문화적, 정치적 차이를 내세우기 시작했다. 홍콩의 영향을 강하게 받은 광둥의 록음악, 비디오, 영화, 텔레비전 프로그램은 이제 중국 전역에서 유행하고 있다. 예전에 코미디언들이 남부의 생활 방식과 어투를 조롱했다면, 이제 남부인들이 북부 사람들의 세련미와 비즈니스 감각 부족을 비웃는다. 중국 내에서 민족적, 문화적 차이의 정치학이 점차 중요해지고 있다는 연구(Friedman 1993; Honig 1992)가 나오고 있다. '공식' 소수민족들이 자신들의 정체성을 강하게 주장하며 정부에 더 많은 소수민족 인정과 자치권, 특권을 요구하고 있을 뿐 아니라, 주류 한족 내의 여러 그룹들이 그들의 민족적 차이를 재발견, 재창조하며 내세우기 시작했다.

 남부에서는 특히 남부 성공의 핵심으로 초나라에 대한 관심이 생겨나며 그 역사가 다시 쓰여지고 남부 전역에 남부 초나라의 영광스런 역사에 대한 박물관이 세워졌다. 많은 남부인들은 초기 초나라의 역사를 큰 의미 없는 북부 왕조들과 구별하며 중국 문화에 필수적인 것으로 여기고 있다. 남부 학자들은 기원전 6세기에 초나라의 청동기 문화가 북쪽으로 퍼져 중국 문명의 발전에 영향을 미쳤다고 주장하기 시작하고 있는데, 이는 북부에서 남부로 영향을 미쳤다는 기존의 통념 및 중국의 전통적인 역사관과 크게 다른 것이다. 이러한 주장은 중국의 과거는 물론이고 경제와 지정학적 미래에서 남부의 중요성의 재평가를 뒷받침한다.[17]

17 중요한 민족사적 연구에서 데이비드 포레(Faure 1989)는 남부 위에족(Yue)의 후손인 광둥성 사람들이 세금을 납부한 이유로 송나라의 신민으로 간주되었다고 지적했다. 산속에 살던 위에족은 송나라에 세금 내는 것을 거부하는 경우가 많았는데, 이들은 현재 중국의 소수민족으로 분류되는 야오족(Yao)이고, 세금을 내는 위에족은 광둥인 한족으로 간주되고 있다. 근대 이전 시대에도 정치는

남부 광둥인들의 정체성에 관한 의식 고조는 하카족, 남부 푸젠 사람들(호키엔족), 스와터우족 등 지금까지 대체로 무시당하고 북쪽의 억압에 울분이 있었지만 경제적 성공으로 힘을 얻은 이들의 정체성 재확립과 맞물려 있다. 흥미롭게도 이들 남방 집단의 대부분은 전통적으로 스스로를 한족이 아니라 남부에 거점을 두었던 당나라의 후손들로 여기고 있다. 서구 국가들과 동남아시아의 차이나타운 대부분은 '당나라 사람들의 거리'로 알려져 있는데, 이는 주로 중국 남부의 당나라 지역 출신 이민자 후손들이 거주하고 있기 때문이다. 우리는 오늘날 중국 남부에서 당 민족주의가 북방 한족에 대항해 부활하는 것을 목격하고 있는 것이다.

중국 남부에서 민족 정체성의 부활은 대만에서의 유사한 움직임에 의해 영향을 받았을 것으로 보인다. 대만해협을 이동하는 교통량이 많아지면서 대만에서의 소수민족과 민족권리에 대한 정보도 쉽게 접근할 수 있게 되었다. 국립칭화대학의 대만 학자인 랴오핑후이(Liao 1993)는 대중매체를 통해 '원주민'(gaoshan) 사이에 대만에 대한 권리와 주장이라는 극적인 주장이 있음을 보고했다.[18] 이제 일상 생활에서 대만어와 대만 정치인의 우위 선점과 전통적인 문화와 언어적 근거를 바탕으로 정치 권력을 노리는 여러 집단들이 생기면서 오래 지속되었던 본토인과 대만인의 민족 분열은 잦아들었다.

대만에서는 중국 본토로 파급되기도 하는 하카족의 기원, 언어와 문화에 대한 관심이 엄청나게 쏟아지고 있다. 하카족은 한 학카족 역사학자에 따르면 동진(AD 317~420) 초기에 북쪽에서 남진

민족 정체성에 매우 중요한 요인이었다. 현대 야오족의 정체성 정치에 대해서는 랄프 리칭거(Litzinger 2000)를 참고하시오.
18 전통적인 본토인/대만인 갈등에 대해서는 게이츠(Gates 1981)를 참고하시오.

했거나, 자신들을 송나라 사람이라고 주장하는 하카족 사람들에 의하면 송나라(AD 960~1279) 말기에 남진한 것으로 생각된다. 그들은 자신들을 남부인으로도 당나라 사람이라고도 여긴다. 그러나 하카족은 한족의 일원으로 등록되어 있는데, 이는 아마도 광둥인과 여타 남부인들로부터 받아온 미개한 야만인이라는 오랜 낙인을 극복하고자 하는 열망 때문이었을 것이다. 야만인이라는 낙인은 다른 남부인들이 알아들을 수 없는 독특한 하카어, 고립되고 벽으로 둘러싸인 하카족 거주지, 하카 여성들의 전족 거부 등에서 비롯된 것일 수 있다. 하카족이라는 자부심의 고조 및 낙인 요소들의 부활로 인해 중국 대중 언론은 하카족 출신의 주요 정치인을 언급하기 시작했고 특정 지도자가 하카족이기 때문에(덩샤오핑, 후야오방, 광둥성 전 성장의 아버지 예지닝 등이 하카족 혈연으로 알려짐) 그런 방식으로 행동했다는 보고도 종종 접할 수 있게 되었다. 1920년대와 1930년대 중국공산당이 이끌었던 남부 기반은 모두 하카족이었으며 지도자들(펑파이, 팡즈민, 왕쭈어, 덩즈후이)도 하카족이었다. 사람들은 이제 저우언라이를 칭송하며 그의 강남 남부 연고를 강조하고 미국에서 돈을 끌어올 줄 알았던 장제스도 남부 출신이라며 칭송한다.

주류 한족사회 내 차이의 정치학은 '동질적인' 중국인과 중국의 문화적 단일성이라는 전통적 가성을 반박한다. 이전에는 단순히 지역적인 것으로 치부되어 중국을 이해하는 데 중요치 않았던 것으로 여겼던 지역적 차이가 이제는 민족적인 것으로 인식되고 있다. 지역적인 것에서 민족적인 것으로의 의미 변화는 중화인민공화국에서 차이의 정치학이 새롭게 부각되고 있음을 반영한다.

전통적인 중국 연구는 중국을 하나의 문명, 하나의 국가, 하나의 문화로 강조해왔다. 중국의 권력과 정치에서 항상 주변적인 것으로 여겨지는 '이국적인' 소수민족 이야기가 아니라면, 문화적이며 정치적인 차이에 관해서는 진지한 관심이 거의 주어지지 않았던 것이다. 이는 사실 중국에서 민족 간 분쟁을 야기했던 문화적, 언어적, 그리고 '여타의 단층선들'에 관한 오랜 구분을 기록해온 역사적 관점에 반하는 것이다. 중국에서 '인종'을 연구하는 한 역사가는 다음과 같이 기록했다. "그러한 분쟁은 그들 각자의 영토에서 외래 집단을 몰아내어 '경계를 분명히 하기' 위한 분투였다. 민족 간 충돌은 매우 폭력적이었는데, 1856~67년 하카족과 푼티족의 대규모 분쟁은 10만 명의 희생자를 낳았다"(Dikötter 1992:70-1).

중국의 해체?

내부의 갈등, 민족과 인종 차이에 대한 역사적 인식은 향후 중국이 해체될 가능성에 대한 깊은 불안감을 불러온다. 중국인들은 중국을 문화적, 역사적, 또는 다른 어떤 방식으로도 그저 당연한 것으로 받아들이지는 않는다. 그들 대부분은 중국이 얼마나 쉽고 자연스럽게 구성 요소들로 해체될 수 있는지 잘 알고 있기 때문이다. 그런데 그 요소들은 무엇일까? 중화인민공화국을 지탱하고 관통하는 단층선은 무엇일까? 우리는 분명히 소수민족들과 한족의 공식 경계선을 잘 알고 있지만, 중국 내 문화적 차이의 비공식적 단층선에 대해서는 전혀 모르고 있다. 중국에 얼마나 많은 광둥인, 하카족, 쑤베이 사람들이 살고 있는지에 관한 지도나 통계도 존재하지 않는다. 중국 정부에게는 이들을 세지 않으려는 이유가 있을 것이다.

1989년 천안문 항쟁 동안에 베이징 사람들이 두려움에 마비되었던 짧은 순간이 있었다. 그 두려움은 정부의 진압에 대한 것이 아니었다. 대부분의 사람들은 정부의 개입이 있을 것이고 더 빨

랐어야 한다고 생각했다. 일반 대중을 더 공포에 휩싸이게 한 소문은 시위를 진압하기 위해 소집된 여러 군단이 치명적인 군사력을 쓸 것인지에 대해 서로 갈등하고 있다는 것이었다. 베이징 주둔 군대는 베이징 시민에게 좀 더 충직하여 진압 명령을 거부할 수 있으며, 우한 또는 다른 지역에서 온 군대는 덩샤오핑에게 충성할 것이라는 믿음이 널리 퍼졌었다. 시내 외곽에서 큰 총소리가 들린다는 보도가 퍼졌는데, 결코 확인된 바는 아니지만, 베이징에 결집된 여러 군대 간에 발생한 것으로 간주되기도 했다. 다른 군단에서 온 군인들이 시민들에 대한 발포 명령에 응하지 않을 것이라는 믿음도 확산되었고, 한족에 대한 무력 사용에 주저하지 않을 것이라는 이유로 몽골 소수민족 부대가 파견되었다는 소문도 있었다(Gladney 1990:22 참조). 이처럼 깊게 자리 잡은 두려움은 문화, 언어, 지역 정치의 권력 기반에 따라 나뉘었던 지역 군벌들이 사적 군대를 지휘하던 1920년대 군벌 시대를 연상시키며 중국이 내부 분열의 소용돌이 직전에 있다는 우려를 반영했다.

1993년 유엔에 제출된 성명에서 러시아 외무장관 안드레이 코지레프는 오늘날 민족 간 폭력의 위협이 '어제의 핵전쟁 위협보다 더 심각하다'고 선언했다(Lewis, P. 1993). 대부분의 사람들은 구소련, 동유럽, 아프리카, 중동, 그리고 미대륙의 여러 분쟁 지역의 문제에 대해 동의하지만, 중국이 그러한 위협에 직면해 있다는 것을 인정하는 사람은 거의 없다. 마찬가지로 구소련과 유고슬라비아는 현재 민족주의 분쟁으로 얼룩진 것으로 보고 있으나, 중국은 어떤 대가에도 통제력을 유지하려는 중앙집권적 권력구조에 의해 통치되는 비교적 온전한 단일체로 간주된다. 이러한 인식에는 분명히 어떤 진실이 담겨 있다. 이 장은 만일 중국이 불안해지기 시작할 경우 더욱 두드러지게 될 잠재적 단층선에 대해 설명하려 했다. 중심부가 건드려지지 않고 더 이상의 사회적 동요가 발생하지 않는 한, 중국의 민족적 단층선은 비교적 평온한 지표면 아래 계속 잠겨 있을 수 있다. 그러나 우리가 미래에 발생할 붕괴의 방향을 탐색하고자 한다면 오늘날 중국의 문화적, 민족적 차이의 새로운 정치학을 간과해서는 안 된다.

3장
중국 매핑(mapping)

국가 매핑, 민족 매핑

　이 장에서는 국가와 국가를 구성하는 사람들이 정해진 표상의 경로를 따라 배치된다. 통차이 위니차쿨(Winichakul 1994:15)이 설득력 있게 주장했듯이, 국가는 이전에는 경계도 없고 얽매이지도 않고 분류되지도 않았던 지역, 사람, 공간에 국경과 경계, 구성 범주를 부여하고, 그 요소들이 조직되며 국가라는 '지리체(geo-body)'를 생성함으로써 매핑된다. 이 지리체는 그 안의 사람들과 장소들을 표상하고 드러내며 재배치함으로써 구성된다. 이 장에서 나는 인구조사, 박물관, 민속, 그리고 최근에는 테마공원을 통해 영속되는 민족과 국가의 전형적 표상을 조장함으로써 국가성이 형성되는 '경로 의존성'에 대해 주장한다. 후지타니(Fujitani 1993:101)가 주장했듯이, '한 체제의 민속'을 공포한다는 것은 역사와 사회에 대한 경쟁적이고 복잡한 이야기가 여러 판본 중에서 주요 내러티브가 되어 수용된다는 것이며, 두아라(Duara 1995:81)에 따르면 저항과 반대의 역사가 국가적 저항의 계보로 전화되어 수용되는 것이다. 경로 의존성에 의해 중화민족문화공원은 특히 현대 중국의 국가성과 정체성, 제국, 국가에 대한 중국인의 관념에 영향을 주고받는 국가성 담론을 드러낸다. 경로 의존성과 막대한 잠재적 수익은 중국 곳곳에 테마공원이 생겨나는 이유로 보인다(Bao 1994). 내가 아는 한은 광둥성에 적어도 두 곳, 플로리다에 한 곳, 쿤밍에 두 곳, 베이징에 중화민족문화공원과 도시 외곽의 먀오족 마을 두 곳이 있다. 나는 내가 가장 잘 알고 있는[1] 중화민족문화공원과 중국의 다른 테마공원 및 미국 특히 하와이의 폴리네시아 문화센터와의 관계를 살펴본 다음에, 대립하고 혼재된 문화 현상 속에서 국가성의 경로를 분류하고 확립하는 것이 현대 민족국가가 헤게모니적 담론을 통제하는 수단이라는 것과 그럼에도 그것이 문화의 무질서함과 시간성을 완전히 가릴 수 없다는 것을 제시할 것이다.

경로 의존성: 민족주의의 파생 담론들

스탠퍼드 대학의 경제사학자 폴 데이비드는 1985년 영향력 높은 미국경제리뷰지에 실은 논문에서 경제 변화의 발전적이며 합리적 선택 모델에 의의를 제기하면서 미국 타자기의 산업 표준으로 자리잡은 '쿼티(qwerty)'의 다소 이례적인 선정에 관해 썼다. 그는 어떻게 타자기 자판의 상단 왼쪽 여섯 철자가 가능한 모델 중에서 가장 효율이 떨어짐에도 불구하고 모든 타자기 자판의 전국 표준이 되었는지 설명했다. 이후에도 더욱 인체공학적이고 효과적인

---

[1] 나는 1994~95년에 중화민족문화공원을 여러 차례 방문했다: 1994년 3월에는 공사 중이었는데 중국 민족학자와 함께 방문했고, 1995년 10월에는 스미소니언 박물관 일행과 함께, 1995년 11월 21일에는 미중관계위원회의 의뢰를 받은 '티베트 문화 보존' 연구의 일환으로 홍콩대학교 교육학과 교수인 제라드 포스틸리오니와 함께 중화민족문화공원을 방문했다. 이 방문 중 마지막에 처음으로 공식 가이드와 동행했고, 그 후 나는 관찰한 내용을 추적하기 위해 6번 더 방문했으며, 마지막은 2000년 초였다. 베이징을 방문할 때마다 나는 이 공원과 관련된 학자, 공무원, 노동자들을 인터뷰하고 공원을 둘러본다. 티베트 여행에 대한 민족지학적 비디오는 다음의 링크(http://www2.hawaii.edu/~dru/video.html)를 참고하시오.

자판도 쿼티 모델을 대체하는 데에는 실패했다. 쿼티 모델은 1890년대 타자기가 처음 생산되었을 때 단지 물리적으로 모든 키를 집어넣을 유일한 방법이었기 때문에 업계 표준으로 빠르게 채택된 것이었다. 일단 이 모델이 가장 널리 파급된 표준이 되고 모든 초보 타자원들이 그 방식으로 훈련받게 되면서, 경로 의존성은 더 효율적인 대안을 만들려는 최근의 많은 시도에도 불구하고 그 모델의 생존을 보장했다.

피터 파셀(Passell 1996:60-1)은 경쟁적인 타자기 디자인이 "영어에 대한 에스페란토어 정도의 진전을 이룬 것"이라고 언급하면서 비효율적인 자판의 지속이 경로 의존성 때문이라고 주장했다. 유사한 실패 사례로는 애플 매킨토시 컴퓨터와 IBM 표준(많은 사람들이 맥이 '더 낫고' 사용자 친화적이라고 주장), 소니 베타맥스 비디오 포맷과 VHS 포맷(소니가 먼저 출시했지만 제대로 마케팅을 하지 못해 '경로'를 확립하는 데 실패), 1909년 스탠리 증기 자동차 디자인이 증기 엔진을 '고급' 라인으로 마케팅하면서 더 비싼 가솔린 연소 모델에 밀려난 것, 가스흑연 시스템과 같이 덜 위험한 대안보다 경수로 원자로를 선호한 것, 고화질 텔레비전이 대량 생산되기도 전에 구식이 된 것 등이 있다. 토마스 쿤(Kuhn 1996[1992])의 과학혁명에 관한 이론과 같이, 경로 의존성의 접근법은 표준이 고유한 합리성, 효율성이나 내재적 가치에 의해서가 아니라 역사적인 사건, 시장 우위, 또는 순전히 '숫자의 무게'(Passell 1996:61)에 의해 확립된다는 것을 시사한다.

앤더슨(Anderson 1991), 그린펠드(Greenfeld 1992), 홉스봄(Hobsbawm 1992)은 민족국가의 역사적인 등장을 발명되고 '상상된' 어떤 것으로 설명하는데 도움을 주었지만, 코마로프(Comaroff 1994)가 지적했듯이 그들의 이론들은 그 과정을 추동하는 내재적인 목적론을 가정하며, 세속적인 것의 베버적 '각성' 및 '근대'의 등장과 결합된다는 점에서 문제적이다. 근대성을 어떻게 정의하든 탈제국주의 질서에 의한 민족국가의 등장이 근대성과 반드시 결부될 필요가 있는 것은 아닐 수 있기 때문이다. 여기에 또 다른 경로 의존성의 예가 있는데, 그린펠드가 제시한 다섯 가지 길 중 하나인 '술에 취해 무감각해지고 비틀거리며 다소 우발적이고 목적 없는 움직임'이 있다. 그것은 물론 여러 가능한 길 중에 어떤 것이 될 수도 있다. 그러나 전 세계의 민족주의 운동에 대한 최근의 논의는 그들을 소련이나 다른 패권주의 체제에 의해 억제되었던 부족적, 민족적 충동의 불가피한 분출로 간주해왔다. 오늘날 민족주의의 등장은 부족적 뿌리로의 회귀가 아니라 그러한 경로 의존성의 재확인을 의미하는 것이다. 이 장은 이러한 경로가 때로는 우발적으로 때로는 세계 자본 및 국제 관광과 연계되면서, 테마공원, 박물관, 대중매체에서의 상징적 재현의 공표를 통해 지속되고 있음을 제시한다.[2]

나는 여기서 테마공원과 박물관, 그리고 구성된 국가 '지도들'의 경계와 경로를 검토하면서 '문화의 경계선 작업'(Bhabha 1994:7)에 합류하고, 민족 정체성이 표현되고 생산되는 맥락에서 그것의 다중성의 정교화에 관여한다. 나는 민족주의가 단순히 상상된 관념이 아니라 특정한 스타일의 상상된 표상, 즉 현재 민족국가 내부의 상호작용 또는 저항으로 가장 자주 정의되는 행동 문법을 조성하는 표상의 양식을 의미한다고 주장한다. 홉스봄(Hobsbawm

---

[2] 문화의 상품화에서 국제 관광 및 여행사의 역할에 대해서는 애덤스(Adams 1984, 1995)를 참고하시오. 중국의 관광산업과 소수민족 문화 '판매'와의 관계에 대한 연구가 늘어나고 있는데, 이는 곰센(Gormsen 1990)과 오크스(Oakes 1993, 1995)를 참고하시오.

1992:4)이 주장하듯이 "민족주의는 정치적 프로그램이다. … 이런 프로그램이 없다면, 실현되었든 아니든, '민족주의'는 의미 없는 용어이다." 민족주의가 임의적인 것은 아니지만, 그것에 어떤 핵심 내용이 있는 것은 아니다. 존 코마로프(Comaroff 1987)가 '토템적' 관계성으로 정의하며 정확하게 설명한 강력한 상징을 사용하며 내부와 외부, 종종 대화적 대립 속에서 변화되거나 재정의되지 않는 필수적인 본질은 없다. 또한 두아라(Duara 1995)가 언급했듯이, 모든 민족주의와 민족성이 반드시 국가 구성의 부산물이나 그 안에 포함된 것은 아니다. 하지만 오늘날 이러한 토템은 하와이에서 베이징에 이르기까지 테마공원들에 점점 더 많이 포함되고 전시되고 있다.

폴리네시아 문화센터: 원시 경로?

사람들은 이곳으로 끌린다. 그 자연적 아름다움이 모든 감각을 압도한다. 하와이에서 사람들은 흥분, 모험, 낭만, 재충전을 위해 즐기고 발견한다. 그러나 오아후섬의 바람 부는 쪽에는 그 이상의 무엇이 있다. 예전 그대로의 모습, 우리가 여전히 그러기를 바라는 폴리네시아의 세계가 있다.
라이에의 폴리네시아 문화센터는 폴리네시아를 기억한다. 남태평양의 수세기에 걸친 생활양식, 관습, 예술과 공예품이 여기에 보존된다. 현대 사회가 그들을 영원히 바꾸기 전의 모습 그대로이며, 당신은 폴리네시아 사람을 만날 수 있다.

앞의 내용은 하와이 오아후섬의 몰몬교 소유 테마공원인 폴리네시아 문화센터에서 배포한 소개 동영상에서 가져온 것이다.[3] 소개하는 내러티브가 진행되면 이 동영상은 오아후섬의 자연 경관과 관광 명소를 보여준 다음에 절벽 다이빙과 불을 먹는 남성 영상이 이어지고 훌라춤을 추며 노래하는 여성이 등장한다. 그런 다음 피지 중창단이 〈부 라 라이에〉라는 노래를 부르고, 한 피지 여성이 노래 중에 다음의 내레이션과 함께 자신을 소개한다.

저의 피지 세계에 오신 걸 환영합니다. '부 라 라이에'는 '안녕, 라이에'라는 뜻이고, 라이에는 폴리네시아 문화센터가 있는 곳입니다. 아시겠지만, '부 라'는 피지의 인사말입니다. 하지만 이 노래는 라이에만이 아니라 이 센터에서 재현되는 다른 나라들에게도 건네는 인사입니다. 또한 피지 사람들에게 자신이 누구인지 상기시키고 최고가 되도록 격려하는, 그래서 그들이 국가에 유용한 존재가 되도록 하는 것입니다.

이 구간은 '부 라'를 마지막으로 끝나고, 폴리네시아의 다른 여러 지역의 방향과 거리를 표시하는 표지와 화살표가 있는 이정표로 이어진다.

피지[좌] - 3174마일
사모아[좌] - 2612마일
통가[우] - 3715마일
마르케사스[우] - 2340마일
타히티[좌] - 2746마일

[3] 폴리네시아 문화센터에 대한 영상을 대여해주고 그 복잡한 세계에 대해 호기심을 자극하는 통찰력을 제공해준 타마라 고든에게 감사의 말씀을 전한다.

하와이[바로 아래]

다음 구간은 왼쪽 귀에 꽃을 꽂은 한 젊은 남성을 비추며 시작되고 그는 말을 시작한다. "알로~하! 제 이름은 키스 아와이이고 오아후섬 출신입니다. 저는 오늘 폴리네시아 문화센터에서 고대 하와이 마을을 지나는 여러분의 가이드가 될 것입니다." 그리고 영상은 중앙 운하를 따라 배치된 '폴리네시아'의 각 장소와 그 지역 문화를 대표하는 상징이 포함된 센터를 둘러보도록 시청자를 안내한다.

폴리네시아 문화센터에서 제작된 또 다른 영상에 등장하는 한 방문자는 1995년 8월 센터를 공식 방문한 중국 대사이다. 해당 영상은 추 대사의 몇 차례의 방문 중 한 방문에서 촬영된 것으로, 발췌된 일부가 추 대사와 그의 방문 기록에 관심이 있는 몇몇에게 보내졌다. 그 영상은 추 대사가 센터 입구로 가는 길을 따라 올라가는 모습으로 시작한다. 그는 1994년 센터장과 인사를 나누고 센터장은 다음과 같이 인사말을 한다.

여러분을 모시게 되어 매우 기쁘게 생각합니다. 귀빈으로 추 대사와 부인 왕 여사를 모셨습니다. 그리고 저희와 저희의 모든 친구들이 여러분을 맞이하고 폴리네시안 문화센터를 즐기기 위해 이 자리에 함께했습니다. 또한 하와이 지역의 교회, 라이에시, 브리검영대학교의 지도자들이 모두 모였습니다. 잠시 후 센터를 둘러보면서 여러분께 인사드릴 기회가 있을 것입니다.

그리고 영상은 추 대사와 대표단이 센터의 여러 장소, 섬과 마을을 방문하는 과정을 따라간다. 이에는 정성 가득한 레이(목에 걸어주는 화환) 증정식과 저녁 프로그램이 포함된다. 저녁 프로그램은 중국계 몰몬교 전도사를 소개하는 센터장 레스 스미스의 환영사로 시작한다.

오늘 저녁에는 챈 박사의 부름에 대한 간증이 있을 예정입니다. 챈 박사는 오늘 우리와 함께 큰 봉사를 하고 있습니다. 그는 우리 교회를 위한 중국 여행의 책임자로 파송되어 왔습니다. 오늘 그와 함께하며 그의 놀라운 지식을 듣게 되어 기쁩니다.

이어서 챈 목사의 기도가 이어지는데, 챈 목사는 대사를 이곳에 오도록 한 것에 대해 예수에게 감사하고 그와 그의 가족, 그리고 그의 조국 중국에 하나님의 축복을 빌었다. 기도 후에 학생들의 폴리네시아 공연이 진행되면서 동시에 연회가 이어졌다. 여러 중국 학생들도 공연을 했는데, 대만, 홍콩, 동남아시아에서 온 중국 학생들 70여 명과 함께 센터와 브리검영대학에서 일하고 공부하는 본토 중국 학생들도 23명이 있었다. 추 대사는 다음의 말로 저녁 프로그램을 마무리 지었다.

제가 폴리네시아 문화센터를 방문한 것은 이번이 처음이 아닙니다. 1994년부터 이곳을 방문해왔지요. 저는 항상 중국의 동료들에게 하와이를 방문할 기회가 생기면 이 문화센터를 들르라고 설득했습니다. 중국에는 이런 말이 있습니다. 누군가 베이징을 방문할 때, 제 말은, 외국 친구가 베이징을 방문했는데 만리장성을 들르지 않았다면, 베이징을 방문하지 않은 것으로 여겨진다는 것입니다. 저는 폴리네시아 문화센터도 마찬가지라고 생각합니다. 누군가 하와이를 방문했는데, [박수] 문화센터를 들르지 않는다면 하와이를 방문했다고 볼 수 없는 것이지요. [박수]

저는 폴리네시아 문화센터가 관광 센터인 것은 사실이지만, 관광 센터인 것만은 아니라고 생각합니다. 브리검영대학에서 공부하는 학생들이 공동체에 봉사하는 법, 사람들에게 봉사하는 방법을 배우는 훈련 센터이기도 합니다. …

저는 이곳에 네다섯 번은 온 걸로 생각되는데요. 매번 몇 시간, 때로는 하루 종일 이곳에서 시간을 보냅니다. 이 센터에 대한 저의 흥미는 결코 줄어들지 않습니다. 이번 방문도 센터 첫 방문 만큼 흥미로웠습니다. 저는 오늘의 기억이 앞으로 수년 동안 생생하게 남아 있을 것이라 장담합니다. 여러분들과 맺은 우정도 오래도록 지속될 것입니다. 감사합니다. [박수]

이 영상은 바로 중국 음악으로 이어지며 꺼지고, 중화민속문화촌이라는 제목의 또 다른 소개 영상이 시작된다. 이 영상은 중국에서 제작한 광둥성 선전시의 테마공원에 대한 영상으로, 바다 근처 강을 따라 배열된 중국 전통 건축물들이 다를 뿐 폴리네시아 문화센터의 소개와 매우 유사하다. 내레이터가 중국어로 이 공원을 설명하고 이 공원이 홍콩 중국 여행서비스의 후원을 받고 중국과 홍콩의 합작회사에서 지원받는다고 언급한다. 영상은 中华民俗文化村(Zhonghua Minsu Wenhua Cun)이라는 중국어 표지판 앞에 줄지어 서 있는 화려한 소수민족 '의상'을 입은 여성들 장면으로 전환된다.

혼재된 미디어, 모호한 장르, 그리고 파생 담론들

선전의 중화민속문화촌은 폴리네시아 문화센터로부터 직접 파생된 것으로 이 영상 패키지에서 소개된다. 이를 입증하기는 어렵겠지만, 중국 정부와 관광청 관계자들의 여러 방문과 중국 대사의 논평을 보면 직접적인 모방은 아닐지라도 상호 영향이 있었음을 보여주는 듯하다. 대시의 방문과 함께 보여진 선전 소개 영상의 몰몬교식 방식을 보면, 분명히 그들도 그렇게 보이기를 원한 듯하다. 성공적인 테마공원 복음화의 사례일까? 우리가 보게 될 것처럼 이는 진실과 멀지 않을 것이다.

앤드류 로스(Ross 1993:89)는 폴리네시아 문화센터에 관한 연구에서 토착문화의 관광 공연이 '전통적 가치의 표현인 동시에 서구 미적 코드의 해석'이라고 주장했다. 우리는 몰몬교와 중국 정부의 재현 모두에서 민족주의와 정체성에 대한 서구와 중국, 마르크스주의의 개념이 모호해지는 것을 보게 된다. 이는 많은 부분 중국에서 민족주의와 민족 정체성에 관한 파생 담론과 관련이 있다. 그리고 그것은 내가 주장했듯이(Gladney 1996a:93-6) 민족주의에 대한 마르크스주의와 서구 담론만이 아니라 정체성과 사람됨에 대한 중국의 전통적인 표상에서 파생된 것이다. 선전의 테마공원과 이를 모델로 만든 플로리다의 테마공원 '화려한 중국(Splendid China)'에 대해 비평가들은 특정한 방식으로 (티베트인과 기타 소수민족 등) 여러 민족들을 표상하는 중국 정부의 '권리'에 의문을 제기했다(Tibet Press Watch 1994:7 참조). 앤 아나그노스트(Anagnost 1995)는 폴리네시아 문화센터의 영상이 폴리네시아를 '그럴 수 있는 모습으로' 그린 것처럼, '화려한 중국' 공원도 중국이 그러해야 한다고 중국 정부가 인식하는 비전을 표현한 것이라고 지적했다. 이 공원이 '중국 민속문화'의 일부로 많은 민족을 포함함으로써 민족주의의 파생 담론에 강하게 영향받은 중국의 민족 정체성과 통합이라는 중요한 전통을 따르고 있다는 것에 주목한 사람은 거의 없었다. 여기서 민족 개념은 다민족 중국의 주류민족으로 한족을 홍보하는 것과 밀접한 관련이 있다.

예의적 관계에 의해 약하게 묶인 사회에서 질서와 조화에 대한 유교적 집착은 민족성의 범주를 채택한 하나의 이유일 것으로 보인다. 즉, 주류 한족과 다른 종속 집단인 소수민족의 범주를 구성한 것이다. '이름의 교정'이라는 유교적 관습은 중국 민족지학자들에게 주요 관심사였다. 일단 한족과 모든 소수민족이 식별되고 이름이 주어지면, 질서는 회복되고 세상이 평안해지는 것이다. 이에 대해 프랑수아 티에리(Thierry 1989:78)는 다음과 같이 말했다.

> 중국에서 사물과 그 이름 사이의 조화에 대한 중요성은 잘 알려져 있다. 모든 이름은 명명된 사물의 심오한 본질과 완벽하게 일치해야 한다. 따라서 각 유형의 야만인의 이름을 동물적 본성을 나타내는 극단적인 표지 아래 그래픽으로 분류하는 것은 존재론적 필수사항이다. 그래서 일부 야만인을 지시하는 표의문자에 '파충류', '벌레', 그리고 무엇보다도 '개' 어근이 들어가는 것을 발견할 수 있다.

비록 이런 표의문자의 어근은 중화인민공화국 수립 이후 삭제되었지만, 이 표지 자체가 공식적인 명칭으로 결정되었다. 일부는 여전히 부적절한데, 하니족은 자신들을 아카족이라 부르고 먀오족은 몽족으로, 나시족 일부는 모수오족이라 부른다. 또한 후이족은 하나의 민족 이상의 폭넓은 의미를 지닌다. 이러한 명칭은 혼란에 질서를 주는 국가의 전통적 역할에 대한 지지의 역사와 이름 교정의 유교적 전통에 기인한다. 여기에 전체 민족을 지칭하는 것으로 발명된 이름이 바로 한족이라는 명칭이다.

웨이강 계곡에서 발원한 한왕조의 후예로서 한사람(Han person)이라는 개념은 수세기 동안 존재해왔다. 그러나 나는 한족이라는 개념은 제국에서 국가로의 전이 속에서 생겨난 철저히 근

대적인 현상이라고 주장한다.[1]

중국민속문화공원(China Folk Cultural Park)이 중국의 여러 민족을 테마로 하고 있지만, 인구수가 절대적으로 많은 한족보다도 소수민족이 공연과 춤에서는 훨씬 주요하게 등장한다는 것은 중요한 의미가 있다. 민속문화공원이 한족과 소수민족을 모두 포함하고 한족 문화의 다양성에도 초점을 맞추고 있다는 점에서 공원은 민족공원이 아니라 민속공원으로 간주된다. 중화민족공원(Chinese Ethnic Park)에 민족이 들어간 것은 그 공원이 모든 '사람들'에 초점을 둔 것이 아니라, 주로 중국을 구성하는 민족들에 초점을 두었기 때문이다. 율리 링케(Linke 1990:119)와 같은 민속학자는 민속과 민속학의 발명은 19세기에 독일 공통의 역사적, 문화적 유산을 구축하려는 독일 낭만주의자들의 기획과 깊은 관련이 있다고 지적했다. 후지타니(Fujitani 1993:101)도 지적했듯이, '정권의 민속'의 발명은 국가 건설과 민족주의 기획에 매우 중요하다. 결국 민속이라는 것도 민족과 아주 동떨어진 것은 아니다. 그러나 1990년대 후반부터 미국 사회과학의 영향이 증가하고 러시아의 영향이 감소하면서, 중국어 民族은 영어로 'nationality'보다는 'ethnic'으로 더 많이 번역되고 있다. 1995년에 国家民族事务委员会(국가민족사무위원회)의 영문 명칭도 이전의 'State Commission of Nationality Affairs'에서 'State Commission for Ethnic Affairs'로 변경되었다. 이처럼 베이징의 테마공원인 중화민족문화공원도 중국인들 스스로 'Chinese National Park'가 아니라 'Chinese Ethnic

4   예를 들어, 웅거의 『중국의 민족주의』라는 1996년 선집에서는 한족과 중국인 개념을 반복적이고 무비판적으로 결합하며 한족 민족주의를 중국 민족주의와 동의어로 사용한다(Townsend 1996:15 참조). 유사하게 니콜라스 라디는 한족의 '인종적' 동질성이 중국의 해체를 막을 수 있다고 주장하기도 했다(Lardy 1994:25).

Culture Park'로 번역한다.[5]

이 논쟁이 비록 사소한 번역과 관련된 것이지만, 民族의 영문 번역을 더 이상 'nationality'가 아닌 'ethnic'으로 하는 것은 미미하지만 중요한 의미적 변화를 수반한다는 점에서 중요하다. 위에서 주장했듯이 民族을 영어로 'nationality'로 번역하는 것은 1940년대와 1950년대 중국의 국적 정책에 대한 소련 마르크스주의의 영향과 중국이 56개의 민족만 공식적으로 인정한다는 사실을 고려하면 적절할 수 있다. 서구 사회과학에서 '민족'이라는 용어의 역사가 국가 정책과 무관하게 자기 정체성에 대한 강력한 몰입을 포함한다는 점에서, 민족이라는 범주는 국가가 인정하지 않더라도 스스로 별도의 집단 정체성을 가졌다고 인식하는 집단을 위해 유보하는 것이 더 적절해 보였다. 따라서 윌리엄스(Williams 1989:439)가 주장하듯 '민족성은 제국의 국경 지역에 있는 사람들을 식별하는 것이다'. 동시에 국가는 인류학자들로 하여금 그런 경계를 매핑하도록 하고, 그 지도는 테마공원과 국가 박물관의 다양한 전시물을 구분하기 위해 사용된다. 이로써 1949년에 별도의 민족으로 인식하고 승인을 신청했던 400여 개의 그룹들 중에서 대다수인 한족을 포함해 단 56개만이 국가에 의해 등록된 국적으로서의 민족으로 인정된 것이다(Fei 1981). 그렇다고 인정받지 않은 그룹이 자신들을 민족이라고 여기지 않는 것은 아니다. 상하이의 쑤베이족 같은 그룹은 공식적인 민족 지정은 없지만 자신들을 민족이라고 여긴다(Honig 1992). 여기서 중요한 점은 베이징, 선전, 쿤밍 및 그 외 지역의 테마공원들의 역할과 성공이 국가의 민족 승인을 요청하며, 아니라면 이윤을 위해서라도, 다양한 민속문화를 국가문화로 변환시

---

5 '문화'를 뜻하는 중국 단어인 文化가 'Chinese Ethnic Culture Park'의 중국어 명칭인 中华民族园에 들어가지 않는다는 점도 참고하시오.

키고 있다는 것이다.[6]

1990년대 중반 이후로 중국 소수민족과 국가 정체성에 대한 글들은 '낙후된 소수민족'에 대한 중국의 '문명화 미션' 정책에 초점을 두기 시작했다(Anagnost 1994; Harrell 1995 참조). 관영 미디어와 출판물은 물론이고 대중적 표현에서도 한족은 가장 현대적이고 암묵적으로 가장 교육 수준이 높은 집단으로 제시된다. 한족은 종종 중국 소수민족이 따라야 하는 마르크스주의의 역사적 궤적의 끝점에 가까이 있는 것으로 표현된다. 이러한 인식의 대부분은 소수민족을 '원시 공산주의'의 기원을 보여주는 '살아 있는 화석'으로 다루는 중국 사회과학계의 지속적인 연구에 기원한다. 소수민족에게 보이는 모계사회, 공동생활과 재산 소유, 혼외 성생활까지 한족이 얼마나 멀리 왔는지에 대한 '증거'가 된다. 중국의 마르크스주의 사회과학계는 특히 미국의 인류학자 루이스 헨리 모건의 저서에 나타나는 단계적 진화론의 강한 영향을 받아왔다(Yang Kun 1992 참조). 문화와 시민성의 이러한 표현은 중국에서 오랜 역사를 가지고 있으며, 분명히 민족국가에게 새로운 것은 아니다.

중국 왕조에서 '타자들'은 종종 중국 관료들에 비해 덜 '문명화된' 자들로 그려지고, 종종 '요리되지 않은', '문화화되지 않은' 타자이며 '유럽의 아시아, 아프리카, 야만이 들끓는 신대륙으로의 확장 역사에서 익숙해진 도구들로 가득 찬 것'(Rowe 1994:423)으로 묘

---

[6] 〈차이나 포커스〉 1996년호의 한 사설 '민족 신분을 살 수 있다'에 실린 기사에서 점점 더 많은 사람들이 나가서 자신의 민족 신분을 구매할 수 있다고 기록했다. "1994년 9월부터 1995년 5월까지 광시성 루촨현 국적국은 소수민족 신분을 팔아 798.7만 위안을 벌었다. … 누가 왜 소수민족의 신분을 원하는 것일까? 그것은 그 신분에 특정한 이점이 있기 때문이다. 예를 들어, 소수민족 학생의 경우 중국 내 주류인 한족 학생보다 10점 낮은 점수를 받아도 대학 입학이 가능하며, 부부가 모두 소수민족인 경우 자녀를 한 명이 아니라 두 명까지 낳을 수 있다. 또한 소수민족 출신 간부에게는 한족보다 승진 기회가 더 많이 주어진다."

사되었다. 당나라 역시 남부인들을 이국적이고 낭만적으로 묘사하는 경향이 있었다. 여기서 강조할 점은 현대 중국과 '전통적' 중국의 질적 차이가 아니라, 제국에서 국가로의 전환 중에, 유연한 '문명화'와 교육에 관한 담론으로부터 덜 유연한 민족과 국가의 범주로 전환되는 중에 의존의 경로가 변할 수 있을 것인가에 있다. 공물을 바치는 신민에서 행복하게 투표권을 행사하는 국민으로라는 수사는 이제 황제의 손 안에 있는 제국이 아니라 다수가 지배하는 국가의 헤게모니 중 하나이다.

중화민족문화공원 매핑

베이징 외곽에 있는 이 공원은 공항으로 가는 제4순환도로의 샛길로 들어갈 수 있다. 이 공원은 원래 2000년 올림픽 유치 실패로 비워진 땅에 지어졌으며, 1988년 아시안게임 개최지 바로 옆에 있어, 공원에서 개최지를 볼 수 있다. 내가 1995년 11월 21일 이곳에 세 번째 방문했을 때, 나는 우리에게 배정된 이족 여성 가이드와 다음의 대화를 나누었다.

> 가이드: 쓰촨성 가보셨어요? 여기는 쓰촨성의 지우자이 계곡인데 가보신 적 있으세요? 이 폭포는 지우자이 계곡의 일부입니다.
> 글래드니: 하지만 이 용은 어때요?
> 가이드: 이 용은 중국 민족이 '용은 사람에게 물려준다'고 생각하기 때문에 여기에 있습니다.
> 글래드니: 한족은 용을 숭배하지만… 소수민족도 용을 숭배하나요?
> 가이드: 일부 민족은 용을 숭배하지만 모든 민족이 용을 숭배하는 것은 아닙니다. 여기가 중화민족문화공원이 아닌가요?

글래드니: 공원 내에 한족이 있나요?

가이드: 네, 한족이 있습니다.

글래드니: 한족이 재현되나요? 공연도 하나요?

가이드: 아니요, 지금은 재현되지는 않아요.

글래드니: 이후에는 있을까요?

가이드: 네, 있을 겁니다. 다음에 오시면….

가이드: 이 공원은 문화와 종교 문화의 여러 양상을 가장 잘 보존하고 있습니다. '티베트 섹션'은 민족문화의 종교적 측면을 가장 완벽하게 보존하고 있습니다.

외국 학자: 그들이 잘 보존했는지 아닌지는 어떻게 판단하나요?

가이드: 주로 그들의 관습[風俗]을 바탕으로요. 그리고 그들의 가장 오래된 관습에 가깝다면요. 이것은 상당히 알 수 있습니다… 모든 민족이 그것을 완벽하게 보존한다고 말할 수는 없습니다. 어떤 민족도요….

외국 학자: 만주족을 예로 들면, 더 이상 그들의 언어를 가지고 있지 않지요.

가이드: 아니요, 만주족은 아직도 가지고 있어요. 몇몇 작은 현에서는 아직 보존하고 있지만, 어디인지 기억나지는 않네요….

우리가 공원의 16개 마을 길을 다니면서 가이드와 이후에 나눈 대화에서도 역시 민족 정체성에 대한 재현의 이러한 '경로'에 대해 전념한다는 것이 드러났다. 내가 무슬림 국적자는 왜 없는지 물었을 때 다음의 답변을 받았다.

글래드니: 무슬림 국적자를 볼 수 있나요?

가이드: 죄송합니다. 지금은 무슬림 국적자가 없습니다.

글래드니: 아직 없다고요? 위구르족, 카자흐족, 후이족…?

가이드: 아뇨, 없어요… 위구르족이 당신과 많이 닮았다고 생각하지 않아요?

외국 학자: 맞아요, 당신은 양고기 샤슬릭을 팔아도 될 만큼 위구르족처럼 생겼어요!

글래드니: 좋아요, 그런데 왜 아직도 무슬림이 없나요?

가이드: 우리에게는 한정된 사항이 있는데, 우리는 이를 세 단계로 나누었습니다. 첫 단계에서는 지금 있는 것을 볼 수 있고, 두 번째 단계에서는 무슬림들… 위구르족, 카자흐족, 타지크족… 앞으로 그들도 있게 될 거예요.

글래드니: 그런데 여기 한족은 있나요?

가이드: 이미 있어요.

글래드니: 그래요? 어디에요?

가이드: 저쪽으로 돌 때까지 기다려주세요.

글래드니: 하지만 한족은 소수민족이 아니잖아요?

가이드: 한족이 소수민족은 아니지만 여전히 하나의 민족입니다. 이 공원은 중화소수민족문화공원이 아니라 중화민족문화공원이잖아요.

글래드니: 그럼 당신도 어떤 민족 종류의 국적을 가지고 있겠군요. 혹시 하카족, 하카 사람들은 어떤가요?

가이드: 하카족은 하나의 민족이 아니라 먀오족(몽족)의 한 갈래입니다.

외국 학자: 홍콩 사람들은 어떤가요?

가이드: 홍콩 사람들은 한족이죠, 그렇죠?

외국 학자: 하지만 그들의 문화적 전통은 어떤가요?

가이드: 그들의 문화적 전통은… 제국주의의 영향을 받았기 때

문에.

외국 학자: 제국주의의 영향? 어떤 종류의 영향? 억압?

가이드: 억압이 아닙니다! 억압이라고 부르지 마세요. 그들은 전적으로 서구 문화의 영향을 받았다는 것입니다. 그리고 그들의 관습은 서양의 관습과 매우 유사해요.

글래드니: 하카족은 그들만의 언어와 친족이 있는데 왜 민족이 아닌가요?

가이드: 그런 건… 민족사무위원회에 가서 물어봐야 하지 않을까요? 네, 민족사무위원회에 가서 물어보세요! 그것은 그들의 일입니다….

국가민족사무위원회가 이 공원을 직접 관리하지는 않고 대만, 홍콩, 베이징의 합작회사가 운영하지만, 공원이 개장되기 전에 먼저 위원회의 승인이 필요하다. 공원 공사 전에는 위원회 관계자들과 중앙민족대학의 학자들에게 공원에 대한 자문을 받기도 했다. 1994년 공사 중에 내가 이 학자들 중 한 명에게 소수민족과 한족이 모두 포함되는 거냐고 물었는데, 그는 '누군가의 기분을 상하게 하지 않으려면 당연히 소수민족과 한족 모두를 포함해야 한다'고 답했다. 그래서 1995년 공원이 개장한 후 공원에 무슬림 그룹이 없다는 것을 알고 나는 꽤 놀랐었다. 내가 티베트 구역에서 일하는 티베트 승려 지거에게 이 이야기를 했더니, 그는 '이곳에 오는 사람들은 주로 북부에서 오기 때문에 그들은 일상적으로 보기 힘든 소수민족을 보기를 원한다. 그게 당신이 무슬림이나 다른 북방 민족을 보지 못하는 이유'라고 말했다. 그럼에도 나는 공원에 만주족, 조선족, 몽골족이 잘 재현되고 있어서 의아했다. 그리고 가이드가 공원에 한족이 있다고 말했음에도 1995년 10월이나 11월에 공식적인 한족 전시나 공연은 찾아볼 수 없었다.

　공원 건설 중에 선정위원회는 중국 남부에 파견되어 공원에서 일할 소수민족을 모집했다. 모집된 사람들은 베이징에서 숙소가 무료로 제공되고 매달 300위안이 지급된다는 약속을 받았다. 그들은 공원이 인력을 교대 근무시킬 만큼 돈을 벌게 되면, 여러 다른 소수민족들이 교육받는 학교, 아마도 중앙민족대학에 갈 수 있는 기회도 있을 것이라고 들었다. 소수민족은 세 가지 기준에 따라 선발되었는데, 그것은 중국어 구사 능력, 자기 민족의 노래를 부르고 춤출 수 있는 능력, 마지막으로 신체적 아름다움이었다. 브라우넬(Brownell 1995:23)의 흥미로운 연구에 의하면, 마지막 항목이 특히 중요한데, 이는 중국인이 '표준화된 아름다움'에 대해 매우 명확한 관점을 가지고 있기 때문이다. 한 동족 남성 직원이 아마도 이런 기준들과 공원의 목표로 인해 선정되는 대부분의 직원은 여성이며 (키가 크고 날씬하고 피부가 밝으며 동그란 눈을 가졌는지 등의 기준에 따라) '아름답다'고 나에게 말했다. 예를 들면, 먀오족 마을에는 10명 중 8명이 여성이고, 하니 마을에는 8명 중 6명이 여성, 동족 마을은 5명 중 3명이 여성이다. 이는 내가 4장에서 논의할 민족 재현의 경로를 따르는 것이다.

　중국 소수민족이 더 이상 야만인으로 그려지지 않고, 소수민족 표기 문자에 '개'나 '벌레' 어근이 들어가는 것도 1949년부터 많이 바뀐 반면, 대중매체와 특히 테마공원에서 묘사되는 소수민족은 한족보다 훨씬 더 '다채롭고' '문화적'일 뿐 아니라 관능적이다. 판매용 상품이나 출판물에서 인기 있는 테마 중 하나는 소수민족 여성 중에서도 특히 태족, 하니족, 리족 여성이 강에서 목욕하는 모습이다. 폴리네시아 문화센터에서와 마찬가지로 물과 관련된 형상들이 공원 곳곳에 있다. 물은 운하, 개울, 폭포, 분수에서 공원 도처에

흐른다. 태족과 남방 민족들에게 유명한 물 축제가 가끔씩 재현되기도 한다. 한족 상당수는 이 축제 기간 중에 소수민족 여성들이 강에서 나체로 목욕하는 것을 즐긴다고 믿기도 한다.

강에서 목욕하는 태족 및 다른 소수민족 여성의 이미지는 중국에서 민족적 관능미의 표현을 위해 되풀이되는 주제이며, 중국 전역에서 양식화된 이미지로 자주 등장하여 특히 식당과 공공장소의 대형 벽화에 사용된다. 학생들에게는 목욕하는 태족이나 소수민족의 또 다른 이국적인 표상을 목판화로 만들도록 종종 장려되기도 한다. 소수민족 누드 그림과 관련된 가장 유명한 일화는 베이징 수도공항에서 일어난 사건이다.[7] 이런 표현으로부터 나는 중국의 소수민족 여성이 대중적 수준에서 중국의 주류 한족 사회의 '동양적 시선'을 위한 궁극적인 '성적 페르소나'로 장식되어왔다고 논의해왔다. 목욕하는 소수민족 여성의 이미지가 보는 사람의 눈에 실제로 에로틱하거나 관능적인지는 논쟁의 여지가 있겠지만, 명백히 한족 여성에게 적용되는 것은 아니다. 그들은 대부분의 국가 출간물에서 일반적으로 가려지고 보수적이거나 '문명화된' 자들로 재현된다. 아마도 그렇기 때문에 테마공원에서 한족이 그다지 매력적으로 여겨지지 않는 것일 수도 있다. 중국에서 누드는 종종 자연적이고, 자유로우며, 현대생활의 제약과 현실에서 벗어난 것으로 이상화되고 낭만화되지만, 이는 한족에게는 부적절한 것으로 여겨진다(Brownell 1995:270, 275 참조). 소수민족이 이렇게 낭만적 갈망의 대체된 대상이 되었을 것이다.

여기서 관객이 중요한 이슈가 되지만, 대중문화에 대한 논의에

---

[7] 화가 위안원성의 그림을 '가리고 공개한 것'에 대해서는 4장에서 자세히 설명한다. 내가 방문했던 1995년 11월에는 가려졌던 누드 이미지가 다시 공개되었다.

서 그렇듯이 이를 평가하기는 어렵다. 공항, 호텔, 관공서와 같은 공공장소에서 한족 여성의 나체 이미지를 거의 발견하지 못한다는 점은 주목해야 한다. 그러나 소수민족 여성의 벗은 이미지는 그러한 이미지를 판매하는 테마공원에서와 같이 공공장소에 자주 전시된다.

한 시장에서 나는 소수민족 공예품과 에로틱한 재현물을 판매하는 동족 여성과 다음과 같은 대화를 나눴다.

글래드니: 이건 어느 민족의 것이에요? (바틱 천을 들어 보며)

점원: 태족 거예요.

글래드니: 이 그림은 뭐지요? 샤워하는 건가요? (벗은 여자가 목욕하는 그림을 들어 보이며)

점원: 이거요? 아니요, 이건 물 축제에요. 들어본 적 없어요?

글래드니: 아, 휴일이군요?

점원: 맞아요. 물 축제 못 보셨나요? 이걸 사지 않겠어요? (완전 나체로 목욕하는 여인의 바틱을 보여주며)

글래드니: 처음 보는데… 그건 어느 민족 거예요?

점원: 동족 여성이에요.

글래드니: 동족이라고요? 가격은 얼마인가요?

점원: 얼마에 줄 수 있는지 볼게요… 여기 멋진 마스크도 있으니 하나 사세요!

글래드니: 점원분은 어느 민족이에요?

점원: 저는 구이저우성 출신의 동족이에요.

글래드니: 동족이라고요?

점원: 네, 맞아요.

글래드니: 여기는 일하러 오셨어요?

점원: 네, 이 마스크 중 하나를 구입하셔야 해요. 이 마스크는 예배에 사용되는 거예요.

글래드니: 저기 끝에 그림, 목욕하는 그림이요. 저것도 동족이죠? 당신도 그렇게 하나요?

점원: 네. (씻는 동작을 하며) 하나 사세요. 하나 사세요⋯.

글래드니: 고맙지만 다음에 살게요.

점원: 그래요, 다음에!

분명히 이 동족 판매원은 자기 민족의 관능미를 판매하는데 주저하지 않는다.[8] '원시 공산주의'와 '가모장' 사회에서 자본주의의 등장에 관한 중국의 인류학 문헌에 소수민족 여성이 많이 등장한다는 것도 주목할 필요가 있다. 이러한 믿음은 공원에서 만난 다른 동족 여성과 나눈 다음의 대화에도 나타난다.

동족 여성: 우리 동족은 여성 신을 가장 숭배합니다.

글래드니: 당신들은 모계[母系制度]인가요?

중국인 남성 관광객: 아니에요, 말도 안 돼요. 수천 년 전, 수만 년 전의 상황이겠죠.

가이드: 아니에요, 아니에요.

글래드니: 그럼 더 이상은 아니군요?

동족 여성: 예, 더 이상은 아닙니다. 하지만 매년 열리는 겨울 축제 중 하나에서 이런 고대 관습에 대한 우리의 숭배를 볼 수 있어요⋯.

---

8   대화가 녹화된 영상을 보면 이 여성이 진짜 동족인지, 아니면 단순히 판매를 위해 동족인 척하는 것인지는 확실하지 않다. 나중에 다른 점원 중 한 명이 그 점원이 실제로 동족이라는 사실을 확인해주었다.

외국 학자: 옷이 너무 예쁘네요.

동족 여성: 이건 아플리케인데, 그렇게 예쁜 편은 아니에요. 손으로 꿰매는 게 훨씬 더 아름답죠.

중국인 남성 관광객: 이 동족 여성들은 옷을 매우 진지하게 생각해요. 휴일에는 가장 아름다운 옷을 입고 밖으로 나와요. 당신 같은 사람이 오면 나와서 함께 춤을 추지요….

축제 동안 한족 남성 관광객이 이 여성들과 춤을 추고 '고대' 모계 관습을 관찰하게 하는 유혹은 소수민족으로 대표되는 '원시' 모계주의와 한족으로 대표되는 '현대' 부계주의의 이국화된 진화 패러다임에 대한 광범위한 믿음을 입증한다. 초우(Chow 1995)가 지적했듯이, 중국에서 원시성에 대한 집착은 영화에서 가장 두드러지게 나타난다. 이러한 담론의 파급은 영화 〈놀라운 결혼 관습(Amazing Marriage Customs)〉과 〈말도둑(Horse Thief)〉에서 잘 드러난다(4장과 5장에 설명). 일반적으로 무슬림은 5세대 영화감독 티엔 쫭쫭의 영화 〈말도둑〉에서 보듯이 중국 영화에 잘 나오지도 않는다. 다시 말하지만, 이것이 테마공원에 무슬림이 없는 또 다른 이유일 수도 있다. (적어도 중국에서) 무슬림 보수주의와 부계주의는 원시에서 현대에 이르는 진화론적 틀에 맞지 않는다. 내가 무슬림 재현에 크게 관심을 가진 이유 중 하나는 중국 소수민족 중에서 대중매체에 나타나는 이슬람에 대한 잘못된 표현과 낙인에 대한 공개적 항의에 무슬림이 가장 성공적이었기 때문이다. 1989년에 출간된 단행본 『성적 관습(Sexual Customs)』은 이슬람에 모욕적인 것으로 드러났고, 이에 대한 항의는 미디어의 광범위한 관심과 무슬림의 요구에 대한 정부의 즉각적인 수용을 이끌어냈다(Gladney 1994c 참조). 이러한 항의는 최근까지도 계속되었는데, 아마도 이것도 공원 관리자들이 무슬림 관련 전시를 머뭇거리는 또 다른 이유일 것이다.

소수민족의 '원시성'은 추정된 한족의 '근대성'과 대조된다. 소수민족은 관능미, 다채로움, 이국적인 관습으로 특징 지어진 범주가 되고, '표식이 없는' 한족과 대비된다. 중국인에게 '한족스러움'은 시민성과 근대성을 의미하며, 아마도 이것이 만주족이나 조선족처럼 좀 더 '교육수준이 높은' 소수민족을 관능적이거나 원시적이라고 이국화하지 않는 이유일 것이다. 조선족이 실제로 중국에서 가장 교육 수준이 높은, 한족보다도 높은 민족이라고 하더라도 중화민족문화공원에서는 시골의 농경 민족으로 그려진다(Lee 1986 참조).

아마도 중국 테마공원들의 관람객 대부분이 중국인인 이유도 이러한 점 때문일 것이다. 테마공원의 자문을 맡은 민족사무위원회의 관계자는 외국인을 대상으로 한다고 들었지만, 가장 많은 관람객은 한족과 화교인 것으로 밝혀졌다. 나와 대화를 나누었던 한 독일인 부부는 공원이 지나치게 '인공적'이어서 가지 않았더라면 좋았을 거라고 말했다. 그럼에도 공원이 외국인 관람객 없이도 수익을 내고 있다는 것은 놀라운 일이다. 이는 티켓 가격이 중국인 평균 소득(미화 18달러 정도인 160위안, 베이징의 월평균 임금은 약 400위안)을 훨씬 뛰어넘는 수준이기 때문이다. 나는 화교 외에 주로 학교와 군인 단체 관람객을 보기도 했다. 일본인은 거의 볼 수 없었다. 테마공원이 일본에서는 호황을 누리는 것처럼 보이지만, 민족공원류가 아닌 디즈니 계열이다(Higashino 1991 참조).

내가 1995년 10월에 공원을 방문했을 때, 한 티베트 승려가 자기 민족 여성은 한 명도 없다고 불만을 토로했다. 지거 스님은 '이건 불공평하다'고 말했다. "다른 모든 그룹은 적어도 남성 한 명에 세 명의 여성이 있는 반면, 우리는 15명 승려에 한 명의 여성도 없어요. 한족이 티베트족 여성 보는 것에 관심이 없기 때문이겠죠. 남방계 여성들만." 나는 그에게 무슬림이 없는 데에 또 다른 이유가 있지 않겠냐고 물었지만, 그는 이유를 알지는 못했다. 내가 11월 말에 다시 공원을 방문했을 때, 두 명의 티베트 여승이 일하고 있었다. 지거는 떠났고 다른 승려 톤수르가 여승들도 다른 사람들처럼 공부하고 기도하기 위해 여기에 왔다고 말했다. 그들 모두는 티베트의 드레풍(Drepung) 사원이나 세라(Sera) 사원에서 승려로 훈련받은 사람들이었다. 예전에 내가 지거에게 중국 테마공원에서 승려로 일하는 것이 꺼려지지 않느냐고 물었을 때, 그는 "그렇게 나쁘지 않다. 우리는 티베트에서 했던 것처럼 자주 기도를 드리고 있다. 여기는 더 따뜻하고, 300위안도 받으니"라고 답했다. 우리의 이족 가이드는 티베트 구간은 '종교 구역'이고 티베트 보살인 미종을 모시는 '진짜 종교' 사원이라고 설명했다. 티베트 승려들은 이곳이 공원의 일부가 아니라 라싸의 조캉 사원을 모델로 지은 실제 종교 장소라고 단호하게 말했다. 1995년 11월에 라싸에서 나는 조캉 사원의 주지 스님에게 사실 여부를 물었지만, 베이징의 테마공원에 대해 들어본 적이 없다고 답했다.

경로 의존성과 테마파크의 유혹

관람객이 폴리네시아 문화공원이나 중화민족문화공원에 조성된 수로와 산책로를 따라가야 하는 것처럼, 소수민족과 주류민족을 재현하는 특정한 방식은 어떤 경로 의존성에 의해 제한된다. 후지타니(Fujitani 1993:87)의 용어를 빌리면, 그들은 '기억의 장소(mnemonic sites)'가 되어 그곳을 따라 민족의 개념이 전해지고 표현된다. 또한 아나그노스트(Anagnost 1994:231)의 용어에 의하면,

'국가적 본질에 봉사하는' '기념비화'가 된다. 아나그노스트의 관점이 '중국의 본질'이라는 개념 자체를 본질화할 수 있는 위험이 있지만, 나는 중화(中華)라는 국가적 본질을 원시적이고 다채로운 소수민족에 둘러싸인 한족으로 정의하는 프로젝트가 그러한 담론을 관통한다고 주장한다. 테마공원들은 종종 갈등하고 혼재된 문화공간을 신뢰할 만하고 관찰 가능한 경로로 조직하는 데 있어 담론적 수준에서의 헤게모니적 역할을 수행하는 것이다(Bhabha 1994:6). 이러한 생산은 테마공원과 상품화된 전시공간들에서 '소수민족'과 다른 '국가적' 타자의 재현으로 이루어진다.

테마공원과 국가 인구조사에서 '민족들'을 배치하는 것은 그들의 가시성과 주류 한족의 비가시성으로 이어진다. 윌리엄스(Williams 1989:439)가 주장했듯이, '모든 개인들이 자신과 타자의 정체성 구조에서 좌표를 고정하는 데 동등한 힘을 가지는 것은 아니다. 또한 표식 과정에서 벗어나 다른 이들과 달리 보이지 않는 존재가 될 수 있는 권한도 모든 개인들에게 동등하게 부여되지 않는다. 보이는 것에 질서를 부여하는 주류의 비가시성은 관찰자의 헤게모니적 시선을 만들어내며, '소수민족'은 굳이 테마공원에 방문하려 하지 않는다. 자신의 민족이 출생 시나 성인기에 할당되는 중국과 같은 곳에서 국가는 규제와 등록을 통해 어떤 민족이 보여져야 하는가에 관련된 중요한 역할을 수행한다. 케이블 텔레비전 회사처럼 문화적 간극의 암호화된 혼돈을 '정리한다'.

암호화된 경로, 해제된 경로

이 장은 국영 미디어와 승인된 테마공원에서 나타나는 대중문화를 통해 중국의 민족성을 살펴보고자 했다. 그러나 고도로 조직되고 구조화된 테마공원과 소수민족 공연은 조지 마커스(Marcus

1994:48)가 적절하게 설명했던 현대 민족지학적 글쓰기에서 '동시성의 문제'라는 딜레마에 부딪힌다. 이는 '공원'을 구체화하지 않으면서 쓰려는 시도이다. 전시되는 소수민족의 가시성을 이용해 주류의 비가시성을 확보하는 것에 대한 윌리엄스의 논의에서 나타나는 것처럼, 경로 의존성에 관한 주장은 중국 민족들 사이의 위계, 권력, 재현과 관계성의 본질에 관한 것이다. 그리고 폴 래비노우(Rabinow 1986:234)가 상기시켜준 것처럼 재현은 종종 사회적 사실이 된다(보스니아계나 후투족과 같은 그룹에게는 비극적으로). 9장에서 논의될 '관계적 타자성'은 현대 민족국가의 전형적인 정체성 구성의 주요 양상들을 특징짓는다. 이러한 접근법은 정체성 형성과 표현에 대한 보다 맥락적이고 관계적인 접근법을 향해 나아가는데, 여기서 상상, 재현, 가입은 본질화된 '부족'이나 상대화된 '상황'이라는 공식에 반하며 중요한 역할을 수행한다.

나는 이 접근법의 활용에서 이 현상을 설명하는 한 방법으로 텔레비전 튜너에서 '암호화된' 케이블 채널 비유를 사용하기 시작했다. 이 유추는 현재 변화하는 국가 정체성의 '몽타주'(Marcus 1994:45)를 들여다보는 발견적 학습의 방법일 수 있다. 미국 많은 지역에서 케이블 회사는 특정 유료 채널의 전송을 '암호화'한다. '해제된' 프로그램을 보기 위해서는 매달 추가적인 비용을 지불해야 하고, 때로는 별도의 케이블 박스와 리모컨이 필요할 수도 있다. 비용이 지불되면 시청자 요청에 따라 그 채널들은 '해제되어' 활성화된다.[9] 또한 케이블 고객은 특정 채널의 시청을 (이러한 채널 상당수가 성적으로 노골적이거나 폭력적이어서 아이들이 보지 못하도록) 영구적으

---

9 현대적인 흐릿한 이미지의 예로 암호화된 케이블 채널을 처음 제안해준 파리 CNRS의 데니스 롬바르드에게 감사의 마음을 전한다. 정체성의 재현, 형성, 정치학을 해독하기 위해 이 비유를 확장한 전적으로 나의 방식이다.

로 차단 요청할 수도 있다. 이렇게 '암호화된' 채널은 종종 흐릿하게 나오거나 우발적으로 뒤섞여 있어 소리로만 '진짜' 거기에 있는 것이 무엇인지 살짝 엿볼 수 있다.

케이블 회사와 같이 민족국가의 자의적이며 때로는 인위적인 개입(원격 리모컨에 의해 제어되는 '해제장치') 없이는 재현되고 있으나 흐릿하고 변화하는 정체성을 보거나 묘사할 수 없을 것이다. 또한 암호화되거나 검열된 채널처럼 담론들, 내러티브와 어긋한 형상들만이 (케이블 채널에서 이렇게 살짝 보이고 들리는 '포르노 조각들'이 주의 깊은 청소년들을 충분히 즐겁게 하고 부모들은 이에 대해 불평하지만) 특정한 스타일의 정체성이나 방영되는 채널을 아주 잠깐 엿볼 수 있도록 해준다. 사교적 연설 형식에서의 언어학적 코드 전환과 유사하게, 코드화된 정체성은 고정관념의 척도를 위아래로 조정하거나 때로는 통째로 폐기하면서 맥락에 따라 전환된다.

가입은 이 비유에서 중요한 요소이다. 집단들은 종종 국가나 권력자들에 의해 특정 종류의 정체성(민족, 국가, 인종, 종교, 계급, 서열 등)에 가입되지만, 많은 경우 그들은 그렇게 되기를 선택하지 않는다. 또 다른 경우에 가입은 정부가 통제하는 케이블 채널이나 법제화된 국가 신분증처럼 강제적이기도 하다. 인류학자는 그들 나름의 정체성에 관한 도식, 도표, 지도를 가지고 있다. 많은 경우에 사람들은 그것을 무시하거나 (특히 그것이 민족, 젠더, 계급과 같은 사회적 정체성을 해체하려 하면) 이의를 제기할 수도 있다. 반면에 테마공원이나 박물관에서의 인류학적 민족지, 그런 민족지에 나타나는 문화적 재현이 종종 사회적 역사의 증서로 수용되기도 한다. 그러나 케이블 채널만이 아니라 민족적 국가 정체성, 인구조사 범주, 심지어 테마공원에까지(Cohn 1987 참조) 조정 권력을 지닌 근대 민족국가는 가장 접근하기 쉬운 국가 채널을 정의하는 데 특권적인 역할을 수행하고 이를 해제할 수 있는 수단도 제공한다. 테마공원을 방문한 관람객이 따르는 경로는 종종 인류학자에 의해 규정되고 국가가 통제하는 규제 기관에 의해 만들어진다.

경로 의존성의 타파

이 장에서는 테마공원이 어떻게 근대 민족국가의 정체성 구성의 경로 의존성을 설명하기 위한 은유가 되었는지를 정리하고자 했다. 중국 테마공원에 묘사된 모든 민족들은 그들이 원하든 원하지 않든 중국 여권으로 여행하는 중국 시민들이다. 이 기획은 이러한 재현들의 의미를 최종적으로 정의하는 본질화된 시도(위구르족 또는 한족은 무엇인가)가 아니라 재현의 조건(언제 위구르족이나 한족이 특정한 방식으로 재현되는가)을 검토하는 것이다.

그러한 정체성은 특히 사람들이 국경을 지날 때나 초국적 디아스포라에 합류할 때 의문이 제기된다(Chow 1994:99-105). 이 기획은 본질화의 시도가 아니라 언제 그들이 전면에 등장하고 누구와 함께 옹호되는지를 검토한다. 아마도 이러한 점이 폴리네시아 문화센터와 중화민족문화공원과 같은 테마공원이 전시되는 사람들의 고대적, 원시적, 전통적 상태를 강조하는 이유일 것이다. 현대식 의상을 입은 화학자나 엔지니어로 일하는 모습은 적절하지 않을 것이다.

이러한 기획은 중국이나 다른 어느 곳에서도 주류민족의 정체성의 본질에 대해 의문을 제기한다. 민족주의적 기획은 종종 내부적인 이국화나 외부적인 반외세주의를 통해서 촉진된다. 중국도 이런 종류의 민족주의 이데올로기로부터 자유롭지 않다. 예를 들어, 증가하는 미국의 위협에 대해 모든 중국인이 단합해야 한다는 민족주의적 결집의 호소는 다른 이도 아닌 '최초 민족주의자'로 불리는 무슬림 후이족인 장청즈로부터 나왔다. 그는 최초로 인징빈은 자칭 마지막 홍위병이었다(Barmé 1996:269). 1996년 12월 26일 일본에 머물던 장청즈는 마오 주석의 100번째 생일을 맞아 다음과 같은 글을 썼다.

> 하지만 지금 우리는 1990년대에 있다. 사회주의권 붕괴 이후 걸프전 동안, 미국과 영국이 주도하는 세계 강대국들은 잠재적 적으로 인식하는 이슬람 세계를 파괴하기 시작했다. 남아메리카의 자결주의 세력에 대처하기 위해 만들어진 악명 높은 먼로 독트린은 미국의 오래된 무기이다. 가장 최근의 적용 사례는 파나마 침공이고, 다음은 중국 차례일 것이다. 공산주의 중국이 아닌 중국이라는 거대한 문화적 실체가 신세계 질서의 다음 타깃이 될 것이다. 이러한 국제적 상황에 직면해 있음에도 불구하고 중국의 지식인(여기서 나는 유학하는 중국인 다수를 포함한다)은 여전히 부끄러움을 모르는 친미주의자이다. (Zhang, Barmé 1996:270에서 인용)

2부

재현

4장
정체성 만들기, 정체성 표식과 마케팅

정체성의 재현

중국에서 소수민족의 재현은 젠더와 정치적 위계의 가치화와 병행하는 주류민족 담론의 객관화를 반영한다.[1] 이 과정은 주체와 객체의 구분을 뒤집고 수많은 평행구도를 제시한다. 소수민족과 주류민족, 여성과 남성, 제3세계와 제1세계, 주관화된 정체성과 객관화된 정체성 등이 그것이다. 소수민족이 이국적이고 다채로우며 원시적인 것이라는 널리 퍼진 정의와 재현은 정의되지 않은 주류를 통합된 단일 민족이며 근대적인 것으로 동질화시킨다. 중국에서 재현의 정치학은 종종 소수/주류의 이분법적 관계 속에서 '상상된' 민족 정체성(Anderson 1991)을 구성하는 국가의 기획에 대해 많은 것을 드러낸다. 이번 장에서는 중국 소수민족의 재현에 대해 살펴보면서, 한족으로 알려진 사람들, 주류 정체성의 구성에 대해 많

---

[1] 이 장의 이전 버전에 대한 비판적인 논평에 대해 서던캘리포니아대학교의 동료들과 위스콘신-밀워키대학교의 '아시아의 민족과 문화 민족주의의 차원' 세미나 참가자들, 채플힐 국립인문학센터에서 열린 3개 대학으로 구성된 동아시아 지역위원회 세미나 참가자들, 버클리 캘리포니아대학교의 지역 세미나 참가자들에게 감사를 표하고 싶다. 특히 많은 도움을 준 베네딕트 앤더슨, 유진 쿠퍼, 토마스 골드, 제임스 헤비아, 자넷 호스킨스, 아이라 라피두스, 낸시 루트케하우스, 게리 시먼, 프레드릭 웨이크먼에게 감사를 전한다.

은 것을 알아보고자 한다.

1989년 천안문 학살의 비극 이후, 중국의 '국가 정체성에 대한 탐구'를 다양한 측면에서 정의하고 재정의하려는 학술 출판물이 쏟아져 나왔다(1장과 2장에서 상세히 설명). 유교 또는 신유교, 언어, 한족의 정주 농업, 중화인민공화국이 점유한 국가의 지구물리적 공간, 범중화 황인종에 대한 생물유전학적 신인종주의 개념 등의 주제를 포함한다.[2]

대조적으로 급성장하는 자아의 인류학은 자아에 대한 구체화된 정의로부터 벗어나 '다중성, 맥락성, 복잡성, 권력, 아이러니, 저항'에 주정을 두어야 한다고 주장한다(Kondo 1990:43). 마찬가지로 민족성과 민족주의에 대한 연구는 문화적이거나 근원적인 공식화에서 벗어나 특히 현대 민족국가에서의 권력관계에 대한 분석으로 이동하기 시작했다(Anderson 1991:16; Comaroff, John 1987; Hobsbawm 1990; Gladney 1996a; Keyes 1981). 관계적으로 설명된 민족주의 정체성과 젠더 사이의 연관성은 컨퍼런스 책자인 『민족주의와 섹슈얼리티』(Parker et al. 1992)에서 가장 명확하게 드러났다. 저자들은 "젠더와 같이 민족성 역시 관계적 용어로 민족의 정체성은 차이의 체계 속에서 나온다"고 설득력 있게 주장한다(Parker et al. 1992:5; Caplan 1987:10 참조). 이 장에서 나는 이 주장을 확장하여

---

[2] 중국인의 정체성에 대한 탐구는 디트머와 김의 『중국인의 국가 정체성 탐구』(Dittmer and Kim 1993), 하루미 베푸의 『동아시아의 문화 민족주의』(Befu 1993)에 수록된 중국에 관한 세 장, 그리고 다이달로스저널의 특별호 2편(1991년 봄, 1993년 봄)을 참고하시오. '유교주의자' 주장은 새뮤얼 헌팅턴(Huntington 1993)이 가장 최근에, 보다 고전적으로는 메리 라이트(Wright 1957)가 재조명했다. 흥미롭게도 이들 저자 중 어느 누구도 '한족'과 '중국인다움(Chineseness)' 사이의 연관성을 문제 삼지 않았는데, 이는 역사적으로 의심스럽기는 하지만 여전히 중국의 주류/소수 민족 정체성에 대한 논의를 지배하고 있다(Kun 1992 참조).

소수/주류 재현의 정치학 분석을 통해 중국의 관계적 정체성 이슈를 다루고자 한다.

지각 있는 중국 학자들은 소수민족을 경멸적이고 식민적이며 국가에 유용한 존재로 다채롭게 그려왔다는 것을 언급해왔지만(Diamond 1988; Thierry 1989), 이는 제국 시대에도 있었던 특별히 새로운 것이 아니다(Eberhard 1982 참조). 현대 중국미술에 대한 연구 또한 중화인민공화국의 미술사에서 소수민족의 중요한 위치에 대해 주목해왔다(Chang 1980; Laing 1988; Lufkin 1990). 여기에서 나는 소수민족을 이국적이고 심지어 에로틱한 존재로 객관화한 묘사가 중국의 주류 한족의 구성, 즉 중화 '국가' 자체의 형성에 필수적이라는 것을 제시하고자 한다(나는 이를 새로운 방향의 주장이라고 믿는다). 즉, 소수민족을 다채롭고 낭만화된 방식으로 재현하는 것은 소수민족 자체보다는 주류민족 담론을 구성하는 것과 더 관련이 있다는 것이다. 레이 초우(Chow 1990:21)도 그의 책 『여성과 중국의 근대성』에서 민족성과 중국 여성성 구성의 연관성을 중요하게 다루고 있는데, 초우의 주장은 중국을 여성적인 것으로 구성하려는 서구에 대한 외부적 주장인 반면, 나는 중국 사회 내부의 소수적 타자에 대한 내적 구성들을 연결시키려 한다. 결론적으로 나는 장이머우 감독의 영화 〈국두〉(1989)에서 흥미롭게 지속되는 담론을 언급하면서 이 논의를 대중문화 일반으로 확장한다. 이 연구는 에드워드 사이드의 유럽 중심적인 오리엔탈리즘 비평을 넘어서려는 논의에 기여할 것이며, 중국의 예술, 문화, 미디어에 나타나는 소수와 주류의 재현이 서구 오리엔탈리즘의 '동양'에 대한 잘 알려진 묘사와 놀랄 만큼 유사하다는 것을 보여줄 것이다. 또한 이러한 '동양적 오리엔탈리즘'과 중국의 소수적 타자와 주류 자아의 대상화가 민족주의와 근대성에 관한 중국, 서구, 일본의 개념들이 뒤얽힌 '파생적 담론'(Chatterjee 1986:10)

이라는 것을 드러낼 것이다.

이 접근법은 소수민족을 사회와 국가의 변방에 위치시키는 중국 사회의 전통적인 중심/주변 구성을 거부한다. 또한 "[중국에서의] 문화적 변화는 압도적인 일방향이었으며"(Naquin and Rawski 1987:129) 중국에 들어온 외국인, 소수민족, 야만인 모두 쉽게 중국화되었다(Ch'en 1966; Lal 1970)는 지배적인 사고에도 이의를 제기한다. 내가 개인적으로 얘기를 나눴던 제임스 헤비아의 말을 인용하면,[3] 중국은 외국 문화의 '스펀지'와 '지우개'로 동시에 기능한다. 즉, 중국은 외부인을 흡수했을 뿐 아니라 그들을 융해시켰고, '변방'에서 살아남은 소수는 중국 사회 이해에 '주변적인' 것으로 간주되었다. 현지조사 중에 나는 중국에서의 많은 개혁들이, 시장 경제나 민영화된 농업, 종교적 또는 정치적 자유와 관련된 어떤 것이든, 소수민족 지역에서 먼저 허용되었고, 그것이 한족 변화의 특성과 동력에 직접적으로 영향을 미쳤다는 점에 자주 놀랐었다(Gladney 1990a). 이 장에서 나는 이러한 논의를 더 확장하면서 대중문화, 예술, 영화, 그리고 도덕적 가치의 영역에서까지 소위 주변부 소수민족이 현대 중국 사회와 정체성에 영향을 미치고 구성하는 데 중추적인 역할을 해왔음을 보여줄 것이다. 어떤 구체적인 현장보다는 전국적으로 유통되는 미디어와 영화에 나타나는 재현에 관심을 두면서, 국영 매체의 대중문화 생산 및 재생산에 대해 논의하고자 한다.

나는 또한 중국에서 소수민족의 상품화와 대상화가 국가에 현금만이 아니라 중요한 상징자본(Bourdieu 1977:6)을 제공하면서 서

---

[3] 중국 소수민족에 관한 '주변화' 담론에 대한 나의 초기 비판과 실스(Shils 1975)의 중심/주변 모델의 활용에 대해서는 글래드니(Gladney 1996a:94-6)를 참고하고, 이 모델에 대한 일반적인 이론적 비판과 사회 이론에 미치는 영향에 대해서는 아파두라이(Appadurai 1986b:745-55)를 참고하시오.

구 관광 소비자에 대한 반응 이상의 의미를 지닌다는 것을 제시한다. 소수민족의 이국화와 재현은 중국 민족국가의 등장과 함께 더욱 중요해진 기획이며, 소수민족의 이국화를 통해 주류민족의 동질화를 달성하려는 국유화와 근대화 프로젝트의 핵심이다. 중국 사회에 대한 이론적 담론의 변방에 오랫동안 갇혀 있던 소수민족은 더 이상 현대 중국을 이해하는 데 있어 변방이 아니며, 그렇지 않았어야 했다.

타자로서의 소수민족 전시와 상품화

'다채로운' 소수민족과 접하지 않고는 중국을 경험할 수 없다. 그들은 노래하고 춤추며 빙글빙글 돈다. 무엇보다 그들은 조국의 일부가 된 행복을 드러내며 미소 짓는다. 4시간 분량의 중국 신년 프로그램은 매년 중국 전역의 13억 인구에게 전해지는 특별 방송이다. 전체 인구 중 소수민족은 8%에 불과하지만(2000년 인구조사에 의하면 한족이 91%를 차지) 이 저녁 프로그램의 절반이 미소 짓는 소수민족 무용수에게 할애된다. 이 프로그램의 오프닝을 잠깐만 보더라도 중화인민공화국의 현대적 건설에 소수민족이 중요한 역할을 맡았음을 바로 알 수 있다.

이 프로그램은 창안로에 위치한 중앙라디오텔레비전방송총국 건물의 시계탑 전경을 비추며 8시에 시작해 자정까지 계속된다. 티베트와 몽골, 심지어 대만과 홍콩에서도 수신되는 CCTV 중앙방송시스템에서 송출하는 신년 프로그램 중에 가장 중요한 프로그램이다. 중국에서 현지조사를 하는 몇 년 동안, 나는 베이징에서 신장에 이르기까지 대부분의 가족들이 신년 전날에 집에 머물면서 친척이나 친한 친구들과 둘러앉아 이 프로그램 보는 것을 좋아한다는 것을 알게 되었다. 1991년 방송 당시에 나는 중국 친구들과 함께 그들의 아파트에 있었고 지역의 이야깃거리를 나누고 싶었음에도, 친구 가족들과 앉아서 그 프로그램을 보라는 말을 수차례 들었다. 텔레비전의 시계가 8시를 가리키자 문이 열리면서 화려하게 옷을 입은 다양한 소수민족들이 정교하게 만들어진 무대 위로 등장했다. 짧은 프로그램 소개에 이어 네 명의 유명한 사회자들이 관객에게 "새해 복 많이 받으세요"라는 인사를 하고, "중국은 56가지 다른 꽃들처럼 56개의 다른 민족이 있는 다민족 국가입니다. 모든 민족들은 특별한 차와 와인으로 신년 축배를 하며 여러분 모두에게 새해 복을 기원합니다!"라고 말하며 이날 밤의 첫 번째 안무 프로그램을 시작한다. 이어서 티베트족, 몽골족, 쫭족, 우즈벡인, 조선족, 와족, 후이족과 다른 소수민족 무용수들이 불교 목도리, 소수민족 선물, 차와 와인 등을 스튜디오 관객들에게 선물하고 중국어 자막을 넣어 각 민족 언어로 노래한다.[4] 고대 중국 제국의 공물 제의와 매우 흡사하게 소수민족들은 대부분이 한족으로 보이는 스튜디오 관객들에게 인사하고, 연기하고 노래하며 부복 의례도 수행한다. 관객들은 화려한 의상을 입은 소수민족 연예인들과 달리 일률적으로 타이까지 한 보수적인 수트, 마오쩌둥 인민복, 또는 격식 있는 어두운 빛깔의 '서구식' 복장을 입고 있어서 더 그렇게 보인다. 소수민족이 아닌 연예인과 사회자는 오로지 서양식 정장과 드레스를 입는다. 1시간의 절반이 넘는 시간 동안 소수민족의 노래와 춤

---

4 후이족은 별도의 자신들 언어를 가지고 있지 않아서 대부분의 소수민족들이 도상학적으로 표현되는 '노래와 춤'을 피하는 것으로 알려져 있지만(Gladney 1996a:21-30 참조), 이 프로그램에서는 다른 소수민족과 마찬가지로 노래와 춤을 춘다는 것은 주목할 만하다. 이 프로그램에서 그들은 전통 설날 민요의 상세한 가사 대신 아랍어 인사말인 '아살람 알레이 쿰'을 반복해서 부른다. 중국어 자막은 이 공식적인 인사말을 '친구 안녕'으로 번역한다.

이 진행된다.[5]

1949년 중화인민공화국 수립 이후에 정부는 소수민족 지위를 신청한 수백 개의 그룹 중에 자격을 갖춘 사람들을 식별해 민족을 부여하는 역사적인 노력을 시작했다. 여권과 모든 공식 문건에 등록되는 민족의 문제는 언어학적, 경제적, 지리적, '문화적'으로 소위 주류 한족과 구분되는 그룹의 구성원 여부를 정하는 스탈린주의와 역사적 기준에 따라 결정된다(Fei 1981; Yang Kun 1992). 이러한 승인은 소수민족에게 부여되는 특권들, 예를 들어 한 자녀 이상 낳을 수 있는 허용, 대학 입학, 지방 공직, 특별한 경제적 지원, 세제 감면 프로그램 등에서 상당한 차이를 만들 수 있다. 국가에 의해 인정된 민족들은 언제나 그렇게 객관화된 정체성을 기꺼이 수용하는 사람들로 관영 매체 속에서 그려진다. 예를 들면, 민족문화궁의 소개 책자에 그려진 전통의상을 입은 소수민족들 사진의 캡션도 "다양한 민족의 행복한 사람들"(Minzu Gong 1990:12)로 되어 있다. 천상평화의 문인 천안문 양쪽에는 "중화인민공화국 만세"와 "세계의 노동자여 단결하라!"라는 슬로건이 적혀 있다. 공공건물과 미디어에 반복적으로 등장하는 이런 표지들은 중국이 다민족 국가라는 것을 강조하며, 중국이 스스로를 자신과 국제 사회에 표현하는 중요한 요소이다. 즉, 중국은 스스로를 다민족 민족국가로 여기고 있으며, 다른 '근대' 다민족 민족국가들도 그렇게 인정하기를 원한다.

다민족 국가인 중국은 소비에트 모델에 기반한 '자치구, 자치주, 자치현과 향'이 있는 민주적 국가로 스스로를 설명하지만, 중국

---

5 러프킨(Lufkin 1990:3)은 석사학위 논문에서 공연자와 같은 소수민족 민담이 불균형적으로 재현되고 있음을 보여주었다. 1951년부터 1976년까지 〈중국문학〉 잡지에 실린 70여 편의 민담 중 75%는 소수민족의 것이었다. 이 장의 이전 버전을 발표한 후에 그녀의 논문을 사용할 수 있게 해준 펠리시티 러프킨에게 감사를 표한다.

헌법이 진정한 지정학적 분리를 허용하지 않기 때문에 이름만 그렇다고 볼 수 있다. 아마도 지금 러시아의 보수 우파들은 스탈린이 (이전) 공화국들의 정치적 분리독립을 허용하는 소련헌법을 승인했을 때를 생각하면 좋겠다고 할 것이다. 민주적 재현의 신화는 중국 스스로를 고대 봉건제국과 구별되고 거리가 있는 근대 다민족 국가로 건설하는 데 매우 중요하다. 스피박이 주장하듯 '탈민식화 논리의 선물 중 하나는 의회 민주주의'(Spivak 1990:105)인 것이다. 티베트에 대한 중국의 처우에 대한 대중적 비판으로 볼 때, 티베트인들이 중국의 '민주적 해방'에 가장 기꺼이 동참할 주체로 표현되는 것은 놀라운 일이 아니다. 한 관영 화보에는 티베트인이 마치 그가 자신의 운명을 실제로 통제하는 것처럼 행복하게 투표하는 모습이 그려져 있다. 그 사진의 캡션은 "행복 투표"(Nationality Pictorial 1985:21)이다. 출간된 또 다른 그림에는 만리장성이 주로 유목민들을 막기 위해서 지어진 것임에도 불구하고, 여러 소수민족이 만리장성에서 '나는 만리장성을 사랑한다'라고 행복하게 선포하는 모습도 있다. 학생들을 대상으로 한 이 그림에서 흥미로운 점은 만리장성 위의 사람들이 한 명을 제외하면 튀르크와 이슬람 모자를 쓴 남성과 베일로 가린 여성 등 분명히 무슬림이라는 것이다. 또 그 의외의 한 명은 이상하게도 아프리카인이다. 아마도 그는 다른 소수민족들의 민족적 유대성을 표현하기 위해 함께 보여졌을 것이고, 더 중요하게는 그들 집단의 '원시성'(중국 소수민족이 '원시적' 아프리카인과 유사하다는 관념을 홍보하기 위해)을 강조하기 위한 것일 수 있다. 이는 마르크스-마오주의 진화론에서 소수민족의 위치를 이해하는데 핵심이 된다.

소수민족 상품화는 『민족화합』이나 『민족화보』 등의 여러 화보집과 민족문화궁 같은 박물관 전시, 소수민족 물품과 의상을 판매하는 가게들이 즐비한 창안로의 거대한 전시관과 컨퍼런스 센터, 소수민족에 대한 단기 전시 등을 통해 재현되고 포장, 판매되며 이루어진다. 민족문화궁 옆으로는 민족호텔과 중국 소수민족과 관련된 모든 일들을 관할하는 국가민족사무위원회 사무실이 있다. 소수민족 구역에는 부티크, 오픈마켓, 관광 상점, 소수민족 상품을 수집하고 전시, 판매하며 모델링도 하는 '문화 스테이션'(Schein 2000 참조)까지 널려 있다. 56개 소수민족을 소개하는 국가가 발행한 책과 사진 카드 세트들은 학교 아이들, 외국 학생들, 관광객들에게 널리 배포되고 해외 출장을 떠나는 공무원들도 주재 기관에 선물로 가져간다. 야구카드 방식으로 각 카드 뒷면에는 각 민족에 대한 통계와 함께 민족의 고유한 역사, 언어, 문화가 요약되어 있다. 앞면에는 민족의 '대표적인' 도상 이미지가 들어가는데, 대체로 화려하고 보통 여성의 이미지이다.

중국 정부가 발간한 영문 화보집 『중국의 민족들』(1989)에 소개된 56개의 민족 중에 세 민족만이 첫 번째 사진에서 남성을 보여주었고 나머지 53개 민족의 소개는 모두 화려한 '원주민' 의상을 입은 아름답고 매력적인 젊은 여성으로 보여지고 있었다. 소수민족은 거의 언제나 동식물에 둘러싸인 자연적이고 낭만적인 배경에서 그려진다. 그러나 같은 화보집에서 한족은 도시 배경 속에서 보수적인 중년 여성으로 나타나는데, 서양식 헤어스타일을 하고 서양식 스웨터, 정숙한 바지와 긴소매 옷을 입은 현대적 모습으로 보여진다. 이러한 표현은 작가가 생각하는 한족 여성의 근대성, 더 나아가 그들의 정상성, 시민성, 주체성을 반영하기 위한 것으로 생각된다. 소수민족이 언제나 '전통' 복장을 입고 등장하는 것과 달리 한족은 '전통적인' 중국 사회와 닮지 않았다는 것을 보여주기 위해 작가는 그 사진을 선택했을 것이다. 한족 여성은 노래 부르고 춤추는 것으로 재현되는 대신에 유모차에 탄 한 명의 아기와 함께 있는 모습으로 그려진다. 이 사진의 캡션은 "오직 한 명의 아이를 가지는 것이 좋다"(Chinese Nationalities 1989:20)이다. 드물지만 남성의 경우에 그들은 강하고 남성적이며, 낯설고 유머 넘치는 관습을 행하거나, 스포츠나 일 또는 다량의 음주에서 전형적인 한족 보다 훨씬 월등한 신체 능력을 소유하는 등 대체로 이국적으로 그려진다(Chinese Nationalities 1989:16). '몽골인처럼 마신다'는 말은 중국에서 자주 들을 수 있는 칭찬이다.

국가는 소수민족을 화려하고 이국적인 존재로 상품화하고 재현함으로써 식민정권에 의해 식민화된 사람들의 재현에서 흔히 나타나는 익숙한 프로젝트에 합류한다. 알제리인인 말렉 알룰라는 오리엔탈리즘적 시각의 에로틱한 우편엽서 컬렉션 발간을 통해 알제리에 대한 프랑스인의 시선을 검토하며, 타자를 동양화하고 유럽인 자아를 주관화하는 '식민지 하렘'의 역할을 드러내고 그 엽서들은 '보낸 자들에게' 되돌려져야 한다(Alloula 1986:5)고 주장했다. 소수민족을 이국화하여 표현하는 국가의 후원은 마이클 헥터(Hechter 1975)가 명명한 '내부 식민주의'의 맥락에서 중국에서도 동일하게 이루어지는 것이다.[6]

한족의 본질화

한족을 '정상적'이고 이국적이지 않은 존재로 재현하는 것은 현재 중국 정체성의 구성을 이해하는 데 매우 중요하다. 제1세계와 제3세계 담론이 소위 제1세계의 우위성을 확인하는 데 도움이 된다는 피터 워슬리(Worsley 1984)의 주장처럼,[7] 중국에서 민족 간의

---

6 '내부 식민주의'와 서발턴 주체에 대한 이론에 관한 더 자세한 내용은 이 책의 16장을 참고하시오.

7 아이자즈 아마드(Ahmad 1992)는 '제3세계' 개념에 대한 그의 논쟁적인 비평에서 에드워드 사이드, 프레드릭 제임슨, 살만 루슈디가 비서구 문학의 본질화된 '제3세계'를 지지하고 있다고 비판했다. 아마드에 대한 답변은 『공공 문화』의

종속은 한족을 명백히 인민공화국 민족들의 선봉으로 내세운다. 1970년대 이후로 해외 및 러시아 학자들에 의해 러시아 민족주의의 등장에 대한 연구가 유행한 반면, 한족 민족주의의 탄생에 대한 연구는 아직 많이 나오지 않았는데, 아마도 이는 '한족'이 종종 '중국인'과 일반적으로 동일하게 가정되기 때문일 것이다. 한족이 어떻게 중국의 91% 주류가 되었는지에 대해서는 거의 질문하지 않는다. 중국인들은 신분증에 중국인이 아니라 한족으로, 또는 후이족, 만주족 등 56개로 규정된 민족 중 하나로 등록된다. 중국에서 민족 정체성은 '상상된' 것일 뿐 아니라 여권에 찍혀 있는 것이다.

한족의 근대성과 원시성의 구성

3장에서 논의한 대로 한족은 중국 소수민족이 따라야 하는 마르크스주의적 역사 궤적의 근대 종착점에 가까이 있는 존재로 자주 표현된다. 루이스 헨리 모건(Morgan 1878)의 유명한 『고대 사회』의 '민족 시대' 제목의 첫 장에는 미개사회에서 야만사회로, 그리고 문명사회로의 발전을 설명하고 있다. 쓰촨성 출신의 인류학자이자 박물관학자인 통언정은 중국 인류학이 이러한 사회적 진화론에 경외심에 가까울 정도로 의존하고 있다는 것을 공개적으로 비판한 최초의 사람 중 한 명이다.

> 마르크스와 엥겔스가 모건의 저작을 높이 평가했고, 특히 엥겔스가 『가족, 사유재산, 국가의 기원』에서 모건의 많은 견해에 동의했기 때문에, 학자들 사이에서는 그의 입장을 마르크스와 엥겔스의 특정 입장과 실수로 동일시하는 경향이 있었고, 그 입장 자체가

1993년 가을호, 특히 스프링커(Sprinker 1993)의 비판적 평가를 참고하시오.

마르크스주의의 근본 원칙과 잘못 동일시되기도 했다. 그 결과, 모건의 가장 대표적인 저서인 『고대 사회』는 신성시되어왔고, 지난 30년 동안 함부로 손대지 말아야 할 책으로 여겨져왔으며, 따라서 여기에 의문을 제기하는 것은 마르크스주의 자체에 의문을 제기하는 것이 되었다. (Tong 1989:182, 184)

중국에서 소수민족 연구는 미개와 야만의 살아 있는 화석인 초기 사회 형태의 재현으로 소수민족을 조사함으로써 모건(일반적으로 마르크스주의 사상이라 여겨진)이 옳다는 것을 반복적으로 증명하는 수단이 되었다(Tong 1989:185). 더 높은 형태의 문명을 대표하는 한족은 분명히 더 진화했으며 소수민족이 따라야 할 길을 이끌어야 했다. 중국에서 가장 존경받는 사회과학자인 페이샤오퉁(Fei 1989)은 이 이론의 지속적인 지배력을 강조하기 위해 1988년 홍콩에서 '중국 민족 구성의 다원성과 통일성'이라는 제목으로 테너 강연(Tanner Lecture)에서 발표했고, 이 강연은 나중에 베이징대학저널에 실렸다. 이 논문에서 페이는 진나라 이전 다민족 기원을 가진 한족이 다양한 외래 부족과 국가를 흡수하거나 그들에게 정복당하면서도 오늘날까지 거의 단선적으로 이어온 과정을 추적했다.

한족은 생겨나자마자 집결의 핵이 되었다. 한족은 주변 모든 지역으로 퍼져나갔고, 구심력으로 그들을 자신의 집단으로 흡수하여 자신의 일부로 만들었다. … 한족이 아닌 통치자들의 정권은 대부분 단명했기 때문에, 한 소수민족 정복자는 곧 다른 민족으로 대체되었고 결국 모두 한족에 동화되었다. … 그러나 소수민족은 대체적으로 근대산업 발전에 필수적인 문화와 기술 수준에서 한족보다 열등하기 때문에 풍부한 천연자원에도 불구하고 자신의 지역에서 산업 프로젝트를 수행하기가 어려웠다. … 따라서 우리의 원칙은 더 발달된 집단이 경제적, 문화적 원조를 제공함으로써 저개발 집단을 돕는 것이다. (Fei 1989:39, 45, 47, 52)[8]

1992년 난하이 영화사와 중국영화공사가 배급한 영화 〈놀라운 결혼 관습〉은 중국에서 민족주의와 한족의 우월성에 대한 담론이 널리 퍼졌다는 것을 보여준다. 정부 지원으로 중국에서 전량 촬영된 이 영화는 특히 원난성의 소수민족 결혼 관습을 조사한 내용을 담고 있다. 영화에서 주목할 만한 점은 소수민족의 전형적인 이국화와 에로티시즘이 아니라 단계적 진화론에 따라 의도적으로 영화를 구성하고 있다는 것이다. 영화 초반에 신석기 원시시대와 원시 인류의 등장이 보여진다. 내레이터는 이렇게 말한다.

결혼은 자연스러운 일이지만, 역사상 오랜 기간 동안 남자들은 '사랑'과 '결혼'에 대해 전혀 알지 못했습니다. 인류 역사의 '유년기'인 기원전 3백만 년 전부터 기원전 5000년 모계사회가 끝날 때까지 결혼의 역사는 집단 결혼, 일부다처제, 일부일처제 단계로 이어집니다. 각 단계마다 고유한 발전이 있었는데, 중국에서는 30년 전에서야 그 흔적을 찾을 수 있었죠. … 기원전 3백만 년부터 1백만 년 전까지 인간사회가 형성되기 시작했는데, 결혼이라 불리는 것은 없었고, 원시적인 난교라 불렸습니다. 기원전 1백만 년부터 10만 년까지 인간사회는 혈연 가족들로 나뉘었는데, 근친집단 결혼이라고 불리는 난교가 존재했었죠. 모계사회에 와서야 부족 외 결혼이 시작되었습니다. 고대 사회의 집단 간 결혼에서 결혼이라 불

---

8   페이의 이 글은 이 장이 작성될 당시에는 출판되지 않았던 테너 강연의 영문본에서 이후에 발췌한 것이다.

리는 것은 없었고, 관계는 형식적인 것이었습니다. (《놀라운 결혼 관습》, 1992년, 감독: 수엔완, 궈우지)[9]

이어서 이 영화는 '모계사회'에서 '부계사회'로 이행하는 여러 단계에 있는 일련의 소수민족들을 보여주고, 여기에는 나시족, 동족, 부예족, 야오족, 하니족, 와족, 모수어족 쾅족, 먀오족의 결혼과 짝짓기 의례의 친밀한 장면들이 포함된다. 일부 그룹들은 '자유연애'를 하고 '성관계에 개방적'이라고 설명되기도 한다. 한 장면에서는 삼각형태의 상의로 몸을 살짝 가리고 강에서 목욕하는 동족 여성을 보여주기도 하는데, 카메라는 노출된 가슴에 초점을 맞추고 내레이터는 '일을 마치고 강에서 목욕하는 여성의 모습은 정말 아름다운 장면이다. 풍경도 충분히 아름답지만, 그녀들이 그것을 더욱 매혹적으로 만든다'라고 말한다. 먀오족 여성이 등장하는 더욱 노골적인 목욕 장면에서 카메라는 강에서 완전히 옷을 벗은 한 그룹의 여성들을 줌인하고, 수풀 사이에서 장거리 렌즈를 이용해 관음적인 방식으로 촬영한다. 그리고 내레이터는 여러 남성이 오고 있음을 언급한다.

---

9 여기에 인용된 문장들은 영화의 영문 자막에서 직접 발췌한 것이다. 와웅아이 필름 프로덕션과 킹 비디오가 홍콩에서 제작한 소수민족 결혼 관습에 관한 비슷한 영화의 제목은 〈금지된 남서부 국경지대의 내부 이야기〉(1990)이다. 이 영화에는 윈난성의 바이족이 지나치게 '호의적'이어서 주인이 손님에게 자신의 아내를 성 파트너로 제공한다는 장면이 나오기도 한다. 이베트 M. 토렐의 영화 〈이나나: 천 곳의 여인〉(1992)은 윈난성과 티베트의 태족, 나시족, 바이족, 티베트족 여성들을 이국적으로 묘사한 영화로, 태족식 목욕 장면이 필수적으로 포함되어 있다. '나시족'의 모계성에 대한 진부하고 부정확한 재현(이 잘못된 시각에 대해서는 1995년 맥캔의 비평 참조)에서 토렐은 관객들로 하여금 그들의 '모계성'으로부터 무언가를 배우도록 유도한다. 이 영화는 중국에서 일반적인 소수민족 재현과 마찬가지로 거의 전적으로 여성과 성적 관계에 초점을 맞추고 있다.

그녀들이 자신들의 연인들에게 오라고 했답니다 무엇 때문에? 보게 하려고! 정말 철저한 조사군요! 만일 그가 만족한다면, 당연히 매우 정중한 방법으로 무언가를 해야 합니다. 그가 진지한 태도로 그녀에게 빨간 리본을 선물하네요. 정말 행복해 보입니다! 리본은 약혼의 증표지요. 이 증표로 그녀는 누군가의 것이 됩니다. 정말 로맨틱하네요!

모계사회 편에 이어 영화는 신장의 위구르 튀르크계 무슬림을 소개한다. "이슬람은 가부장제와 남편의 권리를 존중한다." 그리고 "여성은 종속적이다"라는 말이 들린다. 마지막 장면은 천안문 광장과 자금성의 전경으로 시작하며, 공원에서 데이트하는 한족 커플을 배경으로 내레이터가 말한다.

현대 결혼의 특징은 자유, 일부일처제, 그리고 성평등입니다. 결혼법은 다음과 같이 규정하고 있습니다. 어느 쪽이든 강제는 안 되고, 제삼자의 간섭도 불가! 현대 결혼에서 가장 필수적인 것은 사랑입니다. 연애는 결혼의 전주곡입니다. 베이징의 시골에서 이 멋진 전주곡을 감상할 수 있을 겁니다.

영화는 '현대의 대도시'에서는 상대를 찾기가 어려운 경우도 자주 있기 때문에, 상대를 찾기 위해 컴퓨터를 사용한 데이트가 '현대적' 해결책의 역할을 한다고 언급한다. 영화는 100쌍의 커플이 정장을 차려입고 성대한 대규모 결혼식을 올리는 장면으로 정점에 이르는데, 이들은 성공적인 컴퓨터 중매를 통해 실제로 베이징 호텔에서 결혼한다. 내레이터는 다음의 말로 결말짓는다. "일부일처제는 남녀평등을 의미합니다. 사랑, 결혼, 성생활의 조화로운 결합은 역사에서 진화의 결과입니다." 영화의 끝에 이르면 관객은 소수민족과 '원시인들'이 더 재밌었을 거라는 분명한 느낌을 갖게 된다.[10]

소수민족은 역사, 민족, 발전에 대한 중국의 공식적인 비전에서 매우 중요한 역할을 담당하고 있다. 그들의 '원시성'은 추정된 한족의 '근대성'과 대조를 이룬다. 소수민족은 관능미, 화려함, 이국적인 관습을 특징으로 하는 뚜렷한 범주가 된다. 이는 한족 정체성의 '드러나지 않는' 특성과 대조적이다. 중국인에게 한족다움은 예의와 근대성을 의미하며, 아마도 이 때문에 만주족이나 조선족같이 교육 수준이 높은 소수민족은 결코 관능적이거나 원시적인 것으로 이국화되지 않는다.[11] 한족은 중국 인구의 91%를 차지하는 것으로 추정되지만 한족 자체로 묘사되거나 연구되는 경우는 거의 없는 반면, 모든 연구센터와 대학들은 중국의 소수민족을 연구하고 교육하는 데 전념하고 있다. 유럽과 미국의 인류학회는 '백인성'이라는 표지 없는 주류 범주에서도 비슷한 과정이 있음을 주목하기 시작했다. 버지니아 도밍게즈(Dominguez 1986)의 루이지애나 크리올 정체성 연구에 의하면 주류는 '정의에 따라 백인'이 된다. 그것은 '문화'로 특징지어지는 민족('이교도'를 뜻하는 관용어로 옥스퍼드 영어사전에 수록된 용어)일 뿐이다. 주류는 더 나아가 탈자연화되고 동질화되며 '동일한 것'으로 본질화된다. 이는 중국인, 일본인, 한국인 집단들이 동질적이라고 여겨지는 아시아에서 특히 더 진실이

---

10 모계사회와 기존의 '원시' 소수민족의 연관성은 『중국의 소수민족』(Ma Yin 1989)에서 여러 집단에 대한 설명을 통해 뒷받침된다. 예를 들면, '지노족의 모계사회는 약 300년 전에 가부장제 사회로 바뀌었다. 그러나 1949년 중화인민공화국이 설립될 당시 지노족은 여전히 원시사회에서 계급사회로 넘어가는 과도기적 단계에 있었다'(Ma Yin 1989:334).

11 나에게 조선족과 만주족에 대해 이러한 점을 알려준 익명의 리뷰어에게 감사를 전한다. 조선족은 중국에서 가장 교육 수준이 높고 경제적으로도 가장 발전한 집단 중 하나이다.

다. 서구에서는 소수/주류 담론을 면밀히 검토하고 이해하려는 노력의 일환으로 '백인성'이 문제화되기 시작하고 있다.[12]

중국 소수민족의 이국화와 에로틱화

중국에서 소수민족은 더 이상 야만인으로 묘사되지 않지만, 대중매체에서 소수민족은 한족보다 더 다채롭고 문화적이며(아마도 문화를 민족 기준에 포함시킨 스탈린의 4가지 기준을 중국이 수용했기 때문) 훨씬 더 관능적인 존재로 묘사된다. 가장 인기 있는 주제 중 하나인 강에서 나체로 목욕하는 소수민족 여성에 대해서는 3장에서 논의된다.

가버(Garber 1992:123)는 데이비드 헨리 황의 유명한 연극 〈M. 버터플라이〉에 대한 통찰력 있는 글에서 성별 재현과 복장도착 사이의 연결고리를 만드는 데 있어 의복의 중요성을 강조한다. 소수민족은 일반적으로 '의상'을 입고 주류민족은 단순히 '옷'을 입는다는 의복과 민족 사이의 연결고리는 중국 박물관, 대중문화 및 영화에서 분명하게 만들어졌다. 옷을 갈아입는 것과 한정된 한족 자아의 변경은 바로 1985년 영화 〈청춘제(青春祭)〉의 주제가 된다. 베이징 영화 스튜디오의 여성 감독인 장누안신의 이 영화에서 베이징 출신의 젊은 한족 여성 두얼리가 문화대혁명 기간에 버마와 태국 국경 근처 시솽반나 윈난의 태족 지역으로 보내지는데, 그녀는 그곳에서 더 '해방된' 태족 여성의 의상을 마주하게 된다. 그녀는 자

---

12 도밍게즈(Dominguez 1986:140)는 뉴올리언스에서 백인/흑인 인종 범주의 양극화가 심화되면서 '백인' 외모에도 불구하고 '흑인'과의 동일시에 대한 관심을 갖게 되었으며, 백인 크리올 혈통에 대한 방어가 '진실한 폭발'로 이어지는 상황을 연대기적으로 기록한다. '백인성'에 대한 문제 제기는 프랑켄버그(Frankenberg 1993)의 훌륭한 연구와 네덜란드 동인도의 백인 식민지에 관한 스톨러(Stoler 2002)의 저서를 참고하시오.

신도 자유로워지길 바라며 혁명적 주장과 자기 변신의 순간에 칙칙한 파란색 작업복을 태족 사롱으로 바꿔 입었고, 태족 주인과 여성 친구들로부터 '아름답다'는 말을 듣는다. 이는 그녀를 자아비판과 억압된 한족 정체성에 대한 문화적 비판의 길로 나아가게 한다. 파커 등(Parker et al. 1992:120)의 표현을 빌리면, 국가를 다시 재단하는 이 사례에서 두얼리의 옷을 바꿔 입는 행위는 초국적인 정치 행위가 된다.

〈청춘제〉의 또 다른 장면에서 태족 여성들은 1985년 중국 영화로는 드문 가벼운 포르노처럼 강에서 나체로 자유롭게 목욕을 하는 문화적 고전 방식으로 보여진다. 이 영화의 주인공은 멀리서 수영하는 태족 여성들을 바라보며 그녀도 한족의 관례에 얽매이지 않고 수영복 없이도 그들과 함께할 수 있기를 소망한다. 이후에 그녀는 "그들처럼 수영하는 것을 배웠고 다시는 수영복을 입지 않겠다"고 선언한다. 목욕 장면은 일하는 젊은 여성과 남성이 서로에게 성적인 암시를 주는 노래를 교창하는 장면으로 시작된다. 여기서도 하방(下放)된 한족 청년은 "나는 그들과 함께할 수 없었고, 그로 인해 억제되고 문화적으로 뒤처졌다고 느꼈다"고 말했다. 소수민족의 성적 자유와 '자연스러운' 존재 상태에 대한 동경은 실망으로 바뀌어 주류 한족과 국가가 지지하는 가치를 비판하게 된다. 두 장면 모두 초록빛으로 물보라를 일으키는 폭포의 롱숏으로 시작하고 마무리되는데, 이는 국가가 한족에게 에로틱하고 외설적인 것이라고 폄하한 것을 자연스럽고 자유로운 것으로 변화시키는 것이 정화 요소인 물이 있는 자연의 영역이라는 것을 시사한다.

중국에서는 모든 형태의 음란물이 불법으로 제한된다.[13] 여기

13   내가 여기서 '제한된'이라는 단어를 쓴 이유는 일반인에게는 음란물로 금지되어 있지만, 사실상 널리 퍼져 있고, 여러 최상류 대학과 교육기관에서도 섹스와 누

에는 검열관이 도덕적으로 부적절한 것으로 간주하는 외국 또는 국내의 모든 출판물이 포함된다. 과거에는 외국인 방문객 입국 시 음란물로 간주되는 잡지, 서적, 비디오를 소지하고 있는지 정기적으로 검색받았으며, (말 그대로) 지하 비디오방과 에로틱 서적을 판매하는 암시장 산업이 급성장하면서 경찰이 정기적으로 단속을 벌였다.[14] 1990년대 이후 불법 음란물이 넘쳐나고 도시 지역에서 훨씬 더 널리 유통되고 있지만, 여전히 불법이며 체포될 수 있다. 1980년대 중반에는 성적으로 자극적인 제목과 반나체의 남녀가 등장하는 각종 잡지와 책이 전국 서점과 신문 가판대에서 판매되었다. 한족과 외국인이 역기를 들거나 노출이 심한 수영복을 입고 포

드 장면이 있는 외국 영화를 볼 수 있기 때문이다. 나는 1983년에 베이징 외국어대학에서 중국인 영문과 학생과 그들의 배우자, 친구, 대학 간부들과 함께 매우 '황색'으로 여겨지는 〈크레이머 대 크레이머〉 무수정본을 본 적이 있다. 중국인 동료들은 일반인에게는 음란물이나 불법으로 분류된 문학과 영화를 엘리트 정부 관료와 그 가족들은 쉽게 접할 수 있다고 자주 불평했다. 중국 전역의 합작 호텔에서도 노골적인 외국 영화를 쉽게 볼 수 있으며, 이러한 '서구식' 사치품에 대한 접근성이 중국 젊은이들이 이런 호텔에 취업할 수 있는 사람들을 선망하는 이유 중 하나이기도 하다. 여기서 나는 중국에서 에로틱한 것과 포르노의 차이는 국가가 합법적인 것과 불법적인 것으로 간주하는 것에 의해 정의된다는 점을 확실히 하고자 한다. 요점은 일반적인 에로티시즘에 관한 것이 아니라, 중국에서 국가가 포르노로 분류한 한족의 표현은 불법이 아니며, 한족이 소수민족처럼 입을 경우에는 에로틱하다는 것이다. 중국에서 '에로틱'은 일반적으로 성적인 사랑에 영향을 미치거나 조장하는 것으로 해석되며, '포르노'는 일반적으로 '색정'으로 번역되고 포르노물을 지칭하는 황색으로 언급된다.

14 합법적인 '개인용 비디오방'은 중국 대부분의 도시와 마을에 있으며 홍콩, 대만, 서구에서 수입한 영화를 상영하며 현지 경찰의 감시를 자주 받는다. 또한 당국이 감시하지 않는 늦은 밤에 다소 외설적이거나 '하드코어' 에로 영화를 상영하는 것으로 알려져 있다. 경찰이 드물거나 멀리 있는 외딴 시골 지역에도 이러한 업소는 드물지 않게 볼 수 있다. 1985년 5월 어느 늦은 밤 한 업소 앞으로 지나가는데, 홍콩 영화의 '황색' 특성 때문에 낮에 15펀(센트)이라는 티켓 가격이 5위안(당시 미화 2달러에 약간 못 미치는 금액)으로 올라가는 것을 본 기억이 있다. 이 업소는 간쑤성 허저우 후이족 자치구 내 무슬림 소수민족 지역에 위치해 있었지만 꽤 유명했다.

즈를 취하는 모습을 담은 체육 잡지와 카드 등의 보디빌딩 장르가 특히 인기를 끌었다.[15] 국가 검열관들은 완전한 노출 묘사를 금지했고, 이러한 출판물은 자주 검열되어 압수당했다. 그러나 이러한 엄격한 규제에도 불구하고, 국내외 관광 상점에서 외국인 및 한족 여성의 누드 사진이 판매되고 있으며, 내셔널 지오그래픽 스타일의 도발적인 포즈를 취한 소수민족 여성의 누드 사진도 공개적으로 전시되고 있다. 소수민족 누드화는 각종 갤러리와 베이징 수도공항과 같은 공공장소에 전시되어 있을 뿐만 아니라 호텔의 여행 부티크와 중앙민족연구소와 민족문화궁 등의 소수민족 공예품점에서도 쉽게 구매할 수 있다.

중국 전통 학자들은 에로틱한 예술과 문학의 오래되고 널리 퍼진 전통에 대해 잘 알고 있는데, 이는 소수민족과 거의 관련이 없는 것들이었다. 중국의 성과학자인 루안 팡푸(Ruan 1991:2)는 『중국의 섹스』에서 가장 초기의 섹스 매뉴얼은 중국에서 나왔으며, 그중에는 고전적인 성과학 문헌인 『허음양방』('음과 양의 성교 방법', 168 BC)과 당나라 이전의 『옥방의 중요한 사용법』, 『신비한 삽입 명인의 책』 등이 있고, 현재 이러한 책들은 대만과 동남아시아를 통해 만화책 형태로 발간되지만 중국에서는 여전히 제한적이라고 언급한다.[16] 루안(Ruan 1991:29)은 이처럼 풍부한 전통 문헌들을 성관계의 신비로운 이점에 대한 설명, 특정 이론과 지침을 따르는 성관계

---

15 1989년에 출간된 중국 서적 『성적 관습』의 묘사에 불쾌감을 느낀 무슬림들의 광범위한 항의를 부분적으로 야기한 선정적인 출판물 산업의 급성장에 관해서는 오르빌 셸(Schell 1989)의 유머러스한 설명을 참고하시오. 중국의 '살만 루슈디' 사건으로 불리는 이 사건에 대한 반응으로 중국 정부는 이 책을 금지하고 불태웠으며, 출판사를 폐쇄하고 저자를 체포했다(Gladney 1996a:1-15; 1994 참조). 이러한 출판물 중 상당수는 1989년 이후 '부르주아 자유주의'로 엄격하게 차단되었다.

16 이 출처를 알려준 존 올슨에게 감사를 표한다.

의 건강상의 이점, 성관계의 고유한 즐거움의 세 가지 범주로 구분한다. 네덜란드의 중국학자 로버트 반 굴릭은 청나라 말기에 확산된 수백 권의 중국 에로틱 섹스 매뉴얼을 수집했는데, 『붉은 방의 꿈』, 『물가에서』와 같은 인기 있는 고전은 매우 노골적이며 요약본이 아닌 형태로 출판되는 경우는 거의 없다.[17]

한족의 섹슈얼리티에 대한 에로틱한 이미지와 공개적인 묘사가 전통적인 중국, 대만, 홍콩 및 싱가포르 사회에서 일상 생활의 일부로 인식되었다면, 1949년 이후의 중국 본토에서는 왜 그토록 사라지고 억압된 것일까? 전체주의와 섹슈얼리티를 연결 짓는 조지 모세(Mosse 1985)의 주장이 이와 관련 있을 수 있다. 모세는 허가받지 않은 섹슈얼리티가 전체주의 국가에 위협이 된다고 주장한다. 푸코(Foucault 1980:24)가 '성의 감시(policing of sex)'를 중앙국가의 완전한 권력을 유지하는 데 중요한 요소라고 말한 것이 옳다면, 중국의 전형적인 정숙함은 아마도 이러한 노력의 가장 좋은 예가 될 것이다. 성에 대한 감시는 중국의 급진 좌파 권위주의 캠페인과 거의 일치하는 경향이 있는데, 예를 들어 1966~1976년 문화대혁명, 1984년의 반정신오염캠페인, 천안문 사태 이후 1989~1990년의 6가지 악 캠페인에서 공개적 섹슈얼리티, 포르노, 매춘 모두 '봉건주의'로 비난받고 '민주' 또는 자유주의 운동의 배반적 부분으로 간주되어 단속되었다. 1990년 7월, 중국 최고인민법원 부원

---

[17] 1988년 베이징 미술관에서 열린 누드 미술 전시회는 중국 건국 이래 최초로 누드를 전문적으로 전시한 전시회였다. 이 전시회에는 소수민족 누드도 다수 포함되었지만, 정상 가격의 50배가 넘는 엄청난 티켓 판매량에도 불구하고 2주도 되지 않아 폐막했다. 중국 정부는 많은 여성 모델들이 자신의 누드 초상화 전시를 부도덕한 것으로 반대했다고 주장하며 전시회 폐쇄를 정당화했다. 모델들의 남편들은 공개적으로 농담의 대상이 되었다고 불평하고 아내가 더 이상 공격으로부터 안전하지 않다고 주장했다. 하지만 정부는 소수민족 여성 모델과 그 남편들이 우려하는 이 문제에 대해 전혀 걱정하지 않은 것으로 보였다.

장 린주는 매춘 및 포르노 인신매매범은 사형에 처한다는 새로운 법령을 공표했다(Sing Pao Daily 1990년 7월 18일 자, Ruan 1991:180에서 인용). 중국은 매춘부, 포주, 음란물 공급자가 일상적으로 체포되고 투옥되며 심지어 '불량배 범죄' 법령에 따라 처형되는 몇 안 되는 비이슬람 국가 중 하나이다.[18] 장이머우의 〈붉은 수수밭〉과 이후 〈국두〉와 같이 다소 노골적인 영화는 보다 자유로웠던 시기에는 국가에 의해 제안 및 승인되고, 자금과 제작도 지원되었지만 급진적인 정치 바람이 만연하자 일상적으로 금지된다.[19] 다른 연구에서 아드너(Ardener 1987:114)와 메이어(Mayer 1975:260)는 '정숙함'이 어떻게 사회적 위계를 강화하고 심지어 발명하는 역할을 하는지 보여주었다. 중국에서 한족에게 강요된 정숙함과 통제된 출산은 소수민족의 관능미에 반해 한족의 연대, 예의, 근대성을 강조하는 국가 프로젝트에 부합한다.

중국에서 성은 사적 경쟁의 정치적 공간 중 가장 공적인 영역

---

[18] 루안(Ruan 1991:83, 인민일보 1990년 2월 15일 자 인용)은 1989년 9월 리루이환의 매춘 및 포르노 단속발표 이후 11월 25일부터 12월 15일 사이에 베이징에서만 매춘부 103명을 체포했다고 기록했다. 공안국 차관은 1990년 1월까지 매춘부와 고객 7만 9천 명이 연루된 3만 5천 건의 사건이 기소되었다고 보고했다. 1993년 4월 16일, 로이터 통신은 왕슈샹이 음란물 판매와 출판 할당량 불법 거래 혐의로 베이징 중급 법원에서 사형선고를 받았다고 베이징 이브닝 뉴스를 인용해 보도했다.

[19] 1992년 뉴욕타임스(Kristof, 2월 13일 자 A7면)는 42살이 전 상하이 선전부장 판웨이밍이 '여성 매춘' 혐의로 체포되었다고 보도했다. 민주화 운동가로 잘 알려진 판은 2001년 쓰촨성에서 매춘부를 매수한 혐의로 체포되어 4년 형을 선고받는데, 지지자들은 호텔 방의 비디오와 장기간의 감시로 덫을 놓은 함정수사라고 주장한다. 그에 대한 후속 심문도 알려진 그의 성적 희롱보다 민주화 인맥에 더 초점을 맞춘 것으로 전해졌다. 또 다른 단속에서 쓰촨 순수미술 출판사는 음란서적을 인쇄했다는 이유로 폐쇄되었고, 다른 두 곳의 출판사도 소환되었다(Turkish Daily News, 1993년 4월 22일 자). 기자는 '중국 당국은 음란물에 대한 매우 광범위한 정의를 가지고 있으며 종종 의학적 또는 과학적 맥락이 아닌 인체에 대한 어떤 묘사도 포함할 수 있다'고 지적했다.

의 하나가 되었다. 여성 노동자의 월경을 정기적으로 모니터링하고 맬서스식 출산계획 프로그램에 관여하며 결혼가능 연령(여성 21세, 남성 22세)을 엄격하게 규제하는 국가에서 성이 고도로 정치화된 것은 놀라운 일이 아니다. 이 책의 15장에서는 천안문 학생 시위에서 해방된 성의 역할에 대해, 특히 자신의 몸에 대한 정치적 통제권을 국가로부터 빼앗으려는 학생들의 시도에 대해 논의한다. 여기서 나는 한족의 섹슈얼리티에 대한 억압과 통제, 그리고 소수민족의 섹슈얼리티에 대한 개방적 표현이 의미하는 것이 한족의 자아 구성에서 소수민족의 에로틱화가 중요한 역할을 해온 것이라고 주장한다.

소수민족 그리기: 윈난학파(Yunnan School)의 창조

1980년대 초, 몇몇 북부 한족 화가들이 남부로 배정되어 소수민족과 다른 '적절한' 주제를 그렸는데, 이들이 현대 중국 회화의 윈난학파로 불리게 되었다. 윈난학파는 중국 현대 미술에서 최초로 등장한 별도의 학파 중 하나로 여겨져왔으며 중국 예술계의 현 세대에게 큰 영향을 미치고 있다. 1980년대 초, 장티에펑, 팅샤오쾅, 허닝은 기존의 회화 규범에 도전하며, 특히 화려한 색채로 가슴을 강조한 누드화로 중국에서 유명해졌고, 이로부터 '1982년 중유(heavy oil)회화 윈난학파' 창립으로 이어졌다고 중국 미술의 저명한 비평가이자 딜러인 조안 르볼드 코헨은 말했다(Cohen, J. 1988). 이 학파의 가장 저명하고 성공적인 멤버 중 한 명인 팅샤오쾅이 그렇게 조직화된 '학파'는 존재하지 않으며, 오히려 그와 유사한 작품들이 주제(주로 소수민족)와 스타일(추상적인 형태로 중유와 밝은 색채 사용)에서 새로운 예술 스타일을 대표한다고 반복해서 언급했다는 것은 중요한 의미를 지닌다. 1992년 7월 11일 로스앤젤레스의 중국 텔레비전 방송 채널18이 진행한 팅샤오쾅과의 인터뷰에서 팅은 '윈난미술학파 같은 것은 존재하지 않는다. 우리는 모두 서양의 영향을 받은 스타일로 소수민족 대상으로 섹슈얼리티와 중유물감을 사용하여 억압된 중국 본토 회화에 혁명을 일으키려는 중국 출신의 모두 다른 예술가들이다'라고 말했다. 그의 유명한 그림 중 하나에 〈윈난미술학파의 새벽〉(Ting 1990:11)이라는 제목이 붙어 있고, 그가 윈난학파 스타일의 가장 부유하고 성공적인 대표자 중 한 명이었기 때문에 그렇게 말해야 했을 것이다. 아마도 큰 재정적 성공을 거둘 수 있는 서양에서라야 윈난학파가 존재할 수 있을 것이다. 윈난학파가 중국 회화의 '르네상스'를 대표한다고 주장하는 조안 코헨은 윈난학파의 발전에서 가장 중요한 사건은 허녕, 장티에펑, 류샤오후이가 '윈난에 사는 다양한 소수민족의 의상과 습관, 환경을 담은' 다큐멘터리 영화 프로젝트를 위한 그림을 제작하도록 의뢰받은 때라고 말한다(Cohen, J. 1988:5). 코헨은 소수민족 지역을 여행하면서 북방의 한족 예술가들이 소수민족 재현을 위한 색채와 스타일을 통해 그들의 예술적 관심사를 표현할 수 있게 되었다고 설명한다.

 1979년 베이징에서 열린 유화 연구회 전시회에 출품된 류빙장의 작품 〈누드〉는 초기 윈난학파의 경향을 보여주는 소수민족 재현 작품이다. 화려한 배경에 어두운 피부색의 여성 누드가 장신구만 착용하고 땅에 손을 얹고 무릎을 꿇고 있는 복종하는 자세의 사실적인 모습으로 묘사되어 있다. 태피스트리 배경, 장신구, 그리고 가장 중요한 자세를 고려할 때, 이 그림은 윈난학파 스타일의 가장 초기 작품 중 하나이다. 코헨(Cohen 1987:46)에 따르면, 무릎 꿇은 여성의 자세는 공식적으로 승인된 '규준적 회화 레퍼토리'에 속하지 않는 것으로 '남아시아'의 영향을 시사한다. 분명히 족쇄와 비슷한 여성이 착용한 팔찌는 자세와 함께 그림에서 에로틱한 비굴함과 복종의 분위기를 불러일으킨다.

추상적인 한족 인물화는 그렇지 않지만, 소수민족의 누드 작품을 생생하고 사실적으로 그리고 전시하며 판매하는 것은 공식적으로 허용되어왔고 지금도 여전히 허용되고 있다. 또 다른 예로 천장평의 누드 유화 작품의 제목은 〈순수〉인데, 특히 고갱, 피카소, 앤드류 와이어스를 포함해 서구의 영향을 보여주고 있으며 소수민족 대상을 이국화시켜 과거와 현재에 위치시키고 있다. 조안 코헨은 이렇게 설명한다. "호랑이 옆에 무릎을 꿇고 있는 누드를 스케치한 천의 작품은 야생 동물의 길들여지지 않은 본성은 순수하다는 고대 중국인의 생각을 표현한 것이다. 마찬가지로 문명에 의해 타락하지 않은 원시인은 순수하며, 이는 루소의 고귀한 야만인에 대한 낭만적 관념과 유사한 개념이다"(Cohen, J. 1987:65).

중국 소수민족의 '순수'는 마오쩌둥 주석이 '하늘의 반을 떠받치라'고 선언한 산업화 국가의 근대 노동자로서의 한족 여성의 재현과 매우 대비된다. 소수민족이 중국의 정치적 책동과 현대 중국 사회의 타락에 물들지 않은 아름다운 '고귀한 야만인'을 대표한다는 관념은 중국 현대 미술가들에게 중요한 주제이다. 이는 중국 도시 생활의 현대적 소외와 대조적으로 '야만인'에 대한 고갱식 낭만화인 것이다. 또한 비인간화되고 전체주의적인 국가에 대한 비판의 허용된 장으로, 현대의 한족 중국에 대한 문화적 비판이나 거부로 볼 수도 있다.

장티에평의 제자이자 한족과 징보족의 혼혈아로 태어난 윈난성 화가 샤오지아허는 인터뷰에서 소수민족을 그리는 이유에 대해 '그들은 순수하고 아름답다. 그들을 그리면 마음이 평화로워진다'고 말했다. '고대 소녀', '타라의 화장실', '하지', '꽃들', '아침 기도', '봄에 대한 경의' 등의 제목으로 전시회에 출품된 10점의 그림 중 7점에서 무릎을 꿇고 복종하는 자세의 육감적이고 노출이 많은 소수민족 여성을 그린 이유를 묻자 그는 "인체를 좋아하고 이것이 여성 아름다움의 본질을 표현한 것이라고 생각하는데, 서 있는 여성의 몸 전체를 작은 그림에 담는 것도 어렵다"고 말했다(1991년 7월 30일 인터뷰). 이후의 대화에서 샤오지아허는 그가 미국에 갔을 때 미국 갤러리 소유주와 에이전트, 특히 앨런 H. 핑거훗 그룹이 윈난학파 작품 대부분을 열심히 홍보했다고 말했다(1988년에는 코헨의 『윈난학파』 출간). 윈난학파 그림이 미국에서 잘 팔리자 학파의 인기있는 모티브와 색채를 더 많이 사용하도록 권고하기도 했다며 다음과 같이 말했다. "그들은 나에게 파스텔, 금색, 밝은 색상을 더 많이 사용하고, 아름답고 가슴이 큰 여성을 길쭉한 형태로 그리며, '민족적인' 의상을 사용하라고 했다. 나는 아프리카에 관심을 가지고 아프리카 의상을 많이 넣기도 했고, 내 작품을 더 에로틱하게 보이게 하려고 노력하면서도 외설적이지 않게 하려고 노력했다"(1991년 7월 30일 인터뷰). 그의 작품 대부분은 대중적으로 호평을 받았지만, 한 전시회에서 소수민족 여성에 대한 그의 표현 방식에 대해 비판적인 관객들의 논평이 있었고 그로 하여금 윈난학파 스타일을 재평가하도록 만들었다. 샤오지아허는 "그 후로 나는 윈난미술학파를 거부하게 되었다"라고 나와의 인터뷰(1992년 2월 29일)에서 말했다. "그들은 돈 버는 데만 관심이 있고, 팔릴 만한 똑같은 그림을 반복한다. 너무 반복적이다. 그것은 예술이 아니다. … 나는 돈을 벌기 위해 내 예술경력을 위태롭게 하지 않을 것이다."[20]

20 전시회에서 샤오지아허의 작품에 대한 논평들은 다음과 같았다. "당신의 작품은 구스타프 클림트의 황금기, 입체파 이후 피카소의 색채, 코코슈카의 손, 미로의 유기적 형태, 아메리카 원주민 인디언 여인을 연상시킨다." "마법 같은 모양

소수민족 여성을 화려하고 이국적이고 에로틱한 존재로 대상화하고 그들의 개인성과 주체성을 박탈함으로써, 이 중국 예술가들은 모든 원시인류가 공유하는 '공통의 심리'를 가정한 루이스 헨리 모건, 프란츠 보아스 및 미국의 초기 역사학자들에 의해 정립된 인류학적 기획에 동참하고 있다. 보아스와 이후 인류학자들은 문화 유물의 구성에 대한 개인적 기여를 강조했고 고된 민족지학적 연구를 통해 많은 '원시 예술가'의 개별적인 기여도 밝혀냈지만, 예술적 구성에서 공통의 심리와 문화결정론이라는 보아스 등의 개념은 그럼에도 불구하고 소수민족 타자의 객관화에 기여했다. 보아스의 개척적인 저작 『원시예술』에서 그는 "원시인의 이야기에서 동일한 동기가 반복해서 나타나기 때문에 같은 부족에서 수집된 대량의 자료는 매우 단조로운 경향이 있고, 특정 지점에 도달한 이후에도 오래된 주제의 새로운 변형만 얻을 수 있다"(Boas 1927[1955]:330)고 적었다. 일반적이고 서명되지 않았으며 익명이라는 '원시' 예술의 반복적인 특성이 바로 '현대' 수집가에게 매력적인 이유이다. 예술적 재현에서 모두 유사하고, 작품과 사고의 패턴이 균일한 문화에 의해 동질화되는데 왜 굳이 하나의 예술 작품마다 서명이 필요한가? 샐리 프라이스에 의하면, 원시 예술작품을 시간에 얽매인 현대인에게 매력적으로 만드는 것은 그들의 익명성과 무시간성이라며, 다음과 같이 말

과 곡선으로 가득 찬 매혹적인 작품이 영원한 강물처럼 흐른다. 보는 것이 너무 즐겁다." "재능이 넘치고 영감을 불러일으킨다! 이번 전시의 주요 소재가 젊고 육감적인 여성이기 때문에 광고 미술에서 상업적 성공을 거둘 수 있을 것으로 보인다." "나는 농부와 직공의 딸을 그린 그림이 최고의 작품이라고 생각한다. 당신은 의심할 여지없이 엄청난 재능을 가지고 있지만, 이 두 작품이 다른 작품들과 차별화되는 점은 바로 주제이다. 각 그림에 등장하는 젊고 아름다운 여인은 여성으로서의 인간존재에 대한 통찰을 제공하지 않는다. 그녀는 주제에 대한 탐구라기보다는 대상에 가깝다."(1991년 7월 5일부터 30일까지 매디슨 위스콘신대학교 기념관에서 열린 '중국 예술가 샤오지아허의 작품' 전시회의 자필 논평들).

한다. "사물에 대한 서양의 이해에서 위대한 전통의 밖에서 만들어진 작품은 그 공동체를 대표하는 익명의 인물에 의해 제작되었을 것이고, 그 장인정신은 오랜 전통을 따랐을 것이다"(Price 1989: 56).

중국에서 '전통적인' 소수민족 예술, 색채와 스타일의 사용이 한족 누드를 대중적으로 다시 소개되는 길을 열었다고 말할 수 있지만, 이는 고도로 양식화된 피카소식 형태일 뿐이다. 소수민족을 소재로 한 서구적 모티프, 스타일과 색채는 전통적인 중국 예술의 관습에 도전하는 은밀한 수단이 되었다. 한족 여성이 누드가 공개적이고 공식적으로 표현되는 경우에는 장티에펑의 유명한 유화 〈바다의 딸〉에 나타나듯이 피카소 장르의 고도로 양식화된 형태가 일반적이다. 그의 1988년작 〈물놀이〉가 담긴 브로슈어에는 윈난성 태족 물축제를 에로틱하고 피카소 양식으로 묘사한 그림이 있는데, 젖꼭지가 밝은 붉은색으로 강조된 큰 가슴의 검은 피부의 관능적인 인물이 담겨 있다. 홍보 브로슈어의 뒷면에는 다음과 같이 적혀 있다.

> 장타이펑은 중화인민공화국에서 가장 영향력 있는 현대 미술가이다. 그의 '윈난학파'는 700년 만에 처음 등장한 새로운 중국 미술운동이자, 명나라 이후 억압되었던 예술전통의 부활을 의미한다.
> (Fingerhut Group Publishers 1992)

한족 여성의 피카소식 초상과 소수민족 여성의 추상적 재현 작품은 서양에서 아주 유명해졌다. 장티에펑, 허닝, 팅샤오쾅 등 중국 예술가들은 벨에어와 베버리힐스에 주택을 구입할 만큼 엄청난 성공과 부를 쌓았고, 중국과 해외의 고급 예술산업에서 수익성 높은 영역을 만들어냈다. 내가 1992년 봄 상하이에서 열린 팅의 작품

전시회에 방문했을 때, 그는 말 그대로 팬들이 몰려들었다고 말했다. "내가 중국에 있었을 때 한족을 그렇게 그렸다면, 그들은 아마 나를 체포했을 것이다. 지금 나는 영웅이 되었다"고 나와의 인터뷰 (1992년 7월 11일)에서 말했다.

오스틴 갤러리는 시카고, 디트로이트, 샌프란시스코, 카멜, 라구나비치에 갤러리를 보유한 세련된 미술품 판매점이다. 나는 1991년 11월에 잘 꾸며진 시카고 갤러리에서 미시간대로를 향한 유리액자에 눈에 띄게 전시된 소수민족 무용수를 그린 윈난학파의 대형 그림에 매료되었다. 한족 이민자 우지안이 그린 윈난학파 스타일의 그림이 여러 점 전시되어 있었을 뿐만 아니라, 나중에 알게 된 사실이지만 자메이카 출신인 웡슈에의 비슷한 작품도 전시되어 있었다. 갤러리 컨설턴트인 벨라 치프킨은 이런 장르의 작품이 갤러리에서 베스트셀러이고 대형 그림은 8,000~10,000달러에 팔린다고 말하며, 많은 예술가들이 이처럼 유려하고 화려한 스타일을 모방하기 시작했다고 설명했다. 그녀는 이 스타일이 최근 몇 년 동안 가장 인기있는 예술형식이자 오스틴 갤러리의 7개 갤러리 모두에서 가장 빠르게 판매된 스타일이라고 했다. 그녀는 "연보라색과 숨막힐 듯 관능적이며 자유로운 소수민족 예술은 전문가 직종의 집에 있는 가구와 잘 어울린다"고 말했다. 그녀는 또한 이 그림이 미국에서 인기를 끄는 이유 중 하나가 소수민족 예술을 대표한다는 점인데, "티베트 등의 문제로 인해 미국인들이 중국 내 소수민족을 최대한 지원하고 싶어 하기" 때문이라고도 말했다. 물론 윈난학파 예술 중 실제로 소수민족이 제작한 것은 거의 없다는 것은 알아야 한다.

중국 영화의 중심을 주변화하기

'소수민족 영화'는 중국인 취향의 통념을 쇄신하는 데 있어 유화의 경로를 따랐다. 중국 영화의 저명한 비평가인 폴 클라크(Clark 1987b:20)는 이 장르를 성공적이고 영향력 있게 만든 것은 '일반적으로 기피되는 주제를 탐구하는 소수민족 영화의 성향'이었다고 주장한다. 영국의 채널4 다큐멘터리 〈새로운 중국 영화〉에서 장이머우, 티엔좡좡, 천카이거 등 영향력 있는 5세대 영화감독들이 작업했던 시안 영화스튜디오의 우티엔밍 감독은 이에 대해 한 중국 속담을 인용했다. "산에 호랑이가 없으면 원숭이가 왕이다." 이 말은 그의 스튜디오가 베이징이나 상하이 같은 권력 중심지로부터 멀리 떨어져 있어 자유롭게 탐구할 수 있었다는 것을 나타낸다. 다큐멘터리에서 보다 사실적인 소수민족 영화 〈사냥터에서〉(1985)와 〈말도둑〉(1986)의 젊은 감독 티엔좡좡은 자신이 소수민족 지역에서 영화를 찍기로 한 이유를 다음과 같이 설명했다.

> 몇 가지 이유가 있었다. 우선 베이징 영화스튜디오는 우리가 그곳에 배정되었을 때 연출을 허락하지 않았다. … 〈사냥터에서〉와 〈말도둑〉은 지역의 소수민족을 다루고 있지만 실제로는 중국 전체 국가의 운명에 관한 영화이다. (〈새로운 중국 영화〉, 1988)

폴 클라크의 중국 영화 분석에 의하면, 소수민족에게서 감독들이 찾은 것은 한족에게 결여된 '민족적 양식'이며, "'중국' 스타일로 영화를 만드는 가장 효과적인 방법 중 하나는 역설적으로 중국 내에서 가장 '외국적인' 문화권으로 가는 것이었다"(Clark 1987a:101). 중국에서의 민족 정체성 탐색은 무정형으로 발명된 한족 자아보다 더 활기차고 쉽게 객관화되는 것으로 여겨지는 소수민족 문화에 대한 반대와 대비를 통해 더 쉽게 이해될 수 있었던 것으로 보인다. 소수민족을 관능적이고 자유롭고 다채로운 모습으로 재현함으로써 중국 영화 제작자와 예술가들은 '은유적 자원'을 발견했다. 이로써 그들은 금기시되고 종종 불법적인 예술을 중국 문화 주류에 도입할 수 있었다. 이러한 예술적 모티브는 결국 주류 한족이 수용하는 광범위한 예술적 관습의 문화적 레퍼토리에 영향을 미쳐 '민족적' 양식과 정체성을 확립하도록 이끌었다.

국가가 공식적으로 승인한 영화라는 매체를 통해 한족의 정체성은 명확히 객관화된다. 장누안신의 〈청춘제〉에는 여성 주인공이 '한족'이라는 이유로 관능적인 관계를 분명히 거부하는 장면이 두 장면이 있다. 첫 번째는 시골로 내려간 베이징 한족 두얼리가 숲에서 땔감을 모으고 있을 때, 그녀의 태족 동료들이 소달구지를 타고 집으로 돌아가자고 놀리듯 부추기는 장면이다. 그 소달구지는 그녀가 시장에서 만났던 베이징 출신 남자에게 받은 것이었다. 그녀가 둘 사이에 아무 일도 없다고 항의하자 태족 동료들은 "우리에게 말하는 것을 두려워하지 말라"고 잔소리한다. 그녀는 대답한다. "우리가 한족이라는 걸 알잖아. 우리는 그렇게 일찍 연애를 시작하지 않아"(문자 그대로, "우리는 한족이야. 우리는 사랑을 그렇게 일찍 얘기하지 않아").[21]

두 번째 장면에서는 늦은 밤 두얼리가 어둡고 낭만적인 숲속에서 같은 한족 청년과 단둘이 앉아 멀리 태족 축제에서 들려오는 매혹적인 음악을 듣고 있다.

---

[21] 이 장에서 '문자 그대로'의 의미는 나 자신이 원본 음성 또는 서면 텍스트를 번역한 것을 말하며, 별도의 언급이 없는 한, 가능한 경우 번역 또는 자막 버전을 제공한다.

두얼리: 무슨 노래를 부르는 거지?

남성 친구: 모르는 거야? 〈내 애인의 손은 부드럽고 매끈해〉.

두얼리: 그들은 부끄럽게 생각하지 않나 봐?

남성 친구: 왜 그래야 하지? 자신의 감정을 솔직하게 말하는 게 낫지 않아? 수풀 주변만 두드리고 다니는 우리 한족과는 달리.

두얼리: 그럼 너도 솔직히 말해. 아무도 말리지 않아.

남성 친구: 하지만 넌 할 수 있어?

두얼리: 못 할 거 없지.

남성 친구: 그래. 지금 무슨 생각 해?

두얼리: 나는… 나는 알았는데… 추워진다. 집에 가자.

남성 친구: 그게 다야?

두얼리: 응.

남성 친구: (사롱을 입은 그녀를 바라보며) 넌 머리부터 발끝까지 한족이야(문자 그대로, '네가 무슨 말을 해도 넌 여전히 한족이야').

〈청춘제〉의 여성 감독 장누안신은 〈카메라 옵스큐라〉 저널에 실린 인터뷰에서 한족 여성의 주체성과 아름다움의 표현을 장려하기 위해 이 영화를 만들었다고 밝혔다.

> 장만링의 원작 단편소설에 내가 직접 경험했던 일들이 많이 담겨 있다고 느꼈다. 나도 시골에 내려간 적이 있었다. 낡고 덜 매력적인 옷일수록 더 좋다고 느꼈었다. 우리가 아주 젊었을 때, 우리는 우리 자신을 매력적으로 만들 수도, 사랑을 표현할 수도 없었다. (Zhang 1989:21)

실제로 자기 발견, 인식과 표현의 필요성(Berry 1991a:196)은 중국 여성 영화의 많은 부분에 퍼져 있었다. 이를 위해서는 소수민족 지역으로 가서 억압되고 구속된 한족 여성 자아와 자유롭고 아름다운 것으로 구성된 소수민족 타자를 대조하면서 화면에서 탐구될 수 있었다. 이는 유교화된 중국 사회에서 여성의 지위에 대한 줄리아 크리스테바의 유토피아적 구성에 위배되는데, 나는 서구적 비판의 형식에도 불구하고 중국 여성의 지위를 변명할 수 없을 정도로 이상화한다는 레이 초우의 주장에 동의한다.

여기에는 '자신'에 대한 그러한 묘사를 포르노로 간주하는 보수적인 독자층을 위한 내셔널 지오그래픽의 타자에 대한 성적 묘사 전통과 중요한 유사점이 있다.[22] 분명히 두 경우 모두 자아의 위계가 존재하는데, 타자가 자신보다 덜 친숙하고 덜 문명화된 것으로 간주될 때 타자에 대한 엿보기가 허용된다는 것이다. 중국 영화 비평가인 폴 클라크(Clark 1987b)가 〈동서양 영화 저널〉에 기고한 '중국 영화 속 소수민족: 영화와 이국적인 것'이라는 글에서 주장한 바와 같이 중국에서 영화는 처음부터 이국적인 것, 낯선 것을 보는 이국적 매체로 인식되었다. 1949년 이후 중국이 외부 세계에 차단되면서 이국적인 대상으로 소수민족이 외국인을 대신하게 되었다. 클라크(Clark 1987b:15-16)는 다음과 같이 설명한다. "영화 관객은 국경을 넘지 않고도 '외국'의 땅으로 여행할 수 있었다."

하지만 나는 클라크가 이국적인 것에 대한 매혹을 강조한 것 이상으로 더 나아가고자 한다. 중국에는 다른 거의 모든 사회에서 볼 수 있는 원시적인 것에 대한 내셔널 지오그래픽식의 전형적인 낭만주의보다 더 많은 것이 있다. 여기서 국가는 타자를 묘사하는 정치화된 과정에 밀접하게 연관되어 이를 통제하며 자금을 제공하

---

22 내셔널 지오그래픽의 에로틱하고 이국적인 '원시' 이미지에 관한 뛰어난 해체적 분석은 『내셔널 지오그래픽 읽기』(Lutz and Collins 1993)를 참고하시오.

기도 한다. 사이드(Said 1978)의 용어를 빌리면, 국가는 내부의 타자로 시선을 돌려 공식화되고 상품화된 동양의 오리엔탈리즘에 참여했으며, 이를 통해 소수민족에 초점을 맞추고 있지만 중국 사회의 타자에 대한 매혹의 오랜 전통을 나타낸다.[23] 여기서 진짜 문제는 왜 국가가 그러한 기획에 대한 노골적인 지원을 선택했는가 하는 것이다. 나는 이러한 소수민족 타자에 대한 재현의 정치학이 전통적인 중국 권력관계 관행의 확대와 민족국가로서 중국 부상의 산물이라고 주장한다.

경쟁하고 협력하는 타자성: 무슬림의 에로틱화

소수민족에게 그들이 미디어에서 이국화되는 방식에 대해 선택의 여지가 거의 없는 듯이 보이고 한족도 탈이국화되는 본질화에 순응해야 하는 반면, 그렇게 제한된 공간에서도 경쟁하려는 시도가 여러 차례 있었다. 학생 민주화 운동이 감각적인 것, 독특한 것, 개별적인 것을 강조했을 뿐만 아니라, 〈엘레지 강〉(1988), 〈청춘제〉(1985), 〈붉은 수수밭〉(1988), 〈국두〉(1989)와 같은 영화는 모두 다양한 대중적 차원의 경합을 보여준다(Wang, Y. 1989:32 참조). 소수민족도 반대의 목소리를 내기 위해 노력했다. 베이징 수도공항에 걸린 위안원성의 누드그림의 일부를 가리게 된 것도 윈난성 소수민족 긴부들의 불만 제기 때문이었다.[24] 1987년 신장 우루무치에서는

---

23 루이자 셰인(Schein 1990)은 이러한 기획을 '내부 오리엔탈리즘' 개념을 사용하여 도발적으로 설명한다. 중국에서 이국적인 것에 대한 매혹은 소수민족뿐만 아니라 외국인의 재현까지 확대되었다.

24 위안원성의 벽화는 여러 번 가려졌다가 다시 공개되었으며, 현재는 원래의 에로틱한 형태로 복원되었다. 1989년 이후 베이징의 정치적 분위기를 고려할 때, 이는 소수민족의 에로틱하고 이국적인 모습을 강조함으로써 주류 내의 차이를 억제하려는 또 다른 시도일 수 있다.

화교호텔에서 열린 한족 예술가들 작품 전시회에 대한 위구르 무슬림 예술가들의 대규모 항의집회가 있었다. 그들은 그 그림들이 위구르족을 지나치게 우스꽝스럽거나 관능적으로 그렸다고 주장했다. 주로 한족 화가들의 그림으로 위구르족이 노래하고 춤추며 당나귀를 타고 수박을 머리에 이고 균형을 잡는 모습이었다. 더 심각한 것은 위구르족 여성이 노출이 심한 치마를 입고 에로틱한 춤을 추는 모습이 그려진 그림들이었다(예를 들면, 팅샤오쾅의 작품 〈실크로드〉에는 사막과 낙타 카라반을 배경으로 가슴을 드러낸 소수민족 여성이 묘사됨). 많은 위구르족에게 이러한 재현 방식은 특히 모욕적으로 받아들여졌는데, 이는 그들이 자신들을 보수적인 무슬림으로 여기기 때문이다.

　오늘날 중국의 한족보다 남서부 소수민족이 '개방적인' 성적 관습을 가진 것으로 인정할 수는 있겠지만, 관능적이고 에로틱하게 묘사되는 소수민족은 이들뿐이 아니다. 태족 여성들은 전통적으로 나체로 목욕을 했고(지금은 많은 사람들이 꺼리지만), 모계사회인 누어소족은 모계 거주지에서 혼외 성행위를 허용하기도 했다. 하지만 위구르족과 여타 무슬림 민족의 전통 문화에서 한족보다 더 공개적으로 에로틱하거나 선정적이라고 말할 수는 없다. 위구르 여성들은 전통적으로 '춘 푸르다(chun purdah)'로 몸을 가리는 것으로 중국에 널리 알려져 있는데, 이는 푸르다와 같은 머리 스카프와 감싸는 천으로 얼굴과 머리카락을 완전히 감싸고 손과 발목까지 길게 늘어뜨리는 것이다. 눈이나 때로는 얼굴이 노출되는 중동의 푸르다와 달리 위구르 '춘 푸르다'는 얼굴과 몸 전체를 가린다. 무슬림 위구르족은 대중적인 성적 영역에서 한족보다 훨씬 더 보수적이다. 소수민족의 항의에도 불구하고 이런 에로틱한 표현은 계속되고 있으며, 중국 내 한족과 소수민족 간의 명백히 대조적인 광경을 보여준다.

많은 관광호텔처럼 베이징 북동부에 위치한 셩탕호텔의 메인 식당 중앙에는 드러난 가슴을 강조한 당나라 소수민족 무희의 타일 벽화가 장식되어 있고, 반대쪽 벽에는 둔황 불교 석굴에서 볼 수 있는 에로틱한 양식의 벽화가 있다. 중국의 많은 공공장소에서 보이는 것처럼, 관능적인 '비행하는 압사라'는 공식적으로 승인받은 예술 소재이다(Cohen, J. 1987:17-20). 나는 이 벽화를 본 한족 학자들에게 무희들이 소수민족인지 한족인지 물어본 적이 있는데, 중국 불교 전통의 요람인 둔황의 불교 석굴에서 온 것임에도 불구하고 모두 소수민족이라고 답했다. 불교가 중국의 종교로 변모하는 동안 예술과 압사라의 관능적인 표현은 분명히 한족이 아닌 외국인과 소수민족의 특성으로 남아 있다.

중국 관광 사진집 『투루판의 풍경과 관습』(1985:16)에는 한족 예술가 구성위에가 그린 둔황 동굴에서 자기 위로 날아다니는 가슴이 강조된 여성 압살라의 관능적인 이미지가 담겨 있는데, '비록 이 위구르인들이 무슬림이라 주장하고 있지만, 우리는 그들이 춤추고 노래할 때 어떤 생각을 하고 있는지 알고 있다'고 말하는 듯하다. 그 사진집의 18페이지에는 에로틱한 불교도들이 황홀에 빠진 위구르 무희들 위로 떠다니는 모습이 그려져 있다. 중앙아시아의 춤과 예술 전시는 그 지역이 지금은 무슬림들에 의해 점유되고 있음에도 한족의 중국에게는 관능미와 에로티시즘의 은유로 재현되는 것이다.

세계를 널리 돌아다녔던 한족 예술가 탕물리의 인물화 〈사과를 든 누드〉(Cohen, J. 1987:101)는 극사실주의 작품이다. 작품의 모델은 한족임이 분명한 것으로 보이지만, 중앙아시아 스타일의 모자를 쓰고 신장에서 만들어진 카펫에 앉아서 춥고 건조한 중국 북동부에서 주로 나는 사과를 베어 문 사실주의 정면 누드화는 분명히 중앙아시아 소수민족을 표현한 것이다. 아마노 탕물리는 한족 여성을 이렇게 생생하고 사실적으로 그릴 수 없다는 것을 잘 알았을 것이다. 무슬림이 중국에서 가장 보수적인 민족임에도 불구하고 한족에 의해 그렇게 그려지는 것이다.

마지막으로 언급할 무슬림을 에로틱하게 그린 자오이숑의 1979년 유화 〈타림의 각성〉은 매우 놀랄 만하다. 논란의 여지가 있는 이 그림에 대해 코헨(Cohen 1987:54)은 "타림은 중국의 가장 끔찍한 사막인 타클라마칸의 가장자리에서 현대화의 시작을 상징한다. 그녀는 낙타, 모스크, 유정탑, 불교의 신들, 오아시스, 포도, 조롱박, 석류 등 실크로드 이미지들의 활력 있는 조합 위에서 깨어난다"고 기록했다. 황저우와 같은 한족 예술가들이 그린 위구르족과 여타 무슬림들 그림은 중국에서 오랜 역사를 가지고 있지만, 자오이숑의 그림처럼 에로틱하게 그려진 적은 없었다. 그의 그림은 민족, 여성, 근대성 사이의 극적인 연결을 분명히 보여준다. 자오이숑은 위구르 누드 여성이 전통적인 삶에서 석유 굴착장비, 비행기, 핵 시설로 가득한 현대 세계로 '각성'하는 모습을 묘사함으로써, 여성, 모스크, 카라반으로 덮인 이슬람 전통의 소수민족 문화를 벗어야만 타림의 여성과 지역이 현대화될 수 있음을 시사하는 듯하다. 여성의 허벅지 사이로 낙타 카라반과 모스크의 첨탑이 그대로 드러나는 이 그림은 당연히 위구르족에게는 극도로 불쾌할 수 있다. 그럼에도 불구하고 자오이숑은 국가에 의해 중국역사혁명박물관을 위한 그림을 의뢰받았고, 알룰라의 '식민지 하렘'과 매우 유사한 오리엔탈리즘적 방식으로 타자를 재현한 것이다.

중요하게도 코헨은 우리에게 중국 당국이 이목을 끄는 자오의 그림 전시를 불허했다는 것을 알려주었다. 사람들은 이 그림이 노골적이고 에로틱하기 때문이라고 생각하지만, 코헨(Cohen 1987:54)

은 "유화연구회가 여인의 엉덩이에 있는 녹색 줄무늬, 즉 분명히 불쾌하게 생각되는 인상주의적 제스처 때문에 이 작품을 배제했다"고 기록했다. 특이하게도 인상주의적 표현은 소수민족 초상화에 적합하지 않다고 거부되었고, 대중의 소비를 위해서는 명확한 사실주의가 선호되었다. 이와는 대조적으로 한족 여성의 신체를 사실적으로 표현하는 것은 종종 정부에 의해 확실하게 제한되었다. 중국 여성의 종속이 남성의 높은 지위를 구체화하는 것처럼, 소수 민족의 이국화는 한족의 상상된 정체성을 본질화하며 한족의 우월감을 재확인한다. 국가의 후원하에서 한족보다 더 관능적이고 원시적으로 소수민족을 재현하는 것은 국가의 의제를 지지하는 것이다. 적절한 교육과 경제 발전을 통해 소수민족은 결국 한족이 이룩한 근대성을 달성하고 국가의 권위 아래 선봉대로서 동일한 문명적 제약을 받게 될 것이다. 소수민족의 상징적 조공은 자신들의 봉건적 과거와 누가 미래를 이끌어갈 것인지 보여주는 신호를 확인하면서 중국의 과거와 연결되는 중요한 고리가 된다. 또한 91%에 달하는 주류 한족에게는 동질성, 도덕성, '예의'를 강요하는 국가의 권위를 정당화하는 반면, '후진적인' 소수민족에게는 차이가 '일시적으로' 용인된다. 후기 유교 사회를 표방하는 사회주의 사회에서 젠더와 민족적 위계는 도덕성 담론—사회의 바람직한 질서—으로 계속 정교화되고 있다. 이러한 질서에 대한 저항이 바로 영화 〈국두〉를 논란의 여지가 많은 작품으로 만든 것이다.

소수자이자 타자로서의 여성

영화 〈국두〉가 1991년 아카데미상 후보에 오른 것에 대한 분노는 주로 이 영화가 중국의 도덕적, 위계적 정서에 모욕적이었기 때문이라고 언론은 밝히고 있다(WuDunn 1991:B1). 〈국두〉는 우티엔밍의 상징적인 영화 〈낡은 우물〉에 출연했던 시안영화스튜디오의 장이머우 감독이 제작했다. 어린 신부 쥐더우는 불임으로 추정되는 나이 든 남편에게 임신을 하지 못한다는 이유로 신체적 학대를 받는다. 중국 최초이자 아마도 마지막이 될 신체결박을 사용한 영화에서 국두는 반복적으로 구타당하고, 묶이고, 심지어 나이 든 남편이 앉은 말안장에 깔려 성적으로 학대당한다. 그녀는 자신을 구하기 위해(그는 이미 두 명의 전 부인을 때려 죽인 적이 있다) 남편의 양아들을 유혹하고, 그 결과 중국인들이 가장 불쾌하게 여기는 불륜의 이야기가 이어진다. 국두가 죽음의 순간에도 자신의 운명을 받아들여야 하는 것처럼, 한족 여성도 국가를 위해 봉사할 때 자신의 섹슈얼리티를 제한할 것을 요구받았다. 마찬가지로 소수민족 여성을 에로틱하게 묘사하는 것도 정권의 이익에 부합하기 때문에 허용되며, 이는 국가가 대부분의 소수민족을 출산계획 프로그램에서 면해주는 요인으로 작용할 수 있다.[25] 소수민족 여성은 다산을 권장받지만, 그들의 몸은 의례적으로 묶여 있는 한족 여성보다 통제하기 어렵다. 국가가 대부분의 소수민족을 출산계획에서 면제하는 은유적 이유 중 하나는 소수민족은 통제되지 않은 관능미, 생식력, 재생산을 의미하며, 한족은 통제되고 문명화된 생산성을 의미한다는 관념을 유지하기 위해서이다. 그러나 정작 문제가 되는 것은 여성의 몸이 아니라 국가(그리고 더 나아가 가부장적 남성)의 여성에 대한 통제이다.

25 최근까지 소수민족은 거주지역에서 한족보다 한 명 이상의 자녀를 더 낳을 수 있었다. 내 연구에 의하면 이 정책은 실제로 대부분의 농촌지역에서 그들이 원하는 만큼 많은 자녀를 갖는 결과를 가져왔다. 1989년 이후 몽골과 신장에서 산아제한을 도입하려는 시도가 있었는데, 소수민족은 중국의 한족 '이주를 통한 동화' 장려 정책으로 해당 지역에 한족 인구가 과도하게 증가했다고 주장하며 소동을 일으키게 된다.

소수민족 예술에 널리 퍼져 있는 태족의 목욕 주제와 비슷한 맥락에서, 〈국두〉에는 나이 든 남편의 양아들 양티엔칭이 화장실 벽에 난 구멍을 통해 쥐더우가 목욕하는 모습을 관음적으로 관찰하는 중요한 순간이 있는데, 이 장면은 영화 〈놀라운 결혼 관습〉에서 먀오족 남성과 영화 관객이 먀오족 여성의 목욕 장면을 관음적으로 관찰하는 것과 매우 흡사하다. 각각의 경우 모두 물과 목욕이 관음적 시선과 성적 대상의 구성으로 이어진다. 입양된 아들이 더 잘 보기 위해 구멍을 키우자 국두는 그를 발견하고 욕실 안쪽에서 짚으로 구멍을 막는다. 나중에 그녀는 그가 시야를 가리지 않기 위해 안쪽에서 짚을 제거한 것을 발견한다. 그러나 이번에는 전통적인 중국 여성의 정숙함에서 급진적으로 벗어나(하지만 먀오족과 태족의 목욕 장면과 비슷하게) 양아버지의 구타로 잔인하게 얼룩진 자신의 몸을 그에게 보여준다. 아름답지만 기괴하게 멍든 그녀의 몸이 주는 충격은 보는 사람을 강렬하면서도 굴욕적으로 만든다. 마찬가지로 소수민족 여성에 대한 한족의 관음증과 가부장적 사회질서에 대한 한족 여성의 복종은 중국에서 국가의 자기 영속성을 이유로 정당화된다.

장이머우는 〈국두〉에서 이러한 역할의 반전을 통해 여성과 소수민족이라는 타자를 객관화하는 국가의 권위를 실추시키고 있으며, 이는 중국이 이 영화의 아카데미상 후보 지명을 막으려는 중요한 요인으로 작용했을 수 있다. 국두는 입양한 아들에게 직접 시선을 돌림으로써 아들을 모욕하는 동시에 자신의 주체성을 확립하고, 그녀를 성적 욕망의 대상으로 삼으려는 그에게 저항한다. 문제를 자신에게 가져오고 그를 유혹함으로써, 그녀는 자신의 정체성을 확립하고 개성을 주장한다.

소수민족 역시 국가가 관리하는 미디어의 객관적인 시선을 허용함으로써 자신의 정체성을 획립하고 자신의 문제에 대해 목소리를 낼 수 있는 권리를 가지며, 이러한 객관화의 행위가 자신에게 이익이 될 때마다 이를 수용하고 전환한다. 이런 식으로 소수민족 문화가 아무리 이국적이거나 발명되었다고 하더라도, 소수민족 문화의 유지와 주장은 일종의 저항으로 볼 수 있다. 소수민족 예술과 문화를 지원하는 한족 국가의 '교육'에 참여함으로써 그들은 종종 국가의 현대화 프로그램에 반하는 가치를 홍보할 수 있는 방법을 찾는다. 도시 한족이 현재 자신의 생활상과 매우 이질적이라고 생각하는 더 자연화되고, 다채롭고, 해방되고, 관능적인 라이프스타일을 엿보는 것은 소수민족이 식민화되고 젠더화된 주체로서 인기를 얻는 데 기여한다(Chatterjee 1989:624 참조). 또한 윈난학파의 소수민족과 그들의 이국적인 묘사가 자연적인 생활 방식을 갈구하는 서구에서 동질화된 전체주의 국가라는 중국 이미지를 비판하는 방법으로도 매우 인기 있는 이유일 것이다. 글로벌 자본주의 경제에서 이러한 이미지의 성공적인 시장화는 중국과 해외에서 소수민족/주류민족 담론을 영속화하고 있다. 중국 안팎에서 중국 소수민족을 연구하는 책, 강좌, 기관의 출현은 마치 소수민족과 나머지 '한족' 중국 사이에 명확한 선을 긋는 것처럼 이러한 동질화를 반영한다. 이 장에서는 공적 영역에서 소수민족과 주류민족 담론을 직접적으로 연결하려는 시도를 통해 그렇지 않다고 주장했다. 중국과 그 밖의 지역에서 소수민족의 정체성을 구성하는 것은 주류 정체성과 직접적으로 연관되어 있는 것이다. 한족다움이 '백인성'과 관련되어 있듯이, 중국에서 주류는 피지배되고 낙인찍힌 것으로 식별된 소수민족을 통해 표식 없는 범주로 발명된 것이다.

소외된 현대인들은 상상된 과거의 이국적인 표현에 향수를 불러일으킬 수 있지만, 홉스봄(Hobsbawm 1991:163)의 보편화된 '민족성 원칙'의 중국의 늦은 수용은 근대 민족국가로 인정되기를 원하는 중국의 열망과 결부되며, 관광 수입과 민족화 프로그램을 위한 소수민족의 식별과 착취로 이어진다. 이로써 소수민족 자신들에게 거의 이득이 되지 않는 이국화된 대상으로의 낙인화가 지속된다. 소수민족이 스스로 이러한 모티프를 채택하면 자율성을 높이고 대표성의 판도를 뒤집을 수도 있다. 그러나 이러한 주체성과 독립성에 대한 시도는 언제나 소수를 희생시키면서 다수의 동질성을 추구해 전체화하고 객관화하려는 국가에 위협이 될 것이다. 중화인민공화국에서 〈국두〉가 금지되고 소수민족에게 노래 부르고 춤추는 것 외에 더 장려되지 않는 것은 놀라운 일이 아니다.

5장
영화와 국가

제5세대

중국의 5세대 감독 중 가장 논란이 많은 사람 중 하나인 티엔좡좡은 1993년 영화 〈푸른색 연〉으로 도쿄국제영화제와 호놀룰루국제영화제에서 최고상을 수상했다. 그의 명성은 몽골과 티베트에서 소수민족을 대상으로 촬영한 민족지적이고 다큐멘터리적인 초기의 두 영화로 확보되었다. 토니 레인스는 〈새로운 중국 영화〉의 출발점에 대한 논평에서 영화 〈사냥터에서〉와 〈말도둑〉이 "한족의 일상적인 중재 없이 내몽골과 티베트 소수민족의 신체적, 정신적 삶을 보여주었다는 점에서 중국의 초기 '소수민족 영화' 전통의 중요한 출발점"이라고 언급했다(Rayns 1991:112). 이 장에서는 티엔의 소수민족 영화에서 한족의 목소리를 의도적으로 침묵시킨 것은 제5세대 영화의 시작에서 중요한 전환, 즉 국가적 서사에서 문화 비평으로의 전환을 의미한다는 것을 보여줄 것이다. 티엔과 다른 많은 영화 감독은 그들의 영화를 중국의 지리적, 민족적 경계지역으로 옮김으로써, 중국의 중심을 갉아먹는 심각한 문제를 효과적으로 다룰 수 있었다. 그들은 소수민족과 여타의 서발턴 대상들을 촬영함으로써 국경에서 중심부까지 중국이 어떻게 매핑되고 상상되며 위치 지어지는지에 대한 예측에 자신도 모르게 기여하게 되었다.

비록 티엔의 '소수민족' 영화가 수상작인 〈푸른색 연〉에 가려지긴 했지만, 상대적으로 알려지지 않은 젊은 감독이 중국 사회와 문화에 비판적이고 강렬한 시각적 특성(〈사냥터에서〉와 〈말도둑〉 모두 놀라운 촬영기법과 미니멀한 대사, 계몽주의, 서사성으로 유명함)을 나타낸다는 점에서 '중국의 서부극'으로 알려진 영화를 다시 한번 살펴보는 것도 타당하다.[1] 티엔의 영화는 그 이전의 '소수민족 영화' 장르와 비교되어왔지만, 여기서 나는 티엔의 작품들이 5세대에 영향을 미치고 형성하는 데 기여한 역할이 중국 민족국가와 중국 영화의 위상을 파악하는 데 있어 중요한 출발점, 즉 가야트리 스피박의 용어로 '전략적 개입'을 의미한다고 주장한다.

티엔의 〈푸른색 연〉은 대약진(1959~1961)과 문화대혁명(1966~1976)의 급진적인 시기와 티엔 자신의 세 번의 결혼의 파국을 초래한 중국 정부의 전체화하고 동요하는 정책에 대한 보다 직접적이고 압도적인 비판을 담고 있다. (내가 그를 잘 읽었다면, 티엔은 국가가 여전히 유사한 정치적 진자의 움직임에 취약하다고 믿는다. 이는 아마도 베이징에서 그의 영화가 금지된 후 해외로 영화를 배포했다는 이유로 중앙당국에 의해 소송을 당한 이유일 것이다.) 티엔의 초기 작품에서 중요한 점은 비슷한 문화적, 정치적 비평에 참여하기 위해 소수민족을 선택했지

[1] 토니 레인스는 티엔의 영화들을 천카이거의 〈황토지〉(광시영화스튜디오, 1984), 장쩌밍의 '백조의 노래'(주강영화스튜디오, 1985), 우즈니우의 〈겨울의 마지막 날〉(샤오샹영화스튜디오, 1986), 황지엔신의 〈흑포사건〉(시안영화스튜디오, 1985) 등 다른 5세대 영화들과 함께 묶는다. 그는 이 영화들을 모두 '신조류'라고 주장하는데, 그 이유는 다음과 같다. "이 영화들은 모두 대사를 최소화하고 이미지로 의미를 구성해낸다. 이들은 초기 중국 영화에서 볼 수 없었던 주제와 접근 방식을 의도적으로 추구하며, 할리우드와 모스필름의 영향에서 벗어난 고유한 중국 영화이다. 하지만 무엇보다도 중요한 것은 계몽주의에 반대한다는 점이다. 그들은 자신들의 주제에 심도 깊은 질문을 던지고 관객에게 충분한 성찰의 여지를 남긴다. 30년 동안의 이데올로기적 확실성이 지배하던 중국 영화에 그들은 모호성을 다시 도입했다"(Rayns 1991:112).

만 좀 더 벗어나서 다루었다는 섬이다. 1980년대 중반의 정치 환경에서는 중앙에서 국가를 비판하는 것보다 주변부(말 그대로 티베트와 몽골의 지리적 국경지대)에 서는 것이 여전히 더 용인되었다. 누군가는 〈푸른색 연〉이 공식적으로 폄하된 문화대혁명을 주제로 삼았기 때문에 아직은 '안전한' 비판적 개입의 시도라고 주장할 수도 있다. 비록 티엔이 거의 멜로드라마 스타일로 문화대혁명에 대해 통용되는 주제를 되풀이하지만, 지식인 학대와 가족 해체는 중국의 공적 영역에서 여전히 널리 다루어지지 않는 주제로 그의 영화가 금지되고 국가로부터 고소를 당하기도 한 이유이다. 그는 그렇게 '주변적이면서' '안전한' 주제를 선택함으로써 자신이 무엇을 하고 있는지 분명히 알고 있었다.

〈말도둑〉은 중국 5세대 영화감독들의 마지막은 아니더라도 중요한 공헌을 보여주기 때문에 다시 살펴볼 가치가 있다. 5세대 감독들은 중국 사회의 구성과 해체를 그리는 데 유용한 캔버스로 소수민족과 농촌이라는 장르를 의도적으로 선택하여 새로운 영화의 시대를 열었다는 평가를 받고 있다. 우티엔밍은 아마도 〈낡은 우물〉(시안필름스튜디오, 1986)에서 가장 잘 해냈고, 천카이거는 〈황토지〉(광시필름스튜디오, 1984)에서 가장 극적이었다. 5세대 감독 중 가장 유명한 장이머우 감독도 농촌을 배경으로, 그리고 대부분 혁명 이전의 중국을 배경으로 영화를 제작함으로써 유사한 방식으로 거리두기를 했다.[2] 비슷한 방식으로 티엔 감독은 1923년을 배경으로

---

2 장이머우의 영화는 산시성 농촌을 배경으로 한 〈귀주 이야기〉(1993)를 제외하고는 모두 혁명 이전의 중국을 배경으로 한 작품으로, 중일전쟁을 배경으로 한 〈붉은 수수밭〉(시안필름스튜디오, 1988), 쓰촨성 농촌을 배경으로 한 〈국두〉(1989), 20세기 초를 배경으로 한 〈홍등〉(1991) 등이 있다. 장이머우의 후기 작품에도 자주 반복되는 주제를 다룬 〈붉은 수수밭〉에 대한 훌륭한 리뷰는 왕위에진(Wang 1989:31-40)을 참고하시오.

한 소수민족 지역에서 중국 사회에 대한 압도적인 비판과 그 문화 비판에서 수행한 소수민족의 역할을 우리에게 보여주었다. 티엔이 5세대 작가 중 마지막으로 이런 작품을 썼다는 것은 중요한 의미가 있다. 1980년대 초 베이징 영화 아카데미에서 그와 함께 공부한 많은 5세대 영화감독들의 스승 저우추안지 교수는 〈말도둑〉이 5세대 영화의 마지막 작품이라고 생각한다고 말했다.[3] 저우 교수는 이 영화의 예술성, 비상업성, 국가의 자금 지원을 이유로 5세대 영화의 마지막이라고 주장했다. 이후 장이머우, 천카이거, 티엔좡좡의 영화는 훨씬 더 큰 규모의 자금으로 제작되었으며, 대부분 홍콩, 대만, 일본 등 해외에서 자금을 조달하여 국제적인 배급과 수익 창출을 목표로 제작되었다. 따라서 〈말도둑〉이 5세대의 마지막 작품이라고 할 수도 있을 것이다.

영화 〈말도둑(Horse Thief)〉과 비평가들

〈말도둑〉은 예상했던 이유 때문은 아니었지만 중국에서 큰 논란을 불러일으켰다. 대부분의 사람들이 불쾌감을 느낀 것은 소재가 아니었다. 〈사냥터에서〉와 〈말도둑〉에 등장하는 이국적인 소수민족 소재는 티엔좡좡의 도시 관객들을 혼란스럽게 만들었을 뿐만 아니라 지루하게 만들었고, 관객들은 단체로 왜 국가가 그런 반계몽적 영화를 지원하는지 목소리 높여 이의를 제기했다. 대중 언론은 논쟁적 내용 때문이 아니라 그의 영화가 돈을 너무 적게 벌었다는 것에 소란을 떨었다. 그들은 엉터리였다. 크리스 베리(Berry 1991a)는 그의 에세이 「시장의 힘: 중국의 제5세대가 마지노선에 직면하다」에서 중국 대부분의 영화는 박스오피스 매출이 아니라

---

3   내가 저우 교수를 인터뷰한 내용이다. 호놀룰루를 방문한 저우추안지 교수와의 만남을 주선해준 황하이옌에게 감사를 전한다.

국영극장의 영화 프린트 주문으로 수익을 창출한다고 적었다. 평균적으로 영화 한 편당 100부 이상의 프린트가 판매된다. 티엔의 〈사냥터에서〉는 2부가 팔렸고, 〈말도둑〉은 조금 낫지만 7부를 판매했다. 두 영화 모두 이미 계약을 맺은 중국영화공사 본사에서 주로 구매했는데, 장쥔자오 감독(〈하나와 여덟〉, 〈힘내라 중국!〉, 〈고독한 살인자〉 제작자)은 자신의 보수적이고 직설적인 영화가 정치적, 재정적 생존을 위해 필요하다고 정당화했다. 장 감독은 "〈말도둑〉과 〈사냥터에서〉는 수십만 위안의 손실을 냈고 아무도 보러 오지 않았다"고 언급했다. 그리고 나서 그는 "시안영화스튜디오가 감히 그를 다시 사용할 것이라고 생각하는가?"(Gao 1991:131에서)라고 물었다. 티엔의 다음 영화는 6년이 지난 후에야 나왔고 외부 자금을 지원받았다는 점에서 장의 말은 옳았다.

1983년부터 1989년까지 시안영화스튜디오의 수장이자 티엔의 상사였던 우티엔밍은 5세대 영화감독들의 아버지로 널리 알려져 있으며, 그와 함께 티엔은 이 영화들이 예술 영화이며 '예술을 위해' 만들어져야 한다고 주장했다. 우티엔밍은 티엔을 변호하면서 "중국에는 만족시켜야 하는 3명의 관객이 있는데, 하나는 정부, 다른 하나는 예술계, 다른 하나는 일반 대중이다"(Berry 1991a: 122)라고 설명했다. 그는 계속해서 '개혁 영화'는 정부를 위해, '탐구 영화'는 예술계를 위해, '쿵후'영화는 대중 시장을 위해 촬영한다고 말하면서 티엔의 작품은 중국 관객에게 너무 탐구적인 작품이었다고 말했다. 티엔은 중국에서 널리 읽히는 영화 저널인 〈대중 시네마〉와의 인터뷰에서 "나는 다음 세기의 관객들이 볼 수 있도록 〈말도둑〉을 찍었다"(Yang Ping 1991)고 자신을 변호했다. 우티엔밍에 의하면, 티엔은 "영화의 질이 좋다면 한 부도 팔리지 않더라도 괜찮다"고 말했다. 적어도 티엔의 〈사냥터에서〉는 두 부가 팔렸는데,

티엔은 "정말 문제는 관객이었다"라는 의견을 내놓았다(Yang Ping 1991:126). 〈말도둑〉은 이로써 제5세대의 종언을 고한 것일 수 있다. 영화의 내용뿐 아니라, 〈말도둑〉 이후 수익과 무관한 국가지원 체계에서 세계시장에서 재정적 성공을 노리는 (일본, 홍콩, 대만의) 초국적 영화사의 자금지원으로 제도적 전환이 이루어졌기 때문이다.

소수민족의 재현

앞서 나는 티엔의 영화가 중국의 초기 '소수민족 영화'에서 크게 벗어났다고 언급했다. 중국에서 소수민족 영화는 1950년대부터 1970년대 중반까지 소수민족 지역을 배경으로 촬영된 국가가 후원한 다양한 교육용 장편 영화를 포함하는데, 이 영화들은 거의 대부분 소수민족의 '전통'문화의 '색채'와 미뿐만 아니라 그들의 '후진성', 낡은 '봉건' 체제하에서의 억압, 공산당에 의한 '해방'을 강조했다. 즉, 이 영화들은 소수민족뿐만 아니라 영화 대중 전체가 소수민족의 '곤경'을 보면서 원시성과 현대성을 구분하는 법을 배우게 하면서 그들을 근대화하고 '문명화'하려는 국가의 시도를 보여준다. 1950년대에는 소수민족 지역에서 '다큐멘터리' 영화가 일부다처제, 혼외 성관계 등 낯설고 때로는 에로틱한 관습을 묘사했는데, 종종 소수민족과 한족 배우가 기용되어 봉건시대로부터 남겨진 원시적인 소수민족 관습으로 여겨지는 것들을 연기했다.[4] 클라크(Clark 1987b:22-5)는 〈아시마〉(1964, 리우치오 감독, 하이엔스튜디어), 〈유삼저〉(1960, 수리 감독, 창춘스튜디오), 〈다섯 개의 황금 꽃〉(1959, 왕가이

---

4   이 영화들은 더 이상 공개적으로 상영되지 않으며 현재 중국사회과학원 민족연구소의 아카이브에 보관되어 있다. 여기에는 나시족을 대상으로 촬영한 저우훈(moving marriage)과 윈난성, 구이저우성, 쓰촨성의 이족, 와족, 묘족에 관한 영화 등이 포함되어 있다. 중국 소수민족 영화에 대한 훌륭한 개요는 클라크(Clark 1987b)를 참고하시오.

감독, 창춘스튜디오), 〈먀룽사 마을〉(1960, 왕핑/위안시엔 감독, 81스튜디어)을 포함한 1960년대의 장편영화들이 이족, 묘족, 장족, 태족, 바이족과 같은 '온화한' 남서부 소수민족을 '행복하고 웃는' 원주민으로 묘사했다고 주장한다. 반면에 위구르족, 티베트족, 몽골족, 카자흐족 등 북서부 소수민족은 혹독하고 이국적인 환경 속에서 계급과 정치 투쟁과 같은 '더 심각한' 주제를 강조하는 성향의 영화에 등장했다. 이러한 영화로는 〈빙산의 방문자〉(1963, 자오신수이 감독, 창춘스튜디오), 〈천산의 붉은 꽃〉(1964, 추이웨이/천화카이/리우바오데 감독, 시안스튜디오/베이징스튜디오), 〈초원의 아들과 딸〉(1975, 푸지에 감독, 베이징영화스튜디오) 등이 있다. 1970년대 말 문화대혁명에 따른 붕괴의 잔재와 1980년대 초 서구영화의 재도입은 국가에 봉사하던 전통적인 이국화의 쇠퇴를 가져왔다. 중국 관객들은 이국적인 것에 대한 호기심을 수입영화로 돌렸고, 갖가지 이유들로 티엔과 다른 감독들의 영화에서 소수민족이 등장하기 시작했다.

동일하게 티베트를 배경으로 다룬 또 다른 고전 영화인 〈농노〉(1963, 리준 감독, 81스튜디오)는 〈말도둑〉과 대비되며 이러한 변화를 잘 보여준다.[5] 다른 많은 영화와 마찬가지로 이 영화에서도 소수민족은 1949년 공산당이 해방시킨 봉건사회에서 사회적 억압의 해악을 설명하는 데 유용한 소재가 된다. 티베트 농노 잠파는 티베트인 지주의 아들에게 학대와 혹사를 당하는데, 그는 잠파를 발판으로 삼기도 하고 심지어 말의 역할까지 시키며 종종 잠파의 등에 올라타기도 한다. 영화의 대부분은 이러한 가학적인 관계와 중국공산당의 직접 통치 이전의 티베트 고원에서의 가혹한 삶과 가난에 대해 자세히 묘사한다.

---

5   이 영화는 폴 클라크(Clark 1987a:96-9)에 의해 잘 설명된다.

1959년 폭동이 일어났을 때, 잠파의 티베트 지주를 포함한 반군들은 (아마도 '해방' 군대로부터 '반대파'의 도주를 이끌고 있는 달라이 라마와 함께) 도망쳐야 하는 극적인 상황이 된다. 이 상황에서도 잠파는 주인의 짐꾼이 되어 그를 등에 업고 도망치도록 강요받는다. 잠파가 이러한 학대에 저항하며 지주를 내던지자 지주는 그를 쏘려고 하고, 갑자기 인민해방군이 나타나 목숨을 걸고 잠파를 보호한다. 잠파는 라사로 돌아와 폭동을 진압하는 인민해방군 병사들을 도우며 사원의 보살상에서 무기 은닉처를 발굴하는 등의 역할을 보여준다. 그는 동시에 해방된 자와 지배당하는 자의 은유가 되는데, 이번에는 인민해방군 제복을 입은 또 다른 주인의 종복이 된다. 물론 농노가 사프란색의 티베트 복장보다 인민군의 녹색 유니폼을 선호한다는 것은 분명하다.

〈농노〉는 〈말도둑〉과 몇 가지 주요한 유사점을 공유하지만 더 중요한 차이점이 있다. 두 영화 모두 소수민족과 그들의 땅과 삶의 세계를 이국화하지만, 그 이유는 매우 다르다. 하나는 국가에 대한 봉사이고 다른 하나는 국가에 대한 저항이다. 둘 다 민족지학적인 영화이지만, 하나는 '문명화 프로젝트'를 제안하고, 다른 하나는 급진적인 변화를 제안한다.[6] 잠파는 억압자에게 등을 돌리고 국가에 종속된다. 말도둑은 동족을 약탈함으로써 동족을 배반하고, 그들의 천부적 정의체계에 의해 보복당한다. 즉, 자신이 도둑질로 위반한 그 생태계로 버려지고 자연은 그에게 등을 돌린다. 첫 번째 영화가 종교를 봉건적 억압 체계의 일부로 만드는 반면, 두 번째 영화는 도둑의 동족 사이에서 축복과 보복을 관장하는 이국적이고 가혹한 자연의 일부로 종교적 경험을 자연화한다. 두 작품 모두 소수민족

---

6   이러한 대조적인 전략의 구도를 일깨워준 마이클 피셔에게 감사를 표한다.

과 그 주변 환경을 이국적인 화려함으로 바라보는 주류 관객에게 정치적, 사회적으로 어떤 의미를 줄 수 있는지에 대한 탐구 속에서 소수민족을 이용한다.

위의 영화들 및 다른 대중적 묘사에 등장하는 소수민족의 모습은 사회적, 정치적 위계질서의 가치평가와 유사하게 주류민족을 객관화하는 담론을 반영한다. 소수민족을 이국적이고 다채로우며 원시적인 것으로 정의하고 표현하는 것은 정의되지 않은 주류를 단결되고 단일 민족적이며 현대적인 것으로 동질화하는 것이다. 이처럼 〈농노〉와 〈말도둑〉은 티베트나 소수 민족과는 거의 관련이 없고, 그들의 관객들 또는 주류 한족과 관련을 가진다. 소수민족 영화에서 민족적 주제는 주류민족에게 논쟁적이거나 금기시되는 문제를 다루는 데 유용한 장이 된다. 중국의 재현 정치는 종종 소수/다수라는 이분법적 관점에서 '상상된' 국가 정체성을 구축하려는 국가 프로젝트에 대해 많은 것을 드러낸다(Anderson 1991). 중국 내 소수민족의 표상을 이해함에 있어, 영화 〈말도둑〉은 소수민족을 대상으로 선택한 영화의 배경에 놓인 더 큰 문제를 역추적함으로써 중국 내 주류민족의 정체성 구성과 사회 전반의 상태에 대해 훨씬 더 많은 것을 배울 수 있다고 제안한다.

소수민족 영화의 배경

소수민족 영화 장르는 중국인의 취향에 대한 특정 규범을 개혁하는 데 중요한 역할을 해왔다. 폴 클라크(Clark 1987a)의 중국 영화에 대한 분석에 의하면, 중국 영화 제작자들이 소수민족을 통해 한족의 정체성에 대한 자신들의 고민을 투영한 것으로 본다. 티엔좡좡이 소수민족을 중요한 영화 소재로 삼은 것은 실제로 그들은 이국적이고 다르기 때문이라고 정당화했다. 그는 사람들이 '그것은 진기한 문화'라고 말하는 '이국적'인 소재 때문에 자신의 영화를 오해한다고 단언했다(Yang Ping 1991:129). 영국 채널4 다큐멘터리 인터뷰에서 티엔좡좡은 〈사냥터에서〉와 〈말도둑〉이 이국적인 소수민족을 다루고 있지만 "실제로는 중국 민족 전체의 운명에 관한 것"이라고 언급했다(New Chinese Cinema 1988).

폴 클라크(Clark 1987a:101)는 이국적인 것과 '민족적 양식'에 대한 추구가 민족영화를 이끌었다고 주장한다. 공식적으로 승인된 영화라는 매체를 통해 중국의 국가 정체성은 티엔의 영화에서 명확하게 객관화된다. 소수민족 지역으로 가서 소수민족 타자를 급진적이고 자유분방하며 정력적이고 아름답게, 때로는 잔인할 정도로 폭력적인 모습으로 객관화함으로써 억압되고 구속된 주류 한족의 자아를 문화적 비판의 대상으로 삼는 것이다.

경계 없는 횡단: 중국 영화에서의 이국화

여기에는 내셔널 지오그래픽의 관례와 유사한 점이 있는데, 이는 자신들에 대한 이국적이고 에로틱한 묘사는 너무 과하거나 심지어 외설적이라고 간주하는 보수적인 독자층을 위해 타자를 그런 방식으로 묘사한다는 것이다(Lutz and Collins 1993 참조). 물론 논쟁적이겠지만 대부분의 사회에 존재하는 원시의 낭만화에 대한 매혹 이상의 것이 있다. 중국은 타자를 묘사하는 정치화된 과정에 밀접한 연관을 맺고 있고 이를 통제하고 있으며, 자금을 지원하고 있다(또는 티엔의 경우, 재정적 회수를 위해 소송까지 시도한다). 하지만 국가는 왜 그러한 기획을 명시적으로 지원해야 하는가? 내가 4장에서 주장했듯이, 타자로서의 소수민족 재현의 정치학은 중국 전통 국가들에서 실천되어온 권력관계의 연장일 뿐만 아니라 20세기 중국이 민족국가로 등장하면서 생겨난 산물이기도 하다.

티엔은 〈말도둑〉에서 아름다움, 활력, 의식이 결여된 지나치게 관료화되고 도시화된 중국 중심부의 도덕적 타락을 드러내기 위해 우리를 먼 땅으로 데려간다. 〈말도둑〉에서 보이는 화려함, 천부적 정의, 그리고 잔인함은 중국의 소외된 도시민에게 그들 중 많은 이들이 준비되지 않았을 수도 있다는 메시지를 보낸다. 이 영화는 그들의 삶이 덜 정신적이고 덜 자연적이며 현대적 조건의 변덕에 얽매여 있다는 것을 설득하는 데에는 성공하지만, 그 주제가 지나치게 이국적이고 이질적이어서 결국 관객이 이해하거나 매력을 느끼게 하지는 못한다. 메세지가 너무 모호한 것이다. 더 많은 관객을 끌기에는 실패한 것이다. 노래하고 춤추며 청결한 소수민족을 보여준 이전 장르가 관객들에게 이들이 실제로 당에 의해 '해방'되었다고 설득하지 못한 것처럼, 티엔의 소수민족 영화들이 이전의 소수민족 재현 방식과 결별하는 동시에 이를 재구성한다는 점에서 근본적으로 실망스럽다.

거친 티베트 풍경의 이국화되고 낭만화된 이미지는 관객과 영화 속 대상 사이의 간극을 넓히는 매개체 역할을 한다. 티엔의 영화에서 묘사된 티베트나 몽골의 광활한 영토, 인적이 드문 곳, 무법 상태, 고립에 공감할 수 있는 중국인은 거의 없을 것이다. 주류 자아와 소수인 타자 사이의 간극은 연결되지 못한다. 영화에서 한족 및 그들이 공감할 수 있는 모든 것의 부재는 관객에게 영화를 이질적이고 소외된 것으로 만드는데, 사실 이것은 의도적인 것이다. 티엔의 동기는 민족지학적인 것이 아니다. 그는 한족 관객이 자신의 이국적인 피사체를 이해하거나 공감대를 형성하거나 공통점에 도달하기를 원하지 않는다. 그의 목적은 변화에 있다. 티엔은 자연화되고 원시적이며 심지어 야만적인 소수민족의 삶을 길들여지고 현대적이며 문명화된 존재인 관객들과 대조함으로써 바로 그 대조의

근거에 의문을 제기한다.[7]

1980년대 중반 중국 지식인들은 1978~79년의 민주화 운동에서 제기되었던 도시 소외, 민주화, 섹슈얼리티, 문화 비판 문제를 공개적으로 다시 다루기 시작했고, 이는 1986년과 1989년 학생 민주화 시위로 이어졌다(Gladney 1990). 〈말도둑〉의 자유로움, 국가와 법에 대한 무시, 가족과 씨족에 대한 충성, 자연에 대한 애착은 관객의 원시와 현대라는 가정에 의문을 불러일으킨다. 현대화되고 도시화되고 문명화된 삶이 더 나은가? 티엔은 이 영화에서 자아/타자의 갈등을 최대한 깊게 파고듦으로써 관객에게 이러한 이슈를 주입할 수 있었다. 그는 이러한 문제를 직접적인 방식으로 제기할 수는 없었다.

초기 소수민족 영화 장르와 티엔 감독의 영화에서 소수민족은 여전히 문명화 프로젝트를 진행하는 식민지 체제의 대상일 뿐이며, 이 문명화 프로젝트와 근대화는 소수민족에게도 주류민족과 마찬가지로 낯선 것일 수 있다. 티엔의 영화는 보다 직접적이고 국가에 비판적이지만, 소수민족을 식민화되고 동양화된 대상으로서 재확인한다. 이전의 영화에서처럼 소수민족은 약간이 칭하이 또는 북서부 억양이 있긴 하지만 베이징어를 사용한다. 이들은 문자로든 아니든 자신들만의 '목소리'가 없다. 티베트어는 노래, 인사말, 욕으로만 사용된다.[8] 티베트인들은 중국의 행정 기구를 자국 땅에

---

7 티엔은 말도둑의 불법을 그의 '이국적인' 본성의 일부로 정당화하면서 고의적인 자민족중심주의를 드러내고, 티엔을 인터뷰한 사람들이 '말 도둑질은 항상 잘못된 것'이 아니냐고 지적하자 이렇게 대답한다. "말을 훔치는 것은 티베트에서 거의 직업에 가까울 정도로 흔한 일이다. 지리적 여건과 부족한 경제 발전으로 인해 말이 화폐의 한 형태이기도 하고 그래서 말을 훔치는 일이 자주 발생한다. 내가 말도둑이 되는 것은 목수가 되는 것과 같으며, 나는 큰 차이가 없다고 생각한다"(Yang Ping 1991:130).
8 내가 중국 영화에서 음성 해설과 더빙이 과도하게 사용되는 것에 대해 불평하

대한 외국의 지배인 것처럼 기꺼이 받아들이며, 중국의 화폐, 언어, 관료제를 엄격하게 따른다.

물론 이러한 영화 장르에서 이런 이슈가 결코 정치화되지는 않지만(검열의 칼날을 맞을 가능성이 더 높기 때문), 티엔의 영화에는 그에게 그것이 문제적이라는 것을 암시하는 장치조차 없다. 국가가 지원한 이전의 소수민족 영화와 티엔의 작품에 등장하는 소수민족은 영화 속 소수민족보다 영화를 관람하는 주류의 문제와 더 관련이 있는 대규모 기획에서 단지 유용한 소재(동양화된 여성처럼 유순한)일 뿐이다.

〈말도둑〉에서 소수민족의 재현

우리는 〈말도둑〉에 나오는 두 카메오에게서 티베트의 소수민족을 가장 잘 표현하거나 또는 가장 잘못 표현한 장면을 볼 수 있다. 여기서 나는 영화에서 티베트인이 아닌 유일한 인물인 후이족 무슬림 상인이 등장하는 두 장면을 언급하고자 한다. 티베트를 자주 여행하는 사람들은 티베트 시장을 돌아다니며 물건을 파는 무슬림 상인의 수가 엄청나게 많다는 사실을 알고 있을 것이다. 이 후이족 상인들은 칭하이, 간쑤, 닝샤, 신장 등 멀리 떨어진 곳에서 찾아와 차, 종교용품, 내지에서 생산된 물품들을 화폐, 티베트 수공예품, 인도에 있는 네팔인과 티베트인 친척이 가져온 인도 수입품 등

자 저우추안지는 높은 문맹률 때문에 자막을 넣을 수 없다고 말했다. 많은 중국인이 대사를 따라갈 수 없거나 대사를 따라갈 수 있을 만큼 빨리 읽을 수 없기 때문에 화면의 한자를 자막으로 처리할 수 없었다(〈사냥터에서〉와 〈말도둑〉에는 대사가 거의 없지만). 이 문제를 해결하고 더 많은 관객에게 다가가기 위해 홍콩 영화는 영어 자막뿐만 아니라 국가 지정 대본과 약간 다른 만다린 문자 및 특수 광둥 문자를 사용하기 시작했다. 때로는 이 세 줄의 자막이 화면의 거의 3분의 1을 차지한다. 티베트어나 다른 토착 언어가 추가되면 화면에 뭐가 남겨질지 아찔하다.

과 교환한다. 중국의 다른 지역과 마찬가지로 후이족은 무슬림 기업가 정신으로 '중국 사회주의의 균열을 메우는' 소규모 민간 경제의 중개자이자 민족 종교의 중재자가 된다(Gladney 1996a:149-60 참조). 그리고 중국 전역의 무슬림들에게도 동일한 전형적 모습을 발견할 수 있다. 티엔은 관객이 이를 잊지 않도록 반복해서 보여준다. 이 영화는 무슬림들을 간사하고 교활하며 인색하고 신뢰할 수 없는 존재로 묘사하는데, 특히 티베트 물건을 비싸게 파는 첫 장면에서 카메라는 흰 모자를 쓴 수염 난 무슬림이 은화가 진짜인지 확인하기 위해 동전을 두드리는 장면에 초점을 맞춰 고객에 대한 신뢰가 부족함을 드러낸다. 후이족 상인이 무슬림임에도 불구하고 티베트인들에게 불교의 종교적 물건, 즉 돈만 된다면 무엇이든 팔기를 주저하지 않는 모습도 주목할 만하다.

더 극적인 두 번째 장면에서는 먼 길을 가는 세 명의 무슬림 상인이 칼을 든 노부와 그의 공범에게 급습당해 물건과 돈을 강탈당한다. 강도를 당한 한 무슬림은 작은 칼로 노부를 공격해 다리에 가벼운 상처를 입히고(나중에 노부는 '개'가 문 상처라고 설명한다), 노부는 훨씬 긴 티베트식 칼로 그를 심각하게 상처 입힌다. 그럼에도 승리했다고 여기는 노부는 동정심을 가지고 무슬림 각자에게 생존을 위한 돈을 주고, 대부분의 물건을 사원에 공물로 바친다. 이 대부분 장면에서 무슬림은 나약하고 움츠러들며 보복적인 모습을 보인다. 반면 티베트인들은 강인하고 무자비하며 '도둑들 사이의 명예'를 지킨다는 독특한 특징을 보이고 있다. 가까운 어느 곳에도 경찰이 존재하지 않고 자연과 씨족의 법칙(노부도 결국 굴복하는)만이 존재하는 국가 없는 지역에서 티베트인들은 잔인한 환경의 주인임이 분명하다. 노부는 말도둑이지만, 티엔은 노부가 손버릇 나쁜 무슬림들보다 더 큰 명예를 가지고 있다고 말하는 듯하다.⁹ 이 영화가 중국 최초의 홍위병으로 인정받는 후이족 민족주의자 장청즈(2장 참조)가 쓴 이야기를 원작으로 하고 있다는 놀라운 사실은 중국에서 무슬림에 대한 이러한 전형적인 묘사가 얼마나 널리 보급되고 또 수용되는지를 보여준다.

주류 어젠다와 소수민족

영화 〈말도둑〉은 티베트 고원에서 마주치는 가장 가혹한 현실 중 하나인 '천장(sky burial)'이라는 장례 의식을 클로즈업하는 장면으로 시작하고 끝난다. 우리는 죽은 자의 유해를 새가 완전히 먹도록 함으로써 환생이나 저승으로의 탈출을 앞당기는 티베트의 의례적 관습을 자세히 볼 수 있다. 우리는 그 제물이 누구인지는 알 수 없지만, 마지막 장면은 노부가 말을 훔치다 붙잡혀 친족들에게 벌을 받아 먹히게 되는, 결국 자연에 의해 벌을 받는 것임을 암시한다. 그 땅의 법을 어긴 범죄임에도 불구하고 영화는 궁극적으로 노부를 썩은 고기를 먹는 새들의 제물일 뿐만 아니라 생존과 가족 부양을 위해 도둑질을 할 수밖에 없는 가혹한 환경의 피해자로 묘사하고 있다.

개인의 희생과 집단의 생존, 개인적 범죄와 사회적 면죄부, 사적 애착과 공적 배신 사이에서 벌어지는 이 극은 중국의 모든 관객이 잘 알고 있는 프롤레타리아 문화대혁명이라는 대격변의 사건과 관련이 있다. 실제로 저우추안지 등은 전세대, 후세대와 구분되는 5세대 영화가 탄생하게 된 배경이 바로 문화대혁명이라고 주장했

---

9   이것은 '도둑'을 뜻하는 중국어 'zei'와 무슬림(hui)의 발음 [whei]의 라임을 맞춘 언어유희로 보인다. 말도둑(daoma zei)은 국경 지역에서 교류하는 도둑 후이족(zei Huihui)보다 더 교활한 사람이라는 의미이다.

다. 티엔은 문화대혁명 기간에 군에 입대했고, 고조되는 폭력을 억제하기 위해 군대가 사용되면서 그 과잉의 직접적인 증거를 보았을 것이다. 그의 부모가 모두 배우였으며 이후에는 중국 영화산업의 임원이기도 했던 영화 가족에서 자랐지만, 그는 군대에서 사진작가로 훈련받았고 1975년 문화혁명 말기에 제대하고 베이징 농업영화스튜디오에서 촬영 감독으로 일할 때까지 영화계에 진출하지 않았었다(Berry 1991b:194-5). 아마도 이것이 그의 영화가 서사보다 시각적인 것을 강조하는 이유일 것이다. 또한 문화대혁명이 그 영화의 중요한 배경이 되는 이유일 것이다.

문화대혁명은 천카이거의 〈패왕별희〉와 티엔좡좡의 〈푸른색 연〉(두 영화 모두 중국에서 상영이 금지된 작품)에서 보듯, 많은 젊은 감독들이 최근에 와서야 다루기 시작한 주요 주제임이 분명하다. 문화대혁명을 명시적으로 다룰 수 없었던 시기의 〈말도둑〉은 그것을 암시적으로만 다룰 수 있었다. 당 정치의 급격한 변화로 인한 정파 간의 공격뿐만 아니라 남편과 아내, 부모와 자식, 친구와 친구 사이의 공격까지 가져온 문화대혁명이 영화에서 잔인한 희생에 대한 웅장한 은유로 작용했을 것이다. 티베트 생태 환경의 가혹함은 중국 내부 정치영역의 잔인함과 대비될 수 있으며, 관객에게 희생은 자연적인 방편이라는 것을 의미한다. 그리고 실제로 독수리 장면은 최종적인 면죄부를 의미할 수도 있다. 노부는 너무 사악해서 새조차도 그의 살을 먹지 않을 것이라고 노부의 일족 중 한 명이 말하는 장면에서 유추된다. 영화의 마지막에 노부가 가장 유력한 희생자일 것으로 보이는 천장 장면이 나오는데, 결국 그 역시 의식적인 부활을 경험하게 될 것임을 암시하는 것일 수 있다. 중국 사회 전반을 위한 숨겨진 희망의 메시지일까? 그렇다면 비평가들이 주목하기에는 너무 잠재적인 메시지로 보인다.

이 영화는 중국에서 본 사람도 거의 없고 이해하는 사람은 더 적은 매우 복잡한 영화이다. 티베트 고원의 삶을 보여주는 로케이션 영상으로 해외에서는 컬트 영화의 고전이 되었지만, 중국이나 소수민족 재현에 관해서 이 영화가 갖는 의미에 주목한 사람은 거의 없었다. 소수민족이 공적 영역에서 이국화되고 낙인찍히는 만큼 그대로 영화에서도 재현된다. 다만 티엔의 이국화에는 중국 사회 중심에서의 문화적 개입이라는 점이 있다. 문화대혁명, 소외, 범죄, 정체성, 종교성, 영성 등의 이슈는 1980년대 중반 중국의 시급한 문제였고, 오늘날에도 여전히 그럴 것이다. 하지만 당시에는 이러한 문제를 해결하기 위해 티엔을 비롯한 영화 제작자, 예술가, 심지어 관광객들까지 변방, 즉 먼 국경 지대로 떠나야 했고, 〈말도둑〉이 보여주듯 그 주변부를 통해 중국 중심부의 많은 것을 드러낼 수 있었다.

3부　　　　　　　　　　　민속화

6장
얽힌 문명들

중국에서 헌팅턴의 '문화충돌'

많은 학자들은 민족국가들이 등장하고 결국 강대국 양극단의 거대한 분열을 따라 소국들이 갈라섰던 탈식민주의 세계와 달리 후기 자본주의, 탈산업, 탈근대 사회는 디아스포라 상태, 국가 간 경계의 해체, 정체성의 혼재라는 특징이 있다고 주장해왔다. 이 장에서는 후이족 또는 중국 무슬림으로 알려진 사람들의 세 가지 기원과 창조 이야기를 살펴봄으로써 이러한 혼종성과 이질성에 대한 관념이 그들의 민족사뿐만 아니라 다른 많은 문화권의 민족사에도 영향을 미쳤음을 보여줄 것이다. 이러한 전근대적 신화는 동시대성을 띤다는 점에서 철저히 탈근대적이다.

새뮤얼 헌팅턴은 탈냉전 시대에는 지정학적으로 국가가 아닌 문명의 충돌이 일어날 것이라고 주장했다. 그에게 문화는 현대 세계에서 대립을 일으킬 수밖에 없는 문명의 단층선으로 규정된다. 그는 다음과 같이 기록한다.

인류의 가장 큰 분열과 갈등의 주된 원인은 문화가 될 것이다. 민족국가는 여전히 세계 문제에서 가장 강력한 행위자로 남겠지만, 세계 정치의 주요 갈등은 서로 다른 문명의 국가 및 집단 사이에서 발생할 것이고, 문명의 충돌이 세계 정치를 지배하게 될 것이다. 문명 간의 단층선이 미래의 전선이 될 것이다. (Huntington 1993b:22)

이 장에서 나는 중국 문명에 속한 매우 혼종적인 집단인 중국 무슬림의 창조와 기원 신화를 검토함으로써 헌팅턴의 문화와 문명에 대한 관점이 근본적으로 오도된 것이며 현 세계의 문화 민족주의와 민족 갈등을 이해하는 데 전혀 도움이 되지 않는다고 주장하며, 이로써 헌팅턴의 논지에 대해 증가하는 비판에 참여할 것이다.[1] 또한 다른 많은 창조 및 기원 신화와 마찬가지로 중국 무슬림의 기원 신화도 내재적인 혼종성을 지니고 있으며, 헌팅턴 등이 내세우는 민족주의적 또는 문화 절대주의적 주장을 지지하지도 않는다고 주장할 것이다.

후이족의 사례는 '문명의 충돌' 이론에 대해 특히 중요한 의미를 지닌다. 헌팅턴은 유교와 이슬람 문명이 서로 근본적으로 다르며, 서구에 가장 큰 위협이 되는 문명으로 꼽는다. 그는 현대 세계에서 서구(유럽과 북미 포함), 유교, 일본, 이슬람, 힌두, 슬라브-정교, 라틴아메리카, '그리고 아마도 아프리카'로 구분되는 '7개 또는 8개의 문명권'을 규정한다(Huntington 1993b:25). 그리고 서구에 대한 가장 큰 위협은 이슬람과 유교 문명에서 올 것이며, 이들이 반서

---

[1] 헌팅턴의 논의에 대한 반론은 특히 푸아드 아자미, 키쇼어 마부바니, 로버트 바틀리, 리우 빈얀, 진 커크패트릭 등의 비평(Foreign Affairs, Fall 1993)을 참고하시오. 이어서 리치 쿠퍼(Cooper 1994:9)는 갈등은 문화 간이 아니라 정치적 통제권을 위한 경쟁자 사이에서 발생하는 것으로, '문명 사이에서뿐 아니라 문명 내에서도' 발생한다고 주장했다. 리우 빈얀(Liu 1994:20)은 대만해협 양안의 소위 유교 문명이라는 그들을 통합하는 이데올로기 이상으로 훨씬 더 많은 문제가 그들을 분열한다고 지적했다.

구 동맹을 형성할 가능성을 가장 우려하고 있다. 그는 '이슬람-유교 넌대'(Huntington 1993a:19-23)에서 유럽, 유교, 이슬람(흔히 '아랍'으로 불리는) 문명권을 구분하는 근본적인 차이점이 피할 수 없는 갈등과 오해를 불러일으킬 것이라고 분명하게 설명하고 있다. 이와 관련해 다음의 문장을 참고할 필요가 있다.

> 유럽 공동체도 아랍이나 중국 공동체와 구별되는 문화적 특징을 공유할 것이다. 그러나 아랍인, 중국인, 서양인은 더 넓은 문화적 실체의 일부가 아니다. 이들은 문명권을 구성한다. 따라서 문명은 가장 높은 수준의 문화적 결집이며 가장 광범위한 수준의 문화적 정체성으로, 인간을 다른 종과 구분 짓는 특성이다. 그것은 언어, 역사, 종교, 관습, 제도와 같은 공통된 객관적 요소와 사람들의 주관적인 자기 정체성에 의해 정의된다. (Huntington 1993a:24)

하지만 지난 1,200년 동안 무슬림(아랍, 페르시아, 튀르크)과 중국인 간의 결혼으로 혈통이 이어진 중국 무슬림에 대해서는 어떻게 설명할 수 있을까? 이는 물론 이중문화주의와 다문화주의에 관한 후속 질문으로 이어진다. 문명이 서로 근본적으로 다른 문화에 의해 정의된다면, 그 사이에 있거나 문화, 언어, 역사, 종교, 관습, 제도의 틈새에 있는 사람들, 또는 소위 문명 사이를 오가는 초국적 디아스포라에 속한 사람들은 어떻게 설명할 수 있을까? 디아스포라의 변화하는 문화가 탈근대적 상황을 가장 잘 나타내며 이를 기록하는 것이 현재 우리에게 매우 곤란한 과제라는 레이 초우(Chow 1993)의 주장이 적합하다면, 헌팅턴이 묘사한 상황은 문화와 문명을 여전히 서로 상대적으로 고립된 것으로 상상할 수 있는 근대 및 전근대적 상황에도 적용되어야 할 것이다. 버나드 루이스(Lewis

1996)는 그의 방대한 중동 역사 논의에서 이슬람을 동양과 유럽의 동떨어진 문화 사이, 또는 고대 세계와 근대 사이에서 형성된 '중간 문명'이라 칭하며, 16세기 이후 오랜 쇠퇴를 겪기 전까지 중동에 역동성을 부여한 것은 바로 이 '중간성'이었다고 말한다. 우리가 마주하고 있는 현대적 곤경을 이해하는 데 있어서 후이족 연구가 매우 중요한 이유는 아마도 후이족의 '중간성'과 문화적 혼종성 때문일 것이다. 후이족의 사례는 이슬람과 유교 전통이 적어도 천 년 이상 상호작용해왔음을 시사한다. 냉전 이후 최근의 많은 충돌이 문화와 문명 간이 아니라 그 내부에서 일어났다는 점을 고려하면 헌팅턴의 이분법적 시각은 문제적이며, 특별히 이슬람을 고려할 때도 마찬가지이다.[2]

실제로 이러한 소위 문명의 대부분은 유라시아를 관통하는 고대 경로, 이후에 실크로드로 알려진 동서양을 연결하는 경로를 통해 서로 영향을 주고받으며 교류해왔다. 1930년대 캘커타에서 연구를 했던 민속학자인 제한기르 콜버지 코야지 경(Coyajee 1936)은 흥미롭게도 이란과 중국의 초기 컬트와 전설이 복잡하게 얽혀 있다고 주장했다. 간쑤성의 쿠브라위야 수피 교단은 페르시아와 중국 교류의 또 다른 예로, 이란은 초기 수피교가 페르시아에서 왔다고 굳게 믿어 테헤란에서 쿠브라위야 샤이크의 아들인 장하이루의 연구를 지원하고 있다.

---

2   찰스 마이어(Maier 1994:10)는 "이슬람의 도전은 궁극적으로 자기 문명의 경계 안에서 싸워야 할 것"이라고 주장하는데, 이는 '이슬람' 문명권을 구체화한다고 하더라도, 이란-이라크 전쟁과 걸프전이 증명했듯이 이슬람 집단 간의 갈등 가능성이 적어도 이슬람과 비무슬림 간의 긴장만큼 크다는 것을 인정하는 것이다. 말레이 무슬림 학자 찬드라 무자파르(Muzaffar 1994)는 '이슬람' 문명을 통일된 또는 지배적인 아랍 문명으로 구체화하는 것은 오늘날 가장 많은 무슬림 인구가 남아시아 및 동남아시아의 다국적 인구로 분산되어 있다는 사실을 간과하는 것이라고 주장한다.

중국 무슬림과 여타의 비슷한 특성을 지닌 상호의존적인 집단(현대 사회에서 그렇지 않은 집단은 거의 없다)은 문화의 이질성뿐만 아니라 현대 민족국가 정체성의 우발성을 고려하는 보다 진전된 민속 및 신화에 관한 이론이 필요함을 증명할 것이다. 이는 특히 문화나 문명 간이 아니라 탈냉전 이후 다극화되고 분권화된 세계에서 민족국가 간 협상의 다음 단계에 매우 중요한 의미를 가진다. 그리고 바로 그 단계는 헌팅턴의 놀랍도록 용이한 문화와 문명 이론을 통해서는 도달할 수 없는 단계이다. 그의 이론은 문화와 민속, 민족, 정책이 점점 더 모호해지고 서로 의존적이며 얽혀 있는 세계에서 놀랍도록 본질주의적이고 이분법적이기 때문이다.

흥미로운 것은 중국 무슬림에 대한 중국의 초기 연구에서도 헌팅턴의 절대주의적 입장, 즉 이슬람과 중국이라는 근본적으로 반대되는 두 가지 문명 중 하나를 선택해야 한다는 입장을 취했다는 점이다. 라파엘 이스라엘(Israel 1978, 1984)의 '그들을 이길 수 없다면, 그들과 함께하라'는 논리는 중국 내 무슬림에 대한 서구의 사고에 상당부분 반영되어 있다. 중국 무슬림의 디아스포라적 처지는 그들로 하여금 중국 질서에 반항하여 독자적인 이슬람 국가를 세우거나 동화되는 두 가지 선택지만을 준다는 것이다. 실제로 그들은 때로는 두 가지를 모두 선택하기도 하고, 때로는 둘 다 선택하지 않기도 했다. 이 장에서는 그들의 기원과 창조 신화를 살펴봄으로써 그 이유를 제시하고자 한다.

정확히 이슬람 문명과 중국 문명 사이에 존재하는 후이족은 문명이 근본적으로 다르며 일반적으로 반대된다는 헌팅턴의 논지에 대한 완벽한 반례가 된다. 자연스럽게 무슬림 조상을 숭배하고 돼지를 기르며 남부 푸젠성의 정치 문화에 전적으로 참여하는 대만과 중국의 많은 후이족과 그 후손들은 헌팅턴이 그토록 유용하다고 생각하는 동양/서양, 무슬림/유교라는 이분법에 반대할 것이다. 중국의 가장 보수적인 무슬림조차도 이슬람, 도교, 불교, 유교의 내용들을 표현하기 위해 아랍과 중국의 서체 양식을 결합시킨 독특한 예술 형식에서 볼 수 있듯이 그들은 중국 문화와 폭넓은 영향을 주고받았다(Gladney 1996a:264 참조). 중국 무슬림 자신들과 주변인들, 그리고 중국 정부는 그들을 56개 민족 중 하나인 후이족으로 구분하고 있지만, 이슬람과 중국 무슬림의 대화적 상호작용, 중국의 공식 및 민속 종교 전통, 중앙아시아와 동남아시아 문화 및 경제와의 연계는 그들을 어떤 범주에도 쉽게 넣을 수 없는 역동적인 문화적 정체성으로 만들어왔다.[3]

혼종성의 창조: 인간과 후이족의 기원

기원 신화는 일반적으로 종교나 민족의 정통성에 대한 주장의 근거를 형성하는 것으로 여겨진다. 반고(盤古)신화, 라마야나(Ramayana), 마하야나(Mahayana), 그리고 창세기 이야기(기독교인, 유대인, 무슬림이 수용)는 모두 혈통, 종교적 진리, 토지에 대한 권리에 대한 주장의 근거가 된다. 이러한 신화들은 세계의 기원에 대한 깊은 진리를 입증할 뿐만 아니라 일반적으로 그 세계에 살고 있는 사람들에 관한 무언가를 말한다. 아브라함이 아담의 후손이라는 이야기는 오늘날 이스라엘 땅에 대한 유대인의 권리를 정당화하는 데 사용될 수 있다. 많은 학자들은 기원과 창조 신화가 민족과 국가의 권위에 대한 기본적인 '헌장'으로도 사용된다고 말한다. 정

---

[3] 다의적이고 다소 빗나간 용어인 '민족'은 특히 영어로 번역할 때 문제가 많다. 일본어, 독일어, 영어, 그리고 국민, 국가, 인종, 민족에 대한 중국의 전통적인 개념 (모두 民族이라는 단일 용어로 표현될 수 있음)에서 파생된 이 용어의 기원에 대한 비평은 글래드니(Gladney 1987b, 1996)를 참고하시오.

체성의 헌장으로서 기원과 창조 신화는 과거와의 연속성을 제공하고 변화하는 사회 현상에 적응하는 데 도움을 준다. 벤틀리(Bentley 1983:9-10)에 따르면, 헌장은 한 집단의 고유한 정체성을 지칭하기 위해 기본적으로 수용되고 사용되는 공유된 텍스트, 신화, 의식 및 사물이다. 주디스 나가타(Nagata 1981:111)는 "존재 또는 행동의 이유로 공통의 혈통, 기원, 가계, 친족 관계에 대한 (추정) 개념을 기반으로 하는 정체성 헌장을 민족적이라고 부를 수 있다"고 기록했다. 이처럼 기원과 창조 신화는 민족적 순수성에 대한 주장의 근거가 되는 것이다.

많은 신생 국가들은 분리주의 비전을 정당화하기 위한 역사, 토착성, 독립에 대한 대안적 신화를 바탕으로 설립되었다. 마오쩌둥이나 밀로세비치 등 현대 국가의 건설자들은 자국민의 확실한 운명을 뒷받침하기 위해 민속학에 기대어왔다. 일본 민족주의의 부상을 자세히 다룬 후지타니 다카시는 이 '정권의 민속학'이 국가가 땅과 역사에 대한 권리를 정당화하는 주요 방법 중 하나임을 설득력 있게 보여주었다. 울리 링케(Linke 1990:119)와 같은 민속학자들은 독일의 민속 관습과 서사의 고대 전통의 잔재로부터 재구성된 공통의 문화 및 역사적 유산을 바탕으로 민족의 통일성을 설명하려는 독일 및 기타 19세기 낭만주의적 시도와 함께 '민속 전승'의 '발명'에 관해 문서화했다. 링케는 두 종류의 민속학자가 있었다고 주장한다. '낭만주의 민속학자'는 민족의 역사와 주권을 정당화하기 위해 민족의 순수성에 대한 독특한 신화를 추구했고, 동시에 '행정적 민속학자'는 그 인구집단을 '알기' 위해 지역 민속문화의 포괄적인 통계 조사와 같은 체계적인 수집과 비교 신화 연구를 도입하여 단일 독일 국가의 통치력을 강화하고자 했다.

그림형제의 동화에서 발견되는 여러 민족주의적 요소에 대한 루이스 스나이더의 고전적인 연구도 이러한 논의를 따르고 있다. 앨런 던데스(Dundes 1965)는 민속에 대한 인류학적 연구가 현대 정체성의 해석에 어떻게 영향을 미쳤는지 보여주었다. 중국 소수민족 민속에 대한 획기적인 연구를 통해 볼프람 에버하드(Eberhard 1965, 1970)는 소수민족의 신화와 정체성을 수집하고 형성하는 데 있어 국가의 역할을 기록해왔다. 산드라 에미노프(Eminov 1972)도 근대 중국의 민속과 민족주의 사이의 연관성을 탐구했다. 중국에서 정권의 민속학은 국민들의 다양한 민속을 발명하고, 분류하고, 형성하는 데 도움을 주었다(Miller 1994 참조). 그러나 소수민족의 민속, 특히 후이족의 민속이 국가와 민족의 순수성에 대한 통념에 대항하는 데 어떻게 도움이 되었는지 조사한 사람은 거의 없었다.

종교 및 민족 독립주의자들, 그리고 적지 않은 인종주의자들이 땅과 역사에 대한 정당한 권리를 주장하기 위해 민속을 이용하는 것은 잘 알려진 사실이다. 그러나 대부분 현장의 기원과 창조 신화를 가볍게만 살펴보더라도 그것이 순수성이 아니라 혼종성, 이질성, 상호 연결성에 대한 이야기라는 것은 거의 제기되지 않았다. 거의 모든 세계의 기원 신화에서는 상반된 것이 서로 끌어당기고, 그 끌어당김에서 남자/여자, 자연/인간, 인간/동물, 물질/비물질, 영혼/육신, 빛/어둠, 해/달, 하늘/땅, 광물/유기물, 땅/물 등 변증법적으로 상호작용하는 힘들(모든 것이 이원적으로 정의되는 것은 아니나)이 새롭게 합성된 창조물을 생성하면서 세계와 인류의 기원에 대한 신화 대부분의 기초가 된다. 이는 아마도 음양에 대한 중국인의 믿음에서 가장 세련되게 표현되지만, 대부분의 다른 창조 및 기원 이야기에서도 상반된 것으로 인식되는 힘들의 상호작용이 나타난다. 극단적인 일신교 전통의 이슬람에서도 신비주의 전통에서는 이러한 혼성적 상호작용을 강조해왔는데, 메블라나의 신비주의자 잘랄

루딘 루미는 다음과 같이 언급했다.

> 남자가 아내를 위해 직업을 가지듯 하늘은 대지를 계속 돌아다니며 공전한다. 이제 이 땅은 아내와 같은 역할을 하며 아이를 낳고 돌보는 데 힘쓴다. 결국, 현자들은 하늘과 땅을 지적인 존재로 생각해야 한다. 이 두 연인(하늘과 땅)이 서로를 즐기지 않는다면 왜 남편과 아내처럼 서로에게 붙어 있겠는가? (Coyajee 1936:169)

전 세계의 다른 창조 신화와 연결 지으며 중국 무슬림의 세 가지 창조 및 기원 신화를 검토함으로써 인간과 민족의 기원이 본질적으로 혼성적이라는 것으로 보여줄 것이다. 첫 번째 신화는 다음과 같다.[4]

아단과 하이에르마[5]

창조 당시 세상에는 인간이 없었고 오직 알라만 있었다고 한다. 그의 네 천사들은 불에서 나왔고 그들은 아직 명확한 형태가 없었다. 알라는 하루하루가 지나가면서 이렇게 존재하는 것은 그다지 즐겁지 않다고 생각했다. 그래서 그는 첫째 천사를 보내 빨강, 노랑, 파랑, 흰색, 검정의 다섯 가지 색의 흙을 가져오게 했다. … 알라는 [천사가] 다섯 가지 색의 흙을 가지고 돌아오는 것을 보고 매우 기

---

4 내가 리와 루커트의 선집(Li and Luckert 1994)에서 세 가지 신화를 선정한 이유는 이 선집이 권위 있는 책이기 때문이 아니라 영어권 독자들에게 처음으로 다양한 후이족의 민속과 신화를 소개했기 때문이다. 그러나 이 선집에서 편집된 각 이야기의 진위 여부에 대한 연구가 거의 이루어지지 않았다는 점에서는 문제가 있다. 내가 3년 동안 중국 무슬림들 사이에서 현장조사를 하면서 반복해서 자주 들었고 잘 알려져 있던 세 가지 신화를 선택했다.

5 1981년 헤이룽장성에서 장원빙이 녹음한 원본을 리와 루커트(Li and Luckert 1994:79-82)가 편집한 '아단과 하이에르마'에서 발췌하였다.

뼈했다. 그는 흙에 물을 조금 더해 그것들로 누워 있는 사람을 빚었다. 신은 그를 '아단'이라 불렀고, 매일 그를 성장시켰다. 신은 그에게 스스로 일어나지 말라고 훈계했다. 하지만 시간이 지날수록 그는 누워만 있는 것에 지쳐갔다. 그는 스스로 일어날 수 있을 만큼 힘이 있다고 느꼈다. 그러던 어느 날 알라가 잠시 자리를 비운 사이 아단은 일어나려고 했다.

'오, 이제야 해냈다!' 아단의 두개골이 갈라지면서 그의 생명 에너지가 새어 나왔다. 그의 영혼의 정수 중 일부는 산으로 올라가 금, 은, 구리, 철, 주석 등 온갖 종류의 광물이 되었다. 또 일부는 하늘로 올라가 온갖 종류의 새가 되었고, 일부는 대지로 가서 다양한 동물이 되었다. 또 다른 일부는 강과 호수로 가서 다양한 종류의 물고기, 거북이, 새우, 게가 되었다. 아단은 자신이 얼마나 위험한 상황에 처해 있는지 깨달았는데, 자신의 영혼의 에너지가 모두 빠져나가면 죽는다는 것을 알게 된 것이다. 그는 왼손으로 급히 오른 발바닥 중앙에 있는 진흙을 가져오고 오른손으로 왼 발바닥에 있는 진흙을 가져다가 머리의 갈라진 틈을 진흙으로 막았다.

오늘날 사람의 두 발바닥에 움푹 파인 아치가 있는 이유는 아단이 두개골의 열린 균열을 막기 위해 거기에서 진흙을 가져왔기 때문이다. …

얼마 후 아단의 세 번째 갈비뼈에 신비한 혹이 나타났다. 혹은 점점 커져갔다. 그리고 얼마나 걸렸는지는 모르겠지만, 그 혹이 터져 여자가 나왔다. 알라가 왜 그녀에게 하이에르마(아랍어로 '후르마'는 '아내'라는 뜻)라는 이름을 지어주었는지는 아무도 몰랐다. 아단은 하이에르마가 자신과 다르다는 것을 알아차렸고 성적 열정이 그를 압도했다. 그는 알라에게 아내를 달라고 간청했고, 신은 하이에르마가 그의 아내가 되도록 허락했다. 아단과 하이에르마는 낙원의 곡식과 과일이 있는 정원을 지키도록 지명되었다.

[금단의 열매를 먹은 후] 두 사람은 알라로부터 심한 훈계를 받았다. 신은 그들을 벌하기 위해 아단의 목구멍에 있는 선악과를 튀어나오게 하여 그의 죄를 상기시켰다. 하이에르마의 안에 있던 과일은 월경으로 변했다. 그러고 나서 신은 두 사람을 분리하여 아단을 동쪽에, 하이에르마를 서쪽에 두었다. 신은 두 사람이 서로를 그리워하게 했으나 만날 수 없게 하였다.

아단은 하이에르마가 어디 있는지 몰랐고, 하이에르마도 아단이 어디 있는지 몰랐다. 하이에르마는 매일 아침 바닷가에서 머리를 빗었는데 제비가 그녀의 늘어진 머리카락을 아단이 있는 동쪽으로 날랐다. 마찬가지로 아단은 매일 아침 세수를 했고 제비는 아단의 수염털을 서쪽으로 날랐다. 제비가 날아간 방향을 관찰한 아단은 하이에르마가 서쪽에 있을 것이라고 추측했다. 하이에르마도 마찬가지로 아단이 동쪽에 있다는 것을 깨달았다. 그래서 두 사람은 제비가 날아가는 방향으로 서로를 찾기 시작했고 결국 그들은 다시 만났다. 오랜 헤어짐으로 인해 그들은 서로에 대한 깊은 갈망을 키워갔었다. …

아단과 하이에르마, 그리고 그들의 자식들은 한곳에서 함께 살았다. 그들은 요란스럽게 얘기를 나누고 웃으며 지냈다. 알라는 그들의 시끄러움에 크게 짜증이 났고, 그래서 그들을 신장의 티엔산산맥의 한 곳으로 쫓아냈다. 이들이 바로 후이족의 조상이 된 사람들이다.

전통적인 아담과 이브의 창세기의 이 버전에서 아담 또는 아단은 흙으로 만들어졌지만, 이미 빨강, 노랑, 파랑, 흰색, 검정의 여러 가지 색의 흙이라는 점에서 미래 후손의 다민족, 다인종성을 암시한다. 본질적으로 다른 영혼과 물질의 결합이 육체를 만들어낸다. 전통적인 창세기에서는 이브(아랍어로 후르마)는 아담의 갈비뼈에서 나왔고 금단의 열매를 먹는 불순종의 행동으로 인해 에덴동산에서 추방당했지만, 여기서는 서로에게서 추방당하게 된다. 이는 인류가 신과 자연의 요구를 거부하고 조화롭게 살기를 거부한 결과 아주 일찍부터 동서가 분열되었음을 시사하며, 이는 헌팅턴의 동서양의 문명 충돌 논지를 환경 결정론적으로 설명한 것이다! 전 세계 동식물의 기원이 말 그대로 인간의 마음에서 비롯되었다는 것은 비록 의도치 않은 창조성이지만 창조주뿐만 아니라 피조물의 창조성을 의미한다.

결국 아단과 하이에르마의 재결합은 많은 후손들로 이어졌고, 이들은 다시 새로운 땅으로 추방되고 두 번째는 디아스포라로 이주하게 된다. 이번에는 결국 동양과 서양에서 동일한 거리에 있는 듯한 중앙아시아 중심부의 신장(19세기 중반 이후에 주어진 이 지역의 이름으로 아주 최근의 이야기임을 암시)에 다다른다.

따라서 후이족은 최초의 인류인 아담과 이브의 후손으로, 본질적으로 여러 색채의 요소로 구성된 혼종이며, 처음부터 고향을 떠나 새로운 땅으로 이주한 디아스포라이다.

이 신화가 성경의 아담과 이브 이야기와는 다른 점이 있지만, 흙의 기원, 남성과 여성의 본질적 결합, 비대칭성, 상호적 이끌림, 추방, 약속의 땅으로의 궁극적 이주 등 유사점이 많다는 점은 주목할 필요가 있다.

혼종성의 정당화: 황실의 승인

새로운 땅에서 이민자들은 항상 그곳에 있을 권리를 지켜야 했다. 이는 종종 패권세력에게 지원받을 수 있는 정당한 이야기를 제공함으로써 달성된다. 이 고전적인 방식처럼 후이족은 황제의 초청으로 숭국에 왔다는 이야기를 소환한다.

완가르[6]

어느 날 밤 당나라 황제는 황금 궁전의 지붕 기둥이 무너지는 꿈을 꾸었다. 지붕 기둥이 그의 머리를 거의 내리칠 순간에 한 남자가 오른손으로 기둥을 가로막고 뒤로 밀어냈다. 그 남자는 녹색 옷을 입고 흰 터번을 머리에 두르고 있었다. 그는 어깨에 수건을 걸치고 왼손에는 물주전자를 들고 있었다. 그의 눈은 깊고 콧대가 높았으며 얼굴은 갈색이었다.

다음 날 신하들이 황제에게 경의를 표하러 왔을 때, 황제는 궁중에서 자신의 꿈을 이야기하며 설명을 요구했다.

쉬마오는 앞으로 나와서 답했다. "그 사람은 우리 같은 한족이 아니라 서쪽 지방에서 온 후이족입니다. 녹색 옷과 흰색 터번은 모스크에 가서 기도할 때 입는 옷입니다. 수건과 물주전자는 몸을 씻을 때 사용합니다. 당나라는 방어를 위해 후이족이 필요합니다."

황제는 "그럼 후이족 몇 명을 초청해 오게 하라"고 말했다.

쉬마오는 "우리가 단지 초대해서는 오지 않을 듯하고 교역을 통한다면 설득할 수 있을지 모르겠습니다"라고 답했다.

황제가 말하길 "무엇을 교역으로 할까?"

"사람 대 사람의 교환은 어떨까요?"

"좋다, 그렇게 하라!"

그들이 도착하자마자 당 황제는 직접 궁궐 문밖에 나가 그들을 환영했고, 완가르를 형제라고 불렀다. … 또한 황제는 그의 고위급

---

[6] 1979년 닝샤의 시지와 하이위안에서 허지더가 녹음한 원본을 리와 루커트(Li and Luckert 1994:237-8)가 편집한 '완가르'에서 발췌하였다.

장군 징더에게 완가르가 기도할 수 있는 모스크를 지으라고 명령했다. …

얼마 후 당나라 황제는 완가르와 함께 온 후이족 남자들이 모두 가족이 없는 독신이라는 사실에 대해 생각했다. 훗날 그들이 죽으면 당나라를 지킬 후이족이 없어져 큰 문제가 될 것이기 때문이다. 그래서 그는 성대한 의식을 거행하고 후이족에게 배우자를 선택하도록 했다. 그 이후 후이족은 중국에 정착하게 되었다. 지금도 후이족 사이에서는 '후이족 아버지, 한족 어머니'라는 말이 있다.

후이족은 완가르가 다름 아닌 예언자 무함마드의 사촌으로, 이슬람을 중국에 전한 와브 아부 카브차라고 여기고 있다. 광저우의 유명한 종묘에 묻힌 것으로 알려져 있으며, 그의 묘지 앞에는 '완가르의 묘'라는 비문이 새겨져 있다. 베이징에서 광저우에 이르기까지 후이족의 기원과 이슬람이 중국까지 도달하게 된 기원에 대해서는 다양한 전설이 후이족 사이에서 전해지고 있다. 가장 널리 알려진 이야기는 당 태종이 꿈에서 유령을 쫓는 터번을 쓴 남자의 등장에 불안해했다는 것이다. 그의 통역관은 "터번을 쓴 남자는 서역의 후이후이로 아라비아에서 큰 덕을 지닌 무슬림 왕입니다. 위대한 현자가 태어날 좋은 징조입니다"(Leslie 1986:74)라고 해석했다. 황제는 그 꿈에 놀라 아랍 땅에 대사를 파견했고, 그들은 세 명의 무슬림 선생과 함께 돌아왔다. 이 선생들의 과학 지식과 예의에 감명을 받은 황제는 다른 무슬림들을 초대하여 정착하게 하고 모스크를 짓고 신앙을 전하는 것을 허용했다. 이 전설은 후이족 사이에서 여전히 회자되는 이야기로 이슬람이 당나라 시대 황제의 초청

에 의해 중국에 들어온 것으로 믿어진다.[7]

레슬리(1986:60-78)와 일부 역사가들은 중국 이슬람의 초기 기원에 대해 후이족들 사이에서 회자되는 이러한 전설의 진실성을 높이 평가하지 않는다. 그들은 대부분의 이야기가 18~19세기 후이족이 황실의 승인과 고대 기원을 언급하며 정당화하려는 시도에서 비롯된 것이라고 추정한다. 드레이크는 다음과 같이 결론을 짓는다. "그럼에도 불구하고, 당나라 초기에 무슬림이 중국에 왔다는 주장, 무함마드 군대가 중국 북서부에 정착했다는 가설, 광둥에서의 초창기 이슬람교에 대한 설명은 모두 실제 사실을 희미하게나마 반영하고 있다"(Drake 1943:23). 민족종교적 기원과 창조 신화에 대한 이 연구에서 전설은 후이족의 기원에 대해 합의된 생각들을 계속해서 재현한다는 점에서 중요하다.

베이징을 비롯한 몇몇 수도에는 후이족의 기원에 대한 현지 설화가 전해지고 있다. 다음은 베이징 니우지에 지역에 정착한 무슬림의 기원을 설명하는 이야기로 니우지에 모스크의 석판에 새겨져 있다.[8]

> 서기 996년 서역에서 거와모딩이라는 한 장로[shaykh]가 왔다. 그는 종종 이상한 꿈을 꿨고, 세 아들을 낳았다. 맏아들 사이더루딩은 각종 죽음을 둘러싼 선악을 알아볼 수 있었다. 그는 알 수 없

---

7 이 전설은 17~18세기에 익명으로 기록된 '후이족의 기원'에서 발견되며 여러 서양의 기록에서 재구성되었다(Broomhall 1910:61-83; Deve'ria 1895:312-29; Leslie 1986:74; Mason 1929:46-53; Parker 1910:245-51; Tazaka 1964:193-8). 소비에트의 둥간족 버전은 다이어(Dyer 1981-83:545-70)의 글에서 논의되었다.

8 이 설화는 왕쇼우제(Wang 1930:2)의 글에 기록되어 있고, 이에 대한 역사적 배경은 양용창(Yang 1981:60-2)을 참고하시오.

는 이유로 어느 모르는 곳으로 집을 떠났고 다시는 돌아오지 않았다. 둘째 나수라딩은 다른 사람의 마음을 읽을 수 있었고, 막내 체아더우딩은 새들의 언어를 구사할 수 있었다. 이 두 아들은 은둔 생활을 했고 여러 관직 제의가 있었으나 모두 거절했다. 그들은 모스크의 이맘이 되어 동방에 영구히 정착했고, 베이징이 번영의 중심지가 되어 황제들이 대의를 위해 군림할 것이라고 예언했다. 황제에 대한 충성의 보답으로 그들은 도시의 동쪽[동시 모스크]과 남쪽[니우지에 모스크]에 모스크를 짓도록 승인받았고, 니우지에 모스크의 경내에 묘지가 주어졌다.

니우지에 모스크의 남동쪽 한 켠에는 서역에서 온 두 장로가 묻힌 두 개의 작은 무덤이 있다. 무덤 위의 비문에는 첫 번째 무덤은 서기 1280년에 사망한 페르시아인 아하마이더의 것이고 두 번째 무덤은 1283년에 묻힌 부카라인 알리의 것이라고 기록되어 있다(Yang Yongchan 1981:61). 이 무덤들은 북서부의 이슬람 성자들 묘지만큼 기념되지는 않지만(7장 참조), 외국에서 중국으로 건너온 이슬람의 기원을 니우지에 후이족으로 연결 짓는다. 나는 무덤 앞에서 기도하는 사람을 본 적이 없고 무덤을 위해 향을 피우는 사람도 없었지만, 기도의식 후에 나이든 후이족이 몇 번이나 나를 무덤으로 데려가 이 두 성인과 이슬람의 베이징 전래에 관한 전설을 반복해 얘기했다.[9] 상하이의 한 박식한 후이족 의사는 "나는 내가 중국 시민이고 내 고향이 중국이라는 것을 안다. 그러나 허난성에서 이곳으로 이주하기 전에 나의 초기 조상들이 서방에서 왔으며 이

---

9 둘째 아들인 나수라딩은 원나라의 유명했던 관리 나스레딘과 닮았는데, 그는 닝샤 나촌의 후이족과 푸젠성 천다이의 딩족의 조상으로 추정된다(Gladney 1996a 참조).

슬람교도였다는 사실도 알고 있다. 이 지식은 부모님으로부터 물려받은 것이며, 비록 내가 이슬람교를 믿지는 않지만, 이 지식은 내 자식들에게 계속 전수할 것이다"라고 말했다.

이 혼혈 및 디아스포라 조상에 관한 정통성은 황제에 의해 중국으로 초대되어 그에게 귀중한 도움을 제공했다고 믿는 사람들에 의해 유지되고 있다. 외국에서 왔다는 이유로 많은 사람들은 후이족이 돌아갈 것이라고 믿었고, 그래서 후이족의 이름의 기원('돌아가다'라는 뜻의 회)에 대한 일반적인 믿음도 있지만, 중국에서의 1,200년 역사는 그렇지 않다는 것을 시사한다.

혼종성의 유지: 결혼과 민족 혼합

어떤 이민자 커뮤니티이든 근본적인 질문은 소수민족이라는 맥락에서 정체성과 고유성을 유지하는 것이다. 디아스포라는 순수한 동족결혼과 배타성의 가능성을 없앤다. 공동체는 생존을 위해 족외결혼과 다양성을 정당화할 수 있는 방법을 찾아야 한다. 다음 이야기는 중국에서 후이족의 생존을 위한 하나의 방식을 보여준다.

링저우의 후이족[10]

당 현종의 재위 중에 안루샨 장군이 반란을 일으켰고 황제는 링저우로 피신해야 했다고 전해진다. 당시 반란군에 맞서 당나라 군대를 이끈 총사령관은 궈쯔이인데, 그의 군대가 충분하지 않았기 때문에 그는 후이허족에게 가서 병사를 빌려야 했다. 후이허족이 제시한 조건은 한 명의 후이허족 병사 대신 한족 열 명을 달라는 것

---

10 1979년 닝샤의 우중에서 나쟝가오가 녹음한 원본을 리와 루커트(Li and Luckert 1994:240-2)가 편집한 '링저우의 후이족'에서 발췌하였다.

이었다. 귀쯔이는 도움이 절실했기 때문에 그들의 요구에 응했고, 그렇게 해서 한족 삼천 명을 후이허 병사 삼백 명과 맞바꿀 수 있었다.

전투는 오랫동안 지속되었다. 마침내 안루샹이 패배하고 장안이 탈환되었지만, 후이허족 병사들 중 이 전투로 많은 사상자가 나왔다. 완가르와 다른 두 사람만 남았는데, 당 황제는 그들에게 크게 고마워하며, 장안에 남아달라고 부탁하고 높은 지위와 많은 봉급으로 보상했다. …

한 대신은 후이허 병사들이 한족 여자들과 결혼해야 정착할 것이라고 간언했다. 그러나 다른 대신들은 자신의 딸을 후이허족에게 시집보내는 데 동의할 한족 아버지는 단 한 명도 없다고 우려했다. 유일한 방법은 신부를 강제로 데려가도록 하는 것뿐이었다. 당 황제는 이 문제를 고민한 끝에 등불 축제 기간 동안 후이허 병사들이 신부를 데려가도록 하기로 결정했다.

황제는 세 명의 후이허족에게 "오늘 밤 거리는 매우 활기차게 될 것이다. 분명 군중 속에 예쁜 여자들이 많을 테니 너희는 가서 데려가라, 너희가 데려온 여자들은 너희의 아내가 될 것이다"라고 말했다.

세 남자는 황제의 말을 듣고 기뻐하며 거리로 나가서 아름답게 보이는 사람은 누구든지 강제로 데려갔다. 그날 밤 그들은 각각 아홉 명의 여자를 데려갔다. 황제의 허락에 따라 그렇게 소녀들을 데려갔으니 황제는 그 결과를 받아들여야 했다. 세 명의 후이허 병사에게 장안에 정착하는 조건으로 아홉 명의 미녀를 아내로 맞이할 수 있도록 허락했다.

여기서 보이는 다른 측면은 이민자 디아스포라 공동체를 우리안에 두게 하는 폭력성이다. 이 이야기는 국가가 승인한 강간을 통해서만 이 공동체가 생존할 수 있었음을 시사한다. 국가의 방어를 위해 황제가 여성 신민의 존엄을 가차 없이 후이족 용병에게 내어 줬다는 이 이야기는 후이족과 한족의 관계가 처음부터 언제나 평화로웠던 것은 아니라는 것을 말해준다. 한족 여성들은 자발적이 아니라 강제적으로 외국 병사들에게 보내진 것이었다.

중국 내에서 무슬림과 비무슬림의 관계의 역사가 항상 평화로웠던 것은 아니다. 19세기와 20세기 초의 중국은 반란과 폭력적 저항으로 점철된 시기였다. 내 책(Gladney 1996a)에서도 민족 간의 폭력이 지속적으로 발생하고 긴장을 야기했다는 것을 언급했다(Lipman 1991 참조). 실제로 대부분의 비무슬림은 후이족의 기원에 대해 매우 다른 설명을 하고 있으며 항상 친절한 것도 아니다. 중국인에게는 이상하게 보이는 이슬람 관습들, 특히 돼지고기 금기와 같은 것들로 무슬림을 조롱하는 중국인 이야기가 많다.

내가 중국에서 3년 동안 현지조사를 하면서 만난 대다수의 도시 후이족과 한족 사이에서 가장 두드러진 차이점은 돼지고기 기피 현상이었다. 이 문제는 북서부의 후이족에게 매우 중요한 문제이지만, 도시에서는 그다지 중요하지 않다. 무슬림이 많은 북서부에서 한족은 후이족의 관습에 익숙하고 일반적으로 후이족을 자극할 수 있는 행동에 민감한 편이다. 대부분의 한족이나 후이족 마을에서는 이 문제가 거의 존재하지 않는다. 후이족과 한족이 거의 고르게 섞여 사는 닝샤의 루어 마을에서는 후이족 집들이 서로 인접해 있는 편이다. 한족은 돼지를 마당에 두기 위해 주의를 기울이는데, 실수가 발생하긴 하지만 사람들은 이 문제를 인식하고 민감하게 반응한다.

반면 푸젠성과 광둥성의 남동부 후이족 후손들은 돼지고기 문제에 대해 크게 염려하지 않는다. 외부의 보수적인 후이족이나 외국인 무슬림이 마을을 방문할 때만 문제가 된다. 돼지 사육을 중단하라는 제안이 있었지만, 수세기 동안 돼지를 사육해왔고 쉽게 대체할 수 있는 방법이 없다. 후이족이 적은 남부 도시에서는 일반적으로 할랄 위반에 대한 우려가 적다. 후이족의 정체성은 문화의 보존이 아니라 혈통과 계보에 따라 결정된다. 나는 샤먼에서 중국 남부의 작은 카페처럼 길가에 자리 잡은 두 곳의 후이족 식당 중 한 곳에 잠시 서서 메뉴를 살펴봤다. 한 한족이 내 옆으로 와 보따리를 내려놓고 들어가서 국수 한 그릇을 주문했다. 나도 들어가기로 결심하고 그의 보따리를 넘어간 후에야 그것이 갓 도축한 큼직한 돼지고기 부위를 막대의 양쪽 끝에 묶은 것이라는 사실을 알아챘다. 이 정도면 북서부에서는 폭동이 일어났을 것이고 대부분의 북부 도시에서도 최소한 언쟁이 일어났을 것이다. 내 현지 후이족 친구는 그저 어깨를 으쓱하며 피할 도리가 없었다고 말했다.

한족은 종종 후이족이 돼지고기에 대해 지나치게 신경 쓰는 이유를 알 수 없다고 말한다. 그들에겐 단지 고기일 뿐이고 누구나 먹고 싶어 하는 주요 단백질이기 때문이다. 한 한족은 나에게 "후이족이 돼지고기를 기피하는 것은 말이 안 된다. 그들은 채식을 하는 불교 승려와 같지만 고기를 포기한다고 해서 어떤 공덕도 얻지 못한다"고 말했다. 이러한 오해는 후이족이 돼지고기를 먹지 않는 이유에 대한 많은 민족 관련 이야기와 조롱의 주제이다. 나는 북서부에서 이런 이야기를 들어본 적이 없지만, 내가 후이족을 조사했던 도시에서는 자주 들었다.

가장 널리 퍼진 이야기는 후이족이 한때 돼지와 결혼한 조상에 대한 효심으로 돼지고기를 먹지 않는다는 설이다.[11] 청두의 한 트럭 운전사는 후이족 조상에 대해 다음과 같이 조롱하기도 했다.

> 원숭이 형제(Hou didi)
> 개 할머니(Gou nainai)
> 그들의 위패는 돼지(Zhu shi tade Zuxian pai)

중국 정부는 이러한 민족에 대해 오래된 편견을 바로잡기 위해 많은 노력을 기울이고 있지만, 오랫동안 유지된 민족에 대한 고정관념은 여전히 여러 문헌에 남아 있다. 청두에서는 한 지역 신문이 기도 의식 중에 돼지 옆에서 절하는 후이족의 모습을 담은 만화를 게재하면서 전국적인 후이족 시위가 촉발되기도 했다. 주간지 〈청년신문〉의 1982년 12월 31일 자 기사에서 상하이 출신 편집자는 힌두교와 이슬람교의 차이에 관한 질문에 힌두교가 이슬람교보다 더 영광스러운 종교라며 "이슬람에서는 한 손은 칼을 들고 다른 한 손은 코란을 들고 있다"고 답했다. 그는 나중에 무슬림은 돼지를 숭배하기 때문에 돼지고기를 먹지 않는다고도 언급했다. 그날 오후 모스크와 시 민족사무위원회에 수차례 전화가 걸려왔고, 많은 후이족이 출판사 사무실로 항의하러 갔고, 항의편지도 쏟아졌다. 〈청년신문〉의 다음 호에는 공식 사과문이 게재되었고, 1월 13일에는 29살의 편집장이 해고(중국에서는 드문 일)되고 17살의 기자가 중징계를 받았다는 신문 1면에 실릴 기사가 하루 먼저 공개되었

---

[11] 필스버리(Pillsbury 1973:273)는 후이족 조상에 대한 한족의 경멸적인 이야기에 대한 후이족의 대응으로 그들의 기원 신화를 기록했다. 이에 따르면 후이족은 자신들이 돼지고기를 먹지 않은 아담의 효성 깊은 아들의 후손이며, 돼지고기를 먹은 불효자가 한족의 초기 조상이라고 전한다.

다. 이 기사는 "무슬림의 종교적 감정을 상하게 하고, 민족 단결에 도움이 되지 않으며, 매우 나쁜 영향을 미쳤다"고 기록했다.[12] 시 국가신문사의 한 간부는 나에게 기자가 너무 어려서 잘 이해하지 못했지만, 오늘날 중국에서는 여전히 이런 일이 용납되지 않는다고 설명해주었다. 최근 몇 년 동안 국가민족사무위원회는 초등학교 교과과정에 민족 의식에 관한 내용을 더 많이 포함시키려 해왔으며, 1985년에는 중학생을 위한 '민족 일반 지식' 자료를 발간하여 문화적 차이에 대한 상호 존중과 이해를 강조했다.

위의 신화들에서 기록된 이국땅에서 무슬림으로 생존하기 위한 필요에 따라 한족과 결혼하거나 한족 여성의 의지에 반해서라도 결혼했던 것처럼, 여러 지역의 후이족은 자신의 의지와 상관없이 돼지고기를 먹어야 했던 시기와 관련된 이야기들도 있다. 푸젠성과 대만의 여러 후이 종족은 일상 생활에서는 그렇게 하지 않지만, 조상숭배 의식에서는 돼지고기 금기의 관습을 계속 유지해왔다. 현대의 딩족과 귀족들은 고전 중국어로 된 족보를 읽지 못할 수도 있고 명절 의례에서 돼지고기를 먹거나 사용하지 않는 이유를 설명하지 못할 수도 있지만, 조상에 대한 의례적인 기념을 지킴으로써 그들의 조상이 다르고 그래서 자신들도 다르다는 것을 정기적으로 상기시킨다(Gladney 1996a:6장 참조). 1940년 푸젠종은 인터뷰에서 자신이 더 이상은 무슬림이 아니지만 무슬림의 후손이며, "푸 가족은 조상숭배에 돼지고기를 올리지 않는 은밀한 관습을 가지고 있다"고 말했다(Zhang 1940:2).

수세기 동안 푸젠성 딩족은 조상 제사 때 돼지고기를 금기해왔지만, 정작 자신들은 돼지고기 먹는 것을 막지 않는다. 이에 대한 설

---

12 대만의 후이족에 대한 유사한 고정관념과 그에 따른 갈등의 분출에 대해서는 필스버리(Pillsbury 1974:11-14)를 참고하시오.

명은 전설로 흔히 들을 수 있는데, 내가 들은 내용은 다음과 같다.

우리 조상들은 매우 신실한 무슬림이었다. 11대 조상인 딩치루이는 명나라 시기 법무대신으로 재직할 때 황위를 찬탈하려 했다는 누명을 썼다. 이 때문에 황제는 딩씨 일족을 몰살시키려 했다. 딩씨 가문의 주요 표지가 무슬림이었기에, 그들은 목숨을 구하기 위해서는 '100세대 동안 이슬람교를 실천'할 수 없다고 생각하고 돼지고기를 먹기 시작하면서 한족에 동화되어갔다.

이것은 1940년 2월에 천다이 후이족 딩더첸을 인터뷰한 조사팀이 들은 것과 거의 단어 하나하나까지 같은 이야기이다(Zhang 1940:2). 딩씨 가문의 후이족이 이슬람교를 떠나 돼지고기를 먹게 된 이유를 설명하는 이야기로 받아들여지고 있다. 나와의 인터뷰도 그러했지만 1940년 인터뷰에서도 딩족 일원은 자신들의 종족사원 앞쪽에 있는 목판의 문구에서 가져온 '100세대 동안 이슬람교를 실천'이라는 문구는 사원에 새겨진 또 다른 문구인 '미래의 성공을 위해 자신을 평정하라'와 유사한 의미라고 설명했다.[13] 두 인터뷰에서 화자는 자신들의 종족사원의 구조가 큰 사각형 안에 작은 사각형이 있는 후이족의 중국 문자 모양으로 지어졌으며 자신들이 후이족이라는 것을 의미한다고 말했다. 대부분의 한족 종족사원에는 안마당의 중앙에 있는 본당과 주변의 통로를 연결하는 지붕이 있는 복도가 있는데, 후이족의 사당에는 이러한 복도가 없는 것이 한

---

13 딩족은 원나라 때 윈난성, 쓰촨성, 그리고 산시성에서 총독을 지냈던 사이덴치의 아들인 나스레딘의 후손이라는 믿음을 공유하고 있다. 위에서 인용한 두 문장들의 세 번째 문자를 골라 정렬하면 나스레딘의 중국식 이름인 '잔시'가 나오는데, 이는 사당 입구에 새겨진 비문에 외국 혈통이 숨겨져 있다는 것을 나타낸다. 나계와 딩계 종족은 모두 같은 외국 무슬림 조상의 후손이라고 주장한다.

족 사당과 다른 한 가지 특징이다.

이들 후이족이 돼지고기 이용을 정당화하는 전설에 그토록 많은 강조점을 두는 것은 그들 공동체를 돼지고기 금기 위반과 연결시키는 의식적인 의미를 드러내기 위해서이다. 후이족의 이슬람과 관련된 우려 외에도 푸젠성의 토템 숭배 전통이 어떤 역할을 했을 수도 있다. 스튜어트 톰슨(Thompson 1988)은 대만에서 일찍부터 돼지머리를 제사 상차림의 가운데 사용했다는 것은 대만 의례의 기본 구조에서 돼지고기의 중요성을 의미하는 것일 수 있다고 주장했다. 나는 푸젠성 현지인들이 후이족이 돼지고기를 먹지 않는 이유가 조상이 돼지와 교접했었기 때문이라는 그들의 공통된 믿음을 접할 때 놀라기도 했다. 바이치궈 종족 마을의 한 후이족은 자신들은 당나귀의 후손일 수 있다는 또 다른 이야기를 들려주었는데, 이는 후이족이 식생활과 의식에서 말고기를 금지했으며, 초기 후이족의 사원에는 종종 제단 뒷벽에 당나귀가 남자와 교접하는 이미지가 숨겨져 있었기 때문이라고 한다. 이 공상적인 이야기는 사실 매우 의심스럽기는 하다. 이들 후이족은 푸젠성 민속에 동화되고 한참 후인 1920년대에 기독교로 개종한 귀족 혈통의 일원이었기에 후이족의 이슬람 관습을 비판할 이유가 있을 수 있기 때문이다. 그럼에도 불구하고 이러한 이야기들은 푸젠 문화권에서 음식 금기와 조상 간의 밀접한 관계에 대한 일반적인 믿음이 널리 퍼져 있음을 보여준다. 나는 우 산맥의 소수민족인 셔족의 계보를 그린 화집을 본 적이 있는데, 이 화집에는 자신들이 개와 인간의 결합으로 태어난 후손이라는 유사한 믿음이 담겨 있다. 이들이 의례에서 착용하는 의상 중 상당수는 개의 토템적 표현을 담고 있다. 이러한 표현들은 야오족을 포함해 동남아시아 여러 집단에도 존재한다. 후이족 조상에게 모욕감과 불쾌감을 주는 민족에 관한 여러 이야기들이 이 지역에서 유래한 것은 놀라운 일이 아니다.

어중간한 사이에서

후이족의 혼종성, 즉 그들은 중국에 살고 중국어를 사용하지만 이슬람교를 믿으며, 일반적으로 돼지고기를 먹지 않고, 종종 외모가 다르며(완가르 전설에서 언급했듯이) 한족과 다른 혈통이라고 믿는다는 사실은 그들을 동양과 서양, 무슬림과 중국인의 두 세계 사이에서 어려운 위치에 놓이게 한다. 오웬 라티모어(Lattimore 1950:119)는 후이족의 혼종성을 무슬림과 비무슬림 모두에게 의심받게 하는 요인으로 지적했는데, 그들은 중앙아시아의 여러 이웃 국가들로부터 완전한 무슬림도, 완전한 중국인도 아닌 것으로 여겨졌다.

이러한 혼종성은 후이족이 중국에서 1,200년 동안 살아온 역사의 일부였으며, 그들의 기원 신화를 통해 정당화되어왔다. 후이족의 기원과 창조에 대한 신화는 '틈새에 있는' 소수민족이 중국 민족 문화에 어떻게 영향을 미치고 재정의해왔는지를 이해하는 데 도움을 준다. 이는 순수한 중국과 이슬람 문명에 대한 헌팅턴과 다른 본질주의자들의 견해와 모순된다. 이러한 혼종성은 다문화적이고 이질적이며 디아스포라적인 더 거대한 문화적 중국성(Chineseness)이라는 투웨이밍(Tu 1991)의 개념을 포함한다. 투 교수의 개념에 따르면, 후이족은 완전한 무슬림인 동시에 중국인이 될 수 있으며 모순이 있을 필요가 없는 것이다.

더 중요한 것은 여러 연구들이 동질적이고 통일된 것으로 알려진 한족 정체성이 지역적 표현의 문화적, 지역적 단선을 따라 빠르게 해체된다는 것을 제시한다는 점이다(Friedman 1994 참조). 현재 중국에서는 광둥인이나 상하이인이 된다는 것이 인기를 끌고 있으며, 문화적 단층선을 따라 그려지는 지역적 권력기반의 부활은 헌팅턴이 무슬림 동질성에 대해 틀렸을 뿐만 아니라 유교적 연속성에 대해서도 잘못된 정보를 가지고 있다는 것을 의미한다. 홍콩에 기반을 둔 삼합회는 본토인들이 삼합회의 확장에 협력하지 않는다면 베이징의 유교도 동지들을 존중하지 않을 것이다. 권력이 종종 문화적 단층선을 따라 흐른다는 점에서는 헌팅턴이 옳았다. 하지만, 그가 근대 민족국가의 맥락에서 의미 있는 타자와의 대화적 상호작용을 통해 문화를 재정의하려 하지 않고 일반적인 문명 범주에 따라 문화를 본질화한 것은 잘못되었다. 후이족의 사례가 한족과 무슬림의 동질성에 대한 그러한 통념을 해체하는 데 유익하다는 것이다.

그러나 중국 민족주의가 부상하면서 현대의 신화 제작자들은 중국인 디아스포라를 하나의 거대한 문화를 가진 중국으로 통합하기 위해 '황제(Yellow Emperor)'의 혈통이라는 순수주의 신화에 다시 눈을 돌리기 시작했다. 이로 인해 대만해협에서 남중국해까지, 그리고 중국 국경을 넘어 동남아시아, 중앙아시아, 시베리아까지 중국 민족주의와 팽창주의에 대한 두려움이 커지고 있다. 서구의 많은 정치학자들에게 중국은 공산주의 이데올로기가 아닌 인종과 문명에 기반해 구소련을 대체할 '악의 제국'이 되어가고 있다. 헌팅턴의 이론은 중국이 전 우주를 점령하는 과정을 그린 최근의 공상과학 소설에서 다시 등장하고 있다. 우리의 예상대로 이 미래의 제국에는 역사적 신화를 다시 쓰는 작업이 수반된다.

판차오! 때로는 그 영화의 절반이 판차오의 이야기인 것처럼 보인다! 그는 군인에서 외교관으로, 정복자로 변신한 정국(鄭國)의 위대한 영웅이었다. 서기 73년, 그는 36명의 수행원들과 함께 튀르키스탄 션션국의 왕에게 대사로 파견되었다.

… 션션국을 한나라의 통치하에 두었고 … 그 후 24년 동안 판차오는 엄포를 놓거나 간계를 부리며 완전히 강력한 성격으로 아시아 전체를 한나라의 지배 아래 두었다. 서기 97년, 그는 카스피해 연안에 서서 7만 명의 부하들을 거느리고 로마제국의 타친 황제와 맞섰다. 그 나머지 역사는 학생들에게도 모두 알려져 있다.

로마는 무너졌다. 킴(Kim)이 묘사한 것처럼 5세기에 알라리크왕이나 고트인에게 멸망한 것이 아니라, 1세기에 한나라에게 멸망한 것이다. 암흑기도 없었고 기독교도 없었다. 오, 조직화된 종교라니 그것은 얼마나 멋진 아이디어인가! 그것에 대한 생각은 …

그의 주장에 따르면, 기원전 4세기까지 한족의 과학은 정체되어 있었고 19세기에 이르러 유럽인이 중국의 썩은 문을 걷어차고 들어오기 전까지 정국은 고립되어 있었다고 한다.

아, 이것도 그렇지. 킴은 정국이 아니라 중국(China)이라고 불렀다. 마치 초대 황제의 백성인 친족(Ch'in)의 이름을 딴 것처럼. 말도 안 돼!

그는 어깨를 으쓱했다. "당신은 그것을 정국의 다른 역사라고 부를 수 있을 것 같다. 만약 타친의 군단이 카자틴 전투에서 승리했다면 그대로 정국이었겠지." (Wingrove 1990:439-54)

그러나 한족과 '홍마오'('붉은 머리의' 코카서스인)를 대립시키며 한족의 정복을 그리는 미래주의적 비전은 후이족에서 발견되는 혼종성과 디아스포라의 신화에 반하는 것이다. 마지막 이야기는 후이족을 비롯한 소수민족이 통치하는 국가나 그들을 연구하는 학자들의 관심 없이도 수세기 동안 존재할 수 있었다는 사실을 일깨워준다.

후이족의 말을 듣지 마시오.[14]

당나라 전성기에 당나라 황제들은 서역과 서로 외교사절을 파견하며 평화롭게 지냈다고 한다.

어느 해 서역에서 선교를 위해 후이족이 파견되었다. 당 황제는 그들이 장안에 정착해 한족 여성들과 결혼할 수 있도록 허락했다.

결혼한 후 후이족과 한족은 서로 사랑하고 존중하며 화목하게 살았다. 그 여자들이 친정에 들를 때면 '후이족은 어떠냐?'는 질문을 받았다.

그들은 '후이족은 친절하고 음식도 맛있지만 그들의 언어는 이해하기 어렵다'고 대답했다.

그들의 부모들은 '남편이 친절하고 두 사람이 잘 지낼 수 있다면, 언어 측면에서는 남편의 말을 들을 필요가 없다'고 말했다.

그래서 천 년 동안 후이족과 한족은 북부와 서부에서 서로를 이모와 삼촌으로 불렀다. '후이족의 음식을 먹으면 후이족의 말은 들을 필요가 없다'는 속담도 퍼졌다.

어쩌면 그 어느 때보다 세계가 본질주의적 노선에 따라 분열되고 인종청소 캠페인과 배타적인 주류집단의 형성으로 이어지는 지금, 우리는 후이족의 다문화 및 혼종성 신화에 귀를 기울여야 한다. 그들의 중용, 관용, 상호성의 개념은 중국 문명의 충만함과 다양성, 그리고 모든 인류의 상호연결성과 상호의존성에 대해 우리에게 많은 것을 시사한다.

---

14 1983년 간쑤성에서 자오쯔빈이 녹음한 원본을 리와 루커트(Li and Luckert 1994:240-2)가 편집했다.

7장
현지화와 소국적 순례

후이족의 정의

전통 종교가 이슬람교인 10개 민족 중 가장 큰 민족으로 중국 정부가 인정하는 소수민족인 후이족의 민족 정체성에 대한 이해는 종종 후이족을 무슬림 연구의 큰 맥락에 맞추기 위해 후이족이 누구인지, 그들의 주요 공동체 관심사가 무엇인지에 대해 거의 알지 못하는 접근 방식으로 인해 흐릿해진다. 후이족의 정체성에 대한 논의는 종종 이슬람에 대한 일반적인 개념과의 비교와 대조를 중심으로 이루어졌는데, 이는 민족적 정체성을 종교적 정체성으로 대체하거나(중국에서 무슬림으로서의 후이족), 이슬람을 문화적, 사회적 또는 경제적 변수에 의존하는 것으로 취급하는 경향이 있다(중국 무슬림으로서의 후이족). 마찬가지로, 중국 90% 이상의 현과 모든 주요 도시에 거주하는 후이족을 중국 사회의 중요한 부분으로 다루는 인류학 문헌은 거의 존재하지 않는다.[1] 이러한 무관심은 후이족이 중국의 국제 관계에서 상당한 역할을 하고 있다는 드레이어(Dreyer 1976:3-5)와 시호르(Shichor 1984)와 같은 연구자들의 주장에도 불

---

1   프리드(Fried 1969)의 중국 도시에 대한 뛰어난 민족지에도 그 지역에 살았던 대규모의 후이족 공동체를 거의 언급하지 않았다. 이는 대체로 그가 모스크에 들어가는 것이 허용되지 않았기 때문이다.

구하고 계속되고 있다. 필스버리(Pillsbury 1976:2)는 후이족을 단순히 돼지고기를 먹지 않는 한족으로 간주하여 진지한 학문적 연구를 할 가치가 없는 것으로 간주하는 한족의 견해가 서구 문헌에도 동일하게 영향을 미친 것일 수 있으며, 이는 중국 정부가 비난하는 '거대한 한족중심주의'가 여전히 남아 있다는 증거라고 주장했다.

이 장에서는 후이족이 정말 무슬림인지, 아니면 주류 한족과는 다소 다른 문화적 전통의 계승자일 뿐인지에 대한 논의에서 벗어나고자 한다. 그 대신 중국 전역의 후이족 공동체의 관심사에서 한 가지 중요한 영역을 살펴봄으로써 그들의 정체성을 더 잘 이해할 수 있도록 할 것이다. 그들에게 매우 중요하게 여겨지는 것은 공동체의 갖가지 무덤과 신사를 둘러싼 전설과 사건들이다. 나는 거의 3년 동안 중국 전역의 여러 지역에서 후이족을 대상으로 현장조사를 하면서 후이족 무덤에 대한 자료를 수집했고, 분석적 차원에서 사적묘, 수피(Sufi)묘, 지역묘로 구분했다. 이 무덤을 둘러싼 행위와 담론은 현재 후이족의 관심사와 정체성에 대해 많은 것을 알려준다. 사적묘는 국제적 관점에서 지역 후이족의 정체성을 바라보는 관심사를 반영하고, 수피묘는 국가적 네트워크에서 후이족을 연결하지만 종종 지역적으로 분열시키며, 지역묘는 실용적인 관심사와 개인적 정체성을 반영하며 보다 공동적인 관심사를 불러일으킨다. 이러한 무덤이 모든 후이족과 관련이 있는 것은 아니고 다르게 해석될 수도 있지만, 개인적 정체성과 사회적 행동의 강력한 틀로시 후이족 공동체들을 서로 구분하고 그들 공동의 정체성을 위한 중요한 헌장을 제공한다는 것이 나의 논지이다.

사적묘와 국제적 명성

사적묘는 중국 정부의 국가문물국이 보존하는 기념물 중 하나로, 중국 땅에 묻힌 외국 무슬림 또는 유명한 후이족 인물의 무덤이 포함되며, 약 12세기에서 19세기까지 남송부터 명나라, 청나라에 걸쳐 관리, 군인, 상인으로 활동한 것으로 추정되는 무슬림들의 무덤과 기념비를 일컫는다. 사적묘에 묻힌 이들은 중국의 발전과 서역과의 교류에 중요한 역할을 한 후이족들로 중국 남부, 특히 취안저우, 광저우, 양저우의 특별한 묘역에 안장되었다. 예를 들면, 정허, 하이루이, 사이덴치(Sayid Edjell), 리쯔, 그리고 보다 최근으로는 판타이 반란의 지도자 두원시우 등이 있다.

이 장은 하이루이나 리쯔청과 같은 특정의 역사적 인물이 무슬림이었는지에 대한 중국 역사가들의 논쟁은 다루지 않는다.[2] 더 중요한 것은 중국 정부가 이러한 인물들이 중국 발전에 중요한 역할을 했다는 것을 인정하는 것이며, 이는 후이족의 자기 이해에 큰 의의를 준다. 많은 후이족은 이런 역사적 인물들을 자신들이 고귀한 종교적, 문화적 전통의 후손이라는 증거를 제공하는 외국 무슬림 조상으로 여긴다. 이러한 지식은 후이족이 정부의 외교 정책과 상호작용하고 국제 문제에서 자신들의 위치에 대한 인식을 높이는 데 중요한 역할을 하고 있다(15장 참조).

중국 남부의 해안 지역에는 외국 무슬림 조상을 민족 정체성의 핵심으로 여기는 대규모 후이족 공동체들이 존재한다. 당나라부터 명나라까지(약 7~14세기) 번성했던 국제적인 항구 자이툰이 있던 취안저우에서 내가 후이족 조상에 관한 질문을 했을 때 자주 들었던 대답은 다음과 같다.

물론 나는 내 가족이 외국 무슬림의 후손이라는 것을 알고 있다.

---

2   이 인물들에 대한 논의는 바이쇼우이(Bai 1947), 바이쇼우이와 양화중(Bai and Yang 1988), 천사동(Chen 1975), 페이즈(Pei 1959)를 참고하시오.

내 조상은 아랍인이고 명나라 때 우리 성이 진으로 바뀌었다. 우리는 그것을 증명할 수 있는 족보가 있다. … 우리는 이 무슬림 조상의 후손이기 때문에 후이족이다. (1984년 5월 16일 인터뷰)[3]

이 인터뷰는 거리낌 없이 돼지고기를 식단에 포함시키고 조상을 숭배하는 중국의 민속 종교 전통을 실천하는 후이족 가정에서 진행되었다. 이 가족은 취안저우 역사연구회의 후원으로 수행되었던 여러 후이족 혈통의 계보에 관한 연구에 근거해 1980년대에서야 국가민족사무위원회에 의해 후이족의 혈통임을 인정받았다.[4]

이러한 아랍과 페르시아 조상들의 사적묘는 후이족의 정체성과 정부의 외교정책 간의 상호작용에서 점점 더 중요한 의미를 갖게 되었다. 1979년 중국 정부는 부유한 무슬림 국가들과 외교적 호의를 얻기 위해 공개적으로 취안저우의 아샤브 모스크(AD 1009~10년에 건립)와 도시 외곽의 링산 묘역을 사적지로 지정했다. 주 정부는 물론이고 성과 시 정부 모두 이 건축물의 복원을 위해 상당한 자금을 지원했으며, 현재 링산 묘역은 넓은 부지로 개보수하고 입구에는 '링산의 성스러운 이슬람 묘역'이라고 쓰인 기념판이 헌정되었다.

링산 묘지는 예언자 무함마드의 후손으로 알려진 두 명의 무슬림 성인의 무덤으로 대략 원나라 이전에 매장된 것이다. 허차오원의 『민슈』를 보면, 취안저우에 묻힌 두 명의 이슬람 성인은 메디나 출신의 이맘인 사이드와 와가스이다. 이들은 당나라 우더의 재위 기간에(618~626년) 중국 남부를 방문한 것으로 알려진 외국인 무슬

---

3 명나라 때 취안저우에서 여러 후이족 가문의 성이 바뀐 것에 관해서는 황과 랴오(Huang and Liao 1983)를 참고하고, 이러한 차별적 정책의 배경에 대해서는 바이와 마(Bai and Ma 1958)를 참고하시오.
4 취안저우의 후이족을 식별하고 조작하는 과정에 대한 자세한 논의는 글래드니(Gladney 1995, 1996:261-92)를 참고하시오.

림 4명 중 2명이었다.[5] 푸젠성 및 지방자치 단체의 간행물은 취안저우를 세계에서 세 번째로 중요한 이슬람의 성스러운 묘지와 다섯 번째로 중요한 모스크가 있는 곳으로 자랑스럽게 소개하고 있다.[6] 이러한 홍보와 정부의 지원을 생각해보면, 1980년 샤먼 인근의 국제공항이 주로 쿠웨이트 자금으로 건설된 것은 놀라운 일이 아니다. 이런 점에서 이슬람 기념물을 홍보하여 투자를 유치하려는 정부 정책은 비교적 성공적이었다고 볼 수 있다

그러나 이렇게 지역 후이족 공동체의 정체성이 변화하면서 예기치 못한 상황이 발생했다. 딩족, 진족, 황족, 푸족, 궈족들은 1949년 이전부터 후이족이라고 주장해왔음에도 불구하고 1979년까지 공식적으로 후이족의 일원으로 인정받지 못했었다(Zhang and Jin 1940). 이 종족들을 후이족으로 인정하지 않은 것은 문화적으로 무슬림이고 일반적으로 돼지고기를 먹지 않는 사람들만 후이족으로 인정하는 국가의 정책과 전통적인 관념의 복잡한 조합에서 비롯된 것이다. 취안저우 종족들이 실제 외국 무슬림 조상의 후손임을 입증하는 계보에 대한 조사를 바탕으로 국가민족사무위원회는 중국이슬람협회와 함께 이들을 후이족의 일원으로 인정하는 데 동의했다. 이로써 정부는 돼지를 기르고 이슬람을 거의 알지 못하며 중국 민속종교 의식에 적극적으로 참여하는 사람들을 후이족으로 인정해야 하는 입장이 되었다.

---

5 와브 아부 캅차는 광저우의 유명한 종묘에 묻혀 있다고 알려져 있다. 네 번째 성자는 양저우에 묻혀 있는데, 내가 1984년 5월에 방문했을 때 복원 중이던 무덤 입구에는 이슬람의 외국 기원을 선포하는 중국식 표어인 '도가 서역 땅에서 유래했다'가 걸려 있었다. 이에 관해서는 류와 첸(Liu and Chen 1962)을 참고하시오.
6 이 묘지들의 배경에 대한 자세한 설명은 천얼진(Chen 1984)과 취안저우 해외교통사박물관(Quanzhou Foreign Maritime Museum 1983)의 문헌을 참고하시오.

이러한 인정은 후이족과 이슬람교를 명확히 구분하는 현 정부의 정책과 일치하지만, 많은 보수적인 후이족 무슬림에게는 당혹스럽고 긴장의 원인이 되었다. 그 결과 중국이슬람협회는 닝샤 후이족 자치구에서 훈련받은 4명의 이맘을 교사와 선교사로 파견하여 푸젠 후이족에게 올바른 이슬람 전통을 교육하기 위한 기금을 승인했다. 중국 정부는 이슬람 관습을 따르지 않는 중국 내 초기 무슬림 공동체를 외국의 무슬림 고위 인사들에게 소개해야 하는 힘든 상황을 모면하기 위해 이러한 노력을 지원했다. 1979년 이후 '종교의 자유' 정책은 이제 무슬림 방문객들에게 더욱 명확하게 드러나고 있으며, 푸젠성의 후이족은 신앙의 자유가 있을 뿐만 아니라 그렇게 하도록 권장되고 있다.

이 지역의 후이족은 수동적이지 않았으며 이러한 지위 변화를 이용하고 있다. 그들은 대규모의 주정부 교육, 농업 및 산업 개발 보조금을 요청해서 받아냈다(Gladney 1985:23-6). 링산의 사적 묘는 이렇게 민족 부활의 중심지가 된 것이다. 중요한 것은 딩족이 1980년 외국 무슬림과의 조상 관계를 주장하며 조상 무덤을 링산의 언덕으로 옮겼고, 이전을 위해 지방 및 주정부 지원을 받았다는 것이다. 하이난섬에서 저장성 원저우에 이르는 중국 남부 해안의 다른 후이족들도 외국 무슬림의 후손이라는 비슷한 주장을 해왔으며, 광둥성, 푸젠성, 저장성 3개 성의 후이족 인구 규모는 1982년 인구조사 당시 기록된 51,344명을 훨씬 넘어설 정도로 증가하게 되었다('29개 성, 시 및 자치구 인구', 1984, *Minzu Tuanjie* 2:38-9; 3:46-7).

한 후이족 친구가 링산 묘역 바로 위의 후이족 공동묘지에서 나에게 자기 조상의 무덤을 가리키며, 무슬림 푸가문과의 관련으로 인해 박해받는 것을 피하기 위해 원래 성이 푸에서 황(또는 경우에 따라 우)으로 바뀐 과정을 설명해주었다. 그의 조상들 중 많은 사람늘이 묘비 앞면에는 황이나 우를 새기고 뒷면에눈 푸를 새겼다(Quanzhou 1983:218 참조). "우리 조상을 기리는 연례 의식이 마침내 보답을 받았다…"고 그는 말했다. "드디어 정부는 우리를 후이족으로 인정했다."

취안저우 링산과 양저우, 광저우에 있는 무슬림 사적묘는 현대의 후이족이 외국 무슬림 조상의 후손으로 자신들을 이해하는 중요한 기준점이 되고 있다. 변화하는 사회정치적 조건 및 통치 정책과 상호작용 속에서 푸젠 후이족의 무슬림 정체성이 커지는 것은 민족적 변화의 기반이 되는 변증법적 과정을 흥미롭게 보여준다(Keyes 1981:18, 25).[7] 이 종족들은 언제나 후이족 정체성을 유지해왔는데, 이제 그러한 사건과의 연관 속에서 보다 확실히 이슬람에 대한 헌신을 시작했다. 후이족 사적묘는 중동 정부들과의 관계를 진전시키는 데 활용하려는 중국 정부의 노력과 함께 국제적인 중요성을 더해가고 있으며, 이 무덤들은 자신의 '뿌리'를 찾고자 하는 도시 및 북서부 후이족뿐만 아니라 외국인 무슬림들의 민족 관광 및 순례의 대상이 되고 있다. 공산당원인 후이족 소수민족 간부들이 윈난성 덴치호 남쪽에 있는 정허의 부친을 기리기 위해 세워진 대형 기념비와 공공 공원 등 무슬림 사적묘를 방문해 자신들이 후손이라는 민족적 유산을 확인하는 경우를 흔히 볼 수 있다.[8]

---

7 말레이 무슬림의 정체성에 관한 연구에서의 변증법적 적용은 나가타(Nagata 1981:112)를 참고하시오.

8 민족적 변화와 관련된 관광에 대해서는 아담스(Adams 1984), 코헨(Cohen 1979), 그레이번(Grayburn 1977), 그린우드(Greenwood 1972), 스미스(Smith 1977)를 참고하시오.

수피(Sufi)묘와 초국적 네트워크

20세기 초 북서부에 위치한 후이족 이슬람 중심지를 방문한 선교사들과 여행자들은 이곳의 여러 묘지와 사원이 지니는 중요성을 자주 언급했다. 클로드 L. 피킨스는 간쑤성 장자촨에 있는 마화룽의 무덤을 방문한 이야기를 다음과 같이 기록했다.

> 간쑤와 닝샤에서 이곳을 방문했다고 말하는 것은 중국 북서부는 물론이고 대부분 지역의 무슬림들과 우정을 쌓는 데 큰 의미가 있다. 여러 분파에서 이 교단의 두드러진 특징은 구성원들이 인간과 알라 사이의 중재자 역할을 하는 지도자들에게 표하는 존경이다.
> (Pickens 1937:416)

초기의 관찰자들은 여러 후이족 공동체 묘지의 의미와 수피교 관습에 대한 오해로 종종 후이족을 '무덤 숭배자'이자 다신교 종파로 분류하기도 했다. 예를 들어, 트립너(Trippner 1961)는 중국 북서부의 '무덤을 숭배하는 종파'에 대한 분석에서 이들 종파가 모두 시아파에서 유래했다고 주장하며, 중국 이슬람의 종교적 전통도 전적으로 이슬람의 시아파 분파에서 유래했을 것이라고 추정했다. 무덤을 숭배하거나 비난하는 각기 다른 이슬람 종파의 본질과 정당성에 대한 논쟁이 이 무덤들로 인해 계속 생겨났다. 조나단 립먼(Lipman 1994)은 19세기 후반 중국에서 이헤와니 개혁이 어떻게 무덤 숭배와 수피교 성인을 추종하는 관습을 신랄할 정도로 금지했는지를 보여주었다. 무덤과 그 추종자들을 둘러싼 갈등은 이슬람에서 무엇이 정통인지에 대한 중국 내 논쟁이 계속되고 있음을 반영하며, '경전주의' 또는 '신비주의' 입장의 해석 사이에 중요한 차이가 있음을 입증한다. 이러한 논쟁은 17세기와 18세기에 중국의 후이족 무슬림이 작성한 문헌에도 반영되어 있다(Leslie 1981 참조).

동남아시아 이슬람에 대한 연구도 종종 토착 무슬림의 문화와 정통 이슬람의 샤리아, 신비주의와 경전주의, 현실과 이상 사이의 모순과 타협에 초점을 맞춰왔다(Roff 1985:8-10 참조). 통합주의 같은 개념이 이 현상을 설명하기 위해 사용되었는데, 이는 정통 이슬람 교리가 지역 문화 관습에 어느 정도 타협한 것으로 추정된다. 후이족 사이에서 이런 과정을 설명하는 개념으로 중국화(Sinicization)라는 용어가 사용되어왔다(Pillsbury 1974:8-20, 264-74). 대안적인 접근법, 아마도 후이족 자신의 이익에 더 부합하는 접근법은 이러한 부조화를 계속되는 변증법적 긴장의 근간으로 보고 있으며, 이는 종종 무슬림 공동체 내에서 개혁 운동과 갈등으로 이어진다(Eickelman 1976:10-13; Gladney 1996a:59-62; Kessler 1978:19-20 참조). 이 연구들은 베버(Weber 1952, 1958)를 따라 다양한 이슬람의 표현을 세계 종교가 토착 사회에 의미를 부여하는 지역세계 건설 과정과 사회적 행위 프로그램을 반영하는 것으로 이해하려고 한다(Geertz 1968:97; Eickelman 1978:12).

현대의 경제 및 사회정치적 격변은 중국 이슬람 내에서 일어난 중요한 운동과 개혁의 주요 원동력이었다. 그러나 후이족 무슬림들 사이에서 그들의 힘과 효과의 원천은 과거의 이슬람과 개혁가들의 눈에 그러했어야 하는 이슬람의 상태와의 부조화에 대한 내부 갈등에 놓여 있다. 중국의 초기 무슬림 공동체는 7세기부터 14세기까지 중국에 크고 작은 규모로 정착한 아랍, 페르시아, 중앙아시아, 몽골 무슬림 상인, 관리, 군인들의 후손이었다(Ma Qicheng 1983 참조). 일반적으로 중앙 모스크를 중심으로 뭉쳐진 독립적인 소규모 공동체에 거주한 이들은 게디무('오래된'의 아랍어 카이딤에서 유래)로 알려졌으며, '신'수피교 개혁운동과 대조적으로 전통 수니파인 하나피 이슬람을 실천했다.⁹ 처음부터 중국 이슬람 내에는 민족적, 지역적 다양성을 반영하는 다양한 이슬람 분파가 존재했었다.¹⁰ 그러나 수피 개혁 운동은 조셉 플레처(Fletcher 1995)가 이슬람의 중국 진출의 '제2의 조류'라고 부르는 17세기 후반에 이르러서야 중국에서 실질적인 영향력을 발휘하기 시작했다. 이러한 수피 운동의 대부분은 '지도자' 또는 '성인'의 혈통, 먼환(menhuan)으로 불리는 초기 수피 지도자의 후손을 중심으로 하는 사회경제적, 정치종교적 기관의 설립으로 이어졌다.¹¹ 이 장에서 수피 먼환과 그들에게 중요한 무덤의 역사와 분포를 정리해 제시하지는 않지만, 먼환의 발달에 대한 플레처의 설득력 있는 다음의 논의는 인용할 만하다.

> 18세기에서 20세기 초까지 중국 북서부에는 '성스러운 혈통'의 후손들이 상당수 생겨났고, 그들 대부분은 나크스반디(Naqsbandi)의 '길'을 따랐다. 전형적으로 각 성인의 무덤에는 사당 또는 쿠바(중국어로는 功碑[공비])가 있었고, 본당이 신앙 활동의 중심 공간이 되었다. '성인의 혈통'은 추종자들로부터 헌금을 받아 상당한 규모의 재산을 축적했다. 먼환은 북서부 전역의 신도들을 연계하며

9 중국 관리들과 이후 서양 학자들(Israeli 1978:155-80)이 19세기 수차례의 후이족 반란에 연루된 파벌을 식별하려는 시도를 했는데 이로 인해 '구 종파'와 '신 종파'로 알려진 이슬람 파벌의 구분에 오해의 소지가 발생했다. 양화중(Yang 1981, 1988), 립먼(Lipman 1981:134-9), 추(Chu 1955), 가오(Gao 1985:245-61), 글래드니(Gladney 1996a)를 참고하시오.
10 원나라 말기(14세기) 취안저우에서 10년간의 이스바(Isbah) 소요를 지속시킨 이슬람 파벌 분쟁에 대해서는 천다셩(Chen 1983:53-64)을 참고하시오.
11 먼환은 독자적인 수피교 창시자의 '주요 혈통'과 연결된 수피 성직자단의 사회경제적 및 종교적 조직을 설명하는 중국의 기술적 용어로, 그의 임명자까지, 그의 후손부터 그 자신까지, 더 나아가 그에게서 무함마드까지 확장된다. 더 자세한 논의는 글래드니(Gladney 1996a:41-3), 나카다(Nakada 1971), 마통과 왕치(Ma and Wang 1985), 진이주(Jin 1985:187-203)를 참고하시오.

'오랜' 방식을 점차 대체해나갔고, 그들의 수아 중요도도 증가했다. 그 결과 사회 통합의 폭이 넓어졌고, '성인 혈통'과 여타 지도자들이 무슬림의 정치적, 경제적 잠재력을 더 쉽게 활용할 수 있게 되면서 20세기 이 지역에서 무슬림 군벌주의의 부상을 촉진했다. (Fletcher nd:15)

청나라 초기(17~18세기) 격동기의 북서부에서는 수많은 수피 개혁이 일어났다. 플레처가 18세기 '일반 정통주의의 부흥'이라고 칭하는 시기에 동서양 무슬림의 소통이 증가하면서 서아프리카에서 인도네시아에 이르는 무슬림, 그리고 중국의 후이족 무슬림에게까지 큰 영향을 미쳤다.[12] 새로운 수피 사상의 보편적인 파급이 전통적인 이슬람 개념으로 재구성되어 당시의 후이족 무슬림에게 의미를 부여하고 점차 먼환과 같은 형태로 제도화되었다. 본격적인 먼환으로 뿌리를 내리고 발전한 먼환 중 오늘날 후이족 사이에서 큰 영향력을 행사하는 것은 단 4개 교단에 불과하다. 마통(Ma 1983)에 따르면, 이들은 카다리야, 자하리야, 쿠피야, 쿠브라위야 먼환이다 (Pickens 1942; Mian 1981:45-117; Yang Huaizhong 1988 참조). 이들은 4개의 주요 먼환이지만 이념적, 정치적, 지리적, 역사적 차이로 인해 내부적으로 무수히 많은 작은 먼환과 하위 분파로 세분화된다. 이러한 분열과 동맹의 역사를 자세히 기록한다면 후이 공동체가 이슬람의 이상과 변화하는 사회적 현실 사이에서 인식된 부조화를 다루면서 경험한 긴장과 새로운 의미를 드러낼 수 있을 것이다

연대기적으로 볼 때, 카디리 타리캇(Qadiri tarikat, 중국에서는 카다리야로 알려짐) 먼환은 무함마드의 29대 후손인 코자 압드 알라

---

[12] 이 시기에 대한 더 많은 정보는 라흐만의 '전근대주의 개혁 운동'(Rahman 1968:237-60)을 참고하시오.

(Koja Abd Alla)를 통해 후이족 사이에서 아마도 처음 인정된 것으로 보인다. 중국 수피 기록에 따르면, 그는 1674년 중국에 들어와 광둥성, 광시성, 윈난성, 구이저우성, 그리고 간쑤성 린샤, 그리고 1689년 구이저우에 묻혔다(Yang Huaizhong 1988:4). 압드 알 카디르 알 질라니(Abd al-Kadir al-Jilani)가 카디리 타리캇의 창시자로 알려져 있지만, 압드 알라가 나크쉬반디와 카디리 타리캇뿐만 아니라 다른 여러 수피 교리를 전수받은 위대한 이브라힘 빈 하산 알 쿠라니(1616~1690) 밑에서 수도한 것으로 알려져 있다. 아부 타히르 무하마드 알 쿠르디(Abu 't-Tahir Muhammadal-Kurdi, 1733년에 사망)와 그의 아들은 인도-파키스탄 전역과 동아프리카 및 서아프리카에서 수마트라까지 멀리 떨어진 곳에서 온 수많은 제자들이 있었다(Fletcher 1978:28). 카디리 교파는 압드 알라의 제자 중 한 명인 치징이를 통해 중국에 가장 확고하게 뿌리를 내렸다. 후이족 사이에서 치 다오즈(위대한 스승)로 알려진 그는 중국 카다리야 수피즘의 중심지가 된 린샤의 사원 단지에 묻혔다. 카다리야 수피즘이 후이족의 쇄신 운동으로 인기를 끌 수 있었던 것은 단순한 금욕주의적 신비주의와 모스크가 아닌 성인의 무덤 단지를 중심으로 하는 비제도적 예배 형식이 결합되었기 때문일 것이다. 카다리야 수피는 그들이 살고 있는 지역 사회의 게디무 모스크에 계속 출석하며, 명절이나 개인적 예배를 위해 묘역에 모인다. 중국 후이족에게 친숙한 언어로 유교의 도덕 교리, 도교의 신비주의 개념, 불교의 민속 의식이 카다리야 수피즘에 스며들어 새로운 이슬람 내용을 주입한다(Ma Tong 1983:328-54).[13] 카다리야는 자하리야 먼환 등의 다른 교

---

13 닝샤 남부의 하이위안현에 있는 카다리야의 지부인 지우카이핑 먼환은 흥미로운 사례로, 그들은 그들의 명령이 '알리의 깃대'라고 말하고 파티마를 불교 관음과 닮은 '항 라오 무'(진정한 어머니)로 숭배한다(Mian 1981:102 참조).

단보다 후이족 사이에서 영향력과 정치력이 대체로 약했지만, 많은 사람들이 따를 수 있는 무대를 마련했다.

나크쉬반디 타리캇(Naqshbandi tarikat)은 쿠피야와 자하리야 교단의 설립을 통해 중국 땅에 가장 크게 뿌리를 내리게 되었다. 중앙아시아와 예멘의 초기 나크쉬반디 수피즘에서 시작된 쿠피야 교단은 성인 숭배, 묘지에서의 영성 추구, 침묵의 디크르('침묵하는 자', Fletcher 1978:38)에 중점을 두며 파급되었다. 오늘날 중국 전역에는 20개 이상의 먼환 지부가 있는데 대부분 간쑤성 린샤 후이족 자치주에 집중되어 있으며, 닝샤 북부 등 일부 외곽 지역의 독자적인 쿠피야의 이상은 점차 호응을 잃어가기 시작했다. 자하리야 교단은 마밍신(1719-1781)의 역동적인 지도력 아래 설립되었다(Ford 1974:153-5; Fletcher 1975 참조). 그는 예멘과 사우디반도의 나크쉬반디 수피 교단에서 20년 동안 수련한 후, 1744년에 중국으로 돌아와 보다 전투적이고 근본주의적 개혁을 수행했고 그의 관례는 추모에 자하르(발성법)를 사용하는 것으로 유명해졌다. 자하리야는 4개의 주요 먼환으로 나누어지며, 그 지부들은 중국 전역으로 확산되고 있다. 중국에서 영향력이 미미한 네 번째 주요 교단인 쿠브라위야는 1370년 허난성, 칭하이성, 간쑤성 등지에서 설파했고, 이후 간쑤성 둥샹현 다완토우에서 사망한 아랍인 모히딘에 의해 중국에 처음 도입되었다(Ma Tong 1983:451-5; Yang Huaizhong 1988:10-11). 중국의 이슬람 분파의 개별 인구는 발표되지 않았지만, 양화이종(Yang Huaizhong 1988:17)은 닝샤 후이족 자치구에 있는 2,132개의 모스크 중 560개가 이헤와니, 560개가 쿠피야, 464개가 자하리야, 415개가 전통 게디무, 133 개가 카다리야의 종교예배 시설(일부는 모스크 포함)에 속한다고 기록했다.

중국 전역의 이질적인 후이족 공동체를 하나로 통합하는 데 있어 이러한 수피교의 중요성과 광범위성은 과소평가할 수 없다.[14] 1930년대에 피킨스와 몇몇 다른 선교학자들은 전국적으로 확장된 이러한 네트워크에 대해 알게 되었다.

> 중국 동부에서는 더위시 교단에 대해 별로 생각하지 않지만, 그 실상을 알게 되면 상하이에서도 자하리야 지부를 찾을 수 있다. 운남성 바로 북쪽의 간쑤성과 닝샤, 심지어 페이핑과 아마도 만주까지 이 교단의 영향력이 느껴진다. (Pickens 1937:414)

마통(Ma Tong 1983:365)은 닝샤, 간쑤, 칭하이, 신장, 윈난, 허베이, 지린, 산둥 등 여러 지방의 자하리야 수피의 먼환 신봉자들을 나열한다. 1985년 자하리야 교단 창시자 마밍신의 서거 기념식(ermaili)에는 2만 명이 넘는 신도들이 란저우 외곽의 마오쩌둥 묘역에 3일 동안 모여들었다. 정부는 원래 이 행사에서 아무런 역할을 하지 않을 예정이었지만, 예상치 못한 인파가 몰리자 결국 위생 시설과 음식을 제공했다. 이후 지역 이슬람협회 회의가 소집되었고, 마밍신의 묘를 재건하는 것에 동의했다. 그 두 달 전에는 1862~1877년 후이족 반란을 이끈 자하리야 지도자 마화롱을 추모하기 위해 비슷한 기념식이 열렸었다. 멀리 우루무치, 쿤밍, 하얼빈에서 온 1만 명 이상의 신봉자들이 링우현 둥타촌에 있는 그의 무덤에 모여 수피교의 광범위한 영향력과 수피교 지도자의 무덤이 집단행동에 주는 활력을 보여주었다.

사회적 상호작용은 종종 다양한 이슬람 교단의 교단에 따라 크

---

14 수피 타리캇은 립먼(Lipman 1984b:264-5)이 후이족을 함께 연결하는 것으로 나열한 여러 국가적 '네트워크'의 중요한 부분으로, 지역의 고유한 '패치워크' 공동체와는 구별된다.

게 영향을 받는데, 비수피 후이족의 경우 다른 분파 간 결혼이 흔하지만 중국 북서부의 수피 교세가 강한 지역에서는 후이족 자신의 교단 내에서 결혼하는 것을 선호한다. 특히 자하리야 교단의 경우, 닝샤에서는 샤거우와 반차오 먼환 같은 하위 교파도 거의 서로 결혼하지 않는다. 수피교도들은 대부분의 후이족이 착용하는 둥근 흰색 모자와 달리 때로는 검은색의 6각 모자를 쓰기도 한다. 자하리야 후이족은 1781년 청나라 군사들이 창시자 마밍신을 처형하기 전에 그의 수염을 깎은 것을 기리기 위해 수염 양끝을 면도하기도 한다. 이러한 표식은 후이족은 모두 같은 후이족이라고 여기는 대다수 한족에게는 거의 눈에 띄지 않지만, 북서부의 후이족은 다양한 분파의 구성원을 시장에서 쉽게 식별할 수 있다.

4대 수피 먼환의 부상과 분열, 그리고 그 뒤에 이어진 비수피계 개혁을 가져온 긴장과 갈등은 그 복잡성으로 인해 일일이 열거할 수 없을 정도이다. 그러나 그들은 후이족 무슬림에게 이슬람을 계속 의미 있게 만드는 지속적인 투쟁의 증거를 제공한다. 이슬람의 이상과 사회적 현실 사이의 이러한 긴장은 결코 안정된 균형으로 온전히 해결되었다고 말할 수 없다. 파비안(Fabian 1981:212-14)이 아프리카 종교운동에 대한 연구에서 제시했듯이, 이러한 갈등은 때로는 결코 해결되지 않는다. 그 역동성은 그들이 제기하는 질문과 변화하는 사회적 맥락 속에서 전통적인 의미에 대해 분투하는 사람들 사이에서 발생하는 의구심에서 비롯된다. 오래된 것과의 긴장 속에서 발생하는 이러한 분투로부터 변증법적인 새로운 운동이 때때로 생겨난다. 이렇게 계속되는 변증법적 전환은 중국의 변화하는 사회정치적 세계에서 이슬람의 이상을 의미 있게 만들고자 하는 후이족 무슬림들 사이에서 이슬람 운동의 강력한 지지로 이어졌다.[15] 수피 교단을 통합하고 분리하는 많은 갈등과 이슈는 죽은 성자 지도자들의 무덤을 중심으로 전개되고 있는 것이다.

중국 본토에서 인쇄물이든 모임의 형식이든 위와 같은 무덤에 대한 논의는 드물었다. 1949년 이전의 중국 문헌에서 이 무덤들을 구체적으로 다룬 문헌은 나도 단 한 편만 발견할 수 있었다(Ma Zikuo c. 1933). 1980년대 들어서야 몇 건의 문헌(예: Ma Tong 1983; Mian Weiling 1981)에서 이 무덤을 언급하기 시작했는데, 이 문건들도 원래는 내부용으로만 출간되었다. 그 이유는 수피와 지역묘에 대한 국가의 정책이 불분명했기 때문이다. 중국 무슬림에게 모스크 재건과 자유로운 종교 집회는 전적으로 허용되었지만, 무덤 재건은 모호한 법적 문제로 선뜻 나서서 해결하려는 사람이 거의 없었다. 현지 간부들에게 이 정책에 대해 의견을 물었을 때 대부분은 사실상 '노 코멘트'라고 답했다. 일부는 '여전히 불법'이라고 지적했지만, 다른 일부는 '생산에 영향을 미치지 않는 한 괜찮을 것'이라고 덧붙이기도 했다.

이러한 모호함의 배경에는 여러 이유가 있다. 경제적 측면에

---

15 중국에서 이헤와니의 발전은 특히 이 변증법의 적절한 예이며, 처음에는 중국의 수피와 전통 이슬람 파벌의 비경전적 요소에 대해 비판적인 보수적 개혁주의 와하비 운동이 개혁과정에서 교육과 모더니즘을 옹호하는 민족주의 및 정치적 대의와 더 동일시되었다. 특히 립먼(Lipman 1994), 미안 웨일링(Mian 1981:118-31), 마커쉰(Ma 1982), 마통(Ma Tong 1983:127-54), 예징강(Ye 1981)을 참고하시오. 이헤와니 내에서 1930년대부터 시작된 또 다른 개혁운동인 살라피야(Gladney 1999)는 와하비 경전주의적 이상에 대한 비정치화된 근본주의적 복귀를 강조한다(모로코의 살라피야 개혁운동에 대해서는 아이켈만(Eickelman 1976:226-8 참조). 한편 1990년대 후반 살라피야 내부에서 알라의 내재성 또는 초월성에 대한 논쟁이 일어났다. 초월성을 주장하는 측에서는 알라가 인간의 일상보다 높은 곳에 거한다는 주장을 내세우며 머리를 짧게 잘라 자신들의 입장을 드러냈고, 이에 반해 내재론자들은 머리카락을 옷깃까지 길게 기르며 세상 속에 있는 신의 임재를 상징했다.

서 볼 때, 중국의 많은 무덤과 마찬가지로 이 무덤들도 전통적으로 밭 한가운데에 위치하여 가치 있는 농업 생산을 저해했다. 대부분의 무덤은 1950년대 후반의 토지 개혁과 집체화 운동 중에 철거되거나 이장되었다. 초기 공산주의자들은 소위 미신적인 풍수 관행에 대해 비판했는데, 때때로 밭 한가운데에 무덤을 두도록 지시하기도 했고, 종족이나 씨족 사원에 대한 규제로 무덤의 관리를 저해했다. 마지막으로, 1950년대의 수피교 관련 비판 운동도 이 무덤들로 이어졌다. 닝샤에서는 1958년 수피 자하리야 교단의 샤거우 지부 지도자 마쩐우가 체포된 후 1960년 감옥에서 사망하자 자하리야 및 먼환 관련 무덤이 모두 철거되었다. 1966년 말 문화대혁명의 급진주의의 물결('네 가지 낡은 것을 파괴')이 북서부에 거세게 일면서 외딴 곳에 몇 개의 지역묘만 남겨졌다. 이러한 무덤과 사원은 간부들에게 정치적, 종교적, 문화적으로 후진적인 봉건시대의 흔적으로 여겨졌고, 지금도 많은 경우 여전히 그렇게 간주되기도 한다.

농촌 지방에 영향을 미치는 다른 개혁과 마찬가지로 중앙의 정책은 종종 지방의 대중적인 운동에 뒤처진다. 닝샤와 중국 북서부 전역에서 무덤 재건 문제가 정부의 여러 층위에서 논의되고 있는 가운데서도 무덤들은 열정적으로 재건되고 있었다. 닝샤 남부의 한 간부는 "후이족이 그들 스스로 밤마다 자신들의 재료와 돈으로 무덤을 짓는다. 누가 그들을 막을 수 있겠는가?"라고 말했다. 지역 간부들이 전반적인 문제에 손을 놓고 있는 반면, 후이족은 자신들의 의제를 추진하고 있었다. 소수민족을 보호하고 지원하는 현재의 국가 정책하에서 대부분의 지역 간부들은 기존 조례를 정면으로 위반하지 않는 민족 활동에 간섭하기를 꺼려한다. 무덤 재건은 민족 종교의 한 측면으로 용인되고, 새로운 책임제에 따른 코뮌의 해체와 농민과의 토지 재계약으로 인해 토지 사용에 대한 개인 재량권이 더 커졌다(Shue 1984). 1983년 8월 정부에 의한 마쩐우의 사후 복권 이후, 수피교 관련 사원이 재건되기 시작한 것도 중요한 의미를 지닌다.

내가 간쑤성 린샤 후이족 자치주에 있는 카다리야 수피 교단의 주요 무덤을 방문했을 때, 이 수피 무덤은 후이족 신도들을 연결하는 곳인 동시에 분열시키기도 하는 갈등의 진원지라는 점에서 그 중요성이 잘 드러났다. 중국의 '작은 메카'로 알려진 린샤는 중요한 무역로와 통신로의 요충지에 위치해 있기 때문에도 중세부터 중국 이슬람과 서구 간 교류의 중심지였다. 중국의 거의 모든 주요 이슬람 운동은 중동의 이슬람 성지를 순례한 후 새로운 교리를 전파하기 위해 린샤에 온 무슬림들에게서 비롯되었다. 그 결과, 린샤는 메카의 영적 중요성을 띄었고 이란 쿰의 신학 학습의 중심지로서 후이족 무슬림을 위한 중요한 역할을 담당해왔다(Fischer 1980 참조).

중국 대부분의 수피 사당은 성인들의 무덤 위에 세워진 작은 기념물에 불과하지만, 린샤 도시의 북쪽 외곽에 있는 주요 카다리야 무덤은 거대한 사원 단지의 일부로 모스크, 공동 묘역, 코란 학교, 손님과 상주하는 종교 지도자들을 위한 주택, 먼환의 이름을 딴 '대공베이'(중국 무슬림 성인의 위대한 무덤을 칭함) 등을 포함하고 있다.[16] 시이드(*siyyid*, 성인들의 사당)와 자위야(*zawiya*, 형제애) 기관을 결합한 복합 단지도 있는데, 기어츠(Geertz 1968:49)에 의하면 모로코의 수도 생활에서는 구분된다. 공베이는 단지 뒤쪽에 낮은 울타리로 둘러싸여 있으며 전면과 양 옆의 큰 항아리에서는 향 연기가 솟구쳐 올라온다. 우리가 그곳으로 들어갔을 때, 비단으로 덮인 무

---

16 중국의 다른 먼환과 마찬가지로 사원에 묻힌 창시자 치징이의 이름과 지역 특성을 따라 '치먼'(치 먼환) 지부 '대공베이' 먼환(Ma Tong 1983:329)으로 불린다.

덤 앞에서 한 남자와 몇 명의 어린 소년이 매트 위에 무릎을 꿇고 기도하고 있었다. 1985년에는 이곳에서 8,000명이 넘는 신자들이 라마단을 기념했었다. 당시 참석자 대다수는 여성이었는데 북서부 지역의 공베이 기도회 참가자들도 거의 여성이다.

우리가 공베이를 둘러싼 많은 이슬람 및 중국 비문들을 살펴보는 동안 그곳에 상주하는 성인(모쉬드)이 우리가 왔다는 것을 알게 되었다. 그는 80세의 이맘 양시쥔 알리(Yangshijun Ali)로 치먼 대공베이 지부의 최초 설립자인 치징이, 힐랄 알-딘(Hilal Al-din)의 10대 후손이다. 유잉(Ewing 1984:107)은 바라카(알라의 축복)를 발산하는 수피 성인(파키스탄어로 *pir*)의 카리스마적 특질과 신성한 힘을 반영하는 그의 복장과 태도의 중요성에 대해 논의했다.[17] 이처럼 카다리야 모쉬드의 모습은 상당히 인상적이었다. 그는 152센티미터 정도의 키에 가슴까지 길게 뻗은 가느다란 수염이 있었고 머리는 완전히 백발이었으며 전신에 검은 비단으로 된 옷을 두르고 있었다. 그의 깊은 눈은 권위와 지식의 기운을 내뿜었다. 내가 만난 할리파트(수련생 이맘)의 외형은 내가 아는 다른 후이족 할리파트와 놀라울 정도로 대조적이었다. 일반적으로 젊고 단정하며 검은색 또는 파란색 쑨얏센 재킷을 입은 비수피파의 후이족 할리파트와 달리 이 수련생은 주름진 긴소매 셔츠를 입고 소매단추를 풀어 손 위로 늘어뜨렸고, 마른 체격에 움푹 들어간 뺨과 검붉고 피곤한 눈매를 하

---

17 유잉(Ewing 1984:106-7)은 파키스탄 수피의 경우 형제단 자체의 구성원 자격보다 피르(*pir*)의 개인적 권력과 추종자와의 양자 관계가 더 중요하다고 주장했으며, 크라파자노(Crapanzano 1973:217)는 모로코의 하마드샤의 경우에도 동일하다고 기록했다. 나는 중국의 카다리야에게 모쉬드의 권력은 그가 대표하는 면환과 직접적으로 관련이 있다고 주장한다. 리더십의 승계가 혈통이 아닌 공적을 근거로 이루어진다는 점에서 카다리야 모쉬드의 카리스마 넘치는 특성은 그 권력을 상속하고 활용할 수 있는 권리를 인증하는 것이다.

고 있었다. 여기서 주목할 점은 중국의 다른 수피 교단과 달리 대부분의 카디리야 하위 교단은 혈통이 아닌 종교적 공로를 통해 리더십이 계승된다는 것이다. 카디리야 교리에 따라 학업에 대한 헌신, 개인적 경건, 자제의 실천을 통해 학생들은 교단에서 더 높은 계급으로 승진하며, 이 젊은 할리파트는 말 그대로 이생에서는 아니더라도 다음 생에서 성인이 될 기회를 가질 수 있다. 모쉬드와 할리파트의 외모와 태도는 개인적인 헌신을 통한 금욕주의와 진전에 대한 카디리야의 가치를 반영한다.

무덤 바로 뒤 벽에 새겨진 아랍어 비문은 후이족 수피의 정체성에 대한 결정적인 단서를 제공한다. 내가 비문에 대해 물었더니 젊은 수련생(할리파트 또는 말라)은 먼저 아랍어로 낭송한 다음 중국어로 번역하며 매우 경건하게 대답했다. 내가 따라서 말했는데 린샤 어조가 들어간 중국어 번역을 제대로 발음하지 못했고, 할리파트는 "무함마드의 사람을 보는 자는 실제로 알라를 보는 것이다"라고 말하며 자신이 말한 대로 정확하게 말해야 한다고 엄하게 말했다.

이맘 양시쥔은 벽에 새겨진 글귀가 원래 예언자 무함마드가 사망 직전에 네 명의 후계자들 아부 바크르, 우마르, 알리, 우스만에게 한 말이라고 조용하고 경건하게 설명하며, 이 글귀가 리더십의 타당한 승계를 보장하는 것이라고 말했다. 그는 이것이 카디리야 수피 교단의 핵심이며, 그래서 벽에 새겨져 있는 것이라고 말했다. 린샤 외곽 북산의 후이족 묘역에 위치한 필적할 만한 카나리아 사원의 비석에는 중국 한자로 4행 4절의 연구가 새겨져 있다.

도를 얻고자 하는 사람은 도의 좋은 약을 복용해야 원하는 것을 얻을 수 있으며, 올바른 규칙과 원칙을 항상 따라야 한다. 다음은 기

록된 30가지 규칙이다.[18]

징직하세 나오 바이(*tao bai*)[공베이에서 모쉬드를 통해 알라에게 기도한다].

완전히 아름답고 믿을 수 있는 사람이 되어라.

알라의 명령과 규율을 따르라.

종교 지도자를 존중하라.

모든 참된 말씀을 굳게 기억하라.

선생의 가르침을 따르고 경청하라.

경건하게 예배하라.

종종 단식하라.

하늘의 가르침을 전파하라.

부모에게 효도하라.

알라의 은총을 구하라.

알라의 분노를 두려워하라.

부패하지 말라.

공부에 부지런하라.

과식하지 말라.

늦잠 자지 말라.

충성심과 수피 지도자의 지령을 준수하는 것은 개인적 경건과 금욕주의와 마찬가지로 내가 분석한 많은 텍스트에서 반복적으로 등장하는 중요한 주제이다.[19]

18 사원에는 30개의 규칙이 새겨져 있지만, 나는 여기에 번역된 것들만 베껴올 수 있었다.
19 지면 관계상 중국의 카다리야 수피즘에 널리 퍼져 있는 중요한 도교 개념을 모두 설명할 수는 없다. 두 신비주의 체계의 다소 완전하고 복잡한 통합은 이즈츠 (Izutsu 1983)가 그의 의욕적인 비교 연구에서 철학적으로 시도한 '메타 역사

성인의 개인적 권력은 무함마드의 후손이라는 권위에서 비롯되며, 이는 무덤에 묻혀 있는 수피 성인들의 계승 계보(silsilla)를 통해 전해진다. 이는 닝샤의 시지에 있는 수피 자하리야 교단의 주요 집단인 샤거우 먼환의 아홍이 더 자세히 설명해주었다. "알라 다음으로 가장 높은 단계는 예언자 무함마드이며, 그다음 단계는 모쉬드이다. 그러므로 우리는 그를 존중해야 한다. 우리는 그에게 우리의 요청을 위해 알라에게 중보하고 사후에 우리를 도와 달라고 요청할 수 있다. 우리는 그를 존중하고 그를 구해야 하지만 그를 숭배해서는 안 된다. 선지자의 모쉬드를 보는 사람은 알라를 보는 것이다."

중국 북서부의 수피 교단의 후이족에게 무슬림 정체성은 살아 있거나 매장된 모쉬드를 통해 외국의 무슬림 조상, 궁극적으로 예언자와의 관계에 대한 이해와 불가분의 관계에 있다. 성자의 바라카가 치유와 그의 권위를 입증하는 데 중요한 역할을 한다는 유잉(Ewing 1984:108)의 설명과 다르게 중국에서는 모쉬드와 그들의 무덤이 주로 조상과 신학적인 연결고리를 제공한다는 점에서 중요하다.

정체성에 대한 후이족의 관심은 수피 분파 간의 많은 갈등에서 볼 수 있는데, 이는 종종 경쟁적인 수피 무덤의 건설과 관리를 중심으로 이루어진다. 린샤 외곽에 있는 취안이 공베이에서 관리인이 사원 벽에 새겨진 수피교 성인들의 계보를 나에게 알려주었다. 그는 이 기록이 지앙위루 분파가 카다리야의 합법적인 분파라는 것을 증명한다고 강조했는데, 카다리야 치먼 먼환 지도자들은 이에 대해 이의를 제기했다.[20] 개인적인 계보와 외국 무슬림 조상과의

속의 대화'를 실질적으로 이뤄낸다. 중국 카다리야 수피즘의 역사는 후이족 신도들의 삶에서 이루어진 수피즘과 도교 사이의 메타 역사적 대화를 통해 나온 결과이다(Gladney 1996a:43-6 참조).
20 카다리야 먼환의 지앙위루 분파의 유명한 창시자 아이량 데니(Ai Liang De Ni)와 그가 메카를 순례하고 돌아와 개혁을 단행한 것에 대한 논의는 마통(Ma

혈통 추적이 중요한 취안저우의 후이족과 달리 북서부 수피 후이족은 성인들의 계보에 더 많은 관심을 가진다. 혈통에 적합한 교단의 멤버십에 대한 논의는 종종 갈등으로 이어지고 때로는 열등한 교단에 대한 폄하의 근거가 되기도 한다. 한 후이족 수피 분파의 구성원들은 종종 자신들의 분파가 경쟁 분파보다 우월하다고 말하는데, 이는 자신들의 분파 지도자가 원래 성인의 혈통적 후손인 반면 다른 분파의 지도자는 임명된 것에 불과하기 때문이다. 반대로 라이벌 분파는 성인이 바라카를 가장 많이 소유한 추종자에게 구전으로 전수하는 공로에 의한 임명보다 리더십의 혈통적 상속이 열등하다고 주장해왔다.

최근 한 수피 분파의 무덤과 또 다른 분파의 무덤을 철거하는 문제로 분열이 발생했다. 이 교단의 한 일원이 1949년 이전에 사우디아라비아로 이주했는데, 그의 친척이 성인과 무덤 숭배를 비난하는 와하비 교리의 영향을 받았다. 그는 시누이에게 카세트 테이프를 보내 교단 개혁의 필요성을 역설했고, 그녀는 시아버지를 위해 지어진 공베이까지 포함해 많은 무덤을 철거하는 데 관여했다. 최근에는 칭하이의 한 카다리야 지부에서 발생한 후계자 승계 문제가 있었다. 모쉬드가 사망한 후, 그의 할리파트 중 세 명이 서로 자신이 구전을 받았으며 그를 대신할 것이라고 주장했다. 그중 한 명은 그의 아들이었고, 다른 한 명은 그의 망토를 소유하고 있었으며, 세 번째는 그의 제자였다. 하나의 교파가 있던 자리에 이제 세 개의 새로운 교파가 있는 것이다.

때때로 이러한 분쟁의 참가자들은 거리에서 서로의 차이를 해결하려고 시도한다. 지방 정부도 분쟁을 해결하기 위해 종종 도시

Tong 1983:346-7)을 참고하시오.

에서 존경받는 수피교 지도자를 데려와 분쟁 당사자들이 서로의 의견 차이를 논의할 수 있도록 돕기도 한다. 이러한 갈등은 지역 간부들에게 민족 관련 업무에 많은 골칫거리를 안겨주지만, 내가 아는 한 심각한 폭력 사태로 이어지진 적은 없었다. 갈등은 지역적이고 분파 내부의 수준에 머물렀던 것 같고, 지역 정부나 지지자의 한족 이웃을 겨냥했다는 이야기도 들어보지 못했다. 나는 지방 정부의 간부들과 중국이슬람협회 지도자들이 경직된 정책을 시행하기보다는 서로의 차이를 해결하려고 시도하는 것을 목격했다. 이러한 갈등의 존재와 이를 해결하기 위한 정부의 유연성은 종교의 자유라는 국가 정책이 비록 문제가 없는 것은 아니지만 농촌 지방에서 중요한 방식으로 실현되고 있음을 보여준다.

이러한 갈등과 긴장은 후이족 성인들과 그들의 무덤이 집단 행동을 동원할 수 있는 지속적인 힘을 보여준다. 이는 종종 후이족을 분열시키기도 하지만 동시에 광범위한 네트워크를 통해 중국 전역의 후이족 공동체를 하나로 묶어주기도 한다. 이들은 민족종교적 권위의 다단계적 계층 구조에서 후이족의 정체성을 정의하는 데 중요한 역할을 하는 것이다. 후이족은 국가 간 무슬림 공동체의 핵심 종교인, 중국 시민, 후이족 구성원, 수피 형제단의 신도, 지역 마을 또는 종족 거주민으로 자신을 다양한 수준에서 정의할 수 있다. 이렇게 상충하는 충성심과 부조화 속에서 후이족이 자신의 정체성을 어떻게 유지하고 조작하는가를 정리하는 것은 북서부 후이족의 민족적 변화의 역동적인 과정에 대해 많은 것을 드러낸다.

지역묘와 공동의 이익

내가 1983년 10월 닝샤 남부를 처음 여행했을 때 링우현을 거쳐 우중시로 가는 우회 경로를 택했다. 신화다리를 건너기 직전에 나는 밀밭 한가운데 커다란 흰색 돔이 솟아 있는 것을 발견했는데, 도로 양쪽에서 자주 보였던 작은 모스크들과 흥미로울 만큼 대조적인 모습이었다. 나는 차에 동승한 간부에게 그것이 무엇인지 물었지만 그는 침묵을 지켰고 차는 계속 달렸다. 나는 1985년 4월 그 무덤을 방문할 수 있었고 현지 후이족 농민들로부터 그것이 100년이 넘은 치 할아버지의 공베이라는 사실을 알게 되었다. 그것은 다른 많은 지역의 공베이와 마찬가지로 1958년에 철거되었다가 1982년에 재건되었다. 회반죽으로 칠해진 돔 안의 소박한 무덤은 장식이 없는 맨 콘크리트로 되어 있었고, 관습적으로 사용하는 기도 매트와 씻기 의식을 위한 물 항아리, 향이 있었다. 내가 잠기지 않은 문을 열었을 때 얼마 전에 누군가 다녀갔는지 향이 타 들어가고 있었다. 현지인들은 이 무덤에 대해 잘 알지 못하는 것 같았다.

닝샤 남부에는 500년 전부터 있었던 작은 규모의 지역 공베이가 있다. 지역 후이족 공동체에서 이 무덤의 역할과 중요성은 위에서 설명한 수피족 관련 사당과 구별되어야 한다. 메카에서 돌아온 지역의 영웅들, 아홍 또는 하지에게 헌정된 이 무덤들은 종종 집단 및 개인 의식의 중심이 된다. 부속 사당이 없이 묘지나 들판에 홀로 있는 작은 무덤들에는 보통 사망한 지역 성인의 무덤 한 기만을 수용한다. 아파두라이(Appadurai 1990)에 의하면, 이는 사람들이 국가적, 초국가적 또는 글로벌 상호 관계의 과정과 구별되는 지역적 정체성을 구축하려고 시도하는 '지역화' 과정의 일부로 볼 수 있다.

닝샤 중부의 링우현과 퉁신현에 있는 이 '지역묘'는 높이 1.8~2.4m의 흰색 둥근 돔으로, 벽돌 바닥이 낮고 초승달이나 이슬람 장식을 얹은 경우가 많다. 나는 이 무덤에 신당이나 기도실이 붙어 있는 것을 본 적이 없으며, 무덤을 관리하는 사람은 일반적으로 인근 마을에 살고 있다. 이 비공식 관리자들과 이야기하면서 나는 그 무덤에 묻힌 성인의 이름조차 종종 모르는 상태에서 바바, 아홍, 하지, 타이예 등의 칭호로 불린다는 것을 알게 되었다. 많은 경우에 그들은 위대한 지식(erling) 또는 영성(yimani)을 가진 종교 지도자라는 것만 알려져 있었다. 어떤 중요한 일을 하다가 그 근처에서 죽은 외부인을 위해 세워진 공비도 여러 곳이 있다.

이 무덤들은 20세기 초 서구에서 와서 중국 북서부를 여행하는 이들에 의해 위에서 언급한 수피 신전과 종종 혼동되기도 했었다. 하지만 현지에서 이 무덤의 중요성과 영향력은 잘 알려져 있었다. 다음 글에서 마크 보탐은 1922년 '탄완터우'에서 마주친 무덤에 대해 설명한다.

> 닫힌 문 뒤에는 이 지역의 모하메드교 창시자의 무덤이 있었다. 방에는 비단과 리넨 커튼이 드리워져 있었고 앞뜰에 아름다운 무덤이 있었다. … [관리인은] 늙고 거의 장님이었고, 그의 보이지 않는 눈은 그의 어두운 영혼의 한 유형처럼 느껴졌다. … 우리는 수백 년 전에 한 여행자가 바그다드에서 이 야산으로 왔는데—그 당시에는 황량하고 거의 사람이 살지 않는 곳이었다—그는 엄격하고 거룩한 삶을 살았고 그곳의 '원주민'이나 '몽골인'을 아내로 삼았다. 현재 그 나라의 주민들은 그의 자손이다. … '그가 당신을 위해 중보하기를 기대합니까?' '우리는 그가 우리를 위해 알라의 은총을 가져오기를 바랍니다. 우리는 아무것도 알지 못합니다. 우리는 무식하고 죄가 있지만 그는 하늘에 자리를 얻었으므로 우리는 그로 인해 그곳에 갈 수 있습니다.' 그래서 그것은 어디에나 있다.
> (Botham 1924:185-6)[21]

21 이 무덤은 아마도 원래 간쑤성 둥샹현 다완토우에 있는 쿠브라위야 먼환의 것으로 보인다(Ma Tong 1983:451-4 참조).

이 시낙 무덤 중 상당수는 1980년대 초에 무덤이 있던 땅이 지역 농민들에게 다시 계약되면서 재건되었다. 현지인이나 행인들이 밤낮으로 무덤을 방문해 기도문을 읽거나 낭송하기도 한다(nianjing).[22] 현지 후이족 여성들이 딸을 데리고 공베이에 와서 기도하는 경우가 많으며, 때로는 밤늦게까지 이어진다. 무덤 주인의 기일이 알려져 있으면 작은 모임이 열리기도 하고, 현지 아홍이 경전을 읽기도 한다. 공베이가 묘역에 있는 경우, 후이족은 일반적으로 조상의 무덤에 가기 전에 먼저 공베이에 가서 기도한다.

나는 닝샤의 퉁신현에서 19개, 링우현에서 13개의 공베이를 발견했는데, 이 중 상당수가 재건된 상태였다. 이 공베이는 일반적으로 게디무 전통파에 의해 관리되고 있지만, 많은 공베이는 쿠피야 수피 형제단의 무덤으로, 닝샤에서는 자하리야, 카다리야, 이헤와니 분파의 구분이 명확하게 유지되는 반면, 닝샤 북부에서는 쿠피야와 게디무의 구분이 덜 분명했다.[23] 내가 인추안 교외, 핑뤄현, 허란현에서 후이족을 인터뷰할 때 "우리는 라오구[게디무] 쿠피야"라는 말을 자주 들었는데, 이는 두 파벌이 하나로 합쳐진 말이다. 이 대답은 두 가지 의미를 드러낸다. 첫째, 어떤 지역에서는 쿠피야와 게디무 사이에 차이가 없으며, 이전에 쿠피야 신도였던 후이족이 게디무의 '전통적인' 무슬림이 된 것일 수 있다. 둘째, 그들은 다른 지역에서 수피 쿠피야의 디크르(기념)를 유지하면서도 먼환 성인

---

22 'nianjing'(문자 그대로 '경전 읽기')의 의미는 후이족 이슬람의 여러 분파에 따라 다르지만, 전통적인 게디무에서는 일반적으로 코란의 암기된 구절을 암송하는 것을 의미한다.
23 미안(Mian 1985:203-25)은 닝샤 후이족 자치구 내 이슬람 분파의 분포와 역사에 대한 뛰어난 논의를 제공한다.

지도자에게 충성하지는 않는다.[24] 립먼(Lipman 1986)이 무덤과 성인 숭배에 반대하는 것으로 밝힌 이헤와니를 주로 따르는 지역에도 여러 무덤들이 관리되고 있다. 현지 이헤와니 아홍은 '이름이 있는' 무덤만 반대한다고 말했는데, 이는 종종 지역 성인으로 잘 기념되는 먼환 관련 무덤을 비난한다는 의미이다.

이 지역 공베이의 중요성과 후이족이 공베이를 재건한 이유를 보면 그들 공동체의 관심사에 대해 많은 것을 알 수 있다. 많은 게디무는 공베이가 재건되고 여전히 인기가 있는 것은 사람들이 그 안에 묻힌 성인들의 기적의 힘을 믿기 때문이라고 말한다. 링우에서 온 한 후이족 여성 노인은 "'노스승'을 통하면 알라에게 우리의 메시지를 전달할 수 있다. 그는 하늘나라에 간 성자이며 우리가 그를 기억한다면 우리를 기억할 것이다. 마치 뒷문을 이용하는 것과 같다"고 말했다.[25]

성인에게 제기되는 요청은 종종 임신 및 가정 문제와 관련이 있다. 아들을 낳기를 원하고, 배우자를 찾고, 풍작을 구하는 등이다. 두 딸이 있는 한 여성은 가난한 사막 지역 출신으로 현재의 출산 계획 정책에 따라 세 자녀를 가질 수 있었고 아들을 원하고 있었다. 그녀는 종종 지역 공베이에 가서 도움을 구했다고 했다. 많은 도시의 후이족은 공베이에 간다는 것을 비웃지만, 공베이는 후이족 농촌의 사회적 풍경에서 여전히 중요한 위치를 차지하고 있다.

수피 무덤과 마찬가지로 이 지역 공베이의 중요성은 죽은 성인을 통해 후이족 무슬림 조상과 직접 연결되며, 더 나아가 선지자 및

---

24 예를 들어, 인추안 외곽에 있는 나족의 비먼환 쿠피야 마을에 대한 설명은 글래드니(Gladney 1996a:3장)를 참고하시오.
25 '뒷문'은 개인적인 인맥을 통해 호의를 얻는 것을 가리키는 중국식 완곡 표현으로, 주로 주요 간부의 자녀와 가족이 이를 남용하는 경우가 많다.

알라와도 연결될 수 있는 힘을 가지고 있다는 데에 있다. 이런 무덤 주번에는 나른 많은 묘지가 들어섰는데, 이는 성인들을 그들의 혈통이나 공동체로 받아들이는 것처럼 보인다. 닝샤 중부 링우현의 고비 사막 변두리에는 모래 언덕과 바위 황무지를 따라 30킬로미터에 걸쳐 펼쳐진 일련의 후이족 묘지가 있다. 내가 방문한 마을 중 한 곳인 두무차오향의 귀지아지엔탄에서는 1981~1984년 사이에 1평방킬로미터의 지역 공동묘지에 4개의 공베이가 재건되었는데, 이는 하즈(hajj)를 수행했던 세 명의 아홍(West Wang Ahong, Wang Third Ahong, Jin Ahong), 그리고 이름을 알 수 없는 '외부(*wailaide*)' 아홍의 것이었다.[26] 내가 그곳에 있는 동안 양씨 성의 82살 할머니의 장례식이 있었는데, 그녀는 진아홍의 옆에 묻혔다. 이 여성의 남편은 마씨였고, 공베이 주변에 묻힌 사람들은 거의 모두 그 혈통이었다. 다른 3개의 공베이 주변에 함께 조성된 무덤들도 마찬가지였다.

근처에 있는 특이하게 벽돌로 지어진 공베이는 왕 3세 아홍에게 헌정된 것으로, 그곳에 새겨진 아랍어 비문에는 그 성인이 받아들여진 혈통이나 마을을 위해 중보하는 그의 중요한 역할이 새겨져 있다. 샤하다(*shahadah*)와 '하지 부르한 알딘'에게 무덤을 헌정한다는 문구 외에도 앞면에 다음과 같은 세 줄의 문구가 새겨져 있다.

> 이 종교 학자들[*ulama*]은 세상이 지속되는 한 계속 있을 것이라고 선지자가 말했다.
> 지식과 학자를 사랑하는 사람은 하나님이 그의 죄를 없애줄 것이

---

[26] 메카로의 성지순례와 성지순례 완료라는 반복되는 주제는 이 성인들의 지위와 관련된 중요한 측면이며, 그들 중 많은 사람들이 외국인 또는 외부인이었다는 것도 중요하다. 동남아시아 이슬람에서 하즈(hajj)의 중요성에 대한 설명은 로프(Roff 1984)를 참고하시오.

라고 선지자가 말했다.

당신은 이 세상과 내세에서 이 학자들을 필요로 할 것이니 그들을 높게 여기시오.[27]

올바름의 모델, 알라의 중재자, 축복의 분배자(바라카)로서 이 성인과 여타 '신의 학자'들의 의의를 강조한 것은 이 구절을 쓴 사람에게 분명히 중요한 의미를 지닌다. 개인적으로 이슬람의 요구 사항에 부응하지 못함에도 그들을 신봉하는 후이족은 그들의 권위와 중재를 통해 알라의 은총을 경험할 수 있다. 후이족 마을은 그들이 수용한 성인들을 통해 이상과 현실 사이의 개인적인 긴장이 해소되기를 희망한다.

지역의 공베이와 민속

많은 지역의 전설들은 공베이의 성인들과 연관되어 있다. 내가 아는 한 이러한 전설은 기록된 적이 없고 역사적으로도 근거가 거의 없지만, 후이족의 사회경제적 맥락과 관심사를 이해하는 데 중요하다.

닝샤 중남부의 후이족 자치구 퉁신현 왕투안향 치엔훙촌에 있는 한 공베이에는 전해 내려오는 전설이 있다. 그 이야기는 400~500년 전으로 거슬러 올라가는데, 한 나이 든 하지 아훙이 계곡 아래쪽에 살았다. 그는 아내나 자식 갖기를 원하지도 않았고, 모스크에 가서 기도할 수 있을 정도로만 일하는 사람이었다. 아래

---

27 이곳이 현지 후이족인 부르한 알 딘의 무덤이라고 분명히 아랍어로 명시되어 있지만, 그 후이족 대부분은 코란 아랍어를 암송만 할 뿐 읽거나 말할 수 없으며, 이 무덤을 왕 3세 아훙의 무덤으로 부른다. 파르하트 지아데(Farhat Ziadeh)는 아랍어 문구의 철자와 구문에 몇 가지 오류가 있다고 지적하기도 했다. 이 번역을 도와준 그에게 감사를 전한다.

계곡에는 서리가 일찍 내리고 가끔씩 가축을 죽일 수 있을 크기의 근 우박이 내리기도 하는데, 이는 그 지역의 적은 강우량 때문에 풍년에도 간신히 살아갈 수 있는 후이족 농민들에게 끊임없는 재앙이자 골칫거리였다. 이 문제를 염려한 하지는 자신이 죽은 후 알라에게 우박과 이른 서리를 멈추도록 요청하겠다고 말했다. 하지가 죽은 후 날씨가 극적으로 개선되었고 농민들은 이를 그가 알라에게 영향을 미쳤기 때문이라고 생각했다. 그래서 그들은 그를 위한 공베이를 지었고 그의 기일은 아직까지 기념되고 있다. 최근 후이족 친구가 이곳을 방문해 우박이 내리지 않았는지 물었을 때, 한 현지인이 공베이 아버지의 영향 때문에 더 이상 우박이 내리지 않는다고 답했다.

또 다른 유명한 이야기는 퉁신현 왕투안좡향 장얼수이촌의 공베이에서 전해지는 것이다. 이 공베이는 이 지역을 지나가다 단 20일만 머물렀던 외지인 니우커바바의 것이다. 그곳에서 이틀째 되던 날, 그는 사람들에게 무덤을 파는 일을 도와달라고 부탁했는데, 그날 밤 꿈에서 알라에게 자신의 죽음이 임박했다는 말을 들었기 때문이었다. 다음 날 아침 그는 산에 올라가 큰 돌을 옮겼고, 그 돌이 경사면을 따라 밀밭으로 굴러 떨어졌다. 그는 그 땅의 주인에게서 밭을 샀고 돌이 떨어진 자리에 땅을 팠는데 한 시신이 나왔다. 거기에서는 악취 대신 향기로운 냄새가 났고 시신은 썩지 않았으며 완벽한 상태였다. 그들은 시신을 다시 묻고 알라가 시신을 보존했다고 여겨 공베이를 헌정했다. 그리고 이곳을 지나던 그 외부인이 사망하자 그 공베이 뒤에 묻었다. 이후 1966년에 공베이는 철거되었다. 한 지역 간부가 네 차례에 걸쳐 그 지역에 가서 공베이를 재건할 계획이 있는지 물었지만 지역 주민들은 없다고 대답했다. 그가 다섯 번째 방문했을 때는 들판 한가운데 새로 만들어진 아름다운 흰색 무덤을 발견했다. 특정 기일에 맞춰 조직되는 기도회는 없지만, 사람들은 종종 개인 또는 단체로 그곳을 방문한다. 가끔 중요한 현지인이 장례식을 치를 때면 그곳에서 소를 제물로 바치는데, 아마도 니우커바바('소의 손님 아버지')라는 이름 때문으로 보인다.

1985년 5월에 내가 방문했던 신장 지역의 창지 후이족 자치구에는 '진주에'(맨발) 노인에게 헌정된 공베이에 관한 또 다른 유명한 후이족 전설이 있다. 맨발의 아훙은 평균 기온이 영하로 떨어지는 겨울에도 신발을 신지 못할 정도로 가난했지만, 바라카의 힘 덕분에 발이 얼지 않았다. 그는 물질적 소유를 거부하고 기도와 코란 공부에 전념하며 이곳저곳을 떠돌아다녔다. 어느 날 그는 한 무리의 마을 사람들에게 나타나 사막에 아훙의 시신이 있으니 가서 장례를 치르라고 말했다. 마을 사람들은 즉시 그가 말한 장소로 갔고, 그곳에서 그의 시신을 발견했다.

이 이야기들은 가난, 금욕, 영적 헌신, 보상이라는 주제를 종종 후이족이 밀집해 있는 열악한 환경을 여행해본 사람에게 익숙한 언어로 풀어내고 있다. 최근 퉁신현에 대규모 수력 발전소가 개발되기 전까지 이 지역은 인근 황하에서 물을 전혀 공급받지 못해 거의 황무지에 가까웠다. 공베이 이야기의 상당수가 이 지역에서 나온 것은 놀라운 일이 아니며, 퉁신현의 후이족 대다수가 이혜와니와 쿠피야 분파에 속해 있음에도 불구하고 이들 공베이는 예배를 위한 대중적 중심지의 역할을 지속하고 있다.

무슬림 무덤에서 나오는 기적적인 사건과 특별한 힘에 대한 이야기는 수피즘이 대중적인 곳이면 어디에서나 흔하게 들린다(Geertz 1968:48-54; Eickelman 1976). 그러나 이 지역 무덤을 방문하는 대부분의 후이족은 전통적인 게디무 분파의 일원이다. 그들은 수피 형제단을 신봉하지 않으며, 주변 수피 분파의 교리에 대해 거의 알지 못하고, 중국 밖에서 이슬람에 노출되지도 않았다. 이들은 자신들을 대신해 알라의 행동에 영향을 미치는 죽은 성자들의 효능을 인정하면서도 엄격한 유일신 신앙을 유지한다. 이들에게 성인들은 후이족 무슬림 조상의 계보를 잇는 연장선이 된다. 후이족은 무덤에 묻힌 특정 성인과 직접적인 관련이 없을지라도, 먼 과거에 중국에 온 외국인 무슬림과 민족적으로 관련이 있다고 생각하는 경우가 많다. '하늘 아래 모든 후이족은 한 가족이다'라는 말은 후이족이 '지역적 민족중심주의'라는 비난을 피하기 위해 조심하기 전까지 중국에서 널리 통용되던 말이었다. 즉, 그들은 민족을 국가적 관심사에 종속시켜야 했다.

대부분의 공베이가 후이족 종족 및 마을 묘지의 한가운데에 있는 것은 놀라운 일이 아니다. 한족과 달리 후이족은 마을 바로 옆이나 마을 경계 안에 묘지를 조성하는 경우가 많다. 그만큼 마을 공동묘지는 후이족의 일상 생활에서 중요한 역할을 하는 것이다. 나는 723가구가 사는 한 마을에서 매일 평균 4~8명의 주민이 묘지에 가서 기도를 드리고, 주요 참배일인 금요일에는 30명 이상이 참배하는 것을 관찰했었다. 보통 대가족 중 누군가는 매주 적어도 한 번은 묘지를 방문한다고 들었다. 후이족은 한족처럼 귀신이나 유령을 믿지 않으며, 밤에 묘지에 가는 것을 두려워하지 않는다. 후이족의 속담에 '길에서 가장 안전한 잠자리는 한족 묘지이며, 우리는 귀신을 믿지 않기 때문에 귀신이 괴롭히지 않고, 한족 산적은 귀신을 너무 무서워하기 때문에 우리를 괴롭히지 않는다'는 말이 있을 정도다. 문화대혁명 동안 후이족 지역에서 홍위병의 활동 중 하나가 묘지와 무덤을 모독하는 행위로 중국 전역에서 크고 작은 충돌을 일으켰다.

후이족과 한족 사이에 우주론과 관련해서는 중요한 유사점이 있다. 울프(Wolf 1978:175-80)는 대만의 마을 사람들 사이에서 형이상학적인 영역에 사회세계의 위계가 반영된다고 주장했다. 후이족은 천사와 하늘의 관리들에 대한 발전된 신학을 가지고 있지는 않지만, 지역 수준에서는 그들 자신의 권력 위계를 인식하고 있다. 알라로부터 무함마드와 모쉬드의 계보를 통하고, 임명된 관리(*reyisi*) 및 수련생(*halifat, mala*), 마지막으로 신자 자신으로 이어지는 수피 계보 계층의 다양한 수준의 리더십을 알고 있는 후이족 마을 사람들은 하늘에서도 이러한 계층이 반영될 것으로 여길 것이다. 마을 촌장과 마찬가지로 알라는 우리가 죽은 성인의 사례에서 보았듯이 자신과 가장 가까운 독실한 추종자들의 제안을 더 존중하는 것 같다. 비수피교 후이족 마을에서도 지역 아홍의 권력과 영향력은 그가 임명한 하위 아홍, 관리자들, 학생들과 함께 일반 마을 주민들에게 사회적, 영적 위계질서를 형성하는 중요한 요소이다. 종교 학습을 통한 상향 이동은 모든 후이족 공동체에서 중요한 전략이며, 이는 북서부 한족 마을에서는 거의 없는 일이다. 누군가가 코란 학습을 통해서 호의를 얻지 못하면 지역 성인의 무덤에 자주 참배하며 '뒷문'을 이용하려 할 수도 있다.

    후이족과 한족의 관심사에는 몇 가지 다른 유사점도 살펴볼 가치가 있다. 스테반 해럴(Stevan Harrell)은 나와의 대화에서 공베이의 역할과 그곳에 묻힌 성인의 힘이 대만 시골에 산재한 전통 사원의 그것과 유사하다고 언급했다. 여성들은 종종 딸을 데리고 이 사원에 가서 아들을 갖게 해달라거나 재정 문제를 해결하는 데 다른 세상의 도움을 구한다. 사원 주변에는 몇몇 기적이 알려져 있으며, 사원이 대지의 자연력에 영향을 미쳐 좋은 날씨와 풍성한 수확을 가져온다고 한다. 지역의 비종족 유령이나 역사적 영웅은 시간이 지남에 따라 지역 사회에서 수호신으로 채택될 수도 있다(Harrell

1974). 후이족에게는 건물과 무덤의 부지를 선정하는 데 숙련된 전문가들과 함께하는 제도화된 풍수 관행이 없지만, 나는 많은 무덤들이 비슷한 위치에 자리 잡고 있다는 것을 발견했다. 후이족 무덤은 남북 축을 따라 자리 잡고 있어 공베이 입구가 거의 항상 남쪽이며, 시신의 머리는 북쪽, 발은 남쪽, 얼굴은 서쪽, 즉 메카를 향하고 있다. 많은 후이족 묘지와 무덤은 표준 풍수를 따르며, 아래로 개울이나 평야가 있는 언덕의 측면에 자리 잡고 있다. 가장 주목할 만한 예는 린샤의 북산에 있는 묘지와 공베이다.

묘지와 후이족의 전래 전통

후이족에게 중요한 무덤과 묘지는 사회적, 정치적, 경제적, 종교적 용도와 해석이 크게 다르며, 그 영향력은 국제적으로 중요한 사적묘에서 지역 마을의 공베이에 이르기까지 규모가 다양하다. 이 장에서는 이 무덤들을 둘러싼 이해관계와 이슈들이 후이족의 정체성에 대해 많은 것을 드러낸다는 것을 보여주려 했다. 이 사적묘는 후이족에 대한 대중적, 국가적 정의와 내용상 더 이상 이슬람이 아닌 채로 민족 정체성을 유지하는 남부의 후이족 사이의 충돌을 강조한다. 이 무덤들은 후이족 공동체와 그들의 외국 조상 사이의 계보적 유대를 구체적으로 보여줌으로써 소수민족 지위에 대한 그들의 주장을 입증한다는 점에서 의미가 있다. 수피 무덤은 후이족을 하나로 묶는 국가적, 초국가적 네트워크의 거점 역할을 할 뿐만 아니라, 무덤에 묻힌 성인들의 중재를 통해 무함마드와 직접적으로 연결된다는 점에서 북서부의 후이족에게 중요하다. 그들의 정통성과 역사를 둘러싼 갈등은 많은 후이족 수피 교도들이 이슬람의 이상에 비추어 중국에서 신앙의 실제적 의미를 파악하는 과정에서 겪는 일상적 긴장에 대해 많은 것을 드러낸다. 수피 교단의 권위에 대한 확신은 자신을 확실한 이슬람 유산의 후손으로 여기는 후이족 무슬림의 정체성에 매우 중요하다. 지역묘와 이를 둘러싼 전승된 지식은 희소 자원에 대한 소유권 분쟁에서 후이족이 자신의 정체성을 '지역화'하려는 일상적인 공동체적, 사회경제적 관심사와 관련이 있다. 무덤은 후이족을 지역 영웅의 관점에서 지향한다는 점에서 강력한 '신성한 상징'(Geertz 1968:79)이며, 적절한 후원을 통해 이슬람의 요구를 충족하고 사회적 관계에서 정체성을 보존하는 데 도움이 될 것이다.

이렇게 다양한 형태와 의미를 지닌 후이족을 어떻게 하나의 민족이라고 할 수 있을까? 무덤과 그에 대한 해석은 후이족 공동체마다 근본적으로 다르지만, 어느 순간에는 공통의 기준점을 마련하기 위해 함께 모여 주류 한족 사회와 다른 오랜 전통과, 민족적, 종교적 유산의 후손이라는 증거를 제시한다. 이처럼 중국 각지의 후이족은 언어적, 종교적, 문화적, 지리적으로 서로 다르지만, 후이족이라는 민족적 정체성의 뿌리가 되는 것은 외국 무슬림 조상으로부터의 공통된 혈통이라는 관념을 공유하는 것이다. 이렇게 공유된 정체성 덕분에 북서부의 엄격한 수피 무슬림이 중국 남부의 비무슬림 후이족의 집이나 도심에 살면서도 할랄 위반의 염려 없이 지낼 수 있는 것이다. 또한 베이징의 후이족 당 간부들도 그들의 종교적 신념이나 분파와 관계없이 북서부의 여러 대형 모스크에 딸린 저렴한 호스텔에서 지낼 수 있다. 이는 상하이와 광둥성 도시에 사는 후이족 사이에서 간쑤성 린샤의 소고기 국수 식당이 큰 인기를 끌고 있는 것과도 관련이 있다.

이 장에서는 후이족의 이해관계와 정체성에 중요한 부분은 많이 다루지 않았다. 중요한 부분으로는 후이족 공동체를 이웃 한족과 근본적으로 구별하는 지역 모스크의 중심 역할, 독실한 무슬림이든 아니든 후이족 마을 주민에게 상당한 영향력을 행사하는 모스크 성직자, '한족식' 중국 이름을 사용하고 중국어를 배우는 국가적 학교 시스템과 달리 비중국적 유산의 영향이 많고 후이족 어린이들이 코란 아랍어 경전을 배우기 위해 비공식적으로 보내지는 이슬람 학교(마드라사), 도시 지역에서 종종 민족 활동의 중심이 되는 후이족 식당, 시골에서 후이족 네트워크의 분열과 연합이 가장 잘 드러나고 번영에 가장 중요한 역할을 하는 시장, 일상을 장식하고 정기적으로 후이족의 유산을 상기시키는 이슬람 축제와 생애주기별 의식, 그리고 별도의 고유한 언어가 없이 중국어를 사용하는 후이족이 페르시아어와 아랍어 외래어를 관용적으로 사용하는 '후이화(Hui talk)' 등이 있다. 이러한 모든 제도와 사건은 함께 또는 개별적으로 후이족이 다민족 환경에서 상호작용할 때 조상의 전통에 따라 자리매김하는 데 도움을 준다.

무덤이 모든 후이족과 관련이 있는 것은 아니지만, 나는 후이족의 조상 전통을 가장 생생하게 보여주는 이슬람적 특성이 무덤과 연관되기 때문에 이 주제를 선택했다. 무덤은 과거와의 연속성을 제공하고 현재의 사회적 변화에 적응하는 데 중요한 역할을 한다. 문화적 의미와 사회 변화 사이의 이러한 역동적인 상호작용은 민족의 정체성과 변화를 위한 기반이 된다. 많은 후이족에게 이 무덤은 개인의 정체성과 공동체의 행동을 위한 강력한 틀 역할을 한다. 그 주변의 전설과 활동을 통해 무덤은 경합하는 후이족 공동체의 다양한 이해관계에 대해 많은 것을 드러내는 동시에 공통의 정체성을 말하는 중요한 헌장 역할을 한다.

4부　　　　　　　　　　　　　민족화

8장
대화형 성제성

민족적 대화

여기서 대화는 행동의 문턱이 아니라 행동 그 자체이다. 그것은 이미 만들어진 사람의 성격을 드러내고 표면으로 드러내는 수단이 아니다. 대화에서 사람은 자신을 겉으로 보여줄 뿐만 아니라 처음으로 자신이 있는 그대로가 된다. 다른 사람만이 아니라 자신을 위해서 우리는 반복한다. 존재한다는 것은 대화적으로 소통한다는 것을 의미한다. 대화가 끝나면 모든 것이 끝난다. 따라서 대화는 그 본질상 끝날 수도 없고 끝나서도 안 된다. (Mikhail Bakhtin 1984 [1963]:252)

중화인민공화국이 건국되자 국가의 대표자들과 자신들을 '소수민족'에 속한다고 여기는 사람들 사이에 흥미로운 대화가 시작되었다. 4백 개 이상의 집단이 막스 베버의 민족에 대한 정의대로 "공통의 혈통에 대한 주관적인 믿음을 품고"(Weber 1978[1956]:389) 중국 정부에 공식 소수민족으로 인정해줄 것을 신청했다.

중국의 인류학자, 언어학자, 지방 관리들이 국가의 후원 아래 방대한 조사 및 장기간의 협상을 진행한 끝에 54개 집단이 정통적인 민족임을 국가에 설득하는 데 성공했다. 이들의 민족적 지위에 대한 법적 비준은 결과적으로 최대 350개의 다른 신청 집단을 공식 인정에서 제외시켰다(Fei 1981:60). 한족은 공식적으로 중국의 주류민족으로 지정되었으며, 현재 전체 인구의 91%를 차지하고 있다. 이 절차가 시작된 이래 50년 동안 지누어족이라는 단 하나의 집단만이 지속가능한 상태임을 입증했고, 1979년에 인정을 받았다. 한편, 현재 15개 집단이 공식적으로 신청 중이며, 1990년 인구조사에서 749,341명 이상이 '미식별'로 분류되었다(Renmin Ribao 1990.11.14:3).

중국의 저명한 사회인류학자 페이샤오퉁은 중국의 '민족 식별' 과정에 대한 논의에서 국가가 민족으로 인정하는 마르크스-스탈린주의적 기준을 설명했다. 각 집단은 스탈린이 이후에 '문화'로 설명한 공통의 언어, 지역성, 경제, 심리적 구성을 가지고 있다는 것을 국가에 설득시켜야만 인정받을 수 있다. 여기서 '설득'이라고 쓴 이유는 아래에서 설명하겠지만, 민족 식별을 위한 소위 객관적 기준은 본질적으로 협상 가능한 것으로, 정통성 논쟁에서 양측 모두에 의해 사용되기 때문이다.

의아스러운 민족 집단을 식별하는 과정에 대한 페이샤오퉁의 설명은 이 4가지 기준을 가정하는데, 일반적으로 이들 집단의 언어석 역사를 연구하는 것으로 시작한다(Fei 1981:67). 신청자 집단에 대한 소수민족 지위 부여를 결정할 권한이 있는 주요 기관인 국가민족사무위원회는 스탈린의 기준을 따르는 것으로 다음과 같이 정리했다. "스탈린의 민족 기준은 오랜 기간의 실제 조사를 통해 입증된 보편적인 진실이다. … 해방 이후 우리나라는 민족 연구 및 식별 작업에서 스탈린의 이론을 정확하게 활용하여 민족 식별 작업을 성공적으로 수행했다"(State Commission for Ethnic Affairs

1983:39).

이 4가지 기준은 중국과 같은 사회주의 사회에서 여전히 민족을 정의하는 규범으로 간주된다(Jin Binggao 1984:67).[1] 민족 식별을 위해 국가는 민족으로서의 존재 또는 문화적 전통의 정통성에 대한 집단의 주관적 믿음에 관계없이 어떤 전통이 언어, 지역성, 문화의 조건에 적합한지를 정의한다. 중국 정부는 무엇이 해당 공동체의 문화적 전통으로 인정받을 수 있는지 상상하고, 공동체는 자신의 전통적 관념과 정체성에 대한 상상을 통해 그 묘사에 대응해야 한다. 이렇게 경합적으로 상상된 정체성은 각 사회경제적 환경에서 국가, 자아, 타자에 대한 상징적 표현을 중심으로 협상된다.

이 장에서 나는 중국 및 유사한 맥락에서 민족 정체성이 단순히 국가가 정의한 결과물이 아니며, 특정 집단의 공리주의적 목표를 위한 상황적 조작으로 환원될 수 없다고 주장할 것이다. 오히려 각 정치경제적 환경에서 끊임없이 협상되는, 공유된 혈통적 전통과 사회정치적 맥락의 대화적 상호작용으로 이해하는 것이 가장 바람직하다고 제안한다. 이러한 접근 방식은 또한 중국의 다수-소수 관계와 소수민족이 중국의 민족 정체성 구축에 전혀 주변적이지 않다는 것을 조명하는 데 도움이 될 것이다.

불가사의한 후이족: 민족 집단으로의 탐색

나는 1983년 가을에 55개의 공식 소수민족 중 하나인 후이족에 대한 연구를 시작하기 위해 중국으로 떠났다. 중국 정부의 공식

---

1 스탈린의 원칙이 논의된 1986년 상하이에서 열린 민족연구 컨퍼런스에서 발표된 여러 논문이 1986년 〈민족연구〉에 게재되었다. 논문들을 통해 처음으로 이 원칙에 의문이 제기되기도 했지만, 여전히 중국에 가장 적합한 것으로 여겨지고 있음을 알 수 있었다.

정의에 따르면 후이족은 단일 소수민족 중에서 두 번째로 큰 민족이며, 10개의 무슬림 소수민족 중에 가장 인구가 많고, 중국 내 2천만 무슬림의 거의 절반이 후이족이며, 모든 소수민족 중 가장 널리 분포하고 있다(Huizu Jianshi Editorial Committee 1978; Gladney 1987a). 중국의 다른 9개 무슬림 민족은 주로 튀르크-알타이어(1개 인도-유럽어) 방언을 사용하며 중국 북서부에 집중되어 있다. 후이족은 고유 언어가 없다는 점에서 다른 무슬림 소수민족과 구별되며, 중국 전역에서 함께 사는 한족의 방언을 주로 사용하기 때문에 문헌에서 '중국 무슬림'으로 칭해진다(Israeli 1978).

하지만, 중국의 다른 소수민족과 달리 후이족은 부정적으로 구분되기도 한다. 즉, 후이족에게 고유한 언어가 없다는 것은 별도로 하더라도, 보다 '다채로운' 소수민족으로 묘사하는 데 사용될 만한 독특한 복장이나 문학, 음악 등의 문화적 목록이 없다는 것이다. 각기 다른 후이족 공동체 간의 문화적 차이는 그들이 함께 살고 있는 비후이족과의 차이보다 훨씬 더 크다.

베이징에 도착한 이후 나는 20만 명이 넘는 후이족이 주로 거주하는 한 이웃 지역의 한 도시 무슬림 공동체에 대한 심층적 사회 연구라는 다소 좁은 범위의 연구를 수행하기 시작했다. 하지만 얼마 지나지 않아 내 연구를 위한 정보원과 후이족 자문위원이 내가 후이족을 제대로 이해하려면 '전형적인' 후이족이 사는 곳, 즉 북서부로 다녀야 한다고 말했다. 베이징시에서 후이족 노동자들에 대한 현장 조사를 하는 동안 나는 북서부과 남동부를 두 차례 여행했다. 그리고 두 번째 해에는 북서부의 닝샤 후이족 자치구로 이동해 후이족 수피 공동체에 대한 추가 연구를 수행했다. 그 후 3개월 동안 동남부 해안으로 돌아와 어업에 종사하는 또 다른 혈통의 공동체를 조사했고, 이후 윈난성, 티베트, 칭하이, 신장의 다른 유명한 후이족 공동체를 방문했다. 문제는 내가 더 많이 여행할수록 이 다양한 민족을 하나의 민족으로 묶을 수 있는 것이 더 적어진다는 것이었다. 이어서 나올 내용들은 각 공동체를 훨씬 더 민족지적으로 자세히 살펴보고자 한 나의 저서 『중국 무슬림』(Gladney 1996a)에서 발췌한 것이다. 중국 전역의 후이족 사이에서 발견되는 다양성을 설명하고 중국 내 정체성의 대화적 구성에 관한 나의 주장을 뒷받침하기 위해 여기에 제시한다.

북서부의 수피 공동체

중국 북서쪽 황하 상류에 위치한 나가족 마을(나자후)에서 나는 100명이 넘는 후이족 수피교도 사이에 앉아 현지의 디크르(*dhikr*)를 따라 했다. 방 뒤쪽의 내 자리에서 열렬한 신도 두 명 사이에 꽉 끼어 좌우로 흔들렸고, 나는 '현지 한족이 이들을 근본주의적 '머리를 흔드는 종교' 도는 '흔드는 자'라고 부르는 것이 당연하다'고 혼자 생각했다. 중앙아시아의 나크쉬반디야 수피교 형제단의 일원으로서 후이족은 교단의 구체적인 지시에 따라 유일신적 제문, 즉 디크르를 불렀다. 300년 전 명나라 시기에 세워진 모스크 주변으로 평평한 지붕의 어도비 벽돌로 지은 주택이 모여 있고, 마을 주민들은 모스크 지붕에서 매일 울려 퍼지는 기도 요청에 응답한다. 그들은 정기적으로 모스크에 자선품을 바치고, 결혼을 주선하거나 분쟁을 해결할 때 이맘의 조언을 따른다.

이들은 그들 고유의 언어 없이 북부 만다린의 지역 방언만 사용하지만, 마을 내에서 이슬람 이름을 사용하고 아랍어로 코란을 암송하며 아랍어와 페르시아어 단어가 살짝 섞인 후이화(Hui speech)를 구사한다. 쿠피야로 알려진 엄격한 나크쉬반디야 수피 타리캇의 일원으로서 이들은 다른 교파 신도와 결혼하는 경우가 거의 없고, 한족이나 경쟁하는 수피 분파와는 결코 결혼하지 않는다(Gladney 1987b:501-7 참조). 이 마을은 북서부의 다른 분리된 이슬람 공동체와 유사했는데, 그들은 종종 튀르키예 또는 몽골 무슬림 조상의 후손이라고 주장했다. 1930년대에 북서부 전역을 여행하며 살았던 로버트 엑발의 말을 빌리자면, 이곳은 여전히 한족 국가의 가운데 존재하는 '작은 무슬림 세계'였다. 한 현지 주민은 자신의 정체성에 대해 "나는 무슬림이고 부모님도 무슬림이기 때문에 후이족"이라고 설명했다. 후이족은 이처럼 이슬람 유산과의 대화를 통해 자신의 고유한 정체성을 찾는다.

베이징 니우지에(Oxen Street)의 후이족 공동체

실업 후에 베이징 외곽에서 작은 후이족 국수 가판대를 운영하는 청년 마바오궈는 수도 베이징에 거주하는 20만 명의 후이족 중 한 명이다. 중국에서 가장 많은 도시의 소수민족(베이징 전체 소수민족의 67%, 상하이와 톈진의 87%)인 후이족은 소수민족 밀집 지역이나 과거 빈민가에 모스크를 중심으로 모여 사는 경우가 많다. 후이족 할랄 식당은 중국 전역의 모든 중소 도시에서 찾아볼 수 있다. 마 청년은 북서부 후이족의 골수 종교인들과는 확연히 다른데, 이슬람 교리 문제에도 무슬림의 종교 생활을 유지하는 것에도 거의 관심이 없다. 그는 북서부에 퍼져 있는 다양한 후이족 이슬람 교단에 대해 들어본 적도 없고, 1년에 쿠르반과 라마단 휴일 기간에 두 번만 모스크에 간다.

한족이 대다수인 이웃들과 대화하면서 그는 돼지고기를 먹지 않는다는 단 한가지로 그들과 자신을 구별하고 그들에 의해 다른 사람으로 여겨지곤 한다. 그는 한족 아내를 맞이했는데, 처음에는 부모가 반대했지만 아이를 후이족으로 키우고 등록할 것이라는 것이 보증되자 받아들였다. 마 청년은 할랄 국수 식당을 운영하는 데 관심이 많다. 내가 그에게 자신의 후이족 정체성에 대해 묻자 그는 "나는 돼지고기를 먹지 않고 많은 후이족처럼 사업을 잘하는 등 후이족의 생활 방식을 유지하기 때문에 후이족이다. 나는 세속적인 마르크스주의자이고 알라를 믿지는 않지만, 몇 세대 전에 서역에서 온 것으로 추정되는 조상을 기리기 위해 일년에 두 번 공식적인 '소수민족 명절'에 모스크에 간다"고 말했다.

남동해안 지역의 후이족 공동체

푸젠성 남부 해안의 작은 도시 취안저우시, 좁은 골목길 안뜰 입구 위에는 '무슬림 가족'이라고 중국어로 적힌 간판이 걸려 있다. 이슬람 휘장 아래에는 빛바랜 종이로 만든 전통적인 두 문의 신(Door Gods)이 여전히 입구를 지키고 있었고, 시적인 중국 사자성어가 음력설이 다가옴을 알리고 있었다. 내가 안뜰에 들어서자 호스트가 '아살람 알라이쿰'이라며 이슬람 전통 인사를 건넸고, 그의 뒤로 지역 신을 모시는 사당에서 향 연기가 피어올랐다. 호스트는 후이족 무슬림이라는 정체성과 중국 신을 모시는 것 사이의 명백한 모순을 자신의 혈통을 언급하며 설명했다. "내가 후이족인 이유는 나의 초기 조상이 아랍인이기 때문이다. 명나라 시기에 우리 이름이 바뀌었는데 이를 증명하는 족보가 있다. 당시 한족 봉건 왕조의 억압적인 정책에 따라 우리 후이족은 무슬림의 방식을 포기하고 한족의 옷을 입고 한족의 풍습을 따르며 무슬림의 식생활 금기를 따르지 않을 것을 강요당했다. 하지만 우리는 외국 무슬림 조상의 후손이기 때문에 여전히 후이족이며, 제사 때 돼지고기를 다른 제물과 함께 주지 않음으로써 조상들이 무슬림이었음을 기억한다."

그는 중국 남동부 해안을 따라 산재한 약 6만 명의 후이족 중

한 명으로, 이들은 중국의 다른 후이족처럼 이슬람을 따르지 않기 때문에 1950년대에 후이족으로 인정되지 않았으며 국가에 후이족으로 인정해달라고 신청하고 탄원했음에도 불구하고 인정받지 못했다. 이들은 당시 스탈린주의 문화 기준에 대한 국가의 해석에 맞지 않아 설득에 실패했다. 이 후이족 중에는 민간 종교인, 불교도, 도교도, 마르크스주의 세속주의자 외에도 1930년대 후반에 개종한 수백 명의 기독교인이 있었다. 그러나 1979년, 이들은 국가와 고도의 정치적인 협상을 지속하고 족보로 자신들의 조상을 증명한 후 공식적으로 후이족으로 인정받게 되었다.

이러한 정당화는 일부 외국인 무슬림이 초기 무덤과 모스크를 포함하여 취안저우에서 고고학적으로 유명한 이슬람 유적지를 방문한 것과도 관련이 있다(Gladney 1995). 쿠웨이트 사업가들은 샤먼의 푸젠 국제공항 및 푸저우 외곽의 대규모 수력 댐에 대한 막대한 자금 지원과 같은 초기 무슬림 공동체 지역에 대한 중국 정부의 대우에 깊은 인상을 받았다. 이 취안저우 종족들이 국가가 상상하는 후이족의 정체성 개념에 부합하고자 후이족과 관련된 문화적인 이슬람 관습을 부활시키고 있다. 한 종족의 당 위원장은 곧 라마단 금식을 지킬 것을 제안했고, 오랜 종족회관 옆에 새 모스크(실제로는 리바이시라는 기도당으로 불렸는데, 이는 엄격한 무슬림들이 마을의 모든 후이족이 돼지고기를 먹지 않는 한 모스크라고 불리는 것을 반대했기 때문이다)를 짓기 위한 기금을 확보했다.

중국 소수민족 지역의 후이족 공동체

후이족은 소수민족 국경 지역에서 주변 소수민족의 언어, 복장, 관습을 따르는 많은 집단도 포함하고 있다. 나는 윈난성 얼후호 북쪽의 한 바이족 마을에서 이맘이 되기 위해 훈련 중인 후이족 여성 5명을 인터뷰했다. 이들은 전통적인 바이족 의상을 입고 티베드-버만 바이족 언어만 사용했지만, 윈난성 남부의 비바이족(non-Bai) 모스크에서 아랍어와 이슬람 교리를 공부하고 있었다. 내가 방문했던 남중국해 하이난섬 연안의 말레이-오스트로네시아어권 어촌 공동체도 후이족으로 등록되어 있다. 그들은 만다린어로 말할 때는 스스로를 후이족이라 부르는데, 그들 고유어로 말할 때는 우찻(Utsat)이라고 부른다(Pang Shiqian 1988). 라싸에는 티베트 무슬림이, 내몽고의 알라산 배너 지역에는 몽골 무슬림이 있는데, 이들은 국가로부터 티베트 무슬림이나 몽골 무슬림과 같은 특별한 분류가 아닌 후이족으로 인정받는다.

후이족 정체성과 국가의 인정

위의 공동체들은 언어, 지역, 경제, '문화'뿐만 아니라 과거와 미래 세계에 대한 비전도 서로 크게 다르다. 벤 앤더슨(Ben 1991)의 용어를 빌리자면, 완전히 다른 상상된 공동체에 의지하며 서로 다른 사회세계에 살고 있다. 그럼에도 불구하고 그들은 국가에 의해 하나의 민족인 후이족으로 인정받고 있으며, 다른 후이족 및 비후이족과의 대화에서 그렇게 자신을 지칭한다. 이 장에서는 중국에서 이러한 민족 정체성의 가면화와 새로운 민족 집단성의 부상이 현대 민족국가의 권력관계와 권위가 지니는 하나의 기능이라고 주장한다. 따라서 이는 중국은 물론이고 다른 현대 민족국가의 민족성, 종교, 합리성의 문제에 대한 훌륭한 통찰력을 제공한다.[2]

민족과 종교에 대한 과거의 인류학적 접근 방식은 현대 민족국

---

2 이는 특히 전체주의 체제의 특징인데, 권위와 정체성이 정체성과 담론의 모든 측면에 주입된다고 클로드 르포르테는 그의 저서 『근대사회의 정치형태』(Claude 1986)에서 주장한다.

가의 민족 정체성을 다루기에 적절하지 않다. 서구에서 만들어진 대부분의 인류학적 민족 이론은 일반적으로 소규모 개발도상국, 특히 아프리카와 남아시아 및 동남아시아의 부족이나 사회적 집단에 대한 다소 독자적인 연구를 통해 형성되었다. 이러한 이론의 대부분은 중국, 구소련과 같은 대규모의 중앙집권적이고 권위주의적인 민족국가 또는 미국, 서유럽과 같은 다원주의 사회에서 민족을 이해하는 데는 적합하지 않은 것으로 밝혀졌다. 중국의 티베트 문제, 유고슬라비아의 폭력적 해체, 중앙아시아의 무슬림 갈등(최근에는 아제르바이잔-아르메니아 갈등) 등 최근 수년간 민족 정체성의 부활과 민족 간 갈등이 가장 두드러지게 나타난 지역들이 바로 그렇다.

서구의 전통적 민족 이론이 한계에 봉착한 이유 중 하나는 근원주의-상황주의 논쟁에서 민족이 순전히 문화적인 것인지 아니면 명백히 상황적인 것인지에 대해 카터 벤틀리(Bentley 1987:25)가 설명한 '자기모순적 자세'에 빠져 있었기 때문이다. 취안저우 후이족의 사례에서 알 수 있듯이 언어, 지역, 심지어 종교와 같은 문화적 특성으로는 후이족을 하나의 민족 집단으로 규정할 수 없다. 또한 프레드릭 바르트, 임마누엘 월러스타인, 아브너 코헨 등의 연구에서 볼 수 있는 순전히 사회경제학적 또는 정치적으로 동기화된 상황주의적 접근으로도 후이족 및 여타 민족이 역기능적 상황에서 지속된 이유를 설명할 수 없다. 특히 문화대혁명과 같은 최근 중국 역사의 급진적 시기에도 후이족이 자신들의 혈통을 거부한 사례를 찾을 수 없으며, 오히려 그들의 정체성이 더욱 분명해져 여러 차례의 대규모 봉기를 일으킬 정도였다.

대부분의 이론가들은 이제 민족성은 수단과 목적이 결부된 계산법이나 근원적 애착으로 환원될 수 없으며, 민족성의 두 가지 양상, 즉 문화적으로 정의된 혈통 개념과 사회정치적 상황의 조합 또는 변증법적 상호작용(Keyes 1981:28)이 포함되어야 한다고 결론지었다. 민족적 변화를 이해하는 데 있어 중요한 사항은 현대 민족의 전통의 맥락과 내용을 정의하는 데 있어 국가의 역할이다.

민족성과 민족국가

E. K. 프랜시스(Francis 1976:114)는 그의 길고 심오한 저서 『민족 간 관계』에서 민족 정체성과 민족 간 갈등의 증가가 근대 민족국가의 한 현상이라고 주장한 최초의 사람 중 한 명으로, 옛 제국의 잿더미 위에 세워진 민족국가에서의 사회적 상호작용과 담론에서 민족 정체성이 더욱 두드러지게 되었다고 주장했다. 데이비드 메이버리-루이스(Maybury-Lewis 1984:221)는 복합 사회에서의 민족성에 대한 논의에서 프랑스 혁명의 평등과 통치 참여에 대한 이상이 근대 민족국가 개념의 기초를 형성했다고 주장했다. 루소는 민족이 개인의 대표성을 방해할 것을 우려해 민족 집단의 인정에 반대했지만, 그가 주장한 '모든 시민 사이의 평등을 확립하는 사회계약'(Rousseau 1968[1762]:49)은 그 가능성을 허용했다. 홉스(Hobbes 1962[1651]:141)의 "자연은 인간을 평등하게 만들었다"는 유명한 명언에는 인간을 구분하는 차이에 대한 인식이 담겨 있으며, 이를 통해 불평등과 착취를 심판하는 최종 수단인 전쟁 없이 국가가 해결할 것을 권고하고자 했다. 평등에 대한 인식은 차이를 인정하는 데에 달려 있는 것이다.

'민족국가에 관한 인류학'을 분석한 몇 안 되는 인류학자 중 한 명인 로이드 팰러스는 "포퓰리즘적 민족주의의 논리는 … 다양성을 발견하고 근절하기 위한 면밀한 조사를 장려하여 다양성을 악화시킨다"(Fallers 1974:3)고 지적한다. 찰스 키스(Keyes 1984:15)는 "근대 민족국가의 주권은 혈통이나 종교적 카리스마에 의해 정당화되는 군주가 아니라 국민에게 있기 때문에 근대 민족국가의 주체는 국민으로 통합되어야 한다"고 날카롭게 주장한다.[3] 실제로 어니스트 겔너(Gellner 1983:55)는 "민족주의가 민족을 낳는다. 그 반대는 아니다"라고 주장한다. 민족주의적 이해관계, 즉 해당 국가나 공동체의 이익을 위해 조작되고 발명되는 것은 문화이다. 나는 이를 문화적 표현이라고 제안한다.

> 죽은 언어를 되살리고, 전통을 발명하고, 매우 허구적인 원초적 순수성을 복원할 수 있다. 그러나 민족주의적 열정에 문화적으로 창의적이고 공상적이며 긍정적으로 창조적인 측면이 있다고 해서 민족주의가 우발적이고 인위적이며 이데올로기적인 발명품이라는 잘못된 결론을 내리게 해서는 안 된다. 이는 그냥 내버려두지 않고 마음대로 떠들고 싶어 하는 유럽의 사상가들이 조합하지 않고 그렇지 않았으면 지속했을 정치적 공동체의 혈관에 주입하지 않았더라면 생겨나지 않았을 것이다. 민족주의가 사용하는 문화적 파편과 조각은 종종 자의적인 역사적 발명품이다. 어떤 오래된 파편과 조각도 마찬가지였을 것이다. 그러나 민족주의 자체의 원리가, 화신을 위해 선택된 아바타와 달리, 그 자체로 우연적이고 우발적이라는 것은 결코 아니다. (Gellner 1983:56)

이는 극단적으로 보일 수도 있겠지만, 겔너는 문화가 존재하지 않았다면 민족주의 운동이 문화를 발명해야 했을 것이라고 주장한다. 아래에서 논하겠지만, 이러한 '전통의 발명'(Hobsbawm 1983a:4)은 정체성의 상징적 표현에 대한 협상과 재해석으로 더 잘 이해되

---

3   이 구절은 러시아어로 출판된 컨퍼런스 논문의 영어 버전에서 발췌한 것이다 (Keyes 1984).

며, 이는 민족국가가 민족 정체성을 입법화하는 임무를 맡을 때 특히 두드러지는 끊임없는 과정이다.

민족 정체성은 시민권을 요구하기보다 부과할 수 있는 근대 국가의 통합 과정에서 특히 중요해진다. 이 경우 정부 과정에의 참여는 근대 민족국가에서 그것이 이루어져야 한다는 생각만큼 중요하지는 않다. 집단의 정확한 성격은 협상과 기원의 문제가 된다. 근대에 종종 민족 집단이 대화적으로 대립을 이루고 상대는 바로 민족국가이다.

민족 정체성의 대화적 특성

나는 현대 민족국가에서 민족 정체성의 형성은 스스로 인식하는 정체성 개념과 사회정치적 맥락 사이의 대화적 상호작용의 과정이며, 종종 국가에 의해 규정되는 경우가 많다고 주장한다. 이러한 민족 형성의 사례에서 우리는 적어도 두 가지 수준의 담론이 내부적, 외부적으로 표현되는 것을 볼 수 있다. 여기서 나는 자아와 사회, 정체성과 이데올로기에 대해 근본적인 질문을 제기한 바흐친의 도스토옙스키 연구를 살펴본다.

> 외부적 대화의 무한성은 내부 대화의 무한성과 동일한 수학적 명료성을 가지고 여기에 나타난다. … 도스토옙스키의 대화에서 충돌과 다툼은 두 개의 통합된 독백 목소리가 아니라 두 개의 분할된 목소리 사이에서 발생한다(적어도 그 목소리 중 하나는 분할됨). 한 사람의 열린 응답은 다른 사람의 숨겨진 응답에 대답한다. (Bakhtin 1981[1963]:253-4)

민족 담론과 정체성의 구성에서 우리는 혈통에 대한 전통적인 해석을 둘러싼 민족 행위자들 간의 내부적 대화(그것이 어떻게 상징적으로 표시되든 간에)와 그 집단과 상당한 대립 관계에 있는 사람들, 즉 다른 민족 집단이나 지역 차원에서 대표되는 국가와의 외부적 대화를 발견할 수 있다. 각 수준에서의 대화가 변화함에 따라 민족 집단에 대한 자기 및 타자의 정의도 변화한다. 장 코마로프가 매우 다른 맥락에서 언급한 것처럼 이 대화는 담론 권력의 변화 과정에서 지속적으로 되살아나고 변화하는 '장기적인 대화'이다. 그러나 근대 시기에서 독특한 점은 집단이 이제 항상 존재했던 다른 집단, 부족, 민족, 또는 당신이 그들을 뭐라고 부르든 간에 다른 집단과 대화하고 반대할 뿐만 아니라, 이제 집단은 국가에 가로막히기도 하고 대항하기도 한다. 이 과정에서 국가의 일반 정책은 지역 수준의 대표자들에 의해 표명된다.

나는 이 과정이 변증법이 아닌 대화와 상호관계의 과정이라고 제안한다. 정체성이 항상 옛 정체성과 대립적으로 나타나는 것은 아니며, 새로운 정체성이 나타나거나 옛 정체성이 재창조될 수 있으며, 서로 끊임없이 대화할 수 있기 때문이다. 변증법적 변화는 새로운 통합 형식을 통한 해결과 함께 이전 주체의 부정을 의미하는데, 엄격한 헤겔 변증법은 단방향적 변화와 진보의 개념을 떠올리게 한다. 그러나 민족의 정체성과 변화는 이주, 권력관계, 국가 정책으로 인해 끊임없이 유동하는 환경 속에서 이전의 정체성 및 환경 개념과 역동적으로 상호작용하는 복잡한 과정인 경우가 많다. 이러한 대화적 과정은 특히 후이족의 민족 형성과 고차원적 집단성의 출현에 비추어 볼 때 잘 드러난다. 국가의 상호작용과 통합의 문제는 특히 근대 후이족의 출현, 즉 중국 민족국가에 의한 전통의 창조 또는 재창조와 관련이 있다.

무슬림 소수민족의 형성: 회교에서 후이족으로

공식적인 역사와 소수민족 지도와 달리 1950년대 국가의 민족식별 이전 후이족은 근대적 의미의 단일 민족 집단이 아니었다. 다른 많은 집단과 같이 후이족은 제국에서 민족국가로 전환하는 과정에서 생겨났다. 현재 후이족으로 알려진 사람들은 7세기부터 14세기까지 중국에 정착하여 한족 여성과 결혼한 페르시아, 아랍, 몽골, 튀르키예 출신의 무슬림 상인, 군인, 관리의 후손으로, 이들은 대부분 고립된 공동체에서 살았으며 전부는 아니지만 일부의 공통점은 이슬람교를 믿는다는 것뿐이었다. 1950년대까지 중국에서 이슬람은 단순히 '회교'로 알려져 있었으며, 이슬람을 믿는 사람들은 모두 회교 신자, 회교도라고 불렸다. 필요에 따라 이들 중 일부는 터번을 쓴 후이(오늘날 위구르족을 지칭), 다른 색의 눈을 가진 후이(중앙아시아 튀르크족을 의미) 등 다양한 현지의 민족 명칭으로 묘사되었다. 이는 중국이 북서쪽 국경의 중앙아시아 민족에 대해 일반화하려는 시도에서 비롯된 것으로, 당나라가 가장 많이 교류했던 오아시스를 기반으로 정착했던 왕국이 스스로를 위구르족이라고 불렀는데 중국어로 후이허 또는 후이구가 되었다. 원나라 시대에는 모든 무슬림이 중국어로 후이후이(Leslie 1986:195-6)로 불렸다. 후이족과 다른 9개 무슬림 소수민족에 대한 구체적인 공식 명칭은 중화인민공화국 건국 이후에 법적으로 확립되었다.

유명한 후이족 마르크스주의 역사가인 자말 알 딘 바이쇼우이는 '이슬람'을 회교가 아니라 이슬람교로 표기해야 한다고 설득력 있게 주장한 최초의 인물이다(Bai 1951).[4] 그는 후이족이 자신들의

---

4   바이쇼우이는 후이족을 후이민으로 불러야 하는지, 아니면 회교 신도로 불러야 하는지에 대한 국민당 시대 내내 벌어졌던 내부 논쟁에서 말 그대로 종지부를 찍는 주장을 했다. 이는 많은 후이족 지식인들이 일본과 중동을 여행하고 공화

종교가 아니라 세계 종교인 이슬람을 믿는다는 점에서 종교적 측면에서는 무슬림이고, 민족성 측면에서는 회교도가 아니라 후이족이라고 언급했다. 그는 마르크스주의적 측면에서 세계 종교, 이 경우에는 이슬람교가 지역적 맥락에 맞게 토착화되는 과정을 파악했고, 현재 후이족으로 알려진 공동체가 1,200년 동안 지속되어온 과정을 연구했다. 중국 언어학자들은 고유 언어를 사용하는 것으로 추정되는 무슬림 집단과 그 언어 계열(위구르, 카자흐, 타직, 우즈벡, 키르기스, 타타르어)에서 민족 명칭이 유래한 무슬림 집단을 식별하여 확인했다. 여기에서 중국인들은 소비에트 중앙아시아에서 이들 민족을 식별한 구소련의 방식에 큰 영향을 받았다. 바이쇼우이는 언어나 지역으로 구분되지 않는 무슬림 민족을 회교도가 아닌 후이민이라는 포괄적인 잔류 집단으로 규정함으로써 후이족의 공식적인 범주가 정당화되었다.

더 문제가 되는 것은 현재 린샤 후이족 자치주에 포함된 간쑤-칭하이 티베트 고원의 허시주랑에 주로 거주하는 동샹족, 바오안족, 사라족 세 개의 무슬림 집단이다. 이 민족들은 튀르크어, 몽골어, 한족 방언을 혼합하여 사용하므로 주로 지역에 따라 식별된다. 예를 들어 동샹족은 이들이 밀집해 있던 지역이 옛 허저우(린샤)의 동쪽 근교라는 데에서 유래한 이름이다. 그런데 왜 이 민족들은 별도의 명칭을 부여받았는지에 대한 의문이 남는다. 위에서 언급했듯이 몽골 후이족, 티베트 후이족, 바이 후이족, 하이난 후이족들은 모두 같은 후이족으로 분류된다. 이들은 서로 다른 지역과 언어에도 불구하고 별도의 민족 정체성을 부여받지 못했다. 그들의 인

주의 시대의 민족주의 열기에 휩쓸려 잡지를 발간하고 정체성에 의문을 제기하는 과정에서 발생했는데, 한 후이족 역사가인 마쇼우첸(Ma 1989)은 이를 '19세기 말과 20세기 초 후이족의 새로운 각성'이라고 불렀다.

구도 별도의 명칭을 갖지 못할 만큼 작지 않다. 1982년에 바오안 족은 9,027명(타타르족은 단 4,127명)이었고, 반면에 하이난 후이족은 적어도 6,000명(Pang Shiqian 1988)이었으며, 몽골족, 티베트족, 다이족, 이족, 먀오족 등 숫자로 집계되지 않았지만 대규모의 후이족 집단이었다(Ma Weiliang 1986 참조). 중국의 소수민족 간행물은 허쩌족 같은 소규모 집단을 공식적으로 인정한다고 자랑스럽게 선포했는데, 허쩌족의 인구는 1982년에 1,476명, 혁명 당시에 300명, 1953년 식별과정 당시에 450명에 불과했다(Zhongguo 1981:57-68; Banister 1987:322-3).

    현재 위구르족은 신장 위구르 자치구의 오아시스 도시에 밀집해 있으며, 타림 분지에 정착한 튀르크어를 사용하는 무슬림들로 알려져 있다. 하지만 '위구르족'이라는 명칭은 1930년대 소련에 의해 지역 외에는 별다른 이름이 없던 이 오아시스 민족을 위해 되살려졌다. 참고로 카슈갈릭, 투르판릭, 악술릭, 타란치, 튀르키, 사르트 등이 그들 지역의 명칭이었다. 현재의 명칭은 1934년 중국에 의해 채택되었는데, 원래는 타림 분지에 정착한 무슬림이 아닌 불교도인 오아시스 민족을 지칭하던 용어였으며 15세기 이후에는 사용되지 않았었다. 왜냐하면 이들이 10세기부터 15세기에 걸쳐 이슬람으로 개종하면서 이교도라는 뜻의 위구르족이라는 민족 명칭을 거부했기 때문이다. 이후에 현재 600만 명에 달하는 이 지역 무슬림들이 위구르족 명칭을 수용하며 국가와 자치구로 인정받을 수 있었다. 카자흐족, 타타르족, 키르기즈족, 우즈벡족, 타직족 등 신장의 무슬림 민족을 지칭하는 다른 용어들은 소련에서 중국으로 넘어왔으며, 이러한 민족명도 문제가 없는 것은 아니다.[5]

---

5   구소련에서 이러한 중앙아시아 민족의 구분과 관련된 문제에 대한 논의는 윔부시(Wimbush 1985)를 참고하시오.

스탈린의 네 가지 식별 원칙을 엄격하게 해석했다면 오늘날 중국 내 10개의 무슬림 민족이 생겨나지 않았을 것은 분명하다. 대신, 우리는 이러한 집단의 초기 인정에서 정치적, 전략적, 실용적 관심의 조합을 발견할 수 있다. 민족주의 문제를 해결하는 데 있어 초기 볼셰비키의 주된 관심사는 이념적 또는 이론적 순수성이 아니라 전략적 생존 가능성이었다는 워커 코너(Connor 1984)의 논의를 고려하면 이는 놀라운 일이 아니다. 새로운 민족국가 건설에 있어 여타 민족들의 지지를 얻기 위해 현장에서 민족 정책이 만들어졌다는 것이다. 중국의 경우, 이러한 정책은 대장정 기간에 가장 결정적으로 형성되었다.

소수민족이 가장 밀집한 지역을 통과하는 남서쪽에서 북서쪽으로 이어지는 이 긴 여정 동안 공산당 지도부는 무슬림과 그들이 만난 다른 민족들의 강렬한 민족적 정체성을 예민하게 인식하게 되었다. 에드거 스노우(Snow 1938)와 최근의 연대기 작가 해리슨 솔즈버리(Salisbury 1985)는 한쪽에서는 일본과 국민당, 다른 한쪽에서는 '사나운 야만인 부족민들'에게 끊임없이 괴롭힘을 당한 대장정 참가자들의 절박한 처지를 생생하게 묘사했다.[6] 아직 태어나지 않은 중화국가의 아버지들은 전멸의 위기에 처해 있었고, 생존을 위해 마오

---

6 에드거 스노우의 부인인 님 웨일즈(Nym Wales)는 저서 『레드 더스트』에서 옌안의 너러 대장정 참가자들과의 흥미로운 인터뷰를 재현한다. 대장정의 공식 역사가인 쉬멍치우는 쓰촨성에서 '사나운 롤로족'과 '야만적인 티베트인'의 학살을 가까스로 피한 "홍군이 마훙쿠에이, 마훙핑, 장제스가 이끄는 세 기병대에 쫓겨 산시성 북부로 행군했고, 기병대의 속도 때문에 후방의 많은 홍군이 포로가 되었다"고 기록했다(Hsu Meng-ch'iu, Wales 1952:74에서 인용). 마훙쿠에이, 마훙핑 두 사람은 닝샤와 간쑤의 대부분을 장악한 (후이족) 무슬림 군벌이었다. 수(Hsu)는 또한 '야만인'들이 산에서 휘몰아치듯 내려와 알아들을 수 없는 방언으로 '우우우'를 외치며 불운한 대장정 참가자들을 쓸어내리는 장면을 생생하게 기록한다. 마치 미국 서부영화에 나오는 아메리카 원주민과의 조우 장면을 연상시킨다.

족, 이족(롤로족), 티베트족, 후이족 등 소수민족에 대한 특별 대우를 약속해야 했다. 최초의 후이족 자치현은 1930년대 닝샤 남부에 설립되었는데, 이는 후이족에 대한 초기 공산주의자들의 호의를 보여주기 위한 것이었다. 스노우(Snow 1938)는 「무슬림과 마르크스주의자」라는 제목의 장에서 전투적 보수주의자인 후이족 무슬림과의 몇 차례 만남과 그 이후에 후이족에게 불쾌감을 주거나 갈등을 유발하지 않도록 팔로군 병사들이 그들의 관습을 존중할 것을 강하게 학습시켰다는 내용을 기록했다. 마오쩌둥(Mao 1936:1-3)은 북서부의 후이족에게 공산당의 대의를 지지해달라고 호소하면서 아타튀르크 치하의 튀르키예 르네상스를 중국 무슬림의 모범으로 언급하기도 했다(Forbes 1976:77; Lindbeck 1950 참조). 스노우(Snow 1938:320)가 관찰한 공산주의 제15군단 산하의 후이족 병사들이 붙인 구호 중 하나는 '우리만의 항일 무함마드 홍군을 건설하자'였다. 아마도 마오 주석은 1930년대에 민족 간에 무슬림 파벌주의로 인해 자신의 형이 신장에서 살해되었기 때문에 무슬림 문제에 더 민감했을 것이다. 대장정 이후 밝혀진 당 문건에 따르면 마오 주석은 1937년까지 소수민족에게 자결권을 명시적으로 약속하고 소련이 붕괴할 때까지 소련 헌법에 명시된 것처럼 소수민족에게 특권뿐만 아니라 탈퇴할 권리도 제공했다. 그러나 중국에서 1940년에 이 권리가 철회되고 대신 제한된 지역적 '자치권'이 부여되었다(Schwarz 1971 참조). 중국어 용어가 '자결권'에서 '자치권'으로 바뀐 것은 미미해 보이지만, 소수민족에게는 정책의 큰 변화를 의미했다.

　　중화인민공화국 건국 이후 국제적 고려, 특히 제3세계, 종종 무슬림 투자에 대한 열망은 소수민족에 대한 편애를 부추겼고, 다원주의와 동화의 목표는 지역 및 국제 정치에 따라 끊임없이 변화해왔다. 중국 마르크스주의자들은 토지 개혁, 집체화, 계급에 기반한 충성심의 약화에도 불구하고 이렇게 만들어진 집단이 사라지지 않는다는 사실에 놀라움을 금치 못했다. 민족은 종종 계급과 사회경제적 계층을 가로지르는 수직적 현상이었고, 중국과 구소련에서 토지 개혁운동 및 기타 계급에 따른 사회적 격차를 줄이기 위한 노력에도 불구하고 그 특성을 유지해왔다.

국가가 스탈린주의적 문화 정의를 채택했다는 사실은 지역 민족 공동체가 통합 정책에 어떻게 대응했는지를 이해하는 데 매우 중요하다. 워커 코너(Connor 1984)는 민족 집단의 최초 발생이 혁명 과정에서 지지를 얻기 위해 전략적이고 일시적으로 민족적 차이를 인정한 것이었지만, 이후 민족적 경계가 강화되어 구소련 메두사의 머리에서 뻗어 나온 뱀처럼 많은 신생 국가의 기초가 되는 정체성이 만들어졌다는 것을 보여주었다. 에릭 홉스봄은 소위 전통의 부활과 재해석을 검토한 후 그 관련성을 다음과 같이 강조했다.

> 비교적 최근의 역사적 혁신인 '국가'와 그와 연관된 현상들, 즉 민족주의, 민족국가, 국가적 상징, 역사와 그 밖의 것들에 주목해야 한다. 이 모든 것은 종종 의도적이고 항상 혁신적인 사회 공학적인 연습에 달려 있다. … 국가적 현상은 '전통의 발명'에 대한 세심한 주의 없이는 적절하게 파악될 수 없다. (Hobsbawm 1983a:13-14)

홉스봄과 레인저의 중요한 저서(Hobsbawm and Ranger 1983)는 문화의 창조에 대한 거대한 관심을 이끌었다. 이 장에서 나는 후이족의 사례가 명확하게 드러내듯이, 문화의 창조만이 아니라 권위주의 체제에 의한 '문화들'의 창조가 연루된 독특한 과정을 검토해야 한다고 주장한다.

명칭(labels)의 사회적 삶

중국 정부는 스스로를 구분하는 집단들에게 민족 명칭을 부여해왔는데, 나는 이러한 명칭들이 매우 자의적이고 주로 국가에 의해 정의되었다는 것을 보여주었다. 그럼에도 불구하고 지난 50년 동안 이러한 명칭은 나름대로의 생명력을 갖게 되었다고 주장할 수 있다. 아파두라이(Appadurai 1986a)는 물질적 상품이 본래의 의도를 넘어 지속적인 사회정치적 가치를 얻는다고 설득력 있게 주장하듯이, 이러한 국가의 지정은 소수민족의 민족주의에 대한 감각을 증진시키는 역할을 해왔다. 버나드 콘(Cohn 1971)은 영국 식민지 행정관들이 남인도의 다민족 인구를 분류하기 위해 다소 자의적으로 지정한 민족 명칭이 계속 사용되고 있다고 기록했다. 아무리 시대착오적이라고 해도 이러한 명칭은 권력자가 자신의 통제하에 있는 사람들을 관리하고 묘사하기 위해 지정할 때 종종 고정되며, 그 자체로 의미와 힘을 갖게 된다.

중국의 후이족은 이제 어디를 여행하든 스스로를 후이족이라고 칭한다. 하지만 가끔 정보가 부족한 공동체 구성원들은 오래된 습관에 빠지기도 한다. 내가 한 농부와 국가가 정의하는 담론에 관한 대화를 하던 중에 인터뷰에 동석한 후이족 동료 중 한 명이 '정치적으로 올바르지 않은' 발언을 바로잡으려 끼어들었을 때 나는 재미를 느꼈다. 그는 "당신은 '회교도'가 아니다"라며 질책했다. "당신은 '후이족 사람'이다. 후이족은 후이족의 종교가 아니라 이슬람교를 믿는다."[7] 말레이-오스트로네시아어를 사용하는 무슬림이 중국어로 소통하기 어려운 하이난 섬에서도 1985년 필자가 방문했을 때 그들은 스스로를 후이족이라고 부르지만, 그들 사이에

---

7   팡 켕퐁(Pang 1992)과 나는 현지조사 중 외국인 무슬림으로 오해를 받아 미국인 후이족으로 불리는 상황을 경험한 적이 있다.

서는 현지어로 우챳(Utsat)이라고 부른다(Pang Shiqian 1988). 타림 분지의 여러 민족은 카슈갈릭, 악술릭, 투르판릭 등 지역 오아시스 이름을 따라 스스로를 지칭하며, 외부인에게나 도시를 방문할 때만 보통 위구르족이라고 부른다. 이 용어는 점점 더 포괄적인 민족 명칭으로 받아들여지고 있으며, 이로써 그들 사이의 소통과 교류를 더욱 활발하게 하고 있다.

국가가 부여한 명칭에 기반한 민족 정체성의 결정체는 1950년대 초 어학연수생이자 교사로 신장에 갔던 한 한족 학자가 나에게 강조했던 부분이다. 시안에서 우루무치까지 한 달 동안 트럭을 타고 이동한 그녀는 카자흐족과 후이족도 함께 거주하는 위구르족 마을에 부임하게 되었다. 당시 그녀는 무슬림으로서 그들 사이에 분열이 적다는 것을 알았다. 그들은 같은 모스크에서 예배를 드리며 일상적으로 민족 정체성에 대해 거의 언급하지도 않았다. 그러나 2001년 귀국한 후, 그녀는 그들이 더 이상 함께 기도하지 않았으며 서로 분리되어 있다는 생각이 훨씬 더 강해진 것 같다고 말했다.

출산계획 면제, 교육 진학, 취업 기회, 세금 감면, 정치적 이동성 등 현재 중국에서 민족 신분에 부여되는 혜택을 고려할 때, 이는 민족성에 대한 상황주의적 관점으로 돌아가는 것처럼 들릴 수 있다. 즉, 후이족은 실용적인 목적을 위한 후이족이라는 것이다. 그러나 나는 민족 정체성이 본질적으로 정치적 현상이라는 점을 강조하면서도, 후이족의 경우 정체성에 대한 선입관을 지닌 국가와 자신의 전통과 대화적 상호작용을 통해 대응해야 하는 해당 공동체 사이에 중요한 대화가 이루어지고 있음은 분명하다. 이러한 전통은 혈통에 대한 관념들의 저장고에서 도출된 것으로 진공 상태에서 만들어지는 것이 아니며, 민족을 단순한 사회적 회합과 구분 짓는 요소이다.

후이족 정체성의 지역적 표현

중국 민족국가에서 이슬람과 후이족의 정체성 구축 사이의 대화는 이 장의 서두에서 설명했던 공동체들의 대응의 본질에서 확인할 수 있다. 중국 북서부의 후이족 공동체에게 이슬람은 후이족의 정체성을 나타내는 근본적인 표식으로 받아들여지고 있으며, 후이족이 된다는 것은 곧 무슬림이 된다는 것을 의미한다. 후이족 개혁가들이 이슬람의 이상을 변화하는 중국의 사회세계에 적용하면서 발생한 긴장을 해소하고자 하면서 이들 공동체 내부의 대화와 논쟁을 통해 놀랍도록 다양한 이슬람 운동이 발생했다(Gladney 1987b:518-25). 정부 정책은 후이족이 민족 정체성을 자유롭게 표현할 수 있도록 허용함과 동시에 이슬람의 부활도 허용했는데, 이는 이슬람이 후이족의 정체성을 나타내는 주요 지표이며 이들에게 이슬람은 변화된 상황에서 새롭게 재창조된 의미를 갖게 되었기 때문이다. 중국과 중동의 무슬림 정부들 간의 관계가 개선되고 장려됨에 따라 중국인의 성지순례(2001년 6,000명의 순례여행)와 외국 무슬림의 중국 내 이슬람 성지 방문이 증가했다. 이에 따라 특히 이슬람을 정체성의 근본적인 표식으로 여기는 북서부 후이족의 이슬람 정체성에 대한 인식은 더욱 강화되고 있다.

베이징과 같은 도시의 후이족 공동체는 돼지고기 금기, 기업가 정신, 공예 전문 등의 문화적 전통을 통해 자신의 정체성을 드러내는 경향이 있다. 이로 인해 도시에서 후이족의 정체성을 보존하고 표현하는 데 있어 식당과 같은 민족경제의 틈새시장이 더 중요해지고 있으며, 이는 동남아시아에서 다원주의가 부상하는 과정에서 퍼니발(Furnival 1939)이 명확하게 설명한 바 있다. 소상인, 식당업자, 정육점 주인, 보석 장인 등 후이족의 전통적인 직업은 그들을 '중국의 유대인'으로 묘사되도록 하기도 했다(Pillsbury 1973). 완화된 민족성과 경제 정책은 도시 후이족 출신을 가장 잘 반영하는 전문 분야와 소상인의 문화적, 경제적 확장에 기여했으며, 민족적 기업가 정신은 니우지에와 다른 도시의 후이족 중심지에서 '상징 자본'(Bourdieu 1977:171-5)이 되었다. 이 민족 자본은 후이족 정체성의 표식으로 국가에 의해 장려되고 있다. 후이족 사이에서 비즈니스 윤리의 중요성을 인식한 페이샤오퉁은 후이족이 "수세기에 걸친 상업 거래에서 무역 기술을 키운 조상으로부터 이러한 재능을 이어받았다"고 인정했다(Fei 1987:4). 페이는 후이족은 공통의 언어나 지역성, 기타 정체성의 문화적 표식이 없었기 때문에 후이족 자본주의는 봉건적이라고 비판받을 것이 아니라 현대화와 발전을 위한 그들의 민족적 특질로 장려되어야 한다고 주장했다. 페이는 아마도 자신도 모르게 경제적 합리성에 대한 베버의 관념에 신뢰를 보낸 듯한데, 놀랍게도 중국에서는 프로테스탄트의 노동 윤리가 무슬림의 것으로 여겨져왔다.

　남동부 후이족에게 후이족 정체성의 가장 중요한 요소는 계보적 혈통으로, 후이족이 된다는 것은 무슬림인 외국 조상으로부터 유래한 혈통의 일원이 된다는 것을 의미한다. 국가가 이러한 혈통을 후이족의 일원으로 인정하면서 남동부 해안 전역에 걸쳐 이전에는 인정받지 못했던 후이족 사이에서 민족적 재생이 일어나고 있다. 국가가 후원하는 후이족 및 외국 무슬림 대표단과의 접촉이 증가하고 이어서 많은 후이족이 자신의 민족 종교의 뿌리와 이슬람에 대해 더 많은 관심을 가지게 되었다. 국가가 민족 정체성에 대한 문화적 정의를 따른다는 점에서 취안저우의 후이족은 완전히 동화되었음에도 국가와 폭넓은 후이족 공동체에서 계속 인정받기 위해 이슬람과 관련된 문화적 특성을 만들어야 한다.

이러한 노력에 따라 중국 정부는 1984년 닝샤 후이족 자치구의 이맘 4명을 푸젠성으로 데려와 현지 후이족에게 소수만이 기억하고 있는 이슬람의 방식을 가르치도록 지원했다. 1950년대에 더 이상 이슬람교를 믿지 않기 때문에 국가로부터 후이족으로 인정받지 못했던 다른 후이 종족은 소수민족 지위를 정당화할 수 있는 이슬람 문화 전통을 되살리려고 노력하고 있다. 예를 들어, 한 종족은 모스크 건설 및 후이족 자치현 설립을 위한 기금을 모집하고 라마다 기간에 단식을 계획했다. 후이족 인정을 신청한 한 대표단은 불교식 장례 행렬의 선두에 코란을 펼치는 카이징(*kai jing*)이라는 관습이 문화적으로 후이족의 자격이 되는지 나에게 묻기도 했다. 국가가 문화적으로 정의하고 장려하는 후이족의 정체성과 전통을 부각시키는 일이 그들 삶의 일상적 아비투스(또는 실천)로 다시 심어지고 있다.

범후이족(pan-Hui) 정체성의 부상

물론 중국 역사상 각기 다른 무슬림 공동체 사이에 전통적으로 많은 접촉이 있었다. 취안저우, 하이난, 윈난의 무슬림 공동체가 종종 그 지역 언어를 구사하지 못하거나 문화적 배경이 매우 다른 초심자라 하더라도 베이징, 허저우, 닝샤의 다른 무슬림 중심지의 모스크에서 이슬람 마드라샤 훈련을 받도록 보냈다는 것은 중요한 의미가 있다(Gladney 1987b:139-41 참조). 후이족 수피교 타리캇은 윈난성에서 하얼빈, 신장에 이르기까지 형제애 공동체를 포함하는 구성원들의 광범위한 계층적 네트워크를 가지고 있었다(Yang Huaizhong n.d.). 그러나 이 순례자들은 한 민족 집단의 구성원이 아니라 이슬람의 회교도인 동료 무슬림으로서 이질적인 공동체를 여행한 것이었다. 칭하이-티베트 고원에서 황하를 따라 톈진의 북쪽 항구까지 양모를 가져와 차와 총기류, 사치품과 교환한 무역 및 캐러밴 네트워크는 종종 후이족 무슬림이 주도했다(Lipman 1988; Millward, J. A. 1988 참조). 이처럼 경제적, 사회종교적으로 중요한 연결망이 존재했지만, 현대 시기까지 초국적 범후이족의 정체성에 대한 증거는 거의 없었다.

회교도에서 후이족으로의 전환은 매우 중요한 계기이다. 대만 국민당 정부가 후이족의 존재를 인정하려 하지 않고 후이족, 위구르족, 카자흐족을 포함하는 회교도만을 인정한 것만 봐도 그 중요성을 알 수 있다. 대만에는 대만해협 건너편의 취안저우에 있는 후이족과 직접적으로 관련된 혈통이 있는데, 이들은 이슬람 식단 제한을 따르지 않고 현지의 중국 민간신앙을 따르지만, 더 이상 별도의 혈통에 대한 관념을 유지하지도 않는다(Gladney 1995 참조). 대만의 사회정치계에서 그들은 후이족으로서의 정체성을 완전히 잃어버린 반면, 국가 정책의 변화와 전통의 새로운 부각으로 인해 중국 본토의 같은 혈통의 구성원들에게 후이족의 정체성은 다시 한번 활기를 되찾고 있다.

국가의 정의, 소수민족 정체성, 그리고 한족 민족주의

모든 근대 국가에서 민족은 국가의 정책과 정체성의 해석 사이의 내부적, 외부적 대화에 따라 조작되고 의미가 만들어진다. 그러나 중국과 같은 권위주의 정권은 다원주의 국가와 달리 민족이 선택의 문제가 아니다. 즉, 누군가 한 민족으로 태어나 그렇게 등록되거나 또는 그렇지 않다는 것이다. 레오 데프레(Despres 1984)가 민족을 '대면의 가면'으로 정의한 것은 대립과 민족을 이해하는 데 도움이 되지만, 이 경우 가면은 쉽게 벗겨지거나 고정되지 않는다. 베버의 주관적인 동질감이나 정치적 행동이 이를 바꿀 수는 없다. 시기고의 아일랜드세나 뉴욕의 유대인이 미국의 공식적인 불우한 소수민족으로 분류되지 않음에도 불구하고 정치적 힘을 가지고 있는 것과 달리, 인정받지 못한 집단의 인가받지 않은 '결사'는 여전히 불법이다. 공식적으로 지정된 불우한 소수민족과 아메리카 원주민만이 중국과 구소련의 소수민족과 비슷한 지위를 누리고 있다. 인정받지 못하는 집단은 자신들이 아무리 그렇게 생각하더라도 중국 정부에게는 소수민족이 아니다. 푸코가 근대 전체주의 체제에 대해 생생하게 묘사한 제레미 벤담의 권위주의적 판옵티콘의 모든 것을 보는 눈 아래에서 모든 행동이 감시된다.[8] 중국이라는 다민족 세계에서 국가 판옵티콘은 사람들을 특정 세포나 수용된 민족과 전통의 범주로 구분한다면 더 잘 감시할 수 있다. 그러나 세포들의 그림을 그린 후일지라도 국가는 그 안에서 생성된 공동체가 독자적인 삶을 살지 않는다고 보증할 수 없다.

민족의 정체성은 공식적으로 인정된 민족 밖에도 존재한다. 비공식적이며 인정받지 못한 민족들도 그들 민족의 삶을 살고 있다. 수베이족은 상하이에서 낙인이 찍혔고(Honig 1992 참조), 수상인(Boat people)은 남동부 해안에서 조롱을 받았다. 중국 유대인은 현재 80여 명에 불과하지만(일부 추산에 따르면 2000~8000명) 국제적인 관심과 중국유대인 연구학회가 결성되는 등 정치적 세력이 되어가고 있다. 지금까지 모두 한족으로 간주되어 지역적으로는 무시되

---

8   이 강력한 은유에서 푸코는 보이지 않는 감시자가 모든 죄수들을 볼 수 있는 원형 감옥의 중앙 통제탑을 묘사한다. 이것은 벤담이 지적한 것처럼 완전한 복종으로 이어진다. "끊임없이 감시자의 눈 아래에 있다는 것은 사실상 악을 행할 힘은 물론이고 악을 행하고 싶다는 생각조차 잃게 하는 것이다"(Bentham, Fallers 1974에서 인용). 이 은유와 근대 중국과의 연관성을 처음으로 지적해 준 앤 아나그노스트에게 감사를 표한다.

어 왔던 광둥인, 쓰촨인, 후난인의 경우 중국 밖에서는 민족으로 인정받고 있지만 중국 내에서 인정되지 않는 것에 대해서는 이의가 제기되지 않았다.

이런 초민족적 집단들은 중국의 91%가 하나의 민족이라는 가정을 중국과 대부분의 서양 학자들이 받아들이고 있는 것, 즉 한족이라는 개념에 의문을 제기한다. 어쩌면 우리도 매우 정치적인 이유로 한족을 받아들인 것은 아닌지 생각해볼 필요가 있다. 프레드 블레이크의 중요한 연구인『중국 시장 마을의 민족 집단과 사회 변화』(Blake 1981)에서는 하카족, 광둥족, 호키엔족을 포함하여 언어, 장소, 직업에 따라 정의되는 수많은 민족 집단을 확인했다. 이 중 한 집단을 제외하고는 모두 중국에서 소수민족으로 인정받지 못하고 있지만, 블레이크가 이들을 활기찬 민족으로 묘사하는 데 이의를 제기한 사람은 아무도 없었다. 이는 아마도 이들이 영국 관할의 홍콩이라는 신영토에 살았기 때문일 것이다. 홍콩이 중국에 반환된 지금 이들 소위 소수민족은 어떻게 될까?[9] 블레이크는 하위지역의 정체성과 민족성을 혼동했다는 비판을 받게 될까? 분명한 것은 국가 헤게모니와 민족 정체성 문제는 더 많은 관심이 필요하다는 것이다.

러시아 민족주의의 부상에 대한 연구는 1970년대 이후 외국인과 러시아인 모두에게서 많은 관심을 받았지만(Brudny 2000; Conquest 1986; Dunlop 1983; Yanov 1987 참조), 아직까지 한속 민족주의의 생성에 대한 대규모 연구는 나타나지 않았다. 이는 주로 한족

---

9 홍콩에 있는 수천 명의 남아시아계(주로 인도인, 구르카인, 파키스탄인)와 기타 민족이 포함됨에도 불구하고 중국이 공식 민족의 수를 늘리기로 결정하지 않았다는 것은 흥미롭다. 대신 이들을 모두 '외국계 민족'으로 묶으면서, 표준 민족에 포함시켰다(일례로, 홍콩의 후이족은 중국 내 전체 후이족 인구의 일부로 집계됨).

이 일반적으로 중국인이라는 현재의 정권에 의해 만들어지고 유지되어온 전통이 지배적으로 주입되고 중국연구자들에 의해 그렇게 가정되었기 때문일 것이다. 러시아인과 소비에트의 비일치성이 소비에트 연구에서의 러시아 민족주의에 관한 많은 논의를 이끌었는데(Allworth 1980:18), 이 논의들이 모든 중국인을 마치 같은 것처럼 다루는 중국 민족주의 연구에서 고려되지 않았다. 아마도 적절한 관계에 의해 약하게 결합된 사회에서 질서와 조화를 중시하는 전통적인 유교적 선입견이 이러한 범주가 도전받지 않은 하나의 이유였을 것이다. 한족과 모든 소수민족의 정체성이 구분되어 이름이 정해지면 질서가 회복되고 모든 것이 잘 돌아간다는 유교적 관행인 '이름 바로잡기(正名)'는 중국 민족지학자들에게 주요 관심사이기도 했다. 엥겔스의 『가족, 사유재산, 국가의 기원』이 중국에서 인기가 있는 것은 놀라운 일이 아니다. 이 저작에서 국가의 주요 역할이 갈등하는 계급 사이에 질서를 가져오는 것이라는 점이 분명하기 때문이다.

스탈린주의의 네 가지 '공통점'은 이미 한족 민족주의의 초기 정책에 상당한 영향을 미친 것으로 보인다. 이 수사의 가장 중요한 목적은 분명하다. 공통의 혈통이라는 헌장에 근거해 중화민족의 단결을 촉구하는 것이다. 국민당의 민족주의 정책하에서 한족과 후이족은 별개의 민족으로 간주되지 않았으며, 후이족은 특징적인 종교 집단으로 회교인 또는 회교도라 불렸다. 따라서 대만에서도 후이족(그리고 그들과 함께 분류된 다른 무슬림 포함)은 특별한 민족적 지위를 획득한 적이 없다(Pillsbury 1973). 반면에 한족은 광범위한 중국인 '인종'에 포함되었고 특별히 '주류'의 대우를 받지는 못했다. 흥미롭게도 쑨얏센과 장제스의 민족 담론의 근거와 최종 목적은 모두 민족 통합이라는 점에서 동일하며, 쑨얏센의 초기 '5개 민족'

정책에서 우리는 이후 공산당 소수민족 강령의 기초를 볼 수 있다.

　이와는 대조적으로 나는 중국인 동료에게 자신이 한족이라는 사실을 처음 깨달은 때가 언제인지 물어보았다. 그는 오랫동안 중러 무역의 중심지이자 러시아인, 만주인, 한국인, 몽골인, 올론첸(오로첸), 다우르족, 허쩌족, 후이족 등 여러 민족이 공존하는 동북부의 중심지인 국제적인 만주 도시 하얼빈에서 성장했다. 그는 하버드에서 박사 후 연구를 수행했던 지식인으로 하얼빈에서 자라면서도 자신이 특정 민족이라는 사실을 인식하지 못했었다. 그는 "내가 한족이라는 것을 처음 알게 된 때는 열일곱 살에 직장을 구하려고 등록했을 때였다. 신청서를 작성했는데 직원이 민족 빈칸에 '한족'이라고 쓰라고 했다. 나는 무엇을 써야 할지 몰랐다"고 말했다. 국영 기관에 구직 신청을 했을 때에서야 그는 자신의 공식적인 민족적 지위를 완전히 알게 되었다. 그전까지는 그에게 민족은 거의 의미가 없었다. 개인의 아비투스에 대한 이해를 위해서는 국가 헤게모니와 권력의 맥락을 간과할 수 없는 것이다.

　이 연구는 또한 민족 정체성에서 국제 관계의 중요성을 강조하고자 했다. 외국 무슬림 정부와의 긍정적인 관계를 유지하기 위해 중국인들은 가장 급진적인 정치가 지배적일 때만 자국 무슬림 집단에 대해 가혹한 태도를 보였다. 정치 이론가들이 보여준 것처럼 극단적인 좌파 급진주의는 종종 불안정한 국제 관계와 동시에 발생했는데, 중국이 경쟁국의 침략으로 위협을 느낄 때(예를 들면, 베트남 전쟁 중) 좌파 급진주의가 우세했다. 지금은 중국 민족국가의 정통성에 이의를 제기하는 사람이 없고(심지어 티베트도 유엔에서 중국의 일부로 인정받았다), 소련이 해체된 이후 중국의 소수민족에 대한 정책은 더 개방적일 수 있는 여유가 생겼다. 미국에서 일본에 대한 분노가 미국의 이익에 대한 일본의 경제적 또는 정치적 국제적 위협과 직접적인 관련이 있는 것처럼, 외부의 위협이 발생하면 소수민족 정책은 아마도 더 강화될 것이다.

민족성의 대화와 경합

과거에 후이족에 대한 이해는 후이족의 폭넓은 다양성과 통일성을 설명할 수 없는 모델과 정책으로 인해 저해되어왔다. 스탈린주의 및 문화적 접근법과 같은 문화적 특성 분석에 의존하는 모델은 후이족과 한족의 유사성 및 후이족 내부의 다양성에 기반을 두고 있다. 리처드 루벤스타인이 『역사의 교활함』(Rubenstein 1978)에서 역사를 신중하게 다시 쓰면서 설명한 것처럼, 후이족이 스탈린주의 모델에 적합하지 않았지만 중국 정부는 통합과 국가 건설이라는 정치적 목표를 위해 혁명 이전의 사상을 바탕으로 후이족을 인정하기로 결정했다. 공리주의적 상황 접근법은 패권주의적 억압에 직면한 민족 정체성의 지속적인 의미와 힘을 설명하는 데 어려움을 겪었다. 국가와 지역의 민족 집단 간의 내부적, 외부적으로 지속되는 대화에서 권력관계에 주목하는 것은 현재 민족 정체성의 부활, 근대 세계에서 민족 정체성의 의미와 중요성을 이해하는 데 매우 중요하다. 푸코는 국가가 협상 불가능한 수많은 문제를 해결해야 한다는 점을 상기시킨다.

> 국가는 신체, 성, 가족, 친족, 지식, 기술 등을 투여하는 모든 일련의 권력 네트워크와 관련된 상부 구조이다. 사실, 이러한 네트워크는 본질적으로 일정한 수의 거대한 금지 기능을 주축으로 구조화된 일종의 '메타권력'과 조건부 관계 위에 있다. 하지만 이 메타권력도 그 금지 기능과 함께 거대한 부정적 형태의 권력에 필요한 기반을 제공하는 일련의 다중적이고 불명확한 권력관계에 뿌리

를 둔 곳에서만 자리를 잡고 그 기반을 확보할 수 있다. (Foucault 1980:24-5).

민족성은 국가와 자아 사이에서 끊임없이 협상하는 메타권력의 한 항목일 뿐이며, 이 대화는 지속적이며 변화하는 사회적 맥락에 따라 정기적으로 재정의된다. 때로는 민족이라는 명칭을 부여할 때처럼 장기간의 협상, 논쟁 또는 일방적인 지령의 형태를 취하기도 한다. 중국과 무슬림 및 소수민족의 관계의 역사를 통틀어 국가 헤게모니와 편입에 대한 저항의 계기들은 수없이 많았다. 1989년 후이족은 살만 루슈디의 『악마의 시』가 전 세계 무슬림에게 모욕적이라는 이유로 중국 전역에서 시위를 벌였다(Gladney 1996a:1-15; 1994 참조). 중국 정부는 무슬림의 모든 요구를 수용하여, 책을 압수하고, 저자를 체포하고, 출판사를 폐쇄했다. 이는 극적인 변화이다. 문화대혁명 중에 중국은 윈난성 지역의 후이족 봉기를 엄중히 단속하고 후이족 866명을 학살했는데, 다른 추산에 따르면 사망자 수가 1,600명에 이른다(Gladney 1996a:137-40). 아마도 1989년 후이족에 대한 중국 정부의 호의적인 반응은 무슬림 민족을 억압하는 국가와 군사 및 건설 무역을 꺼려할 중동의 무슬림 정부의 관계 때문이었을 것이다.

후이족의 민족 형성과 회교도에서 후이민으로의 전환이 이루어지는 중요한 과정은 일반적으로 중국 국가 내에서 살아온 후이족의 오랜 역사를 강조하려는 현대사에는 대체로 빠져 있다.[10] 이러

---

10 쓰촨성의 이족(이전의 롤로족)에 대한 린위에화의 논의는 전형적으로 "중국에서 오래된 민족이다. ⋯ 고대부터 이족은 중국 민족의 일원이었다"(Lin 1984:90)라는 획일적인 역사를 그리고 있다. 이것은 현재 '이족'으로 분류되는 사람들 사이의 다양한 사회문화적 다양성을 가리고 있으며, 대부분의 역사에서 이족은 중국 통치로부터 독립적인 적어도 세 개의 개별 민족언어 집단으로 구성

한 민족 형성의 대화적 과정을 보이는 것은 후이족만이 아니다. 중국 내 소수민속에 대한 현장연구는 특히 이족(Harrell 1995), 위구르족(Gladney 1993), 바이족(Yokoyama 1988), 티베트족(Goldstein 1990)과 같이 부족에서 국가로 이동하는 과정에서 유사하게 진행되었음을 보여준다. 각각의 경우에 중국 정부의 지역 대표들이 민족적, 문화적 정당성에 대한 주장을 수용하게 되는 대화가 이루어졌고, 그 결과 초기에 민족으로 인정받게 되었다. 어떤 경우에는 그 반대 방향으로 진행되어 중국 정부가 민족을 인정하지 않는 경우도 있었다. 티베트인들은 중국 정부가 그들을 더 분열시키고, 숫자를 줄이며, 그들의 영역을 분할하려는 시도를 막기 위해 현재 티베트 소수민족에 속해 있으나 별도의 민족 식별을 신청한 덩족을 다른 민족으로 인정해서는 안 된다고 일관되게 주장해왔다. 이 장기적인 협상은 지난 50년 동안 양측 모두에게 지속적으로 영향을 미쳤다. 이로써 전통적인 민족 정체성이 더 구체화되거나 경우에 따라서는 다시 활성화되는 결과를 가져왔다. 이러한 과정 속에서 투쟈족 인구는 1982년 280만 명에서 1990년 570만 명으로 증가했고, 만주족 인구는 1982년과 1990년 사이에 430만 명에서 980만 명으로 228% 증가했다.

민족에 대한 스탈린주의적 문화 정의를 고수하는 국가는 민족 지위에 대한 문화적 주장의 정당성에 결론을 내려야 한다. 즉, 국가가 언어, 경제, 지역성, 문화를 구성하는 요소 자체를 결정하는 것이다. 소수민족과 민족 신청 집단은 자신들의 문화적 전통이 정치적 인정과 특권, 추가적 고려를 받을 수 있을 만큼 정당하다는 것을 국가에 설득해야 한다. 따라서 논쟁은 계속된다. 바흐친(1981

된다(Harrell 1989).

[1975]:84-6)에게 있어 이러한 생명력이 대화의 본질이다. 그것은 또한 논쟁의 양쪽에서 민족적 변화의 움직임을 불러일으키는 것이기도 하다. 대화가 진전함에 따라 새롭게 드러나는 정체성, 한족의 본질, 근대 중국 민족국가 이해를 위한 민족의 관련성이 부각되기를 기대한다.

9장
관계적 타자성

'부족'의 재등장

'부족'이라는 개념은 거의 20년 동안 인류학 역사의 뒤편에 버려져 있다가 민족주의와 공동체 정체성의 전세계적인 부활을 설명하기 위한 대중적이고 학술적인 묘사에서 자주 사용되고 있다. 가장 악명 높은 사례는 조엘 코트킨의 저서 『부족: 인종, 종교, 정체성이 새로운 글로벌 경제에서 성공을 결정하는 법』(1993)으로, 그는 '부족 정체성'(여기서는 유대인, 중국인, 일본인, 영국인, 인도인)이 초국적 기업 성공의 기반이 된다고 주장한다. '세계의 경제, 정치, 사회 동향에 대해 국제적으로 인정받는 권위자'로 알려진 저자는 현대 세계 질서에서 '인종, 종교, 정체성'의 결합을 설명하기 위해 아르준 아파두라이(Appadurai 1993:423)의 비평적 언어인 '부족의 수사'를 불러온다. 이러한 코트킨의 방식은 분명히 대중적이지만, '깃발을 든 부족'(Glass 1990)처럼 그려지는 민족주의의 부활을 근원적이고 원초적이며 본질적인 정체성에서 찾으려는 것은 각종 학술 문헌에도 나타나고 있다(Glass 1990). 이와 대조적으로, 이 장에서는 사람들이 고도로 맥락화된 사회적 관계의 특정 순간에 특정 정체성에 동의한다고 주장할 것이다. 현대의 케이블 채널과 마찬가지로 이러한 정체성은 종종 국가에 의해 규정되며 특정의 진부한 표현들로 제한된다.

　인류학자들은 '부족'이라는 개념이 종종 저개발된 비서구 사회에만 적용된다는 이유로('그들은 부족이고 우리는 민족이다'는 것처럼) 20여 년 전에 이 개념을 폐기했지만, 최근 구소련, 동유럽, 남아시아, 아프리카처럼 동떨어지고 다양성이 넘치는 곳에서 정체성의 정치가 다시 제기되는 것을 설명하기 위해 부족주의 개념이 다시 부상하고 있다.[1] 중앙아시아는 유목 및 목축 사회로의 역사적 연속성을 고려할 때 새로운 중앙아시아 정체성의 핵심이 '부족주의'라는 주장에 가장 쉽게 적용된다(Garthwaite 1993:142 참조).

　이와는 대조적으로, 베네딕트 앤더슨(Anderson 1991)은 민족 정체성이 어느 정도 자연스럽게 연결되는 공통의 정체성에 대한 믿음이 '상상된 공동체'로 스며드는 역사적으로 맥락화되고 사회적으로 구성된 구조적 과정 속에서 가장 잘 이해될 수 있다고 설득력 있게 주장했다. 탈구조주의적 접근법에서는 정체성이 자연적이고 원초적인 것이 아니라 민족국가의 권력관계 내부와 사이에서 고도로 경합되고, 다중적이며, 구성되고, 협상되는 것으로 개념화한다(Gupta and Ferguson 1992; Malkki 1992). 민족주의 이데올로기는 문화적 생산물이 되고(Befu 1993; Fox 1990), 전통의 발명품으로 정당화되며, 사회사로 이야기된다(Hobsbawm 1983a; Tonkin, McDonald,

---

1　인류학에서 집단 정체성에 대한 '부족'이라는 용어의 부적절성에 대한 논쟁은 걸리버(Gulliver 1969)와 헬름(Helm 1968)의 선집에 가장 잘 요약되어 있다. 부족으로서의 민족성에 대한 이후의 논의로는 아이작의 고전 『부족의 우상: 집단 정체성』(Isaacs 1976)과 글래스의 저서인 『깃발을 든 부족: 중동의 혼돈을 지나는 위험한 통로』(Glass 1990)를 참고하시오. 현재 동유럽에서 벌어지고 있는 민족 분쟁에서는 '부족'이라는 용어가 거의 사용되지 않는 반면, 아프리카, 중동, 중앙아시아에서 벌어지는 공동집단의 폭력을 설명할 때는 이 용어가 자주 사용된다는 점은 흥미롭다. 이는 아마도 이 용어에 인종차별적이고 개발주의적인 의미가 내포되어 있다는 것을 시사하는 듯하다.

and Chapman 1989).

정체성, 민속, 국적에 대한 개념이 사회적으로 구성된다는 것은 자명해 보일지 모르지만, 이러한 정체성이 일반적으로 '상상된 것'이라고 제시하는 것의 문제점은 민족과 국가 정체성이 완전히 '발명된' 것처럼 앤더슨의 주장을 너무 문자 그대로(그조차 상상하지 못했던 방식으로) 받아들이는 경우가 종종 있다는 것이다. 담배연기로 가득 찬 영국 귀족의 응접실에서 생겨난 생각들이나 집단적 상상력의 허구처럼 뜬금없이 생겨난 것으로, 완전히 잘못 해석한 것이다. 이를 교정하기 위한 이 장은 제국의 종말, 식민주의의 부상, 세계 자본의 확장, 그리고 점차 국민, 민족, 최종적으로 국가로 분류된 집단들의 지배와 근접해 있지만 동의어가 아닌, 역사의 어떤 특정한 순간에서 민족주의의 부상(그리고 그 현대적 도전)을 찾고자 하는 열망에서 쓰였다.[2] 또한 중앙아시아 및 내륙아시아에 관한 글쓰기에 사회이론적 이슈를 도입하려는 시도이다. 오랫동안 비소련 학자들과 비러시아인들에게 닫혀 있었던 이 지역은 이제 다양한 여행자, 작가, 개발자, 조사자들에게 개방되어 실제로 그곳에서 무슨 일이 일어나고 있는지 더 잘 알려지기 시작했다. 하지만 우리가 왜 중앙아시아를 특정한 방식으로 보는 건지, 중앙아시아 사람들은 서로를 어떻게 보고 있는지에 관해 진지하게 이론화하거나 문

---

2   이 장의 초기 버전은 호놀룰루의 동서문화센터 세미나(1993년 9월), 워싱턴 DC에서 열린 미국 정부 후원의 심포지엄 '1990년대 국가 및 국제 질서에 대한 민족 갈등의 도전: 지리학적 관점'(1993년 9월), 보스턴에서 열린 아시아연구협회 연례회의(1994년 3월), 시카고 대학에서 열린 동아시아 심포지엄(1995년 4월), 도쿄 소피아대학 비교문화연구소 세미나(1995년 5월), 코펜하겐에서 열린 제5회 유럽 중앙아시아연구 세미나(1995년 8월)에서 제기된 통찰력 있는 질문과 비판적 논평으로부터 많은 도움을 받았다. 1992년 10월 이스탄불에서 풀브라이트 연구 연도를 시작할 때 이 프로젝트의 초기 구상을 접했던 튀르키예 이스탄불의 보가지치 대학교 사회학과 동료들이 제기한 의견이 특별히 유용했다.

제화한 적은 거의 없다.³

그렇기 때문에 나는 민족국가가 더 이상 존재하지 않는 시기까지 '국가를 넘어선 사고'를 시작해야 한다는 아파두라이(Appadurai 1993)의 다소 이상주의적인 주장에 이의를 제기한다. 최근 동유럽과 구소련에서 벌어진 일련의 사태에 비추어 보면, 이는 '국가 넘어서기를 열망하는 사고'라고 할 수 있다. 마찬가지로 홉스봄은 "국가는 … 기술 및 경제 발전의 특정 단계에서 존재한다"(Hobsbawm 1990:9)고 이론화했다. 그는 분명히 그 단계가 지나간 것으로 믿는다. 국가와 민족 또는 언어 집단은 '민족주의가 더 이상 역사 발전의 주요 벡터가 아닐' 정도로 '지구의 새로운 초국가적 재구조화 앞에서 후퇴하고, 저항하고, 적응하여, 흡수되거나 전위되고 있다'(Hobsbawm 1990:182).⁴ 이러한 사고는 팔레스타인, 체첸, 티베트, 중앙아시아의 많은 지역, 심지어 퀘벡에서 국가의 지위와 문화적 생존을 위한 투쟁을 설명할 수는 없다(Handler 1988). 이러한 경향은 현재 민족주의의 형태로 정체성의 정치학을 구성하는 것이 부족주의의 재등장 이상의 의미를 지니며, 소위 제3세계에 국한된 것이 아님을 나타낸다.

여기서 나는 민족주의가 '근대성의 구성 원리'로 인식되는 한(여기서 '인식되는'이라는 단어가 가장 유효함), 탈민족주의는 탈근대성이 실현될 경우에만 생겨날 것이며, 이에 대해 우리는 여전히 갈 길이

---

3   우리가 중앙아시아를 '중앙'(무엇의?) 또는 '내부'(외부와 반대되는?)로 본다는 것은 최근 나의 논문(Gladney n.d.)에서 이론적으로 논의되었다. 대부분의 중앙아시아 학자들은 이 지역의 중심성을 당연한 것으로 받아들이고 강하게 주장한다(Frank 1992 참조).

4   애국심과 시민적 자부심은 사회적 대립과 자원 경쟁이라는 현실정치에서 추출된 자기 발견의 진공 속에서 존재한다는 줄리아 크리스테바(Kristeva 1993)의 다소 이상주의적이고 유토피아적인 '민족주의 없는 국가'에 대한 설명도 참고하시오.

멀다는 그린펠드(Greenfeld 1992:491)의 제안이 옳다고 생각한다. 팔레스타인의 아라파트, 구소련 15개국의 새로운 지도자, 그리고 체첸, 아체, 소말리아의 다른 잠재적 국가 지도자들은 그 너머를 생각하지 않고 분주하게 더 많은 국가들을 만들고 있다.

이 장에서는 국가 정체성을 현대의 역사적인 사회 관계의 영역에서, 특히 중앙아시아, 튀르키예, 중국의 특정한 사회 집단들 및 신생 국가들과 관련하여 살펴본다. 유라시아 대초원의 강대국 및 식민지 제국과의 오랜 교류의 역사를 고려할 때, 정체성 형성과 관련하여 순수한 상대주의적 입장이나 다른 극단적으로 탈역사적이며 본질주의적 입장은 특히 의문의 여지가 있다. 두 극단 모두 오랫동안 이 지역을 지배해온 권력, 헤게모니, '내부' 식민주의, 문화 경제의 문제를 간과한다.

'문화의 경계선을 만드는 작업'(Bhabha 1994:7)에서, 가장 흔하게는 민족국가와 연관된 맥락에서 표현되는 망명 중인 정체성의 다중성이 두드러진다. '민족'으로 묘사되고 현재 그 용어를 사용하여 스스로를 부르는 세 민족(그러나 그들 중 한 민족만이 최근 민족국가가 되었고 다른 한 민족은 아직 그러한 지위를 주장하지 않는다)을 검토함으로써, 나는 스탤리브래스와 화이트의 저서 『죄의 시학과 정치학』(Stallybrass and White 1986)의 논의를 따라 현대 민족국가의 근본적인 죄와 그에 대한 흥미로운 도전을 제기하는 세 가지 양식의 민족국가 담론을 제안하고자 한다. 이들은 현재 후이족, 위구르족, 카자흐족으로 알려진 사회 집단에 의해 정교화된 디아스포라, 토착성, 트랜스휴머니티의 담론이다.

나는 민족주의가 단순히 상상된 관념이 아니라 특정 양식의 상상된 표상, 즉 민족국가 내부의 상호작용이나 민족국가에 대한 저항으로 정의되는 행동의 문법에 제공하는 표상 방식을 재현한다고 주장한다. 홉스봄(Hobsbawm 1992:4)이 주장하듯, "민족주의는 정치적 프로그램이다. … 이 프로그램이 없다면, 실현 여부와 상관없이 '민족주의'는 무의미한 용어이다." 민족주의는 자의적인 것은 아니지만, 존 코마로프(Comaroff 1987)가 '토템적' 관계성으로 정의하며 정확하게 묘사한 강력한 상징을 사용하면, 내부적, 외부적 대화나 대립 속에서 전환되거나 재정의되지 않는 핵심 내용, 즉 필수적인 본질이 있는 것도 아니다. 그리고 두아라(Duara 1995)가 지적했듯이 모든 민족주의와 민족성이 반드시 민족국가 구성의 부산물이거나 그 안에 포함되어 있는 것은 아니다.

중국에서 함께 시간을 보냈던 많은 사람들과 튀르키예에서 망명자 또는 (더 나은 용어를 사용하면) 이민자로 다시 만난 사람들과의 인터뷰를 통해 나는 레이 초우(Chow 1993)가 디아스포라 상태라고 부르는 관계적 타자성의 함의와 현대 민족국가를 불안정하게 하는 도전에 대해 더 많이 생각하기 시작했다. 나는 1992~93학년도에 이스탄불에서 풀브라이트 연구자로 지내면서 1940년대 중국에서 이스탄불로 건너온 난민들과 1988년에 수행했던 인터뷰를 이어서 연구했다. 1982년부터 1986년까지 3년 동안 중국에서 주로 후이족으로 알려진 사람들을 대상으로 현장조사를 진행했고, 그 기간 동안 중국 내 위구르와 카자흐스탄 지역을 잠시 여행하기도 했다. 그 이후로 나는 매년 중국을 방문했고, 가장 최근에는 2000년 5월에 알마티를 여러 차례 방문했으며, 그때마다 이전에 만났던 후이족, 위구르족, 카자흐족 및 그들의 친척들과 연락을 취하려고 시도했다. 나는 대부분의 시간을 하나의 '시대를 초월한 독립된' 마을, 인근지역, 도시, 주(구조인류학자들이 선호하는 계층구조)에 '쪼그리고 앉아'(Geertz 1989:23) 있기보다는 민족국가의 경계를 넘나드는 민족들 사이를 이동하며 보냈다. 이것은 내가 가장 관심을 갖고 있는 집단이 스스로를 정의하는 것과 같이, 바비의 용어를 빌리면 여러 장소의 경계를 가로지르는 '틈새' 사이에서 일하거나 폭스의 '현재에서 작업하라'(Fox 1991:1)는 격언을 따르고자 하는 시도이다.

중앙아시아와 동유럽에서 부족주의가 다시 부상하고 있는데 이제 소비에트의 '평화유지' 손길은 철수했다고 불평하는 외교부 및 기타 정책 매뉴얼에서 '소비에트의 향수'로 불릴 수 있는 많은 것들은 위험할 정도로 틀린 것은 아니더라도 잘못된 것이다.[5] 이 민족들은 소비에트와 중앙아시아의 중앙집권 국가들이 지배하기 전과는 근본적으로 달랐으며, 그들의 다면적인 정체성은 부족적인 것이 아니었다. 범튀르크주의와 범이슬람주의를 최근 이 지역에서 발생한 사건에 대한 설명의 만병통치약으로 제시하는 사람들은 튀르크 또는 이슬람 연대의 표출이 특정한 상황에서 보이는 이 복잡한 정체성의 한 측면에 불과하다는 점을 간과하고 있다. 사실, 소비에트 이후 중앙아시아의 건조화는 범튀르크주의자들과 범이슬람주의자들에게 가장 큰 실망감을 안겨주었다. 올리비에 로이의 『정치적 이슬람의 실패』(Roy 1994)는 아프가니스탄과 중앙아시아의 많은 지역에서 '이슬람과 무슬림 사회를 하나의 시대를 초월한 문화 체계로 인식'하는 것이 이 지역을 휩쓸고 있는 현대 사회운동과 이슬람 자체의 본질에 모두 폭력을 가하고 있는 것임을 보여준다. 이 장에서는 이러한 보편적 이데올로기가 소비에트 이전 시대보다 소비에트 이후 시대에 훨씬 더 설득력이 떨어지

---

5 데이비드 프로차스카(Prochaska 1995)는 그의 흥미로운 논문에서 일종의 '제국주의적 향수'가 프랑스에서 알제리의 오리엔탈리즘을 반영하는 엽서의 유행을 설명하는 데 도움이 된다고 제안했다. 오늘날 민족주의적이고 본질화하는 프로젝트의 부상은 순수주의적 공동체 기원에 대한 '원시주의적 향수'를 반영하는 것일 수 있으며, '부족' 용어의 부활을 설명하는 데 도움이 된다.

는 이유를 제시하고자 한다. 나는 현장노트에서 발췌한 세 민족국가의 세 가족 사례를 통해 이 장에서 전개되는 몇 가지 쟁점을 설명하고자 한다.

세 가족, 세 '국가'

팻마 왕은 50년 전 가족과 함께 대만을 거쳐 이스탄불에 왔다. 그녀는 국민당 고위 간부였던 남편과 함께 1949년 신장에서 탈출해 산악지대를 거쳐 파키스탄으로 이주해 4년 넘게 살다가 이스탄불로 이주했고 남편은 그곳에서 교수로 임용되었다. 중국 무슬림(중앙아시아에서는 둥간, 중국에서는 한때 무슬림을 뜻하는 '후이'로 불림)[6]인 팻마는 가까이는 중국 남서부 쓰촨으로 거슬러 올라가는 가문의 뿌리가 있다. 그러나 많은 후이족과 마찬가지로 그녀의 초기 조상은 페르시아인이었으며, 당 황제가 쓰촨성의 지역 반란을 진압하기 위해 불러온 전설적인 '검은 옷을 걸친' 무슬림 군대의 일부였을 것이라고 강하게 믿고 있다. 즉, 그녀는 제국을 위해 중국에 들어와 중국 여성과 결혼하고 이후 제국의 여러 패권 다툼에 연루되는 아랍 용병이나 페르시아 상인의 혼혈 후손인 것이다. 오늘날까지 후이족은 중국인과 비중국인 사이에 존재하며, 양쪽 모두로부터 신뢰를 받지 못하는 경계인이자 영원한 이방인이며, 내재적으로 유용한 중재자, 상인, 때로는 희생양으로 인식된다.

---

6   중국과 중앙아시아의 중국 무슬림을 가리키는 문제적이고 이해하기 어려운 용어인 '후이'는 위구르족을 가리키는 용어의 초기 중국어 오역에 그 기원을 두고 있다(Gladney 1996a:15-21, 324-5). 중앙아시아에서 후이족은 후이 용어의 부적절한 러시아어 의미 때문에 둥간(아마도 동부 간쑤성 출신의 무슬림과 관련이 있거나 '돌아오다'라는 뜻의 옛 튀르크어, Dyer 1979 참조)으로 알려져 있지만, 후이족은 둥간이라는 용어를 거의 사용하지 않으며 일부는 이에 불쾌감을 느끼기도 한다.

팻마 왕은 현재 이스탄불에서 가장 오래된 중국 레스토랑인 라 마르틴 가네시(Lamartin Cadessi) 부근의 친 로칸타시(Çin Lokantasi)를 운영하고 있다. 수년에 걸쳐 그녀의 음식은 확실히 튀르키예의 맛을 지니게 되었지만 여전히 풍미 있고 매콤한 소고기 국수를 내놓을 수 있다. 그녀의 아들인 이사 완 에르 샤오와 쿠르반 왕 에르방은 튀르키예 여성과 결혼했으며, 대부분의 이스탄불 사람들과 마찬가지로 이슬람의 명절과 관습을 존중하지만 지나치게 종교적이지 않은 세속화된 이슬람을 믿고 있다. 이 형제는 중국 친척들에게는 중국어를 사용하지만 형제자매와 자녀들에게는 튀르크어를 사용한다. 팻마는 "그들이 무슬림인 한, 나는 그들이 누구와 결혼하든 상관없다"고 나에게 말했다.[7] 그녀의 가족들은 튀르키예인으로서가 아니라 무슬림으로서 튀르키예인과 관계를 맺는다며, "우리는 무슬림이 먼저고 중국인이 나중이다"라고 말했다. 그들은 튀르키예인도 중국인도 아닌 그저 무슬림인 것이다.

이스탄불 바로 남쪽에 있는 제이틴부르누에 사는 이브라힘(가명)은 자신을 위구르족이라고 부르는 마지막 세대이다. 그의 동료 이민자들 대부분은 파키스탄과 인도에서 몇 년간의 힘든 망명 생활을 거쳐 1960년대 초 신장에서 튀르키예로 건너왔지만, 지금은 스스로를 '동튀르키스탄인' 또는 그냥 '튀르키예인'이라고 부른다. 튀르키예로 이주한 후 그들은 튀르키예 정부로부터 토지 및 재정 지원을 받았다. 이브라힘 베이는 여전히 튀르크 위구르어를 사용하고 있지만, 그의 네 아들과 세 딸은 모두 튀르키예인과 결혼했고

---

[7] 쿠알라룸푸르에 살고 있는 팻마의 딸 중 한 명인 로지 마는 자신의 어머니가 자녀들이 비무슬림도 심지어 중국인도 원치 않고 오직 무슬림과 결혼하기를 원했으며, 딸 중 한 명의 독일인 남편은 결혼을 허락받기 전에 이슬람으로 개종할 것을 요구받았다고 나에게 얘기했다. 말레이시아의 중국 무슬림에 대한 통찰력 있는 역사에 관해서는 마의 글(Ma, R 2002)을 참고하시오.

그들과 자녀들은 튀르크어만 사용한다. 이브라힘 베이가 '중국공산당 무신론자들로부터 튀르키스탄 땅을 해방'하기 위한 정치 조직에서 활발히 활동하고 있다는 점도 흥미롭다.[8]

이 초국적 조직은 신장에서 위구르족 분리주의를 지지하고 있는데, 아르준 아파두라이가 '새로운 초국가주의'라고 묘사한 현상, 즉 밴쿠버의 시크교도들이 펀자브, 로스앤젤레스의 아르메니아인들이 아르메니아, 보스턴의 아일랜드인들이 북아일랜드와 연결성을 유지하고 있는 것과 같이 이들의 탈영토화된 정체성이 여전히 자신들의 것으로 간주되는 이전 지역과 결부되는 것이다. 이 조직은 1993년 6월 17일 오아시스 호텔 외부와 그해 신장 지역에서 발생한 30여 건의 폭탄 테러를 자신들의 소행으로 밝혔다(Kristof 1993:1; Dillon 1995:17-32 참조). 그러나 이브라힘의 자녀들은 신장에 대해 거의 알지 못하고 관심도 거의 없다. 그들 중 상당수가 여전히 중앙아시아의 얼굴 특징을 유지하고 있고, 이로 인해 과거에는 튀르키예 소녀들에게 인기를 끌었지만(순수한 '튀르크 중앙아시아인'의 피를 가졌다고 생각했기 때문에), 2세대와 3세대 중 '위구르족'의 기원을 아는 사람은 거의 없다. "우리는 서로를 위구르족이라 부르지 않고 동튀르키스탄인 또는 카쉬갈릭, 투르판릭 또는 심지어 튀르키예인

---

8   다양한 출판물에서 중국 외 지역의 위구르족 독립 운동에 대한 견해가 제시되었다. 유럽 동튀르키스탄연합은 영문으로 월간 〈동부튀르키스탄 소식지〉를, 호주 튀르키스탄협회는 격월간 〈ATA 뉴스〉를, 이스탄불에서는 동튀르키스탄난민위원회가 〈동튀르키스탄〉을 발행하고 있다. 〈동튀르키스탄〉의 1995년 8월호에는 신장 위구르 자치구 지도와 "45년 전 중국공산당이 동튀르키스탄 튀르크인의 고향을 점령했다. … 이번 명절에는 그들의 대의에 아낌없이 기부해 주십시오"라는 문구가 적힌 카드와 봉투가 들어 있었다. 이들 출판물의 대부분은 위구르어로 번역된다. 중앙아시아 국가들은 소련의 통치로부터 벗어났고 공산당 통치를 받는 유일한 무슬림 소수민족이 중국의 위구르족이기 때문에 전 세계 무슬림의 관심이 그들의 상황에 집중하고 있다(11장 참조).

으로만 지칭한다." 이브라힘에게 중요한 것은 중국 침략자들이 점령한 그의 토착 조상의 땅인 동튀르키스탄(그는 때때로 위구리스탄이라고 부르기도 함)이다. 그 땅이 없거나 그에 대한 최근의 기억이 없다면, 그의 손주들에게는 계보적 관련성에 대한 강한 감각이 부족할 것이다. 토착성은 이민자들에게 거의 중요하지 않으며, 저항하려는 자들에게만 중요하다.

라마잔 쿠빌라이는 위구르족 이브라힘과 거의 같은 시기에 동족을 이끌고 중국을 떠나 아프가니스탄과 파키스탄을 거쳐 튀르키예로 이주한 카자흐인 투르순베이의 아들이다. 이브라힘과 쿠빌라이 가문은 같은 내륙(중국 북서부) 출신이지만, 쿠빌라이 가문의 2세대와 3세대는 카자흐어와 문화를 잃지 않았다고 강조한다. 그들은 여전히 집에서 준비된 한 곳의 바닥에 앉아 '카자흐식' 식사를 하고 밀크티를 마신다. 부부는 자녀에게 적합한 배우자를 찾기 위해 유럽 전역에서 다른 카자흐계 이민자 가족을 탐색한다. 라마잔 쿠빌라이는 유럽 전역에 부티크를 운영하는 매우 성공한 가죽 공장 소유주 중 한 명으로, 현재 카자흐스탄의 새 국가 지도자들에게 적극적으로 조언하는 등 망명 카자흐인 네트워크를 유지하는 데 도움을 주고 있다.

내가 그들에게 왜 그렇게 전통적인 카자흐족 정체성을 지키려고 노력하느냐고 물었을 때, 다음과 같이 대답했다. "우리는 위대한 카자흐 유목민 지도자 징기스칸의 후손이며, (징기스칸은 몽골인이 아니라 카자흐인이다) 모든 카자흐인은 무슬림이라는 것 외에 자신에 대해 기억하는 첫 번째가 바로 이 혈통이다. 길거리에서 카자흐인으로 보이는 사람을 만날 때마다 우리는 그 사람이 카자흐인지 묻지 않고 어떤 카자흐 혈통인지, 어느 유즈(*jüz*) 출신인지 묻는다. 그러면 우리가 얼마나 가까운 관계인지 알 수 있다."

그들에게 더 많은 기회가 주어지고 있다. 내가 1992~93년 튀르키예에 있을 때 튀르키예 정부는 중앙아시아 국가 출신의 중앙아시아인들을 튀르키예에서 공부하도록 초청해 1만 명에게 장학금을 지급했고, 이듬해에도 추가로 더 1만 명에게 장학금을 지급했다. 많은 사람들이 튀르키예에서 살면서 겪게 될 어려움에 충분히 준비하지 못했다. 그들은 비좁은 도미토리와 예상보다 적은 장학금뿐 아니라 튀르크어를 배우기가 얼마나 어려운지, 음식이 얼마나 끔찍한지(쌀 필라프가 없음), 자신들의 고향과 너무 다른 문화 등에 대해 불평했다. 그들은 앙카라의 정치인들이 기대했던 것만큼 빠르게 튀르키예 사회에 적응하지 못했다. 그리고 많은 중앙아시아인들이 튀르키예에서 발견한 세속주의와 쾌락주의에 대해 불평했고, 많은 이들은 러시아에서보다 훨씬 낮은 수준의 열악한 교육 환경을 불평하며 돌아갔다. 동시에 튀르키예인들은 그들이 그들의 '조상'이나 '먼 사촌'과 얼마나 다른지 알게 되었고, 튀르키예인의 중앙아시아 기원에 대한 아타튀르크의 독단적인 교리에 대중적 의구심이 커져갔다.

문제는 우리가 이 '튀르크계' 민족을 잘 모른다는 것인데, 이는 튀르키예 정부가 그들을 소수민족으로 분류하지 않고 '튀르키예인'으로 간주하기 때문이다. 튀르키예의 공식 소수민족인 아르메니아인, 그리스인, 유대인, 심지어 쿠르드족에 대한 연구도 많이 이루어졌지만, 중국에서 광둥인, 상하이인, 하카족이 '한족'으로 정의되는 것처럼(Zhongguo 1981:2) 다양한 튀르크족의 정체성에 대해서는 거의 연구되지 않았다. 튀르크족이 미국에서는 문화적으로나 정치적으로 '백인'으로 정의되고(Frankenberg 1993), 튀르키예에 오면 그냥 섞여들어 가 튀르키예인이 된다고 가정하는 경우가 대부분이기 때문이다.

스웨덴의 한 학자인 잉바르 스반베리(Svanberg 1989b)는 튀르키예에서 위구르족과 카자흐족이 근본적으로 다른 문화접변 패턴을 보인다는 사실을 발견했다. 스반베리는 이러한 아시아 내의 이민자가 6만~10만 명에 달할 것으로 추정했지만, 국가는 특정 소수민족만을 계량화하여 주류를 정의하는 데에만 관심을 가지고 이들을 집계하지 않기 때문에 실제로는 알 수 없었다. '튀르키예에는 71.5개의 민족/종교 집단이 있다'[9]는 잘 알려진 속담에도 불구하고, 아타튀르크의 정책은 중앙아시아의 튀르크 혈통을 강조하고 러시아가 범튀르크주의에 불안해하지 않도록 중앙아시아와의 교류를 제한하는 것이었다. 국경이 개방되어 '튀르키스탄'을 여행하게 된 튀르키예인들은 카자흐스탄, 우즈베키스탄, 키르기스인들을 거의 이해할 수 없었고 그들이 소련을 잃은 후 또 다른 '큰 형'을 갖는 데 관심이 없다는 것에도 놀라움을 금치 못했다.

튀르키예에서 나의 연구는 중국에서 후이족과 여타 소수민족의 정체성 구성을 살펴봄으로써 한족다움의 구성에 의문을 제기했던 것처럼, 튀르크계의 다양한 민족을 살펴봄으로써 '백인성'의 구성을 이해하기 위해 진행되었다(Gladney 1996a 참조). 이것은 홉스봄(Hobsbawm 1990:66 n.7)이 제안한 것처럼 이 지역에서는 동질적이고 유럽에서는 이질적인 주류 표상의 본질에 의문을 제기한다. 홉스봄과 다른 유럽 중심적인 민족 이론가들에게 유럽과 서구는 이질적이고 다양한 것으로 묘사되는 반면 '동양'은 다소 동질적인 민족의 덩어리들로 조각나 있다.

위에서 살펴본 세 가족은 거의 비슷한 시기에, 카자흐족과 위구르족 가문의 경우 거의 같은 곳에서 튀르키예로 이주했지만 서

---

9   튀르키예에서 '반 개의' 밀레트('종교적', '민족적' 또는 '민족종교적' 집단)는 로마니인이나 집시를 가리킨다.

로 크게 다른 세 가지 정체성 담론을 대표한다. 후이족은 이슬람 정체성을 강조하며(디아스포라적 혼종성을 감추고), 위구르족은 튀르크 또는 민족 정체성을 강조하고(토착성을 대체하고), 카자흐족은 혈통에 기반한 이목민의 정체성을 강조하는(민족국가를 넘어서는) 경향을 보이고 있다. 이 세 가지 정체성 담론은 모두 원래 순수하고 고정적이며 정치적으로 경계가 구획된 것으로 여겨지는 국가에 대항하는 주장을 한다는 점에서 민족국가를 넘어선다.

이탈리아 학자 귀도 체르나토가 추적한 바에 따르면(Greenfeld 1992:4에서 인용), 라틴어 나티오(natio)는 원래 로마 시민이 아닌 출신지로 묶인 외국인을 의미했다. 그리스어의 민족(ethne)과 마찬가지로 덜 문명화된 이방인을 의미했지만, 게르만어에 뿌리를 둔 '이교도' 또는 종교적 소수자라는 의미는 없었으며, 민족이라는 용어가 영어로 번역된 후에도 그 의미는 변하지 않았다. '민족'은 12세기 니케아 교회 공의회에서 '의견의 공동체'라는 의미를 갖게 되었는데, 여기서 '민족'은 엘리트 교회 정당을 대표하는 것이었다. 그린펠드(Greenfeld 1992:5)는 이 용어가 시간이 지남에 따라 '지그재그 패턴의 의미 변화'를 통해 '고유한 주권을 갖는 사람들'을 의미하게 된 과정을 보여주는데, 나는 이것이 집단 자체가 느슨한 결사체에서 민족적 집단, 민족, 그리고 민족국가로 변화하는 과정과 다르지 않다고 주장할 것이다.[10] 이처럼 나는 이 장에서 현대 민족국

10 용어의 횡포에 대해 한마디 하자면, 나는 정체성에 관한 서구 담론의 기원을 조사할 필요성에는 동의하지만, 그린펠드의 사전적 역사와 토마스 에릭슨의 기술적 분류법은 결국 민족주의 담론의 현대적 중요성을 다루지 못한다는 점에서 불만족스럽다. 토마스 에릭슨의 『민족성과 민족주의: 인류학적 관점』(Eriksen 1993)은 '민족이란 무엇인가'와 '정체성은 무엇을 하는가'를 설명하며, 결국 '용광로'의 은유에서 '볶음'의 은유로 옮겨가는데, 야채는 모두 그대로 있고 약간의 권력이나 계급갈등을 추가하면서 약간씩 다른 혼합물을 얻을 수 있다고 말한다. 민족을 '고유한 주권을 갖는 사람들'로 정의한 그린펠드의 유용한 정의는 민족적

가의 맥락에서 타자성의 관계를 통해 구성되는 정체성의 변화하는 동시성과 관련된 이슈를 다루고자 한다.

중국 무슬림: 혼종성 만들기

중국 북서부에서 오랫동안 거주하고 여행한 오웬 라티모어는 후이족이 모호한 정체성으로 인해 종종 의심을 받는다는 것을 발견했다.

> 정치적 위기의 시기에 신캉의 중국 무슬림들은 항상 이런저런 딜레마에 빠지게 된다. 그들이 동료 무슬림 편에 서면 곧 그들을 부차적인 지위로 끌어내리고, 무슬림 종교에도 불구하고 결국 중국인이라는 이유로 '신뢰할 수 없는 존재'로 취급하려는 시도가 이루어진다. 그들이 동료 중국인들과 같은 편에 설 경우, 그들의 종교가 애국심보다 정치적으로 더 강력한 힘을 발휘할 수 있다는 두려움 때문에 그들의 전복과 배신의 가능성을 의심하는 비슷한 경향이 있다. (Lattimore 1950:119 n.20)

신장과 중앙아시아의 많은 지역에서 둥간족으로, 중국에서는 후이족으로 알려져 있는 중국 무슬림은 중국과 내륙아시아의 민족 지형에 포함되어 널리 분포되어 있다. 중국의 공식 인구조사 및

(귀속적) 측면과 국가적(기술적, 규범적) 측면을 모두 담고 있지만, 사람들이 어떻게 그리고 왜 이러한 범주를 넘나들고 그 사이를 오가며, 그 범주에 반하는 행동을 할 수 있는지, 또는 애초에 왜 그래야만 하는지를 보여주지 않는다. 어느 백과사전적 시도도 민족과 국가로 묘사되는 정체성 형성의 힘과 그 중요성을 적절히 다루지 못한다. 이는 마이클 피셔(Fischer 1986:195)가 역설적인 '이드 같은 (id-like)' 힘, '양면성', '다중성, 맥락성, 복잡성, 권력, 아이러니, 저항'(Kondo 1989:43)으로 묘사했던 것이다.

문헌에 따르면 후이족은 중국에서 인정된 55개 소수민족 중 장족과 만주족에 이어 세 번째로 인구가 많은 소수민족으로 전체 인구의 약 9%를 차지하며, 후이족은 가장 널리 퍼져 있는 소수민족으로 모든 지역, 성, 도시와 전국 현의 97% 이상에 거주하고 있다. 주목할 점은 후이족이 닝샤를 제외한 대부분의 지역에서 인구의 극히 일부에 불과하지만, 한족이 지배하는 지역에서는 소수민족 인구의 대부분을 차지한다는 점이다. 이는 후이족이 도시의 주요 민족 집단인 대부분의 도시에서도 마찬가지이다. 일반적으로 중국의 무슬림 소수민족은 구소련 이후 중앙아시아에 가까운 북서부 한쪽에 밀집해 있는 것으로 생각되었다. 놀랍게도 후이족은 닝샤와 간쑤성에 이어 중국 중부의 허난성에 세 번째로 많이 살고 있다. 여섯 번째로 많이 밀집한 곳은 윈난성이며, 중국의 수도인 베이징에는 20만 명 이상의 후이족이 살고 있다. 파이퍼 가우바츠(Gaubatz 1996)는 중국 최전방 도시 중심지에 대한 탁월한 문화지리학 저서에서 후이족과 여타 민족의 직업이 요긴한 역할을 하는 도시 생활의 다문화적 특성을 보여주었다.

 후이족은 정부 간부부터 성직자, 농부, 공장 노동자, 학교 교사, 낙타 운전자, 시인, 정치인까지 경제적, 직업적 다양성이 매우 넓다. 북부의 후이족은 대부분 밀과 건식 쌀 농사를 짓는 반면, 남부에서는 주로 습식 쌀 재배와 양식업에 종사한다. 1950년대 집체화 운동 이후 대부분의 후이족은 전통적인 전문 분야였던 소규모 개인 사업에 종사하는 것이 금지되었다. 후이족의 중재가 있은 후, 그들은 중국 전역과 국경을 넘어 성공적인 레스토랑을 운영할 수 있게 되었고, 나는 태국, 비슈케크, 알마티, 이스탄불, 심지어 4개의 식당이 있는 로스앤젤레스까지 가서 후이족 식당을 방문했었다.

 오늘날의 후이족은 처음부터 중국 내 이민자인 디아스포라였다. 로버트 영(Young 1995:27)은 현재의 다문화주의적 혼종성이 사회생물학적 진화론의 인종주의적 패러다임을 '반복하고 재생산'한다고 주장했지만, 우리는 중국에서 정체성, 민족, 민족주의 담론이 중국인의 깊은 인종 관념의 영향을 강하게 받았다는 점을 알아야 한다. 중국에서는 '인종은 … 국가성을 만들 것이다'라는 디쾨터(Dikötter 1992:71)의 설득력 있는 논의에 따르면, 이는 후이족의 타자성에 대한 한족의 표현과 많은 관련이 있다. 심지어 그들의 이름인 '후이'는 중국어로 '돌아오다'라는 뜻으로, 마치 그들에게 중국은 결코 집이 아닌 결국 떠날 운명인 것처럼 보인다.

후이족은 국가로부터 하나의 민족으로 인정받고 있으며, 다른 후이족 및 비후이족과의 대화에서 이러한 명칭을 사용한다. '겉은 중국적 특색으로, 속은 이슬람식으로'라는 후이족의 말처럼 그들의 독특한 이슬람 건축과 예술에서 외부는 불교 사원처럼 보이지만 내부는 코란 구절로 장식된 모스크를 흔히 볼 수 있다. '장수'를 뜻하는 중국 표의문자의 그림에서 중국이슬람협회가 공공의 이익을 위해 대량 생산한 코란의 장들은 중국 무슬림의 이중성을 아름답게 보여주는 문자를 형성하도록 쓰였다. 중국인이자 무슬림, 거주민이자 이방인인 이 혼종성은 자아와 타자를 표현하는 데 중요한 역할을 한다. 홉스봄(Hobsbawm 1990:70-1)은 놀랍게도 "보스니아 무슬림과 중국 무슬림은 그들 정부가 그들을 하나의 민족으로 취급하기 때문에 결국 스스로를 하나의 민족으로 간주할 것"이라고 예측했다.

관계적 타자성과 상반되는 정체성

중국, 중앙아시아, 심지어 튀르키예에서 현대 후이족 등간의 정체성 담론을 개념화하는 한 가지 방법은 후이족으로 알려지게 된 사람들이 자신을 위치 짓는 역사적 표상에 근거한 관계적이고 상대적인 정체성을 상상하는 것이다. 나는 인류학적 혈통 이론으로부터 적당히 추상화된 관계적 타자성의 개념을 통해 이를 가장 잘 이해할 수 있다고 주장한다. 완전히 다른 영토적, 경제적 맥락에서 에반스-프리차드(Evans-Pritchard 1940)의 누어족에 대한 고전적 연구는 처음으로 통치자 없는 유목사회에서 계층적인 분절적 종족 양식의 확장적이며 수축적인 특성을 제시했는데, 누어족(또는 딩카족)이 외부 세력과 대면했을 때 그들은 인식된 도전에 대응하기 위해 더 높은 수준의 정치적 복잡성으로 통합하고 조직했다. 위협이 가라앉았을 때, 그들은 그레고리 베이트슨(Bateson 1972:96)이 한때 중첩된 계층구조로 묘사한 것과 같은 명확한 패턴으로 다양화되고 세분되었다. 베이트슨(Bateson 1972:78)이 주장했듯이, 차이를 만들기 위해서는 두 개의 무언가가 필요하며, 다른 하나가 없으면 '한 손의 박수 소리'만 있을 뿐이다. 에반스-프리차드의 연구는 목축민 '부족'을 전근대적이고 전통에 의해 과도하게 결정된 존재로 묘사한 19세기 식민주의적 구조주의에 빠져 있었지만, 그의 타자성 모델은 놀랍게도 세계가 점점 더 작은 관계적 단위로 분해되고 통치자가 없어진다고 주장할 수 있는 탈근대, 탈냉전 시대와 관련이 있다. 에반스-프리차드의 누어족처럼 이러한 관계는 원칙적으로 분절적이며, 대면하는 집단 단위가 아니라 상상된 민족 공동체와 각 구성 부분들을 기본 구성요소로 삼는다.

이러한 접근법은 학습적 목적을 위해 관계적 타자성의 분절된 계층, 즉 분절적 친족 이론가들이 한동안 사용해왔던 도식으로 개략적 도표로 그려질 수 있다(그림 9.1). 예를 들어, A와 B가 더 높은 수준의 대립 관계인 D를 만나면 C를 형성하여 노드를 한 수준 위로 이동시켜 더 높은 수준의 관계를 형성하거나, 더 높은 수준의 위협이 가라앉으면 반대로 한 수순 아래로 이동하는 방식이다. 이 체계는 이분법적이며 사회적 관계의 장에서 항상 구성되고, A와 B가 항상 D와의 상호작용에 따라 결합하거나 대립한다는 점에서 본질적으로 삼원적이다. 데이비드 메이버리-루이스와 우리 알마고르(Maybury-Lewis and Almagor 1989)가 주장했듯이, 핵심은 '지각된' 대립 관계의 인력(또는 반발)이며, 그 지각 행위 이외에 이항대립에서 더 중요한 것은 없다. 2차원 도표로 표현하기는 어렵지만, 실제 사회적 관계에서 세 집단들이 네 번째 집단이 되는 것을 막을 수 있는 것은 아무것도 없다. 또한 이러한 동맹, 관계, 대립은 나 자신의 관찰과 사회사 독해에 근거한 것이다. 그것은 인지 지도가 아니며, 유일한 제약은 타자성의 구체적 맥락에 의해 부과된다.

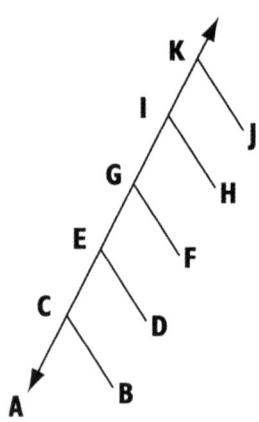

그림 9.1. 분절적 계층구조

내가 꾸준히 주장했듯이, 엄격한 변증법(헤겔주의 대 마오주의)이 상호작용의 본질에 따라 앞뒤나 위아래로 이동할 수 있는 대화적 상호작용이 아니라 항상 과거의 관계를 부정하면서 특정 방향으로 움직이는 것으로 생각되는 한,[11] 이런 타자적 관계는 변증법보다는 대화적으로 인식되는 것이 가장 적절하다(Gladney 1996a:76-8). 여기서 우리는 '정형화된 표상의 사슬'(Bhabha 1994:251)을 추적하고, 여러 수준의 사회적 동시성을 가리는 끊임없이 변화하는 관계와 지각된 정체성의 다중성을 다소 정적인 용어로 설명하고자 한다.[12] 레이첼 무어(Moore 1994:127)가 언급했듯이, 이러한 변동하는 타자성은 매우 상투적으로 고정되고 표현될 수 있기 때문에 본질화하는 체제, 엘리트, 인류학자들은 종종 현저하게 다른 목적을 위해 '타자성의 마케팅'에 관여한다. 타자적 대립의 위계는 사회적 관계의 맥락에서 나타나는 것이다. 토마스(Thomas 1994:171)가 주장했듯이, 이는 종종 '전략적 재구성'이며 특정한 사회역사적 순간과 분리된 '자기-타자 관계의 영원한 속성'을 나타내지 않는다.[13] 또한 이는 인지 지도를 가정하거나 변화하는 사회 관계에 따른 다른 선택지가 없다고 가정하지도 않는다.

바바(Bhabha 1994:4)는 "고정된 정체성 사이의 이러한 간극의

11   타우시그가 지적했듯이, 정체성은 종종 상상된 타자에 대한 모방과 저항 속에서 끊임없이 구성되며, 모방적 상호작용에서 동일성과 차이를 만들어낸다. "…미메시스는 동일성과 차이, 닮음과 다름을 모두 등록한다. 이러한 불안정성에서 안정성을 창출하는 것은 작은 일이 아니지만, 모든 정체성의 형성은 동일한 상태로 있는 것이 아니라 타자성을 통해 동일성을 유지하는 활동에 습관적으로 관여하는 것이다"(Taussig 1993:27).
12   이런 의미에서 에릭슨이 관계성과 상대성을 강조한 것은 적절하다. 문제는 그가 차이에 대한 인식이 거의 항상 관련되어 있다고 가정하면서도 그 맥락을 강조하는 것에 소홀히 한다는 것이다. 에릭슨에게 있어 모든 사람은 좋든 싫든 민족적이다. 에릭슨(Eriksen 1993:11)은 "누가 유럽이나 멜라네시아, 중앙아메리카 어디에 살든, 사실상 모든 인간은 한 민족에 속한다"고 말한다. 이는 민족의 관련성과 무관성, 역사성은 물론이고 왜 주류민족(예를 들어 인류학 입문 수업에서 '백인'이나 중국의 '주류' 한족, 튀르키예의 지배적인 튀르크인 등)이 스스로를 '민족'이라고 생각하는 데 어려움을 겪는지를 간과하는 것이다.
13   이 계획의 전략적 성격은 '나는 형제를, 형과 나는 사촌을, 사촌은 우리를, 우리는 외부인을 상대한다'는 베두인 속담에서 적절히 드러난다.

통로는 가정되거나 강요된 위계질서 없이도 수용될 수 있는 문화적 혼종성의 가능성을 열어준다"고 제안했다. 본질화된 정체성은 후이족 무슬림을 혼종으로 구성하는 것을 가능하게 하는 동시에 순수화 프로젝트에 위협이 되기도 한다. 위에서 설명한 후이족 둥간의 사례를 살펴보면, 후이족은 타자와의 상호작용 성격에 따라 자신들을 다르게 표현한다는 것이 분명하다. 따라서 베이징의 후이족과 상하이의 후이족은 언어, 관습, 지역성이 다르기 때문에 종종 후이족이 아닌 누군가 등장하기 전까지는 비위계적이며 경쟁적인, 때로는 파괴적인 비즈니스 관계로 이어지기도 한다. 외부인이 개입할 때, 베이징 후이족과 상하이 후이족은 '후이'라는 이름으로 통합하여 상위 수준의 상호작용으로 이어진다. 후이족이나 둥간족이 중국 밖으로 나가면 비중국인과의 교류에서 '중국인성'이 강화되거나, 비무슬림과의 교류에서 '무슬림성'이 강화될 수 있다. 실제로 후이족이 '민족'의 성격을 갖게 된 것은 그들을 공식적인 민족으로 인정하고 법적 지위를 부여한 중국의 민족 정책에 기반하고 있다. 이것이 내가 여러 차례 설명했던 무슬림 민족이 소수민족으로 변모하는 승인의 과정인 것이다(Gladney 1996a).

중국이라는 민족국가의 테두리를 벗어난 후이족이 스스로를 민족으로 여기기보다는 이슬람이나 중국어 등 정체성의 다른 측면을 강조하는 것은 놀라운 일이 아니다. 이는 이스탄불의 친 로칸타시 식당에서 후이족이 '튀르키예인'과 '중국인'의 차이를 무시하고 단순히 무슬림으로 다른 사람들과 관계를 맺는 방식을 이해하는 데 도움이 된다. 여기서 나는 이러한 관계에 어떤 결정적인 요인이 없다는 것을 언급해야 하며, 이는 내가 현장에서 관찰한 것을 반영한 것일 뿐이다. 분절의 위계는 고정된 것이 아니라, 위계, 권력, 계급, 대립이라는 정형적 관계의 특정 구성에 의해 정의되는 차이의 지역적 맥락에 의해 결정되며, 이는 종종 변화하고 다면적이지만 결코 자의적이지 않다. 따라서 중국에서도 후이족이 다른 후이족에 맞서 한족과 연합할 때가 있는데, 종종 실질적인 이익을 공유하고자 무슬림 정체성을 무시하고 한족과의 문화적, 민족적, 언어적 유사성을 드러내기도 하는 것이다. 간쑤성과 신장의 역사는 이러한 변화하는 권력 동맹으로 가득 차 있으며(Forbes 1986 참조), 형제는 종종 경쟁 상대인 후이족 군벌 사촌에 대항하여 형제와 연합하고 때로는 중국인과 연합하기도 했다(Lipman 1997). 관계적 타자성에 기반한 접근법은 관계와 대립의 중요한 단층선과 계층의 노드를 그리고자 하며, 이러한 현상을 묘사하는 발견적 학습의 방식이다. 물론 이 접근법이 예측 가능하거나 보편적이고 탈역사적인 설명의 가치를 지니고 있는 것은 아니다.

릴라 아부-루고드(Abu-Lughod 1991)의 '반쪽들' 개념과 같이 집단으로서 그들의 정체성을 혼종으로 묘사하는 후이족은 하나의 민족, 하나의 국가라는 고유의 주권적 집단이라는 개념(반대되는 많은 사례에도 불구하고) 위에 성립된 민족국가를 넘어선다.

위구르족: 장소의 토착성, 공간과 국가의 인정

중국의 역사에도 불구하고 모든 위구르인은 자신의 조상이 현재 신장으로 알려진 타림 분지의 원주민이었다고 굳게 믿고 있다. 즉, 이 땅은 '그들'의 땅이었다. 그럼에도 불구하고 나는 위구르족의 구성주의적 민족 형성을 주장해왔다. 잭 첸(Chen 1977:100)은 신장 역사에 관한 그의 유명한 저서에서 중국 튀르키스탄의 튀르크계 거주민들을 묘사하기 위해 위구르족이라는 용어를 다시 도입했다고 언급했다. 위구르족으로 알려진 유목민 집단은 8세기 이전부터 존재했지만, 15세기에서 20세기 사이에 이러한 정체성은 사라졌었다. 중국 역사가들이 후이허 또는 후이후라고 기록한 민족에게 튀르그 킨국(AD 552~744년)이 멸망하고 나서야 우리는 위구르 제국의 시작(Mackerras 1972)을 알게 되었다. 당시 위구르족은 9개의 유목 부족들로 구성된 하나의 집단으로 바스밀 및 칼룩 유목민과 연합하여 두 번째 튀르크 칸국을 물리치고, 742년 콜리 베일레의 통치 아래 연맹을 지배했다(Sinor 1969:113).

위구르족의 점진적인 정착과 통일 당나라와의 무역이 수익성이 매우 높아지면서 발생한 튀르크 칸국의 패배에 대한 이야기는 다음 장에서 자세히 설명한다. 여기서는 정착과 중국과의 교류가 사회종교적 변화를 동반했다는 것만 언급하고자 한다. 전통적인 샤머니즘과 튀르크어를 사용하는 위구르족은 점점 더 페르시아 마니교, 불교, 네스토리우스파 기독교의 영향을 받게 되었다(Sinor 1969:114-15). 옛 실크로드를 따라 중국 왕조와의 광범위한 무역 및 군사 동맹이 진전하여 위구르족이 점차 중국인의 문화, 복장, 심지어 농업 관행까지 채택할 정도가 되었다(Mackerras 1972:37). 840년 키르기즈 유목민이 부유한 위구르 제국에 위협을 느꼈을 당나라의 도움 없이 몽골의 위구르 수도였던 카라발가순을 정복하면서 위구르족의 정체성은 더욱 고착화되고 구체화되었다.

실제로 위구르족이 아니라 키르기스스탄을 떠나 중국 중부로 이주했던 오늘날 간쑤성의 유구르족(Yugur)이 카라코람 위구르 역사의 많은 부분을 그들의 종교, 언어, 문화적 표현 속에서 보존하고 있다고 여겨진다.[14] 현재의 투르판으로 이주했던 한 분파는 타클라

---

14 간쑤성 유구르족에 대한 광범위한 현장조사를 수행했던 대학원생 사비라 스톨버그(Ståhlberg 1995)는 이들이 9세기 카라코람 위구르 왕국의 직접적인 후손이 아니라 서하(12세기 Western Xia) 멸망 이후 티베트, 몽골, 튀르크, 중국의 영향이 결합된 간쑤 회랑의 '민족적 용광로'에서 형성된 혼종 집단이라고 주장한다.

마칸을 둘러싼 빙하가 생성한 오아시스의 독특한 사회생태계를 활용하여 상업과 한정적 농업을 유지하면서 4세기(850~1250년) 동안 투르판에서 위대한 위구르 도시 국가인 코초와 가오창을 점진적으로 건설할 수 있었다.

10세기부터 16세기까지 위구르족의 점진적인 이슬람화는 그들의 불교를 대체한 반면 오아시스에 기반을 둔 이들의 충성심을 잇는 데는 거의 도움이 되지 못했다. 이후 투르판 분지를 중심으로 16세기까지 이슬람 개종에 저항했던 위구리스탄의 사람들이 위구르족으로 알려진 마지막이다. 다른 사람들은 오아시스의 이름이나 '무슬림'이라는 총칭적인 용어로만 알려졌다(Haneda 1978:7). 이슬람의 도래와 함께 위구르족이라는 명칭은 역사 기록에서 사라져 갔다. 그 대신 예릭(땅의 아들), 사르트(캐러밴 여행자), 타란치(타림 분지 출신으로 건륭제 때 이리(Yili)로 이주한 농업인)와 같이 오아시스에 기반을 둔 지역주의가 확산된 것을 볼 수 있다.

공화당 시기에 위구르족의 정체성은 다시 지역성, 종교 및 정치적 노선에 따른 파벌주의로 특징지어졌다. 포브스(Forbes 1986)는 공화당 시기 신장의 복잡한 군벌 정치에 대한 상세한 분석에서 신장의 세 거대 지역, 즉 북서부 중가리아(또는 중가르 분지), 남부의 타림 분지, 동부의 쿠물-투르판 지역 간에 중요한 차이가 유지되고 있음을 발견했다. 루델슨의 1997년 저서에서는 지역적 경계에 따른 이러한 지속적인 다양성을 확인했으며, 대부분의 학지들이 신장을 3개의 지역으로 나누는 반면에 그는 남부의 타림을 두 개의 뚜렷한 사회생태학적 지역으로 구분하여 4개의 거대 지역으로 나눌 것을 설득력 있게 제안했다. 신장의 위구르족은 1930년대 소비에트의 민족 정책에 영향을 받아 민족으로 인정받았으며, 이는 오늘날 위구르족이 고대 위구르 왕국과의 연속성을 지니고 진정한 민족으로 널리 수용되는 데 기여했다(Chen, J. 1977; Rudelson 1988 참조). 이 민족 명칭은 엄청난 지역적, 언어적 다양성을 가릴 뿐만 아니라 위구르족으로 알려진 오아시스 기반의 튀르크계 무슬림과 거의 관련이 없는 로플릭과 돌란 같은 집단도 포함한다(Svanberg 1989c; Hoppe 1995 참조).

이 장에서는 위구르족 내부의 다양성과 파벌주의가 모든 사회집단에서 공통적으로 나타나는 관계성의 분절적 위계를 반영한다고 주장한다. 위구르족은 수피파와 비수피파의 경쟁 같은 종교적 갈등, 영토적 충성심(오아시스든 출신지든), 언어적 불일치, 일반인과 엘리트 간의 소외, 정치적 충성심 경쟁 등으로 인해 내부에서부터 나뉘어 있다. 또한 이슬람교는 당시 그들과 상당한 대립 관계에 있던 상대에 따라 위구르족의 정체성을 통합하는 여러 표식 중 하나일 뿐이었다는 점도 유의해야 한다. 예를 들어, 위구르족과 둥간족(후이족) 모두 수니파 이슬람교를 믿는다는 점에도 불구하고 위구르족은 둥간족에 대해 자신들을 합법적인 자생적 소수민족으로 구분한다. 무슬림 유목민족(카자흐인 또는 키르기스스탄인)과 달리 위구르족은 출신 땅과 오아시스에 대한 귀속을 강조하기도 하며, 한족과 달리 위구르족은 이 지역에서의 오랜 역사를 대체로 강조한다.

위구르족의 토착성은 이 지역에 대한 중국 역사 기술의 근본적인 전환을 야기하며, 이는 이전에 자신의 영토가 아니었던 지역에서 권력을 발휘하려는 식민지 정권의 의도와 일치한다. 시계를 충분히 거슬러 올라가면 어떤 정권이든 그 땅은 점유되지 않은 땅이라고 주장할 수 있을 것이다. 토착성에 대한 주장은 탈식민적 조건에서 세워진 민족국가를 언제나 넘어선다.

카자흐족: 유목민의 향수와 계보의 힘

서로 모르는 두 카자흐인이 만나면 자신이 속한 혈통과 가장 가까운 부계 친척을 알려주며 친분을 쌓는다. 동베를린에 거주하는 튀르키예 출신의 카자흐인들은 독일에서 공부하는 몽골인민공화국 출신 카자흐족 유학생들과 친분을 쌓는다. 신장 카자흐인과 마찬가지로 몽골 출신 카자흐인들은 오르타 유즈(Orta Jüz)에 속해 있었으며 일반적으로 튀르키예에서 발견되는 같은 혈통이다. 어떤 경우에는 튀르키예에서 온 친척과 몽골에서 온 방문객들 사이에 공통된 친족 관계를 발견하고 그것이 동베를린에서의 모임으로 조직되기도 한다. (Svanberg 1989b:116)

이 장의 앞부분에서 언급한 이스탄불 제이틴부르누의 라마잔 쿠빌레이는 자신이 징기스칸의 직계 후손이라고 말했는데, 그는 자신이 카자흐족 유목민이었다고 굳게 믿고 있다. 실제로 대부분의 카자흐족 유목민에게 유목은 민족적 향수를 불러일으키는 먼 기억일 뿐이다. 로버트 B. 엑발은 티베트의 유목생활에 대한 그의 고전적 민족지 『발굽 위의 들판』에서 "공산주의 교리와 경험의 틀 안에 … 유목민을 위한 논리적이고 수용 가능한 장소는 없다"는 암울한 예측으로 결론을 맺었다(Ekvall 1968:94). 그의 결론은 구소련의 경우에도 정확했는데, 전체 인구가 700만 명이 넘는 카자흐족 중 현재 반유목 목축민은 가장 외딴 사막 지역에 남아 있는 매우 소수에 불과하다. 반면에 중국에 대한 그의 예측은 당시 합리적인 듯 했지만 틀린 것으로 판명되었다. 실제로 지난 몇 년 동안 일부 초원 지역에서 유목 목축이 부활하면서 과도한 방목으로 인해 생태계의 균형이 위협받고 있을 정도이다. 간쑤성 초원생태연구소의 양리와 우신이는 중국에서 토지 이용과 가축 사육의 민영화는 "중국에 자유시장 체제가 도입되고 정부가 가격통제 조치를 줄인 것과 동시에 이루어졌다. 그 이후로 축산물 가격이 치솟았고, 그 결과 중국의 **초원은 수용능력을 훨씬 뛰어넘는** 과도한 방목으로 이어졌다"(Li and Wu 1990:1, 원문에서 강조)고 보고했다.

알타이 산맥의 카자흐족 목축민들이 고산지 초원이나 계곡바닥의 초원에 어떤 위협이 되었는지 아직 입증되지 않았지만, 스반베리와 벤슨(Svanberg and Benson 1988:200-5)은 자유시장 개혁과 함께 전통적인 유목 목축이 부활하고 있다고 기록했다. 서기 6세기 몽골 대초원을 지배했던 튀르크 칸국의 후예인 카자흐족은 이 튀르크계 조상으로부터 유래한 유목 양식을 추구하고 있으며, 조셉 플레처(Fletcher 1979:24)에 의하면 튀르크계 조상은 "대초원 유목양식을 최종적 형태로 발전시켰고 이후에 몽골인들이 이를 채택했다"고 기록했다. 구소련에서는 중앙아시아 대초원의 카자흐족 유목민이 사라지면서 카자흐족의 민족 정체성을 정의하는 종교와 튀르크 풍습의 역할을 둘러싼 논쟁이 격렬하게 벌어졌다. 일부 지식인들은 이슬람이 카자흐족의 정체성을 정의하는 데 중요하다고 주장한 반면, 다른 지식인들은 대초원 사람들을 하나로 묶을 수 있는 것은 범튀르크주의라고 주장했다(Saray 1993:16-17 참조). 이러한 끝없는 논쟁은 카자흐족 정체성에서 유목양식의 중요한 역할, 중국에서 중앙아시아, 튀르키예에 이르는 카자흐족을 초국가적으로 묶는 유목민의 과거에 대한 관념을 약화시켰다. 마샤 올콧에 따르면 "전통적인 카자흐족 문화는 그가 소유한 동물을 통해 그를 정의하며, 카자흐족이 된다는 것은 가축을 사적으로 소유하는 것이었다"(Olcott 1987:248). 알마티에서 러시아어를 구사하는 도시 카자흐족은 유목민이 되기를 결코 원하지는 않지만, 그럼에도 불구하고 나는 일종의 '유목민적 향수'가 목축민으로서의 과거를 둘러싼 현재의 많은 담론을 특징짓는다고 주장한다. 또한 그것은 이슬람 이전의 카자흐족 신앙체계에 대한 관심의 부활, 중국 알타이 산맥의 '순수한' 카자흐족 유목의 전통을 보존하고 발견하려는 충동, 스탈린주의 정주화의 비극에 대한 지속적인 애도를 불러오며, 그리고 카자흐족이 아닌 사람들까지 포함하는 현대 카자흐스탄 정체성의 구성을 어느 정도 저해한다고 주장한다.

중국과 구소련에서 시장 경제가 퍼지고 이들 카자흐족과 튀르키예의 대규모 이민자 공동체와의 접촉이 증가함에 따라 중국의 알타이 산맥에서는 축산업과 카자흐족 정체성의 역할이 사회생태적 넥서스 변화의 중요한 요인으로 다시 부상하고 있다(Kazakh 1987). 이스탄불의 제이틴부르누 지역에 거주하는 카자흐족 이민자들(Svanberg 1989b 참조)과 인터뷰하는 동안, 나는 한 집단이 이스탄불, 파리, 런던, 베를린, 스톡홀름, 뉴욕에서 확장된 카자흐족 네트워크가 운영하는 가죽패션 부티크와 함께 급성장하는 가죽 및 태닝 산업의 측면에서 자신들을 정의한다는 것을 발견했다. 튀르키예, 카자흐스탄, 중국 간 여행이 더욱 자유로워지면서(내가 1993년 5월과 6월에 탄 적이 있는 이스탄불-우루무치, 이스탄불-알마티, 알마티-우루무치 직항편과 1995년 10월에 탔던 우루무치-알마티 유라시아 철도 연결편이 있다) 인위적인 정치적 경계로 분리되었던 카자흐족은 전례 없는 수준으로 아이디어와 상품을 거래하고 교류하기 시작하고 있다.

카자흐스탄에서 현대 카자흐족 정체성에 대한 유목민족 향수의 두드러진 의미는 최근에 그들이 선택한 국가적 상징에 의해 명확히 드러난다. 그것은 카자흐스탄을 상징하는 깃발로, 푸른 하늘을 배경으로 유르트(유목민의 천막식 집) 내부의 돔 아래 하늘을 나는 말이 그려져 있다.

1987년, 1992년, 1995년에 남부 목초지의 카자흐족 목축업자들과 진행했던 인터뷰에서 나는 전통적인 카자흐족 아우일(auyl)은 모든 구성원이 광범위한 작업에 상호 참여했지만, 탈집체화 이후 씨족의 각 가문이 목축, 마케팅, 가죽 가공, 양탄자 제작 등 목축업의 다양한 작업을 분담하고 있다는 사실을 발견했다. 이는 1920년대와 1930년대 스탈린 치하의 소련에서 일어난 것처럼 1960년대와 1970년대의 중국 집체화 캠페인 과정에서 거의 완전히 폐지되었는데, 국가가 수익을 통제하면서 가축을 돌볼 내재적 유인이 사라지고 전통적인 공동작업 역할이 특정 집체기업의 업무로 재지정되었으며, 전통적인 가계 및 아우일 경제는 해체되었다. 오늘날 중국은 전통적인 유목 목축과 가축의 사적 소유로 회귀했기 때문에 전통적인 가계 및 아우일 경제 조직이 다시 부활할 것으로 예상할 수도 있다. 그러나 알프레드 허드슨(Hudson 1938)과 로렌스 크레이더(Krader 1963)가 설명한 전통적인 카자흐족의 사회구조와는 달리, 이제는 각 유르트가 씨족이나 아우일을 위해 특화된 업무를 수행하는 경우가 많다는 것을 발견할 것이다. 즉, 한 가구는 목축을, 다른 가구는 마케팅을, 또 다른 가구는 가죽 제품, 공예품 또는 양탄자 생산을 담당하는 형태이다. 이것이 알타이의 모든 카자흐족 아우일에게 적용되는 규칙은 아니지만, 아마도 1960~1970년대의 집체화 경험으로 인해 새로운 형태의 가계 경제 및 사회조직이 형성된 것으로 보인다. 이 가구들은 또한 제품 마케팅을 통해 지역 및 초국적 경제와 연결되고 있다. 이러한 전통적인 가계 경제의 재편은 알타이에서 보고된 가축 규모 증가의 한 요인일 수 있으며, 이 지역의 사회생태학 변화에서 중요한 측면이 될 것이다.

카자흐스탄과 튀르키예의 카자흐족은 알타이 유목민을 그들의 살아 있는 문화적 조상으로 여긴다. 이 유목민적 삶의 방식에 대한 이해는 카자흐족의 정체성 진화의 본질을 파악하는 데 도움이 될 것이다. 이 삶의 방식은 다른 곳에서는 사라지고 중국에서는 다소 변형된 형태이긴 하지만 부활하고 있다. 카자흐족 사이에서 자주 상기되는 계보를 이야기할 때 유목생활과 그 문화적 부산물은 카자흐족의 정체성 표현에 중요한 요소로 작용한다. 후이족이나 위구르족보다 카자흐족에게 계보의 추적은 그들의 정체성 구성에 훨씬 더 강력한 힘이 된다. 카자흐족의 경우, 그들의 정체성은 원칙적으로 분절적인 것으로 표현된다. 후이족의 경우, 외국 무슬림 조상의 혈통이라는 일반화된 개념이 현대의 정체성에 중요하다. 현대 후이족에게는 그 조상이 아랍인이든, 페르시아인이든, 튀르크인이든 상관없이 무슬림이라는 것과 중국으로 이주하여 고유한 정체성을 유지했다는 사실만이 중요하다. 위구르족에게 계보에 대한 지식은 중국인이나 다른 무슬림 튀르크족보다 먼저 위구르족이 타림의 오아시스 영역에 정착했다는 증거로서 땅과 관련이 있을 때만 중요한 것으로 보인다. 신장과 튀르키예의 위구르족 정보 제공자들은 상세한 족보를 남기는 것은 중국인들이 좋아하는 일이지 위구르족이 좋아하는 일은 아니라고 말한다. 실제로 카자흐족의 족보의 세목에 대한 몰두는 배우자 선택과 유목민적 향수에 영향을 미칠 뿐만 아니라 정체성에 대한 인식을 높이는 데도 기여한다.

내기 이스탄불에서 만났던 사카바이족 구성원들 간의 전형적인 카자흐족 계보는 여러 단계에 걸쳐 있다. 가장 높은 단계에서 사카바이족 중 대부분의 카자흐족은 자신이 오르타 유즈(오르타는 '중간'이라는 뜻으로 원래 부족의 군사조직을 지칭하는 'Horde' 또는 튀르크어 'orda'의 오역)의 후손이라는 것을 알고 있었다. 스반베리(Svanberg 1989b:115)는 '부족'으로, 허드슨(Hudson 1938:19)은 '우루'(Krader 1963, '루'로 번역)로 번역한 타이파(아랍어 'tayifa'에서 차용) 단계에서 카자흐족은 케레이족과 동일시했다. 루 또는 종족이 다음 단계에서(Svanberg 1989b:115) 그들은 그들의 혈통을 잔테키족까지 추적했다. 그러나 많은 카자흐족은 이 모든 단계를 유즈나 루라고 부르며 실질적인 일관성은 없다. 그 기반에는 이러한 복잡한 계보로 연결된 여러 가문으로 구성되었을 아우일(auyl 또는 awl; Hudson 1938:19)로 알려진 이주 집단에 대한 강조가 있다. 하지만 사카바이족이 바르자쿨족이나 타스비케족과 결혼하는 경우는 거의 없었고, 잔테키족의 외부인과 결혼하는 경우가 있지만 매우 꺼려했다. 스반베리가 지적했듯이 케레이족 외에 다른 오르타족 혈통과의 구체적인 연결고리에 대해서는 거의 알지 못했지만, 울루 오르다의 카자흐족 구성원이 많이 살고 있는 중앙아시아로의 여행이 잦아지면서 이러한 지식이 증가하고 있다. 상호교류는 전통적으로 가문에서 아우일과 종족으로 올라갈수록 규모가 커졌다. 이제 위에서 언급한 대로 이주 집단의 급격한 변화에 따른 종족과 그 상위 단계에서의 구체적인 관심사만이 남는다. 위구르족과 후이족과의 구분은 여섯, 일곱 번째 단계의 상호작용에서만 이루어지며, 이들 민족에 대해 설명된 것보다 훨씬 더 넓은 범위의 관계를 드러낸다는 점이 주목할 만하다. 카자흐족의 계보에 대한 집착은 보다 상세한 관계적 타자성의 규모에 반영된다.[15]

계보는 여행을 잘한다. 유목민 혈통의 뿌리로 거슬러 올라가는

---

15 토마스 호페(Hoppe 1995)의 흥미로운 논문인 「신장의 민족 구성」에서 신장 남서부의 키르기즈족 목축업자들 사이에서 놀랍도록 유사한 대립적 위계구조를 보여주었다. 흥미로운 점은 키르기즈족 카자흐족은 과거 유목 목축민으로서 혈통과 계보에 대한 애착을 간직하고 있는 반면, 위구르족과 후이족은 그렇지 않다는 것이다. 이와 비슷한 맥락에서 우라딘 에르덴 불라그(Bulag 1998:49)는 그의 획기적인 논문을 통해 몽골의 현대 몽골인들이 소련의 영향 아래서 사라졌던 계보와 씨족 이름(obog)을 되살리고 있음을 보여준다.

아우일에 기반한 카자흐족의 이목 개념은 현대의 민족국가 구성을 훨씬 뛰어넘는다. 이를 통해 카자흐족 네트워크는 중앙아시아, 중국, 튀르키예, 유럽 전역으로 뻗어나갈 수 있었다. 이는 카자흐족과 키르기즈족 깃발에서 그 표상을 찾을 수 있다. 찰스 스콧이 주장했듯이 "계보는 인간 삶의 다양한 질서 영역을 알게 되면서 차이와 불연속성, 외형 및 공간적 이미지의 우선 순위를 허용하는 방법이다"(Scott 1990:57).

과도하게 구조화된 정체성의 해제

중앙아시아 지역의 지도는 소위 주요 민족 집단의 구성을 명확하게 표시하고 이들을 주류민족과 소수민족으로 나누기 시작했다 (예를 들면, 카자흐스탄의 카자흐족 40%와 러시아인 38%의 구성). 이는 이전의 내륙아시아 지도와 대조를 이루는데, 이전의 마르크스-스탈린주의와 근대화 패러다임에서는 러시아화, 중국화, 세속화 등으로 중앙아시아 민족의 소멸을 강조했기 때문이다. 그러나 민족 지도를 보더라도 민족 집단들은 겹쳐 있고, 지리적 지도를 보더라도 위대한 게임으로 알려진 기간 동안 지정학적으로 분할된 지역 사이에 자연적인 경계가 없음을 알 수 있다. 민족정치학의 게임은 더 이상 '대단한' 규모는 아니지만 내륙아시아의 대초원에서 여전히 진행 중이다.

이 장에서는 현재 후이족(둥간), 위구르족, 카자흐족으로 알려진 민족들 사이에서 초국적 경계를 넘나드는 다양한 정체성 구성을 이해하고자 관계적 타자성에 대한 접근법을 제시했다. 2차원 도표는 여기서 강조하는 대화적 관계성을 손상시키고, 조지 마커스(Marcus 1994:48)가 현대 민족지학 글쓰기에서 '동시성의 문제'라고 적절하게 묘사한 딜레마에 더욱더 부딪히게 한다. 위에서 논의한 집단과 관련하여 관계와 타자성의 구체적인 '노드'에 대해 이견이 있을 수 있지만, 일반적으로 이 논쟁은 내륙아시아 민족들 사이의 위계, 권력, 표상, 관계성의 본질에 관한 것이다. 물론 어떤 경우에는 위에서 설명한 대립적 관계가 항상 적용되는 것은 아니지만—예를 들어 신장이나 알마티에서 카자흐족의 이해관계에 대항하여 후이족과 위구르족이 연합한 사례—여기서는 보다 맥락화되고 관계적인 정체성 형성 및 표현에 대한 접근을 지향하고 있다. 본질화된 '부족' 또는 상대화된 '상황' 공식에 반하는 상상력, 표상, 가입이 정체성 형성에 중요한 역할을 한다. 저자가 아무리 그렇지 않다고 항의해도, 2차원의 선형 도표는 항상 정체성에 대한 묘사를 변명할 수 없을 정도로 동결시키고 본질화한다.

아마도 구조주의적 친족 모델링과는 다른, 보다 가입적이고 관계적인 은유가 필요할 것이다. 2장에서 제안한 텔레비전 튜너의 제한된 케이블 채널의 비유는 소비에트 이후 내륙아시아인 정체성의 변화하고 있는 '몽타주'(Marcus 1994:45)를 살펴보는 보다 발견적 방법일 수 있다. '제한된' 채널은 종종 흐리거나 우연히 서로 뒤엉켜서 '진짜' 바깥의 소리를 엿듣지 못하게 하지만, 정형적 특성화를 규제하는 국가 정책은 종종 뒤섞인 사회적 정체성을 분류하는 데 도움이 되어 혼혈조차도 순수한 범주로 만들어버리기도 한다.

그러나 현대 민족국가는 케이블 채널뿐만 아니라 시민권, 민족 정체성 및 인구조사 범주(Cohn 1987 참조)에 대한 규제 권력을 가지고, 가장 접근하기 쉬운 국가 채널을 정의하는 데 특권적인 역할을 하며 제한된 채널을 해제할 수 있는 수단을 제공한다.

관계적 타자성

　이 접근법은 뒤섞이고 제한된 수많은 채널과 마찬가지로 자신을 '튀르키스탄인'이라고 부르는 사람이 카슈가리와 위구르인, 무슬림과 튀르크인, 중국인과 중앙아시아 사람일 수 있다는 '양쪽 모두의' 정체성의 맥락을 설명하려 했다. 중국에서 이 모든 집단은 중국 시민이며, 원하든 원치 않든 중국 여권으로 여행한다. 이 장에서 주장했듯이, 위구르족이라는 것이 이스탄불의 젊은 이민자에게나 15세기에서 20세기 초반의 시기에는 큰 의미가 없었지만, 1934년 이후 민족국가 편입, 위대한 게임 경쟁, 중국과 소련의 민족 정책의 결과에 따라 위구르족으로 분류된 800만~900만 명의 오아시스 거주 튀르크족에게는 확실히 의미가 있는 단어가 되었다.

　사람들이 국경을 넘어 초국적 디아스포라의 일원이 되면 특히 이러한 정체성에 의문을 제기한다(Chow 1994:99-105 참조). 그런 다음 이 프로젝트는 이러한 표상의 의미를 최종적으로 정의하려는 본질적인 시도가 아니라, 이러한 의미가 언제 전면에 등장하고 누구와 함께 주장되는지에 대한 검토가 된다. 탈냉전 시대는 대립의 하향 이동으로 이끌었는데, 이는 더 이상 미-소-중 3각 구도가 아니라 훨씬 더 구체화되고 다극적이며 다원화된 세계이며, 특정 상황에 따라 관계의 척도 사이를 빠르게 위아래로 이동할 수 있는 변화하는 정체성을 보여주었다. 중국의 주권에 대한 러시아와 미국의 위협이 사라지고, 새롭게 거머쥔 경제적 부를 바탕으로 힘을 얻은 광둥인, 푸젠인, 하카족, 그리고 여타 지역민들 사이에서 '남방 민족주의'가 확산되는 것에서 알 수 있듯이 더 낮은 단계의 정체성이 점점 더 크게 부각될 수 있다.

　이 프로젝트는 또한 튀르키예, 구소련, 중국의 주류민족 정체

성의 본질에 의문을 제기한다. 이들 지역의 민족 정체성 구성에 대한 마르크스주의적 영향에 대한 최근 연구는 튀르키예인, 러시아인, 한족 등의 주류 집단이 구성되는 과정을 무시하는 경우가 많았다. 오스만제국 역사에서 튀르크족은 천막을 치고 사는 유목민이었으며, 제국에서 아타튀르크와 관련된 국가로 전환하기 전까지는 튀르크족의 훌륭한 본질로 인정받지 못했다. 마찬가지로 제국에서 국가로의 전환 과정에서 초기의 중국 민족주의자들이 일본에서 유래한 민족(みんぞく)이라는 용어를 사용하여 국민당 통치하에서 처음 5개 집단으로 구분했고, 나중에 공산당은 56개 집단을 '민족'으로 분류했다. 한족을 민족으로 보는 개념은 쑨얏센에 의해 대중화된 아주 최근의 개념이다. 그의 오족 정책에서 한족은 티베트인, 몽골인, 만주족, 후이족과 대립적 관계이며, 더 중요하게는 '민족'으로 인식된 외국 제국주의자들과의 대립에 있는 집단이다 (Duara 1995). 민족으로서의 한족이라는 범주는 실제로 몽골인이 중국에 남긴 것으로, 그들은 북방에 모든 사람들을 남방인, 중앙아시아인, 몽골인과 구별하여 한족(한민족 포함)에 포함시켰다. 제국주의 이후 냉전 시대까지 이어진 대립구도가 가라앉은 지금, 중국은 북부의 한족 대신 남부에서의 민족주의 부상을 이끄는 경제적 성장과 함께 한족 내부의 민족적 타자성을 모색하는 단계로 움직이고 있다.

이러한 지역에서 변화하는 민족 정체성의 본질과 국제 지정학 변화의 영향에 주목해야 한다는 것은 분명하다. 그러나 지정학적 관심만으로는 충분하지 않으며, 정체성 형성과 재형성 과정은 역사기술과 문화연구에 대한 관심 없이는 이해되기 힘들다. 튀르키예, 러시아, 중국 간의 관계는 이 지역에서 튀르크족, 주로 무슬림인 민족의 정체성 변화에 달려 있다는 것이 더욱 분명해졌는데, 이 장에서 살펴본 것처럼 그들의 정체성은 범튀르크계나 범이슬람계를 통해서도 쉽게 통합되지 않을 것이다. 이 집단들 사이의 민족 정체성의 양식은 그들이 속한 민족국가에 근본적인 도전 또는 위반을 제기한다. 위구르족의 토착성은 '그들의' 땅에 대한 중국의 권리 주장을 거부하고, 카자흐족의 유목민 이동의 이상화는 어떤 민족국가도 그들을 제한하도록 허용해서는 안 된다고 주장하며, 후이족의 혼종성은 민족이라는 개념 자체에 반하여 디아스포라 상태는 근대 및 탈근대의 모든 사람이 처한 곤경의 일부이며, 민족만을 기반으로 국가 권력을 주장할 수 있는 순수한 국가, 민족 또는 인종은 없다고 주장한다. 아마도 이러한 혼종성에 대한 믿음 때문에 후이족은 대체로 분리주의적 경향을 표출하지 않았을 것이다.

중국에서 공식적인 민족 정체성의 인정은 특히 후이족과 위구르족을 중심으로 국가에 반하는 이들 민족 정체성의 구체화와 형성에 대한 주장에 힘을 실어주었다. 이제 중국 민족국가의 경계를 넘어선 정체성은 다른 인정받지 못한 집단이 승인과 정치적 권력을 추구하도록 재촉하고 있다. 소위 '주변부'라고 불리는 이 인정받지 못한 민족들이 중국 역사 및 사회와 무관하다고 생각하지 않도록, 우리는 태평천국 운동이 하카족과 야오족의 지역인 중국 남서부 광시성에서 시작되었으며 청 제국을 분열시키고 거의 무너뜨릴 뻔했다는 사실을 기억해야 한다. 청나라를 마침내 종식시킨 인물은 쑨얏센으로 그는 하와이에서 자랐고 일본에서 교육을 받은 광둥인이며 근대 초국적 디아스포라의 진정한 일원이었다. 그럼에도 불구하고 쑨 박사는 외국의 타자들, 즉 만주와 서구의 제국주의자들에 맞서 중국 내부의 타자를 효과적으로 동원하면서, 중국의 오래된 민족 정체성만큼이나 취약할지도 모를 새로운 민족 정체성을 만들어냈다. 개인의 정체성은 수많은 국경을 넘나들면서 변화하고, 장자가 말했듯이 이러한 정체성은 사회적, 정치적 상호작용의 영역을 가로지르는 타자와의 관계 속에서 형성된다. "'타자'가 없다면 '자아'가 없고, '자아'가 없다면 파악할 수 있는 것이 없다."[16]

16 장자의 「하늘과 땅」 편에서 자아를 잃는 것에 관한 유명한 구절 중 하나를 번역해 준 크리스토퍼 밀워드(Millward 1994:6)에게 감사를 표한다. 추가 자료로는 왓슨(Watson 1968:133)을 참고하시오.

5부 토착화

10장
민족 형성인가, 민족 학살인가?

위구르족: 과거와 현재

이스탄불 바로 남쪽, 마르마라해 연안의 제이틴부르누 지역에는 주택 개발, 가죽 공장 및 작은 상점들이 밀집해 있는데, 주로 1940년대 중국 북서부의 신장 위구르 자치구에서 온 이주민들이 살고 있다.[1] 그러나 민족적 기원에 대해 얘기할 때에 이러한 용어는 거의 들리지 않는다. 보통은 '나는 카슈가르의 오아시스에서 온 카슈가르족이다'라는 표현이 일반적이다. 그 외에도 타림 분지와 타클라마칸 사막 주변의 오아시스 마을을 가리키는 고유 지명인 투르판릭, 코탄릭, 악술릭 등이 민족을 지칭하는 용어로 사용된다.[2] 튀르키예를 여행하는 한 학생에게 출신지를 물었는데, 그녀는 집이 우루무치에 있고 중국 정부에 의해 인정받은 위구르 민족임에도 불구하고 자신을 튀르키스탄 출신이라고 얘기했다. 이러

1 중국 무슬림에 대한 3년간의 현장연구는 풀브라이트-헤이스 재단, 중화인민공화국과의 학술 커뮤니케이션 위원회, 웨너-그렌 인류학연구재단의 지원을 받았다. 튀르키예에서의 현장연구는 하버드 국제 및 지역 연구학회의 아이라 J. 쿠킨 장학생 프로그램의 지원을 받았다. 중국에서는 중앙민족연구소, 닝샤 사회과학원, 신장 사회과학원을 방문해 연구를 수행했다. 이 연구를 가능하게 해준 분들과 기관들에 감사를 표한다.
2 이스탄불에 거주하는 중국 북서부 출신 이민자들에 대한 연구는 스반베리 (Svanberg 1989a)를 참고하시오.

한 모호성은 바르톨트의 잘 알려진 다음의 문구(Shahrani 1984:27 에서 인용)를 떠올리게 한다. "튀르키스탄인에게 자신의 정체성이 무엇인지 물으면 우선 '무슬림'이라고 대답하고, 그런 다음 어떤 도시나 마을의 주민이라고 말하고, 그가 유목민이라면 이런저런 부족의 구성원이라고 대답한다." 인구통계국에서 발표한 2000년 인구조사에 따르면 위구르족으로 분류된 사람들은 약 840만 명에 달한다(Statistics Bureau of Xinjiang Uyghur Autonomous Region 2002; Banister 1987:322; Population Census Office 1987:28; Zhongguo 1981:174 참조). 위구르족은 중국에서 두 번째로 큰 무슬림 민족으로 배열되어 있으며, 주로 신장 위구르 자치구에 거주하고 있다.

신장의 위구르족은 종종 자신들의 오랜 기원을 그곳에서 찾는다. 내가 1985년 투르판의 아스타나 무덤을 처음 방문했을 때 중국 국제여행사의 현지 위구르족 관리는 "위구르족은 이곳 투르판에 왕국을 세운 중앙아시아 유목민족의 수준 높은 문명의 후예이다. 이 무덤의 우아한 색채와 장식은 한나라 시대(206 BC~AD 220)의 것으로 아름다움과 정교함에서 매우 뛰어나다. 또한 이 지역에서 발견된 신장성 무덤의 미라는 6,000년 이상 된 것으로 위구르족이 한족보다 훨씬 더 오래되었다는 것을 증명한다"고 얘기했다.

내가 투르판과 카슈가르에서 만난 많은 위구르족은 자신들이 이 지역의 토착 민족이라고 설득력 있게 주장한다. 중국의 다른 무슬림 민족들의 상당수가 다른 지역 또는 해외에 거주하고 있는 반면, 위구르족 인구의 90% 이상이 신장에 거주하고 있다는 점도 이 지역에 대한 소속감에 크게 기여하고 있다. 초기 위구르 왕국이 지금의 몽골에 기반을 두었고 지금의 신장 지역이 중국의 통제하에 있음에도 불구하고 위구르족은 신장을 '우리 땅, 우리 영토'라고 주장하며 자신들의 조상이 신장에서 유래한 것으로 간주한다(Mann

1985:10). 스스로를 타림 분지의 원주민이라고 생각하는 위구르족 중에서도 여러 위구르 민족주의자들은 한족의 대량 이주와 무분별한 개발 및 핵실험으로 인한 환경 파괴로 인해 민족 형성이 아니라 민족 학살로 이어지고 있다고 주장한다(Alptekin, I.Y. 1991).

내몽골을 연구하는 역사가들은 일반적으로 현재 위구르족의 기원을 과거에는 유목민이었다가 이후에 정착하였고, 튀르키에 방언을 사용하며, 카라코람(AD 745~840)을 기반으로 위구르 왕국을 건설했던 오아시스 거주민으로 추정한다(Mackerras 1972; Sinor 1969:113-22; Schwarz 1984:1-26; Zhongguo 1981:174). 한편, 중국의 저명한 역사학자 겅쉬민 교수는 위구르족의 정체성이 15세기에 이르러서야 통합되었다고 주장하고(Geng 1984:13), 일본의 뛰어난 내륙 아시아 역사학자 사구치 토루 교수는 위구르족이라는 용어가 1935년까지는 현재의 민족을 지칭하는 데 사용되지 않았다고 주장한다(Saguchi 1984:62). 이로 인해 위구르족이 적어도 1,200년 동안 내륙 아시아 역사에 존재했다고 가정해온 많은 학자들에게 500년의 공백이 발생했다. 루델슨(Rudelson 1988)은 그의 위구르 정체성에 대한 도발적인 논의에서 위구르라는 명칭이 1930년대 소련의 중앙아시아 인구집단에 대한 공식 명칭을 만든 소련의 경험에서 비롯되었다고 주장한다.[3] 잭 첸은 그의 신장 역사에 관한 연구에서 위구르 정체성의 그러한 재창조 가능성을 지지한다.

---

3 화이팅(A.S. Whiting 1957:iv)은 중-소 연합의 전성기 동안 소련에서 복무한 소련 관련 전문가가 10,000명이 넘었고, 7,000명에 가까운 중국인도 소련에서 훈련받은 것으로 추산한다. 중앙아시아 민족을 정의하는 것과 관련된 레닌의 정치학에 관한 논의는 윔부시(Wimbush 1985:69-78)를 참고하시오. 초기 중국의 민족 정책에 대한 소련의 영향에 대한 정리는 드레이어(Dreyer 1976:43-62)를 참고하시오.

러시아 10월 혁명 이후 1921년 타슈켄트에서 열린 타림 분지 출신 이민자 회의에서 지금까지 카슈갈리크, 악술리크, 로브닉 등 그들이 살던 지역의 이름으로 알려졌던 이 사람들의 모든 집단을 지칭하기 위해 '위구르'라는 이름을 사용할 것을 제안했고, 이 명칭이 1934년 당시 신장의 지방 정부에 의해 채택되었다. 따라서 앞으로 그들의 운명을 따라가는 천 년 동안 우리는 그들을 새로운 현대적 이름인 위구르족으로 부를 것이다. (Chen, J. 1977:100)

이러한 접근법은 특정 인구집단을 공식적인 민족 명칭으로 지정하기 위해 활용된 방대한 양의 민족사적, 사회정치적 복합성을 포괄하는 현대 민족 연구의 전형적인 방식이다.[4] 대상 민족의 역사를 다시 쓰는 것은 집권 정권의 일반적인 관행이지만, 이 장에서 다루는 것은 공식적인 역사 해석에 대응하여 전통을 재창조하는 것이다.[5]

위구르족이라는 용어가 사라졌다가 500년 후 다시 사용되는 역사적 과정 속에서 이제 그 이름으로 지칭되는 사람들은 주로 무슬림으로 식별된다(Zhongguo 1981:174-94 참조). 그러나 위구르족의 역사를 간략히 살펴보면 중앙아시아의 전통적인 샤머니즘적 유목민에서 마니교, 불교 및 네스토리우스 기독교 신자로의 다양한 개종의 모습도 발견할 수 있다. 10세기부터 15세기까지 '무슬림'이라는 용어는 구체적으로 위구르족이 아닌 모든 민족을 지칭했는데,

---

4　다른 예로는 쓰촨성의 이족에 대한 린위에화의 논의(Lin 1984)가 있다. 자세한 내용은 이 책의 8장을 참고하시오.
5　홉스봄(Hobsbawm 1983a)은 '전통의 발명'을 과거를 재해석하면서 변화하는 사회적 현재를 파악하려는 사람들의 노력으로 설명한다. 위구르족의 경우에 그들의 재해석된 과거는 그들의 민족사에 대한 공식적인 해석에 대한 그들의 통합 및 대응과 깊은 관련을 보인다.

이는 15세기까지 이슬람으로 개종하지 않은 타림 분지의 오아시스 지여에서 블교니 네스토리우스 교파를 따르는 거주민을 위구르인으로 지칭했기 때문이다.

이 장에서 나는 문화, 역사, 종교, 언어적 측면에서 전통적으로 생각되어온 위구르족의 정체성은 그들 정체성의 변화를 설명하기에는 부적절한 민족 및 정체성 개념에 의존하고 있다고 주장한다. 민족에 대한 이러한 접근 방식은 일반적으로 내몽골의 민족 변화 과정에서 가장 중요한 전개, 즉 국가와 유목민 대초원 민족의 상호작용과 그에 따라 변화하는 대립을 고려하지 못한다. 초원의 유목민 부족 연합에서 정착한 반유목 부족의 왕국, 오아시스 상인의 이산, 그리고 마지막으로 중화인민공화국의 소수민족에 이르기까지 위구르 정체성의 변화를 추적하면서 현대 민족국가의 소수민족 관계와 민족 정체성에 대해 많은 것을 드러내는 민족 형성의 이야기를 발견할 수 있을 것이다.

민족 형성과 민족국가

민족 형성은 한때 이질적인 민족이나 분산된 인구가 존재했던 곳에서 고차원적인 민족 집단이 생겨나는 것을 의미한다(Bentley 1983:7-9). 민족 변화와 정체성에 대한 과거의 논의는 문화적으로 근원적인 정체성을 주장하는 입장과 순전히 상황적인 근거 또는 정치적인 동기에 근거한 민족 정체성을 옹호하는 입장에 따라 양극화되는 경향이 있었다.[6] 오늘날 대부분의 이론가들은 민족성이 순전히 이해관계에 기반하거나 근원적인 작용으로 환원될 수 없으며, 민족의 두 가지 주요한 측면, 즉 문화적으로 정의된 혈통 개념

---

[6] 이 초기 논쟁에 대해서는 벤틀리(Bentley 1983), 나가타(Nagata 1981), 데프레(Despres 1984)를 참고하시오.

과 사회정치적 상황의 결합 또는 변증법적 상호작용이 포함되어야 한다고 주장한다(Keyes 1981:28 참조). 일반적으로 민족 변화에 대한 이러한 논의에는 현대 민족 정체성의 맥락과 내용을 결정하는 데 있어 국가가 담당하는 중요한 역할이 빠져 있다. 대초원의 불교 제국에서 소수민족으로의 전환을 이해하는 데 있어 중국과 소련이 중앙아시아의 위구르족 정체성에 미친 영향은 매우 중요하다.

프랜시스(Francis 1976:114)는 민족 정체성과 민족 간 갈등 현상이 근대 민족국가의 산물이며, 민족국가가 등장하기 전에는 민족 정체성이 사회적 상호작용과 담론에서 그다지 두드러지지 않았다고 주장한 최초의 학자 중 한 명이다(추가적으로 Horowitz 1985:291-3 참조). 다른 현대 민족 이론가들은 민족 집단을 정의하고자 하는 지역적 또는 문화적 이해관계를 대체하는 국가의 중요한 역할에 대해 자세히 설명해왔다. 찰스 키스는 현대 민족국가의 민족 집단의 관계에 대한 논의에서 다음과 같은 통찰을 제공한다.

> 전통적인 국가는 국경지대나 도시의 이방인 공동체에 다양한 민족 출신의 사람들을 수용하면서도 이들이 어떤 '국가'의 일부가 되어야 한다고 주장하지 않았다. 현대 민족국가에서는 이주민이든 원주민이든 다양한 기원을 가진 사람들이 국가의 권위를 인정해야 할 뿐만 아니라 국가의 일부가 되어야 한다. 현대 민족국가의 주권은 혈통이나 종교적 카리스마에 의해 정낭화된 군주가 아닌 국민에게 있기 때문에 현대 민족국가의 주체는 반드시 국민으로 통합되어야 한다. 소위 '새로운 국가'에서뿐만 아니라 미국이나 소련, 심지어 영국과 스페인과 같은 '오래된 국가'에서도 국민적 통합 과정이 수행되었으며, 국민들로 하여금 자신의 민족적 지위를

성찰하도록 분명하게 자극했다(Keyes 1984:15).[7]

분명히 정의되지 않고 느슨하게 소속된 집단이 나중에 완전한 민족 집단이 된 민족 형성 사례의 대부분은 다른 민족이 지배하는 더 큰 민족 국가에 편입되고 그 안에서 정체성을 확립해가는 맥락에서 발생했다. 이러한 민족 정체성은 문제시되는 특정 상대 세력과의 상호작용의 위계에 따라 형성되고 재편된다. 아프리카의 누어족에 대한 에반스-프리차드(Evans-Pritchard 1940)의 연구는 통치자가 없는 유목 사회에서 계층적, 분절적 종족의 독특한 확장-축소적 특성을 최초로 지적했다. 위구르족은 역사상 특정의 사회정치적 목적을 위해 통일된 적도 있지만, 현재 그 이름으로 알려진 사람들은 대부분 여러 오아시스와 부족 연맹으로 흩어져 있었다. 다른 부족 연맹과의 대립 속에서, 가장 명확하게는 중국 정부와의 대립으로부터 위구르족으로 인식되는 민족이 등장한 것이다.

위구르족의 민족 형성

위구르족이라는 대초원 유목민 집단은 8세기 이전부터 존재했지만, 이 정체성은 급변하는 사회정치적 맥락 속에서 진화해왔다. 위구르족의 민족 형성은 중화 민족국가와의 지속적인 상호작용을 통해 점진적으로 진화한 것으로 이해하는 것이 가장 적절하다. 토마스 바필드(Barfield 1989)가 밝힌 바와 같이, 중국의 진-한 통일에 대응하여 최초의 유목 왕조를 건설한 흉노족과 마찬가지로 위구르족은 수-당 왕조의 중화제국 통일에 대응하여 7세기에서 9세기 사이에 대초원에서 오아시스로 이주하여 왕국을 건설했다. 경 교수

---

7   러시아어로 출판된 컨퍼런스 논문의 영어 버전에서 발췌한 내용이다(Keyes 1984).

(Geng 1984:1-6)는 초기 중국의 사료를 정리하며 한 왕조부터 수 왕조에 이르기까지 탐험가와 순례자들이 중앙아시아에 정착한 사람들을 만나는 과정을 추적한다. 9장에 자세히 설명되어 있듯이, 튀르키예 칸국이 중국 역사가들이 후이허 또는 후이후라고 부르는 민족에게 멸망한 후에야 우리는 매케라스(Mackerras 1972)가 묘사한 위구르 제국의 출현을 볼 수 있다. 당나라 역사를 연구한 윌리엄 사몰린은 다음과 같이 말한다.

> 위구르라는 용어는 일반적으로 부족이나 영토를 지칭하기보다는 정치적 명칭으로 사용되었다. 나중에는 고대 튀르크어의 한 가지 형태를 구별하기 위한 언어적 명칭으로 사용되었다. 나중에 중국인들이 원래 위구르를 의미하는 후이후를 무슬림에 대해 사용했는데, 이것이 혼란을 가중시켰다. 엄밀히 말하면, 742년 [오르콘] 비문의 튀르키예 왕조를 계승하고 외투칸의 레퓨지아를 소유한 부족 연합이 권력을 장악한 후 일반적으로 위구르로 알려지게 되었다. (Samolin 1964:73)

위구르족의 점차적인 정착과 튀르키예 칸국의 패배는 통일된 당나라와의 무역이 특히 수익성이 높아지면서 발생했다(Mackerras 1969:215-18; Rossabi 1969-70). 사몰린(Samolin 1964:74-5)은 통치의 안정성, 당나라와의 무역, 황실과의 관계, 그리고 마니교 의례의 중심지를 세우는 것의 중요성이 커지면서 위구르 부족의 생활 방식이 정착되었다고 주장한다. 바필드(Barfield 1989)의 표현을 빌리자면 '유목민 세계와 주변 문명 사이의 다리'가 된 고도의 위구르 문명은 중국 역사가들이 '조공'이라고 정당화했던 당나라의 수탈을 예술로 승화시킨 결과였다. 위구르 제국은 당나라를 도와 수익성 있는 관계를 유지하는 데 관심이 있었다. 즉, 위구르족은 확장보다는 착취에 더 관심이 있었다. 정주화 및 중국과의 상호작용은 사회종교적 변화를 가져왔으며, 전통적인 샤머니즘 튀르크어를 사용하는 위구르족은 점점 더 페르시아 마니교의 영향을 받았다(Sinor 1969:114-15). 중국과의 무역 및 군사 동맹은 위구르족이 점차 중국의 문화, 의복, 심지어 농업 관행까지 채택할 정도로 진전했다(Mackerras 1972:37).[8]

840년 유목민 키르기즈족이 몽골의 위구르 수도 카라발가순을 정복하면서 위구르족의 정주화는 더 진행되고 그들의 정체성은 더욱 구체화되었다. 겅 교수(Geng 1984:6)에 의하면, 위구르족은 중국 전역에 세 개의 주요 분파로 분산되어 있었다고 한다. 13개 부족으로 구성된 한 집단은 몽골 대초원에서 남동쪽으로 도망쳐 만리장성 너머로 갔고, 이후 북방 한족에 동화되어 역사 기록에서 사라진 것으로 추정된다(Sinor 1969:116). 약 15개 부족으로 구성된 나머지 위구르족은 몽골에서 서쪽과 남서쪽으로 분산되고 중국 북서부 전역으로 흩어지며 두 번째와 세 번째 분파의 기초를 형성했다. 두 번째 분파는 최종적으로 지금의 간쑤성 지우취안으로 이주했는데, 이들이 현재 위구르족의 조상이며 주로 쑤난 위구르 자치현에 살고 있다.[9] 세 번째 분파는 이전에 위구르족이 의지해 살았던 투르

---

8 안루산 사건과 중국 내부의 다른 반란을 진압하는 데 위구르족이 제공한 지원에 대한 내용은 다음의 자료(Barfield 1989; Sinor 1969:114-15)를 참고하시오.
9 가장 대중적인 민족성 이론을 따르고 위구르족의 정체성을 분석하기 위해 순전히 문화적 또는 언어적 접근 방식을 취한다면, 간쑤성 허시주랑의 위구르족이 가장 유력한 후보이다. 즉, 과거 위구르 제국과의 언어적, 문화적, 종교적 유대를 가장 잘 보존하고 있는 근대적 집단이다. 840년 키르기스스탄의 침략 이후 간쑤성으로 피신한 '황위구르족(*Yugur Shari Yugur*)'으로 알려진 이들은 19세기까지 옛 위구르 문자로 쓰인 이전 튀르크어를 상당 부분 보존한 유일한 위구르 왕국의 잔재이다. 라마불교에 끼친 마니교의 영향도 보존되어 있으며, 현재

판, 카라샤르, 카슈가르를 포함한 타클라마칸의 타림 분지 주변의 오아시스에 흩어져 살았다(Mackerras 1972:12). 이전 장에서 논의했듯이, 이 집단은 타클라마칸 주변 오아시스의 독특한 사회생태를 활용했고, 850년부터 1250년까지 투르판에 기반을 둔 위구르의 도시국가인 코초 또는 가오창을 점진적으로 건설했다.[10] 이 그룹의 구성원이 문화적으로 오늘날 위구르족의 직계 조상으로 간주되고 그들이 거주한 지역이 위구리스탄으로 알려지긴 했지만(Elias 1972:72 ff.), 그들의 마니교 관습에 불교와 네스토리안 기독교 신앙이 덧붙여졌으며 타클라마칸 오아시스에 있는 위구르족 중 이슬람으로 개종한 마지막이라는 것은 흥미롭다.

9세기 중엽에 이르러서는 현재 위구르족으로 알려진 사람들이 완전히 정착했음을 알 수 있다. 발굴을 통해 예술적, 물질적 정교함에서 당나라와 송나라 궁정에 필적하는 부유한 귀족 문명이 존재했다는 것도 밝혀졌다. 시노르(Sinor 1969:119)는 투르판 위구르족과 밀접한 관계를 맺고 있었고 위구르족의 과거 유산에 불과한 유목 생활 방식에 더욱 친숙한 랴오 왕조(907~1125) 키탄 통치자들의 우호적인 제안, 즉 위구르족의 몽골 송환을 위구르족이 거부한 것에 대해 이야기한다.

이 무렵 위구르족은 튀르키예 방언을 유지한 반면 엘리트층은 소그디아나 문자를 사용하는 페르시아어를 채택하는 등 언어적 통일성을 갖기보다는 이질적인 위구르 민족이 각기 다른 오아시스를

는 튀르크어, 몽골어, 중국어 방언을 사용하는 세 집단으로 나뉘어 있지만 모두 하나의 민족인 위구르족에 속하는 것으로 인정받고 있다(Schwarz 1984:57-74; Zhongguo 1981:165-73 참조).

10 이 매혹적이고 풍요로운 대도시에 대한 논의는 올센(Allsen 1983), 겅(Geng 1984:6-8), 시노르(Sinor 1969:118-21), 그리고 네 차례에 걸친 독일의 투르판 탐험에 대한 기술은 르 콕(Le Coq 1985[1928])을 참고하시오.

기반으로 정체성을 갖고 있었다.[11] 10세기부터 16세기까지 위구르족이 점진적으로 이슬람을 받아들이면서 불교를 대체했지만, 오아시스 기반의 충성심을 극복하는 데는 별다른 도움이 되지 못했다. 950년 카라카니드(932~1165)의 통치자 사딕 보그라 칸이 이슬람으로 개종했을 때 서부 타클라마칸 오아시스, 특히 카슈가르의 주민들은 불교와 다른 중앙아시아 종교 전통을 거부하고 정치적으로나 상징적으로 더 유리한 이슬람 이념을 지지했다.[12] 16세기까지 이슬람으로의 개종에 저항했던 위구리스탄의 사람들이 이후 위구르로 알려진 유일한 사람들이었다. 다른 사람들은 오아시스의 이름으로만 알려졌거나 일반적으로 무슬림으로 알려졌다(Haneda 1978:7). 일본의 중앙아시아 불교 역사가인 오다 주텐은 이 과도기를 다음과 같이 묘사한다.

> 칸이나 왕자들 밑에서 정치적, 상업적 관점에서 가장 중요한 역할을 한 것은 원래의 인종적 이름으로 불리지 않게 된 무슬림이었다. 그럼에도 불구하고 우리가 위구리스탄이라는 단어를 사용하는 이유는 불교를 계속 믿었던 위구르족이 옛 인종적 특성을 유지했기

---

[11] 마흐무드 카슈가리의 유명한 11세기 사전인 디반 루가트 잇-터크(*Divan Lughat it-Turk*)를 인용한 겅 교수(1984:10-11)는 튀르크어의 근대 위구르 방언의 기초가 타클라마칸 지역의 공용어로서 우위를 차지하기 시작했고, 소그디아나어, 코타니아어, 티베트어와 같은 다른 개별 언어들이 지역 주민들 사이에서 계속 사용되었다고 주장했다. 이후 이슬람교의 확장에 따라 아랍어가 점차 위구르 문자를 대체했다(Barthold 1956:21; Geng 1984:9).

[12] 15세기의 미르자 무함마드 하이다르 두흘랏은 대부분 이슬람화된 서부 오아시스 지역에서도 튀르크인의 '인종적' 정체성이 여전히 이슬람으로 대체되지 않았다고 불평한다. "무슬림 종교의 확산은 항상 예절과 관습을 수정하고 아랍어, 튀르크어 또는 페르시아어를 사용하는 경향이 있지만, 그럼에도 불구하고 인종적 특성은 남아 있으며, 이는 수세기에 걸쳐 지속될 교배 과정을 통해 매우 점진적으로 사라질 것이다"(Elias 1972[1895]:82).

때문이다. 하미에서는 위구르족의 두 그룹, 즉 불교도 위구르족과 이슬람 위구르족이 같은 지역에 함께 살았다. (Oda 1978:23)

다시 한번 위구르족의 민족종교적 변화가 사회정치적 통합에 의해 급격하게 이루어졌다. 카라-카니드 이슬람 통치의 확장 속에서 불교, 마니교, 네스토리우스파 위구르인들이 이슬람 정체성으로 서서히 대체되었고, 위구르라는 이름이 사라져 무슬림으로 바뀔 정도로 전통적인 위구르 정체성에 반하는 결과를 초래했다. 오다(Oda 1978:42)는 1513년 만수르 칸에 의해 합병된 하미 사람들이 위구르라는 용어를 사용하지 않게 되는 과정을 기록했다. 불교를 신봉하는 카라-키타이(1137~1210)와 몽골(1209~1368) 제국 아래에서 불교 및 네스토리우스파 위구르족 서기관과 행정관에 의존적이었다(Allsen 1983:267; De Rachewiltz 1983:288-9). 이슬람의 도래와 함께 위구르족이라는 명칭은 역사 기록에서 사라져갔다.

몽골 제국의 몰락, 육로 무역로의 쇠퇴, 명나라와의 무역 관계 확대(Rossabi 1969-70)와 함께 투르판은 점차 이슬람 무굴 제국의 영역이 되었고, 아마도 성장하는 중국 제국에 반대하여 15세기 중반에 이슬람을 채택한 것으로 여겨진다(Hamada 1978:85-8). 겅 교수(Geng 1984:12-13)에 의하면 타림 분지의 역사에서 처음으로 "정치, 경제, 종교, 문화, 언어적으로 통일"되면서 "새로운 민족 공동체인 근대적 위구르족의 형성될 때가 된 것"이라고 말하지만, 이 지역 주민들을 지칭하는 위구르라는 용어가 이 지역에서 완전히 사라졌다는 것은 주목할 만하다(Elias 1972[1895]:100). 투르판의 비무슬림으로 주로 불교도 지배자였던 위구르인들이 개종하게 되었고 지역 주민들도 더 이상 비이슬람계로 알려지기를 원하지 않았다. 대신 앞에서 언급했듯이 예를릭, 사르트, 타란치 등 오아시스에 기반을 둔 지역주의가 확산되는 것을 볼 수 있었다(Fletcher 1978:69). 이런 오아시스 기반 집단들은 청나라 말기에 몽골의 중가르(1653~1754)가 정복될 때까지도 충분한 통합을 보이지 않았다. 이때까지 타림 분지는 무굴 지도자들의 정치적 계승 투쟁과 종교적 분쟁으로 인해 갈기갈기 찢겨 있었다(Rossabi 1979:171-4).

17~18세기 동안 야르칸트 칸국 치하의 신장 동부는 카슈가르의 '흰 산' 아파키야와 야르칸트의 '검은 산' 이시키야라는 두 경쟁적인 나크쉬반디야 수피 교단 간의 정치-종교적 파벌주의로 인해 분열되었고, 17세기 후반 이 틈새로 몽골의 중가르가 개입했다. 이센비케 토간-아리칸리는 이 시기에 오아시스에 기반을 둔 지방 정부들이 위세를 떨치게 되었다고 다음과 같이 주장한다. 17~18세기 콰자 통치는 일반적으로 중앙정부로 발전하지는 않았지만 중앙집권적인 경향을 보였다. 이 시점에서 이것은 당연한 것으로 보인다. 콰자간은 1864년 무슬림 반란 동안 제거된 지역의 원심적 경향을 상쇄하는 구심적인 역할을 수행했다(Togan-Aricanli 1988:14).[13]

조셉 플레처(Fletcher 1978:90)는 1754년 신장을 정복하고 튀르크인들에 대한 몽골 중가르의 지배를 몰아냈음에도 불구하고, 청나라는 한족의 대규모 이주가 장려되었던 1821년까지 이 지역을 한족 영역으로 편입하려는 시도를 하지 않았다고 주장했다. 김호동(Kim 1986:5)의 19세기 신장에 대한 연구에 따르면, 청나라가 이 지역을 안정적으로 장악할 수 있었던 것은 이 초기에 불과했다. 13년간의 카슈가르 에미레이트(1864~1877)를 수립했던 야쿱벡의 반란은 자신들의 정체성에 대한 중국의 문화적, 정치적 위협을 인식하면서 그에 대한 위구르족의 저항을 만들어냈다. 이 반란에 참여

---

13 콰자 통치에 대한 자세한 논의는 슈바르츠(Schwarz 1976)를 참고하시오.

한 위구르족은 그들의 일상적인 지역, 이념, 사회 경제적 파벌로 나뉘어 있었는데, 김(Kim 1986:74 ff.)은 이러한 파벌이 그들의 몰락에 기여했다고 주장하지만, 그럼에도 불구하고 이러한 사건들이 다른 민족국가에서 범민족적 정체성이 부상하는 데 기여했다는 논의와 유사하게 이 반란 사건도 중국으로부터 모든 위구르족을 구분하는 데 중요한 역할을 했다. 위구르족은 억압과 반란의 시기에 내부적으로 분열되었지만, 이후에는 그들 대다수가 지배적 헤게모니에 대해 스스로를 단결된 존재로 인식하기 시작했다. 야쿱벡은 오늘날 신장의 위구르족에게 그들의 오아시스, 사회적, 종교적 뿌리에 관계없이 민족적 영웅으로 간주된다.

중화민국 시기 위구르족의 정체성은 다시 지역 기반, 종교적, 정치적 파벌주의로 점철되었다. 신장 지역의 복잡한 군벌 정치에 대한 포괄적이고 흥미로운 분석에서 포브스(Forbes 1986)는 신장을 세 개의 거대지역인 북서부 중가리아, 남부의 타림 분지, 동부의 쿠물-투르판('위구리스탄')으로 구분했다. 이는 급격한 사회정치적 변화에 대한 지역적 대응 패턴에 대한 매우 심오한 분석을 제공하지만, 약화된 한족 국가에서 위구르족의 이질적인 행동은 분권화 시대의 초기 분열 패턴을 반영하며, 이는 유목민에 독특한 패턴은 아니다(Barfield 1989 참조).

20세기 중국의 팽창과 위구르족 정체성

앞서 살펴본 바와 같이 18세기 중가르의 패배로 오아시스 도시들이 청나라에 편입된 것은 제한적이었고 오래가지 않았다. 19세기 중반 한족의 대규모 이주가 장려되기 전까지 청나라는 군사 전초기지를 설치하여 이 지역을 진정시키고 속국 관계를 유지하는 데 주로 관심이 있었다. 19세기 중반 한족의 이주와 함께 식민지화가 시작되었지만, 19세기 후반 야쿱벡 반란, 1910년 청제국의 멸망, 그리고 1949년 중화인민공화국에 편입될 때까지 이 지역을 분할한 군벌 시기로 인해 식민지화는 단절되었다. 중국, 러시아, 영국이 벌인 거대한 게임에서 오아시스에 기반을 둔 사람들의 충성 경쟁은 정치적, 종교적, 군사적 노선을 따라 위구르족을 더욱 분열시켰다(Lattimore 1950; Whiting and Sheng 1958). 오아시스의 사람들은 민족국가로의 통합이라는 도전에 직면하기 전까지 일관된 정체성이 결여되어 있었다. 와리쿠(Warikoo 1985:107-8)는 중국의 튀르키스탄에 대한 사회경제학적 연구에서 다음과 같이 언급했다.

> 위구르족의 민족 의식은 놀라울 정도로 부재했다. 그들은 후진적이고 자급자족적인 경제 단위인 수많은 오아시스 정착지들로 고립되어 있었다. 각 오아시스는 그 자체의 수도, 작은 마을들, 농촌 정착지, 모든 지역 농산물이 물물교환으로 교환되는 중앙 시장, 별도의 지방 행정부를 갖춘 사실상 작은 국가와 같이 개별적인 특성을 유지할 수 있었다. 이러한 정착지와 각 인구집단의 사회적 분리는 억압적인 정권에 대항하는 단결된 전선을 형성하는 것을 막았다.

이 장에서는 위구르족 내부의 파벌주의가 민족 집단에서 흔히 볼 수 있는 충성심의 분절적 위계를 반영한다고 주장한다. 위구르족은 종교적 갈등(이 경우 수피교와 비수피교의 경쟁), 영토적 충성심(오아시스 또는 출신지), 언어적 차이, 일반인-엘리트 격차, 경쟁적인 정치적 충성심 등으로 내부에서부터 분열되어 있었다. 하지만 이러한 내부 갈등은 강력하고 중앙집권적인 통합적 민족국가에 앞에서 종종 근거를 잃는다.

위구르족의 정체성에서 사회정치적 통합은 가장 중요하게 여겨진다. 위구르족이라는 용어가 언제부터 오아시스 지역에 정착한 튀르크어권 무슬림에게 붙여졌는지에 대한 확실한 증거는 부족하지만, 1940년대에 위구르족이 중국과 소련 양쪽 모두에서 수용된 민족 명칭이 되었다는 것은 이 지역의 민족정치적 구성에 중요한 변화를 의미한다. 투르판에서 현장 조사를 수행한 하버드 대학원생 저스틴 루델슨(Rudelson 1988:23-30)은 소련이 현대 위구르족의 정체성을 정의하는 데 특권적인 역할을 했을 것이라고 주장한다. 루델슨은 1933년 신장에 초청된 소련 외교관 가레긴 아프레소프가 신장의 군벌 성시차이에게 한 조언에는 1920년대 레닌이 중앙아시아 민족에 이름을 붙일 때 사용한 것과 동일한 언어역사적 방식을 따라 타림 분지의 정착 민족에게 위구르족이라는 이름을 사용하라는 제안이 포함되었을 것이라고 언급한다(Chen, J. 1977:21; Forbes 1986:119-20; Wimbush 1985 참조). 루델슨은 바이디아나트(Vaidyanath 1967:209)가 1924년 신장의 오아시스 민족을 지칭하기 위해 위구르(1917년 소련 인구조사에는 없었던)라는 용어를 사용했고, 결국 이전에 구별되었던 카쉬가리, 타란치, 투르키, 사르트 칼묵을 모두 포괄했으며, 1928년 소비에트 우즈베크 내에서 3개의 '소비에트 위구르 마을'로 불렸다고 설명한다. 신장의 마지막 공화당 수장이었던 타타르 부르한 샤히디(Shahidi 1984:244)는 회고록에서 첫 번째 신장 민족 회의에서 한족 관료들이 위구르족이라는 용어를 제안했고, 당시까지 둥간 후이족과 구분해 '터번을 쓴 무슬림(*Chuantou Hui*)'으로 불렸던 오아시스 민족이 이를 수용했다고 기록했다(Forbes 1987 참조).[14] 비슷하게 소련의 중앙아시아학자 아나

---

14 신장에서 부르한의 위치와 배경에 대한 설명은 맥밀렌(McMillen 1979:23, n.25)을 참고하시오. 맥밀렌은 1949년부터 1977년까지 중국공산당 정책과 신장의 정치적 편입에 대해 매우 상세한 설명을 제공하지만, 그는 (다른 많은 사람

톨리 카자노프는 타슈켄트의 소련 민족위원회 책임자가 1926년 말까지도 우즈베키스탄인 중 스스로를 위구르로 인정하는 사람은 거의 없었다고 언급했다는 것을 지적했다.

위에서 주장한 바와 같이, 처음으로 신장이 민족국가에 편입되면서 소위 관련 국가에 대한 전례 없는 설명이 필요했다. 위구르족이라는 명칭의 재등장은, 투르판 분지의 불교 인구를 지칭하기 위해 500년 전에 마지막으로 사용되었던 명칭이기 때문에 부적절하다는 지적이 있었지만, 튀르크어를 사용하는 오아시스에 정착한 무슬림들을 지칭하는 명칭으로 고착되었다. 이에 관해 당사자나 관련 국가에 의해 분쟁이 발생한 적은 없었는데, 이는 무슬림으로 분류된 사람들이 그 신분에 이의를 제기하기에는 너무 많은 것들이 얽혀 있었기 때문이었다.

배타적이지는 않지만 이슬람이 위구르 정체성의 중요한 문화적 표식이 된 것은 위구르족이 직면한 사회정치적 반대를 고려할 때 놀라운 일이 아니다.[15] 종교적 노선에 따라 동튀르키스탄인들이 정치적으로 동원된 것은 중국인들이 도입한 사회주의적 생산방식에 대한 봉건사회의 반응이었다는 데니스 헬리(Helly 1985:99-101)의 가정에 대해 오메르 카낫(Kanat 1986:113-19)은 위구르족이 지난 40년 동안 농업 및 산업 개혁을 진행해왔다는 이유로 이의를 제기했다. 신장에서의 산업, 농업, 정치적 변화의 진통 속에서 중국인들은 분명히 복잡한 사회정치적 상황에 직면했지만, 이슬람이 이슬

들과 마찬가지로) 일반적으로 위구르족의 정체성을 전제하고 신장이 중화인민공화국에 편입된 초기에 중국 정부에 의해 만들어졌다는 것에 대해서는 탐구하지 않는다.

15 외국 무슬림 조상의 후손이지만 더 이상 이슬람교를 믿지 않는 동남부 해안 후이족에게 이슬람의 중요성이 커지는 것과 민족 정책에 관한 사례 연구는 글래드니(Gladney 1995)를 참고하시오.

람 정통성의 순수한 부활이라기보다는 통합적인 저항의 이데올로기로서 중요한 역할을 했다는 헬리(Helly 1985:107)의 주장은 위구르 정체성의 변화를 이해하는 데 중요한 근거를 제시한다.[16]

그러나 이슬람은 당시 위구르족과 상당한 대립 관계에 있던 사람들에 따라 위구르족의 정체성을 통합하는 여러 표식 중 하나일 뿐이었다는 점도 주목할 필요가 있다. 예를 들어, 둥간 후이족에게 위구르족은 수니파 이슬람교를 믿는다는 점에서 자신들이 합법적인 자생적 소수민족임을 강조한다.[17] 유목민인 무슬림 민족과 달리 위구르족은 땅과 자신들의 근원인 오아시스에 대한 애착을 강조한다. 한족과 달리 위구르족은 중앙아시아 튀르크계의 특징과 언어를 강조하며 동맹을 형성한다. 샤라니(Shahrani 1984:29)는 이 장의 서두에서 인용한 중앙아시아인이 처음에는 무슬림이었다는 바르톨드에 대한 반응이 유럽 기독교인으로서 바르톨드에 대한 그들의 반대 인식이 반영된 것일 수 있다고 통찰력 있게 지적한다. 위구르족 정체성의 각 측면은 위구르족이 직면한 반대 세력의 위계에 따라 그 중요성이 달라진다.

이슬람교는 위구르족 정체성의 근본적인 측면이지만, 땅과 언어에 대한 애착도 마찬가지이다. 정체성의 각 표식은 중요한 갈등의 맥락에서 두드러지고 의미가 강화된다. 다민족 상황에서 민족 정체성을 정의하는 데 있어 사회정치적 대립의 중요성은 에드먼드 리치(Leach 1954)가 버마 고원의 경쟁적 민족에 대한 논의에서 처음

---

16 변화하는 정치경제적 맥락에서 이슬람의 의미 변화와 재해석이라는 복잡한 문제를 다룬 뛰어난 논문 선집으로 로프(Roff 1987)를 참고하시오.
17 포브스(Forbes 1987)는 공화정 시대의 군벌 정치에서 한족, 위구르족, 둥간 후이족이 각자 동맹을 맺으면서 격동의 시기에 살아남기 위해 벌인 수많은 갈등을 묘사한다.

으로 철저하게 분석했다.[18] 현재 위구르족 정체성을 이해하는 데 가장 중요한 것은 희소한 자원과 지역 권력에 대한 경쟁에서 나타나는 민족적 표출의 명확한 위계이다.

근대 위구르족 정체성과 신장의 통합

1949년 이후 신장이 중화 민족국가에 사회정치적으로 통합되는 예기치 않았던 상황이 발생했다. 신장 지역은 1754년 중가르가 패망한 이후 중국의 정치적 지배를 받아왔지만, 20세기 중반까지도 중국에 느슨하게만 편입된 상태였다. 이후 신장이 중국으로 편입된 정도는 1940년대 이후 한족의 이주, 통신, 교육, 직업적 이동을 통해 파악될 수 있다.

한족이 신장으로 이주하면서 현지 인구는 1940년 수준보다 무려 26배 이상 증가했으며, 연평균 8.1%의 성장률을 기록했다. 한족 인구의 증가는 위구르족 이외의 무슬림 집단의 성장을 동반했고 집단의 구분이 필요했다.[19] 한족 인구의 괄목할 만한 증가와 함께 후이족(둥간) 인구도 급격히 증가했다. 1940년에서 1982년 사이 신장에서 후이족 인구는 6배 이상(연평균 4.5% 증가) 증가한 반면, 위구르족 인구는 1.7%의 자연적인 생물학적 증가율을 보였다.[20] 2000년 인구조사에서 신장의 후이족 인구는 844,211명, 위구

---

18 정체성의 표식으로 문화적 상징이 변화하는 것에 대해서는 나가타(Nagata 1981), 트로티에(Trottier 1981)를 참고하시오.
19 중국 소수민족 식별 정책, 1950년대 무슬림 소수민족을 중심으로 한 54개 소수민족의 식별, 그리고 소련 마르크스주의 민족 문화 모델 의존에 대한 연구는 글래드니(Gladney 1987b: 36-43), 마르크스-레닌주의 민족 이론과 정책에 대한 워커 코너(Connor 1984)의 설명도 참고하시오.
20 1953년에서 1982년 사이에 위구르족의 인구 증가가 느린 것은 당시 소비에트 중앙아시아로의 이주 때문일 수 있다. 배니스터(Banister 1987:324)는 소련의 인구에 관한 연구에 근거하여 같은 기간 중앙아시아의 위구르족 인구가 33,000

르족 인구는 860만 명으로 증가했으며(Statistics Bureau of Xinjiang Uyghur Autonomous Region 2002), 이전에 690만 명으로 추정되었던 한족 인구는 750만 명으로 밝혀졌고 31.6% 증가한 것으로 나타났다(지역 소수민족 증가율의 2배)(Human Rights Watch 2001). 한족 이주의 급격한 증가와 부족한 자원에 대한 경쟁의 심화는 1990년대 후반 수차례 이어진 위구르족 봉기의 원인이었다(Naby 1986, Rudelson 1988:31-3 참조).

2000년 인구조사는 지난 몇 년간 신장에 한족이 꾸준히 유입되고 있다는 사실을 보여주었는데, 이는 지역 당국이 항상 '계절에 따른 이주자' 탓으로 돌리며 경시했던 추세였다. 이번 인구조사에서는 이전에 6,870,000명으로 추정되었던 한족 인구가 실제로는 훨씬 높은 7,490,000명으로 밝혀졌다. 1990년대 동안 한족 인구가 31.6% 증가해 다른 소수민족(15.9% 증가)의 두 배에 달했는데 이는 중국의 다른 지역에 비해 느슨한 가족계획 정책의 혜택을 받은 것으로 추정된다는 점은 주목할 만하다.

신장이 중국에 편입되면서 민족들 간의 사회경제적 틈새가 더 벌어졌다. 초기 여행자들은 정착민과 유목민을 제외하고는 무슬림 간의 노동과 교육에 거의 차이가 없다고 보고했지만(Lattimore 1950), 1982년 조사에서는 사회경제적 구조에 큰 차이가 있음을 알 수 있다.

위구르족의 84%가 농업과 축산업에 종사하고 있다는 점은 주목할 만한데, 이는 모든 민족들의 평균치와 동일하다. 그러나 후이족은 농업과 축산업에 종사하는 비율이 60.7%에 불과하며, 무역과

명에서 41,000명으로 급격히 증가했다고 주장한다. 1987년 10월 12일 자 소련의 위구르족 신문 〈코뮤니즘 투기(*Kommunizm Tugi*)〉는 소비에트 중앙아시아의 위구르족 인구가 25만 명이라고 보도했다(Alptekin, E. 1988:2).

상업이 훨씬 더 많은 비중을 차지한다. 우즈베크인과 타타르인은 도시화된 지식인의 비율이 높기 때문에 과학 및 기술 직종에서 위구르족이 훨씬 낮은 순위에 있다. 이는 중국 내 무슬림 소수민족의 교육에 관한 보고서에도 반영되어 있다(12장 참조).

위구르족은 중국 내 대학 졸업자 비율과 문맹률이 다른 민족(각각 0.2%, 45%)과 비슷한 평균 정도이다. 타타르족은 무슬림 중 가장 높은 대학 졸업자 비율(39%)과 중국 전체 평균(32%)보다 훨씬 낮은 문맹률(9%)을 보였다. 이 수치의 가장 큰 맹점은 국가가 교육으로 간주하는 것, 즉 중국어와 과학 교육만을 반영한다는 것이다. 그러나 에덴 나비(Naby 1986)가 확인했듯이, 위구르족의 지식인층 연장자들 사이에는 중국 '문화'와 교육의 일부로 간주되지 않는 페르시아어, 아랍어, 차가타이어, 그리고 이슬람 과학에 대한 높은 수준의 전통적 전문 지식이 유지되었다. 초중등 교육이 위구르어로 제공되고 있었지만, 신장은 물론 중국의 다른 지역에서도 만다린이 상위층으로 가기 위한 언어가 되었다.[21] 위구르족 상당수는 1950년대에 중국 각지에 설립된 13개 민족대학에서 교육을 받아왔다. 중국 학교에서 교육을 받은 지식인들은 신장에서 전통적인 종교 엘리트들에 대응해 정치적 리더십을 발휘하고 있다. 우루무치의 많은 위구르인들은 1987년 위구르 전통의학 병원과 마드라사 단지의 설립을 한족 교육체제의 강조에 대한 초기 대응책으로 꼽는다.[22] 이런 상황에서 내가 만난 대부분의 위구르족은 자신들의 역사와 전

---

21 한족 체제에서의 교육으로 인한 여타 소수민족에서의 평민-엘리트 갈등에 대한 논의는 드레이어(Dreyer 1970)를 참고하시오.
22 위구르 전통 교육에서 중앙아시아 이슬람교 마드라사 역할에 대한 역사적 개요는 이브라힘 무티이(Muti'i 1989)를 참고하시오. 무티이 교수는 위구르족을 중앙아시아 전통과 가장 밀접하게 연결한 것은 종교적 또는 문화적 연속성보다 마드라사였다고 주장한다.

통 문화가 공립학교에서 경시되어왔으며 자녀들에게 이를 개인적으로라도 다시 강조해야 한다고 생각한다. 위구르족 아이들이 한족의 역사와 언어가 지배하는 중화 민족국가에 공식적으로 합류하고 중국 사회에 가장 완벽하게 편입되는 것은 소학교를 통해서이다. 소수민족 언어의 광범위한 사용에도 불구하고 주로 한족 중심의 교과 내용을 가르치는 지배적인 교육 관행은 위구르족과 그들의 전통 사이에 쐐기를 박고, 위구르족을 한족 환경으로 더욱 유도하는 결과를 낳고 있다.

철도와 통신의 광범위한 확장을 통해 신장은 중국으로 더욱 편입되었다.[23] 19세기 말 야쿱벡이 이끈 위구르족 봉기를 진압하기 위해 주어종탕이 청나라 군대를 란저우에서 우루무치까지 데려오는 데 6개월이 걸렸지만, 오늘날 우루무치는 베이징에서 비행기로 5시간, 기차로 72시간 밖에 걸리지 않는다.[24] 도로가 이 지역의 모든 주요 도시를 연결하고 있으며, 우루무치에서 카슈가르까지 육로로 이동하는 데는 4일 이상 걸리지만 무역이나 친척 방문을 위해 여행하는 위구르인들로 버스는 가득 찬다. 현지인들에게 여행은 고되고 비용이 많이 들지만, 적어도 여행은 가능하며 오아시스 간 소통을 강화하여 범위구르족 정체성 형성에 기여하고 있다.

23 위구르족은 확장된 철도 및 도로망을 따라 한족이 유입된 것에 대해 계속 불만을 표출하고 있었다. 이는 1986년 12월과 1988년 6월 학생 시위에서 주장한 위구르족의 주요 불만 중 하나였다(FBIS 1988d 참조). 1960년대 우루무치로 들어온 첫 기차는 '츠츠츠(吃, 吃, 吃, 먹어라, 먹어라, 먹어라)' 소리를 냈고, 떠날 때는 '츠바올러, 츠바올러, 츠바올러(吃饱了, 吃饱了, 吃饱了, 배불러, 배불러, 배불러)' 소리를 냈다는 유명한 이야기가 전해졌다. 한족 노동자를 영주권이 아닌 3~5년 단기 순환 근무로 채용하는 방식은 위구르족과 고향으로 돌아가고 싶어 하는 한족 모두를 만족시켰다.
24 6개월의 시간은 1850년대 후반 무슬림 복장을 하고 카슈가리아를 방문한 러시아 탐험가 발리카노프가 언급한 것으로, 그는 반란이 발생하면 중국이 란저우에서 지원군을 파견하는 데 그 정도 걸렸을 것이라고 주장했다(Kim 1986:9).

위구르족은 신장 전역에 퍼져 있을 뿐만 아니라 중국 내륙의 모든 도시에서도 볼 수 있다. 신장이 중국의 정치 영역에 더 깊게 들어오면서 더 많은 한족과 후이족이 신장으로 이주했고 위구르족에게도 전례 없는 수준으로 중국이 개방되었다. 위구르족 남성은 중국 전역에서 장거리 무역에 상당 부분 관여하고 있는데, 톈진과 상하이에서는 의류와 직물을, 항저우와 쑤저우에서는 비단을, 광저우와 하이난에서는 홍콩에서 들여온 전자제품과 오토바이를 판매한다. 특히 베이징은 외국인 인구가 많아 현지 통화(위안화)와 외국환 증서를 교환하는 경우가 많은데, 현지 한족보다 외국인처럼 보이기 때문에 의심을 덜 받기도 한다. 1985년 윈난성 쿤밍의 중앙 시장 광장에서 만난 한 위구르족 청년은 "우리는 성지순례를 갈 때 경화(硬貨)를 사용한다"며 "나와 돈을 교환하면 알라가 당신을 지켜줄 거다"라고 나에게 말했다. 일부는 하즈(hajj)를 위해 저축을 하기도 하지만, 대부분은 수입품이나 사치품을 구입하여 신장으로 가져가 판매하거나 거래하여 수익을 올리기 때문에 일 년 중 6개월은 집을 떠나 있어야 한다. 위구르족은 중국 전역을 여행하면서 한족 및 여행 중에 만나는 다른 소수민족에 대한 범위구르족의 정체성을 더욱 확고히 인식하고 신장으로 돌아온다.

위구르족의 해외 여행도 재개되었다. 최근 몇 년간 중요한 발전은 알마티로 이어지는 일리 회랑의 중국과 러시아 간 철도 노선 건설이 재개되었고 30년 전 중-소(현 중-러) 관계의 단절로 중단되었던 국제 여행이 이 통로를 통해 1992년 개방되었다는 것이다(FBIS 1988a). 이는 동아시아 및 동남아시아와 유럽을 최단거리로 연결하는 철도로, 1988년 10월 24일에 체결된 의정서에서 구상된 계획에 따라 무역이 활성화될 것으로 기대되었다(FBIS 1988c). 1983년 중-소 관계가 정상화되면서 무역과 개인 간 접촉이 엄청나게 확대되었고, 중국 언론은 1987년 2,100만 스위스 프랑이었던 교역액이 1988년 1억 스위스 프랑으로 전년 대비 5배 증가했다고 보도했다. 1988년까지 2억 스위스 프랑에 달하는 계약이 체결되었고(FBIS 1988f), 계약은 빠르게 달성되었다. 이러한 확장 속에서 위구르족은 자신들을 개선된 중-소 교류의 중요한 주체로 인식하게 되었다. 모스크바에서 일리 회랑을 통해 베이징으로 가는 여행에서 나는 위구르족이 광둥성과 선전에서 구매한 홍콩산 전자제품 중 상당수가 알마티의 시장과 국경 너머 친척들의 손에 들어간다는 사실에 놀랐고, 그 친척들 역시 소련 정부에서 위구르족으로 인정된 사람들이었다.

전례가 없을 정도로 신장의 중국 편입은 변경될 수 없는, 어쩌면 되돌릴 수 없는 흐름이 되었다. 위구르족은 종교, 언어, 민족적 관습 면에서 여전히 문화적, 역사적으로 중앙아시아를 지향하고 있으며, 최근 파키스탄과 알마티로 향하는 도로가 개통되면서 교류가 증가하고 있음은 분명하다. 물론 20세기 초반에는 범튀르크주의가 모든 위구르족이 아닌 일부 위구르족에게 어필한 것도 사실이다(Forbes 1986:112-16 참조). 그럼에도 불구하고 중앙아시아와의 역사적 유대는 강하다. 튀르키예의 투르구트 오잘 총리는 1985년 영사관을 개설하려는 베이징을 방문했을 때 튀르키예 국가가 지금의 중국 땅에서 시작되었다고 언급하기도 했다.[25] 물론 현재 신장이 중국에 정치적으로 통합된 상황에서 분리주의적 개념은 존재하지만 실질적이지는 않다. 한 저명한 위구르인은 로스앤젤레스

---

25   이스탄불의 몇몇 위구르족 남성들은 자신들이 '순수한 튀르키예의 피'를 가졌다고 믿기 때문에 튀르키예 여성들이 종종 자신들과의 결혼에 관심을 보인다고 말했다. 그러나 내가 인터뷰한 대부분의 위구르족과 카자흐족은 아무리 어려워도 자민족 내에서 아내를 찾고 있었다(Svanberg 1989b 참조).

타임스와의 인터뷰에서 정치적 분리 독립에 관한 질문에 대해 "일부 사람들은 원하지만 희망이 없다"고 답했다(Mann 1985:10).

중국이 외부 세계에 개방되면서 위구르족은 카라코람 고속도로를 따라 파키스탄으로, 일리 계곡을 통해 카자흐스탄으로, 또는 우루무치에서 이스탄불로 가는 CAAC 직항편(1987년 개통)을 통해 국경을 넘어 쉽게 여행할 수 있게 되었다. 중국 언론은 메카로 성지순례를 떠나는 위구르족 순례자들이 1988년 500명으로 증가했으며, 1980년과 1987년 사이에 신장에서 출발한 성지순례는 총 6,500여 건에 달한다고 보도했다(FBIS 1988b). 이러한 접촉은 위구르족으로 하여금 자신들을 더 광범위한 이슬람 공동체(*umma*)의 구성원인 동시에 중화 민족국가에서의 무슬림 시민이라는 인식을 더 강화시켰다(Gladney 1987a:497-500 참조). 일반적으로 단체로 여행하는 많은 위구르족은 하즈에서 돌아오면서 이슬람 국제 공동체의 다른 다민족 구성원들보다는 하나의 같은 민족 사람들과 더 큰 친밀감을 갖게 되었다고 말했다.

경제 투자 활성화를 위해 중국 정부가 외국인 무슬림과 여행객을 대상으로 중국 내 무슬림 지역 관광을 장려하는 것도 신장 및 국경 개방과 관련된 중요한 추세이다. 지난 50년 동안 주로 한족이 건설한 도시인 우루무치는 공식적으로 승인된 중앙아시아와 이슬람 건축물이 세워지며 이슬람식으로 변모하고 있으며, 이는 방문하는 많은 외국 무슬림 고위 인사들에게 깊은 인상을 주고 있다. 중국 언론은 1987년에 신장을 방문한 국내외 관광객은 73,800명으로, 1986년에 비해 52% 증가한 것으로 보고했다(FBIS 1988e). 1986년 5월 파키스탄 국경을 가로지르는 카라코람 고속도로가 개별 외국인 관광객에게 개방된 후, 한 중국 연구자는 나와의 인터뷰에서 파키스탄인을 제외한 외국인 관광객이 두 달 동안 2,400명 방문했다고 언급했다. 1988년 10월 판필로프 근처의 중-소 국경을 통해 카자흐스탄에서 신장으로 넘어간 적이 있었는데, 현지 소련 세관원으로부터 그해에 50개 이상의 단체가 넘어왔다는 말을 들었다. 며칠 후 카슈가르에서는 예전 영국 영사관이었던 치니바케 호텔에 머물던 파키스탄인들이 내가 마지막 방문했던 1987년 이후로 많이 늘어서 다른 외국인을 위한 공간이 거의 없다는 사실에 놀랐고, 대부분의 외국인들은 옛 러시아 영사관이었던 세만 호텔이나 새로 지어진 카슈가르 게스트 하우스에 머물렀다.

이들 외국인 대부분은 중국 및 외국 여행 책자에 묘사된 다채로운 소수민족과 전통 춤과 의상을 보러 온다.[26] 내가 카슈가르에서 만난 한 일본인 관광객은 파키스탄에서 카라코람 고속도로를 건너 자전거로 막 도착했다는데, 그가 언급한 관광 안내 책자에는 진짜 위구르족은 카슈가르에서만 볼 수 있는 반면 대부분의 위구르족은 투르판이 그들 문화 세계의 중심이라고 믿는다고 나와 있었다. 많은 카슈가르인들은 투르판에서 한족의 영향으로 위구르 전통문화의 상당 부분이 사라졌고, 카슈가르가 더 때묻지 않은 '위구르족' 전통의 보고이기 때문에 관광객들은 카슈가르에서 시간과 돈을 써야 한다고 주장한다. 이러한 소위 '진짜 위구르족'에 대한 탐색은 민족 통계와 관광청의 노력이 성공했음을 확인시켜준다. 이로써 위구르족 재창조의 완전한 원이 그려졌다. 중화 민족국가는 국가가 부여한 정체성을 지난 50년 동안 자신의 깃으로 받아들인 사람들을 확인했고, 이 과정에서 그들은 자신의 방식으로 그 정

---

26 캐슬린 아담스(Adams 1984:469)는 인도네시아 타나 토라자에서 정체성과 민족에 대한 선입견을 바탕으로 특정 '문화 체험'에 대한 외국인 관광객의 기대감을 조성하는 데 여행사의 역할이 얼마나 중요한지를 보여주었다. 이러한 문화적 퍼포먼스는 종종 공연자와 거의 유사성이 없는 복잡한 정체성의 표출을 숨긴다.

체성을 정의하고 이용하려고 노력했다.

위구르족 정체성과 중화 민족국가

신장의 사람들에 대한 과거의 연구는 대체로 내몽고 국경의 지정학적 책략에 과도한 관심을 기울였고, 그런 게임에 나타나는 다민족의 복잡한 정체성은 간과하고 지배세력에 의해 부여된 표지를 그대로 수용해왔다. 소수민족 연구는 일반적으로 한족의 문화적 동화, 또는 흔히 말하는 중국화의 관점에서 민족 변화를 조사해왔다(Dreyer 1976:264-5; Lal 1970).[27] 그러나 100년 이상의 다양한 정치적 통합에도 불구하고 이들은 민족종교적 정체성의 대부분을 유지했을 뿐만 아니라 민족정책 및 사회 경제적 변화와 상호작용하면서 새로운 정체성의 표현을 발전시켜왔다. 내몽고 민족은 한족 문화의 동화에 특히 저항해왔고, 신장은 중화 민족국가에 완전히 편입되었다.[28] 나는 민족 정체성에서 문제가 되는 것은 '한족화'가 아니라 '중국화'라고 주장한다. 특히 중앙정부가 약화되는 문화대혁명과 같은 시기에 한족 문화와 국가가 하나로 통합될 때는 분명히 민족적, 종교적 차이가 도전받게 된다.[29] 지역의 민족 정체성이 부활한 '지역 민족주의'는 봉건주의로 묘사되고, 교육은 '상위' 한족

---

27 이 아이디어는 중화제국과 장기간 접촉했던 모든 소수민족이 점차 한족의 관습에 중국화되었다고 주장한 천위안(Ch'en 1966)의 고전적 저작에서 유래한다.
28 루시엔 파이(Pye 1975:497)는 초기 공산주의자들의 목표는 신장의 행정적 통합이었으며 동화는 실현 불가능한 것으로 간주되었다는 예리한 관찰을 내놓았다.
29 문화대혁명 기간 동안 이슬람교는 다른 종교와 함께 봉건적 미신으로 간주되었지만, 헌법에 따라 보호받고 있었다. 무슬림이 종교가 아닌 '민족'으로 등록되고 이슬람이 공식적으로 무슬림 민족의 문화적, 언어적 유산과 무관한 것으로 간주되긴 했지만(Gladney 1987a:36-43 참조), 존 볼(Voll 1985:143)은 '그들의 국민적 삶의 특수성'을 인정하는 것이 이슬람의 중요성을 암묵적으로 인정하는 것이었다고 지적한다.

문화에 동화되는 것으로 간주되었다. 중국의 민족 제도에서 이러한 사고가 한동안 우세를 떨쳤지만, 결국 덩샤오핑에 의해 공식적으로 폐기되었다.[30] 중국에서 민족 다원주의가 완전히 달성될지 여부는 아직 알 수 없지만 그것은 공식적으로 현 정부의 목표이다. 카슈가르 사범대학의 전 총장 압둘 카림 바오딘의 다음 발언에서 중요한 변화가 드러난다. "이제 당과 정부는 문화적 다양성이 정치적 충성심과 충돌하지 않는다는 것을 인정한다. 이것은 우리에게 엄청난 변화를 가져오고 있다"(Parks 1983:1).

종교나 언어와 같은 순전한 문화적 표지에 따라 위구르족의 정체성을 정의하려는 민족 모델은 위구르족 내부의 광범위한 다양성이나 복잡한 민족사를 고려하지 않는다. 위구르족을 현재의 우호적인 정책하에서 이익을 추구하는 이해관계에 따른 행위자로 묘사하는 도구주의적 접근 방식은 억압과 정치적 불안정에도 불구하고

---

[30] 마웨이량(Ma 1980:78; Banister 1987:315-16에서 인용)은 이 획기적인 정책의 반전을 다음과 같이 요약했다. "1957년 지역 민족주의에 대항하는 투쟁에서 우리는 일부 소수민족 간부들이 자기 지역의 실제 상황을 설명하고 인민들의 불만과 희망을 표현한 것이 당을 공격한 것이라고 비난했고 그들을 지역 민족주의자로 낙인찍으며 계급 투쟁을 확장했다. 우리는 적절해 보이는 민족적 감정과 욕구, 요구도 부르주아 민족주의로 비판했다. 1958년 우리는 또다시 소수민족 지역의 현실을 외면하고 객관적인 법에 어긋나며 이른바 '한 번에 하늘에 도달할 것'을 주장하여 소수민족 지역의 경제를 약화시키고 소수민족 지역 사이에 긴장을 조성했다. 1962년 소수민족 사업에 관한 전국회의는 우리의 경험과 교훈을 정확하게 요약하고, [우리는] 기존의 민족적 차이의 장기적인 본질을 철저히 이해해야 한다고 심오하게 지적했다. … 그러나 1964년 후반, '쾨피'의 일탈이 지배하는 상황에서 우리는 다시 전국 통일전선 사업에서 소위 '우파의 투항주의'와 '수정주의'를 강력하게 비판했고 우리의 유익한 경험들은 다시 반박당했다. … 문화대혁명 기간 동안 린비아오와 사인방은 … 인위적으로 끔찍하고 부당하며 거짓되고 잘못된 사건을 수없이 만들어냈고 계급투쟁의 무기를 사용하여 많은 소수민족 간부와 대중을 공격하고 박해했다. 그들은 소수민족의 풍습과 습관, 구어와 문어를 '네 가지 낡은 것'이라고 비방하며 … 소수민족에 대한 당의 정책과 해당 지역의 경제 문화 재건을 매우 심각하게 훼손하고 심각한 재앙을 초래했다. 우리는 이런 매우 쓰라린 경험을 통해 교훈을 얻었다."

위구르족 정체성의 탄력적인 지속성을 설명하지 못한다. 우리가 근대 위구르족의 정체성을 제대로 이해하려면 민족사와 정치적 동기뿐 아니라 중화 민족국가와의 통합과 상호작용도 고려해야 한다는 점을 보아왔다. 어느 정도까지는 중국 정부가 그렇게 분류했기 때문에 그들이 위구르족이기도 하지만, 이러한 분류 속에서 현재의 위구르족 정체성은 변증법적인 방식으로 진화하고 상호작용해 왔다.

이스탄불의 제이틴부르누 지역에 거주하는 신장 출신 이민자들이 스스로를 위구르족으로 생각하지 않는 것은 놀라운 일이 아니다. 튀르키예 정부도 위구르족을 그렇게 간주하지 않는다. 물론 민족 정체성이 단순히 국가의 형성 또는 해체의 산물이라는 것을 시사하지는 않는다. 오히려 그것은 합의된 민족 명칭을 둘러싼 양측의 변증법적 상호작용의 조합이며, 역사적으로 내륙아시아의 중앙집권적 민족국가는 위구르족 정체성의 표현과 민족 형성을 감독하는 특권적 역할을 해왔다.

11장
사이버 분리주의

위구르족 정체성의 재구성

민족 정체성은 결코 진공 상태에서 발생하지 않는다. 민족 정체성은 순전히 문화적 또는 원초적 정체성의 기반이라기보다는 향수를 불러일으키는 공통의 조상이라는 혈통의 신화에 대한 해석과 관련되어 구성된다. 베네딕트 앤더슨(Anderson 1991)의 표현을 빌리자면 이러한 상상된 정체성은 변화하는 사회경제적 상황, 즉 근대사회에서 민족 정체성을 식별하고 분류하고 식민화하는 작업을 규칙적으로 폐기해온 민족국가에 의해 가장 자주 정의되는 상황에서 형성된다. 나는 10장에서 오아시스에 거주하는 튀르크어를 사용하는 집단이 일반적인 역사적 경험을 공유하긴 했지만, 20세기 초반에 소련과 중국이 그들을 7개의 튀르크 민족 중 하나로 규정하기 전까지 스스로를 하나의 민족 정체성으로 여기지 않았다는 것을 위구르족을 통해 보여주었다. 16세기 중반부터 20세기 초까지 무함마드 하이다르, 스벤 헤딘, 오웬 라티모어 등 유명한 탐험가들이 남긴 신장에 대한 기록에는 위구르족이라는 집단에 대한 언급이 전혀 없고, 대신 튀르키족(튀르크어 계열), 사르트족(고대 페르시아어로 '유목민'을 의미), 카쉬갈릭, 투르판릭, 코탄릭 등 오아시스 기반의 민족 명칭으로 자신을 식별하는 사람들을 발견할 수 있었다.

나는 이렇게 구분된 정체성이 현재 위구르족으로 알려진 민족으로 결정되는 민속 형성 과정을 여러 곳에서 설명한 바 있는데, 상당한 정확도를 보이는 1990년 인구조사에 따르면 인구는 720만 명에 달한다(1982년 대비 한족이 10.8% 증가한 반면 위구르족은 20.9% 증가, [Renmin Ribao 14 Nov. 1990:3]). 2000년 인구조사에 따르면 위구르족의 총 인구는 840만 명으로 1990년 이후 17% 증가했다(Statistics Bureau of Xinjiang Uyghur autonomous Region 2002). 이러한 민족 형성 과정은 위구르족에게만 국한된 것은 아니며, 후이족(Gladney 1987a), 이족(Harrell 1995), 나시족(McKhann 1995), 묘족(Diamond 1988) 등 중국의 다른 민족 형성 연구에도 기록되어 있지만, 근대 민족국가에 등록되고 통합되는 많은 민족 집단이 경험하는 자연스러운 정체성 형성 과정이기도 하다(Bentley 1989, Cohn 1987, Keyes 1984 참조). 위구르족에게 그것은 중국 통치에 대한 복종과 초국가적 민족 집단으로서의 부상, 중국 전역과 이제는 전 세계에서 인정받는 840만 명의 실체로서의 통합을 의미하며, 관광 안내 책자, 종교 및 정치 팸플릿, 학술 조사의 거리낌없는 주제가 되었고 나는 이런 정체성의 객관화와 위구르족 정체성의 부상에 대해 글을 써왔다. 이 장에서는 이 본질화된 정체성이 중국의 외교 정책과 국가 정체성에 미치는 예상했거나 예상치 못했던 결과에 관해 탐구하며, 그것이 초국가화, 이슬람화, 국가에 의한 위구르족의 이국적 재현이라는 세 가지 과정과 연관되어 있다는 것을 제시한다. 마지막으로 나는 2001년 9월 11일의 사건과 관련하여 시작된 '테러와의 전쟁'에 비추어 볼 때, 인터넷을 통해 위구르족 디아스포라 사이에서 퍼진 운동은 단지 가상이 아닌 '사이버 분리주의' 캠페인으로 이어졌다고 주장한다. 나는 살만 루슈디 시위, 유라시아 횡단철도, 중국-사우디 미사일 거래 등의 사건으로 설명할 수 있는 초국가화 및 이슬람화 과정을 통해 특히 중동 무슬림 지역에서 위구르족이 중국의 외교 정책의 목표 달성을 위해 이용되었다고 주장한다. 예술과 미디어에서 위구르족과 여타 소수민족을 이국적이고 심지어 에로틱한 존재로 묘사하는 것은 통합된 중국인(한족)의 정체성을 구축하고 중국인에 대한 국가 헤게모니를 정당화하는 데 기여해왔다.

따라서 이 장에서 나는 현재 위구르족으로 알려진 중국 북서부 타림 분지의 튀르크어를 사용하는 오아시스 거주민들의 민족화 및 초국가화가 중국 민족 정체성의 현대적 구성에 기여했으며, 중동 관계에서 중국의 구체적인 이익을 충족시키고, 사이버 분리주의로 가장 잘 설명될 수 있는 위구르족의 디아스포라적 반응을 만들어낸다고 주장할 것이다.

위구르족의 초국적화: 살만 루슈디(Salman Rushdie)와 유라시아 횡단철도

리펑 전 총리의 자신을 정당화하는 몇 가지 발언을 제외하고 중국 정부는 1989년 천안문 학살 사건을 덮으려고 노력해왔다. 하지만 완전히 성공하지는 못했다. 전 세계는 1989년 늦여름의 평온했던 아시안게임은 거의 잊었지만, 천안문 사건은 여전히 생생하게 기억한다. 그럼에도 불구하고 중국 전역에 게시된 '단결, 우정, 진보'라는 슬로건은 이 두 사건을 강하게 연결시킨다. 이 슬로건은 아시안게임 기간 동안 게시되었고 지금도 중국 전역의 벽과 현수막에 붙어 있으며, 비극적인 위기 이후 국민들이 우정으로 힘을 합쳐 국가적 진보를 위해 단결할 것을 촉구하고 있었다. 이 문구는 다가오는 2008년 베이징 올림픽에도 널리 사용될 예정이며, 베이징시는 이를 위해 분주하게 준비하고 있다. 위구르어와 같은 소수민족 언어로 게시되고 번역되었다는 사실은 중화인민공화국의 다양한 민족을 하나로 묶으려는 관심을 보여준다. '단결된 민족'은 1950년대부터 중국 정부가 56개 민족이 국가의 이익을 위해 단결할 것을 촉구하기 위해 사용해온 슬로건이다. 그러나 이 구호는 종종 주류 한족과 국가기구에 대항하는 개별 민족의 단결과 민족적 연대를 의미하는 것으로 바뀌는데(Gladney 1996a), 이는 '전 세계 노동자여 단결하라'는 구호에 담긴 레닌주의적 기원과는 거리가 멀다.

신장의 위구르족은 우호적이지도, 단결하지도, 진보하지도 않는다. 천안문 사태 시기부터 이어져 위구르족의 불만을 일으키는 해결되지 않은 갈등 중 하나는 1989년 5월 12일 베이징에서 일어난 중국판 '살만 루슈디' 시위이다. 당시 위구르족 학생 우얼카이시[1]가 주도해 학생들이 단식 투쟁을 선언했으며 전국적인 지지를 불러일으켰다. 중국 정부는 무슬림에게 모욕감을 준다는 『성적 관습』의 금지를 촉구하며 ('중국의 악마 같은 구절'이라는 비난을 받은 이 책은 사원의 첨탑을 남근에, 무덤을 외음부에, 메카 순례를 낙타와의 난교 및 남색을 위한 구실로 비유) 천안문 광장을 행진하는 무슬림의 시위를 강력히 지지하며 허용했고, 바로 동시에 탱크와 무장 기동부대를 동원해 위구르족을 진압할 준비를 하고 있었다. 무슬림 연대를 보여주기 위해 중국 내 10개 무슬림 민족 중 위구르족, 후이족, 키르기즈족, 카자흐족 4개 민족의 대표들이 시위를 주도했으며, 이들은 국가로부터 받은 허가서와 요구 사항을 높이 들고 시위를 이끌었다.[2] 중국 정부는 무슬림 시위대의 요구를 모두 들어줬을 뿐만 아니라, 광장에서 시위가 시작된 중앙민족연구소까지 경찰 호위와 교통편

1 천안문에서 그의 역할에 대한 논의는 글래드니(Gladney 1990:64-5)를 참고하시오.
2 천안문 광장을 가로지르는 행진 장면과 시위 지도자들의 사진은 글래드니(Gladney 1996a)에 실려 있다.

을 제공하는 등 시위를 적극 지원했다. 책은 금지되었고(란저우시 중앙광장에서 책 소각도 허용), 저자는 체포되었으며(신변 안전을 위해; 1989년 살만 루슈디에게 내려진 파트와로 2.5백만 달러가 모금되었던 것처럼 이 저자의 사형 집행을 위해 10만 위안이 모금됨), 또한 상하이 문화 출판사도 폐쇄되었다.

그럼에도 불구하고 이 시위에 참여했다는 이유로 여전히 감옥에 갇혀 있는 위구르인들이 있다는 점에서 이 사건은 그들에게 아직 해결되지 않은 문제이다. 중국 정부는 란저우에서 정부 건물을 부수고, 책 사본을 싣고 가던 차량을 전복하고 불태우는 등 시안, 시닝, 쿤밍을 포함해 전국 각지에서 벌어진 위구르족의 폭력 시위를 용서했지만, 1989년 5월 19일 우루무치 시위(간쑤성 출신 후이족이 중국어로 쓰인 이 책을 가져와 위구르족을 선동했다고 주장하는 시위)에 참여했다가 체포된 위구르족 7명을 아직 석방하지 않고 있다. 이러한 모순에 대해 여러 가지 이유가 있을 수 있지만, 여기서는 신장 북서부 국경 지역의 불안과 정치적 연루에 대해 중국 정부가 느끼는 지속적인 불편함을 드러내는 것으로만 설명할 수 있을 듯하다. 중국 정부는 후이족과 중동과의 교류를 촉진하고 후이족의 시위에 대해 보다 관용적인 태도를 취해왔지만(1990년 11월 원난성에서 발생한 자동차 사고에 대한 후이족과 한족 간의 갈등을 완화하기 위해 정부가 신속하게 움직인 사건 등), 1988년 6월에 발생한 쿠르반 봉기(FBIS 1988a:61)로 학생 지도자들이 여러 명 체포되었고, 1990년 3월 익수 인근 아르툭스에서 최소 24명의 위구르인과 키르기즈인이 사망한 사건 등 위구르족의 정치적이거나 민족적인 분쟁이 발생하면 신속하게 단속해왔다. 또한 국내 후이족 무슬림보다 소비에트 이후 중앙아시아와 접한 북서쪽 국경에서 벌어지는 튀르크족의 불안정에 훨씬 더 긴장하고 있다.

그렇다면 구소련과 중국 지역의 중앙아시아를 관통하는 중국-유라시아 철도를 추진하는 이유는 무엇인가? 1950년대 후반 중-소 화해의 전성기에 이 철도를 위한 선로가 놓였지만, 1962년 관계가 단절되고 일리 지역에서 약 6만 명의 카자흐스탄과 위구르족이 탈출하면서 철로가 끊기게 되었다. 이후 중국과 소련의 중앙아시아 지역이 비교적 평화로운 시기에 이르렀고, 1987년 중국 정부는 철도 재건을 위한 재협상을 시작했다. 1987년 9월 사마르칸트에서 이 프로젝트의 근거를 마련하기 위한 공동 조사팀의 일원으로 만난 한 중국인 철도 기술자는 철도가 중앙아시아에 거의 도움이 되지 않을 것이며, 동유럽과 모스크바, 베이징을 잇는 남쪽 통로로만 여겨질 것이라고 주장했다. 중앙아시아는 이 철도로부터 많은 것을 얻지 못했고, 이 지역의 긴장감에도 쉽게 분열되지 않을 것이다. 이는 시베리아 횡단철도가 지난 30년 동안 개통되어 중-러 무역에 막대한 혜택을 주었지만, 내몽골 및 외몽골의 경제와 민족 정체성에 거의 영향을 미치지 않은 것과 유사하다. 유라시아 횡단철도는 1992년 예정보다 훨씬 앞당겨진 1990년 가을에 완공되었고(FBIS 1988a:9), 중-러 교역이 급증했다. 중국의 국가 계획가들은 소련의 글라스노스트와 민족주의 운동이 이 프로젝트에 미칠 영향을 우려했을 수도 있지만, 이 프로젝트를 강행한 것은 어떤 경제적, 정치적 대가를 치르더라도 중앙아시아 철도망에 대한 통제권을 유지하겠다는 중국의 결연한 의지를 보여주는 것이었다.

살만 루슈디 시위와 유라시아 횡단철도로 인해 위구르족의 초국가적 정체성에 의도치 않은 결과가 발생했다. 위구르족은 이제 중국 정부가 국가 차원의 진흥 계획에서 후이족과 위구르족을 명확히 구분하고 있다는 것을 더 확신하게 되었다. 신장에서 위구르족을 기소하고 간쑤성과 칭하이에서 같은 시위를 벌인 후이족을 석방한 것을 통해 정부가 무슬림 소수민족을 대하는 태도가 다르다는 것을 알 수 있었다. 신장의 후이족은 명목상 위구르족에 속해 있고 인민 정부가 대부분 튀르크계 무슬림으로 구성된 자치구에 살고 있다는 것에 오랫동안 불만을 느껴왔다. 그들 대부분 튀르크어가 아닌 중국어 방언을 사용하는 1950년 이후 이민자들이었다.[3] 하지만 전국적으로 볼 때, 후이족은 한족과의 문화적 유사성, 중국 전역에 분산되어 있다는 점, 그리고 가장 인구가 많은 무슬림 소수민족이라는 지위 때문에 정부의 공식적인 지원을 더 많이 받아왔다. 정부가 후원하는 중동과의 교류에도 후이족이 더 많이 참여하고 있으며, 정부가 지원하는 중동건설공사의 닝샤 지사는 있지만 신장에는 지사가 아직 설립되지 않았다. 그럼에도 불구하고 위구르족이 적어도 사적인 수준에서는 이러한 상황을 더 잘 활용하기도 한다.

1986년 5월 파키스탄으로 향하는 카라코람 고속도로가 개통되고, 1987년 카자흐스탄, 1991년 키르기스스탄과 국경을 접하고, 1990년 유라시아 횡단철도가 개통되면서 위구르족의 해외 여행이 크게 촉진되었다. 후이족과 달리 위구르족은 중앙아시아, 중동, 튀르키예 등 해외에 많은 친척이 있으며(1940년대에 많은 수가 그곳으로 망명했다), 이들은 해외 여행에 필요한 초청장, 비자, 재원을 구하는 데 도움을 주었다(Alptekin, E. 1988 참조). 카이로의 명문 알아자르 대학에 재학 중인 중국 학생 34명 중 후이족은 6명에 불과했고, 나머지는 위구르족으로 친척이나 사우디아라비아, 대학에서 제공하는 개인 장학금으로 공부하고 있었다. 또한 유라시아 횡단철도는 이들이 그곳으로 가는 데 유용하다. 알아자르 대학에서 만난 한 위

---

3   신장의 후이족-위구르족 관계에 대해서는 포브스(Forbes 1987)를 참고하시오.

구르족은 친척의 지원으로 베이징에서 시베리아 횡단철도를 타고 모스크바로, 서서 유럽과 튀르키예를 거쳐 카이로로 이집트까지 여행했다고 말했다. 그는 "신장 열차를 타고 타슈켄트로 간 다음 튀르키예로 갈 수 있었다면 많은 돈을 절약할 수 있었을 것"이라고 말했다. 파키스탄으로 가는 카라코람 도로는 여전히 잦은 폐쇄와 위험으로 최소 6일이 걸리는 고된 여정이다. 철도 건설은 국가 간 연결에 많은 편리함을 제공할 것이다. 2001년 춘절 기간에 카슈가르에서 만난 한 위구르족은 1999년 가을에 200명의 학생으로 구성된 중국-러시아 교육 교류에 참여한 세 명의 위구르인 중 한 명이었다. 이 학생은 철도를 통해 중국으로 들어왔으며, 이 경로가 다른 위구르족 및 중앙아시아인들의 사적인 여행을 위해 활발히 이용된다고 언급했다. 메카 순례는 1964년부터 정부가 후원한 그룹 형식으로 시작되었는데, 이후 1979년 19명에서 2001년 6,000명 이상으로 증가했고 대부분 개별 재원으로 진행되었다(Shichor 1989:7; Gladney 1996a:400-1).

이슬람화와 중국의 지정학

중국은 주로 무슬림 중동 국가들의 호감을 얻기 위해 1950년대에 시작했던 자국 무슬림 홍보 전략과 무슬림 소수민족에 대한 긍정적인 정책을 지난 몇 년 사이에 다시 시도했다. 나는 이것을 15세기 초에 시작되었던 위구르족의 이슬람 개종 과정이 아니라 지정학적 문제와 관련된 소수민족의 '이슬람화'의 사례로 간주한다(Haneda 1978 참조). 이 경우 이슬람은 따라야 할 종교 이념이 아니라 국제 관계를 증진하는 정부의 수단으로 사용된다는 점에서 그렇다. 표면적으로 국가는 무슬림에 대한 우호적인 정책을 활용하지만, 실제로는 공산주의 국가로서 이슬람의 관습을 적극적으로 반대한다.

제임스 피스카토리(Piscatori 1987:247)는 아시아 무슬림 국가들 간의 국제 관계의 본질에 관한 에세이에서 다음과 같이 기록했다. "아프가니스탄이라는 부담이 없는 중국은 아랍 국가들과의 관계에서 이슬람을 활용하는 데 있어 [소련보다] 더 효과적이다. … 베이징 정권은 이슬람 활용이 아랍 정부들에게 자신을 정당화하는 데 도움이 될 거라고 믿고 있으며, 어느 정도 성공을 거둔 것으로 나타났다."

그러나 물론 항상 성공적이었던 것은 아니다. 1953년 메카를 방문한 첫 번째 무슬림 순례단 일행은 파키스탄에서 비자를 거부당했고, 1955년 4월 반둥 회의에서 저우언라이가 파이살 이븐 사우드 왕자에게 이 문제를 제기하여 중국 정부가 이 문제의 해결을 얼마나 중요하게 여기는지 알릴 때까지 교착 상태가 해결되지 않았다(Shichor 1989:3). 저우언라이의 이슬람 외교의 결과로, 1955년 7월 두 명의 후이족 다푸성과 마위화이가 이끄는 매년 최대 20명의 중국 무슬림이 성지순례를 할 수 있도록 허용되었다.

천안문 사태 이후 중동 6개국을 방문한 당시 중국 국가주석 양상쿤은 중동과의 교역, 정치적 안정, 무슬림에 대한 공정한 대우에 대한 의지를 지속적으로 드러냄으로써 중국이 중동 관계를 중요시하고 있음을 강조했다. 중국이 이집트와의 관계를 얼마나 중요하게 여기고 있는지를 보여주는 놀라운 행보로, 그는 시난 3년 동안 중국 건설사들이 참여했던 카이로 헬리오폴리스 교외의 수백만 달러 규모의 국제회의센터를 기부하겠다고 갑작스럽게 발표하기도 했다. 국제회의센터는 중국이 건설한 대규모 카이로 스타디움, 나일강을 따라 건설한 코니쉬 고속도로와 함께 중국-이집트 관계 개선의 또 다른 기념비로 여겨진다.

유엔 안전보장이사회 5개 이사국 중 하나인 중국은 이라크와 오랜 우호 관계에도 불구하고 1991년 이라크 전쟁에서 대부분의 유엔 결의안에 찬성했다. 비록 결의안 678호에는 기권했지만, 중국 노동자들이 쿠웨이트에 다시 환영받을 가능성은 낮을 것으로 보인다(Harris 1991a:7). 그렇다고 하더라도 중국은 중동에 대한 하급 무기 및 값싼 노동력의 귀중한 공급원으로서 비교적 손상되지 않은 명성을 누리고 있다.

하지만 이것이 위구르족과 무슨 관련이 있을까? 노동자, 순례자, 학생 등 중동과의 엄청난 교류는 위구르족에게 해외 여행, 친척과의 관계 회복, 중국 밖의 튀르크 및 이슬람 세계에 노출될 수 있는 더 많은 기회를 제공했다. 조셉 플레처는 중국이 중동의 사회종교적 움직임과 매우 밀접하게 연관되어 있으며, 중국 내 이슬람 영향력의 '조류'는 주로 성지순례인 하지를 통한 무슬림의 중국과 순례지 이동을 중국이 개방한 결과라고 오랫동안 주장해왔다(Fletcher 1988). 1988년 중국에서 온 대부분의 튀르크계 이민자들이 밀집해 있는 이스탄불의 제이틴부르누 지역에서 한 위구르족 공장 노동자와 대화를 나누던 중, 그가 신장을 도구(東) 튀르키스탄이라고 부르면서도 여전히 자신을 위구르족으로 여기며 언젠가 돌아가 동족에게 이슬람을 전파하고 싶어 한다는 얘기에 놀랐다. 19세기 말과 20세기 초에 중국 이슬람에 막대한 영향력을 행사한 대부분의 무슬림은 세계에서 가장 오래된 대학이자 최고의 수니파 이슬람 교육 기관인 알아자르 대학에서 공부한 사람들이었다.[4]

앞에서 나는 1993년 알아자르 대학의 중국 학생 34명 중 28명

---

4 이 초기에 대한 흥미로운 중국어 요약은 팡시첸(Pang 1988[1951])을 참고하시오. 중국의 무슬림 교육에서 알아자르 대학의 역할에 대한 논의는 마와 양(Ma and Yang 1988)을 참고하시오.

이 위구르족이었으며, 이들 대부분은 친척의 융자와 메카에 본부를 둔 무슬림 세계연맹의 장학금으로 학비를 충당했다고 언급한 바 있다. 중국 무슬림들은 이집트 정부가 알아자르 대학에 매년 10명의 장학금을 제공했지만, 1981년 처음 10명(방문 장학생 2명 포함)이 보내진 이후 중국 정부가 이를 더 활용하지 않았다고 불만을 토로했다. 이제 중국 정부는 숙식 제공, 학비 무료, 월 50이집트 파운드(미화 16달러)를 포함하는 장학금 조건이 다른 제3세계 학생 대다수가 받는 것과 같은 금액이긴 하지만 학생들이 생활하기에 충분하지 않다고 주장했다. 반면 당시 중국 정부는 매년 10명의 학생이 카이로 대학교에서 장학금을 받을 수 있도록 허가했고, 아인샴스 대학교에서 중국어를 공부하는 이집트 학생들을 후원했다. 이 때문에 알아자르의 한 후이족 학생은 나에게 "중국 정부는 개방적인 유학을 지원한다고 하면서도 학생들이 이집트에서 종교가 아닌 과학을 공부하기를 원한다"고 불만을 토로했다. 중국 정부의 공식 웹사이트에 따르면 1996년부터 중국과 이집트는 매년 20명의 학생을 공식적으로 교환하고 있으며, 현재 이집트에는 약 350명의 중국 유학생이 있다. 여기에는 주로 아랍어와 이슬람 관련 과목을 공부하는 약 200명의 '자비 유학생'이 포함되어 있다.[5]

실제로 알아자르 대학에 재학 중인 한 위구르족 학생의 사례는 이러한 견해를 뒷받침한다. 그는 1981년 국가 지원 교환학생으로 알아자르에 처음 온 위구르족 3명(후이족 6명, 카자흐스탄인 1명) 중 한 명이었다. 그는 우루무치의 특별히 종교적이지 않은 평범한 위구르족 가정에서 자랐지만, 1980년도에 일반 지식과 아랍어 시험을 보도록 선정된 10명의 위구르족 고등학생 중 한 명이었다고 했

---

5 「중국과 이집트의 교육적 교류」라는 제목의 보고서를 참고하시오.

다. 당시 아랍어를 전혀 모르고 이슬람에 대해서도 거의 몰랐던 그는 베이징의 중국이슬람협회에서 6개월 동안 아랍어를 공부한 후 알아자르에 보내졌다. 아랍어가 서툴러서 2년을 더 공부했고, 알아자르에서 그의 중국 졸업장을 인정하지 않아 고등학교를 다시 다녀야 했다. 결국 1년 반 만에 대학에 입학한 그는 4년을 더 공부하여 1990년에 예술학 학사 학위를 받았다. 현재 카이로의 중국인 건설팀에서 통역사로 일하고 있는 그는 중국으로 돌아가 중국이슬람협회에서 아랍어를 가르치는 일을 맡게 될 것이라고 말했다.

중국에는 알아자르 대학이나 다른 대학으로 유학을 희망하는 보수적이고 심지어 근본주의적인 무슬림이 더 많지만, 중국 정부가 종교적 성향이 덜한 무슬림들을 지원하고 있는 것은 분명하며, 이런 학문적 교류를 통해 이슬람교가 확대되는 것을 매우 우려하여 현재는 알아자르 대학이 아닌 카이로 대학에서의 유학만 지원하고 있다. 알아자르의 다른 모든 중국 학생들은 모두 친척이나 사우디아라비아에서 사적 장학금을 받고 있다. 후이족 무슬림은 해외에 친척이 거의 없는 관계로 알아자르 중국 학생들 대부분은 위구르족이며, 그 결과 사우디아라비아와 튀르키예에 거주하는 중국 출신 무슬림의 대부분도 위구르족이다. 이 위구르족들이 신장의 고향으로 돌아간다면, 역사적으로 중국으로 돌아온 무슬림 순례자와 학자들이 그러했던 것처럼 엄청난 영향력을 발휘할 것으로 예상할 수 있다(Fletcher 1988; Gladney 1987a 참조).

중국 정부는 중국 내 이슬람의 자유로운 종교적 표현과 무슬림의 해외 여행을 허용하고 있다고 공개적으로 주장하지만, 중동과의 공식적인 관계를 극대화하기 위해 최소한의 이슬람만 용인하고 있다는 것은 분명하다. 이처럼 위구르족과 후이족은 중국이 이슬람 카드를 사용하는 데 기꺼이 이용당하고 있지만, 자신들의 이익을 위해 기회를 최대한 활용하고 있는 것은 분명하며, 이는 상황을 통제하려는 중국 정부의 노력에도 불구하고 예상치 못한 결과를 초래할 수 있는 움직임이 될 수도 있다.

사이버 분리주의: 위구르족 저항의 가상 목소리

중국 내에서는 침묵하고 있지만, 위구르족의 목소리는 인터넷에서 가상으로 들을 수 있다. 아마도 대중 시위에 대한 정부의 규제, 국가가 통제하는 언론, 또는 1990년대 후반부터 시작된 국내 테러와의 전쟁의 악영향으로 인해 오늘날 이 지역에서 중국 정책을 비판하는 위구르족의 목소리는 거의 들리지 않는다(적어도 공개적인 목소리는 들리지 않는다). 주로 50만 명 이상의 해외 위구르족(중앙아시아와 중국 내 위구르족 중 이러한 인터넷 사이트에 접속할 수 있는 사람은 거의 없음)을 대상으로 '동튀르키스탄'의 독립을 위해 활동하는 국제 조직과 웹사이트는 암스테르담, 뮌헨, 이스탄불, 멜버른, 뉴욕, 워싱턴 DC에 최소 25개 이상 존재한다. 중국 외 지역에 거주하는 위구르족의 디아스포라 수는 추정치가 매우 다양하다. 중앙아시아의 위구르족은 특히 1991년 이후 국가 인구조사에서 거의 잘 나타나지 않았다. 시호르(Shichor 2002)는 전 세계 위구르족 인구의 약 5~6%인 약 50만 명이 해외에 거주하고 있다고 추산한다. 위구르족 웹사이트는 신장 내 위구르족 인구가 최대 2,500만 명, 디아스포라 인구가 최대 1,000만 명에 이르는 것으로 파악해 공식 인구 수와 극적인 차이를 보인다.[6]

---

[6] 관련 사이트의 예로는 전 세계에 최대 2,500만 명의 위구르인이 있다고 주장하는 워싱턴 DC의 동튀르키스탄 국가자유센터 대표인 안와르 유수프가 지원하는 사이트(http://www.uyghur.org)를 참고하시오. (역자 추가: 2024년 번역 당시 사이트 확인 안 됨) 시호르(Shichor 2002)는 뮌헨에 있는 엔버캔의 정보를 바탕으로 독일(주로 뮌헨)에 약 500명, 벨기에(주로 중앙아시아 출신)에 500명,

유엔과 미국 정부는 적어도 하나의 국제 조직인 동튀르키스탄 이슬람 운동(ETIM)이 위구르족이 후원하는 테러 단체라는 중국의 주장에 동의했지만, 대다수의 동튀르키스탄 독립 및 정보 조직들은 폭력을 부인하고 있다. 1949년 공산당이 중국을 점령하기 전에 중국을 떠난 위구르족 이민자들의 지원을 받는 이 단체들은 주로 중국의 동튀르키스탄 정책에 대해 부정적인 시각을 표출하는 각종 웹사이트와 활동을 운영한다. 모든 단체가 독립이나 분리주의를 옹호하는 것은 아니지만, 대다수의 단체는 인권 침해뿐만 아니라 환경 파괴, 경제적 불균형, 지역의 대안적 역사에 대해 보도하며 급진적인 변화를 촉구한다. 일반적으로 이러한 웹사이트는 주로 정보에 기반한 사이트와 정치적으로 적극적인 옹호 사이트로 구분될 수 있다. 구분과 무관하게 거의 모든 사이트가 중국의 신장 정책을 비판하고 있으며, 큰 차이라면 대부분의 정보 사이트는 중국에서 접속할 수 있다는 점이다.[7]

주로 위구르 및 신장 관련 뉴스와 분석을 제공하는 주요 정보 웹사이트는 SOTA[8]의 메흐메트 투툰쿠가 운영하는 튀르키스탄 뉴스레터(Turkistan-N), 오픈소사이어티재단의 http://www.

스웨덴(주로 카자흐스탄 출신)에 200명, 영국에 40명, 스위스에 35명, 네덜란드에 30명, 노르웨이에 10명의 위구르족이 있는 것으로 추정하고 있다. 또한 튀르키예에 10,000명, 미국에 1,000명, 캐나다에 500명, 호주에는 200명(주로 멜버른)의 위구르족이 살고 있는 것으로 추정된다.

7   중국에서 웹사이트의 가용성은 하버드 로스쿨의 조나단 지트레인과 벤자민 에델만이 제공하는 무료 서비스인 중국 인터넷 필터링의 실시간 테스트(http://www.cyber.law.harvard.edu/filtering/china/test)를 통해 확인할 수 있다. (역자 추가: 2024년 번역 당시 사이트 확인 안 됨) 콘스탄티노스 브라카스가 이 사이트를 안내해주었고, 그의 논문 「위구르 닷컴: 위구르족의 가상 디아스포라에서 인터넷의 역할」(Vrakas 2003)에서 이 장의 개정에 중요한 정보를 제공했다.

8   약어 SOTA는 '튀르키스탄, 아제르바이잔, 크림, 코카서스 및 시베리아 연구재단'의 네덜란드어 약어의 이니셜로 구성된 명칭이다.

eurasianet.org, 위구르 정보 기관(http://www.uyghurinfo.com), 호주국립대학교에 위치한 동튀르키스탄 가상 도서관 WWW VL(http://www.ccs.uky.edu/~rakhim/ et.html)이 있다. 이들 중 마지막에 언급된 압둘라킴 아이트바예프가 운영하는 사이트에는 신장 여러 곳에서 벌어진 중국 경찰의 행위에 대한 보고서와 대체로 중국에 비판적인 다른 사이트 및 기사 링크가 포함되어 있다.

점점 더 많은 학자들이 신장에 대한 자신의 연구를 소개하고 신장 관련 연구 및 교육 활동을 하는 각종 사이트와 조직의 링크를 제공하는 웹사이트를 구축하고 있다. 이 분야 최고의 사이트 중 하나인 톨레도 대학교의 네이션 라이트(http://www.utoledo.edu/~nlight)에는 위구르 역사, 음악, 문화에 관한 상당수의 논문과 활용도 높은 글들이 포함되어 있을 뿐만 아니라, 이 지역에 대한 다른 링크들로 독자들을 안내한다. 신장 및 위구르족 인권 문제에 관한 많은 인터넷 사이트와 웹 링크가 존재하지만, 아직까지 정기적으로 업데이트되는 핵심적인 사이트는 없는 것으로 보인다. 위구르족 단체 및 인터넷 사이트에 대한 정보는 http://www.uyghuramerican.org 에서 확인할 수 있다. 「중국: 위구르족 무슬림 분리주의자」라는 제목의 특별한 보고서가 업데이트된 쌍방향 질의응답 사이트로는 미국 태평양사령부(CINCPAC)가 재정을 지원하는 오픈소스 조직인 가상정보센터(http://www.vic-info.org)가 있다.

신장 지역은 일반적으로 중앙아시아 연구의 일부로 간주되지 않고 중국의 통치 지역이라는 이유로 중국 연구 또는 내륙아시아 연구에 속하는 경우가 많지만, 중앙아시아 관련 사이트에는 신장에서 발생한 사건 관련 정보와 토론이 점점 더 많이 포함되고 있다. 예를 들어, 존 쇼버라인 박사가 운영하는 중앙아시아 및 코카서스 하버드 프로그램(http://centasia.fas.harvard.edu)은 중앙유라시아 연구 사이트(http://cesww.fas.harvard.edu)와 신장 이슈를 자주 보도하는 중앙아시아-하버드-리스트(Central-Asia-Harvard-List)를 운영한다. '우즈베키스탄과 중앙아시아의 민주주의, 인권, 평화, 자유' 사이트(http://www.uzbekistanerk.org)는 위구르 및 동튀르키스탄 사이트들에 대한 정보를 제공한다. 또한 실크로드 사이트에서도 위구르족 문제를 집중적으로 다룬다. 예를 들어, 실크로드 재단은 중앙아시아에 대한 일반 정보 사이트(http://silk-road.com/toc/index.html)를 운영하며 신장 지역 섹션과 위구르족 관련 사이트 링크가 포함된 페이지를 운영하고 있다. 한편, 중국과 위구르족의 영토에 관한 역사적 주장을 입증하는 데 자주 사용되는 타클라마칸 미라에 대한 NOVA/PBS 웹사이트의 한 페이지(http://www.pbs.org/wgbh/nova/chinamum/taklamakan.html)에서 미라의 민족 추적에 관한 연구 보고서를 제공한다는 점은 다소 흥미롭다.

이들 사이트 대부분은 신장과 관련된 위구르족 독립 문제에 대한 입장을 표명하지는 않지만, 대부분 중국에 대한 위구르족의 주장을 지지하는 정보를 보도하는 경향이 있다. 한 예로, 바스크의 활동가 루이스쵸 페르난데스가 운영하는 정보 제공 사이트(http://www.geocities.com/athens/9479/uighur.html)는 세계 언론에 잘 알려지지 않은 소수민족에 대해 '객관적'으로 보도하는 것을 추구한다. 그의 사이트에는 이 지역에 대한 기본적인 개요를 제공하고 영어/위구르어/중국어로 음역된 지명의 유용한 차트를 제공하고 있으나, "한족의 중국 식민화는 원주민에게 위협이 되고 있다"는 문구가 포함되어 있다.[9]

---

9   사이트에 표시되는 전체 단락은 다음과 같다. "면적: 160만 제곱킬로미터. 인구: 1,400만(1990년 인구조사), 위구르족: 720만(공식), 1,400~3,000만(해외 위구르족 조직 추정치). 수도: 우루무치. 중국 신장 위구르 자치구는 동튀르키스

정보 제공을 위한 또 다른 중요 사이트는 자유아시아방송(Radio Free Asia, http://www.rfa.org)의 위구르 서비스에서 관리하는 사이트로 타지키스탄과 키르기스스탄의 송신기에서 신장 및 주변 지역으로 방송을 정기적으로 송출한다. 이 사이트에 따르면, RFA는 자국 언론에서 '완전하고 균형 잡힌 보도'를 정기적으로 접하지 못하는 아시아 지역 청취자들에게 뉴스와 정보를 방송하고 있으며, 방송과 전화 프로그램을 통해 아시아의 특정 지역 주민들의 뉴스 접근에서 '심각한 격차'로 여겨지는 부분을 메우는 것을 목표로 한다. RFA는 1994년 미국 의회에 의해 설립되어 1996년 법인화되었으며, 버마어, 광둥어, 크메르어, 한국어, 라오스어, 중국어, 베트남어, 티베트어(우케, 암도, 캄 방언), 위구르어로 방송하고 있다. 이 서비스는 최고 수준의 저널리즘을 준수하고 편집 콘텐츠의 정확성, 균형성, 공정성을 모범으로 삼는다고 주장하지만, 지역 정부들은 종종 정권에 비판적인 집단에 유리한 편향성을 보인다는 불만을 제기해왔다. 위구르어 서비스는 중국 정부에 의해 잦은 차단과 비판을 받아왔으며, 예전에는 레비야 카디르와 같은 소위 분리주의자들을 지지하는 기사를 게재한 혐의로 소환되기도 했다. 최근 미국과 중국의 테러와의 전쟁을 둘러싼 새로운 협력에도 불구하고 RFA는 정규 방송을 계속하고 있다. 내가 이 방송의 위구르 영역 책임자인 돌쿤 캄베리 박사에게 테러에 대한 미중 협력이 강화되고 ETIM이 국제 위구르족 테러 단체로 지정되면서 자금 지원이나 방송 내용에 제한이 생겼는지 물었더니, 그는 자금 지원 수준

탄 또는 중국 튀르키스탄이라는 이름으로도 알려져 있다. 위구르족은 위구리스탄을 선호한다. 이 지역에 거주하는 위구르족은 위구르(표기는 Uighur, Uigur, Uyghur로 다양함), 웨이우얼, 사르트, 타란치, 카쉬갈릭이라는 이름으로도 불린다. 다른 원주민으로는 카자흐족, 우즈벡족, 키르기즈족, 타직족, 타타르족 등이 있다. 한족의 중국 식민화는 원주민들에게 위협이 되고 있다."

이나 내용에 변화가 없다고 말했다. 그러나 이 프로그램을 자주 듣는 위구르족 청취자들은 이 사이트가 신장의 위구르족에 대한 중국의 처우에 대한 비판이 약해지고 횟수도 줄었다며 불만을 토로했다.

정보 제공 사이트의 재원은 일반적으로 학술 단체, 광고 및 구독으로 마련되는데, 옹호 사이트의 경우는 자금 조달이 훨씬 더 어려운 편이다. 대부분의 사이트가 주로 위구르족과 위구르족의 대의에 동조하는 중국 밖의 무슬림들의 구독, 광고, 소액 기부로 운영되고 있으며, 이들 단체와 사이트가 정부의 공식적인 후원을 받았다는 증거는 없다. 미국 정부의 지원을 받는 RFA 위구르 방송 외에 위구르족 인권 문제와 관련된 정보를 전파하는 공식적인 정부 지원 사이트는 존재하지 않는다. 그러나 과거에는 많은 위구르족 단체들이 튀르키예, 사우디아라비아, 이란, 호주, 독일, 프랑스, 네덜란드, 캐나다로부터 공감이나 암묵적 지원을 받았다고 주장했었다.

위구르 및 신장 관련 대의에 대한 국제적 지지를 공개적으로 홍보하는 옹호 사이트와 이들이 주로 대변하는 단체들은 중국의 신장 통치에 대해 강력하고 비판적인 입장을 취하며, 노골적인 독립은 아닐지라도 급진적인 정치 개혁을 지지하는 신장이나 해외 거주 위구르인들의 목소리를 대변하고 있다고 말한다. 이러한 사이트에는 동튀르키스탄, 위구르, 위구리스탄에 관한 다양한 기사와 웹사이트 링크가 있는 국제 타클라마칸 인권 협회(http://www.taklamakan.org), 신장 내 위구르족의 인권과 영토의 자유 관련 이슈를 다루는 기사 및 웹사이트 링크와 웹사이트가 없는 전 세계 22개 단체를 알려주는 위구르계 미국인 협회(http://www.uyghuramerican.org), 뮌헨의 엔버캔이 운영하는 동튀르키스탄 민족회의(http://www.eastturkistan.com) 등이 있다.

미국에 기반을 둔 흥미로운 사이트 중 하나는 '중국 공산주의 선전에 반대하는 시민들'(http://www.caccp.org, '동튀르키스탄에 자유를!'이라는 제목의 페이지 포함)로, 이 사이트는 스스로를 반선전 사이트라고 주장한다('불에는 불로 맞선다'는 방식을 사용). 잭 처치워드가 이끄는 이 조직은 플로리다 키시미에 위치한 중국인이 소유하고 운영하는 테마파크인 '화려한 중국(Splendid China)'에서 특히 위구르족과 티베트족을 폄하하고 있다는 사실을 발견하였고(모스크와 포탈라 궁전의 미니어처 복제품이 설치되어 있음), 그에 대한 일련의 시위를 통해 이름을 알리게 되었다. 위구르인권연합이 운영하는 웹사이트(http://www.uyghurs.org)는 중국 내 위구르족 인권침해를 고발하고 있으며, 관련 기사 및 기타 사이트 링크가 포함되어 있다. 독립을 지지하는 키빌심(KIVILCIM)은 위구르어로 동튀르키스탄 정보 웹사이트를 운영한다(http://www.kivilcim.org; http://www.doguturkistan.net). 그 외의 옹호 웹사이트로는 http://www.uygur.net, http://www.turpan.com, http://www.afn.org, http://www.eastturkestan.com 등이 있는데, 대부분 서로 연결되어 있기 때문에 다른 사이트에 포함된 정보를 반복하여 전달하는 경우가 많다.

비즈위구르(http://www.bizuyghur.com)는 정보 제공을 표방하고 있지만, 위구르 인권 옹호 사이트 중 가장 유용한 사이트로 여겨진다. 독립을 지지하는 성향의 정보를 제공하며, 아마도 이런 이유로 중국에서는 접근할 수 없다. 이 사이트는 주로 위구르어, 튀르크어, 중국어로 운영되며, 2003년 5월 15일까지 사이트 방문자 수는 8,116명에 불과했다. 이 사이트에는 1940년대 이후 신장을 잘 드러내는 역사 콘텐츠 페이지가 있으며, 그 시대의 사진과 2003년 바렌현 지진에 관한 최신 사진도 많이 실려 있다. 또한 위구르족 음악 소개 페이지, 동영상, 전통 무캄(muqam) 민속 공연, 온라인 위구르 토론 게시판도 운영 중이며, 이 중 일부는 신장의 정책에 대해 반중 성향을 띠고 있다. 2003년 3월 20일부터 5월 15일까지 이 게시판에 올라온 25건의 게시물 중 구체적인 거주지를 밝힌 작성자는 9명에 불과했으며, 신장(카슈가르, 우루무치, 호탄, 굴자)에서 5명, 튀르키예에서 2명, 중앙아시아(카자흐스탄)에서 1명, 유럽(벨기에)에서 1명이었다.

공개적으로 알려진 위구르족 옹호 단체의 수가 1990년대 후반 20개에 육박했지만 2001년 9월 이후 회원 수와 활동이 감소한 것으로 보인다.[10] 미국 워싱턴 DC 지역에서 가장 활발한 정보 및 옹호 단체 중 하나인 위구르계 미국인 협회(Uyghur American Association)는 다른 옹호 단체와 마찬가지로 1990년대 후반에 설립되었다.[11] 이 단체는 다양한 공개 강연과 시위를 지원하며 위구르와 신장 문제에 대한 대중의 인식을 높이고 있다. 조지타운 대학교 캠퍼스 근처에 위치한 위구르인권연합(http://www.uyghurs.org)은 캐시 폴리아스가 이끄는 단체로, 인권 문제를 추적하며 특히 레비야 카디르의 석방을 촉구하는 시위와 컨퍼런스를 워싱턴 DC 수도권에서 여러 차례 주최했다.[12] 안와르 유수프가 리더로 있는 동

---

10 위구르 및 동튀르키스탄 국제 조직의 일부 목록은 http://uyghuramerican.org에서 확인할 수 있다.
11 웹사이트에 실린 조직에 대한 소개글은 다음과 같다. "위구르계 미국인 협회는 1998년 5월 23일 워싱턴 DC에서 열린 제1회 위구르계 미국인 대회에서 설립되었다. 미국 내 위구르족 커뮤니티가 성장함에 따라 위구르족 커뮤니티의 요구에 부응하고 동튀르키스탄 내 위구르인들의 공동의 목소리를 대변하기 위한 통합된 위구르족 단체의 필요성이 대두되었다."
12 위구르인권연합의 조직 선언문(http://www.uyghurs.org)은 다음과 같다. "위구르인권연합(UHRC)은 미국인, 특히 대학생들에게 중국 신장 위구르 자치구의 위구르족에 대한 중국 정부의 인권 침해에 대해 교육하는 데 전념하는 501(c)(3) 비영리 단체이다. UHRC는 교육 활동을 통해 민주적 자유와 자결권을 쟁취

튀르키스탄 국가(http://www.uyghur.org)는 1989년 천안문 대학살 10주년을 맞아 1999년 6월 4일 진행된 빌 클린턴 대통령과의 면담에서 동튀르키스탄 독립에 대한 분명한 입장을 표명했고, 유수프는 이 지역에서 내전이 발발할 우려는 없다고 말했다.[13] 1996년 미국에서 설립된 최초의 위구르 인권 옹호 단체 중 하나는 국제 타클라마칸 인권협회(http://www.taklamakan.org)로, 내몽골의 사건들을 다루는 리스트 서버인 'UIGHUR-L'과 'SMONGOL-L'을 운영하고 있다.

유럽에 위치한 대부분의 위구르 조직은 위구르족 이민자가 가장 많은 뮌헨에 집중되어 있다. 엔버 칸이 회장을 맡고 있는 동튀르키스탄 국민회의, 아스가르 칸이 이끄는 유럽 내 동튀르키스탄 연합, 온라인 저널 월드위구르네트워크 뉴스를 발행하는 압둘젤릴 카라카쉬가 이끄는 동튀르키스탄 정보센터, 돌쿤 이사가 이끄는 세계위구르청년회의 등이 그것이다. 네덜란드에는 바티야르 셈시딘이 이끄는 위구르-네덜란드 민주연합과 샤헬릴이 의장을 맡고 있는 위구르하우스가 있으며, 벨기에에도 위구르청년연합과 벨기에 위구르협회가 있다. 스웨덴 스톡홀름에는 파룩 사디코프가 의

하고 문화와 환경을 보호하려는 위구르족의 투쟁에 대한 광범위한 지지 기반을 구축하기 위해 노력하고 있다."
13 2002년 3월 14일 자 안와르 유수프가 나에게 보낸 이메일은 다음과 같다. "나는 중국이 신장 사람늘과의 내전을 두려워하고 있으며, 이것이 바로 중국이 신장의 독립을 주장하는 위구르 무슬림의 모든 노력을 항상 잔인하게 짓밟는 이유라고 말했다. 요컨대 나는 중국이 공산주의 이웃 국가인 소련처럼 붕괴하는 것이 신장 주민들에게 가장 기쁜 일이 될 것이라고 했다. 나는 신장 사람들이 광범위한 시민 소요를 두려워하지 않는다고 말했다. 신장 사람들은 200년 넘게 중국과 맞서 싸워오면서 아무런 두려움 없이 살아왔다. 그들이 왜 내전을 두려워해야 할까? 용감한 위구르 무슬림의 대표로서 나와 내가 속한 단체인 동튀르키스탄 국가자유센터는 자유롭고 독립적인 신장을 지지하며, 1999년 6월 4일 클린턴 대통령을 만났을 때 내가 클린턴 대통령에게 했던 말이 바로 그것이다."

장을 맡고 있는 동튀르키스탄 협회가 있고, 런던에는 엔버 부그다가 의장을 맡고 있는 영국 위구르 청년연합이 있다. 모스크바의 위구르 협회는 세립 하제가 의장을 맡고 있고, 튀르키예에는 이스탄불의 메흐멧 리자 베킨이 이끄는 동튀르키스탄 재단, 사잇 타란치가 이끄는 동튀르키스탄 연대재단, 카이세리의 아부베키르 튀르크소이가 이끄는 동튀르키스탄 문화와 연대협회가 있다. 토론토에 위치한 캐나다 위구르 협회는 메메트잔 토티가 의장을 맡고 있으며, 멜버른에 있는 호주 튀르키스탄 협회는 아멧 이감베르디가 의장을 맡고 있다. 카자흐스탄 알마티에 기반을 둔 여러 단체가 인터넷에 등록되어 있지만, 최근 정부의 제재로 인해 현지에서 접촉하기는 어렵다. 노즈검 재단, 카흐리만 고잠베르디가 의장을 맡고 있는 카자흐스탄 지역 위구르 조직, 사비트 압두라흐만이 의장을 맡고 있는 위구리스탄 자유협회, 셰립잔 나디로프가 의장을 맡고 있는 카자흐스탄 위구르 통일협회, 압둘렉시트 투르데예프가 의장을 맡고 있는 카자흐스탄 위구르 청년연합 등이 여기 속해 있다. 키르기스스탄에는 비슈케크에 로지메흐멧 압둘른바키예프가 의장을 맡고 있는 키르기스스탄 위구르 단결협회와 투르순 이슬람이 의장을 맡고 있는 비슈케크 인권위원회가 있다. 이들은 인터넷에 등록된 주요 조직들이지만, 많은 조직이 더 이상 접속할 수 없으며 목록에 없는 소규모 단체도 몇 개 있다.

 이러한 웹사이트와 조직은 중국에서 모두 차단되어 있고, 중앙아시아에서는 인터넷 접속 비용이 비싸서 대부분 접속할 수 없기 때문에 그 독자들이 누구인지는 파악하기 어렵다. 또한 중국어와 위구르어로 된 사이트가 거의 없기 때문에 중국 내 위구르족에게 다가가기 위한 의도로 만들어진 사이트는 아닐 것이다. 내가 중국과 중앙아시아에서 만난 많은 위구르족은 이러한 사이트에 대해 들어본 적이 없었다. 흥미롭게도 이러한 사이트에서 제공하는 정보에 관심이 있는 신장의 정부 관계자들조차도 접속할 수 없다고 말했다. 2003년 3월 26일 내가 카슈가르에 있을 때 세만 호텔 맞은편에 있는 파티마 왕바 인터넷 카페에 갔다가 UIGHUR-L 토론 리스트에 접속할 수 있어서 크게 놀란 적이 있다. 이 사이트에서 나는 중국 정부의 공식 입장과 아주 상반되는 신장 위구르족의 역사를 읽을 수 있었다.[14] 그럼에도 불구하고 현지 위구르인들이 이 사이트에 접속하는 경우는 거의 없을 것이고(카슈가르 친구 몇 명에게 물어보니 그들도 나만큼이나 놀라워했다), 이제 더 이상 접속할 수 없을 수도 있다.[15]

14 이 사이트에는 '동튀르키스탄의 인권 상황'이라는 제목으로 아블라잔 라일리 나만이 쓴 위구르족의 역사가 다음과 같이 소개되어 있다. "위구르족은 중앙아시아에서 가장 오랫동안 지속적으로 정착한 민족이다. 고고학 및 역사적 자료는 위구르인들이 태초부터 동튀르키스탄에 살았다는 사실을 증명한다. 1884년 만주 청 왕조는 동튀르키스탄 영토를 정복하고 공식적으로 합병하여 '새로운 지배지' 또는 '새로운 개척지'라는 뜻의 '신장'으로 명명했다. 1911년 만주 제국이 중국 국민당에 의해 전복된 후, 동튀르키스탄도 새로운 중국 정부에 이양되었으며, 중국의 존재는 중국 군대와 행정관으로 대표되는, 본질적으로 식민지적 성격을 띠게 되었다. 1944년 말 무렵, 단명했던 동튀르키스탄 독립 공화국 당시에도 중국인은 전체 인구의 극히 일부에 불과했다. 1950년에 인민해방군이 신장에 진입하면서 무혈로 권력이 이양되었다. 독립 동튀르키스탄 공화국의 운명과 관련하여 소련과 중국 양측에서 음모가 개입된 측면이 있지만, 이 권력 이양의 한 측면은 오늘날에도 이 지역에서 강력한 영향을 미치고 있는데, 바로 중국군의 특별한 역할이다. 빈투아이라 불린 조직은 초기에는 국민당 잔존 세력과 신장에서 식민지 혁명의 기반을 형성했던 인민해방군이 모두 포함되어 있었다. 이 조직은 신장에서 특별한 식민화 역할을 수행했는데, 대개 현지 주민을 희생시키면서 한족이 이 지역에서 주도적인 역할을 하도록 제도화했다. 신장에서 인권을 쟁취하기 위한 위구르족 투쟁의 대부분은 그러한 제도가 이 지역에 가한 경험과 관련이 있다. 빈투안은 신장생산건설단으로, '빈'은 '군인'을, '투안'은 '집단'을 의미하는 중국어 단어를 다소 비틀어 번역한 것이다. 이 두 단어를 합치면 '군인 조직 또는 집단'을 의미한다."
15 중국의 '디지털 격차'와 여러 인터넷 사이트에 대해 종종 생기는 예기치 않은 접속에 대한 비판적 논의는 하윗(Harwit 2003)을 참고하시오.

중국 정부는 지령 195호에서 1988년에 설립된 정보산업부(MII)가 인터넷을 완전히 통제할 것이라고 구체적으로 명시했다. MII는 일반적으로 포르노, 도박, '반혁명적'으로 간주되는 게시물을 포함한 '유해한' 자료를 배포하는 사람들을 체포하고 투옥할 수 있는 권한을 가지고 8개의 국제 게이트웨이를 통해 오가는 내용을 면밀히 모니터링한다(Franda 2002; Harwit and Clark 2001 참조). 특히 유럽, 튀르키예, 미국, 캐나다, 호주 등 서방 디아스포라의 위구르인들이 이러한 사이트들을 자주 방문하고 기고하는 것은 분명하며, 2001년 9월 11일 이후 이 지역에서 발생한 사건들로 인해 더 많은 언론인과 관심 있는 사람들이 자주 방문하기 시작했다. 이들 사이트들을 가볍게 훑어보면 콘텐츠 측면에서 전투적이거나 급진적인 이슬람과 관련된 내용은 거의 발견되지 않았고, 중국에 대한 이슬람 지하드 요청도 거의 없다는 점이 흥미로웠다. 위에서 언급한 바와 같이 대부분의 이슈들은 신장에서 위구르족의 독립적이고 영광스러웠던 과거와 오랜 역사에 대비되는 중국 통치하에서 위구르족이 처한 곤경과 역사를 기록하는 것과 관련이 있다. 또한 중국 내외에서 이러한 사이트를 방문하는 중국인이 거의 없기 때문에 이러한 대안적 역사에 대해 잘 알지 못한다는 점도 중요하다. 또한 튀르크어와 위구르어로 된 사이트는 여러 개 있지만, 중국어로 된 사이트는 발견되지 않는다. 따라서 모든 인터넷 기반 단체들과 마찬가지로 독자들은 스스로 선택한 사람들이며 사이트에서 지지하는 의제를 이미 지지하고 관심 있어 하는 사람들 외에는 거의 연결되지 못한다.

이러한 단체와 웹사이트에 대한 재정적 지원은 대부분 개인, 재단, 구독(드물지만)을 통해 이루어진다. 1940년대에 사우디아라비아 및 튀르키예로 이주한 후 성공적인 사업을 이룬 부유한 위구르족 후원자들이 과거에 이러한 단체를 재정적으로 강력하게 지원했다는 보고가 있지만, 출처에 대한 공개적인 정보는 찾을 수 없었다. 1930년대와 1940년대에 사우디아라비아와 튀르키예로 이주한 많은 위구르인들은 건설업과 요식업에서 성공을 거두었고, 따라서 최근의 위구르족 이민자들보다 위구르족의 대의를 후원할 수 있는 훨씬 유리한 위치에 있었다. 지난 20여 년 동안 신장에서 이주해 온 중앙아시아 및 서구 지역의 이민자들은 대체로 이전의 중동 이주자들에 비해 훨씬 가난했다. 그러나 이들과 그 자녀들이 미국, 캐나다, 유럽, 호주에서 더 나은 삶을 살게 되면서 상황이 바뀌기 시작했다. 동튀르키스탄 국가자유센터(워싱턴 DC 소재)의 유수프는 한때 사우디아라비아의 후원자들로부터 상당한 지원을 받았었지만, 1990년대 후반에 이르러서는 단체의 과잉과 위구르족의 대의에 대한 관심 감소로 인해 자금이 고갈되기 시작했다고 주장했다(1999년 4월 14일 인터뷰).

이러한 웹사이트의 대부분은 자금과 배포에 한계가 있지만, 신장 내 사건에 실질적인 영향을 미치지 않는 '가상' 커뮤니티만 조성한다고 간과되어서는 안 된다. 이러한 웹사이트는 중국 공식 언론에서 제공하지 않는 중요한 정보원 역할만 하는 것이 아니다. 일부 학자들은 인터넷 사이트가 광범위하게 이용 가능하고, 중요 사건에 대한 대안적인 보도를 함으로써 여론을 좌우하는 데 도움이 된다고 주장하기 시작했다.[16] 여론을 좌우하거나 국내 사건에 영향을 미치는 인터넷의 잠재력에 대해서는 분석가들의 의견이 분분하지만, 정보가 유통되고 의견이 형성되는 방식에 분명한 변화를 가져

---

16 아시아의 광범위한 여론에 영향을 미치는 인터넷의 영향력에 대한 연구는 '아시아 사회과학 저널(*Asian Journal of Social Science*)'의 2002년 특별호 〈아시아와 그 너머의 인터넷과 사회 변화(ed. Zaheer Baber)〉의 선집을 참고하시오.

왔다는 데에는 공감대가 형성되고 있다. 또한 더 중요한 것은 인터넷 웹사이트를 통해 형성된 '가상 커뮤니티'가 광범위한 사회적 상호작용과 연합으로 이어질 수 있는 연결고리를 형성하고, 이것이 정치 및 사회경제적 사건에 영향을 미쳐왔다고 일부 학자들이 결론지었다는 것이다. 예를 들어, 동티모르, 아체, 체첸, 보스니아의 사회운동은 이러한 인터넷 커뮤니티를 통해 강력한 지지를 받았으며, 이는 정보의 증가뿐만 아니라 대규모 재원까지 조성했다.[17] 사이버 분리주의가 그 자체로 지방 정부를 밀어낼 수는 없겠지만, 같은 생각을 가진 사람들을 연결하고, 일반 대중이 특정 정보에 종종 접근할 수 없었던 이슈에 대한 인식을 제고한다. 신장과 같이 고립된 지역과 광범위하게 흩어져 있는 위구르족 디아스포라의 경우, 인터넷은 세계가 이 지역을 바라보는 시각을 극적으로 변화시켰고 중국은 이 지역 내 문제에 대응해야만 했다. 중국 내 위구르족은 파룬궁과 같은 수준의 조직을 갖추지 못했지만, 후자의 인터넷 사용은 1999년에 현지 추종자를 둔 외부 활동가 조직이 어떻게 1만 명이 참가하는 시위를 조직할 수 있었는지를 보여주는 예가 될 수 있다. 〈온라인 저널리즘 리뷰(*Online Journalism Review*)〉에서 스티븐 오리어리(O'Leary 2000)는 파룬궁의 명민한 인터넷 사용법을 추적했다.

신장 안팎에서 분리주의 활동에 참여하는 것은 인터넷 기반 조직만이 아니라는 것은 분명하다. 위에서 언급한 바와 같이, 동튀르키스탄 이슬람 운동(ETIM)은 2002년 10월 유엔으로부터 이스탄불

---

17 커뮤니티를 구축하고 특정 대의에 대한 지지를 모으는 데 있어 인터넷의 역할과 관련된 연구로는 포스터(Foster 1997), 존스(Jones 1997), 조던(Jordan 1999), 러시코프(Rushkoff 1994), 스미스와 콜록(Smith and Kollock 1999)을 참고하시오.

주재 중국 영사관 폭탄 테러, 비슈케크에서 중국 관료 암살, 중국 당국과 협력하는 것으로 추정되는 카슈가르의 위구르족 관료 암살 등 국내외 테러 행위에 책임이 있는 국제 테러조직으로 지정되었다.[18] 그러나 '테러리스트'라는 명칭은 중국과 미국이 ETIM과 특정 사건들을 확정적으로 연결시킬 수 있는 공개적인 증거를 거의 제시하지 않았다는 점에서 논란을 불러일으켰다('분리주의 성향의 동튀르키스탄 테러리스트들에 의해 피해 입은 중국', People's Daily 10 Oct. 2001; Eckholm 2002; Hutzler 2002). 2001년 미국 국무부는 신장 지역과 해외에서 독립을 위해 활동하는 여러 분리주의 및 테러리스트 단체를 기록한 보고서를 발표했다(McNeal 2001; Fogden 2002 참조). 이 목록에는 지도자 유숩벡 무콜리시가 '2천만' 위구르인들과 함께 30개의 무장 부대가 봉기를 준비 중이라고 주장하는 동튀르키스탄 혁명전선, 하마스와 연계되었으며 2,000명의 조직원이 있는 것으로 알려진 동튀르키스탄 청년의 집, 1990년 바렌 봉기(14장에 설명)를 주도한 것으로 알려진 압둘 카심이 이끄는 자유 튀르키스탄, '위구르족의 고향'에 대한 중국의 '점령'에 맞서 싸우겠다는 아시르 바키디가 이끄는 위구리스탄 해방조직, 여러 폭탄 테러와 봉기를 일으켰다고 주장하는 소위 '롭노르의 늑대들'이 있다. 국무부 보고서는 이 단체들이 모두 알카에다, 탈레반, 히즈브 우트 타흐리르(이슬람 부흥), 타블리기 자마트와 미약하지만 관련을 맺고 있다고 기록했다. 2002년 초에 발표된 중국 보고서에도 이 단체 중 상당수가 열거되었지만 ETIM은 언급되지 않았다. 따라서 2001년 8월 베이징

18 동튀르키스탄 이슬람 운동(ETIM)은 과거 아프가니스탄에서 활동한 것으로만 알려진 그림자 조직으로 1990년대 중반 하산 마숨이 설립했다. 마숨은 신장의 노동 수용소에서 3년 동안 복역했으며, 서열 3위 라시드를 포함해 다른 위구르인들을 포섭했다. 라시드는 탈레반과 함께 체포되어 2001년 봄에 중국으로 송환되었다(Hutzler 2001 참조).

을 방문한 리처드 아미티지 국무부 차관보가 국제 테러단체로 표적이 된 주요 위구르 난체로 ETIM을 지목한 것은 다소 의외로 여겨졌다.[19] 당시 동튀르키스탄 독립 운동에 깊이 관여하는 활동가들을 포함해도 ETIM에 대해 들어본 사람은 거의 없었다.[20] 2001년 9월 28일 호놀룰루의 가상정보센터에서 발행한 「특별 보고서: 위구르 무슬림 분리주의자」에도 ETIM을 언급하지 않았을 뿐만 아니라 신장 내 분리주의 폭력에 대해 "확인 가능한 단일 단체는 없지만 망명 단체와 신장 내 단체에 의해 조직되고 수행되었을 가능성이 있는 폭력적인 저항이 있다"고 결론지었다.[21]

ETIM을 테러리스트로 지정하는 것에 회의적인 사람들이 제기하는 주요 비판은 많은 집단이 확인되는 상태에서 미중 관계 강화라는 정치적 목적이 아니라면 ETIM을 특별히 지목한 이유가 명확히 밝혀지지 않았다는 것이다. 이 문제에 대한 옥스퍼드 애널리티카(Oxford Analytica)의 보고서(「중국의 신장 탄압 강화」, 20 Dec. 2002)는 ETIM을 '희생양 테러리스트'라고 부르며, ETIM 및 다른 단체

19 2002년 8월 26일 베이징에서 리처드 아미티지(Richard L. Armitage) 미 국무부 차관보의 중국 방문 기자회견이 열렸다.
20 예를 들어, 메흐멧 하즈렛은 최근 인터뷰에서 "중국 정부가 2002년 1월 보고서에서 ETIM의 이름을 언급하기 전까지는 ETIM에 대해 들어본 적도 없다"고 단언했다. "하지만 보고서에서 언급된 이 단체의 리더들을 알고 있었다. 그들은 수년 동안 정치적 이유로 중국 감옥에 갇혀 있었고, 중국을 탈출했다. 우리는 정치적으로 같은 목표를 공유하지는 않기 때문에 그들과 어떤 조직적 관계도 맺고 있지 않다. 하지만 중국 당국이 말하는 것처럼 그들이 테러를 저질렀다는 것은 믿을 수 없다"며 "그들 자신이 중국 정부의 테러의 희생자이기 때문"이라고 말했다(자유아시아방송의 위구르 서비스, '중국 정부를 표적으로 삼겠다고 맹세한 분리주의 지도자(RFA)', 2003년 1월 24일, http://www.rfa.org/service/index.html?service=uyg).
21 이 보고서는 2003년에 3월 23일에 업데이트된 보고서인 「중국: 위구르 무슬림 분리주의자들」로 대체되었기 때문에 이 웹사이트에서(http://www.vic-info.org)는 더 이상 찾아볼 수 없다.

들은 '모호한 위협'일 뿐이고 강화되는 억압의 구실로 이용되고 있다고 말한다. 여기서 주목해야 할 점은 중국 정부가 수개월에 걸쳐 미국에 ETIM을 국제 테러 단체로 지정하도록 압력을 가했음에도 불구하고 미국은 키르기스스탄 비슈케크 주재 미국 대사관을 정찰하던 위구르인 2명이 체포될 때까지 이 단체의 존재를 확신하지 못했다는 점이다. 미국과 키르기스스탄 보안 요원들의 심문에서 이들은 대사관 설계도와 미국 직원에 관한 정보를 소지하고 있는 것으로 드러났고, 미국은 이 위구르인들이 중앙아시아에서 미국의 이익을 노리고 있다고 믿게 되었으며, 무엇보다도 미국은 ETIM의 일원이라고 믿었던 이들이 국제적인 위협이며 따라서 행정명령 13224호에 따라 ETIM을 테러 단체로 지정해야 한다고 확신하게 되었다. 흥미롭게도 유숩벡 무콜리시의 연합혁명전선은 1997년 열차 탈선 사건과 경찰서 폭탄 테러[22] 등 신장에서 발생한 폭력 행위에 대한 책임을 자주 주장했음에도 불구하고 ETIM과 함께 테러 단체로 지정되지 않았으며, ETIM 지정 이후 미국은 동튀르키스탄해방기구(ETLO)를 비롯한 다른 위구르 단체를 지정하려는 중국의 지속적인 노력을 거부해왔다. 동시에 많은 위구르인들은 티베트에서 수차례 폭탄 테러가 보고되고 중국 통치에 반대하는 조직적인 시위가 빈번하게 발생하여 티베트 외부에서 폭력으로 이어졌지만, 서구에서 티베트인들에게 드러내는 동정심을 보면 미국이 티베트 독립단체를 테러리스트로 비난하는 것에는 중국 편을 들지 않는다고 나에게 불평했다.[23] 상당한 수준의 국제적인 항의에도 불구하고

---

22 '망명 그룹, 신장에서 폭탄 폭발 자행 주장'(Agence France Press, HK, 1 Mar. 1997).
23 티베트에서의 폭탄 테러와 기타 '테러 행위'는 언론에 자주 보도되었다. '지역의 새 지도자 발표 후 티베트 수도에 폭발', Agence France Presse, HK, 9 Nov. 2000, FBIS, CPP20001109000079; '런던 조직 - 티베트에서 이주민 상점 폭파',

중국은 2002년 1월 27일 티베트에서 폭탄 테러를 저지른 혐의로 유죄 판결을 받은 티베트 승려를 처형했다(Pomfret 2003).[24] 많은 사람들은 그 위구르 단체 하나가 테러리스트로 지목된 것은 단지 그들이 무슬림이라는 이유 때문이라고 생각한다. 그러나 이 장에서 다루고자 하는 진짜 이슈는 ETIM의 이러한 지정에도 불구하고 테러리즘을 지지한다고 할 수 있는 활동적인 위구르 관련 무장단체가 있긴 하지만, 특정 사건에 직접적으로 연루된 것으로 입증된 적은 없다는 것이다.

아미티지 공고와 국무부 보고서에 이어 중국 국무원은 2002년 1월 21일 자체 보고서를 발표하고 1990년부터 2001년까지 신장 지역에서 162명이 사망하고 440명이 부상을 당한 200여 건의 테러 사건에 대해 여러 위구르 분리주의 단체들에게 '책임이 있다'고 주장했다. 「동튀르키스탄 테러 세력은 면죄부를 받을 수 없다」라는 보고서에서는 중국이 미국이 주도하는 테러와의 전쟁을 위구르족 탄압의 구실로 삼는다는 주장도 일축했다. 이 보고서는 하즈렛의 ETLO, ETIM, 이슬람 개혁주의 정당 '충격여단', 동튀르키스탄 이슬람당, 동튀르키스탄 야당, 알라의 동튀르키스탄 이슬람당, 위

Agence France Presse, HK, 27 Dec. 1996, FBIS, FTS19970409001372; '티베트, 라싸 폭파에 달라이 라마 비난', Tibet People's Radio, Lhasa, 27 Dec. 1996, FBIS, FTS19970409001370; Che, Kang, '라싸에서 폭탄 폭발, 지방 당국 범인 체포 현상금 걸다', Ta Kung Pao, HK, 30 Dec. 1996, FBIS, FTS19970409001371; '티베트 병원 폭탄 공격 용의자 구금', Agence France Presse, HK, 14 Jan. 1999, FBIS, FTS19990114000015.

24 자유아시아방송은 중국 정부가 사형 집행에 대한 보도를 막고 있다고 보도했다(http://www.rfa.org/service/article.html?service=can&encoding=2&id=98250). 중국 정부는 2003년 5월 26일 첫 번째 신장 백서를 발표했는데, 이 백서에는 위에서 설명한 내용과 일치하는 정책이 요약되어 있다 (http://english.peopledaily.com.cn/ 200305/26/eng 20030526_117240.shtml 참조).

구르 해방 조직, 이슬람 성전사, 동튀르키스탄 국제위원회 등 수많은 위구르 단체를 비난했다.

이러한 조직과 그 배경에 대해 인터넷 검색을 해봐도 관련 정보가 거의 없다는 점에 유의하는 것이 중요하다. 또한 이러한 조직과 위에서 언급한 인터넷 뉴스 및 정보 조직은 이 지역에서 중국의 통치에 도전하는 개별 사건에 대해 동정심을 표하는 경우가 많지만 특정 행위에 대한 책임을 주장한 적은 거의 없다. 흥미롭게도 급진적 이슬람에 대한 지지는 거의 없는 것으로 보이며, 이 단체와 관련된 다양한 웹사이트와 뉴스 게시물의 검색에서 '지하드'(성전)라는 용어를 사용하는 경우도, 중국과 종교적 전쟁을 촉구하는 경우도 거의 없다. 위구르 민족주의자 중 상당수는 상당히 세속적인 성향을 가지고 있으며, 중국 통치의 전복은 종교적 문제라기보다는 주권 및 인권 문제와 관련이 있다. 반면 미국, 캐나다, 튀르키예, 유럽에서 함께 지낸 위구르계 외국인들은 종교적 성향이 강한 편이었지만 중국과의 성전을 요구하는 얘기는 거의 듣지 못했다. 다시 말하면, 그들의 관심사는 조상 땅에 대한 역사적 주장, 위구르족에 대한 중국의 학대, '자유로운 동튀르키스탄'으로 돌아가고자 하는 열망에 있다. 2000년 캐나다 토론토에서 라마단 축제를 함께 보냈던 한 위구르족 가족은 중국에서는 불가능하다고 주장할 정도로 철저한 종교적 삶을 유지하고 있었다. 그들은 폭력을 거부하면서도, 친척들이 자유롭게 종교를 실천할 수 있는 독립된 '위구리스탄'을 위해 매일 기도했다. 이스탄불의 위구르족 공동체는 제이틴 부르누와 투즐라의 이슬람 사원에서 매우 활발하게 활동하고 있으며 '동튀르키스탄의 해방'을 강력하게 지지했다. 하지만 1993년 이후 내가 이 공동체를 여러 차례 방문했을 때도 그들이 중국 정부에 대한 지하드, 심지어 존 에스포지토(Esposito 2002)가 '방어적 지하드'라고 표현한 지하드 또는 박해로부터 이슬람을 보호한다는 가장 가벼운 의미의 지하드조차도 요구하는 것을 단 한 번도 들어본 적이 없다.[25]

2001년 9월 11일 이후 중국에 대한 테러를 공개적으로 지지한 단체는 거의 없으며, 대부분의 단체는 테러 활동에 대한 동정심을 표명하기는 했지만 테러 활동에 관여하지 않았다고 부인했다. 대표적인 사례가 비밀리에 활동하는 메흐메트 에민 하즈렛이 이끄는 ETLO이다. 2003년 1월 24일 자유아시아라디오 위구르 방송과의 전화 인터뷰에서 하즈렛은 중국의 이익을 노리는 군사 조직을 설립할 필요성이 있다고 인정했다. 그럼에도 불구하고 그는 이전의 테러 활동이나 ETIM과의 연관성은 부인했다. 그는 "우리는 중국 안팎에서 어떤 종류의 테러 활동에도 관여한 적이 없으며 앞으로도 관여하지 않을 것"이라고 말했다. "우리는 평화적인 방법을 통해 동튀르키스탄 문제를 해결하려고 노력해왔다. 하지만 동튀르키스탄에서 벌인 중국 정부의 폭력이 일부 개인들로 하여금 폭력을 사용하도록 내몰았을 수 있다"고도 말했다. 신장 출신으로 40대에 튀르키예로 망명한 시나리오 작가 출신인 하즈렛은 자신의 조직과 알카에다 또는 오사마 빈 라덴의 연관성을 부인했다. 그럼에도 불구하고 그는 이 지역에서 중국의 통치에 대항하는 군사 행동의 필요성이 커지고 있다고 생각했다. "우리의 주요 목표는 평화적인 방법으로 동튀르키스탄의 독립을 달성하는 것이다. 그러나 동튀르키스탄 문제에 대한 우리의 결연한 의지를 적과 친구들에게 보여주기 위해 군사적 개입은 불가피하다고 본다. … 중국인은 우리의 적

---

25   이슬람에서 지하드의 다양한 의미에 대한 논의는 에스포지토(Esposito 2002:26-35)를, 이스탄불의 위구르족 및 다른튀르크족 공동체에 대한 연구는 글래드니(Gladney 1996b)와 스반베리(Svanberg 1989b)를 참고하시오.

이 아니다. 우리의 이슈는 위구르족의 인권을 침해하는 중국 정부이다"('중국 정부를 표적으로 삼겠다고 맹세한 분리주의 지도자', Radio Free Asia, Uyghur service, 24 Jan. 2003). 다시 한번 말하지만, 이 지역에서 중국의 통치에 대한 그의 대응의 공통적인 패턴은 이슬람 지하드나 종교적 민족주의를 강조하는 것이 아니라 동튀르키스탄에서의 인권 침해와 위구르족의 주장을 강조하는 것이었다.

소수민족과 반체제 인사의 처우에 대한 국제적 관심이 높아지면서 미국과 여러 서방 국가들이 중국이 스스로 가입한 국제 협약과 인권에 대한 약속을 지키지 않는다고 비판하고 있으며 중국은 이에 대해 분명히 우려하고 있다. 2001년 중국은 「경제적, 사회적 및 문화적 권리에 관한 국제 규약」을 비준했는데, 그 제1조에는 "모든 민족은 자결권을 가진다. 그 권리에 따라 자신의 정치적 지위를 자유롭게 결정하고 경제적, 사회적, 문화적 발전을 자유롭게 추구한다"고 명시되어 있다. 제2조에는 "모든 민족은 상호 이익의 원칙과 국제법에 따라 국제 경제협력으로 인해 발생하는 의무에 대한 침해 없이 자신들의 목적을 위해 자신들의 천연 재화와 자원을 자유롭게 처분할 수 있다. 어떠한 경우에도 한 민족은 자신의 생존 수단을 박탈당해서는 안 된다"고 명시되어 있다. 중국은 '민족'의 정의에 대해 계속 논쟁을 벌이고 있지만, 이 협정이 중국의 소수민족 치우에 대한 메리 로빈슨과 다른 고위급 인권 옹호자들의 비판에 중국이 응대하도록 압력을 가하고 있음은 분명하다. 신장이 공산주의 치하의 마지막 무슬림 지역을 대표하고, 중동 무슬림 국가들과 대규모 무역 계약을 체결하며, 중국이 서쪽 국경에 5개 무슬림 국가를 접하고 있는 상황에서, 중국 당국은 인권에 대한 국제적 옹호보다 더 우려해야 할 것이 있는 것이다. 에르킨 알프테킨을 비롯한 많은 위구르족 지도자들은 ETIM을 포함한 많은 위구르 단체가 존재하지 않거나 기껏해야 추종자가 없는 '1인 단체'이며, 중국으로의 송환을 피하기 위해 박해에 대한 실질적인 공포를 입증해야 하는 위구르 망명자들의 피난처로 설립된 것이라고 주장하고 있다는 점도 유의해야 한다.

중국의 위구르 분리주의자들은 소수에 불과하고, 장비도 제대로 갖추지 못했으며, 느슨하게 연결되어 있고, 인민해방군과 인민경찰의 무력에 상대가 되지 않는다. 또한 인권과 학대 이슈에 불만을 품기도 하지만 중국의 다른 9개 공식 무슬림 소수민족은 일반적으로 위구르 분리주의를 지지하지 않는다. 예를 들어, 이 지역에서는 위구르족과 후이족 사이에 적대감이 존재한다. 신장의 독립을 지지하는 후이족은 거의 없으며, 신장의 130만 명의 카자흐족은 독립 '위구리스탄'에 대해 거의 발언권을 갖지 못할 것이다. 특히 신장 및 기타 국경 지역에서 분리주의 활동에 대한 현지의 지지는 타지키스탄, 키르기스스탄, 파키스탄, 특히 아프가니스탄을 포함한 이웃 국가와의 경제적 격차를 고려할 때 기껏해야 양가적이고 모호한 상황이다. 이 지역에서는 문화대혁명의 혼돈스러운 공포는 말할 것도 없고, 20세기 전반의 중일전쟁과 내전으로 인한 대량 기아와 광범위한 파괴, 그리고 피비린내 나는 이슬람 내분과 이슬람-중국 간 분쟁에 대한 기억이 강렬하다.

많은 지역 활동가들은 완전한 분리주의나 실질적인 독립을 요구하지는 않지만 일반적으로 환경 파괴, 핵실험, 종교의 자유, 과도한 세금, 최근 시행된 산아제한에 대한 우려를 표명하고 있다. 많은 민족 지도자들은 5개 자치구에 대해 중국법에 따른 '실질적' 자치권을 요구하고 있을 뿐이다. 그러나 이 자치구들은 베이징에 의해 조종되는 한족 제1당서기에 의해 지도되고 있다. 중국 헌법이 보호하는 종교의 자유는 많은 이슬람 사원이 자리 잡고 있고 위구르족 및 무슬림에게 메카 순례가 허용되는 경우가 많은 것을 보면 핵심 이슈로 보이지는 않는다(그러나 최근 이 지역 방문객들은 청소년, 학생, 정부 관리들의 이슬람 사원 참석에 대한 제한이 증가하고 있다고 보고했다). 또한 이슬람 극단주의는 아직까지 특히 교육을 받은 도시 위구르인들 사이에서 광범위하게 퍼져 있는 것으로 보이지는 않는다. 그러나 중국 정부는 '지나치게' 종교적이라고 의심되며, 특히 수피교도나 소위 와하비(엄격한 무슬림에 대한 이 지역의 완곡한 표현, 조직화된 이슬람 양성소가 아님)로 확인되는 위구르인들을 지속적으로 체포해왔다. 이러한 주기적인 검거, 구금, 테러와 분리주의에 대한 공개적 비난은 문제를 없애기보다는 지하로, 적어도 대중의 눈에서 벗어나게 만들었고 위구르 무슬림이 중국 주류 사회에서 더욱 소외될 가능성을 증가시켰다. 2001년 베이징에서 열린 APEC 회의 기간 동안 위구르족 여행객은 베이징 시내 호텔에 투숙할 수 없었고, 테러에 대한 두려움 때문에 공공 버스에도 탑승이 금지되는 경우가 많았다고 보고되었다.

　신장에서 중국-무슬림 관계의 역사는 막대한 사회적, 정치적 혼란에 의해 단절된 상태에서 대내외 위기에 의해 조성된 상대적인 평화와 조용한 역사 중 하나였다. 지난 2~3년간의 상대적 평온함이 이 지역의 지속적인 문제가 해결되었거나 대립이 해소되었다는 것을 의미하지는 않는다. 중국 통치에 대한 신장에서의 저항은 러시아에 대한 체첸 반란이나 이스라엘에 대한 팔레스타인 인티파다 수준에 이르지는 못했지만, 스페인의 바스크 분리주의자나 아일랜드와 영국에서 IRA가 그랬던 것처럼 폭력적인 테러와 저항의 순간에 분출될 수 있는 저항이다. 그리고 유럽에서 이러한 저항 운동이 해결되지 않은 것처럼 신장의 위구르족 문제도 쉽게 사라지지 않을 것이다. 디아스포라에서도 위구르 테러리즘과 불일치에 대해 인정되는 문제는 민족적으로 다를 뿐만 아니라 독실한 무슬림이 대다수인 이 지역의 통합과 발전을 도모하려는 정부로서는 문제가 될 수밖에 없다. 정부가 어떻게 이슬람교, 티베트교, 기독교, 불교 등 종교적 성향이 강한 소수민족들을 마르크스주의식 자본주의 체제에 통합할 수 있을까? 불찬성과 경제부양에 대한 중국의 불관용 정책은 이 문제를 해결하지 못하는 것으로 보인다.

논쟁적인 타자성

위구르족을 비롯한 중국의 소수민족은 국가가 국제 관계와 국가 정체성 구축에 자신들의 정체성을 이용하고 있으며, 이를 통해 개인의 성 정체성뿐만 아니라 문화적, 정치적 차이에 대한 내부 통제가 정당화되고 있다는 사실을 잘 알고 있다. 나는 1987년 가을 우루무치의 '해외 호텔'에서 열린 한족의 '소수민족 예술' 전시에 반대하는 위구르족의 행진을 목격했다. 그들은 전시회가 자신들을 폄하하고 비하하는 것으로 여겼으며, 내셔널 지오그래픽처럼 자신들을 '행복하고 관능적인 원주민'으로 묘사하는 것에 반대하는 시도를 종종 해왔다. 하지만 중국에서는 내셔널 지오그래픽이 원시인을 낭만화시키는 것 이상의 무언가가 더 있다. 나는 한족의 정체성 구축이 매우 미약하고 의심스러우며 한족의 우월적 지위가 매우 불안정하기 때문에 타자를 관능적이고 부도덕하며 심지어 야만적인 존재로 묘사하는 것이 중요해졌다고 본다. 이것은 한족뿐만 아니라 외국 출판물과 영상 매체 등 조금이라도 외설적인 자료를 엄격하게 통제하는 사회에서 소수민족의 에로틱한 묘사가 여전히 허용되는 이유이기도 하다. 모든 사회가 타자와 낯선 자의 이국화와 에로티시즘을 허용하는 경향이 있지만, 중국에서는 정부가 적극적으로 나서는 것이다. 국가 건설과 전체주의 국가의 외설적인 도덕 규범을 강화하기 위해 유용되는 것이 바로 내부의 타자이다. 국가가 후원하는 미디어에서 소수민족에 대한 이러한 묘사를 허용하는 동시에 한족과 외국인에 대한 묘사를 제한함으로써 국가는 자국민에 대한 헤게모니적 통제를 강화하고 문명과 도덕적 권위의 개념을 홍보한다. 국내 소비를 위해 무슬림을 포함한 소수민족은 이국적이고 에로틱한 모습으로 묘사되지만, 국제적 목적을 위해 민족들, 특히 무슬림은 전통적이고 충족된 모습으로 표현된다.

동시에 위구르족과 다른 소수민족은 공식적인 소수민족 지위와 객관화된 이데올로기를 이용해 종교적, 정치적, 개인적 이익을 도모하고 있다. 한족에게도 해외 유학 및 여행의 기회는 쉽게 주어지지 않으며, 위구르족은 중국 체제의 작은 틈새를 이용하기 위해 안간힘을 쓰고 있다. 비록 매우 구체적인 외교 정책적, 경제적 이유에서이긴 하지만 중국 정부가 이러한 균열을 허용하면 의도하지 않은 많은 결과, 즉 튀르키예와 무슬림의 초국적 위구르 정체성이 강화될 수 있는 결과를 예상하지 못할 수 있다.

인터넷이 반대 의견이나 관점의 가상 공간을 제공할 수는 있지만, 위구르족이나 파룬궁 같은 서발턴 집단을 동원하는 데는 제한적인 성공만 거두었다. 그럼에도 불구하고 서발턴의 목소리가 표출될 수 있는 공간, 중국 통치에 대한 대안적 운동과 비전을 근절하지 못하는 국가의 무능이 드러나는 공간이 커지고 있음을 암시한다. 안타깝게도 서발턴의 복소리가 표출되는 공간은 대부분 중국 밖의 디아스포라나 인터넷에 존재한다. 이러한 전치 상황은 중국 내 서발턴에게 자신의 목소리를 억누르거나 원치 않는 이민을 선택하라는 압력을 계속 가하고 있다. 중국은 분명히 문화대혁명의 억압적인 시기 이후 많은 발전을 이루었고, 많은 서발턴들이 현재 나타나고 있는 '자본주의의 균열' 속에서 다양한 기회를 활용하고 있다. 이러한 개방에도 불구하고 중국 국가에 담긴 불길한 문구를 잊지 말아야 한다. "중화민족은 지금 가장 중요한 순간에 있으며, 우리는 일어서서 우리의 피와 살로 새로운 만리장성을 쌓아야 한다." 중국의 '단절 없는 5천 년의 문명'을 증명하는 것이 장쩌민 정부의 핵심 목표 중 하나였던 것처럼, 이것이 후진타오 정부의 프로젝트가 된다면 중국의 서발턴들은 앞으로도 한동안 지금의 자리에 머물게 될 것이 분명하다.

6부 사회화

12장
중국의 다자 교육하기

무슬림 만들기

우리는 이탈리아를 만들었으니 이제 이탈리아인을 만들어야 한다. (새로 통일된 이탈리아 왕국 의회의 첫 회의에서 마시모 다첼리오 [Hobsbawm 1991:144에서 인용])

중국에서 무슬림은 어떻게 '만들어지는가'? 이 장에서는 무슬림이 가정(또는 병원)에서 태어나지만 학교에서 만들어질 수 있음을 시사한다. 중국에 무슬림을 위한 학교는 국가가 지원하는 학교와 이슬람 사원이 지원하는 학교(때때로 국가 지원을 받기도 함)의 두 가지 유형이 있다. 아직까지 중국에는 무슬림이 다닐 수 있는 비무슬림 사립학교가 거의 없다. 나를 비롯한 많은 사람들이 중국 내 무슬림 소수민족의 정체성 및 정체성의 식별에 대해 광범위하게 글을 썼지만, 특별히 중국에서 무슬림이 '만들어지는' 과정에서 교육의 역할과 이슬람 지식의 전달에 대해 다룬 사람은 거의 없다. 중국에 적어도 10개의 공식적인 무슬림 민족이 존재하며 각기 다른 역사와 정체성을 가지고 있지만, 이 장에서는 국가가 후원하는 중앙집중식 교육과 높은 수준으로 정규화된 이슬람 교육의 전통을 통해 중국에서의 무슬림 교육이 상당히 체계화되어 있음을 보여준다. 나는 중국 내 무슬림에 대한 지식 전달의 체계화가 무슬림의 정체성에 영향을 미치는 데 핵심적인 역할을 해왔다고 주장한다.

이 장은 중국 내 무슬림에 대한 지식 전달의 두 가지 측면을 검토한다. 여기에는 중국의 55개 소수민족의 일원으로서 무슬림에 대한 국가의 교육과 그들 스스로를 위한 무슬림 교육이 포함된다. 이러한 방식으로 이 장은 "사람들은 경쟁하고 상충하는 규범과 이상 사이에서 어떻게 협상하는가"라는 존 보웬(Bowen 1995:1061)의 질문에 답을 찾고자 한다. 그들은 중국 무슬림에 대한 존중을 기반으로 공립 및 사립 교육 시스템을 통해 이를 행하고 있다.

앞서 언급했듯이 중국에는 10개의 공식 무슬림 민족이 있으며, 무슬림의 정체성은 튀르크계에서 인도 유럽계까지, '중앙아시아인'에서 '동아시아인'까지, '북부인'에서 '남부인'까지, 농촌에서 도시 지역까지, 종교적인 사람부터 세속적인 사람까지, 교육받은 사람에서 문맹에 이르기까지 매우 다양하다. 공유된 이슬람 유산(상당 부분이 잊히기도 하고 부정되기도 하지만) 외에도 교육 훈련에 적어도 두 가지의 중요한 흐름이 있는데, 국가가 지원하는 교육과 전통적으로 유지되어온 이슬람 교육이라는 체계화된 사회화의 지렛대를 통해 다양한 민족의 무슬림을 놀라울 정도로 하나로 묶어주는 역할을 하고 있다. 이러한 교육적 사회화의 두 측면이 10개의 무슬림 민족마다 다르겠지만, 나는 적어도 한족이나 다른 45개의 소수민족에 비해 그들이 갖는 유사성이 이들을 더 밀접하게 묶어준다고 주장한다. 그중 한 측면은 무슬림이 소수민족의 일원으로서, 특히 무슬림으로서 표현된다는 방식이다. 이 장에서 먼저 다룰 이러한 타자와 자아의 표상은 아마도 중국에서 가장 널리 전달된 이슬람에 대한 지식일 것이다. 그리고 중국의 소수민족 교육과 무슬림에 대한 다음 섹션에서 이러한 표현에 대한 수정과 확인의 과정을 다룰 것이나. 이후 중국의 전통 및 현대 이슬람 교육 동향에 주목하고, 마지막으로 중국의 이슬람에 관한 공적, 사적 담론에 대한 논의로 마무리할 것이다.

교육과 중국의 문명화 사명

20세기 후반부터 중국의 소수민족과 민족 정체성 식별 프로그램에 대한 대다수 문헌의 초점은 '후진적인 소수민족'에 대한 중국 정책의 '문명화 사명'에 맞춰져 있었다(Anagnost 1994; Borchigud 1995; Gladney 1987b; Harrell 1995 참조). 국가가 후원하는 미디어와 출판물, 그리고 대중 연설에서 한족은 가장 '근대적'이고, 암묵적으로 가장 교육 수준이 높은 집단으로 표현된다.

일반적으로 중국의 학교 시스템에서 한족에 비해 교육을 덜 받은 소수민족은 문화적 측면에서 한족보다 뒤처진 것으로 여겨진다. 교육은 중국의 국가 통합 프로젝트를 실행하는 데 있어 중요한 역할을 하며(Hawkins 1983; Postiglione, Teng and Ai 1995 참조), 이는 중국의 교육과 '문화'에 대한 대중적인 토론에도 반영된다. 내가 중국에서 해야 했던 가장 어려운 질문 중 하나는 교육에 관한 것이었다. 질문을 문자 그대로 번역하면 다음과 같다. "당신의 문화 수준은 어느 정도입니까?" 여기서 '문화'는 국가가 후원하는 학교에서의 학습과 한자 문해력만을 의미한다. 국가통계국 인구통계부와 국가민족사무위원회 경제부에서 발간한 '국적 통계' 책자에는 한족과 비교한 여러 소수민족의 '문화 수준' 범주 아래 교육 항목들이 모두 기재되어 있다(Department of Population Statistics 1994:38-70). 나는 허저우의 한 후이족 노인에게 이 질문을 했는데, 자신은 "문화가 없다"고 대답했던 기억이 아직도 생생하다. 그는 이슬람 학자로 12년 동안 중동에서 살았고 페르시아어와 아랍어에 능통했으며 이슬람 자연과학의 대가였다. '민족에 관한 일반 역사'를 공립학교 교과과정에 통합하려는 노력에도 불구하고 만연한 한족 우월주의 문제를 해결할 엄두조차 내지 못하고 있는 것이다. 이는 후이족 아이들이 주로 한족 학교에 가고 싶어 하지 않는 주요한 요인이 될 수도 있다.

　소수민족으로서 무슬림은 일반적으로 주류민족보다 교육 수준이 낮다고 여겨지며, 사회적으로나 도덕적으로 훨씬 더 보수적임에도 불구하고 대중매체에서 무슬림은 다른 소수민족들과 비슷한 방식으로 이국적이고 심지어 에로틱하게 묘사되고 있다(4장 참조). 이는 무슬림이 이상적으로 여기는 오랜 학습의 전통('중국까지 가서라도 지식을 구하라'는 예언자의 말처럼), 중국 내 무슬림 학습 센터의 급증, 그리고 적어도 두 무슬림 집단인 타타르족과 우즈벡족이 한족을 포함한 일반 대중보다 교육 수준이 상당히 높다는 점을 고려할 때 매우 놀라운 현상이다. 마찬가지로 중국 내 조선족 역시 한족 및 다른 민족을 훨씬 능가하는 가장 높은 문해력과 교육률을 가지고 있음에도 불구하고(인구 비례상 다른 민족보다 3배나 많은 대학생이 있음, Yeo 1996:25; Lee 1986 참조), 흔히 낙후된 소수민족으로 여겨지고 무슬림과 마찬가지로 교육이 필요한 소수민족으로 인식되고 있다.

　이는 교육이 중국어 학습을 기반으로 중화 문명에 동화되는 수단이라는 중국의 관점을 반영하는 것일 수 있다. 소수민족과 외국인은 필연적으로 중국어에 대한 깊이 있는 지식을 습득할 가능성이 적었기 때문에 항상 주변부에 머물렀다. 그렇다고 이러한 지식이 엘리트에게만 국한된 것은 아니었다. 마이런 코헨은 중국 교육 시스템에서 엘리트와 일반인 사이의 상호작용이 "행동, 제도, 신념을 공유한다는 의미에서 공통의 문화"뿐만 아니라 "사람들이 자신을 중국인으로 식별하는 기준을 제공했다는 점에서 통합된 문화"를 형성했다고 주장한다(Cohen, M. 1991:114). 이 기준을 유지하는 한 중국인이었으며, 이러한 기준에 대한 지식은 공립학교에서 중국어로 전달되었다. 중화제국에서 권력자들이 정한 기준을 명시하는 권고와 의식은 일반 대중의 '문맹의 바다' 속에 '작은 문해의 모래톱'을 만드는 것을 넘어 확장되었다(Woodside and Elman 1994:3 참조). 데이비드 존슨(Johnson 1985:47)이 지적했듯이, "지배 계급의 가치와 신념은 일반인의 눈에는 진리의 빛을 발하는" 것이다. 그러나 이러한 하향식 관점은 특히 다른 경전에 따라 다른 도덕을 따르는 무슬림, 티베트인, 몽골인 같은 종종 영감을 받지 못하는 사람들을 배제한다. 찰스 스태포드(Stafford 1992:371-2)는 대만에서는 초등학교 4학년 때부터 '집안 사람에게 효도하고 국가에 보답한다', '몸을 희생하고 국가에 보답한다' 등 강력한 도덕 교육을 받는다고 주장했는데, 여기서 국가, 도덕, 교육의 연관성은 분명하다. 중국 본토에서의 도덕, 문화, 교육은 국가의 민족화 프로그램과 연결되어 있다.

아마도 이것이 중국에서 '문화'가 문해력, 특히 중국어 문해력과 밀접하게 연결되는 이유일 것이다. 문학, 글, 비문 등으로 번역되는 중국어 원(文)은 문화 개념의 핵심적인 부분이다. 스트라스버그(Strassberg 1994:5-6)의 '새겨진 경관'에 대한 연구는 중국 전통에서 글쓰기가 갖는 변형력을 강조하는데, 이는 경관을 그 영역 속으로 편입시키는 것을 돕는다. 마찬가지로 문해력은 중국인이 될 소수민족에게 중국어뿐만 아니라 중국 문화를 심어준다. 따라서 문해력과 교육은 중국의 민족주의적 통합 프로젝트의 핵심이다. 파멜라 크로슬리(Crossley 1990:4)가 주장했듯이, '문명의 내재적 변형력에 대한 경외심, 군사력 과시에 대한 혐오, 상업과 반문맹/문맹적 문화의 가치에 대한 경멸' 등 중국 고전주의 신조에 대한 믿음이 소수민족과 주변부의 중국화 및 동화의 불가피성을 강조했다. 다시 말하면, 중국어를 배운다는 것은 곧 중국인이 된다는 것을 의미했다. 이러한 개념은 문해력과 교육을 중국의 '문명화 프로젝트'의 핵심인 동화와 연결시키는 중국화 패러다임을 고수하는 중국과 서구의 학자들이 공유해왔다. 라벨과 버하인(Labelle and Verhine 1975)의 이론에 의하면, 교육에 대한 접근성은 많은 사회에서 사회 계층화의 본질에 기여한다. 중국에서 무슬림 소수민족의 교육 기회가 증가하고 있지만, 다음에서 살펴볼 수 있듯이 이들의 교육 발전은 별로 진전이 없는 것으로 보인다.

소수민족 국적자로서의 무슬림 재현

무슬림은 국가가 후원하는 잡지 『민족화보』와 『민족화합』을 비롯해 『중국의 민족』(1989), 『중국의 소수민족』(1994), 『투루판의 풍경과 풍습 사진집』(1985), 『민족의 양식과 인물』(1985) 등 여러 민족 관련 간행물에 분류되어 보여진다. 이 출판물에서 무슬림의 사진이나 그림은 대충 살펴봐도 중국 소수민족을 '이국적'이고 '에로틱'하게 묘사하는 일반적인 방식과 차이가 없다. 무슬림은 일반적으로 다른 소수민족과 비슷하게 취급되기 때문에 위 간행물에서도 무슬림이 구별되는 경우는 거의 없다.

국가에 의해 소수민족으로 인정받은 사람들은 국가가 후원하는 미디어에서 항상 객관화된 정체성을 기꺼이 받아들이는 모습으로 묘사된다. 베이징의 민족문화궁전을 소개하는 책자에 실린 전통 의상을 입은 여러 소수민족 사진에는 '다양한 민족의 행복한 사람들'(*Minzu Gong* 1990:12)이라는 표제가 붙어 있다. 한족 대학생을 대상으로 한 설문조사에서 행복하고 다채로운 사람들로 재현된 남부의 소수민족은 '아름다움, 친근함, 노래와 춤, 산업, 원시성, 무지'를 포함하는 '긍정적 원시성'으로 평가되었다(Fong and Spickard 1994:26).

4장에서 언급했던 여러 소수민족이 그려진 만리장성의 그림에서 소수민족의 재현은 일반적으로 그들의 자연스러움, 원시성, 후진성, 관능성 및 섹슈얼리티에 초점을 맞추고 있으며, 무슬림은 이러한 소수민족 재현 방식에 잘 들어맞는다. 역시 4장에서 설명했듯이 그 유명했던 원난학파는 무슬림을 매우 에로틱한 그림의 소재로 자주 사용했다.

남서부 소수민족의 성적 관습이 한족보다 더 '개방적'일 수 있다는 점을 인정하더라도, 관능적이고 에로틱하게 묘사된 소수민족은 그들만이 아니다(4장 참조). 그러나 소수민족의 항의에도 불구하고 이러한 표현은 계속되고 있으며, 이는 한족과 소수민족 광경 사이에 현저한 대조를 강조하는 역할을 한다. 무슬림들은 그들을 모욕적으로 묘사한 출판물에 대해서도 항의한다. 이러한 표현은 중국에서 오랜 역사를 지닌 것이지만, 『성적 관습』의 출간에 대한 무슬림들의 강력한 시위에서 보았듯이 이슬람을 관능적이고 에로틱하게 묘사한 책에 대해 항의하는 것이다(Gladney 1994 참조).[1] 이와 같은 출판물에 대한 중국 정부의 단속에도 불구하고 이슬람과 무슬림에 대한 이런 표현은 계속되고 있다. 이슬람 사원에 가본 적도 없고 공립학교에서 이슬람에 대해 거의 배우지 못한 대부분의 한족에게 중국에서 이슬람이나 무슬림의 정체성에 대한 지식을 접할 수 있는 유일한 통로가 된다.

1   더 자세한 설명은 본서의 15장을 참고하시오.

무슬림의 자기 재현

중국에는 아직 자유 언론이 없기 때문에 무슬림이 국가의 중재가 전혀 없이 공공 영역에서 자신을 재현하는 것은 여전히 불가능하다. 무슬림이 무슬림의 삶과 갈등을 소재로 쓴 장청즈의 『영혼의 역사』(1991)와 후어다의 『옥왕』(1993)(중국 제목은 『무슬림 장례식』, 1992) 같은 비교적 최근의 인기 소설도 국가의 승인 기관을 통과한 작품들이다. 이 두 작품은 그 자체로 논란의 여지가 있지만, 무슬림 사회 전반을 진지하고 정직하게 묘사했다는 점에서 주목할 만하며, 이슬람을 '유교적'으로 묘사하려던 초기 무슬림의 노력과 유사한 방식으로 무슬림의 도덕성을 드러내려는 근대적 시도라고 할 수 있다.

1985년 중국이슬람협회에서 발간한 화보집 『장애인 자선기금 마련을 위한 그림과 서예 선집』은 『민족화보』나 윈난학파의 그림에서 볼 수 있는 것과는 전혀 다른 무슬림의 모습을 보여준다. 이 작품에서 무슬림은 학업에 열중하고 근면할 뿐 아니라 독실하고 가족과 사회에 헌신하는 모습으로 그려진다. 심지어 무슬림 예술가들(이슬람을 찬양하는 서예를 쓴 한 명 이상의 한족 예술가도 포함)의 중국 서예 발표회도 있는데, 이는 중국 고전 회화 및 서예에서 그들의 문학적, 예술적 자격을 확립하려는 무슬림의 시도로 간주된다. 중국이슬람협회가 발간한 『중국 무슬림의 종교적 삶』(1957, 1978, 1985)은 다양한 모스크와 저명한 무슬림들을 다룰 뿐 아니라 교육에 대한 강조를 많이 하고 있다. 무슬림이 후원하는 화보집 『베이징의 이슬람』(Hadi Su Junhui 1990)에는 베이징의 이슬람 건축, 예술, 학문의 훌륭한 사례가 담겨 있으며, 유명한 무슬림 학자와 교사의 사진도 함께 실려 있다. 마찬가지로 위구르족 조리 카디르와 할릭 다우트가 신장에서 출판한 『위구르 건축 예술 사례집』(1983)에는 시인 유섭 하집과 사전학자 알 카쉬가리와 같은 무슬림 학자들의 무덤뿐만 아니라 종교적 인물에게 헌정된 모스크와 무덤의 훌륭한 사례들이 나와 있다. 실제로 중국 전역에서 빠르게 복원되고 있는 무슬림 무덤의 대부분은 무슬림 학자와 종교적 인물에게 헌정되었으며, 그중 일부만이 수피교도였다(Gladney 1987a).

이 몇 가지 사례를 통해 무슬림은 자신들에 대해 국가가 후원하는 대부분의 대중매체에서 볼 수 있는 것과는 매우 다른 시각을 가지고 있음을 알 수 있다. 무슬림은 소수민족일 뿐만 아니라 중국 문화와 사회에 기여해온 오랜 종교적, 학문적 전통의 구성원이다. 중국 내에서 이슬람과 이슬람 지식에 대한 이미지를 전달하는 것은 전체 인구의 2%에 불과하고, 중국 역사상 많은 기간 동안 일상적으로 낙인찍혀온 무슬림에게 어려운 과제이다. 무슬림 소수민족은 일반적으로 대부분의 한족보다 '문화 수준'도 교육 수준도 낮다고 여겨지지만, 이슬람 학문의 전통에 대한 자부심이 비무슬림에게 전달되기 시작하고 있다. 다음에서 살펴보겠지만 후이족, 위구르족, 우즈벡족, 타타르족 등 중국 내 대부분의 무슬림 민족의 일반적인 중국어 교육 수준은 이제 한족과 동등하거나 그 이상이다. 이는 중국에서 보편적인 인식이 아니었지만, 점차 변화하고 있다.

중국의 무슬림 교육

20세기와 21세기 중국 무슬림에게 국제 여행 및 국제적 노출은 중국 무슬림 공동체의 '근대화'라는 희망 속에서 중국과 이슬람 교육 모두를 획득하려는 절박함을 의미했다. 20세기 초반 중국은 많은 새로운 외국 사상을 접했고 일본과 서구 제국주의의 침략에 맞서 중국식 통치 방식을 모색했다. 이 시기에 중국 무슬림의 지적이며 조직적인 활동도 맹렬했다. 중동과의 접촉이 증가하면서 중국 무슬림은 이슬람에 대한 자신들의 전통적 관념을 재평가하게 되었다. 피킨스(Pickens 1942:231-5)는 1923년부터 1934년까지 메카로 성지순례를 떠난 후이족 무슬림이 834명에 달했다고 기록한다. 한 관찰자에 따르면 1937년에 170명 이상의 후이족 순례자들이 상하이에서 메카로 향하는 증기선에 탑승했다(Office of Strategic Services 1944:127). 1939년까지 카이로의 명문 알아자르 대학에서 공부한 후이족 무슬림은 최소 33명이었다. 이 숫자는 다른 동남아시아 무슬림 지역에서 온 하지 순례자들과 비교하면 많지는 않지만, 특히 고립된 지역 사회에서 돌아온 후이족 순례자에게 부여된 영향력과 명성은 대단했다. 플레처(Fletcher n.d.)는 "이런 점에서 무슬림 커뮤니티가 중동의 이슬람 문화생활의 중심지에서 더 멀고 한적할수록 그 중심지의 가장 최근 트렌드에 더 민감하게 반응했다"고 관찰했다.

정치적 사건과 해외 무슬림 사상의 영향으로 수많은 후이족 조직이 새로 생겨났다. 1912년 쑨얏센이 난징에서 중화민국 임시 주석에 취임한 지 1년 후, 난징에서도 중국무슬림연맹이 결성되었다. 이후 중국무슬림 상호발전협회(베이징, 1912), 중국무슬림 교육협회(상하이, 1925), 중국무슬림협회(베이징, 1925), 중국무슬림 청년학생협회(난징, 1931), 무슬림 교육진흥협회(난징, 1931), 중국무슬림 총협회(지난, 1934) 등 후이족 무슬림 협회들이 연이어 설립되었다.

무슬림 정기간행물도 전례 없이 번성했다. 뢰벤탈(Löwenthal 1940:211-50)의 보고에 따르면, 유포는 많이 되지 않았지만 1937년 중일전쟁이 발발하기 전까지 100개 이상의 무슬림 정기간행물이 발행되었다. 1911년부터 1937년 사이에 베이징에서만 30개의 저널이 발행되었는데, 이에 대해 한 저자는 중국 이슬람의 전통적인 종교 중심지는 여전히 린샤(허저우)였지만, 문화 중심지는 베이징으로 옮겨졌다고 언급했다(Office of Strategic Services 1944:27). 많은 후이족 지식인들이 일본, 중동, 서방으로 여행을 떠나면서 이런 일이 발생한 것이다. 20세기 전반의 민족주의적 열기에 휩싸인 이들은 잡지를 발간하고 단체를 설립하며 이전과는 다른 정체성에 의문을 제기했는데, 이 과정에서 한 후이족 역사학자 마쇼우첸(Ma 1989)은 이를 "19세기 말과 20세기 초 후이족의 새로운 각성"이라고 불렀다. 많은 후이족들이 중동 순례를 마치고 돌아오면서 여러 개혁을 시작했고, 이슬람의 이상과 중국 문화가 경쟁하는 공간에 다시 한번 참여했으며, '근대' 교육에 대한 열망으로 익환(중국에서는 이혜와니로 알려짐)과 살라피야를 비롯한 중국 내 근대주의적 이슬람 운동의 설립으로 이어졌다. 이혜와니는 주로 의례적 문제, 그리고 중국식 교육과 모더니즘을 통한 개혁을 강조한다는 점에서 전통주의 및 수피 무슬림 그룹과 차이가 있다. 민족주의적 관심, 교육, 근대화, 분권화된 리더십을 강조하기 때문에 이혜와니는 도시의 지식인 무슬림들을 더 많이 끌어모았다. 특히 칭하이와 간쑤성 같은 지역에서는 후이족 군벌의 후원을 받아 공화당 시기에 번성했던 이혜와니가 많았고, 1970년대 말과 1980년대 초에 정부 자금으로 재건된 중국 전역의 대형 모스크와 이슬람 학교 대부분은 이혜와니 이맘에 의해 운영되고 있었다.

19세기 후반 중국에서 이슬람 개혁 운동이 확산되면서 베이징은 '중국 이슬람의 문화 중심지'로 자리 잡았다. 이러한 운동은 여러 면에서 중국 중부 및 서부(허저우, 윈난성, 카슈가르, 정저우 등)를 무슬림 학습의 주요 장소로 대체해갔으며, 많은 무슬림들이 전통주의 및 수피 이슬람 단체에서 근대주의적인 이혜와니로 이동했다. 북서부의 무슬림들은 종교적 보수주의와 부흥을 사회적, 문화적 문제에 대한 해결책으로 여겼지만, 많은 도심, 특히 베이징의 무슬림들은 교육이 해결책이라고 생각했다.

> '베이징에서 후이족의 쇠퇴'는 다음 네 가지와 관련이 있다: 1)모든 종교에서 이슬람의 퇴보, 2)국가 중에서 중국의 퇴보, 3)수도 베이징의 퇴보, 4)후이족이 밀집해 있는 니우지에의 퇴보가 그것이다. 사실, 그것은 사람들의 퇴보가 아니라 교육수준의 후진성 … 교육과 생활수준이 서로 원인과 결과가 된다. 분명히 교육이 없으면 재능있는 사람이 없을 것이고, 재능있는 사람이 없으면 더 나은 생계 수단이 없을 것이다. (Wang Shoujie 1930:18-19)

어떤 종류의 교육이 적절한가에 대한 질문은 공화당 시기 내내 여러 후이족 사립학교들에서 세속적 교육과 종교적 교육의 서로 다른 조합을 시도하면서 논쟁을 벌였다. 중화인민공화국 초기에 이러한 사립학교는 세속화되고 국유화되었다. 이제 종교 교육은 모스크와 가정의 책임이었고, 세속적 교육은 국가의 책임이 되었다. 중화인민공화국 수립 직후 베이징 시정부는 후이족 중학교인 청다사범학교, 동북중학교, 옌산중학교를 후이족학원으로 통합했고 1963년에 후이족중학교로 변경했다. 문화대혁명 기간에 수도중학교와 제135중학교로 분리되었다가 1979년 다시 그 이름으로 개교했다.

1949년 이후 중국의 무슬림 교육

1949년에 이전부터 있던 '무슬림' 사립학교들이 재조직되어 19개의 후이족 초등학교로 설립되었다. 1953년에는 28개의 후이족 초등학교가 생겼는데, 문화대혁명 기간 동안 모두 이름이 바뀌었고, 아이들은 자신이 살고 있는 동네의 학교에 다녀야 했다. 대체로 후이족 초등학교의 경우이지만, 지금도 베이징의 후이족 인구가 밀집한 지역에 13개의 후이족 초등학교와 6개의 후이족 보육원이 있다. 현재 베이징 전역에서 보편적으로 요구되는 초등 교육은 실질적인 이득이 되는 분야이다. 1949년 베이징의 초등학교에 재학 중인 후이족은 약 2,700명에 불과했지만, 지금은 학교를 다니지 않는 후이족 초등학생은 없다.

    이 모든 국영 기관의 교과과정은 교육부에서 정하며 다른 학교와 완전히 동일하지만, 가장 큰 차이점은 학교에서 돼지고기를 제공하지 않고 후이족 학생에게 수업료가 부과되지 않는다는 점이다. 1985년 국가민족사무위원회는 후이족 중학교를 위한 '민족 총론' 교과과정을 만들었다. 소수민족 교육을 강화하려는 국가의 목표는 1930년대에 제기되었던 요청을 상기시킨다. "민족 교육사업이 제대로 진행될 때 민족관계와 민족단결이 크게 강화될 것이라고 이 연구는 설명한다"(Beijing City Sociology Committee 1984:19).

    1950년대 '황금기' 이후 소수민족 교육에 많은 노력을 기울였음에도 불구하고 후이족은 여전히 베이징에서 한족에 비해 특히 초등학교 이후 교육에서 뒤처져 있었다. 1982년 베이징 제1중학교를 졸업한 364명의 한족 중 47명(13%)이 대학이나 고등기술학교에 진학했던 반면, 졸업한 7명의 후이족 중 더 진학한 사람은 한 명도 없었다(Beijing City Sociology Committee et al. 1984:20).

    1979년부터 1981년까지 한족과 후이족의 고등학교 입학은 약간 감소했다. 후이족은 니우지에 지역 인구의 약 4분의 1을 차지하지만, 고등학교에 입학하는 학생의 5~14%에 불과하다. 1955년 이전에 중학교에 다녔던 후이족은 니우지에 지역 인구의 6% 미만이었다. 1983년 니우지에가 위치한 쉬엔우구의 교육 실태 조사에 따르면, 후이족의 5.1%가 대학 졸업자, 22.6%가 고등학교 졸업자,

30.6%가 중학교 졸업자, 41.7%가 초등학교 졸업자였다. 쉬엔우 지역의 한족을 대상으로 한 동일한 조사에서는 23.34%가 대학 졸업자, 21.54%가 고등학교 졸업자, 25%가 중학교 졸업자, 17.58%가 초등학교 교육을 받은 것으로 나타났다. 이 지역에서 대학을 졸업한 한족이 후이족보다 4배 이상 많았고, 초등학교 교육만 받은 후이족이 한족보다 2.5배 가까이 많았다. 1982년 고등학교 시험에 응시한 한족 학생의 1.2%가 입학한 반면, 소수민족 수험생의 합격률은 0.67%에 불과했다(Beijing City Sociology Committee et al. 1984:21).

베이징 후이족의 교육 상황을 간략히 살펴본 이 조사는 중국 도시 지역 대부분의 무슬림에 대한 전국적인 추세를 반영한다. 그러나 농촌과 도시 무슬림의 교육 사이에 큰 격차가 있으며, 이것이 국가 통계에 직접적인 영향을 미친다는 것은 분명하다. 일반적으로 후이족의 교육 수준이 지역에 함께 거주하는 한족보다 낮은 것은 사실이지만, 국가적 차원에서 본 후이족의 교육 성취도는 상당히 양호한 것으로 보인다. 1982년 후이족은 전국 평균과 비슷한 수준을 유지했으며 타타르족과 우즈벡족을 제외한 다른 무슬림 소수민족보다 교육 수준이 훨씬 높았다.[2] 후이족의 가장 큰 장점은 언어인데, 다른 무슬림 소수민족은 중학교와 대학교에 입학하기 위해 한족 언어를 제2외국어로 배워야 한다.[3] 후이족은 거주 지역의 한족 방언을 구사한다.

1990년 인구조사에 따르면 1982년 이후 무슬림은 중국 내 공교육에서 다른 인구에 비해 어느 정도 성과를 거두었다. 1990년 인

---

2   우즈벡과 타타르 소수민족은 거의 대부분 신장의 도시 지역에 거주하기 때문에 교육 수준이 매우 높다.
3   둥샹족의 문맹률은 87%로 중국에서 가장 높다.

구조사와 비교해 보면 후이족의 교육률은 기본적으로 동일하게 유지되고 있음을 알 수 있다. 중요한 점은 타타르족과 우즈벡족을 제외한 모든 무슬림의 대학 졸업률이 중국의 다른 지역과 비슷하다는 것이다(약 0.5%). 여기서 타타르와 우즈벡의 가장 큰 특징은 그 수가 적고 주로 도시 지역에 집중되어 있다는 점이다. 이들의 대학 교육률은 나머지 인구에 비해 매우 높지만(1990년 각각 2.7%와 3.7%), 중국에는 한족보다 교육률이 높은 소수민족이 최소 10개 이상 있다(조선족, 만주족, 러시아족, 다우족, 시베족, 허쩌족, 에벤크족, 오로첸족 등). 위구르족, 카자흐족, 둥샹족의 초등학교 교육은 어느 정도 개선된 것으로 보이지만, 매우 외진 시골에 거주하는 무슬림 집단(간쑤성의 둥샹족, 바오안족, 살라르족)과 여전히 반유목이나 목축에 종사하는 집단(카자흐족, 키르기즈족)의 공립학교 접근성이 가장 낮다는 것은 분명하다. 농촌과 도시, 유목민과 정주민 간의 격차는 문맹률에서 가장 극단적으로 드러난다. 1982년과 1990년 사이 후이족의 문맹률은 41%에서 33.1%로 감소하는 등 어느 정도 개선되었지만, 1982년 문맹률이 가장 높았던 둥샹족(87%)과 바오안족(78%)은 1990년까지 각각 82.6%와 68.8%로 미미한 감소만을 보였다. 이는 1982년과 1990년 사이 중국의 전체 문맹률이 32%에서 22%로 감소한 것과 비교하면, 간쑤성 농촌의 무슬림 커뮤니티는 이 수준에 미치지 못한 것으로 보인다.

다른 한편으로 중국의 다른 민족들과 비교했을 때, 무슬림의 대학 교육 수준은 비교적 높을 뿐만 아니라 특히 1982년과 1990년 사이에 가장 교육 수준이 높은 타타르족과 우즈벡족의 경우 약간의 상승까지 있었다. 가장 괄목할 만한 성과는 위구르족, 카자흐족, 키르기즈족, 살라르족, 타지크족의 학부 교육에서 두드러졌다. 한족 학부생 인구가 0.2%에서 2.4%의 상승을 보여준 반면, 이들 집단은 더 큰 폭의 상승을 보여주었다(위구르족 0.1%에서 2.1%, 카자흐족 0.2%에서 3.3%, 키르기즈족 0.1%에서 2.9%, 타지크족 0.1%에서 2.5%).[4]

1982년과 1990년 무슬림 교육은 소수민족과 무슬림 지역의 교육을 장려하기 위한 국가적 노력에도 불구하고 큰 진전을 이루지 못했다. 초등 및 중등 교육이 주로 무슬림 언어(특히 위구르어, 카자흐어, 키르기스어, 타지크어)로 제공될 뿐만 아니라, 정부는 소수민족 출신에게 그들이 선호하는 대학의 입학 우선권을 부여하는 인센티브까지 제공한다. 이처럼 중국 정부는 소수민족에게 한족과 동등한 교육 기회를 제공하기 위해 많은 노력을 기울여왔다(Kwong and Hong 1989). 그러나 중국어, 튀르키예어, 몽골어를 혼용하는 간쑤성의 허시 회랑에 주로 밀집해 거주하는 교육 수준이 가장 낮은 무슬림 집단에게 제2언어를 활용한 교육이 널리 제공되지 않고 대부분이 중국어로 교육이 제공된다는 것은 주목할 만하다. 물론 모든 무슬림 지역에서 국가는 돼지고기가 포함되지 않은 할랄 음식을 제공하며, 도시 지역의 특별한 '후이족' 학교를 통해 무슬림의 요구에 부응하려 하고 있다. 하지만 이러한 노력만으로는 중국 내 무슬림 소수민족 교육을 개선하기에는 충분치 않은 것으로 보인다. 이는 현지 언어와 무슬림 관습에 적합한 교육보다는 중앙교육부에서 정한 교육 내용과 관련이 있을 것이다.

예를 들어, 내가 베이징 지역을 조사할 때 니우지에 지역의 많은 후이족 학부모들은 후이족 학교와 후이속이 교육에서 받는 우선권에 대해 만족한다고 하면서도, 민족적 콘텐츠가 더 많으면 자

---

4 1982년 인구조사에는 대학 교육에 대한 카테고리로 포함되어 있었지만, 1990년 인구조사에서는 해당 카테고리를 학부 및 기술학교 수치로 세분화했다. 따라서 1982년과 1990년의 비교를 위해 이 수치를 합산했다. 2000년 인구조사에 근거한 공식 수치는 아직 제공되지 않았다.

녀들이 공부에 더 많은 동기를 가질 수 있을 것이라고 말했다. 많은 이들이 1950년대 초 후이족 학교에서 바이쇼우이, 마송팅 등 유명한 후이족 학자를 초청해 후이족 역사와 중국 무슬림의 역사적 인물에 대한 강의를 자주 열었던 것을 기억하고 있었다. 니우지에의 후이족 중학교는 아랍어를 제2외국어로도 가르쳤기 때문에 학생들이 굳이 모스크에 가지 않아도 아랍어를 배울 수 있었다. 북서부 지방의 많은 후이족 학부모들과 달리 베이징의 학부모들은 종교 교육을 위해 자녀들을 학교에서 퇴학시키고 모스크로 보내려 하지 않는다. 대신 세속적 교육과 종교 교육을 통합하여 자녀에게 동기를 부여할 필요가 더 크다고 강조한다. 그들은 또한 이슬람 학교가 니우지에 지역에 있는 중국이슬람협회의 이맘 양성 과정에도 불구하고 이슬람 사원의 수에 비해 충분한 이맘을 공급하지 못한다고 지적한다. 그 이유 중 하나는 졸업 후 많은 젊은이들이 이맘이 되기보다는 아랍어나 페르시아어를 사용해 해외에서 통역이나 번역가가 되어 여행도 하고 돈도 더 많이 벌 수 있기 때문이다. 대부분의 후이족 부모들은 도시에서 민족과 이슬람의 구별이 여전히 너무 크다고 생각하며 두 종교가 더 밀접해지면 국가에 도움이 될 수 있다고 생각한다.

　다른 소수민족과 마찬가지로 니우지에의 후이족은 중학교, 고등학교, 대학교 입학 시험에서 특별한 배려를 받는다. 일반적으로 대학 입학 우선순위에서 각각 10점씩 두 단계의 특혜를 받는다. 예를 들어, 정부 주관 시험에서 대학 입학 기준이 300점이라면 280점을 받은 후이족은 합격할 수 있다. 이처럼 차이가 발생한다. 내가 아는 한 후이족은 시험에서 281점을 받아 베이징사범대학에 입학한 적이 있다. 그의 한족 이웃은 295점을 받아 원하는 대학에 입학하지 못하고 대부분의 과목이 비디오 카세트로 진행되는 '텔레비전 대학'에 진학해야 했다며 나에게 씁쓸한 심정을 토로했다. 지방 대회에서 상위 6위 안에 드는 운동선수에게는 두 단계의 특혜가 더 주어진다. 따라서 후이족 선수가 시험에서 260점을 받고도 총점 300점으로 대학에 입학할 수 있는 것이다. 고등학교 및 대학에서의 소수민족 교육에 대한 배려는 이제 장기적인 효과를 나타내기 시작했으며, 더 최근의 기록에 의하면 위에서 인용한 1979~1981년 수치에 비해 크게 개선되었음을 알 수 있다.

정부 입장에서는 후이족 시골 마을 주민들의 교육 수준을 높이는 것이 가장 큰 과제였다. 1958년 베이징 외곽의 교외 마을인 창잉의 후이족은 90% 이상이 문맹인 것으로 조사된 반면, 인근 한족 마을의 10세 이상 어린이는 거의 모두 글을 읽을 수 있었다. 코뮌은 후이족의 여단(brigade) 서류를 처리하기 위해 외부 회계사를 파견해야 할 정도였다. 1980년까지 이 마을의 후이족 대학생은 8명, 고등학생 650명, 중학생 3,000명, 초등학생 3,000명이었고, 시 정부와 구정부는 창잉에 민족초등학교를 지어 베이징 교외의 모든 마을이 본받을 수 있는 문화센터로 만들 계획을 가지고 30만 위안을 기부했다. 교직원들은 다른 초등학교보다 높은 급여를 받고 아이들의 급식과 간식 예산도 두 배로 잡았다. 전교생 647명 중 85%가 후이족으로 베이징의 다른 어떤 민족학교보다 높은 비율을 차지하고 있으며, 교직원의 30%도 후이족이다. 1학년 학생 중 95%가 중학교에 입학했고, 50%가 고등학교에 진학했다.

하지만 여전히 극복해야 할 문제가 남아 있다. 후이족 교장은 후이족 부모들이 한족만큼 교육을 중요하게 생각하지 않는다고 말했다. 그들은 차라리 자녀들이 가족 부업에 도움을 주기를 원할 정도였다. 여단 행정부는 가족들이 공교육의 중요성을 깨닫도록 돕기 위해 특별 교육 프로그램을 개발하기도 했지만, 지역 관리들이 해결하지 못한 문제 중 하나는 후이족에 대한 교육의 성격이다. 이 맘은 '한족'식 학습에 대한 욕구는 낮은 반면 많은 후이족 젊은이들이 이슬람 역사와 코란 언어 공부에 상당한 동기를 갖고 있다고 언급했다. 이에 당서기는 국가가 그러한 내용을 교육으로 간주하지 않기 때문에 공립학교에서 장려할 수 없다고 반박했고, 그것은 종교의 일부라고 말했다.

다른 무슬림 소수민족의 경우, 목초지에 학교를 세우거나 카작족과 키르기즈족 부모들이 자녀를 학교에 맡기고 방학 동안 목축 지역에 합류할 수 있도록 하는 새로운 프로그램을 만들어 목축 지역을 포함한 소수민족 지역에 국가 교육을 도입하려는 노력이 이루어지고 있다. 이러한 노력에도 불구하고 타타르족과 우즈벡족을 제외한 무슬림 문맹률은 여전히 높으며, 지난 몇 년 동안 무슬림 소수민족 교육에 대한 전반적인 변화는 거의 없었다. 그 이유는 가르치는 방법보다는 가르치는 내용과 더 관련이 있을 것이다. 즉, 민족주의와 무슬림의 세계사에 관한 내용의 부족은 자민족의 역사에 관심이 있는 무슬림들로 하여금 그러한 '종교적' 지식을 얻기 위해 공립학교나 도서관이 아닌 모스크로 향하도록 압박받는 것일 수 있다. 이러한 생각은 다소 의아한 측면이 있는데, 어느 정도 비판적이긴 하지만 공립학교에서 불교와 기독교를 포함한 다른 세계 종교들이 자주 거론되기 때문이다.

젠더 격차: 무슬림 남성/여성의 교육 차이

중국의 남녀공학 정책이 전통적인 무슬림의 감수성에 정면으로 반하는 것은 분명하다. 중국의 무슬림 여성은 엄격한 푸르다(purdah) 규정을 적용받지 않는다는 점에서 중동 여성보다 더 '해방된' 것이라고 주장할 수 있지만, 1990년 교육 관련 데이터에 따르면 공교육에 대한 접근성에서 남성과 여성 간에 상당한 격차가 존재한다. 중국은 부계 혈통과 부계 거주라는 동아시아 전통과 관련된 남성의 영향력이 지배하는 사회로서 출생, 교육, 사회적 이동성 측면에서 남성 선호가 특징적이다(Shi 1995). 무슬림의 경우 공교육 측면에서 이러한 현상은 더욱 두드러지며 무슬림 여성의 (반)문맹률은 무슬림 남성에 비해 거의 두 배나 높다. 중국의 전체 문맹률은 약 22.2%인 반면, 무슬림 평균(타지크족와 우즈벡족 제외)은 약 45%에 달하며, 이 비율은 성별에 따라 더 큰 차이를 보인다. 후이족 여성은 평균 42.7%가 (반)문맹인 반면, 후이족 남성은 23.7%, 한족 남성은 12.3%이다(한족 여성은 평균 31.1%). 교육 수준이 가장 낮은 세 무슬림 민족인 둥샹족, 바오안족, 살라르족의 경우 문맹률은 더욱 심각하다(둥샹족 남성 73.8%/여성 92%, 바오안족 남성 53.3%/여성 85.3%, 살라르족 남성 49.2%/여성 88.9%). 앞서 호킨스(Hawkins 1973)는 중국 내 집단 간 관계에서 소수민족 교육의 중요성을 주장한 바 있다. 이 데이터는 적어도 3개 이상의 무슬림 민족의 여성과 남성의 높은 문맹률이 한족 및 정부와의 집단 간 관계에 좋지 않은 징조임을 보여준다.

다른 극단적인 측면으로 무슬림 남성과 여성의 대학 교육 수준도 비슷한 성별 차이를 보여준다. 한족의 경우에는 남성의 0.4%가 대학 교육을 받았고 여성은 0.1% 정도이다. 교육 수준이 가장 낮은 무슬림 민족들은 대학에 나닌 사람이 거의 없기 때문에 이 격차는 무의미할 정도이다. 그러나 카자흐족 남성의 대학 진학률(0.35%)이 여성(0.1%)보다 3배, 위구르족 남성의 대학 진학률(0.16%)이 여성(0.08%)보다 2배 더 높다는 점은 주목할 만하다. 교육 수준이 높은 무슬림 소수민족 중 우즈벡족 남성과 여성의 대학 진학률은 모두 1.3%로 동일하며, 타타르족의 경우 차이가 미미하다(남성 2%, 여성 1.5%). 이는 교육 수준이 높은 무슬림이 남성과 여성을 함께 학교에 보내는 경향이 있음을 나타낸다. 그러나 시골에 거주하고 교육 수준이 낮은 무슬림들은 그렇지 않다.

중국의 무슬림 남성과 여성은 함께 기도하지 않을 뿐 아니라, 그들의 자녀들이 함께 공부하는 것도 원하지 않는다. 중국에 남성 모스크에 부속되어 있거나 독립적으로 운영되는 여성 모스크가 많다는 점은 무슬림 세계에서 독특한 편이지만, 어떤 경우에도 의식이나 종교 교육을 위해 남성과 여성이 함께 모이는 경우는 거의 없다. 내가 중국 무슬림들이 파티마의 생일을 기념하는 한 명절 중에 남녀가 함께 기도하는 모습을 목격한 적은 있지만, 일반적으로 여성은 집에서, 모스크의 뒤쪽이나 옆에서, 커튼으로 분리된 곳에서, 또는 인접하거나 분리된 '여성 모스크(nu si)'에서 기도한다.[5] 중국 무슬림 여성들이 이슬람 교육을 얼마나 잘 받았는지는 분명하지 않지만, 그들은 코란을 공부하고 모스크를 세우는 데는 적극적이다. 반면에 공교육에 대한 참여에는 그렇지 않다. 중국이 무슬림 집단에 대한 교육을 개선하려면 무슬림 역사에 대한 보다 포괄적인 교과과정을 고려해야 할 뿐만 아니라 무슬림 지역에서 남녀공학을 폐지해야 할 필요도 있다. 중국의 전통적인 이슬람 교육을 살펴보면, 일반적으로 여성에 대해 배타적이긴 하지만, 고도로 발전되어 있으며 남성과 여성을 막론하고 중국의 모든 무슬림 공동체에 스며들어 있다. 하지만 공립학교 교육에 대해서는 그렇다고 말할 수

---

5 중국의 무슬림 여성에 대한 자세한 내용은 홍콩대학교의 시에지에징(Xie Jiejing)과 마리아 야쇽(Maria Jaschok)이 정저우에서 시작한 '중국 이슬람에서의 여성 프로젝트'와 알레(Allès 1994), 셰리프(Cherif 1994), 팡 켕퐁(Pang Keng-Fong 1992), 필스버리(Pillsbury 1978)를 참고하시오. 후이족에서의 젠더, 여성 모스크, 음식 문화에 관한 최근 연구는 알레(Allès 2000), 질레트(Gillette 2002), 야쇽과 수이(Jaschok & Shui 2001)를 참고하시오.

없는 것이다.

이슬람 교육의 부상과 중국 교육에 미치는 영향

중국 내 무슬림 교육은 집단 간, 남성과 여성 간에 큰 차이가 있다. 1982년과 1990년 두 해 모두 바오안족과 둥샹족은 중국에서 문맹률이 가장 높았고, 타타르족과 우즈벡족은 교육 수준이 가장 높았다. 이러한 추세는 1990년대에도 계속되고 있는데, 이슬람 보수주의가 부상하면서 중국 교육에서 얻은 성과를 잃을 수 있다는 우려가 생겼다. 1980년대 중반 닝샤에 대한 나의 이전 연구에서 보고했듯이, 이슬람 보수주의의 부상은 정부가 지원하는 교육에 대한 관심의 감소로 이어졌다. 공립학교 등록률이 감소하고 지역 모스크의 부속 마드라사에서 코란을 공부하는 아이들이 증가하는 것도 닝샤 지역 간부들이 우려하는 또 다른 현상이다. 종교 교육에 대한 관심이 높아지긴 했지만, 닝샤 자치구의 나지아후 마을(Na Homestead)에는 1985년 공립학교에 다니지 않는 학령기 아동이 10명에 불과할 정도로 이곳 후이족은 아직 큰 비율을 차지하지는 않았고, 대신 집에서 개인적으로 코란을 공부하고 있었다. 이 마을에는 공식적으로 허용된 만라(manla, 코란을 공부하는 어린 학생)가 네 명 있었다. 그러나 인구밀도가 높은 후이족 지역에서는 이러한 경향이 더욱 두드러지고 있다. 지에팡샹 지역의 구위안현에서는 마을의 학령기 아동 104명 중 12명만이 학교에 다니고 있으며, 학교에 다니지 않는 아이들 중 27명은 모스크에서 코란을 공부하고 있다.

이러한 경향은 무슬림 소수민족이 인구의 52.7%를 차지하는 간쑤성 린샤 후이족 자치주와 같은 보수적인 무슬림 지역에서 더욱 두드러졌다.[6] 1978년 이후 학교 등록률은 당시 77.2%에서 1979년 66.6%, 1980년 60%, 1981년 57.3%, 1982년 50%로 지속적으로 감소했다. 완전히 한족 지역인 한펑 코뮌에서는 아동 등록률이 93.9%에 달했고, 여학생의 경우에도 79%에 달했다. 인근 산악지대인 바단 코뮌은 전적인 무슬림 지역으로 1982년 등록률이 23.9%였고, 여학생의 등록률은 9.1%에 불과했다. 학기가 끝날 즈음에 여학생은 2.9%만이 학교에 남아 있었다. 이는 등록 후 처음 몇 주 동안에만 학교에 다니다가 학기를 마치기 전에 농장으로 돌아가는 일반적인 행태를 반영한다.[7]

'소녀들을 학교에 두자'라는 제목의 차이나데일리(China Daily 1987c:1) 1면 기사에서 간쑤성 부성장 리우수(Liu Su)[8]는 간쑤성에서 학교에 다니지 않는 학령기 아동 157,300명 중 85%가 여자 아이들이라고 언급했다. 아이들이 학교를 그만두는 이유는 새로 도입된 책임제하에서 농장에서 소득을 창출하는 노동력을 필요로 한다는 점 등 여러 가지가 있다. 그러나 많은 후이족은 전통적인 이슬람 관념 때문에 자녀, 특히 딸을 공립학교에 보내기를 꺼린다고 지적한다.

자녀를 학교에 보내는 것을 꺼리는 이유에 대해 묻자, 나지아

---

6 1981년 이 자치주의 인구 130만 명 중 후이족은 37.7%(489,571명), 둥샹족은 17.2%(223,240명), 바오난족은 0.6%(7,683명), 살라르족은 0.3%(4,364명)를 차지했다.

7 린샤의 경제 상황에 대한 자세한 내용은 린샤 후이족 자치주 기본상황위원회 (1986)를 참고하시오. 내가 수집할 수 있었던 후이족 자치현에 대한 다른 유용한 소개는 다음과 같다. 다창 후이족 자치현 개관(1985), 민허 후이족 및 투족 자치현 기본상황위원회(1986), 멍쿤 후이족 자치현 개관(1983), 먼위안 후이족 자치현 기본상황위원회(1985), 화룽 후이족 자치현 기본상황위원회(1984), 창지 자치주 상황위원회(1985). 그 외 간쑤성의 후이족에 대해서는 마 퉁(Ma Tong 1983)을 참고하시오.

8 이 연구에 사용된 이름은 가명이라고 표시되지 않는 한 모두 실제 이름이다.

후 마을의 학부모들은 '중국어와 수학을 배우는 것의 가치'에 대해 의구심을 표했다. 한 어머니는 "우리 아이들이 코란이나 아랍어, 페르시아어를 배우는 것이 훨씬 더 유용할 것"이라고 말했다. 아이가 공부를 잘하면 만라가 될 수도 있고, 나중에는 아홍이 될 수도 있다. 마을에서 아홍의 지위는 평균적인 중고등학교 졸업생보다 훨씬 높으며, 수입(유명한 아홍의 경우 한 달에 100~500위안으로 추정됨)도 더 높은 편이다. 건강이 좋지 않은 아이들은 코란을 공부하기 위해 집에 머무르는 경우가 많다. 아들이 둘 이상인 대가족의 경우, 대체로 한 아들에게 아홍이 되도록 공부할 것을 권장한다. 정부에서는 공식적으로 모스크마다 2~4명의 만라(만 18세 이상, 중학교 졸업자)를 지원하도록 허용하고 있지만, 많은 어린아이들이 공식적인 승인 없이 집에서 공부하고 있다.

닝샤는 중국 유일의 후이족 자치 지역으로 후이족이 밀집해 있는 다른 지역에 비해 아홍의 훈련과 종교 행위를 더 면밀히 감독하는 경향이 있다. 윈난성의 웨이샨이와 후이족 자치현의 여러 모스크에는 20명 이상의 만라가 상주하며 저명한 아홍 아래서 공부하고 있었다. 간쑤성 린샤 후이족 자치주의 '사우스 그레이트 모스크(South Great Mosque)'에는 130명 이상의 풀타임 학생이 있었고, 후이족이 가장 많이 모여 사는 린샤시 바팡 지역의 각 모스크에는 최소 60명의 만라가 공부하고 있었다. 중국 후이족 무슬림에게 메카의 영적 중요성과 이란 쿰 도시의 신학 학습의 중심이라는 점을 반영하는(Fischer 1980 참조) 린샤의 유명한 모스크와 학자들은 중국 전역에서 학생들을 끌어모은다.[9]

9 위구르족에 대한 아랍 문자의 영향과 카라코람 고속도로로 연결된 파키스탄과의 근접성으로 인해 아랍어 연구가 훨씬 더 발전한 신장의 이슬람 사원에 후이족 만라를 보내는 것은 다소 새로운 진전의 모습이다. 내가 1987년 9월 카슈가

윈난성 샤디엔현과 웨이샨현에 있는 유명한 사원들은 하이난섬을 포함한 남서부 지역 학생들을 끌어온다. 1985년 2월 웨이샨현 샤오웨이겅 사원에서 열린 안수식 예배에 참석한 10명의 졸업생 중에는 하이난섬 학생 1명과 5년 동안 그곳에서 공부한 타지역 출신 학생 6명이 포함되어 있었는데, 하이난섬 학생은 베이징에서 코란을 공부하는 형제가 있었다. 다음 반에는 30명의 학생이 입학했는데, 이 중 10명은 지역 마을에서, 10명은 다른 마을에서, 10명은 윈난성 밖에서 온 학생 1명을 포함해 다른 현에서 온 학생이었다. 이 만라들이 유명한 아홍에게 공부하기 위해 먼 거리를 이동한다는 것은 민족적 유대가 서로 다른 후이족 공동체를 계속 연결해 주고 있음을 보여준다. 또한 시골에서 종교 교육의 중요성이 커지고 있음도 드러낸다.

정부는 북서부 지방의 각 모스크에서 2~4명의 학생(halifat)이 개인적으로 훈련할 수 있도록 허용했고, 인촨과 퉁신에 두 개의 이슬람 학교(yixueyuan)를 승인하고 자금을 지원했다. 1988년에는 루어 마을 근처의 인촨 서문 밖에 대규모 이슬람 신학교와 모스크 단지를 건설하기 위한 자금을 제공했다. 마찬가지로 우루무치에서도 1985년에 이슬람 대학이 설립되었고, 다른 지역 및 지방 정부도 그 뒤를 따랐다. 이는 1980년대까지 공식적으로 1956년에 설립된 베이징의 중국 이슬람사무위원회에 집중되어 정부 지원하에 이루어졌던 이슬람 교육의 '지역화'를 의미한다.

외국 무슬림 국가와의 교류가 활발해지면서 더 많은 도시의 후

르의 한 이슬람 사원을 방문했을 때 바로 그런 이유로 그곳에서 6년 동안 공부하고 있던 허저우 출신의 후이족 만라를 만났다. 그는 파키스탄을 통해 메카로 여행하고 싶다는 소망과 함께 고속도로 개통 이후 하지가 얼마나 저렴하고 편리해졌는지에 대해 이야기했다. 그는 이 도시에 있는 160개의 위구르 사원 중 유일한 후이족 사원에서 봉사했다.

이족이 그들의 종교적 유산이 지니는 국제적 측면에 따라 노출되고 있다. 도시 후이족은 교육 수준이 높고 미디어에 더 많이 노출되어 있기 때문에 이슬람 지식이 농촌 지역보다 높은 편으로, 대다수가 메카의 위치도 호메이니에 대해서도 알고 있었다. 농촌 지역의 후이족 대다수와 달리, 내가 인터뷰했던 도시 후이족은 중국이슬람협회에서 발행하는 잡지 〈중국의 무슬림(Zhongguo Musilin)〉을 알고 있고 자주 읽는다고 답한 사람이 많았다. 이란-이라크 분쟁의 종파 분쟁에 대해 알고 있거나 관심이 있는 사람은 거의 없었지만 시아파에 대해서는 대부분 알고 있었다.

중국에서 이슬람 지식에 관한 공적, 사적 담론

이 장에서는 이슬람 지식 전수의 본질을 두 가지 관점에서 검토했는데, 첫째는 국가가 후원하는 중국 무슬림에 대한 재현과 교육, 둘째는 무슬림 스스로의 자기 재현과 이슬람 교육 방식이다. 이 두 가지 이슬람 지식 전달의 흐름은 서로 분리되어 있지 않고 서로 섞여 있지만 실제로 통합된 적은 없다는 것은 분명하다. 놀랍게도 이 두 흐름이 때때로 서로에게 흘러들어 오기도 했지만 완전히 섞인 적은 없었고, 그 결과 많은 무슬림 공동체가 이웃인 한족이나 다른 민족과 매우 다른 세계에서 계속 살아가고 있다. 오늘날 중국에서 사립학교의 부상은 먼저 20세기 초 베이징에서 생겨난 무슬림 사립학교의 회귀를 통해 볼 수 있다. 이 상의 많은 자료는 후이족을 통해 수집된 것이지만, 공유된 이슬람의 관심사는 교육, 현대화, 국가에 관한 중국 무슬림의 전통과 논쟁의 상당 부분을 유사하게 만든다. 동시에 중국의 모든 무슬림은 언어나 민족에 관계없이 동일한 정부의 교육정책과 중앙집권적 교과과정의 적용을 받아왔다는 점도 주목할 만하다.

중국의 공립교육이 이슬람에 대한 더 많은 무슬림의 정보를 통합할 때까지 이러한 흐름은 계속 평행선을 달리며 지속적인 오해와 잘못된 재현으로 이어질 것이다. 또한 중국의 교육정책이 다른 지식 전통과 언어에 기반한 '문화 수준'을 인정할 때까지 보수적인 무슬림들은 자녀, 특히 딸을 공립학교에 보내는 것을 계속 거부할 수 있다. 많은 무슬림이 능숙하게 자유시장 경제 속에서 돈을 벌 수 있다는 점을 고려할 때, 무슬림 자녀를 공립학교로 데려오고 유지할 수 있는 동기는 훨씬 약할 것이다. 예언자 무함마드가 전 세계의 새로운 무슬림 공동체에게 중국까지 지식을 추구하라고 주문한 이래로 이슬람 모스크는 중국의 무슬림 지역 전체에서 지속되어 온 지식의 원천이며, 대안 교육의 더욱 실용적인 원천이 될 것으로 보인다.

13장
번영에 관한 서발턴의 시각

휴대폰과 무선호출기: 후이족에게 온 자본주의

지난 봄 베이징의 고대 천단 사원에서 엄숙한 의식이 진행되고 있을 때, 농부였던 리샤오화는 페라리를 소유한 최초의 중국인이 되었다. ('중국, 자동차 시대로의 대도약', *Toronto Globe and Mail* 18th Aug. 1994)[1]

딩용웨이에게서 무선호출기 알람이 왔다. 딩 씨는 1994년 2월 푸젠성 남부의 취안저우시를 방문하면서 자신의 자가용 휴대전화로 나에게 알린 것이다.[2] 나는 그가 빌려준 무선호출기로 알람을 받았다(나는 무선호출기를 사용해본 적이 없었기 때문에 그가 사용법을 알려주어야 했다).[3] 내가 딩 씨를 처음 만났을 때는 1984년으로 1979년에 후

1 자세한 내용은 각주 10을 참고하시오.
2 1994년 2월 21일부터 26일까지 푸젠성 취안저우에서 열린 유네스코가 후원하고 푸젠성 사회과학원과 해양박물관이 주최한 컨퍼런스 '중국 해상 실크로드에 대한 이슬람 문화의 기여'에 참석하기 위해 방문했다.
3 유나이티드 프레스 인터내셔널의 기사 '중국의 휴대폰 산업 붐'(1994년 4월 17일)에 따르면 1994년 1분기에 중국의 휴대폰 사용자 수는 20% 증가한 78만 4,000명, 무선호출기 소유자는 13% 증가한 600만 명 이상이었다. "급속한 판매량 증가로 중국은 미국과 일본에 이어 세계에서 세 번째로 큰 이동통신 시장으

이 소수민족으로 공식 인정된 딩씨 성을 가진 사람들이 거주하는 마을의 자료를 연구하기 시작한 때였다(Gladney 1996a:290-5 참조). 당시 마을 주민들은 주로 농업과 양식업에 종사하고 있었고 급격한 소득의 증가를 이제 막 경험하고 있었다. 이렇게 10년이 지나고 딩 씨는 나에게 무선호출기를 빌려줄 정도가 되었다.

나와의 공식 인터뷰에서 천다이진(Chendai township)의 부읍장인 리우정칭은 딩 마을 사람들이 너무 부유해서 600가구가 사는 한 마을에 700대의 전화기가 있으며 대부분 휴대전화라고 말했다. 내가 오랜 친구인 딩용웨이에게 잘 지내냐고 물었을 때도 그는 휴대전화를 내밀며 "내가 부자가 아니라면 이런 걸 들고 있을 수 있겠느냐"고 호기롭게 얘기했다. 그는 나중에 정부가 1979년에 딩씨 공동체를 후이 소수민족으로 편입하기로 결정한 것은 그들의 새로운 경제적 번영뿐만 아니라 이후 그들의 민족적, 종교적 뿌리에 대한 엄청난 매혹으로 이끌었다고 설명했다. 이러한 경우에 딩씨 공동체는 9세기에 취안저우에 정착한 외국 무슬림 상인의 후손이라고 주장한다. 내가 1980년대 초 이 지역에 대해 처음 알기 시작했을 때, 이 후이족은 푸젠성 남부에서 가장 낙후된 집단일 뿐만 아니라 현지 한족 문화에 가장 많이 동화되어 있는 것으로 알려져 있었다(Zhuang 1993). 불과 10년이 지난 지금, 이 마을의 후이족은 지역 전체 인구의 7분의 1에 불과하지만 마을 수입의 3분의 1을 차지할 정도로 푸젠성 한족보다 훨씬 빠르게 번영하고 있다.

> 로 부상했다. 1993년 휴대폰 판매량은 461,000대에 달했는데, 이는 이전 판매량을 모두 합친 것보다 2.7배나 높은 수치이다. … '삐삐'라고 불리는 무선호출기와 최근에 '빅 브라더'로 불리는 휴대폰이 중국 신흥 부자들의 지위를 상징하는 물건이 되었다. 많은 사업가들이 자신의 새로운 부를 과시하는 수단으로 자신을 치장하고 있다."

이 장에서는 중국의 두 공동체에서 보이는 후이족의 경제적 성공을 '무슬림' 기업가 정신과 거의 1,200년 동안 무슬림과 함께 살며 교류해온 한족의 자본주의적 관행의 최근 변화를 대조하며 살펴볼 것이다. 나는 중국 무슬림이 다른 중국인보다 사업에 대한 '성향'이 더 강하지는 않지만, 한족에 비해 무슬림의 시장에 대한 양가적 시각이 덜했다고 주장한다. 이는 후이족에 대해 이슬람을 홍보하는 시장의 역할뿐만 아니라 무슬림의 시장 참여를 장려하는 국가의 역할과도 관련이 있으며, 한족의 기업가 정신을 반사회주의적이라고 공식적으로 제한했던 것도 관련이 있다. "부자가 되는 것은 영광스러운 일이다"라는 덩샤오핑의 격언에 따른 민간 비즈니스에 대한 정책 변화는 한족 사이에서 시장에 대한 심오한 논쟁을 불러일으켰고, 공론화된 부패 사건과 소득 격차 확대, 대중매체에서의 열띤 논쟁에서 알 수 있듯이 가시적인 양가성을 드러내기도 했다. 이러한 양가성은 후이족에게는 존재하지 않으며, 실제로는 정반대이다. 기업가적 능력이 그들의 주요 '민족적 특성'으로 조장되어왔다.

나는 무슬림들이 그들 인구가 더 많고 더 고립된 농촌 지역에 거주하는 중국 북서부에서 현장연구를 수행하는 동안, 후이족이 한족과 뚜렷한 경쟁적 교류와 착취 관계를 유지하는 교역 장소인 시장에서만 종종 접촉하고 있었다고 언급했다(Gladney 1996a:315-28 참조). 한족 사이에 최근의 시장 관련 논쟁에서도 유사한 분기의 지점을 볼 수 있는데, 그것은 한족이 번영의 장점(그리고 그에 수반되는 사회 문제)에 대해 자주 논쟁하는 반면, 후이족은 시장의 성공을 민족적, 종교적 발전의 기회로 간주한다는 것이다. 실제로 라이쿤리(Lai 1988:310)는 중국 후이족 경제사에 대한 광범위한 논의에서 "후이족의 상업 자본이 중국 자본주의의 싹을 틔우는 데 적극적인 역할을 했다"고 주장한 바 있다.

스타크와 니가 주장했듯이(Stark and Nee 1989), 후이족의 전통적 경제 관행의 번창은 원래 사유 기업을 제한하고 국가적 통합을 장려하기 위한 스탈린주의식 중앙계획 정책과 정면으로 배치된다. 나는 인민공화국(그리고 실제로 소련과 동유럽의 구소련 및 신흥 국가에서)에서 민족 정체성이 개인 정체성의 중요한 측면이 된 이유 중 하나는 스탈린-레닌주의적 합법화가 그러한 범주의 민족 정체성에 제공한 정당성이라고 주장한다. 합법성을 부여함으로써 그것을 주장할 수 있는 사람들에게 권력을 약속하고, 그 권력은 다른 사람들뿐만 아니라 그들 자신의 이익을 위해 사용될 수 있었고, 종종 국가 우월주의 시대에 종종 그들에게 해를 끼치기도 했다. 나는 후이족의 내재적 성향이 아니라 국가 정책이 후이족의 무역을 장려하고 자극하는 동시에 한족의 무역을 여전히 '반사회주의'로 제한해왔다고 주장한다. 이전에 나는 민족의식의 부상이 중국과 구소련의 중앙집권적 계획경제에서 벗어난 의도치 않은 결과라고 주장하고자 했다(Gladney 1995 참조). 이 장에서는 두 후이족 공동체의 경제적 성공이 한족과는 매우 다른 후이족의 시장에 관한 담론을 반영하며, 국가 정책의 변화가 후이족을 자극하는 데 도움이 된 반면 동시에 한족에게는 심오한 양면성을 초래했다고 주장할 것이다. 물론 한족 중에도 시장 참여를 통해 부유해진 사람들이 많았다.

무슬림 민족과 중국

한 발은 무슬림 세계에, 다른 한 발은 중국 문명에 뿌리내린 후이족(2000년 인구조사에서 860만 명으로 추산)은 전통적으로 중국 사회의 주류인 한족과 비한족 소수민족 사이에서 문화적, 경제적 중재자 역할을 하기에 적합한 위치에 있었다. 그러나 이러한 전통적인 역할은 1950년대 후반부터 1960년대 초까지 진행된 집체화 및 종교개혁 캠페인으로 인해 심각하게 제한되었다. 1980년대에 들어 민영기업에 대한 제한과 민족 및 종교 탄압이 완화되면서 교역에서 전통적인 무슬림의 역할이 다시 등장했고 무슬림 공동체도 번영을 누리게 되었다. 이 장에서는 동남부 해안의 후이족 공동체와 북서부 농촌의 수피족 공동체의 경제적, 사회적 변화를 구체적으로 살펴보고자 한다. 그들의 경제적 사유화와 민족적 표현이 국가에 의해 허용되고 실제로 장려되기도 했지만, 그들은 자신들이 민족종교적 뿌리를 탐색해 자신과 공동체의 발전을 위한 기회로 활용할 만큼 빠르게 움직이지도 동력을 준비하지도 않았고 그렇게 상상하지도 않았다고 말했다.

이 자료는 내가 수행했던 연구(Gladney 1996a)에서 일부 발췌한 것으로, 여기서는 기업가 정신과 경제적 활동에 좀 더 직접적으로 초점을 맞추고 취안저우와 닝샤의 후이족 공동체의 일부 자료도 업데이트할 것이다. 이 사례는 최근 급격한 속도로 번영하고 있는 중국 남동부 연안의 한 지역과 일반적으로 연안 지역보다 경제 발전이 뒤처진 북서부 지역의 두 공동체에 대한 내용이다. 그럼에도 불구하고 시장과 관련된 유사한 문제가 두 지역 모두에 해당하므로 여기서 살펴볼 만하다.

후이족 무슬림은 중국 역사에서 운송, 양모 무역, 보석 세공, 길거리 음식점 운영 등의 분야에서 전문화된 상인으로 알려져 있었다. 전문 분야는 도시와 농촌에서 후이족의 사회경제적 위치에 따라 규모도 다양했고 지역적으로도 차이가 있었다. 1949년 이전에는 무슬림 혈통이라고 주장하는 누구든 '후이족'이라는 용어로 불릴 수 있었다. 1953년 첫 인구조사에서 후이족은 하나의 민족으로 지정되었고, 이는 중국 내 다른 9개의 무슬림 민족(위구르족, 카자흐족, 키르기즈족 등)은 물론 한족 및 54개의 다른 소수민속과도 구별되는 민족이었다. 워커 코너(Connor 1984:25)가 지적했듯이, 중국의 이러한 민족 승인 정책은 새로운 국가에 대한 소수민족의 지지를 이끌어내려는 한때의 스탈린주의-레닌주의 정책에 따른 것이며, 계급 의식과 마찬가지로 민족 의식도 일단 각성되면 국가적 통일과 계급적 차이의 약화로 점차 사라질 것이라고 여겼다. 이 정책에 따라 (아마도 소련보다 더 충실하게) 마오 주석과 옌안의 초기 공산주의자들은 결국 국가 권위에 복종하는 소수 지역에 대해 분리의 가능성이 아닌 자치권만을 약속했다(Gladney 1996a:87-93 참조).

1955년 집체화 개혁 이후 후이족의 전통적인 무슬림 특산품은 사실상 사라졌지만 1978년 경제 자유화 정책 이후 급속히 회복되었다. 고대 실크로드의 해상 항구 취안저우뿐만 아니라 현재 무슬림이 살고 있는 마을 및 도시에서 후이족은 소규모 개인 사업과 산업에서 강력한 입지를 다지며 놀라운 속도로 번영했고, 여러 곳에서 이웃 한족을 훨씬 능가하는 성과를 거두었다. 현지 후이족은 자신들이 소기업가로서 재능이 있고 새로운 경제 정책 덕분에 민족 정체성을 표현할 수 있었다고 말했다. 하지만, 이 정책은 원래 그들의 생활수준과 의식을 한족 수준으로 끌어올리기 위한 것이지 결코 한족을 능가하도록 하려던 것이 아니었다.

이 정책의 대부분은 원래 경제 발전과 4대 현대화를 장려하기 위한 것이었다. 그 과정에서 후이족의 정체성에 대한 자유로운 종교적 표현을 허용했다. 민족종교적 정체성이 부활하면서 사회경제적 발전도 개선되었다. 한때 기업가적 모험을 통해 번성한 데 대해 '자본주의의 꼬리'라는 비판을 받았던 후이족은 봉건주의, 반사회주의, 착취적 관행을 지속한다며 여전히 비난을 받았다. 반면 1987

년 인터뷰에서 페이샤오퉁은 소수민족 스스로가 더 큰 역할을 하면 소수민족 지역의 사회경제적 발전이 촉진될 수 있다고 주장했다. 소수민족 지역에 대한 정부의 지원과 전통 노래나 춤과 같은 소수민족의 관습을 장려하는 이전 정책의 지속보다는 소수민족의 경제 발전 참여를 장려해야 한다는 것이다. 페이 교수는 특히 지역 시장 경제의 확장을 위해 후이족 기업가들에게 더 많은 자유가 주어져야 한다고 제안했다.

> 작년 7월과 8월에 나는 간쑤성의 린샤 후이족 자치주를 방문했는데, 그곳의 후이족이 매우 영민한 상인이라는 사실에 깊은 감명을 받았다. 그들은 농부와 목동 간의 오랜 상업 거래에서 교역 기술을 발전시켜온 조상으로부터 이러한 재능을 물려받았다. 이 전통은 주로 유목민들이 거주하는 칭하이-티베트 고원과 중국의 농경지 사이에 위치한 지리적 위치 때문에 발전해온 것이다. … 나는 후이족이 이 두 지역의 발전에 중요한 역할을 할 수 있다고 생각한다. (Fei Xiaotong, '소수민족 스스로가 자신들의 번영의 열쇠를 쥐고 있다', 차이나 데일리, 1987년 4월 28일 자 인용)

이 인용문은 후이족을 구분하고 이들을 하나의 민족으로 묶는 주요 '민족 특성' 중 하나로 '기업가 정신'을 규정했다는 점에서 의미가 있다. 중국 민족 정책의 초석이 된 스탈린주의적 민족 정의에 따르면, 한 집단이 민족으로 인정받기 위해서는 공통의 경제, 지역, 언어, '문화'의 '네 가지 공통점' 중에서 하나 이상을 보유해야 한다. 그러나 후이족은 폭넓은 다양성으로 공통의 지역, 관습, 언어, 정체성을 공유하지 않기 때문에 그러한 틀에 맞출 수 없다. 또한 모든 후이족이 이슬람을 믿는 것은 아니며(일부는 당원이거나 세속주의자), 공산당 정부도 이슬람을 믿도록 장려하지 않기 때문에 정부는 이슬람을 이들을 하나로 묶는 특성으로 인정하기를 꺼려했다(Gladney 1996a:21-36 참조). 그럼에도 불구하고 모든 후이족은 이슬람 또는 이슬람에 대한 기억을 공통으로 가지고 있으며, 중국에서 종교적 정체성만을 공유하는 유일한 소수민족이다. 그들이 기업가를 갈망한다고 하더라도 모든 후이족이 기업가가 되는 것은 분명히 아니다.

이슬람 대신 '기업가 정신'을 후이족의 공통의 '문화'라고 확인함으로써, 이제 후이족을 인정할 수 있는 스탈린주의적이며 세속주의적인 근거가 마련되었다. 이로써 후이족의 기업가 정신은 그들 소수민족 문화와 정체성의 일부가 되었고, 더 이상 봉건적이거나 착취적이라는 비판을 받지 않게 되었다. 후이족의 기업가적 능력이 경제발전에 기여할 수 있다는 인식은 자본주의적이고 봉건적이라는 과거의 비판으로부터의 극적인 전환을 의미한다. 아마도 라이쿤리는 국가민족사무위원회 산하 중국소수민족연구실의 의뢰로 작성한 312쪽 분량의 「후이족 경제사」에서 이러한 국가 정책에 대한 역사적 근거를 찾기 위해 후이족이 중국 역사 속에서 수행한 기업가적 역할에 대한 상세한 기록을 제시하고 있다. 그런 다음 그는 그들의 '소수민족 문화'가 중국의 다른 민족에 비해 독특하게 기업가적이며, 이 '비즈니스 문화'가 중국 경제발전에 큰 공헌을 했다고 주장한다(Lai 1988:3, 283). 또한 라이(Lai 1988:276)는 "초기 후이족 조상들의 비즈니스 활동이 후이족의 형성에 매우 큰 영향을 미쳤다는 것을 알 수 있다"고 결론지었다. 유명한 후이족 역사가 마퉁 역시 초기 후이족 조상들이 주로 상인, 사업가, 군인이었던 것이 훗날 민족을 형성하는 데 지대한 영향을 미쳤다고 주장한다.

역사 기록의 분석에 의하면, 중국에 건너온 아랍, 페르시아, 중앙아시아 및 기타 외국인 사업가, 군인, 공무원 및 선교사는 이슬람을 믿었던 후이족의 조상이며, 중국에 거주하고 한족 여성과 결혼하기도 하면서 점차 후이 민족으로 형성되어 우리나라의 거대한 다국적 가족의 중요한 구성원이 되었다. … 초기부터 중국의 대다수 이슬람 신도들은 무역과 사업 활동에 참여했다. (Ma Tong 1983: 86-7)

아마도 이러한 수정주의적 문화사와 후이족의 기업가 정신 전통에 대한 국가적 지원의 결과인지, 최근 시안에 새로운 이슬람 대학이 설립되어 소규모 비즈니스와 '무슬림 기업가 정신' 강좌를 개설하고 아랍어와 페르시아어 교육 과정에서 제공하는 해외 여행의 기회를 확대했다.

북서부 수피 공동체의 민속종교 부활

중국 북서부 닝샤의 한 유명한 모스크 입구에 다음과 같은 문구가 새겨져 있다. 이 글귀는 이 지역의 새로운 번영에 대한 현지 무슬림의 정서를 잘 보여준다.

무슬림을 위한 제안 사항

무슬림은 다섯 가지 교리를 정기석으로 실천할 것을 권장한다. 오늘 일을 내일로, 내일 일을 다음 날로 미루지 말라.
자연재해나 국가적 재난이 닥치면 후회하기에는 너무 늦는다. 며칠, 몇 달이 지나면 진실은 사라질 것이다.
어느새 아이는 어른이 되고 어른은 노인이 되지만, 많은 사람들이 죽음을 생각하지 않는다.

매일 집 안을 청소하고 질서정연하게 정돈하여 미래를 계획하지만, 기도를 하지 않고 자선을 게을리하며 매우 인색하게 산다.

백 개를 가졌지만 천 개를 원하고, 그렇게 천 개를 가지면 만 개를 원한다. 욕망을 통제할 수 없고 만족할 줄 모르며, 더 많이 가질수록 더 많은 것을 원하게 된다.

오늘은 동쪽으로 내일은 서쪽으로 가고, 몸과 마음은 결코 평화롭지 않다. 불안이 행복이 되고, 행복이 불안이 된다. 불안은 위대하며, 행복은 한정되어 있다.

제시간에 기도를 하지 않고 내일로 미룬다. 게으름 때문에 (1만 년 동안) 미래를 낭비하고 있으니 얼마나 안타까운 일인가!

당신은 피조물이니 결과를 좀 더 신중하게 생각해야 한다. 기도를 계속하는 것은 일상 생활에 지장을 주지는 않는다.

만족감 때문에 교훈을 무시하고 무수히 많은 실수를 저지르기도 한다. 당신이 매우 부유할지라도 갑자기 사망하면 재산은 영원히 사라지게 된다.

돈을 쌓아두는 것은 아무 소용이 없으며, 마지막에는 조금도 가져갈 수 없다. 당신이 많은 집을 지었을지라도 일상에서는 한 채만이 필요하다.

음식을 비축해두더라도 한 진 반 량만 배불리 먹을 수 있다. 트렁크에 옷이 가득 차도 옷은 한 벌만 입을 수 있다.

품위가 가득하고 매우 부유하지만 잠시 동안 좋아 보이는 것이다. 현생에서는 그것을 즐기지만 사후 세계에서는 분명히 많은 빚이 있을 것이다.

1980년대 초부터 후이족이 마을의 자유기업에 참여하면서 나지아후 마을(Na Homestead)에 번영이 찾아왔다.[4] 후이족 마을 사람들은 번영에 따른 부의 목적이 개인적 이익이 아니라 공동체와 신앙에 봉사하는 것이라는 것을 상기해야 했는데, 중국공산당이 지배하는 사회에서 무슬림들이 이 두 가지를 모두 달성하기는 쉽지 않았다. 인촨시 남쪽의 황하 강변에 위치한 나지아후 마을은 한족이 다수인 닝샤 후이족 자치구에서 다소 고립된 후이족 마을이다. 이 마을에서 '종교 사업'이 큰 수익을 내면서 공산당 최고위 간부 중 일부가 당을 떠나 이슬람 사원의 이맘(종교 원로)이 된 것은 주목할 만한 일이다.

경제 지표로 모스크의 헌금 수입(*sifei*)이 급격히 증가했다. 모스크 자체의 면밀한 회계 기록에 따르면, 1985~86년 모스크의 헌금 수입은 연평균 2만 위안(약 6,700달러) 이상이었다. 외부 조사에 따르면 1984~85년의 기간 중 4개월 동안 곡물, 상품, 현금을 기부한 금액은 총 8,997.23위안(약 3,000달러)에 달했다. 나지아후 마을 113가구의 지출에 대한 경제 조사에 따르면 1984년 모스크에 기부한 평균 헌금은 가구당 47위안, 1인당 8.40위안이었다(Wang Yiping 1985:7; Gong 1987:38). 이 평균 금액을 마을 전체 후이족 공동체에 적용하면 1986년 모스크의 총 수입은 32,500위안(약 10,833 달러)이 훨씬 넘었을 것이다. 이 돈은 '가르침을 전하는' 아훙과 지도자급 아훙, 그리고 4명의 수련생 아훙(*halifat*)을 포함한 7명의 아훙을 지원하고 모스크의 일상적인 유지 관리에 사용된

---

4   1984년 통계에 따르면 나지아후 마을은 767가구, 총 인구 3,871명으로 구성되었다. 후이족이 745가구로 전체 인구의 95% 이상이며, 마을에 사는 후이족의 60% 이상이 나씨 성을 가졌다. 나지아후는 닝샤 후이족 자치구에 위치하고 있지만, 1982년 자치구 전체 인구의 32.1%만이 후이족이었고(Ningxia Hui Autonomous Region Population Census Office 1983:6), 그들 대부분은 이 지역의 남쪽 끝에 거주했다. 이 통계가 발표 된 이후에도 변동은 거의 없다.

다. 헌금은 세 번의 주요 종교 명절에 기부되며, 아흥이 결혼식, 장례식, 명명식에서 코란을 낭독할 때도 개별적으로 기부된다. 장례식에서 가족이 조문객과 모스크에 바치는 헌금은 100~1,000위안 정도이지만, 고인의 지위가 매우 높을 때는 2,500위안까지 지급되는 경우도 있다.

1984년 12월 7일 나지아후 마을에서 선지자의 날 또는 무함마드의 탄생일을 기념하는 명절이 있었고, 나는 그날 아이들과 어른들이 밀가루나 쌀 한 봉지, 한 웅큼의 돈을 가져와 봉헌하는 것을 보았다. 한 무리의 모스크 관계자들이 성실하게 금액, 이름, 팀 번호에 따라 각각의 헌물을 등록했다. 기부된 물품은 밀 3,000kg, 쌀 2,500kg, 300위안(약 100달러)으로 대략 총 3,313위안(약 1,100달러)에 달했다. 기부된 돈은 모스크 건물의 보수에 사용되지 않았는데, 이 모스크는 국가 기념물로 지정된 1981년부터 1991년까지 국가민족사무위원회로부터 9만 위안(미화 3만 달러) 이상을 지원받았다.

모스크에 대한 기부는 인근 마을 기준으로 상당히 가난한 마을에서 이루어졌는데, 가구당 평균 연간 소득이 300위안(약 100달러)에 불과했다. 인구조사국(Population Census Office 1987:206)에 따르면 1982년 용녕현의 1인당 평균 연간 소득은 539위안으로 훨씬 더 높았고, 빈곤 가구는 마을의 2% 정도였다. 그러나 모스크 수입이 반드시 가구당 총 기부금을 반영하는 것은 아니다. 서로 다른 이슬람 교단에 속한 세 마을의 17가구를 대상으로 한 연구에 따르면 1980년 연평균 소득 96.67위안 중 8.96위안(9.26%)이 종교적 관심에 따라 기부된 것으로 나타났다.

나지아후 마을에는 5,036무(326헥타르)의 경작지가 있으며, 주로 쌀, 겨울밀, 수수를 재배하고, 몇몇 과수원에서 과일을 재배하고 있다. 1인당 평균 경작지는 1.37무(0.08헥타르), 가구당 경작지는 6.95무(0.45헥타르)로 인근 한족 마을보다 약간 적고, 마을의 1무당 평균 곡물 생산량은 약 200kg으로 지역 평균인 238kg보다 적다. 그러나 1979년 사적 책임제가 도입된 이후 지역 노동력의 참여에 중요한 변화가 일어나면서 사회경제적으로 큰 변화가 일어났다. 이런 노동력의 변화는 중국의 다른 지역의 기록과 마찬가지로 코뮌 해체 이후 집단적 활동과 권력이 크게 감소했음을 나타낸다(Diamond 1985; Lardy 1986:99-102; Shue 1984 참조). 1978년에는 마을 인구의 27.8%가 노동력에 종사하고 있었다. 그러나 1984년에는 이 수치가 49.6%로 증가하여 1950년 이전과 비슷한 수준을 보였다. 1982년 인구조사에 따르면 닝샤 지역에서 전체 후이족 인구의 83.5%가 농업과 축산업에 종사하고 있었고(Ningxia 1983:74), 전국적으로 볼 때는 전체 후이족의 60.7%, 전체 소수민족의 84%가 농업과 축산업에 종사하고 있었다(Population Census Office 1987:xx, 28).

농업 및 축산업, 산업 및 건설업, 소규모 부업(가내수공업, 개인 상점 및 포장마차, 운송 및 서비스업 등)이 세 가지 주요 산업 영역이다. 여기서 부업 영역이 크게 변화하면서 노동력 증가의 상당 부분을 흡수했다. 1978년에는 노동력의 1.6%만이 이러한 소규모 사업에 종사했지만, 1984년에는 16%로 증가하였다(1950년의 17.6%보다는 약간 낮음). 113가구를 대상으로 한 연구에서는 60명이 부업에 종사하고 있었으며, 이는 노동력의 19%를 차지했다. 1978년에는 식품 관련 소규모 사업에 종사하는 사람이 단 한 명뿐이었고, 서비스업이나 운송업에 종사하는 마을 주민은 아무도 없었다. 그러나 1984년에는 식품업에 85명, 서비스업에 26명, 운수업에 24명이 종사하고 있었다(Zhu 1985:4). 소규모 식품 산업의 경우 8가구가 양허진에 작은 식당을 열었고 몇몇 식당들이 양 내장으로 만든 전통적인 후이족 매콤한 스튜인 양자수이를 판매했다.

자유시장과 사적 책임 제도에 합류하면서 나지아후 마을의 후이족은 채소와 현금 작물 재배를 늘려 1978년 수준보다 훨씬 높은 소득을 올렸다. 1984년 현금 작물에서 얻은 농업 소득은 1957년의 절반에 불과했지만, 나지아후에 책임제가 도입되기 전인 1978년에 비하면 3배 이상이었다. 판창장은 1949년 이전 이 지역에서 현금 작물을 재배하던 후이족의 경향을 기록했다. 그는 양허 지역의 한족과 후이족 농민들이 생산한 아편은 품질이 매우 좋았지만, 한족은 아편으로 많은 이익을 얻지 못했다는 것을 관찰했다. 한족은 스스로 아편을 너무 많이 피워서 금전적인 이득을 얻기에는 너무 취약했다. 반면 후이족은 아편을 피우지 않았고 그들의 밭은 무당 120량(6kg)을 생산했다. 한족의 밭은 무당 70량(3.5kg)만 생산했다(Fan 1937:312).

일부 후이족은 할당받은 토지의 면적이 너무 좁거나 생산성이 떨어져 소규모 사업을 하는 것 외에는 대안이 없다고 불평한다. 19세기 후이족의 반란 이후 산시성, 간쑤성, 닝샤성의 후이족은 한족이 기피하는 가파른 산과 염분이 많은 평지가 있는 지역에 살아야 하는 경우가 많았다. 1950년대 초 토지 개혁운동을 통해 이러한 불평등을 시정하려는 시도가 있었지만, 일부 후이족은 여전히 한족보다 더 열악한 토지를 소유하고 있으며, 따라서 사업에 더 많은 관심을 가질 수밖에 없었다고 생각한다. 1980년 후야오방이 후이족이 가장 밀집해 있는 닝샤 남부 구위안구의 6개 현을 방문했을 때 (구위안구 인구의 45.7%, 닝샤 전체 후이족 인구의 49.1% 차지), 이 지역이 중국에서 가장 빈곤한 지역이라고 언급했다. 이에 1983년 국무원에서는 닝샤 구이안구와 간쑤성 롱시현과 딩시현의 경제 발전을 장려하기 위해 특별위원회를 설립하게 되었다.

나지아후 마을의 후이족은 지역의 자유시장 경제에서도 중요한 역할을 했다. 후이족은 인구의 12.6%에 불과했지만 인근 용녕현의 좌판 시장 인근에 새로 생긴 식당, 포장마차, 개인 판매 노점의 70%를 운영했고, 남쪽으로 30킬로미터 떨어진 우중시의 중앙자유시장에도 참여했다. 95%가 한족인 이 도시에서 후이족 상인은 전체 상인의 90% 이상을 차지했다. 대부분의 후이족은 95%가 후이족인 둥펑진 등 외곽 후이족 마을에서 장사를 하기 위해 도시로 들어왔으며, 이러한 기업가적 적극성이 후이족 정체성의 중요한 측면이 된 것이다. 나지아후 마을의 한 한족 농부는 '후이족은 장사를 잘하지만 한족은 너무 정직해서 이익을 내지 못한다. 한족은 농사를 잘 짓고, 후이족은 무역을 잘한다'고 말했다.

연구 당시 나지아후 마을에서 연소득이 1만 위안 이상인 가구(万元户)는 2%였다. 이는 중국의 일부 지역에 비하면 큰 비율은 아니지만, 상당히 가난한 북서부 지역에서는 이례적인 수치이다. 완위안후의 명성과 영향력은 상당했다. 완위안후 출신 기업가 중 가장 큰 성공을 거둔 나징링은 1982년 아이스크림 공장을 설립해 큰 부를 쌓았다. 코뮌의 정비공이었던 그는 이후 동생과 함께 운송 및 건설업에 뛰어들었고, 다른 두 명의 투자자와 계약을 맺고 인촨시에 140만 위안을 들여 '이슬람식' 호텔을 지었으며, 이 호텔은 '아랍' 건축 양식의 레스토랑과 쇼핑 시설을 갖추고 있다.

정부의 우호적인 정책과 후이족의 기업가직 능력으로 인한 농촌 지역 후이족의 경제적 번영은 의도치 않았고 예기치 못했던 종교적 사무에 대한 지원의 증가로 이어졌다. 예를 들어, 나징링은 자신의 수익으로 닝샤의 후이족을 돕고, 이슬람 사원을 후원하며, '진짜 칭쩐(清真)' 이슬람식 호텔을 짓기를 원했다. 또 다른 후이족 완위안후는 새 정부 정책에 따라 새로 얻은 부의 원천은 알라에게 있기 때문에 수익의 일부를 이슬람을 장려하고 모스크를 짓는 데 사용해야 한다고 말했다. 모스크마다 벽에 붙은 붉은색 포스터에는 누가 모스크 건설 프로젝트에 기부했는지 이름과 금액이 적혀 있고, 완위안후의 이름과 기부금이 크게 쓰여 있다. 부유한 후이족들은 모스크에 기부해야 한다는 압박에 대해 때때로 나에게 불만을 토로하기도 했다. 지역 간부들도 지역 후이족의 분노를 사거나 경제 발전을 방해하지 않으려면 종교적 기부를 중단할 수 없다고 불평하기도 했다. 하지만 지역 사회의 안녕과 이슬람에 기여함으로써 얻는 번영의 혜택에 대해 불평하는 사람은 아무도 없었다.

푸젠성 후이족의 경제 번영과 민족의 재창조

푸젠성 딩족은 명나라 완리 시대(1573~1620년)부터 푸젠성 남부 해안의 천다이진에 살았는데, 이들은 이전 몽골 치하의 무슬림 시장과 관련이 있다는 이유로 박해를 받았고 이를 피해 취안저우시에서 도망쳐 온 것으로 추정된다. 그 이후로 그들은 특화된 양식 경제로 유명해졌다. 1949년 이전에는 이 산업에 종사했을 뿐만 아니라 아편도 생산했고, 실로 짠 가방이나 잡화를 만드는 작은 공장도 많이 운영했다. 이러한 상품들이 광범위하게 수출되면서 많은 딩 후이족이 동남아시아, 대만, 홍콩으로 이주하여 사업을 시작하게 되었다. 1955년 이후 중국에서 민간 산업이 집체화되면서 이러한 소규모 공장은 축소되거나 더 큰 코뮌으로 이전되었고, 딩족은 7개 여단으로 구분되어 이 코뮌을 형성했다.

나는 취안저우의 딩족 사이에서 후이족 정체성이 부활하는 것과 이 지역의 중앙집권적 국가 계획에서 벗어난 의도치 않은 결과에 대해 수차례 논의한 바 있다(Gladney 1995; 1996:260-91 참조). 여기서는 중국 내 무슬림의 번영을 명확히 보여주기 위해 최근 이 지역의 엄청난 경제성장에 대한 요약을 제시할 것이다. 1979년 농촌 지역에서 경제개혁 정책이 시행된 이후 딩 혈통 공동체의 구성원들은 후이족으로 인정되어왔으며, 이들은 다시 대부분의 중국 백화점에서 볼 수 있는 밝은 색상의 샌들, 깔개, 기타 잡화를 포함한 플라스틱 제품 및 운동화를 생산하는 소규모 개인 공장에 종사하게 되었다. 1991년 천다이의 7개 마을(이전 여단) 3,350가구(92%가 후이족) 중 60여 가구가 소규모 공장을 운영했다. 1994년까지 대부분의 가구는 이러한 '부업' 기업에서 주요 소득을 얻었으며, 1990년대 후반에는 모든 가구가 소규모 공장을 운영하거나 공장에서 주 소득을 거두게 되었다. 큰 공장에는 100명 이상의 노동자가 있었고, 소규모 공장에는 10명 남짓의 노동자가 일하고 있었다.

1983년 천다이진 후이족의 연평균 소득은 1인당 611위안인 반면, 한족이 주로 거주하는 진장현의 경우 402위안에 불과했다(Population Census Office 1987:175). 1984년까지 천다이진의 소득은 1인당 837위안에 이르렀고, 천다이 내 후이족은 평균 1,100위안에 달했으며 1985년에는 33% 증가했다. 1989년까지 전체 마을의 1인당 연평균 소득이 1,000위안으로 급증했다(Ding 1990:3). 이것은 여러 진현에서 한족의 소득보다 후이족의 소득이 크게 증가했음을 나타낸다. 물론, 푸젠성의 한족도 이 시기 동안 경제적인 번영을 이루었기 때문에 경제적인 성공이 후이족에만 국한되지 않았다는 것은 분명하다.[5]

마지막으로 농업과 소규모 산업 분야에서의 부업 소득도 엄청나게 빠른 속도로 증가했다. 1984년 천다이는 푸젠성에서 최초로 이위안쩐(1억 위안 마을)이 되었다. 이 마을에 사는 후이족의 절반 이

---

5 1989년 수치는 딩(Ding 1991)에 근거한 것이며, 1979년부터 1993년까지의 기록은 나의 현장 노트와 마을 기록에서 추출한 것이다.

상이 저축한 현금으로 2~4층짜리 주택을 구입할 수 있었다. 내가 방문했던 다층 주택 중 상당수의 1층에는 작은 부품 공장들(여기서는 테니스화 밑창을, 저기서는 안감을, 다른 곳에서는 끈을 만드는 등)이 있었고, 다른 층에 가구들이 살고 있었다. 예를 들어 이 장의 서두에서 언급한 딩용웨이의 벽돌로 지어진 4층짜리 집의 1층에는 운동화 안감을 만드는 데 사용되는 신축성 원단을 생산하는 작은 공장이 있었고, 재료는 필리핀에 있는 먼 친척에게서 공급받았다. 그의 막내아들 부부는 2층에 살고 그의 큰 아들 부부와 두 자녀(후이족인 딩게 혈통은 두 명의 자녀를 가질 수 있음)는 3층에 살고 있었다. 딩용웨이와 그의 아내가 꼭대기 층에 거주했다.

1979년 부업으로 인한 소득이 8배나 증가했다. 1978년 이전에는 천다이의 노동력 대부분(69.9%)이 농업에 종사했고 제조업은 30%에 불과했으나, 1992년에는 노동력의 93%가 각종 산업 및 부업에 종사하면서 상황이 급변했다.

딩족은 이러한 변화가 자신들이 후이족으로 인정받았기 때문이라고 믿는다. 1979년 후이족으로 인정받으면서 그들은 소수민족의 일원으로서 지원받을 수 있는 자격을 얻었고 경제 활성을 위한 여러 정부 보조금을 받을 수 있었다. 1980년부터 1984년까지 정부는 후이족 7개 집단에 20만 위안 이상을 지원했다. 이 자금으로 그들은 상수도 시스템과 물고기 양식을 위한 저수지를 건설하고 맛조개 산업을 확장할 수 있는 수단을 마련했다. 교육부는 중학교를 짓는 데 4만 위안, 초등학교를 짓는 데 3만 3천 위안도 지원했으며, 고등학교와 대학 입학 시에 소수민족 우대 혜택도 제공한다. 소수민족을 위한 특별 출산 계획 정책에 따라 한족 부부보다 자녀를 한 명 더 낳을 수 있다. 후이족이 지방 정부에서 대표자로 차지하는 비율도 그들의 인구 비율보다 높으며, 1985년에는 당위원회 대표 10

명 중 2명과 당서기까지 딩씨 성이었다.

딩족의 50% 이상이 주로 필리핀, 인도네시아, 싱가포르 등의 해외에 친척이 있는데, 이는 한족보다 높은 비율이다(Li 1991:337-46 참조). 이들은 친척과 소통을 재개하고 잦은 송금을 통해 도움을 받고 있다. 이러한 외부 수입은 7개 딩족 마을의 급속한 경제 발전에 중요한 요인으로 작용했다. 이 7개 마을 모두에는 해외 친척들이 보내는 평균 2만 위안 가량의 기부금 덕분에 초등학교가 운영되고 있다. 인근 한족 마을에는 서너 개 마을마다 초등학교가 하나씩 있는 정도이다. 딩족은 해외 친척들과 긴밀하고 빈번하게 접촉하는 것은 민족적 연대감이 강하기 때문이라고 말하며, 한족의 국제 관계에 비해서도 강하다고 말한다. 그러나 광범위한 해외 관계를 유지하고 있는 한 부유한 가족과의 대화에서 드러난 해외 친척들이 종종 자신의 이슬람 유산을 인정하기를 꺼린다는 것은 주목할 만하다.

동남부 연안의 후이족에게 경제적, 정치적 특권을 부여하고 외국 무슬림 정부와의 교류를 장려하는 중국의 정책은 최근에 인정된 후이족의 민족 정체성에 큰 영향을 미쳤다. 푸젠성 및 지방 자치단체 간행물은 취안저우를 세계에서 세 번째로 중요한 이슬람의 성스러운 무덤과 다섯 번째로 중요한 모스크가 있는 곳으로 자랑스럽게 홍보하고 있다.[6] 1986년 봄, 30여 개 무슬림 국가의 종교인과 정부 대표들이 정부가 후원하는 대표단의 일원으로 취안저우의 무슬림 유적지로 초대받았다. 취안저우시 이슬람협회에서도 해외의 무슬림 귀빈들을 자주 초대한다. 유네스코가 후원하는 실크로드 탐험대는 1991년 2월 중국 해상 실크로드의 주요 기항지인 취안저우에

---

6   취안저우의 이슬람 역사유적 보호위원회와 중국문화역사유적연구센터에서 편찬한 팸플릿을 참고하시오(Yang Hongxun 1985:1-15).

도착했는데, 사실상 전통적인 기착지인 광둥은 우회한 것이었다. 내가 참여했던 4일간의 컨퍼런스 및 실크로드 축제 기간 동안 외국 손님들과 무슬림 고위 인사들은 천다이의 딩마을로 이동하여 고대 해상 무슬림 무역상들의 근대 후손들이 달성한 최근의 경제적 번영과 정부의 지원을 강조하는 오리엔테이션에 참석했다.

딩족 마을에 찾아온 개혁과 번영이 딩족 무슬림에게만 국한된 것이 아니라 마을 전체에 혜택이 돌아갔다는 점도 주목할 필요가 있다. 천다이진에는 한족 인구가 10%이고 이슬람교를 믿지 않는 딩족도 많으며, 심지어 후이족 '무슬림'의 일원으로 등록되어 있는 80여 가구의 기독교인들도 함께 거주하고 있다. 이들 딩족은 1930년대에 서구 루터교 선교사의 영향으로 개종했으며 최근에는 그들의 교회도 재건축했다. 이는 아마도 지방 정부가 이슬람 기도실 건축을 허용했기 때문일 것으로 보인다. 위에서 언급했듯이 딩족은 이 마을 인구의 7분의 1에 불과하지만, 이 지역 전체 연간 소득의 3분의 1 이상을 차지했으며, 이러한 경제적 번영은 민족적, 심지어 종교적 부흥을 동반했다. 이들 혈통은 언제나 후이족의 정체성을 유지해왔으며, 1979년 국가가 딩족을 후이족의 일원으로 인정하기로 결정했을 때만 해도 전혀 예상하지 못했던 이슬람에 대한 확실한 헌신을 드러내기 시작했다.

후이족의 번영에 관한 성찰

취안저우와 닝샤의 후이족은 새로 찾은 번영을 매우 긍정적으로 여기는데, 취안저우에서는 민족적 유대의 표시로, 닝샤에서는 종교적 인내에 대한 보상으로 받아들였다. 취안저우에서 물질적 성공은 이슬람에 대해 희미한 기억만을 지닌 혈통의 기업가 정신에 기인하지만, 이제 그 기억이 되살아나고 있으며, 닝샤의 나지아후 마을에서는 알라의 축복과 십일조의 필요성이 자주 언급된다. 두 사례 모두 정부 정책의 역할이 핵심적인 역할을 했다는 것이 중요하다. 즉, 1980년대 이전에는 정부 정책이 소수민족의 기업가 정신을 제한했지만, 덩 시대와 그 이후에는 장려하는 역할을 해왔다.

물질적 부에 대한 합리화는 취안저우 바로 남쪽 창저우에서 번창하는 후이족 사업에 관한 1994년 중국 무슬림 신문에 실린 기사에 잘 요약되어 있다. 이 기사는 당시 난징에 본사를 둔 무슬림이 운영하는 신생 지역 신문인 〈치밍싱(启明星)〉에 실렸는데, 이 신문은 중국 전역의 후이족 및 기타 소수민족 활동을 보도한다. 정부가 후원하는 잡지 〈중국의 무슬림〉이나 저널 〈아랍 세계〉와 마찬가지로 이 국가 공인 일간지는 중국 안팎의 무슬림 관련 사정들을 긍정적으로 보도하는 신문이다. 1994년 6월 15일 자 '경제 발전의 개념과 자격을 갖춘 인재'라는 제목의 기사에서 최근 새로 단장을 마친 모스크 옆으로 무슬림 이맘인 자오화위가 새 차를 타고 있는 사진을 배치했다. 이 기사는 그가 운영하는 창저우시의 무슬림 기술경제무역회사에 대해 다음과 같은 방식으로 보도했다.

> 창저우시의 중국이슬람협회가 이 회사에 투자했고 모스크에 위치해 있기 때문에 회사가 얻은 이익은 당연히 지역 민족의 종교적 발전에 사용되어야 한다. … 이맘인 자오화위는 자동적으로 이 회사의 대표가 되었다. … [그는] 창저우시 이슬람협회장이자 인민정치협상위원회 상임위원장이기도 하다. 도시의 모든 지도자들은 이 잘생기고 수염을 기른 종교 지도자를 알고 있으며, 일을 더 원활하게 승인하기 위해 기꺼이 정식 허가를 내주었다. … 회사가 사업을 시작하고 1년이 지나서 그들은 자동차를 구매했다. 예전 사고방식으로는 이를 '사치' 또는 '개인적 쾌락의 추구'로 간주했지

만, 새로운 관점에서는 자동차를 소유하는 것이 시간을 절약하고 더 많은 선행을 할 수 있는 유익한 일이 되었다.

여기서는 흥미롭게도 이맘이 사업의 책임자가 되었다. 위에서 나지아후에 대해 언급할 때 당 간부들이 이맘이 되기도 했는데, 아마도 현재 정부 정책에 따라 그들도 자신의 사업을 설립했을 것이다. 신문에 실린 사진에서 볼 수 있듯이, 이들의 성공으로 주민들이 번영하고 모스크가 이익을 얻을 수 있다는 점에서 찬사를 받고 있다. 1993년 베이징의 무슬림에 관한 소설 『무슬림의 장례식』에서 후이족 여성 작가인 후어다는 베이징의 한족이 만주족을 부정적으로 인식하지 않으면서 후이족은 그렇게 보는 이유를 후이족이 가난하고 교육받지 못했기 때문이라고 주장한다. 소설의 주인공은 이런 종류의 낙인찍힌 정체성은 과거의 일이며 무슬림은 사업을 열심히 하고 학교에서 잘함으로써 이러한 부정적인 특성을 극복해야 한다고 제안한다(Huo 1993:162).[7] 베이징에서 전통적인 옥 조각 사업을 해온 후이족 가족 3대를 묘사한 750페이지 분량의 소설에서 경제적 번영과 기업가 정신은 결코 의문의 여지가 없었다. 성공하지 못한 기업가 정신에 대해서만 의심의 눈초리가 주어졌다. 이 소설의 핵심은 메카로 향하는 늙은 후이족 무슬림 순례자에게 기부금과 생계를 제공하기로 한 후이족 옥 세공인의 결정이며, 이 친절한 행동은 후세대의 삶의 전 과정을 크게 변화시킨다.

---

7   후이족 여성 작가 후어다의 『무슬림의 장례식』은 1988년 초판이 출간되었고 1993년에 재출간되었다. 이 소설은 1992년에 『옥의 왕: 중국 무슬림 가족의 역사(The Jade King: History of a Chinese Muslim Family)』(Beijing: Panda Press)라는 제목으로 영문 번역되었다. (역자 추가: 한국에서는 『모슬렘의 장례식』이라는 제목으로 출간되었다.)

사회주의 중국의 한족 자본주의

중국에서 후이족은 '공식적으로' 상업적 민족으로 묘사되어왔고, 앞의 논의에서 그들이 이러한 고정관념을 이용하려 했다는 것을 보여주었지만, 한족 사이에서는 그렇지 않은 것이 분명하다. 중국을 사회주의 중앙계획경제에서 정치적으로는 상부의 통제를 받지만 경제적으로는 자유로운 자본주의 시장 경제로 전환하려는 덩샤오핑의 기획은 세 가지 주요 장애물이 있었는데, 여기서는 농업주의, 공산주의, 유교의 본질화, 즉 근본적으로 반상업적인 중국의 유산에 대해 간략히 설명한다. 이러한 유산은 소위 한족에게 대중적이고 정책적인 차원에서 시장과 경제적 번영에 대한 분명한 양면성을 초래했다.

10억 명에 달하는 한족을 일반화하기는 어렵지만, 여기서는 중국인 스스로가 한족 정체성의 근본적인 성격을 어떻게 본질화하고 설명하려고 해왔는지에 대해서만 언급할 것이다. 페이샤오통이 기업가 정신을 후이족의 민족적 특성이라고 이론화한 것처럼, 그는 농업주의가 한족 정체성의 본질을 가장 잘 정의한다고 주장했다. 이후에 베이징대학 저널에 실린 1988년 홍콩에서의 태너 강연 '중국 민족 구성의 다원성과 통일성'에서 페이 교수는 진나라(기원전 3세기) 이전의 다민족 기원을 가진 한족이 다양한 외래 부족과 국가에 흡수되고 정복되었음에도 불구하고 오늘날까지 거의 단선적으로 내려온 과정을 추적했다.

이 거대한 과정의 첫 번째 단계는 화하 집단의 출현이고, 두 번째 단계는 한족 국가의 형성으로, 이는 중심이 진화하고 커졌다는 것을 의미한다. 진나라에 의한 중원의 통일은 한족 공동체가 하나의 민족적 실체로 발전하는 마지막 단계였다. … 한족은 사방으로 퍼져나갔고, 구심력 있게 주변 지역을 자신의 집단으로 흡수하여 자신의 일부로 만들었다. … 비한족 통치자의 정권은 대부분 단명했는데 한 소수민족 정복자는 곧 다른 소수민족 정복자로 대체되면서 결국 모두 한족에 동화되었다. … 밀집된 거주지에 살았던 한족의 일부는 그 지역의 다른 민족 집단에 녹아들기도 했다. 그러나 비한족 공동체에 스며든 한족 집단은 다양한 집단이 참여하는 통일체를 구축하는 구심력으로 작용했다. (Fei 1989:47)

페이 교수는 한족의 막대한 기술적 우월성이 다양한 비한족을 거의 자동적으로 동화시켰으며, 오늘날 중국이 추진하는 지속적인 민족통일 정책을 뒷받침한다고 주장한다.

그렇다면 무엇이 한족을 구심력을 가진 중심으로 만들었을까? 내가 보기에 가장 큰 요인은 농업 경제이다. 유목 부족이 평원으로 진출하여 신중하고 질서정연한 농경사회 한가운데서 자신들을 보면서 결국에는 자발적으로 한족의 품 안으로 뛰어들게 되었다. … 소수민족은 일반적으로 근대 산업 발전에 필수적인 문화와 기술 수준에서 한족보다 열등하기 때문에 천연자원의 우위에도 불구하고 그들 자신의 지역에서 산업 프로젝트를 수행하기 어려웠을 것이다. … 따라서 우리의 원칙은 더 발달된 집단이 저개발 집단에 경제적, 문화적 원조를 제공하면서 돕는 것이다. (Fei 1989:47, 54)

페이샤오퉁의 민족의 변화와 정체성에 대한 이해는 모건의 단계적 발전 진화론과 사유 재산의 철폐로 계급과 민족 정체성이 사라질 것이라는 엥겔스의 예측을 바탕으로 스탈린-레닌주의 민족 정책에 대한 강한 신념에 근거를 둔다. 중국에 많은 민족이 있지만,

한족은 모든 소수민족의 운명을 결정짓는 문화적, 기술적 선봉으로 정의된다. 페이 교수는 목축민들(몽골족, 티베트족, 튀르크족 등)과 상인들(후이족 등)이 한족 농경민과 근본적으로 달랐다고 주장한다. 이는 일부 일본 학자들이 일본의 정체성이 일본인과 교류했던 아이누족이나 외국인과는 달리 벼농사를 기반으로 한다고 주장한 것과 같은 맥락이다(Ohnuki-Tierney 1994 참조). 한족 정체성의 본질이 농경주의로 정의된다면 자본주의 발전의 자리는 어디일까?

근본적으로 반상업적인 두 번째 공식적 본질화는 중국 공산주의의 유산에 대한 것이다. 상하이와 장시성에서 공산당이 겪은 초기의 고난에 대한 이상화된 표현부터 대장정에서의 약탈과 장대한 투쟁, 1950년대 토지 개혁 시기 지주와 자본주의자에 대한 투쟁, 1960년대의 재앙적인 집단주의적 광기, 1960년대와 1970년대 문화대혁명의 반봉건주의 및 반수정주의 공격, 그리고 덩샤오핑 통치 초기에 직면했던 반대파에 이르기까지 공산주의의 유산은 반상업주의의 하나였다. 민간 기업가들은 공산주의자들에게 사회악으로 보였겠지만, 레이펑의 모습에서 볼 수 있듯이 대중을 위한 이타적인 봉사는 그들의 본질적인 이상이었다. 토마스 골드(Gold 1989)가 제안한 것처럼 국가가 소기업가의 활동을 통제할 수 없는 것이든, 아니면 아나그노스트(Anagnost 1997)가 주장한 것처럼 시장의 강력한 불안정성 때문인 것이든 중국의 판옵티콘하에서 민간 기업이 의심받아온 것은 분명하다. 실제로 최근 중국에서 수단과 방법을 가리지 않고 빨리 부자가 되려는 자본주의적 열기는 공식적이고 대중적인 차원에서 오랫동안 유지되어온 반상업적 공산주의 교리에 대한 저항과 거부의 증거로 볼 수 있다.

마지막으로, 중국에서 유교에 대한 본질주의적 해석은 상인에 대한 평가절하를 일관되게 지지해왔다. 일반적으로 유교는 가부장적 위계질서를 지지하는 봉건주의라는 비판을 받아왔지만, 중국의 사회주의 유산은 상인의 유교적 예속을 문제 삼은 적이 없었다. 1993년 경제학자, 인류학자, 정치학자, 역사학자, 철학자가 공동으로 집필한 유교에 관한 책에서 공자와 유교에 대한 서로 다른 견해가 제시되었다는 점에서 이 논쟁의 핵심은 '어떤 유교'에 관한 것이 분명하다(Tu, Hejtmanek and Wacman 1993). 대만, 홍콩, 동남아시아의 중국인 디아스포라에서 신유교가 자본주의적으로 성공했음에도 불구하고 중국 자체에서 반유교적 공산주의 정책은 반상업주의를 끌어들였던 것이다. 공산주의와 유교 모두 이익의 본질을 인정하지 않았고, 둘 다 일관되게 이익과 이익 창출과 관련된 사람들을 부정적으로 보았다.

나는 한족의 정체성, 공산주의, 유교에 대한 본질화된 해석이 현대 중국에서 사적 시장의 성공에 대한 강한 양면성을 형성했다고 주장하고자 한다. 이러한 양면성은 번영을 둘러싼 대중매체에서의 논쟁과 자본주의적 부패 사건에 대한 대중의 높은 관심을 받는 재판 및 처형에서 입증된다.[8] 이러한 논쟁은 크레이그 게이(Gay 1991)가 정리한 미국의 복음주의 개신교의 자본주의적 성공에 대한 논쟁과 맥락은 전혀 다르지만 유사하다. 복음주의자들과 마찬가지로 중국인들은 "자본주의와 부르주아 문화에 대해 매우 비판적이거나 매우 방어적"(Gay 1991:207)인데, 두 공동체 모두에게 시장의 본질 보다 훨씬 더 중요한 것, 즉 사회적, 민족적 정체성이 걸려 있다는 점에서 이것은 놀라운 일이 아니다. 게이(Gay 1991:161)는 다

---

8   1994년 8월 19일, 〈프랑스통신사(Agence France Press)〉는 국영 기업에서 일하던 중국인 3명이 부패 혐의로 사형에 처해졌다고 보도했다. 각기 다른 회사에서 일하던 진즈린, 우웨이동, 시에평은 각각 75만 3천 위안(미화 87,700달러), 50만 위안(미화 58,275달러), 13만 1천 위안(미화 15,260달러)의 공금을 횡령하거나 뇌물을 받은 혐의로 기소되었다.

음과 같이 지적한다. "실제로 자본주의 그 자체만이 논쟁의 쟁점이 아니라 다양한 복음주의 진영이 자본주의가 긍정적이든 부정적이든 일종의 상징으로만 작용하는 미국 사회에 대한 완전히 다른 사회문화적 비전을 놓고 다투고 있다는 것은 분명해 보인다." 중국에서 자본주의와 경제적 번영에 대한 양면성이 한족 정체성, 공산주의, 유교의 근본이고 본질적인 개념을 반영하는 이유이다.[9]

중국 언론이 경제 자유화에 대해 집중적으로 다루는 주제는 필연적으로 뒤따르는 '도덕적 타락'과 '부패'에 대한 논쟁이다. 중국 전역의 여러 지역 신문에서 선별한 자료를 바탕으로 영자신문 〈차이나 데일리〉가 '그들이 말하고 있는 것'이라는 제목의 칼럼을 통해 방영 및 보도한 일련의 솔직한 토론은 이러한 논쟁의 많은 부분을 드러낸다. 〈차이나 데일리〉는 주로 해외 영어권 독자를 대상으로 발행되는 신문이기 때문에, 전 국민 대상의 정부 공식 신문인 〈인민일보〉에 비해 국가 정책에 대한 지역적 논쟁에 대한 보도가 조금 더 개방적일 수 있다. 한 기사는 중국 신문 〈법률일보〉(1994년 5월 12일 자)에서 발표한 여론조사를 인용했는데, 일반 대중은 시장 개혁을 지지하지만 "시장 경쟁에서는 정직성을 희생하면서 고수익을 추구하는 사람들이 있다. … 사람들은 공정하고 합법적인 경쟁을 바탕으로 돈을 벌어야 한다. … 강제적인 법적 조치로 시장 성과를 규제하는 것은 필수적"('경제의 위험은 도덕적 타락에 있다', China Daily 18 May 1994:3)이라고 주장했다. '봉건적 잔재'라는 섹션에서 저자들은 '봉건적 경제 관계의 잔재는 정치적, 직업적 특권을 가져오고 경제적 독점으로 이어진다. … 청탁, 부정행위, 뇌물은 시장 경제의 부산물이 아니다. 그 대신 봉건적 경제 관계

---

9 사회적, 도덕적 담론을 형성하는 데 있어 양면성의 역할에 대한 뛰어난 논의는 펠레츠(Peletz 1993), 바이게르트(Weigert 1991)를 참고하시오.

의 잔재의 피할 수 없는 결과'('양이 아닌 질에 대한 요구', China Daily 26 May 1994:3)라고 토로했다. 〈경제일보〉에 실린 옌 칼린의 또 다른 보고서에 따르면 기업들은 '보증금'이나 대가를 받는 조건으로만 사람을 고용하는 경향이 있었고 현금을 모으기 위해 다른 형태의 기부금을 요구하는 불법적인 수단을 사용한다고 기록했다. 기사는 다음과 같이 결론을 내린다. "금융 통제를 강화하고 금융 개혁을 확대하여 불법적인 자금 모금을 근절해야 한다"('바람직한 자금 조달이 편법적인 징수를 근절할 수 있다', China Daily 29 Apr. 1994:3). 마지막으로, 국가경제구조조정위원회 관계자 판형샨은 전면 사설을 통해 "너무 많은 사람들이 시장 경제를 오해하고 있다"고 불만을 토로했다. 그는 '이윤'의 올바른 개념에 대해 우려를 드러내며 "건강한 시장 경제는 이윤 추구가 아닌 제조산업에 의해 뒷받침된다. … 일부 사람들은 이윤에 목말라 선물 및 주식 시장을 오도하기 위해 거짓 정보를 제공하고, 열악한 제품을 생산하거나 계약을 위반한다"('시장 경제는 너무 많은 사람들이 오해한다', China Daily 6 May 1994:4)고 말했다.

현지 언론을 가볍게 살펴봐도 시장 경제에 대한 양면성은 이윤의 '올바른' 사용에 대한 교육과 물가를 통제하고, 범죄자를 검거하며, 과잉을 억제하는 국가의 막강한 권한을 통해 해소되어야 한다는 것을 알 수 있다. 1994년 4월 〈월간애틀랜틱(Atlantic Monthly)〉에 실린 인샤오황의 2부작 기사 '중국의 황금시대'는 덩샤오핑의 중국에서 희망의 이면에 많은 혼돈이 있었음을 보여준다. 1994년 〈크리스천 사이언스 모니터〉에 실린 쉴라 테프트의 '부유한 중국, 가족의 시간'이라는 기사에서도 이러한 양면성을 드러냈다. 왕궈핀(가명)은 거실에 CD 플레이어, VCR, 컬러 텔레비전, 냉장고 등 자본주의 중국에서 재정적 성공의 여러 요소들을 갖춘 성공한 상하이 사람이었다.[10] 그러나 왕귀핀은 그의 최근 상황에서 부패한 국민당 치하의 상하이에서 보낸 그의 어린 시절과 기묘한 유사점을 발견했다. "최고 지도자 덩샤오핑과 다른 고위 공산당원들은 당원들에게 탐욕이 만연해 있다고 훈계하지만, 부패는 국민당 시절처럼 만연해 있다. … '다음 세대는 항상 돈을 염두에 두고 있는데 이는 위기다.'"('부유한 중국, 가족의 시간', Christian Science Monitor 25 Aug 1994). 1994년 한 기사에 따르면 중국의 횡령 및 뇌물수수 사건이 1993년에 비해 1994년 상반기에 81% 급증했으며, 최고인민검찰은 6개월 동안 당, 정부, 사법, 법 집행, 경제관리 부서의 관계자 3,000명이 연루된 2만 건의 사건을 조사했다('중국 개

10 1994년 8월 18일 〈토론토 글로브 앤 메일〉 베이징 지사의 '중국, 자동차 시대로의 대도약' 기사에서 보도한 바와 같이, 자동차는 전화기와 CD 플레이어에 이어 덩의 중국에서 새로운 지위의 상징이 되었다. 1992년 중국의 자가용 등록 대수는 70만 대였지만, 이 기사는 1993년 베이징의 한 대리점에서만 한 달에 200대의 자동차를 판매했다고 보도했다. 리샤오화는 1981년 리비아 외교관으로부터 첫 번째 도요타를 구입한 후 현재 많은 차량을 보유하고 있다. "지난 봄, 베이징의 고대 천단 사원에서 엄숙한 의식을 치른 후, 농부였던 그는 중국인 최초로 페라리를 소유하게 되었다. 중국은 자동차 시대로 큰 도약을 하고 있다. 얼마 전까지만 해도 노동자, 농민, 군인들은 투박한 '플라잉 피전(feige)' 브랜드의 자전거를 동경했는데, 이 자전거는 검은색으로만 출시되었고, 몇 달치 월급과 부족한 배급 쿠폰까지 필요했다. 오늘날 자동차는 세계에서 가장 빠르게 성장하는 경제에서 최고 지위의 상징이 되었다." "자가용은 한 국가의 생활수준의 척도이다"라고 말하는 그의 17만 5천 달러짜리 차는 그를 중국의 새로운 잡지 〈카 팬(Car Fan)〉의 표지 모델로 만들었다. 이 백만장자 부동산 개발업자는 흰색과 검은색 메르세데스-벤츠 600 세단 두 대와 아내 장지팡이 운전하는 빨간색 마쓰다 스포츠카 한 대를 포함해 총 7대의 자동차를 소유하고 있다. 허광은 지위에 민감한 고객을 유인하기 위해 베이징 해산물 레스토랑의 통유리창 옆 공간에 두가지 색조의 롤스로이스를 거의 영구적으로 주차해둔다. "그는 롤스로이스를 거의 운전하지 않는다. 그는 보통 메르세데스를 이용한다"고 매니저가 설명했다. 마오 주석의 손자 왕샤오즈(21세)는 최근 관영 신문 〈차이나 데일리〉에 자신의 "가장 큰 소원"이 자동차를 소유하는 것이라고 털어놓았다. 전직 호텔 직원이자 현재 대학에 재학 중인 왕은 자동차 그림을 그리고, 기계공학을 공부하고, 자동차 부품을 수집하는 것으로 만족하고 있다고 말했다.

혁을 위협하는 부패의 급증', Agence France Presse English Wire 30 Aug. 1994).[11]

대부분의 관찰자들은 중국의 경제 호황에 찬사를 보내지만, 중국 관료사회의 가장 심각한 우려는 만연한 부패만이 아니라 내륙과 연안 지역, 도시와 농촌의 경제 성장률의 심각한 불균형이었다.[12] 1994년 3월 전국인민대표회의의 대표단은 베이징 당국에 물가 폭등, 부정부패, 빈부격차 확대에 대한 심각한 불만이 있음을 경고했다. 중앙공산당학교의 싱펑스 부주임은 빈부격차를 공격하며 다음과 같이 경고했다. "제대로 대처하지 않으면 사회 불안과 정치적 불안정을 초래할 것이다"('전인대 대표단, 부패와 물가에 대한 불안을 경고하다', United Press International, 21 Mar. 1994). 한 보고서에 따르면 중국 언론조차 덩샤오핑 사후 과도기에 경제개혁을 제대로 처리하지 못하면 사회가 불안정해질 것이라고 예측했다. 한 작가는 〈차이나비즈니스데일리〉 1면에 실린 기고문에서 마오쩌둥 주석이 없애려 했던 사회적, 경제적 격차를 악화시키는 '빨리 부자가 되어야 하는' 분위기에 대해 불만을 토로했다. 저자는 마오주의 담론에서 농민과 도시 거주자, 가진 자와 못 가진 자, 관리와 인민 사이의 엄청난 격차를 언급하며 "격차가 있는 곳에는 모순이 있고 모순이 있는 곳에는 갈등이 있다"고 경고했다(Schlesinger 1994 인용).

11 당시 기소된 전 국가과학기술위원회의 차관급 인사는 최고위급 관료로 20년 형을 선고받았다.
12 '7월에도 경제 성장세 이어간다'(Agence France Presse 16 Aug 1994)는 제목의 기사에서 그해 7월 수출이 전년 동월 대비 35.7% 증가한 104억 달러를 기록했고, 소비자 물가지수도 24% 상승했다고 보도했다. 1994년 7월 18일 AFP 보고서에 따르면 1994년 상반기 전체 성장률은 11.9%로 추정되었다. 1994년 8월 30일의 또 다른 AFP 보고서는 중국 주요 도시의 7월 인플레이션을 24.2 %로 추정했으며, 식품 가격은 31.9%, 곡물 및 채소 가격은 각각 57.8%와 29.7 % 상승했다고 기록했다.

불균등한 경제 성장으로 인해 내륙과 북부 지역에서 남부 해안 지역으로, 마을에서 도시로 일자리와 더 나은 삶을 찾아 대규모 인구 이동이 발생했다.[13] 1994년 한 기사에 따르면 공식적으로 1억 명으로 추산되는 이 '유동 인구'가 20세기 말까지 2억 명으로 증가할 것이라고 예측했다('중국의 농촌 이탈이 해안 지역의 안정을 위협하고 있다', Agence France Presse English Wire 24 Aug. 1994). 다른 추산에 따르면 이 수치를 이미 넘어섰다는 보고도 있으며, '혼돈'을 피하기 위해 중서부 지방에 대한 투자가 촉구되기도 했다.[14] 그러나 근본적인 문제는 남부 및 도시의 경제 호황이 내륙에서 온 값싼 이주 노동에 의해 촉진되었다는 점이다. 이러한 이주 노동자들은 중국의 실업률이 급격히 증가하는 데 기여했다('2000년에 2억 6천8백만 명이 일자리를 잃는다', Agence France Presse 16 Aug. 1994).[15] 1994년 2월 내가 취안저우에서 방문했던 푸젠성 테니스화 공장에서는 고용된 노동자 89명 중 현지인은 5명뿐으로 주로 관리직에 종사하고 나머지는 일당 25~75위안(3~7달러)의 매우 적은 임금을 받고 하루 단위로 고

---

13 해안 지역과 내륙 지역 간의 불균등한 경제 성장으로 인해 일반적으로 남서부 내륙과 북서부 국경 지역에 집중되어 있는 소수민족 간의 격차도 커지고 있다('중국의 소수민족, 빈곤의 덫에 맞서다', 1994년 6월 22일, Agence France Presse English Wire). 소수민족의 경제 동향에 대해서는 매케라스(Mackerras 1994:198-233)의 유용한 논의를 참조하시오. 후이족은 사업 기회를 활용하려고 노력했지만, 일반적으로 후이족과 다른 무슬림 소수민족의 소득 수준은 다른 국가 무슬림 민족들에 비해 훨씬 뒤쳐져 있다(Gladney 1995 참조).
14 1994년 8월 19일, 파이낸셜 타임즈는 해안 지역과 내륙 지역 간의 경제 격차를 줄이기 위해 중국이 향후 6년 동안 11억 6천만 달러의 소프트 론을 외딴 지역의 농촌 기업에 제공할 계획이라고 보도했다.
15 〈에이전시 프랑스 프레스〉는 중국 노동부가 실업자 수가 농촌에 2억 명, 도시에 6,800만 명에 달할 것으로 예상한다고 보도했다. 이 기사가 작성될 당시 농촌에는 1억 명의 '잉여 노동자'가 있었고, 1994년 말에는 등록 실업자가 500만 명에 달할 것으로 예상되었다.

용되는 경우가 많았다. 마을 인구는 평소의 3배로 불어났고, 인구의 3분의 2가 외지인이었다. 광둥성과 마찬가지로 현지인이 기업을 통제하고 더 가난한 외지인이 노동자로 일했다. 공장은 소수민족인 후이족이 소유하고 있었기에 나는 사장에게 가난한 노동자들 사이에서 반후이족 정서가 문제가 되지 않는지 물었다. 그는 내 질문에 다소 놀란 표정으로 "이 사람들은 내가 후이족인 줄도 모르고 기꺼이 누구에게나 돈을 받으려고 한다"며 "그들이 싫어하는 것은 우리 푸젠 사람들이 자신들보다 훨씬 더 많은 돈을 가지고 있다는 사실"이라고 답했다. 이 지역에서는 민족적 긴장이 후이족 대 한족에서 현지인 대 외지인으로 옮겨가고 있었다. 이 경우 대부분의 노동자들이 저장성 출신이었기 때문에 푸젠성-저장성 사이에 긴장이 존재했다.[16]

1997년 덩샤오핑이 사망하기 전부터 그가 남긴 유산은 중국 경제의 폭주에서 소외된 계층에 의해 비판적으로 평가되고 있었다. 한 기자에 의하면, 그가 아흔 번째 생일을 이례적으로 침울하게 보낸 이유는 건강 때문이 아니라 그의 성취에 대한 양가성 때문이었다고 전했다. 울리 슈메처('90세의 덩, 개혁에 필요했던 강력한 지도자', Chicago Tribune 21 Aug. 1994)는 베이징에서 덩의 개혁은 그의 건강

---

16 마찬가지로 도시민과 부유한 현지인들은 일반적으로 모든 범죄와 사회 문제를 영구 주택, 지역 등록, 노동 허가증이 없고 도시 외곽의 임시 거주지에 거주하는 경우가 많은 망류(이주민)의 탓으로 돌린다. 인샤오황은 중국으로 돌아온 후 농민공에 대한 도시민들의 편견이 커지고 있다는 사실에 놀랐다. "상하이의 한 택시 기사는 이주 농민공은 모두 잠재적 '범죄자'라고 주장했다. 고향에서는 안후이성에서 온 농민 거지들이 길거리에서 잠을 자는데도 아무도 관심을 기울이지 않았고, 친구들에게 이 얘기를 하면 어깨를 으쓱하며 '그래서 뭐?'라고 대답했다. 그들 중 일부는 심지어 내륙 지역의 농민들이 가난하게 사는 이유는 돈을 낭비하고 그곳의 효율성 부족으로 부지런한 노동자들이 부랑자로 전락하기 때문이라고 주장하기도 했다"(인샤오황, '중국의 황금 시대: 2부', Atlantic Monthly Apr. 1994).

만큼이나 위태로웠다고 보도했다.

중국이 자본주의로 전환하는 과정에서 수백만 명의 중국인이 부의 경쟁에서 소외되거나 이윤을 추구하는 국영기업에서 해고되었다. 이 노동자들은 더 이상 덩을 마오쩌둥의 문화대혁명의 광기에서 평화와 번영의 시대로, 고립에서 국가 간의 형제애로 중국을 이끈 우상으로 보지 않았다. 베이징 북쪽 마을의 농민 왕바오는 "덩이 우리에게 사유지를 줬는데 작년에 탐욕스러운 당 관리들이 컴퓨터 공장을 짓기 위해 땅을 빼앗아갔다"고 말했다. "덩은 이 말도 안 되는 일을 막기에는 너무 늦었다." 한 계절 노동자는 "예전에는 아침에 일어나면 분명히 일자리가 있었는데, 이제 삶이 훨씬 더 힘들어졌다. 덩은 아무것도 할 수 없다. 그가 시작했지만 이제 모두가 알아서 해야 한다"고 말했다. 후계구도에서 역할을 찾으려는 좌파들은 개혁의 과열된 속도를 비판했으며, 최근 당 내부 캠페인은 덩이 1989년 6월 4일 천안문 광장에서 시위대에 실탄을 사용하도록 지시했다는 의혹을 제기하기도 했다. 이 보고서는 또한 병든 지도자가 여전히 중국과 서방의 관계를 괴롭히는 학살에 대한 희생양이 되는 모습을 기록했다.

이 보도는 시장 개혁이 중국 국민 대다수에게 엄청난 지지를 받고 있다는 사실은 무시한 채 중국 자본주의의 '균열'을 찾으려는 서구 기자들의 전형적인 행태로, 모두에게 돌아가는 시장 자유화의 혜택과 커져가는 빈부격차의 양면성을 드러낸 것이기도 했다. 내가 1994년 3월 베이징에서 베이징 외사판공실의 한 관료와 만났을 때, 그는 대부분의 중국 지도자들이 가장 두려워하는 것은 자신들의 권위에 도전하는 또 다른 우얼카이시, 즉 학생 지도자가 일어나는 것이 아니라 또 다른 마오쩌둥이라고 말했다. 당시에 덩의 지지자들은 시장 개혁이 충분히 진행되지 않았다고 생각했던 반면, 나중에 그를 비방하는 사람들은 시장 개혁이 과하게 진행되었을 수 있다고 주장했다.

중국에서 논의되는 또 다른 이슈는 시장 개혁으로 인한 스트레스와 비만의 증가였다. 1994년 한 뉴스 기사에서는 스트레스와 비만으로 인한 심혈관 질환이 현저히 증가하고 있다는 조사 결과를 보도했다('경제 호황의 그늘이 된 비만과 스트레스', Agence France Presse English Wire 5 Aug. 1994). 8천만 명 이상의 사람들이 고혈압 치료를 받고 있으며 그 수는 1984년에 비해 25% 증가했다. 이 기사는 스트레스와 비만 문제를 경제 호황의 탓으로 돌렸고, 〈로스앤젤레스 타임스〉(Los Angeles Times 30 Aug. 1994)는 중국의 새로운 부가 '게으르고 비활동적인 사람들의 국가(a nation of couch potatoes)'를 만드는 것을 우려한 정부가 운동을 장려하고 체력을 증진하기 위해 한 사람당 최소 두 가지의 새로운 운동을 시작하고 하루에 20분씩 운동을 하도록 하는 캠페인을 벌이고 있다고 보도했다.

마지막으로, 새로운 부의 증가는 새로운 롤모델을 필요로 했다. 1994년 〈프랑스통신〉의 자일스 휴잇은 "중국의 경제 호황으로 맘몬과 이윤의 신이 옛 공산주의 판테온의 고결하고 자기희생적인 모범을 대체하면서 많은 사람들이 근대 영웅의 죽음을 애도하고 있다"고 보도했다. 〈광명일보〉는 국민들이 직면한 도덕적 위기 속에서 "영웅은 어디에 있는가"라고 물었다. 목숨이 위태로운 상황에서도 도움을 요청하면 돈을 요구하는 사람들의 이야기에 이타적인 공산주의 영웅 레이펑 시절에 대한 향수가 수면 위로 떠오르기 시작했다.[17] 현대의 영웅들에게 보상하기 위해 설립된 장쑤성의 '용기 기금'은 현재 210만 위안의 기부금을 모으기도 했다. 1950년대와 1960년대 중국을 미국과 비교한 중국사회과학원의 즈중쥔 교수의 말을 인용한 기사는 "당시에는 물질만능주의가 만연했고 미국 젊은이들은 만연한 사회 분위기와 도덕성에 불만을 품게 되었다"고 전했다.

한족과 후이족의 시장 관점: 대조적인 도덕성

장쩌민과 그의 후계자 후진타오에 의해 이어진 덩의 시장 개혁에 따라온 사회적 병폐에 대한 중국 내 논쟁은 번영과 이익, 그리고 중국이 걸어온 자본주의의 길에 대한 근본적인 양가성을 반영한다. 새로 찾은 시장의 자유를 전적으로 지지하는 사람들이 있었지만, 폭주하는 인플레이션, 소득 격차의 확대, 만연하는 부패와 범죄에 대한 우려가 커지고 사회 격변에 대한 두려움이 확산되면서 마오시대의 평등주의라는 '좋았던 옛날'에 대한 향수도 커지고 있었다. 또한 덩샤오핑의 개혁에 대해 해결되지 않은 많은 의견들, 정치적으로 그의 양측에 있던 세력들이나 그의 후계자가 되고자 했던 사람들에 의해 손쉽게 조작되었던 의견들이 드러났다. 농촌의 단순함과 토지에 대한 의존성을 강조하는 한족 농경주의, 위계질서가 잘 유지되고 상인을 사회의 하층에 두는 유교, 개인의 이익보다 평등주의와 공동선을 강조하는 공산주의라는 본질적인 유산은 50

---

17 또 다른 기사에 따르면 마오쩌둥 주석이 공산주의자의 자기희생과 연민의 이상적인 롤모델로 삼았던 이타적인 당원 레이펑의 이미지가 덩의 중국에서 퇴색된 것이 아니라 변모하고 있다고 보고했다. 다롄의 일본 투자 기업 위안텐에서는 관리자들이 모범 노동자에게 '레이펑 카드'를 나눠주기 시작했는데 이 카드는 이타적인 행동에 대한 칭찬의 증서가 아니라 가장 생산성이 높은 노동자에게 수여하는 것으로, 이 카드를 현금화해 보너스나 해외 여행에 사용할 수 있었다.

여 년의 당 통치 이후에도 쉽게 사라지지 않을 것이다. 덩샤오핑의 후계자들은 성과 없이 대학에서 그의 길을 모색하는 또 다른 마오쩌둥이 나타나지 않기를 희망할 것이다.

반면, 후이족, 위구르족, 기타 무슬림 커뮤니티는 교역에 참여하고 출세의 기회를 극대화하려는 열망으로 경제 활동에 합류한다. 이들의 동기가 개인적 풍요, 종교적 발전, 공동체의 연대성 강화 등 무엇이든, 중국 사회에서 주변적 존재인 이들은 무역과 중개가 생존과 자기 강화에 필요한 중요한 기술이며, 중국 주류민족 내에서 또는 비무슬림 국가에 대항하여 수년간 상대적 고립을 겪으며 발전시킨 이윤 창출의 기술이 높은 평가를 받고 문제시되지 않는 위치에 놓이게 되었다.

그러나 국가가 통제하거나 예측할 수 없었던 것은 후이족의 민족종교적 전통이 후이족의 기업가 정신과 종교적 관습에 미친 중요한 영향이다. 초기 중국 스탈린주의 민족 정책이 민족과 종교를 분리하고 경제 발전을 장려하여 더 진보된 민족, 즉 한족과의 동화를 가속화하려는 것이 분명했지만(Connor 1984:67-71; Dreyer 1976:43-50 참조), 그렇게 진행되지 않았다. 경제 발전과 함께 민족종교적 부흥과 외부 이슬람 세계와의 연결에 대한 인식이 커져갔다. 국가가 외국 무슬림 정부의 중국 투자를 장려하고 요청했지만 그들은 일반적으로 공장 대신 모스크를 짓는 것을 선호한다는 것을 알게 되었다. 이처럼 후이족 사이에서 정부는 종교적 이익을 민족과 분리할 수 없었고, 경제 발전과 이슬람에 대한 자각도 분리할 수 없었다.

후이족 무슬림은 자본주의 경제 참여에 대한 서로 다른 합리화를 공유하면서도 주변 한족과 많은 공통점을 가지고 있다. 무슬림 조상을 편안하게 모시고, 돼지를 기르며, 남부 푸젠성 정치 문화에 적극적으로 참여하는 취안저우의 후이족은 동양/서양, 무슬림/유교, 세속/성스러움의 이분법에 반대할 것이다. 대신 이슬람교, 유교적 전통, 남부 민족의 대중적 종교, 동남아시아 비즈니스와의 일상적인 교류로 인해 활기찬 문화적 정체성을 형성했다. 그들은 국가에 의해 '후이족'으로 분류되기는 했지만 어떤 범주에도 쉽게 놓일 수 없을 것이다. 북서부의 나씨 마을은 가족적 연대, 가부장제, 위계질서, 근검절약, 근면, 끈기, 정직 등 유교적 가치관으로 간주하기 쉬운 관점을 공유하고 있다. 그러나 경제적 번영에 대한 그들의 명시적인 동기는 종종 종교적, 민족적 목표의 관점에서 설명된다. 각각의 사례에서 시장의 성공에 대한 경향이 아니라 정부 정책에 대한 적응과 개인의 생존을 위한 사회경제적 상황이라는 가혹한 현실을 발견할 수 있다. 후이족에게는 번영이나 그로 인해 발생할 수 있는 사회적 병폐는 문제가 되지 않으며, 일반적으로 번영은 민족을 위한, 그리고 종종 종교를 위한 좋은 것으로 여겨진다.

도덕적 양면성이 시장 관행의 여러 측면을 특징짓는 한족의 경우는 그렇지 않다. 또한 동질적이고 통일된 것으로 널리 알려진 한족의 정체성은 문화적, 지역적 표현에 따라 빠르게 해체된다(Friedman 1994 참조). 현재 중국에서는 광둥인과 상하이인이 되는 것이 인기 있으며, 종종 문화적 단층선을 따라 그려지는 지역적 권력 기반이 부활하고 있다.

이 장에서는 덩샤오핑과 그 후계사들이 통치헤온 중국에서 무슬림과 한족의 경제적 관행 및 성공에 대한 견해를 비교함으로써 유교와 이슬람에 대한 광범위한 일반화보다는 보다 맥락에 맞는 공동체 기반 연구의 필요성을 제시하고자 했다. 한족과 무슬림 공동체 내의 특정 관습에 대한 논쟁은 그 관습에 대한 일반화보다 더 많은 것을 드러낸다. 중국과 중동 사이의 어딘가에 위치한 후이족은 이슬람과 유교, 또는 동양과 서양을 구분하려는 사람들에게 중요한 대안을 제시한다.

7부 정치화

14장
걸프전과 난민들

중국과 중동

2001년 9월 11일의 사건과 그 후 테러와의 전쟁으로 인해 중국은 무슬림 인구가 많은 국가로 널리 인식되었다. 약 1,800만 명에 달하는 무슬림(2000년 인구조사에서는 1,860만 명으로 보고되었으나, 여전히 많은 무슬림이 소재가 파악되지 않거나 무슬림 민족으로 등록을 거부함)을 보유한 중국은 가장 인구가 많은 무슬림 국가 중 하나로 꼽힌다. 중국의 무슬림 인구는 전체 인구와 비교하면 미미하고(중국 13억 인구 중 무슬림은 2% 미만), 인도네시아, 방글라데시, 파키스탄 같은 다른 아시아 국가의 방대한 무슬림 인구와 비교해도 미미하지만(말레이시아, 태국, 필리핀 또는 다른 동아시아 국가보다는 많음), 이 장에서는 중국의 무슬림이 중국 국내 및 국제 정치에 미치는 영향에서 그 수에 비해 중요한 역할을 맡고 있다고 주장한다. 지난 12년간 걸프 지역에서 발생한 사건에 대한 중국 무슬림의 다양한 반응은 이 서발턴 주체의 변화하는 입장에 대해 많은 것을 알려준다.

중화인민공화국은 유엔 안전보장이사회의 5개 상임이사국 중 하나이자 중동에 군사 장비를 대량으로 수출하는 국가로서 중동 문제에서 중요한 역할을 하는 국가가 되었다. 1989년 6월 천안문 대학살 사태로 많은 서방 국가들과의 교역이 일시적이지만 급격하게 감소한 이후, 중국의 중동 무역 파트너들(1992년까지 중국은 이스라엘을 인정하지 않았기 때문에 대부분 무슬림 국가들)의 중요성이 크게 증가했다. 이는 중국이 1990년 8월 사우디아라비아와 외교 관계를 수립하고 1949년 이후 처음으로 중국과 사우디의 직접 교류가 이루어지는 상황을 설명한다(사우디아라비아는 이득이 되는 교역의 역사에도 불구하고 오랜 기간 지속되어온 대만과의 외교 관계를 단절하고 대사를 철수시켰다).[1] 이라크와의 오랜 우호 관계에도 불구하고 중국은 1991년 이라크와의 전쟁에서 대부분의 유엔 결의안에 찬성했다. 비록 지상전 지원에 관한 결의안 678호에 기권했고(Harris 1991a), 2003년 사담 후세인에 대한 미국 주도의 연합군 전쟁을 지지하지는 않았지만, 중국은 저급 무기와 값싸고 믿을 수 있는 노동력의 공급처로서 중동에서 '테플론'같이 손상되지 않는 명성을 누리고 있다.[2] 베이징

1 1990년 사우디아라비아의 중국 인정으로 절정에 달한 중국과 사우디아라비아 간의 군사 교역 증가에 대한 논의는 시초르(Shichor 1989)를 참고하시오. 동시에 사우디는 대만의 번영하는 경제와 사우디아라비아와의 오랜 우호 관계에도 불구하고 대만과의 관계를 단절했는데, 이는 중동 관계에서 중국의 무기 수출이 얼마나 중요한지를 보여준다. 무기는 중국과 중동 관계에서 항상 중요한 역할을 해왔다. 1956년 5월 중국을 인정한 이집트는 1950년 이후 중국을 인정한 최초의 국가로 외교적 봉쇄에 처음으로 균열을 일으켰다는 점에서 중국에게 매우 중요했으며, 신장 위구르족이 이끄는 무슬림 하즈 대표단에게는 거의 쿠데타로 간주되었다(Shichor 1979:40-5; Behebhani 1981; Calabrese 1991 참조). 처음부터 이집트의 중국 인정은 무기 거래와 관련이 있었는데, 당시 유엔에서 중국을 대표하지 않았던 중화인민공화국을 대표로 인정함으로써 나세르는 (유엔 봉쇄로 인해 이집트로의 수출이 금지된) 소련 무기의 뒷길을 확보할 수 있었다. 중국-중동 문제에서 중국 무슬림의 역할에 대해서는 크리스토퍼슨(Christofferson 1993)을 참고하시오.
2 중국 정치사학자 릴리안 해리스 박사(Harris 1991a)는 중국이 결의안 678호 표결에서 기권함으로써 쿠웨이트 재건에 참여할 기회를 상실했고, 이후 저서(Harris 1993b: 3-6)에서 전후 걸프에서 중국의 역할에 대한 계산을 다소 수정했지만 중동에서 영향력을 확대할 기회를 놓쳤다고 주장했다. 중국은 1990년대 내내 미래의 무역 기회를 위해 이라크와의 통로를 열어두는 것뿐만 아니라 저급 재래식 무기와 신뢰할 수 있는 노동력의 값싼 공급처로서 이 지역에서의 지위를

의 유명한 니우지에 모스크의 전 지도자였던 고 이맘 시쿤빙의 말처럼 "현재 중동에 많은 것이 걸려 있는 상황에서 정부는 이슬람 소수민족을 적대하는 위험을 감수할 수 없을 것이다."

중국 정부는 2003년 이라크 전쟁을 지지하지 않았고 민간인의 부수적 피해 가능성에 대해 '강한 우려'를 표명하며 평화적 해결을 촉구하긴 했지만, 흥미롭게도 무슬림들이 정부보다 먼저 공개적으로 전쟁을 규탄하고 나섰다. 중국이슬람협회의 천광옌 부회장은 2003년 3월 23일 발표한 성명에서 "우리는 미국과 그 동맹국들이 이라크를 공격하고 이 분쟁을 외교적으로 해결하지 않는 것을 강력히 규탄한다. … 우리는 미국을 비롯한 전 세계의 전쟁 반대 시위대의 편에 서 있다. 우리는 미국이 군사행동을 중단하고 이 문제를 해결하기 위해 협상 테이블로 돌아올 것을 강력히 촉구한다. 전쟁은 잘못된 것이다"(Cheng 2003)라고 말했다. 다음 날, 7만 명의 신도를 거느린 시안 대사원의 주지 이맘 하지 무함마드 누스르 마량지는 다음과 같은 성명을 발표했다.

> 우리가 중동에 자주 가지는 않지만 우리는 모두 같은 형제애의 일원이다. … 부시 대통령의 이라크 침공은 이라크 주권에 대한 침략이다. 이슬람은 평화의 종교이며 미국은 그렇게 해서는 안 된다. 세계 어느 누구도 이에 동의하지 않으며 중국 무슬림 커뮤니티는 이에 절대적으로 반대한다. (Cheng 2003)

유지하기 위해 열심히 노력했다. 양상쿤 전 주석은 1990년 가을 중동 6개국을 순방하며 분쟁에 대한 중국의 입장을 설명하고 값싼 무기를 공급하는 한편, 중국 건설사들이 지난 3년 동안 상당한 비용을 들여 건설한 카이로 헬리오폴리스 지역의 이집트 국제회의센터를 예기치 않게 기증하기도 했다.

이 성명이 발표된 직후 베이징의 니우지에 지역에 있는 중국이 슬람협회 본부를 방문했을 때, 협회 회장인 하지 위정귀는 중국 전역의 무슬림들이 미국 주도의 전쟁에 깊은 분노를 느끼고 있으며, 거리 시위에 참여할 수 있도록 정부에 허가를 요청하고 있다고 확인시켜주었다. 2003년 3월 말 현재, 창즈(산시성), 톈진, 난징, 베이징, 산둥에서 소규모 무슬림 시위가 열릴 것이라는 소문이 돌긴 했지만 허가는 나오지 않았다. 3월 말과 4월 초에 외국인과 학생들의 시위를 정부가 일부 제한적으로 허가했지만, 무슬림 시위가 걷잡을 수 없이 커져 사회 안정을 해치거나 중미 관계 개선에 지장을 줄 수 있다는 우려 때문인지 이라크 전쟁에 대한 무슬림들의 시위는 결코 허용하지 않았다.

중국의 무슬림 서발턴은 중국 국내 및 국제 관계에서 분명 더 두드러진 위치를 차지할 만큼 확장되고 있었다. 한편, 여러 연구들은 무슬림의 정체성이 마치 통일된 것처럼 '중국의 무슬림'으로서 한 목소리로 말하는 것처럼 묘사하는 경향을 보여왔다. 그러나 공식적으로 무슬림 인구에는 10개의 민족이 존재하고 각 민족 내에서도 이슬람 및 정치에 관한 의견이 엄청난 차이를 보인다. 이 장에서는 걸프전과 그 여파에 대한 중국 내 특정 무슬림 커뮤니티의 반응을 살펴봄으로써 중국이 무슬림 집단을 얼마나 중요하게 여기는지, 그리고 최근 중동 사태에 대한 무슬림의 입장을 단일화시켜 일반화하는 것이 얼마나 어려운지를 설명하고자 한다.

초국적 이슬람과 중국에서의 무슬림 국가 정체성

국내적으로 중국은 최근 몇 년 동안 더욱 커지고 있는 무슬림의 목소리를 무시할 수 없을 것이다. 무슬림 인구의 비율은 상대적으로 적지만, 대부분 몽골, 러시아, 카자흐스탄, 키르기스스탄, 타지키스탄, 아프가니스탄, 파키스탄과 국경을 접하고 있는 북서부 지역에 집중되어 있다. 중국 인구의 10% 비만이 이 지역에 거주하고 있다고 하더라도, 소수민족 지역이 국토의 60% 이상에 분포하고 있으며 국토의 북쪽과 북서쪽에 무슬림 인구가 집중되어 있다. 지난 몇 년 동안 한족의 이주로 인해 이 지역에서 무슬림의 지배력이 줄어들기 시작했지만(1990년 인구조사에 따르면 한족은 신장 위구르 자치구 인구의 49%를 차지함), 여전히 모든 국경 지역에서 무슬림의 존재감은 뚜렷하다. 또한 중국의 많은 석유, 광물, 원자력 자원이 북서부에 집중되어 있다. 1986년 5월 파키스탄-중국 카라코람 고속도로 개통, 1988년 우루무치-이스탄불 직항로 개설, 1990년 10월 중앙아시아를 관통하는 유라시아 횡단철도 완공으로 인해 인적, 물적, 그리고 경화의 교역이 급격히 증가했다.

    이 지역에서 무슬림의 봉기는(1986년 12월, 1988년 6월 15일, 1989년 5월 12~19일, 1990년 4월 5~6일, 1993년 8월, 그리고 1990년대 후반에 단기간에 수 차례 발생) 중국 정부에게 중대한 우려 사항이었다. 1989년 5월 중국의 많은 무슬림들이 한 중국 서적이 살만 루슈디의 『악마의 시』만큼이나 자신들에게 모욕적이라고 주장하며 항의한 것은 전국적으로 조직화된 새로운 차원의 이슬람 운동이 시작되었음을 보여주었다. 베이징에서 시안, 우루무치까지 무슬림들은 행진을 조직하고 정부 지도자들을 만났으며, 결국 책의 금지와 출판사 폐쇄는 물론이고 저자를 구속하는 목표까지 달성했다.[3]

    1990년 4월 5~6일 신장 남서부 키질수 키르기즈 자치구 악토현의 작은 마을 바렌에서 토지 소유권 분쟁으로 위구르족 무슬림

---

3   중국 후이족과 위구르족의 '살만 루슈디' 스캔들에 대한 자세한 내용은 글래드니(Gladney 1994)를 참고하시오.

22명(관영 언론에 따르면 비공식 사망자 수는 50~60명)[4]이 살해된 사건으로 인해 6개월이 넘도록 신장 자치구 전체에 외국 언론인과 지역 경제를 위한 외국인 관광객까지 출입을 금지시켰다.[5] 1993년 8월 '튀르키스탄 독립'을 요구하며 무장투쟁을 벌이던 위구르 분리주의자들이 두 개의 폭탄으로 정부 건물을 파괴했으며, 이후 신장 지역에서는 최소 30건의 폭탄 테러가 발생했다. 위구르 분리주의자들에 대한 지원은 중앙아시아의 동조자들과 중동, 특히 튀르키예의 위구르 이민자 공동체를 통해 이루어지고 있다. 카자흐족, 타지크족, 우즈벡족, 타타르족, 키르기즈족 인구의 대다수가 중국 밖에 거주하고 있으며 덩샤오핑과 그 이후 정부에서 국제 무역이 장려됨에 따라 이들과의 접촉이 증가하고 있다. 중국의 가장 중요한 초국적 소수민족인 무슬림은 (중국 인권 기록의 취약한 저변에서 고통스러운 관계를 지속하는 티베트인을 제외하면) 중국의 중앙아시아, 중동 및 무슬림 아세안 국가와의 무역에서 지정학 및 국제경제에서 중요한 역할을 담당하고 있다.

    무슬림은 국제적으로 중국의 외교 문제를 고려하는 데 있어 점점 더 중요한 역할을 하고 있다. 성지순례자 수가 경이로운 속도로 증가하고 있을 뿐만 아니라 중국을 방문하는 중동 관광객도 급격히 증가하고 있다. 1979년 19명이었던 메카 순례객이 2001년에는 6천 명을 넘어섰으며, 대부분 개인 자금으로 순례를 떠났다

---

4   Xinjiang Television Network, 21/22 Apr. 1990(FBIS-CHI-90-078, 23 Apr. 1990:60, 62); Istanbul's Gunaydin, 24 May 1990:11(FBIS-CHI-90-104, 30 May 1990:72); Christian Science Monitor 16 Apr. 1990:4; Far Eastern Economic Review 19 Apr. 1990:10-11; New York Times 23 Apr. 1990:A3; Amnesty International 1992:2-5 참고.

5   이전과 이번 봉기에 대한 현지 위구르 지도부의 대응에 대한 유익한 분석은 툽스(Toops 1991), 중국-중동 관계에서 신장의 위치에 대한 분석은 해리스(Harris 1993a)를 참고하시오.

(Shichor 1989:7; Gladney 1996a:332-6 참조). 민간 및 국가가 후원하는 외국인 무슬림 관광객과 사업가들이 베이징을 방문하는 사례가 증가하면서 1990년 베이징시는 주요 쇼핑가인 왕푸징 거리에 4성급 '무슬림 호텔'을 개장하고, 무슬림 관광객을 유치하기 위해 니우지에 무슬림 지역을 '무슬림 연합민족 문화지구'로 지정했다.

카이로 외곽의 스포츠 경기장, 나일강변의 코르니체 도로, 케냐-탄자니아 고속도로, 기타 수많은 도로, 교량, 댐 등 잘 알려진 건설 프로젝트를 진행하는 등 제3세계 무슬림 국가에 저비용 개발 프로젝트를 제공하는 중국의 여러 국영 건설 회사에는 중국 출신 무슬림이 통역 및 '문화 컨설턴트'로 일하고 있다. 이 무슬림들은 해외의 같은 신도들을 대하는 방법을 잘 알고 있으며, 대체로 유창한 아랍어로 대화할 수도 있다. 1990년대에 중국에서는 개발 계약을 늘리기 위해 후이족 무슬림이 수장으로 있는 국가 및 민간 합동 '무슬림 건설 회사'가 여러 개 설립되었다. 1991년에서 1993년 사이에 이루어진 중국에 대한 해외 무슬림의 직접 투자를 통해 샤먼 국제공항과 푸젠성의 민지앙 수력발전소 건설을 비롯해 북서부 전역에 여러 주요 개발 프로젝트가 성사되었다. 한편, 중국 정부는 공장을 짓고 싶어 하는 반면, 외국 무슬림은 알라를 위한 건축물을 짓고 싶어 하는 경우가 많기 때문에, 예상치 못하게도 거액의 기부금이 신장, 간쑤, 칭하이, 닝샤에 모스크와 마드라사를 짓는 데 사용되었다.

정확한 무역 수치를 구하기 어렵고 군사적 이전도 거의 포함되지 않지만, 국제통화기금은 1982년부터 1988년까지 중국이 14개 아랍 국가 및 이란과의 무역에서 총 2,089억 달러를 수출하고 5억 7,700만 달러를 수입했다고 기록했다(International Monetary Fund 1990). 시초르(Shichor 1989:14)는 1991년 걸프전 이전에 중동에서 활동하는 중국 건설회사가 거의 70개에 달했으며, 이들 중 상당수는 무슬림이 이끌었고, 매년 평균 5만 명의 중국 노동자가 중동에서 일하고 있으며, 총 매출액은 80억 달러에 달했을 것으로 추정했다. 전쟁이 시작된 후 이라크에 갇혀 있던 중국인 노동자는 4천여 명으로 추정되는데 이라크인들은 처음에는 출국 허가를 거부했었다(Harris 1991a). 1985년부터 1987년까지 무역이 절정에 달했던 이집트에는 최대 1만 명의 중국인 노동자가 있었고, 놀랍게도 이집트는 중국산 잠수함을 보유하고 있다.

이러한 프로젝트의 대부분은 1957년에 설립된 국가가 지원하는 중국이슬람협회를 통해 조정되며, 이 협회는 모든 무슬림 문제를 감독하고 이슬람 관련 출판을 조정하며, 미래의 이슬람 학자와 이맘을 양성하고 지역의 모스크 커뮤니티와 연락을 취한다. 최근 몇 년 동안 외국 무슬림과의 교류가 폭발적으로 증가하면서 중국의 국제 문제에 대한 이 기관의 영향력은 물론 지역 차원에서 분권화된 권한도 함께 커졌다. 중국 전역에서 무슬림들은 이제 스스로 모스크와 마드라사를 건설하고 있으며, 지역사회 기반의 민간자금으로 점점 더 많은 무슬림들을 성지순례에 파견하고 있다. 문화대혁명 기간 동안 중국에서 모스크가 광범위하게 폐쇄되고 파괴되었지만, 현재 중국에는 1949년 이전보다 훨씬 더 많은 모스크가 존재한다. 이러한 종교단체 중 상당수는 중국 헌법의 종교의 자유 조항을 근거로 그들의 내부 문제에 대한 중국이슬람협회의 권위를 인정하지 않는다. 더 중요한 것은 지역의 당 지도자들이 소수민족을 차별하고 무슬림을 가혹하게 대우한다는 비난을 받지 않도록 무슬림 활동에 간섭하는 것을 꺼린다는 점이다. 대부분의 지방 간부들은 사소한 위반에 대해서는 무시하고 중앙 정부가 개입할 때까지 기다리는 편이다. 하지만 베이징은 신장이나 닝샤에서 멀리 떨어져 있다.

이러한 진전은 중국이 무슬림 소수민족을 얼마나 중요하게 여기는지 잘 보여준다. 또한 중국 전역에 분포되어 있는 무슬림 공동체의 다양성도 보여준다(1990년 인구조사에 따르면 중국 전체 현의 97%에 무슬림이 분포함). 1950년대 중국은 소련의 영향을 받은 민족 식별 프로그램을 도입하여 10개 민족을 주로 무슬림으로 인정했다. 여기에는 소련에 의해 식별되었던 튀르크어를 사용하는 우즈벡, 타타르, 카자흐, 키르기즈, 위구르족, 페르시아어를 사용하는 타지크족이 포함되었으며, 중국 고유의 4개 민족으로 튀르크-알타이어 방언을 사용하는 둥샹, 살라르, 바오안족과 주로 중국어를 사용하는 후이족이 있다.

이슬람 운동과 부흥운동

이 장에서는 걸프지역에서 발생한 사건에 대해 후이족과 위구르족의 시각에서 제기된 문제를 다룬다. 다른 무슬림 민족의 견해는 다루지 못했는데, 중동 문제와 테러와의 전쟁에 대한 그들의 견해에 대해 내가 인터뷰할 기회가 많지 않았다. 무슬림의 의견이 정부의 입장과 일치하지 않는 한 언론에 잘 반영되지 않는 것은 언론이 중국 정부의 통제와 감시를 받기 때문이다. 1차 걸프전이 한창이던 1991년 2월, 3주 동안 베이징과 중국 남동부 해안에 머물면서 나는 여러 관점과 중국 각지를 대표하는 후이족들과 회의를 가졌다. 또한 중국이슬람협회, 중국사회과학원, 중앙민족연구소의 관계자들과도 인터뷰를 진행했으며, 선행 연구(Gladney 1996a)를 통해 구축했던 광범위한 비공식 접촉도 진행했다. 2003년 이라크 전쟁 기간 동안에도 나는 광저우, 우루무치, 카슈가르, 베이징에서 현지 무슬림 및 정부 관리들과 후속 인터뷰를 진행했다. 그들의 견해는 비록 통일되거나 완전한 것은 아니지만 중국 내 무슬림 여론의 지배적인 윤곽에 대해 많은 것을 알려준다.

위에서 언급했듯이 840만 명의 위구르족은 주로 신장에 집중되어 있긴 하지만, 후이족은 중국 내 10개 무슬림 민족 중 가장 널리 분포되어 있으며 중국 전체 무슬림의 거의 절반(2000년 인구조사에 따르면 860만 명)을 차지한다. 후이족은 무슬림 민족 중 유일하게 고유 언어가 없는 민족으로, 주로 한족의 중국어와 거주 지역의 소수민족 방언을 사용한다. (신장의 페르시아어를 사용하는 타지크족과 코탄 지역의 위구르족 중 일부 시아파를 제외하면) 중국의 거의 모든 무슬림은 수니파지만, 후이족은 수피 형제단(주로 중앙아시아의 나크쉬반디야, 카다리야, 쿠브라위야), 와하비에서 영감을 받은 이크환과 살라피야 운동, 스스로를 게디무라고 칭하는 전통주의 후이족 무슬림 등 다양한 종교 분파로 나뉘어 있다.[6] 조셉 플레처(Fletcher 1988)는 중국과 외부 세계가 개방된 시기에 중국의 국경 지역을 휩쓸었던 이슬람 운동의 여러 '조류'를 최초로 확인했다. 이슬람은 7~10세기까지 해상과 내륙의 실크로드를 통해 무역과 외교적 교류를 통해 점진적으로 확장되었고, 13~14세기 몽골의 원나라 치하에서는 중앙아시아 무슬림 인구가 중국 내륙으로 대거 유입되었다. 이로 인해 중국 전역에 상당히 독립적인 무슬림 마을과 도심 공동체가 형성되었으

---

6 중국 내 무슬림을 구분하는 이 분파는 지아오파이(문자 그대로 '가르치는 분파')로 설명되는데, 영어로 '종파'로 잘못 번역되어 '구종파'로 불렸던 중국 내 이슬람의 초기 전통적 표현을 비판히 '신종파'와 같이 잘못 사용되고 있다(Israeli 1978 참조). 중국어 용어는 정확하지 않고 일반적으로 '가르침'만을 의미하는 경우가 많았으며, 이후 연구들이 중국의 다양한 이슬람 표상과 조직을 밝혀냈다. 이 용어는 영어로 파벌(factions), 결사(orders), 연대(solidarities), 형제애(brotherhoods) 등과 같은 용어로 대략적으로 표현할 수 있다(Gladney 1987a, 1996:36-62; Lipman 1981, 1984; Ma Tong 1983 참조). 나는 조직화된 운동을 사회학적 조직 범주에 억지로 끼워 맞추기보다는 최대한 그들이 스스로 부르는 이름(카다리야, 나크쉬반디야 반차오, 살라피야, 이헤와니 등)으로 지칭하는 것을 선호한다.

며, 특히 북서부 평원과 오아시스와 연결된 무역로의 지역들(신장, 칭하이, 간쑤, 닝샤), 화북 평원이 미을과 도시 선역(허베이성, 산시성, 허난성, 산둥성, 안후이성), 고대 버마로드를 따라 형성된 남서쪽 국경 지역(윈난성과 쓰촨성), 동남해안 항구도시(광둥성, 취안저우, 항저우, 양저우, 쑤저우)의 해상 실크로드를 따라 무슬림들이 가장 많이 거주하고 있다.

내부 이주, 무역의 기회(특히 무슬림이 주로 장악했던 양모, 말, 차, 보석, 아편 무역), 그리고 간헐적인 박해와 반란으로 인해 무슬림들은 널리 퍼지게 되었고 현재까지 그들은 엄청난 다양성을 보이며 광범위하게 분포하고 있다. 1982년 인구조사에 따르면 중국 전역의 2,372개 현과 도시 중 2,308개에 후이족 무슬림이 살고 있는 것으로 나타났다(Population Census 1987:xvi). 17~19세기에 걸쳐 여러 수피 운동이 등장하면서 이러한 공동체가 더욱 긴밀하게 조직되어 계층적인 교단들로 연결되기 시작했고, 중앙아시아 수피즘의 영향을 크게 받아 나크쉬반디야, 카디리야, 쿠브라위야 수피 형제단이 중국 북서부에 걸쳐 번성하게 되었다.[7] 19세기 말에서 20세기 초까지 와하비 이상의 영향을 받고 성지순례 도시에서 돌아온 중국 무슬림들은 수피 형제단과 전통적인 비동맹 무슬림 공동체(당시 게디무라고 불림) 사이에서 발견되는 이슬람의 부정확성과 중국 문화가 유입된 것으로 보이는 것들에 이의를 제기하고 비판하기 시작했다.

와하비의 영향을 받은 초기 후이족 이슬람 개혁가 중 가장 영향력 있는 인물인 마완푸는 1890년대에 이크환 알 무슬리민(또는 무

---

7 중국에서 수피 교단의 확산과 공동체 의식에서 수피 무덤의 현대적 중요성에 대한 보다 확장된 논의는 글래드니(Gladney 1987a:499-510)와 마퉁(Ma Tong 1989)을 참고하시오.

슬림 형제단, 중국에서는 이헤와니로 알려짐)을 중국에 도입했다. 무슬림 형제단은 20세기 초 중국의 민족주의적 관심에 큰 영향을 받고 군벌 정치로 분리된 종교 운동의 하나이다. 이슬람 세계의 다른 지역에서 무슬림 형제단은 때때로 반근대주의자이자 재범주의자로 여겨졌지만, 중국에서는 그렇지 않았다. 서구 및 일본 제국주의의 침략, 내부의 내전, 만주제국의 조기 붕괴 등 불안정한 정치 환경으로 인해 이들 무슬림 개혁가들은 이슬람 개혁운동과 지역 군벌정치에 재빠르게 관여하게 되었다.[8] 도덕적 순수성과 경전의 권위를 강조하는 비정치적인 이슬람 개혁 운동에 더 헌신적이었던 또 다른 와하비 그룹도 당시에 형성되었지만 빠르게 제지되었다. 이 운동은 살라피야(이슬람 초기 창시자들의 '숭배'를 뜻하는 아랍어 살라프에서 유래)로 알려졌으며, 1976년 문화대혁명의 억압적인 반종교 정책이 끝난 후에야 다시 등장했다(Gladney 1999 참조).

이크환에 이어 살라피야는 합리주의적이고 반경험주의적인 경전주의 이슬람을 표방한다. 시리아의 동료 살라피 지도자인 고 라시드 리다(1865~1935)와 마찬가지로, 그들은 모더니즘보다는 수피즘과 문화적 혼합주의에 대한 반대를 강조한다(Lapidus 1988:666-7). 아마도 이크환이 세속주의와 민족주의로 표류한 결과 중국의 살라피야는 경전주의와 정통 관습에 더 중점을 두었을 것으로 보인다. 이들은 신성의 통일성을 강조하면서 수피와 게디무가 무덤과 성인, 기적을 후원하는 것을 비판한다. 수피 및 도시 무슬림 지식인에 대한 모로코 프랑스인의 불신이 살라피야의 대의를 증진하는 데 도움을 주었던 것처럼(Eickelman 1976:227-8; Lapidus 1988:707), 이크환 및 기타 이슬람 교단에 대한 중국공산당의 장악은 정화되

---

8 중국 이헤와니(익환)의 역사에 대해서는 립맨(Lipman 1994), 관련되어 종합적인 중국 연구는 마퉁(Ma Tong 1983:127-54)을 참고하시오.

고 비수용적이며 대체로 비정치적인 이슬람을 지향하는 살리피야 운동을 끌어냈을 것이다. 궁극석으로 중국은 아니더라도 세계 대부분에서 공산당이 주도하는 국가가 붕괴하는 것도 살라피야의 대의에 신뢰를 줄 수 있으며, 살라피야는 중국의 문화적 동화와 국가와의 협력에 저항할 수 있는 몇 안 되는 중국 내 이슬람 운동 중 하나이다. 이는 1980년 이후 급격한 인기 상승의 원인일 수 있으며, 특히 최근 중국 무슬림들이 중동과 교류하면서 강화된 운동이라는 점에서 중국 내 새로운 이슬람 부흥 운동의 선두에 서게 될 것으로 보인다. 과거에는 서로 다른 운동들이 신학적, 이념적, 정치적 견해가 크게 달라 분열과 폭력적 대립으로 이어졌었다. 1991년 걸프전의 사례는 중국 무슬림들의 다양한 의견과 중동에 대한 인식의 변화를 보여주는 좋은 예이다. 따라서 걸프전의 위기는 중국 내 무슬림들을 분열시키는 거대한 차이를 드러내는 동시에 여전히 그들을 하나로 묶어주는 몇 가지 중요한 관심사를 보여주는 훌륭한 예시이며, 이는 2003년 또 다른 걸프전 당시에도 국내 서발턴 문제에 계속 영향을 미쳤다.

1차 걸프전과 중국의 무슬림: 경계선

다음의 의견은 베이징의 한 명문 대학에서 민족학 석사학위를 받은 한 중국 무슬림이 1991년 2월 10일에 쓴 편지에서 발췌한 것이다.[9] 3년제 대학원 학위를 받은 후 그는 중국 1,800만 무슬림의 상

---

9   이 편지는 내가 1991년 2월 11일부터 26일까지 베이징과 푸젠성 취안저우의 무슬림들을 대상으로 연구를 진행하면서 수집한 것이다. 또한 1991년 3월 20일부터 31일까지 카이로에 거주하거나 유학 중인 중국 출신 무슬림들과도 인터뷰를 진행했다. 조사를 위한 여행을 후원해준 미국예술과학아카데미와 유네스코에 감사를 표한다. 이 연구의 결론은 1982년부터 1986년까지 중국 내 무슬림들을 대상으로 한 3년간의 선행연구에 기초하고 있다(Gladney 1996a:98-111 참조).

당수가 거주하는 북서부 지역 중심부에 있는 그의 고향 란저우로 돌아가 공산당 관료로 일하고 있다. 따라서 그는 당원이지만 보수적인 무슬림 북서부 지역의 견해를 명확하게 대변하는 인물이다.

처음에 나는 사담 후세인을 전적으로 반대했다. 모든 무슬림에게 자신을 지지해달라는 그의 호소에 마음이 동했지만, 그가 다른 동료 무슬림에게 저지른 잔학 행위에 반대하는 마음도 컸다. 어떤 지도자, 특히 무슬림 지도자라도 어떤 이유를 막론하고 다른 나라를 침략할 권리는 없을 것이다. 나는 유엔의 이라크 규탄을 지지하며 사담 후세인이 자신의 실수를 인정하고 철수하기를 기도했다. 미국이 조금 더 기다렸다가 유엔의 제재를 적용했을지라도 결국 이런 일이 벌어졌을 것이라고 생각한다. 미국은 이라크를 침공했다. 쿠웨이트를 구한다는 명분으로 미국은 무고한 민간인 수천 명을 폭격하고, 학교, 병원, 주거 지역 등 비군사적 목표는 말할 것도 없고 수많은 신성한 모스크와 신전을 파괴했다. 무슬림인 나에게 가장 불쾌했던 것은 아라비아 반도의 성스러운 이슬람 땅에 수십만 명의 군대를 파병했다는 사실이다. 이 사건은 십자군 전쟁에 대한 기억을 불러일으켰고, 나는 걸프전이 쿠웨이트 구출보다는 식민주의, 서구의 지정학적 힘의 재확인, 그리고 물론 석유와 훨씬 더 관련이 있다는 것을 깨달았다. 미국의 주장대로 유엔 제재를 이행하는 것과 관련이 있다면 왜 이전에는 제재를 이행하지 않았을까? 미국은 유엔 제재에도 불구하고 아프가니스탄에는 군대를 파견하지 않았고, 물론 이스라엘의 팔레스타인에 대한 처우와 서안지구 점령에 대한 유엔의 거듭된 비난을 항상 무시해왔다. 미국은 그레

연구를 바탕으로 한 원고의 수정은 1992~93년 이스탄불 보가지치 대학교 사회학과 소속 풀브라이트 연구원으로 있으면서 작업했다.

나다, 파나마, 리비아 등 자국의 이익이 위태로울 때만 개입한다는 것이 분명한 것이다. (쿠웨이트는 이선에 생산되는 석유의 70%를 미국에 판매했기 때문에) 이 경우 정말 위태로운 것은 결국 석유이다. 사담 후세인이 이런 이기적인 군사주의에 맞서 싸웠다는 점에서 나는 사담 후세인에 대한 생각을 바꾸게 되었다. 나는 이제 사담이 모든 무슬림뿐만 아니라 정치적으로나 경제적으로 외국 제국주의에 억압받는 모든 민족의 영웅이라고 믿는다. 동료 무슬림들은 평화를 호소하는 노력에도 불구하고 외국의 이교도 세력에 의해 무자비한 폭격을 당하고 있다. 나는 그들을 마음으로 지지하며 알라께서 사담 후세인을 구출하여 그가 전 세계 인구의 5분의 1에 해당하는 모든 무슬림들을 이끌고 알라의 영광스러운 코란의 정의를 전 세계에서 수행할 수 있는 무슬림 연합을 결성하도록 기도할 수밖에 없다.

이것이 중국 내 이슬람을 대표하는 유일한 목소리는 아니다. 나는 이러한 사담에 대한 옹호 입장 외에도 중국 내 무슬림들이 가지고 있는 근본적으로 다른 견해를 두 가지 이상 확인했다. 일부는 주로 중국의 이익이 이슬람의 관심사보다 우선시되는 국가의 입장을 지지한다는 점에서 친중적인 입장을 취했고, 다른 무슬림들은 지역적 이익이 더 우세하다는 제3의 입장을 취했다. 이들 무슬림들은 1991년 걸프전이 중국 내 비무슬림인 한족과의 관계에 미칠 영향과 중국 내 취약한 자신들의 경제적 지위에 대해 주로 우려하고 있었다.

사담 후세인과 관련해서 나는 이러한 전통적인 이슬람의 분열을 따르는 주요한 의견 차이를 거의 찾을 수 없었다. 지리 또는 이데올로기보다는 중국 정부와의 관계에 따른 의견 차이를 더 많이 발견할 수 있었다. 사담 후세인을 반대하는 사람들이 대체로 중국 정부의 입장에 더 부응하는 반면, 사담을 지지하는 사람들은 중국 정부의 공식 입장에 이의를 제기했고, 그 중간에 있는 사람들은 분쟁이 자신의 지역 문제에 미치는 영향을 우선적으로 우려했다. 중국 내 무슬림 커뮤니티의 이러한 상반된 입장은 중국과 중동 관계의 증진이 국내 무슬림 인구에 미친 영향을 보여준다.

상호 철수와 '평화적 해결'

한쪽 극단에는 중동 사태에 대한 중국 정부의 입장을 전적으로 지지하는 사람들이 있었다. 사담 후세인이 쿠웨이트를 침공한 것은 잘못이며, 유엔 제재는 시행되어야 하지만 중국이 분쟁에 직접 개입해서는 안 된다는 주장이었다. 여기에는 민족주의적, 애국적 이유로 사담 후세인을 반대하는 후이족 무슬림, 일부는 당원, 일부는 독실한 무슬림이 포함되었고, 나머지는 단순히 위험을 피하여 관망하고 있었다.[10] 이들은 중국이 외교관계에서 미국과 중동의 지정학적 입장에 영향을 받지 않고 신중하고 화해적인 접근 방식으로 독자적인 노선을 취해야 한다고 주장했다. 분쟁의 '평화적 해결'이 중국 관영 언론의 슬로건이었으며, 내가 이들과 인터뷰할 때 가장 많이 들었던 말이었다.

이러한 견해를 대표하는 가장 유명한 무슬림은 1991년에 중국

---

10 당원 자격이 후이족의 참여를 배제하지 않는다. 후이족은 무슬림 조상의 후손인 소수민족의 일원으로서 이슬람은 믿을 자유와 믿지 않을 자유가 있으며, 불신앙과 당원 가입이 후이족이 아님을 의미하지 않으며, 중국에서 무슬림인 당원을 찾는 것이 불가능하지 않다는 점에서 모순이 없다고 주장한다. 중국 국가는 스탈린주의 방식으로 민족과 종교적 유산을 구분하여 이슬람이 더 이상 후이족의 일원이 되는 것과 밀접하게 연관되지 않도록 장려하고 있지만, 특히 북서부의 많은 보수적인 후이족 무슬림은 이러한 구분을 거부하고 있다.

이슬람협회의 부회장이었던 72살의 마자오췬으로, 여러 차례 순례를 다녀왔으며 영어, 아랍어는 물론 중국어에도 능통한 노학자이다. 시력 저하로 더 이상 연구를 지속할 수는 없었지만 대내외적으로 이슬람 문제에 대해 완벽하게 파악하고 있었다. 1991년 2월 22일 자택에서 가진 인터뷰에서 그는 이렇게 말했다. "사담 후세인은 뛰어난 전술가이다. 그는 쿠웨이트가 군사적으로나 이념적으로 취약하다는 것을 알고 있었다. 대부분의 아랍인들은 영국과 프랑스 식민지 세력이 갈라놓은 쿠웨이트와 이라크의 국경선을 결코 인정하지 않았다. 그럼에도 불구하고 무슬림으로서 다른 사람의 영토를 무력으로 침범해서는 안 되는 일이다. 코란은 예언자 무함마드가(그의 이름에 축복을) 전쟁에 나설 때마다 그랬던 것처럼 자신의 생명과 재산을 지키기 위한 폭력은 정당한 것으로 여긴다. 나는 중국의 입장과 유엔의 제재를 지지한다."

내가 베이징의 몇몇 후이족 가정에 배포된 것을 확인했던 사담 후세인에 대한 인기 있는 전기(저자가 특정되지 않음)는 많은 후이족 무슬림 지식인들에게 이라크 지도자에 대한 주요 정보를 제공했다. 1980년대 초에 출간된 이 책의 사본을 구하지는 못했지만, 관영 언론이 공식적으로 출판을 허가한 것은 바트당의 부상에 대한 중국의 강력한 지원 정책을 반영하는 것이었다. 1958년 바트당 혁명 이틀 후, 중국은 중동 최초의 '진짜 혁명'으로 여겼고 이라크와의 연대를 보여주기 위해 이라크와 즉각적인 관계를 수립했다(Shichor 1979:87). 이라크는 쿠웨이트 침공 전까지 중동에서 중국의 가장 가까운 무역 파트너 중 하나였다. 이라크는 전쟁 중 미국 함정에 중국산 실크웜 미사일 2기를 발사했고, 이란-이라크 전쟁(1980-1988) 동안 이란과 수많은 미사일 공격을 주고받았다. 이 미사일들은 중국과의 120억 달러 이상의 무기 거래의 일부였다(Shichor 1988:320-1).

내가 만난 대부분의 도시 무슬림 지식인들은 마자오췬의 견해를 공유하는 것 같았다. 중앙민족연구소 민족학과 부주임이었던 (지금은 은퇴한) 마치청 교수는 중국이 후세인을 비난하는 것도 분쟁을 피하는 것도 옳다고 말했다. "금수조치를 지속하고 사담 후세인에게 더 이상 무기를 팔지 않고 더 이상 개입하지 말아야 한다. 이라크는 중국의 오랜 친구였는데 미국이 이라크 국민을 가차 없이 폭격하는 것은 안타깝다. 이 분쟁에서 정말 고통받는 사람은 사담 후세인이 아니라 이라크 국민인 것이다." 베이징 제2외국어대학 아랍-아프리카학 연구소(주로 통역사와 관광 가이드를 양성하는 곳)에서 아랍어를 가르치는 하지 무함마드 장즈화는 이집트와 중동에서 국가가 후원하는 건설 프로젝트의 통역사로 수년간 근무했었다. 그는 이집트 푸사 아랍어를 유창하게 구사할 수 있었는데, 베이징의 중국이슬람협회에서 아랍어와 코란을 교육받은 최초의 후이족 학생 중 한 명이었고 그의 첫 선생님들은 모두 카이로의 알아자르 대학 출신이었다.

최근 중국과 해외에서 발생한 정치적 사건들은 중국에서 아랍어 공부의 가치에 상당한 영향을 미쳤다. 하지 무함마드 장의 아랍어 수업은 인기가 높아서 100명의 학생 중 3분의 2가 중동에서 통역사가 되기 위해 (사실상 무료로 다니는 국비 지원 학생들과는 달리) 개인적으로 학비를 내고 있었다. 사비를 들여 아랍어를 배우는 대부분의 학생들은 보수적인 북시부(닝샤, 간쑤, 칭하이, 신장) 출신의 후이족 및 위구르족 무슬림으로, 이슬람 사원에서 코란 아랍어를 배운 경험이 있지만 고등학교 졸업장이나 기타 자격증이 없어 국가가 지원하는 4개의 공식 코란 마드라사(베이징, 닝샤, 시안, 우루무치)나 정규 아랍어 프로그램(베이징대학교, 베이징외국어대학교, 상하이 외국어대학교)에 입학할 수 없는 학생들이다.

놀랍게도 아랍어 학습에 관심을 보이는 학생들 중에는 처음으로 무슬림이 아닌 한족 학생들도 다수 포함되어 있다. 중국 대학에 진학하거나 서방 국가에 진학하는 것이 훨씬 더 어려워진 상황에서 아랍어를 공부함으로써 장학금을 받고 중동의 대학에 진학할 수 있는 기회를 늘리려는 사람들이 많아진 것이다. 천안문 사태 이후 중국으로 돌아가지 않은 많은 반체제 지식인에게 지원과 피난처를 제공했던 미국, 영국, 호주, 캐나다, 프랑스 등 서방 국가로 유학할 수 있는 기회는 급격히 감소했다. 중국 정부는 현재 자국 학생들이 이들 국가에서 공부할 기회를 엄격하게 제한하고 있는데, 그 이유는 이들이 중국의 두뇌 유출에 책임이 있는 것으로 간주되기 때문이며(중국 정부가 발표한 가장 신뢰할 만한 추산에 따르면 1978년 이후 서방 국가로 유학 간 중국 학생 중 30% 미만이 중국으로 돌아옴),[11] 또한 1989년 중국 민주화 운동의 많은 민주주의 이념이 서구에서 유래한 것으로 여겨지는 이념적 '오염'에서 비롯되었다고 보기 때문이다.[12] 한때 영어와 프랑스어가 중국 학생들이 거의 독보적으로 선택한 외국어였고 일본어와 독일어가 여전히 인기를 끌고 있는

---

11 〈베이징 리뷰〉(*Beijing Review* 28 Jan. 1991)는 1978년 이후 해외로 파견된 학생 중 29.8%(12,500명)만이 귀국했다고 보도했다. 이 수치를 정확하게 판단하기는 어려운데, 대다수의 학생들이 국가 지원이 아닌 사비 유학이었고, 공식 수치는 주로 정부에서 처음에 자금을 지원하기 때문에 돌아올 가능성이 훨씬 더 높은 국가 지원 학생들에 대해 보고하기 때문이다. 레오 A. 올리언스(Orleans 1988)는 1978~1988년 사이에 중국으로 돌아온 학생은 19,500명에 불과하며, 이 중 대부분은 국가가 지원하는 그룹에 속한다고 보고했다. 그 기간 동안 40,000~64,000명의 학생이 해외로 나간 것으로 추산된다. 정부 발표에 따르면 1989년 천안문 사태 이후 귀국하는 학생 수가 훨씬 더 감소한 것으로 나타났다. 리펑 총리는 1989년 6월 이후 미국에서만 총 4만 명의 중국 유학생 중 700명의 학생이 귀국했다고 보고했고, 한 홍콩 소식통은 국가가 지원하는 학생 8,000명 중 520명(6.6%)만이 귀국했다고 말했다(Rosen 1992 참조).
12 천안문 시위에서 중국 소수민족의 역할, 특히 위구르 무슬림 학생 지도자 우얼카이시의 리더십에 중점을둔 분석은 글래드니(Gladney 1990)를 참고하시오.

반면, 아랍어는 무슬림과 비무슬림에게 점점 더 중요한 외국어로 부상하고 있다. 이는 중국의 대외 관계와 언어 정책의 미묘한 변화를 의미한다.

이집트, 이라크, 파키스탄과 성지순례 도시들을 자주 여행하는 후이족 아랍어 교사 하지 무함마드 장은 1차 걸프전과 관련하여 "국가가 이 위기에 너무 개입하지 않는 것이 옳다. 유엔 결의안을 조용히 승인하는 것 이상의 위험을 감수하기에는 우리에게 너무 많은 것이 걸려 있다. 미국의 이라크 침공에 연루되거나 쿠웨이트 해방을 위해 군대를 보내서는 안 되며, 우리가 걱정해야 할 것은 우리 자신의 이익"이라고 말했다. 1991년 2월 22일, 니우지에 모스크의 이맘 시쿤빙은 금요 설교에서 다음과 같은 입장을 밝혔다. "우리는 우리 정부의 입장을 지지한다. 이 갈등의 '평화적 해결'을 바란다."

여러 주인이 지배하는 식민주의

펑진위안 교수는 "사담 후세인이 쿠웨이트를 되찾은 것은 옳았다. 쿠웨이트는 어차피 제국주의자들의 산물"이라고 격하게 말했다. 그는 이어서 "미국이 '쿠웨이트를 해방'시킨다는 것은 쿠웨이트를 제국주의 군주에게 돌려주기 위한 것일 뿐, 민주주의와 인권에 대한 미국의 관심은 지금 어디에 있는가? 그들의 관심은 오직 석유와 걸프에서의 지속적인 식민지 이익의 유지뿐이다. 그들은 무슬림 문제에 간섭할 권리가 없다"고 말했다.

저명한 중국사회과학원 세계종교연구소의 한 학자는 이슬람의 역사에 관한 중국어판 저서를 여러 권 집필했으며, 아랍어로만 집필된 『중국의 이슬람』을 출간하기도 했다.[13] 그의 입장은 앞에서 인용했던 글의 내용과 유사하다. 그는 분쟁에서 미국의 역할을 거부하고 사담을 지지하며, 특히 미국의 개입에 대한 반작용으로 사담 후세인을 지지하고 있다.

이와 관련하여 나는 란저우의 저명한 살라피야 이슬람 교단에 소속된 후이족 출신 동창생과 전화 통화를 했는데, 그는 비슷한 견해를 가지고 있으면서도 매우 다른 이유를 가지고 있었다. 내 친구는 사담 후세인이 과거에 어떤 잘못을 저질렀든 모든 진정한 무슬림은 그를 지지해야 한다며 다음과 같이 주장했다. "사담은 팔레스타인의 곤경에 문제를 제기하고 미국에 맞서 이스라엘을 공격함으로써 무슬림들을 단결시킬 수 있는 새롭고 강력한 지도자가 있다는 것을 세계에 보여줬다." 그는 북서부의 보수적인 무슬림들도 모두 '무슬림이기 때문에' 사담을 지지했다고 말했다. 쿠웨이트와 사우디아라비아의 동료 무슬림들을 공격한 사람을 어떻게 지지할 수 있느냐고 물었더니, 그는 그들은 서구 제국주의 세력의 도구일 뿐이며 코란의 정의가 아니라 석유 매출에만 관심이 있다고 답했다. "우리 중국 무슬림들은 동남아와 바레인의 매춘 업소에서 부를 축내는 사우디와 쿠웨이트의 샤이크보다 두 배는 더 독실하며 담배도, 술도, 돈도 낭비하지 않는다. 왜 우리가 이들을 지원해야 할까? 그들은 사치스러운 생활 방식에 대한 대가를 받고 있는 것이다."

1930년대 중국 북서부에서 무슬림 군벌의 후원으로 번성했던 이크환 형제단의 중심지로 유명한 칭하이의 남문 모스크 출신으로, 푸젠성의 샤먼 모스크의 정신적 지도자인 장화탕 이맘은 다음과 같이 간결하게 말했다. "우리는 쿠웨이트에 있는 형제들을 걱정

---

13 중국의 이슬람에 관한 펑진위안의 인상적인 선집은 펑과 리(Feng and Li 1985)를 참고하시오.

할 필요가 없다. 알라는 의로운 자를 보호할 것이다. 사담은 우리의 새로운 아랍 무슬림 영웅이며 모든 무슬림은 그를 지지해야 한다." 이맘 장은 문화대혁명 당시 강한 종교적 견해로 12년 동안 감옥에 갇혀 있었지만, 지금도 자신의 속마음을 말하는 것에 대해 국가가 자신에게 무슨 짓을 할지 두렵지 않다고 말한다. 그는 "중국은 종교에 관한 한 자유로운 나라"라며 "우리 무슬림은 믿을 자유가 있고, 무신론자인 당원들은 믿지 않을 자유가 있다"고 나에게 상기시켰다. 누가 옳은지는 시간이 말해줄 것이다.

하지만 양고기 가격은?

나는 베이징과 샤먼의 거리에서 기도를 마치고 나오거나 현지 무슬림 식당을 자주 찾는 무슬림들과 이야기를 나눌 수 있었는데, 그들이 1991년 위기에 대해 우려하지 않는다는 사실에 놀랐다.[14] 무슬림 지식인, 보수주의자, 성직자들은 자신의 견해를 강하게 가지고 있는 반면, '거리의 남자'들은 최근 양고기 가격 상승에 더 관심이 있는 것 같았고, 눈에 띄게 감정이 표출될 때는 내가 얘기를 나눴던 많은 한족과 궤를 같이하는 것 같았다. 사람들은 미국과 연합군이 이라크에 군대를 파견하고 폭격을 가하는 것에 대해 "흥미진진하다"며 즐거워했다. 중국인들은 아시아 전역에서 흥미진진한 소란스러움을 보는 것을 즐기는 사람들로 알려져 있는데, 지루하고 무미건조했을 춘절(1991년 2월 15일)에 활기를 불어넣은 또 다른 사례일 수 있다.

---

14 후이족 무슬림은 중국에서 가장 도시화된 소수민족으로 2000년 인구조사에 따르면 베이징시에만 25만 명이 넘는 무슬림이 거주하고 있다. 샤먼의 무슬림 인구는 적지만, 이 중요한 항구 도시를 통과하는 국내외 무슬림들이 매우 많아 두 개의 무슬림 레스토랑이 있으며, 현지 모스크는 이슬람식으로 개조되었다. 기도실 위에 경사진 붉은 기와 지붕이 있는 중국 남부 스타일의 모스크며 입구 위에는 3개의 큰 돔으로 장식되어 있다.

그러나 이는 훨씬 더 깊은 우려를 반영할 수도 있다. 일부 정치 분석가들은 이라크가 중국의 오랜 우방인 이유로 많은 중국인이 이라크 폭격을 지지한다고 주장했다. 이라크 침공은 인기 없는 중국 정부의 체면을 구기는 우회적인 방법이었으며, 이는 1989년 12월 루마니아 차우세스쿠(역시 중국의 오랜 우방)가 몰락했을 때 널리 퍼진 행복감과 유사한 시각이다. 한 후이족 학생은 이런 정치화된 시각을 지지했다. "'평화적 해결'에 대한 이 모든 구호들, '평화적 해결!' 리펑과 장쩌민은 탱크와 총알을 동원해 천안문 6월 4일 시위를 '평화적으로 해결'했는데, 평화적 해결을 얘기한 그들은 대체 어떤 사람들이냐"고 반문했다. 학생 시위 진압에 대한 분노는 여전히 베이징에 남아 있고, 천안문 사태 이후 중국에서 정치적 반대 의견을 표출할 수 있는 유일한 방식으로 종종 비스듬히 표출되기도 했다. 한 후이족 택시기사는 그 시위와 무슬림의 불만을 연결지었다. 그는 "정부가 천안문에서 수백 명의 학생을 죽였고 작년 신장에서는 최소 20명의 동료 무슬림이 죽었다. 누군가가 중동에서 리펑의 친구 중 한 명을 두들겨 패서 다행이다"라고 말했다.

이러한 정치적 불만이 베이징을 넘어 중국 전역에 퍼져 있는지 판단하기는 어렵다. 확실히 북서부 지역에서는 이슬람의 우려가 더 많았다. 베이징에서는 무슬림들이 이 분쟁이 아직 자신들에게 영향을 미치지 않았기 때문에 걱정하지 않는다는 시각이 훨씬 더 공통적이었다. 그들은 사담 후세인보다는 양고기 가격 상승을 더 염려하고 있었다.

일반적으로 이런 후이족 무슬림 중 상당수는 전통적으로 외교 및 국내 문제에서 중국 정부를 지지했던 이크환과 게디무의 일원이었으며, 이들은 무슬림이 2%에 불과한 나라에서 급진적 이슬람이 성공할 수 없다는 이유로 국내외에서 급진적 이슬람에 반대했다. 북서부 이외의 무슬림들은 한족의 바다에 잠겨 있고, 돼지고기를 먹지 않는다는 이유만으로 배척당할 수 있기 때문에 '급진적'으로 보이려 하지도 않았다. 이들에게는 경제적, 정치적, 이념적으로 살아남는 것이 더 중요했다. 그 결과 사람들은 종종 돼지고기에 대한 자신들의 견해에 대해 경계했고, 외국인에게 돼지고기에 대해 이야기하는 것을 특히 꺼려했다. 실제로 요즘 중국에서 정치에 대해 이야기하는 것은 아주 멀리 떨어진 전쟁에 관한 것이라도 위험하다.

내가 1991년에 참석했던 한 컨퍼런스 오찬에서 주로 중국 군인들로 구성된 테이블이 있었는데, 나도 그 테이블에 끼어 앉았다. 약 한 시간 동안 잡담을 나누고, 중미 우호를 위해 건배하고, 서로 정중하게 소개한 후, 중국 장교들과 얘기 나눌 기회가 거의 없었기 때문에 나는 그들에게 걸프 사태에 대한 견해를 공유해줄 수 있는지 물었다. 대화는 곧바로 끊어졌고 사람들은 긴장한 표정으로 접시를 쳐다보았다. 마침내 가장 고위급 장교인 중령이 "우리는 분쟁의 '평화적 해결'을 지지한다"고 말했다. 모두가 미소를 지었고, 누군가가 새로운 음식 코스가 곧 나올 것이라고 언급했다. 어느 나라의 군 장교라도 외부인과 정부 정책에 대해 논의하는 것을 꺼리겠지만, 그들의 반응은 당시 중국 내 공식 노선을 명확히 보여주었다.

1차 걸프전 당시 중국의 후이족은 사담 후세인을 그다지 지지하지 않았지만, 쿠웨이트의 운명에 대해 크게 우려하거나 미국이 주도한 이라크 침공에 분노하지도 않았다. 1차 걸프전이 무슬림을 겨냥한 전쟁이라고 생각하지도 않았다. 그 어느 때보다 많은 정보를 접한 이들의 의견은 분분했고, 그 결과에 관심을 가졌으며, 대체로 분쟁에 대한 정부의 입장에 만족했다. 이러한 견해는 가장 최근 발생한 걸프 분쟁 동안에 극적으로 바뀌었다.

이라크 전쟁: 이슬람과의 전쟁인가?

2003년 이라크 전쟁 중 '자유 작전(Operation Freedom)'이 시작된 지 일주일 후, 나는 한 후이족 국수집으로 걸어가고 있었는데 한 젊은 위구르족 남성이 반대 방향에서 오는 나를 보고는 영어로 '헬로우'라고 말을 건냈고 나는 위구르어로 '야시무시즈(당신은 괜찮은가요?)'라고 응답했다. 그러자 그는 위구르어로 그 언어를 할 줄 아느냐고 물었고, 나는 할 줄 알지만 서툴고 튀르키예어가 조금 더 낫다고 대답했다. 그는 나에게 러시아인이냐고 물었고 나는 미국인이라고 대답했다. 그 후 30분 동안 그는 이라크에서 무슬림과의 전쟁에 개인적으로 기여했다는 이유로 나에게 큰 소리로 저주하고 괴롭혔다. 나는 위구르어, 튀르키예어, 중국어로 전쟁에 반대한다는 사실을 설명하려고 노력했다(물론 사담 후세인을 좋아하지는 않았지만). 하지만 그는 전혀 만족하지 않았다. 그의 목소리는 점점 커지고 욕설은 더욱 거칠어져서 많지는 않았지만 군중이 몰려들었다. 그는 계속해서 나에게 소리를 지르며 이라크에서 '많은 무슬림 아기들'을 죽였다며 비난했고, 결국 나는 자리를 피해야 했다. 나는 그와 동조하는 듯한 작은 군중 속의 다른 위구르족들(모여 있던 한족들은 그저 멍하니 지켜보고 있었다)이 폭력적으로 변할까 봐 걱정되었을 뿐만 아니라, 경찰이 출동하면 그가 심문을 받거나 더 나쁜 일을 당할까 봐 두려웠다.

이 만남에서 나를 놀라게 한 것은 이 문제에 대한 그의 열띤 의견 개진이 아니라—나는 지난 이틀 동안 광저우와 우루무치에서 다른 위구르족과 후이족 무슬림들을 만났는데 그들도 상당히 비판적이었다—미국인이라는 것뿐만 아니라 전쟁을 막기 위해 더 많은 일을 하지 않았다는 이유로 그가 나를 개인적으로 공격했다는 점이었다. 그는 내가 위구르어로 말해서 그가 부시 대통령과 미국 국민을 얼마나 미워하는지 이해할 수 있어서 기쁘다고 말했다. 그는 미국이 무슬림의 세계를 제거하려고 한다고 믿었다. 내가 보스니아와 알바니아의 무슬림에 대한 미국의 지원 사례를 들었을 때 그는 그저 웃으며 그게 다 석유 때문이라고 말했다. 나는 그의 태도에 당황스러웠는데, 그것은 1차 걸프전은 내가 만난 중국 내 무슬림들에게 그런 감정을 불러일으키지 않았었고, 1982년부터 위구르족들은 자신들의 삶과 역사에 관심을 가져주는 특히 비무슬림 미국인을 만나는 것을 매우 기뻐했기 때문이었다. 내가 중국어에 이어 위구르어를 배우기 위해 노력했다는 사실이 그들을 더욱 따뜻하게 대할 수 있는 계기가 되기도 했었다. 이런 분위기는 분명히 변화하기 시작했다. 나는 중국 무슬림들이 미국의 대 중동정책에 대해 비판적인 다른 중동 무슬림들의 견해를 공유하기 시작했고, 이슬람이나 무슬림 정체성에 불쾌감을 주는 정책에 대해 미국인들을 반무슬림적이고 책임이 있는 사람들로 간주하기 시작한 것은 아닌지 궁금해지기 시작했다.

이 만남이 있은 직후, 이 장의 서두에서 인용한 시안 대모스크의 이맘 하지 마량지는 다음과 같은 공개 성명을 발표했다.

> 오사마 빈 라덴은 테러리스트이다. 평화와 사랑을 설교하는 이슬람과는 아무런 관련이 없다는 것을 알 수 있을 것이다. … 그러나 어떤 식으로든 미국에 단호하게 적내하는 오사마에 대해 강한 감정을 갖지 않은 우리들을 압박하는 것은 부시 대통령이다. 9/11은 잘못되었지만 부시의 폭력 사용은 … 절대적으로 잘못되었다.
> (Cheng 2003)

이는 1차 걸프전 당시에는 전혀 느끼지 못했던 중국 내 무슬림들의 반미 감정이 커지고 있음을 반영하는 것이었고, 내가 21년 동안 무슬림들을 대상으로 조사를 수행하는 동안에도 전혀 감지하지 못했었다.[15] 카슈가르의 위구르족 사이에서는 내가 길거리에서 겪었던 강력하고 분노로 가득 찬 의견을 접한 적은 없었다. 우루무치 거리의 한 청년에게서 전쟁과 서양인 전반에 대한 강한 반감을 느꼈던 것이다. 어느 날 저녁 카슈가르 중심부에 있는 그레이트 이드가 모스크를 방문하려고 했는데 문지기가 나를 들여보내주지 않았다. 위구르어와 중국어로 모스크에 여러 번 방문했고, 중국에서 일한 적이 있으며 관광객이 아니라고 설명했지만 결코 나를 들여보내주지 않았다. 관광객에게 보통 부과되는 입장료를 지불하겠다고 했음에도 불구하고, 일몰 기도 시간이 지나 모스크에 사람이 거의 없었음에도 불구하고 그는 나를 막았다. 내가 나가자 그는 옆에 서 있던 위구르인에게 "우리는 우리 모스크에 카피르(비무슬림)가 들어오는 것을 원하지 않는다"고 말했다.

아이샤 추이루이춘은 베이징 쉬안우 지역에 있는 중국이슬람협회 본부 근처에서 작은 무슬림 드레스 및 선물 가게를 운영하는 주인이다. 2003년 3월 29일 내가 그녀의 드레스 및 개인 장신구 공장을 방문했을 때, 그녀는 중국 무슬림들이 성지순례를 할 때 신분을 확인할 수 있도록 공장에서 만든 정교한 '하즈 가운'(옷 앞면에 중국어와 아랍어 자수가 새겨져 있음)과 유명한 후이족 화가 하지 압둘 하킴 리우징이 압둘의 특별한 중국 이슬람 그림 컬렉션을 보여주었다. 우루무치에서 위구르족 청년을 만났던 이야기를 들려주자, 그

---

[15] 20년이 넘는 기간 동안 중국의 여러 곳에서 현장조사를 수행한 것에 대한 성찰은 필자의 논문 「미처 깨닫지 못한 교훈: 20년 간의 중국 현지조사에 대한 10가지 성찰」('중국의 인류학: 세대 간 대화' 심포지엄에서 발표, 캘리포니아대학교 버클리 캠퍼스 중국연구센터, 2002년 3월 8~9일)을 참고하시오.

녀는 베이징의 후이족이 전쟁에 대해 흥분하지는 않았지만 전쟁에 반대하는 의견은 공통적이라고 말했다. "우리 후이족은 그 전쟁이 이라크와의 전쟁뿐만 아니라 이슬람에 대한 전쟁일 수도 있다고 느낀다." 중국이슬람학회에서 점심을 먹으며 신임 회장인 하지 위 정구이와 학회의 중국이슬람연구소 부소장인 가오잔푸를 만났다. 중국 북서부에서 최근 베이징으로 이주한 두 후이족 학자는 내가 1983년부터 알고 지낸 사이로, 아이샤가 말한 내용을 확인해주었다. 중국 내 무슬림들은 전쟁에 반대하는 의견으로 통일되어 있었을 뿐만 아니라 전국 각지에서 시위를 허용해달라는 요청이 수없이 많았다고 했다. 그들은 중국이슬람협회의 역할이 이러한 정서를 정부에 전달하는 것이며, 무슬림들의 의견은 중국 지도자들의 중요한 관심사였다고 설명했다. 흥미롭게도 중국 내 무슬림 여론에 대한 미국의 관심도 비슷한 듯했다. 주중 미국 대사 클락 T. 랜드 주니어는 2001년 7월 대사로 부임한 이후 이슬람협회를 두 차례 방문했는데, 미국 대사가 이슬람협회를 방문한 것은 이번이 처음이었다.

중동에서 반미 및 반이스라엘 정책의 확산은 팔레스타인 분쟁에 반대하는 후이족의 시위를 보도한 무슬림 공보의 기사('호소하는 요청', *Tianmu Muslim Bulletin* 20 May 14, 2002:3)를 통해 처음 알게 되었다.[16] 이 신문은 톈진의 한 모스크의 이맘이 이스라엘에 맞서 싸우고 팔레스타인 해방을 도울 순교자 군대를 모집하고 있다고 보도했다. 이 활동을 처음 알게 되었을 때 나는 매우 놀랐다. 불과 10년 전만 해도 중국 무슬림들은 1차 걸프전에 대해 별로 관심이 없었을 뿐만 아니라 그 이전의 이란-이라크 전쟁에 대해서도 거

---

16 톈무 무실린 젠쉰은 톈진시 베이첸구 톈무 공동체 북부 모스크에서 발행하는 정기 간행물이다. 이 자료를 안내해주신 왕젠핑 박사에게 감사를 표한다.

의 알지 못했고 아랍-이스라엘의 긴장에 대해 깊이 우려하는 사람도 거의 없었기 때문이었다. 후이족(그리고 대부분의 중국 내 무슬림 소수민족)은 일부의 위구르족 분리주의 활동을 전혀 지지하지도 않았고, 중국 무슬림들은 일반적으로 다른 여러 이슈들에 대해 상당히 다른 의견을 보여왔다. 이라크 전쟁 및 중국 무슬림들에 대한 중동의 영향력에 대한 의견이 점차 통일되어간다는 것은 지난 20년 동안 중국 무슬림에게 극적인 변화가 있었음을 나타낸다.

열린 문, 조심스러운 표정

1991년과 2003년의 걸프 위기에 대한 중국 무슬림의 의견들을 깔끔하게 요약하거나 분류하는 것은 불가능하다. 과거에 많은 사람들이 그에 대한 의견을 표현하기를 꺼려했고, 중국의 언론은 제한적이며, 무슬림의 대중 시위에 대한 정부의 엄격한 통제가 있었기 때문이다. 그럼에도 불구하고 앞선 논의는 지난 12년 동안 중국에서 중요한 진전이 있었음을 보여주었다. 중국 내 무슬림은 여전히 중동에서 일어나는 사건에 대해 공개적으로 논의하는 것을 불편해하지만, 점점 더 많은 정보를 얻고 있는 것은 분명하다. 내가 중국 내 무슬림에 대한 연구를 시작했을 1982년은 이란-이라크 전쟁이 한창 진행 중이던 시기였다. 중국 언론에서는 이 전쟁에 대한 뉴스 보도가 거의 없었을 뿐만 아니라, 내가 얘기를 나눴던 무슬림들은 그 분쟁에 대해 아무것도 알지 못했다. 중국 무슬림의 거의 대부분이 수니파이기 때문인지 수니파와 시아파의 차이를 아는 사람이 거의 없었고, 호메이니에 대해 들어본 사람은 대부분이었지만 소수의 이슬람 학자를 제외하고는 그가 완전히 다른 이슬람 학파를 대표한다는 사실을 인지하는 사람도 거의 없었다. 누구나 표현해서 내가 들을 수 있었던 가장 정치적인 견해는 '무슬림은 무슬림과 싸우면 안 된다'는 것이다.

분명한 것은 여기에 표현된 견해들은 상당히 다양하지만 매우 잘 알려졌다는 것이다. 이러한 다양성은 중국 무슬림 인구가 현재 전 세계의 무슬림 관련 사건에 얼마나 많이 노출되어 있는지를 보여준다. 그들은 중동을 여행하고, 아랍어와 중국어로 번역된 해외 이슬람 출판물을 읽고, 오디오 카세트로 해외 무슬림 설교를 들으며, 외국인 무슬림 손님(그리고 가끔 이슬람에 관심이 있는 서양 학자)을 접대하고, 심지어 중국 텔레비전 뉴스를 통해 알자지라 채널의 방송을 접할 수 있다.[17] 1차 걸프전에 대한 통일된 입장도 없었고, 다른 무슬림들을 대변하는 단일한 '서발턴의 목소리'도 없었지만, 매우 분명하고 다양한 이유로 사담을 칭송하거나 비난하는 무슬림들의 목소리는 분명히 존재했다. 하지만 이라크와의 전쟁을 찬성하는 무슬림의 목소리는 단 한 명도 찾을 수 없었다. 점점 더 많은 무슬림들이 미국에 반대하고 전 세계 무슬림들에게 상처를 준다고 생각하는 어떤 정책에도 반대하는 목소리를 내고 있다.

중동 문제에서 중국의 위상이 높아지고 관련 사건들에 대한 중국의 대응에서 중국 무슬림의 역할이 점점 더 중요해지고 있는 것은 중국 무슬림이 이슬람 세계와 교류하는 새로운 시대가 열리고 있다는 증거이며, 중국 전역에 이슬람 여론의 바람이 점점 더 거세게 불 것이다. 이제 무슬림 세계의 한 구석에서 급진적 이슬람주의나 민족주의의 깃발이 휘날리면 다른 동쪽 구석의 무슬림이 이에 경의를 표하거나 이의를 제기할 수밖에 없을 것이다.

---

17 2002년 11월 베이징에 알자지라 채널 지국이 개설되었다. 팔레스타인 외교관 출신인 에자트 샤흐루르 지국장은 2003년 3월 30일 인터뷰에서 중국 당국이 베이징에서 방송을 내보내기를 간절히 원했기 때문에 허가를 신속히 내주었고 지안궈먼와이에 위치한 외교 복합 건물 꼭대기 층에 새 사무실을 마련했다고 말했다.

15장
신체적 위치, 사회적 기질

천안문의 이미지들

당신은 하늘 아래에서 무엇을 알고 있는가?
-황하에는 얼마나 많은 꼬불꼬불한 꺾임이 있을까?
-거기에는 몇 척의 배가 있을까?
강의 그 꺾임마다
-몇 개의 장대가 있을까?
각각의 배마다
-노 젓는 사람은 몇 명이나 될까?
각각의 꺾임마다 장대로 배를 밀어 가는가? (중국 전통 민요 및 엘레지 강의 후렴구)

1989년 6월 4일 천안문 광장 학살의 14주기가 다가오고 있다. 나는 여전히 그 학살의 신체적 상징을 사건 자체와 순수하게 분리하여 재평가할 수 없다. 이 사건들은 텔레비전, 신문, 잡지, 극장 이미지의 몽타주를 통해 우리에게 또는 우리 대부분에게 전달되었고, 전 세계는 아니더라도 중국 전체가 잠시나마 새로운 재앙적 중국 신드롬의 스펙터클에 빠져들게 했다(Baudrillard 1981:83). 중국의 페미니스트 문학 평론가 레이 초우(Chow 1990:2)가 「타국에서의 폭력: 위기로서의 중국, 스펙터클, 그리고 여성」이라는 도발적인 에세이에서 언급했듯이, 이 사건은 우리 모두를 '중국 감시자'로 만들었다.[1]

이 장에서 우리는 다시 한번 독자뿐 아니라 중국 감시자가 될 것이다. 개별 상징 자체에 내재된 고정된 의미보다는 그 상징의 혼란스러운 혼합과 뒤섞임, 상호텍스트성, 상호참조성이 그 상징에 설득력과 힘을 부여하며, 그 힘은 미디어를 통해 우리 마음속에 고정되어 지속되고 있다는 것이 나의 주장이다. 이것이 바로 '베이징의 봄'과 관련된 사건들을 마주한 우리 대부분이 겪은 일이다. 나를 비롯해 중국에서 공부하고 생활한 많은 사람들은 거실에서 텔레비전을 통해 사건의 전말을 지켜봐야 했고, 사건에 관한 것이지만 사건 자체와는 거리가 먼 다양한 다큐멘터리 출판물을 통해 다시 읽어야 했다. 그럼에도 이 이미지들은 모두 너무 익숙하다. 사진에서와 마찬가지로, 지나친 노출은 비범한 것을 평범하게 만들고, 기괴한 것을 시들게 만들며, 전달된 이미지를 역사화하고 탈시간화하여 힘을 잃게 하는 매개된 상징의 위험성이 여기에 놓여 있다. 나의 새로운 방식은 대부분의 슬라이드 발표에서 흔히 볼 수 있는 것처럼 비디오 테이프와 연대기에서 제공되는 내러티브를 제공하지 않

---

1   이 장은 원래 퓰리처상을 수상한 사진작가 데이비드 터틀리와 피터 터틀리의 사진 에세이집 『베이징의 봄』(1989)에서 가져온 슬라이드, 영화 〈엘레지 킹〉(1988)의 영상, 1989년 6월과 그 직후의 사건에 대한 주로 CNN, ABC, NBC, CBS의 뉴스 보도 등 다양한 미디어 이미지를 사용하여 발표했었다. 사용한 이미지는 내가 직접 만든 것이 아니며, 2차적으로 매개된 이미지이다. 초기에 비판적인 의견을 제시해준 게일 허샤터(Gail Herschatter), 리사 로펠(Lisa Rofel), 크리스 크루글러(Chris Kruegler)와 이 프로젝트를 시작하도록 격려해준 캐롤 브레켄리지(Carol Breckenridge)와 아르준 아파두라이(Arjun Appadurai)에게 감사를 표한다.

는다는 것이다. 텔레비전 세트와 다큐멘터리의 이미지는 이미 정보에 입각한 관찰자들과 심지어 '중국 전문가들'에 의해 내레이션으로 제공되었으며, 많은 사람들이 학술 기동대처럼 날아와 혼란스럽고 상충되는 이미지를 이해할 수 있는 최종적 해석을 제공했기 때문이다. 마치 운동 경기의 스포츠 아나운서처럼 이 '중국학자'와 '저널리스트'들은 천안문 광장의 장면을 말 그대로 중계했다.

천안문 광장에 있던 사람들의 사건에 대한 보고에 일종의 만화경 같은 혼란이 있었다는 것은 주목할 만하다. 이 잔혹한 사회 현상의 혼란스러운 해석에 질서가 부과된 것은 훨씬 이후였다. 대부분의 '목격자'들이 동의할 수 있는 유일한 점은 그것이 일어났다는 것이다. 그들 각자는 사건 자체의 작은 덩어리, 완화되지 않은 순간들, 그리고 심지어 그것을 만들어낸 사람들조차도 완전히 당혹케 하는 과도하게 겹쳐진 상징과 행동들에 대해서 보고했다. 나는 6월 4일 직후에 탈출한 중국인 여러 명을 인터뷰했는데, 대부분은 여전히 어디서, 언제, 누구와 함께 무슨 일이 일어났는지 거의 알지 못했다. 일부는 심지어 나의 집에서 내가 녹화해둔 CNN 뉴스 방송과 테드 코펠의 개략적인 설명을 몇 시간 동안 시청했다. 민주화 퍼레이드, 단식 투쟁, 진압에 이르기까지 그 누구도 사건의 전체적인 시각을 갖고 있지 않았고, 이는 지금도 우리에게 절실히 필요한 부분이다(현재 진행 중인 사망자 수와 장소, 시간에 대한 논쟁에서 알 수 있듯이 학생 지도자 차이링조차 탈출 후 광장에서 '정말' 사망한 사람을 본 적이 있느냐는 질문을 받았다[*New York Times* 14 Oct. 1989:A3]). 베이징의 목격자들은 언론을 통해 전반적인 정보를 얻으려 했고, 서양의 호텔들로 들어가 그런 정보를 찾기도 했다. 당시 베이징외국어대학교에서 강의하던 노스캐롤라이나대학교의 사회학자 크레이그 캘훈은 자신이 바로 그런 목격자였음에도 베이징에서 벌어지는 사건들과 소식들을 접할 수 없는 것에 좌절을 토로했다.

마침내 두 명의 외국인 친구와 나는 해결책을 찾았다. 우리는 서쪽 3환 도로에서 1마일 떨어진 곳에 있는 홍콩과 중국의 합작 시설인 샹그릴라 호텔의 방을 빌렸다. 그곳에서는 24시간 내내 30분마다 케이블 뉴스 네트워크 보도가 나왔고, 우리는 그것의 혜택을 누렸다. 댄 레더는 이미 떠난 뒤였지만 5층에 자리 잡은 CBS 제작진을 발견했다. 팡리즈와 그의 미국인 친구 페리 링크가 미국 대사관에 망명을 신청할지 갈등하며 이곳을 지나갔다. 중국 학생들도 와서 텔레비전 보도를 지켜봤다. 그들은 시내와 인근의 친구들에게 전화를 걸어 다양한 보도를 교차 확인했으며, 팩스를 주고받았다. 우리는 런던 신문사에 보고서를 보내기도 하고, 장거리로 미국 텔레비전 방송국과 인터뷰를 하기도 했다.

이 보도들에 따르면 우리는 사건의 중심에서 목소리를 내는 '목격자'였다. 우리의 말은 텔레비전 보도의 소재가 되었다. 그러나 우리 자신이 직접 목격한 것 이상의 관점을 얻기 위해 우리는 위성을 통해 베이징으로 송출되는 텔레비전 보도, 특히 CNN에 의존해야 했다. … 물론 아무도 이야기 전체를 알 수는 없었지만, '완전한' 관점에 대한 유일한 접근은 전화와 대중매체(그리고 가십과 토론의 대면 네트워크)의 역할에 의존해 많은 목격자들의 보고를 종합하는 것이었다. 우리는 베이징이라는 물리적 공간과 국제적 정보 흐름이라는 장소 없는(placeless/metatopical) 공간에서 심각하게 지냈다. (Calhoun 1989:54-5)

위의 설명을 보면, 베이징의 서양 호텔 방에서 CNN 뉴스 방송을 보는 동시에 도시에서 무슨 일이 일어나고 있는지에 관해 CNN

기자와 전화로 대화를 나누는 '목격자'라는 놀라운 이미지가 남는다. 매개하는 이미지는 말 그대로 스스로를 먹여 살리며 해석적인 순환을 이루었다. 많은 현지 중국인들은 양산되는 소문이나 관영 언론(각각 자체적인 순환 구조를 가지고 있음)에 의존해야 했다. 1989년 6월 사건의 모든 측면에서 언론에 노출되고 조작된 사례는 잘 알려져 있다. 학생들은 패트릭 헨리('자유를 주지 않으면 죽음을 주겠다')와 액튼 경('절대 권력은 절대적으로 부패한다')의 인용문과 같은 서구 사상을 인용하여 호소하는 외국어로 된 현수막을 제작했다. 동시에 얼마 지나지 않아 관영 언론도 반격에 나섰다. 이듬해 여름, 국영 텔레비전에서는 '천안문의 실화'를 전하는 4시간 분량과 9시간 분량의 다큐멘터리가 방영되었고, 관영 언론은 군인들이 상당한 자제력을 보였다는 주장과 함께 같은 제목으로 중국어와 영어로 된 화보도 제작했다. 예를 들어 한 남성이 손을 들어 탱크를 막는 잘 알려진 이미지가 이러한 주장을 뒷받침했다. 국영 언론에 따르면 탱크는 그를 치어 죽일 수도 있었지만 자제했다는 것이다. 같은 이미지에 대해 완전히 다른 두 가지 해석이 나온 것이다.

텔레비전 화면을 통해 사건이 우리에게 전달되고 그 보도 영상이 여전히 우리의 기억과 상상 속에 남아 있는 것처럼, 중국인의 마음속에는 이러한 상징과 그 상징에 결부된 해석을 더욱 강력하게 만드는 어떤 매개된 '텍스트'가 있었다고 나는 주장한다. 나는 아르준 아파두라이(Appadurai 1990)가 '상상의 민족지학'이라고 부르는 작업을 시도하면서, 모든 이야기를 다 안다고 주장하지는 않지만, 천안문 광장에 관해 (반복되어) 재현된 많은 드라마가 중국인들의 마음속에 예상되었을 수 있으며, 이는 텔레비전 시리즈 〈엘레지 강〉의 엄청난 도움을 받았음을 이미지와 서사를 통해 설명하고자 한다.

천안문 진혼곡

〈엘레지 강〉은 아마도 중국 역사상 가장 많은 사람들이 시청하고 가장 뜨거운 논쟁을 불러일으킨 텔레비전 시리즈였을 것이다. 6개의 에피소드로 구성된 총 4시간의 이 드라마는 1988년 6월 15일부터 중국에서 두 차례 방영되었고, 1989년 5월 세 번째 방영이 예정된 직후에 금지되었다. 이는 대만과 홍콩을 포함한 중국 전역으로 송출되는 중국중앙텔레비전(CCTV)이 하나의 메시지로 중국 전체를 담당하게 하는 거대한 프로젝트를 반영한다. 중국 인구의 90% 이상이 공중파 TV를 시청하고 있는 것으로 추정되며, 이들 모두가 〈엘레지 강〉을 두 차례 시청할 수 있었다. 또한 중국의 모든 주요 뉴스 매체에서 후속 토론이 이어졌고, 토론의 정점인 「엘레지 강에 관한 토론」(He Shanglun; Cui 1988)은 광범위한 독자들에게 전해졌다. 아폴로 달 착륙이나 올림픽이 언론에 의해 국제적인 사건이 된 것에 비유할 수 있듯이, 중국 사회가 거의 완전히 빠졌었다는 점에서 〈엘레지 강〉 시리즈의 국가적 영향력은 엄청났다.

〈엘레지 강〉은 티베트인, 불교도, 무슬림 등 중국의 다양한 민족과 한족이 몸을 엎드려 기도하고 간구하는 짧은 장면으로 시작하여 황하의 여러 풍경을 보여주며 황하가 중국 문명의 원천이자 전통적 숭배의 대상, 문명 발전의 원동력이자 재앙이라는 주제를 묵직하게 강조하고 있다. 황하를 길들이고 파괴적인 목적이 아닌 생산적인 용도로 활용하는 것은 마오쩌둥 주석과 전설적인 중국 초대 황제의 핵심 프로젝트 중 하나였기 때문에 중국의 역사와 전설이 교차하는 지점이다.

황하의 은유는 중국이라는 국가 정체성의 위기의 핵심을 찌른다. 국가가 황하를 가두고 길들이려 했던 것처럼, 국가는 중국인의 자유를 제한해왔다. 경계를 넘어 거침없이 흘러가는 황하처럼 창의적인 표현이 허용되지 않는다면 중국인들은 '국제 영역의 푸른 바다'를 향해 세계로 터져 나갈 것이다. 마찬가지로 황하를 댐으로 막아 바다로 흐르지 못하게 하는 것처럼 중국 문화의 일부도 억압적이고 후진적인 현존에 갇히게 될 것이다. 이 시리즈는 만리장성, 용의 원형, 진시황의 병마용, 나침반, 종이, 화약의 발명, 사원, 도시, 탑 등의 경이로운 건축물 등 중국 문명의 다른 위대한 인물과 업적들을 보여준다. 하지만 이들은 중국의 위대함이 아니라 잘려진 잠재력을 상징하는 것으로 간주된다. 이러한 잠재적 가능성은 과거(와 현재)의 억압적인 국가에 의해 손상되었고 이제 황하처럼 터져 나올 위협을 받고 있는 것이다. 관영 미디어에서 이러한 상징은 일반적으로 중국의 위대함을 보여주는 것으로 묘사되어왔지만, 이제는 구식이 되어 중국이 자신의 영광스러운 유산에 부응하지 못하고 현대 세계와 보조를 맞추지 못하여 과거에는 군사적으로, 현재는 경제적으로 중국이 발명한 바로 그 기술을 사용하여 중국을 모욕하는 강대국들에 의해 정복되었음을 드러낸다. 이 텔레비전 시리즈는 중국의 빈곤을 아프리카 국가 중 가장 빈곤한 국가와 동일시한다.

　　이 시리즈는 중국의 후진성을 설명하던 예전의 방식과 달리 중국의 과거와 현재의 문제를 외부의 제국주의 침략이나 과거 봉건적 억압이 아닌 중국 내부적 문제로 간주한다. 대신, 중국의 저발전은 중국 문화의 핵심적인 결함에서 비롯된 것이며, 비트포겔(Wittfogel 1957)의 논의를 따라 내레이터는 '오리엔탈 전제주의', 즉 중국의 자원에 대한 생태정치적 통제권이 소수에 집중되어 있다고 주장한다. 중국 정부가 인민의 잠재력을 억압하고 구속하는 것을 허용한 책임이 바로 중국 인민에게 있다는 것이다. 국가로서의 정체성에 불안감을 느낀 중국인들은 내레이터의 말처럼 진정한 개혁에 나서기에는 너무 소심했다.

> 역사는 중국을 선택했지만, 중국은 역사를 선택하지 못했다. … 우리 문명을 구하기 위해 우리는 문을 열고 과학과 민주주의를 환영해야 한다. … 중국에서 사회 변화가 왜 그렇게 어려운가? 우리가 우리의 방식을 바꾸면 우리는 여전히 중국인인가? 아마도 우리가 이렇게 항상 걱정하기 때문일 것이다. 서방 국가들이 지난 300년 동안 많은 사회적 변화를 겪었음에도 그들이 여전히 이탈리아인일지 독일인일지 걱정하는 사람은 아무도 없다. 오직 중국에서만 우리의 정체성에 대해 그렇게 걱정한다. (《엘레지 강》, 2부)

중국인의 정체성과 국가성의 기원을 찾기 위해 이 시리즈는 중국 문명의 요람이자 그 문명의 좌절의 근원인 황하를 되돌아본다. 중국인이라는 '종'의 환경적 기원은 사회생물학적, 심지어 인종적 결정 요인이 된다.

> 중국인의 뿌리는 어디에서 찾을 수 있을까? 아마도 피부가 노란 중국인이라면 누구나 중화민족이 황하에 의해 형성되었다는 사실을 알고 있을 것이다. 황하, 황토, 황색인, 이 신비롭고 자연스러운 연결고리. 마치 황색인의 노란 피부가 황하에 의해 노랗게 물들었다는 것을 전 세계에 설득하려는 것 같다. (《엘레지 강》, 1부)

이러한 정서를 반영하듯 이안 부루마(Buruma 1990:45)는 천안문 사태 이후 홍콩을 방문했을 때 '중국인이 된다는 것은 더 이상 단순한 문제가 아니었다'는 것을 발견했다.

중국인이 된다는 것은 중국 시민이 된다는 것과는 다르지만 조국과의 관계는 복잡하고 모호하며 정치적 조작에 광범위하게 열려 있다. 홍콩의 한 중국계 미국인은 홍콩의 한 잡지에 기고한 글에서 다음과 같이 적었다. "중국은 그 근원에서부터 현재에 이르기까지, 그리고 거기서부터 무한한 미래로 끊임없이 흘러가는 황하처럼 끊임없이 흐르는 문화적 실체이다. 이것은 모든 중국인의 마음속에 있는 기본적이고 흔들리지 않는 믿음이다. 그것은 또한 중국 민족주의의 가장 강력한 기반이기도 하다."(Buruma 1990:45)

〈엘레지 강〉의 비판이 가리키는 완전한 힘의 방향을 의심하는 사람이 없도록(예를 들면 극동경제리뷰의 제레미 바르메[Barmé 1988:40]는 이 텔레비전 시리즈가 현상 유지를 계속 지지하고 있다고 주장함), 시리즈의 마지막 몇 장면에는 자금성의 정부 건물을 포함한 황색의 봉건 시대 건축물을 배경으로 다음과 같은 선언문을 두꺼운 한자로 과감하게 새겨넣었다. "전제주의의 특징은 비밀주의, 독재정치, 자의적 통치다." 이와는 대조적으로, 짙푸른 바다를 하얀 배(아마도 탐험선)가 건너고 눈 덮인 봉우리가 반짝이는 배경으로 "민주주의의 특징은 투명성, 대중의 의지, 과학주의여야 한다"(〈엘레지 강〉, 6부)라는 선언문이 적혀 있다.

13차 당대회에서 자오쯔양이 개혁에 찬성하는 연설문을 읽는 장면에 이어 천안문 광장 곳곳에 걸린 현수막과 포스터의 표어가 된 이 대담한 문구들이 표시되고, 그다음에는 황하가 짙푸른 바다로 흘러가는 찬란한 이미지가 보여진다. 이러한 대비는 놀라울 정도이다. 이 병치의 의미를 놓치지 않기 위해 내레이터는 다음과 같은 해석을 덧붙인다.

황하는 황토 고원을 가로지를 운명을 지녔고 궁극적으로 푸른 바다로 들어갈 것이다. … 황하는 웅장하지만 고통스러운 분기점인 바다 입구에 도달한다. 수천 리에 걸쳐 격렬하게 운반된 진흙과 미사가 퇴적되어 새로운 본토를 형성하는 곳이 바로 이곳이다. 여기서 황하의 거센 물결이 서로 충돌할 것이고, 바다에 대한 공포를 스스로 정화해야 한다. 황하가 높은 고원에서부터 이어져온 불굴의 의지와 활력을 간직해야 한다. 생명을 주는 물은 바다에서 나와 바다로 돌아간다. 천 년의 고독 끝에 마침내 황하가 푸른 바다를 바라본다. (〈엘레지 강〉, 6부)

이 은유의 해석을 시청자의 상상 속에 더욱 확고하게 고정시키기 위해 내레이터는 개혁에 대해 다음과 같은 결론을 내린다.

더 깊은 차원의 개혁은 문명의 대전환을 의미하며, 이는 고통스럽고 위험하며 고된 과정으로 이번 세대 또는 앞으로 몇 세대의 희생이 필요할 수도 있다. 우리는 지금 고대 문명이 다시는 일어나지 못하고 몰락하도록 내버려둘 것인지, 아니면 새로운 삶의 메커니즘을 획득하도록 도울 것인가 하는 기로에 서 있다. 우리가 무엇을 하든, 우리 중 누구도 역사적 책임을 회피할 수 없다. (〈엘레지 강〉, 6부)

이 입장은 중국의 전통뿐만 아니라 중국 자체가 해체되고 있다고 느꼈던 강경파뿐만 아니라 중국의 많은 사람들에게 충격을 주었다. 〈엘레지 강〉이 방영된 직후 '허무주의'와 '반동적'이라고 비판한 사람들(Morrison 1989:258 참조)은 이 시리즈의 역사적 정확성에 의심을 드러내고 더 중요하게는 중국의 과거와 현재의 문제를 해외 침략자, 봉건 사회, 심지어 사인방도 아닌 중국인 자신 이이이 누구에게도 돌리지 않는 것에 의문을 제기했다. 중국만이 책임을 져야 한다는 것은 새로운 성찰적 관점에서 중국인이 된다는 것이 무엇을 의미하는지에 대한 질문으로 이어졌다. 심지어 극좌파 정치인 왕젠은 닝샤 후이족 자치구 설립 30주년 기념식에서 중국의 전통적 상징인 황하, 만리장성, 용에 대한 영상 제작자들의 공격을 중국인과 중국인이 된다는 것의 의미에 대한 공격으로 간주했다. 이러한 입장을 뒷받침하기 위해 중국 정부는 〈엘레지 강〉을 금지하고, 프랑스로 도피한 영화감독 쑤샤오캉을 비롯해 이 시리즈에서 인터뷰하고 제작에 자문을 제공한 여러 학자들을 체포하려 했다. 그러나 국가가 프로그램을 금지하고 제작자를 체포, 숙청할 수는 있어도 중국 역사와 이를 시청한 사람들의 상상에서 그 문구들을 제거할 수는 없다. 또한 미디어에서나 그것을 매개로 이 사태를 지켜본 사람들의 의식 속에 고착화된 천안문 사태 이후의 중국 이미지가 드러낸 세상을 제거할 수 없다.

〈엘레지 강〉에서 언급된 위협은 불길하고 구체적이다. 조속히 무언가 하지 않으면 또 다른 엄청나게 중대한 재앙이 닥칠 것이다. 1989년 봄 베이징에서 중국 작가 자젠잉은 이 시리즈가 당시 중국 지식인들의 민주주의를 능가하는 신권위주의의 장점과 부르주아 자유주의의 위험성에 대한 논쟁이 이어지고 미래에 대한 공포감이 팽배해지는 분위기 속에서 만들어졌다고 기록했다. 시리즈의 한 부분에서는 중국 과학자들이 1만 년에 한 번 꼴로 범람하는 황하가 가까운 미래에 그럴 것이라고 예측하는 장면이 나온다. 물의 범람과 함께 대중의 불안도 커지면서, 5월 4일의 학생 행진과 민족주의 운동, 중일전쟁에서 항의하는 군중, 문화대혁명의 군중 동원 영상이 거의 무작위로 빠르게 지나간다. 이는 종종 중국 사회 자체가 혼란 속에서 분출한다는 것을 단속적으로 상기시킨다.

〈엘레지 강〉은 노골적인 해석과 강화된 내레이션이 없는 중국 최초의 포스트모던 텔레비전 시리즈라고 할 수 있다. 그 목적은 항상 시청자와 제작자에게 던져져 있었다. 중국에서 도피한 영화 제작자 중 한 명인 위안즈밍과 나눈 대화에서 그는 "〈엘레지 강〉은 중국 영화 아카이브에서 사회 저항과 대중 운동의 에피소드를 찾아냄으로써 너무 느리고 후퇴할 위험에 처해 있다고 생각되는 개혁 프로그램을 국민과 정부로 하여금 지지하도록 자극하는 목적을 가지고 제작되었다"고 말했다. 혁명적 민족주의의 이전 텍스트를 축적하고 현재의 사회적 위기와 병치시킴으로써 베이징의 봄을 위한 무대를 마련한 것이 〈엘레지 강〉의 주요 공헌이다. 이 시리즈는 특정 사람들이 국가의 복지를 위해 기꺼이 자신의 몸을 희생하지 않는 한, 또 다른 사회적 재앙이 일어날 수밖에 없다고 주장한다. 황하의 경우 바다로, 중국인의 경우 외부(주로 서구) 세계로 나아가야만 피할 수 있다. 서구로부터의 '정신적 오염', 부패, 경제적 요동과 같은 단기적인 문제에도 불구하고, 외부로의 사회적 흐름을 제한하는 것의 장기적인 결과는 훨씬 더 재앙적일 것이다. 중국은 우여곡절이 있더라도 개혁을 향해 계속 나아가야 한다.

신체적 효능과 〈엘레지 강〉

유기체로서의 국가가 자신의 집합적 기관들에 문제가 있는 시기, 특정의 특권을 주장하는 이 기관들이 자신들을 넘어서는 무언가를 열도록 강요받는 시기, 짧은 혁명적 순간, 실험적 급증의 시기가 항상 존재한다. 혼란스러운 상황이 발생할 때마다 경향과 극점, 운동의 본질을 분석하는 것이 필요하다. 갑자기 공증인의 집단이 아랍인이나 인도인처럼 진전했다가 다시 재편성되고 재구성되는 것처럼 다음에 무슨 일이 일어날 지 전혀 알 수 없는 코믹 오페라이다('경찰이 우리와 함께 한다!'라는 외침도 가끔 들린다). (Deleuze and Guattari 1987:366-7)

베이징 민주화 시위의 상징은 대부분은 일본(머리띠), 한국(광장 점거), 필리핀(승리를 상징하는 두 손가락), 간디(단식 투쟁), 미국(연좌 농성, 자유의 여신상), 구소련(현수막과 글라스노스트) 등에서 차용한 파생적인 것이라고 주장되어왔다. 다른 기호학적 역사학자들, 특히 중국학자들은 천안문 사태에서 탱크를 제외하고는 새로운 것이 거의 없다고 주장했다. 1919년 5월 4일 이후 중국에서 일어난 학생 시위의 역사는 국가의 통제하에서 혁명적 역사에 중점을 둔 학교 교육을 받은 대부분의 중국인이 쉽게 접할 수 있는 저항의 상징들로 채워져 있었다. 지도자를 패러디하거나 다양한 학교를 상징하는 현수막, 학생 연설, 천안문 광장 행진, 다채로운 구호들, 심지어 '프레르 자크'의 곡조에 맞춘 〈리펑과 함께 내려가〉라는 1919년 노래까지 있었다(Wasserstrom 1990년 참조). 이와는 대조적으로, 포스트모더니즘적 분석에서는 학생들이 비폭력을 상징하는 방대한 레퍼토리에서 가능한 모든 것을 무작위로, 심지어 장난스럽게 선택했다는 주장이 제기되었다.

이 모든 주장에는 각기 장점이 있지만 핵심적인 질문은 제기하지 않았다. 왜 학생들은 이 특정 텍스트를 선택하고 다른 텍스트는 선택하지 않았을까?[2] 어떤 면에서는 시위에 무엇이 있었는지가 아

---

2   베이징 학생들이 효과적으로 사용한 비폭력 시위 방법의 전체 목록은 1989년 사태의 마지막 2주 동안 천안문 광장에 있었던 진 샤프(Sharp 1973)의 요약문을 참고하시오.

니라 무엇이 없었는가를 살펴보는 것이 더 흥미로울 수도 있다. 학생들은 미국의 켄트주립대에서 벌어졌던 것처럼 건물을 점거하지 않았고, 남아프리카공화국처럼 경제적 보이콧이나 파업을 조직하지 않았으며, 정치 조직들을 보이콧하지 않았고(실제로는 그들에게 접촉하려고 했음), 무엇보다도 가장 중요한 것은 학생들이 한국, 일본, 남아프리카공화국처럼 폭력적인 대체 수단을 지지하지도 않았다. 마지막에 광장에서 벌어진 폭력적인 방어는 단지 즉흥적인 것이었을 뿐, 운동이나 운동의 의도와는 거의 관련이 없었다.

많은 평론가들이 이 학생 운동의 실패 원인으로 꼽는 전략의 부재가 바로 그것의 천재성이었다. 학생들은 의식적이든 무의식적이든 중국의 모든 사람이 그 의미를 즉시 알아차릴 수 있는 대본을 활용했다. 나는 1990년 1월 베이징을 방문했을 때, 내 동료와 친구들이 〈엘레지 강〉이 1989년 봄의 운동에 끼친 영향과 지속되는 논란에 대해 여전히 은밀하게 이야기하는 것을 보았다. 또한 당시 현장의 목격자들은 광장에서 〈엘레지 강〉이 유발한 수많은 토론에 대해 언급했다(Calhoun 1989:64-5 참조). 부분적으로 텔레비전 시리즈의 결과로(자유의 여신상, 대중에게 강의하는 학생, 학교 깃발을 펄럭이는 대학생 퍼레이드, 중국 혁명 영웅의 사진과 병치된 프랑스 계몽주의 인물 사진과 같은 중요한 텍스트들), 또는 이전에 대중운동에 참여했던 사람들의 적극적인 집단 기억의 결과로(20세 대학생 대부분은 문화대혁명이 한창이던 1966~1969년에 태어나지도 않았음), 그리고 특히 중국인이라면 누구나 알고 있는 수많은 중국 혁명사 대본의 재연으로서, 이 상징들은 선택되었고 의미가 새롭게 주어졌으며 모두 나름의 계보와 속도를 가지고 있었다. 〈엘레지 강〉은 일종의 초전도체 역할을 한 것 같다. 그 안에서 다양한 상징 중 일부가 선택되어 현대적 의미로 되살아나고 10억 명이 넘는 사람들의 마음속에 반향을 일으켰을 것이다.

보드리야르(Baudrillard 1981:16)가 우리를 일깨웠듯이, 사건 자체에 대한 역사적 기억보다 더 강력한 힘을 발휘하는 것은 바로 이러한 시뮬라크르, 즉 현실에 대한 시뮬레이션이다.

캐롤 브레켄리지가 인도의 비디오코치 관광은 무엇보다 기 드보르가 제시했던 '가능한 역할의 이미지'(Debord 1983:60, Breckenridge 1990:27에서 인용)를 구현할 수 있는 기회를 많은 관광객들에게 제공하기 때문에 인기가 있다고 논의한 것처럼, 중국 시민들은 혁명적 현실이라는 극장에 참여함으로써 대안적 현실, 그들의 안치된 과거를 되찾은 것이다. '베이징의 봄' 시위에 참여함으로써 학생들은 상상력과 신체적 재현을 통해 애국적인 혁명가가 되려고 시도할 수 있었다. 마오쩌둥조차도 파멸적인 문화대혁명 동안 젊은 세대에게 국가에 대한 사랑과 충성을 증명하기 위해 심어주고자 했던 것, '혁명 이후' 중국에서 태어난 사람들에게는 불가능한 '가능한 삶'이었다. 애국심과 반체제, 혁명 사이의 이러한 긴장은 중국에서 해결된 적이 없다.

미셸 드 세르토(Certeau 1984:35-9)의 전략과 전술의 차이에 대한 메이페어 양(Yang 1989:42-3)의 유용한 논의를 따라, 나는 천안문 시위에서 과거의 혁명적 행동이 구체화된 것은 장기적인 계획이나 과잉 결정된 의도에 의한 것이 아니라고 주장하려 한다. 학생들의 행동은 예측할 수 없는 사건 전개에 대한 전술적 반응과 즉각적인 대응일 뿐, 잘 생각한 장치나 전략이 아니었다. 우얼카이시, 션통, 류엔, 차이진칭 등 내가 만났던 참가자들은 시위에 대한 전반적인 계획이나 전략적인 조직이 없었다고 말했다. 우얼카이시에 따르면, 중국 시민들의 동정심을 불러일으킨 가장 효과적인 전술이었던 단식 투쟁조차도 1989년 5월 12일 저녁 몇몇 학생 지도자들이 모인 그의 기숙사 방에서 즉흥적으로 제안된 것으로, 사전 계획이

거의 없었다고 한다(1990년 1월 20일 인터뷰). 학생들이 조직을 구성하는 데 많은 시간과 에너지를 쏟았지만, 결국 중요했던 것은 국가의 움직임에 대한 대응이었다. 그것은 행위와 대응이었다. 후야오방의 장례식-추모 시위, 4월 26일 덩샤오핑의 비난 사설-분노의 분출과 평화롭고 절제된 시위, 계엄령 선포(5월 20일)-군대의 봉쇄, 고르바초프와 서방 언론의 방문-실질적인 대화와 대표성에 대한 요구를 압박할 기회, 일제 단속-'약자의 무기'로 효과 없는 대응, 그리고 체포-망명이라는 새로운 대안 운동이 그것이다. 이 모든 움직임과 대응책은 기민한 거리 운동가들의 정치적 책략이 아니라 현 정권의 퇴진이라는 한 가지 목적을 유지하기 위한 본능적인 반응이었다.

    이것이 바로 광장에 모인 중국 학생들이 국가에 대해 짧지만 뒤집을 수 없는 도덕적 승리를 거둔 이유이며, 그들의 전술이 정부의 정통성을 박탈하고 명예를 떨어뜨리기 위해 고안되어 그토록 예리한 효과를 얻은 이유일 것이다. 잘 연마된 무기처럼 이러한 상징적 전술은 과거에도 도덕적으로 효과적인 것으로 입증된 바 있으며, 〈엘레지 강〉이 설득력 있게 보여주었듯이 이번에도 통할 가능성이 높았다. 나는 학생들이 조직력이 부족했고 광장에서 충분히 빨리 철수하지 않았으며 구체적인 요구도 충분하지 않았기 때문에 실패한 것이고, 공산당 지도부는 자신들의 진정한 정체성을 보여줌으로써 승리했다고 생각하는 사람들의 의견에 동의하지 않는다(Leys 1989). 정당성과 체면을 둘러싼 기호학적 싸움에서 승리는 물리적 공간의 덧없는 전유와 신체적 파괴로 측정할 수 없으며, 중국 지도부가 절실히 필요로 했던 오직 시간과 도덕성으로만 측정할 수 있다. 학생들은 중국에서 일시적으로 패배를 겪었지만, 중국에서의 사건은 동유럽에 엄청난 상징적 영향을 미쳤을 것이다.

호네커가 동베를린에 탱크를 투입하는 방안을 고려했다가 '중국식 해법'을 사용하지 못하게 된 것처럼, 고르바초프도 다른 동유럽 지도자들이 '중국식 모델'(장갑차와 탱크의 앞과 위에 시위대의 시신을 올려놓아 강력한 저항을 받았고 새로 출범한 체코 정부가 비극적인 실수라고 인정한 1968년 '프라하의 봄'과 매우 흡사한 기계적인 살상 무력의 투입)을 따르지 않도록 하려 했다.[3]

신체적 기질과 천안문

국가에 대항한 학생들의 도덕적 캠페인에서 가장 중요한 세 가지 상징은 단식 투쟁, '민주주의의 여신', 천안문 광장 점거라고 나는 주장한다. 이러한 메타 상징은 모두 학생의 몸, 대표되는 인물, 물리적 이동의 영역 등 신체를 중심으로 전개되었다.

학생의 몸, 그리고 자아에 대한 유교적 위계

'단식 투쟁'이 동력을 받은 것은 학생 자신들의 몸을 천안문 항쟁의 주요 상징으로 위임했기 때문이다. 장 코마로프(Comaroff 1985:6-7)는 다음과 같이 주장했다.

> 실제로 신체는 개인 및 집단 경험에서 자아의 실체적 틀이며, 맥락에 대한 개인의 관계를 나타낼 수 있는 물리적 기호의 집합체를 제공한다는 것은 사실이다. 신체는 세상에 대한 모든 행동을 매개하는 동시에 신체가 일부인 사회적, 자연적 관계의 우주를 구성한다.

---

[3] '프라하의 봄' 당시 소련 탱크와 장갑차를 체코인들이 막아서거나 차량 위에 기어서 올라간 사람들의 놀라운 원본 영상은 영화 〈참을 수 없는 존재의 가벼움〉에서 볼 수 있다. 이 영화는 해외에 있던 중국 유학생들 사이에서 인기를 끌었지만, 정치적이라는 이유가 아닌 '성적인' 내용이라는 이유로 중국에서 상영이 금지된 것으로 알고 있다.

비록 그 과정이 반영되지는 않지만, 우주의 논리는 그 자체로 신체가 제공하는 '자연적인' 기호에 기록된다.

전통적인 유교적 위계질서에서 농민, 노동자, 상인보다 황제 아래 가장 높은 가치를 지닌 것은 학자-관리의 신체/위치이다. 더 나아가 학자-관리가 되기 위해 훈련받는 사람들, 즉 학생은 사회적, 존재론적 위계질서에서 특별한 위치를 차지한다. 작은 할머니들도, 아이들과 함께 있던 엄마들도, 일반 시민들도 '학생들을 구하기 위해' 밀어닥치는 군대의 트럭 앞으로 나섰다. 학생들의 신체가 자신들의 신체보다 더 신성하다는 데 일반적으로 동의한 것이다. 동양철학을 공부하는 학생들에게 중국 사회의 지식인에 대한 이러한 가치 평가는 익숙한 주제이다.

하버드대학의 철학자이자 '살아있는 유학자'인 투웨이밍은 유교의 체화에 관한 도발적인 글에서 맹자는 '신체적 형태를 실현한 사람'을 현자로 정의했는데, 이는 인류 중에서 가장 높은 도덕적 우수성에 도달한 그가 "인간의 가장 깊은 영성이 머무는 곳을 몸으로 가정하기 때문"이라고 기록했다(Tu 1989:476). 이것은 신체의 활력 에너지와 성분을 통해 표현되는 '마음(心)'에 자아를 위치시키는 동양사상에는 정신과 육체를 구분하는 데카르트적 이분법이 없기 때문에 나오는 결과이다(Yasuo 1987). 에밀리 마틴(Martin 1987:77)이 서구에서 발견한 깃처럼 유교에도 '자아와 몸'의 이미지가 존재하지만, 강조되는 것은 '분리'가 아니라 몸을 통해 깨달은 자아의 변형력이다. 마음의 훈련을 통해 몸을 다스리는 법을 배운 사람은 진정한 자아실현에 도달한 사람인 것이다.

우리의 육체적 본성인 몸은 리(옳음과 원리)의 본성, 도덕적 본성 또는 단순히 마음으로 알려진 우리 본성의 양상을 실현하는 매개물로 작용할 수 있도록 변화되고 완성되어야 한다. 몸은 우리 본성을 구성하는 부분이지만 진정으로 인간적인 것은 마음이다. (Tu 1989:477)

유교적 사유에서 몸은 가장 '유순한' 부분이다. 푸코(Foucault 1979:136)에 따르면, "신체가 종속되고, 이용되며, 변형되고, 개선될 수 있을 때, 신체는 유순하다." 중국 정부와 학생들 모두 이를 믿었고, 따라서 그들의 신체는 격렬한 논쟁의 장이 되었다. 유교에서 '교육의 진정한 목적'은 자아의 변화이며, 교육받은 자의 역할은 정치적 과정에서 사회의 인간화를 추구하는 것이다.

공동의 자기 노력을 통한 인간 조건의 변화 가능성과 완전성에 대한 유교적 믿음은 개인의 성장이 윤리적 가치뿐만 아니라 정치적 의미도 지니고 있다. 신체의 의례화는 가족, 이웃, 씨족의 사회적 조화는 물론이고 정치적 리더십과도 관련이 있다. 유교도들은 모범적인 가르침이 정치적 리더십의 필수적인 부분이라고 믿었기 때문에 관련된 사람들의 개인적 도덕성이 좋은 정치의 전제 조건이 된다. (Tu 1989:481)

학생들은 학습과 모범적이며 도덕적인 행동을 통해 정부 지도자들의 많은 개인적 부패는 물론이고 더 중요하게는 그들이 자아와 사회의 변화로부터 점차 멀어지는 것에 대해 비난할 권리가 있었다. 도덕적 고결함과 교육적 성취라는 유교적 경로에 기반하지 않고 여전히 족벌주의와 차별주의에 의해 막혀 있는 중국 정치에 환멸을 느낀 학생들은 10년 전 베이징의 '민주주의의 벽

(Democracy Wall)' 운동에서 제기되었던 불만을 다시 표출하고 있었다. 짧았던 1979년 시위의 지도자 중 한 명이고 이 운동이 배출한 최고의 지식인이자 여전히 중국에서 널리 읽히는 천얼진의 사상에 영향을 준 왕이페이는 "우리가 서구 자본주의를 '돈의 자본주의'라고 부른다면, 동양 사회주의는 '권력 자본주의'라고 불러야 한다"(Munroe 1984:19에서 인용)며 좌절감을 드러냈다. 중국에서 당 관리들의 부패와 권력 분배에 대한 엄격한 통제는 학생과 시민들 사이에서 가장 자주 제기되는 불만이었다. 이 상황에서 학생들은 〈엘레지 강〉의 중심 메시지, 즉 지명된 현대 학자와 지식 엘리트들이 중국 국민과 정부에게 사회의 올바른 기능에 대해 가르쳐야 한다는 것과 완전히 일치했다. 광장에 있던 사람들의 긴 새끼손가락의 손톱, 서양식 복장, 몸을 장식한 대학의 표지들처럼 (교육을 받지 못한 농민에 대한 경멸은 제쳐두더라도) 고상하고 세련된 언어가 〈엘레지 강〉에 넘쳐난다. 덩샤오핑이 4월 26일 담화에서 학생과 지식인들이 주도한 시위를 '애국적'인 것으로 인정하지 않고 '폭도'와 '사회 혼란의 선동자'로 규정한 데 대한 분노가 많은 학생들을 광장으로 이끌었다. 지식인과 학생들이 가장 중요하게 생각한 의제는 사회에서 자신들의 지위와 역할에 비해 부적절하고 품위가 낮다고 생각하는 근로 및 생활 조건의 개선이었다('택시 기사, 판매원, 공장 노동자들이 우리보다 더 많이 번다'는 것이 광장에 모인 사람들의 공통된 불평이었다).

이것은 또한 학생들이 노동자들의 운동 참여를 꺼리는 이유를 암시한다. 노동자들의 몸은 국가에 대해 동일한 상징적 힘을 가지고 있지 않았다. 4월 16일 후야오방 추모 행진에서 학생들은 비학생들의 참여를 막기 위해 팔을 잡았고, 처음에는 노동자들의 진입을 완전히 꺼려하던 광장의 학생 지도자들은 그들에게 북쪽 끝에 작은 구석을 내주었다. 광장을 둘러싼 학생 경비대의 경계선은 광장에 있는 학생들을 보호하는 것만큼이나 노동자와 일반인의 출입을 막기 위한 것이었다.

국가는 노동자들의 경제적 힘을 두려워했고, 노동자들의 참여가 결국 운동에 대한 진압을 결정하게 만들었을 수도 있지만, 학생들과 더 거대한 대중의 입장에서는 학생들의 유일한 무기인 몸의 상징적 힘이 노동자들에 의해 박탈될 수도 있었다. 결국 노동자들의 대규모 참여가 일어나고 나서야 국가는 이를 핑계로 단속에 나섰다. 이후 국영 언론은 '폭도'를 학생이 아닌 주로 노동자나 청년 실업자로 묘사했고, 체포와 집행이 '소수의 공모자'에 의해 오도된 학생들을 겨냥한 것이 아니라고 합리화했다. 태평천국의 문에 걸린 마오쩌둥 사진을 훼손한 '폭도'가 학생이 아니었다는 점도 (그들 중 교사가 한 명 있었기 하지만) 중요한 언론의 지적이었다. 놀라운 것은 서방 언론들이 트럭을 불태우고 폭력을 행사한 것은 주로 학생이 아닌 사람들이 저지른 일이라고 보도하며 (이를 뒷받침할 만한 외부 증거가 거의 없었음도) 이러한 합리화에 동조하는 듯 보인 것이다. 그 후 국가가 수백 명, 수천 명을 처형했지만 그중 학생은 한 명도 없었다는 사실에 다소 안도하는 사람들의 말을 듣고 혼란스러웠다. 진압 직후 체포된 〈엘레지 강〉의 제작자 시에쉬안쥔과 왕루샹 등의 지식인들이 석방되었으며 그들이 '일반' 시위대나 노동자보다 더 나은 대우를 받았고 심지어 호텔에 수용되었다는 소식을 들은 중국 지식인들은 (국영 방송을 통해 대다수 수감자들이 잔인하게 다뤄졌다는 사실이 분명했음에도 불구하고) 큰 '안도감'을 표했다. 국가가 체포된 상태에서도 지식인의 몸을 다르게 취급했다는 사실은 이러한 가치의 위계를 뒷받침한다.

섹슈얼리티와 학생의 몸의 정치

학생들의 구호, 광장의 우드스탁 분위기, 그리고 거의 모든 운동을 특징짓는 바흐친식 카니발에서 표현된 학생들의 개인주의, 관능, 자아의 재발견은 알몸으로 대학 건물 꼭대기에 서서 '나는 바로 나다'라고 선언한 학생에 대한 우얼카이시의 이야기에서 드러난다(Bernstein 1989:11 참조). 자아 및 관능에 대한 주장은 국가가 여성의 월경, 가정 생활, 경력 및 가족 계획을 감시하는 중국에서 반항적인 행동이 될 수 있다. 오빌 셸(Schell 1989:73-84)이 비교적 최근 중국에서 소프트 포르노 에로티시즘의 합법적인 공간으로 부상한 보디빌딩 잡지와 주로 중국 여성을 대상으로 한 서양식 코, 가슴, 엉덩이 성형 수술의 인기를 묘사한 것은 국가로부터 자신의 신체에 대한 통제권을 빼앗아 국가에 대항하려는 시도를 나타낸다. 학생들은 자신의 얼굴을 회복하고 때때로 재구성함으로써 국가로부터 얼굴을 빼앗았다(Yang, M. 1989:37 참조).

중국에서 신체와 섹슈얼리티에 대한 관심이 부활하면서 다소 선정적인 잡지와 사설 '포르노 비디오 스튜디오'가 확산된 것은 일부 사람들의 감성을 불쾌하게도 만들었다. 학생 시위와 거의 동시에 중국 전역의 무슬림들이 소프트 포르노 시장의 베스트셀러인 『성적 관습』(Ke and Sang 1989)이라는 무해한 책에 대한 시위를 벌이기도 했다(11장 참조). 5월 12일 베이징에서 시위가 벌어진 데 이어 닝샤, 간쑤, 칭하이, 신장에서도 10만 명 이상의 분노한 무슬림이 참여한 폭력적인 시위가 벌어졌다. 중국 정부는 학생들의 요구와는 달리 무슬림의 모든 요구를 수용하여 시위를 승인하고, 책을 금지하고, 저자를 체포했다(저자들은 석방되었다가 안전을 위해 다시 체포되었고, 간쑤성의 무슬림들은 살만 루슈디에게 보낸 파트와 비슷하게 저자들의 처형을 위해 20만 달러 이상을 모금했다). 무슬림들이 중국어와 아랍어로 외친 대표적인 구호는 "중국의 악마의 시를 금지하라"와 "중국의 살만 루슈디를 죽여라"였다(Gladney 1994, 1996:1-14 참조).

광장에서의 성적 행위는 다른 곳보다 훨씬 더 자연스럽게 이루어졌다. 적어도 한 번의 결혼식(나중에 컬럼비아대학을 졸업한 리루의 결혼식)이 그곳에서 이루어졌고, 한 학생 지도자는 광장에 텐트를 하나 배정받았지만 여러 커플이 자주 사용했기 때문에 그곳에서 잠을 잘 수 없었다고 나에게 이야기했다. 이는 상황이 '너무 나빠지고'(한 지역의 농민 소녀가 유명한 장정 중 한 명에 의해 임신함) 마오 주석이 (장칭을 위해 전 부인과 이혼한 후) 이를 중단할 때까지 꽤 흔했던 초기 중국 당 지도자들 사이의 옌안에서의 '자유 연애' 관행을 떠올리게 한다. 이는 널리 알려져 있지만 마크 셀든(Selden 1971)의 방대한 기록에서는 다루지 않았던 중국 혁명기 옌안에서의 삶의 한 측면이기도 하다. 학생들은 여기에서 혁명뿐만 아니라 사랑에도 참여했던 것이다.

조지 모스(Mosse 1985)는 민족주의와 섹슈얼리티에 대한 그의 흥미로운 논의에서 국가가 매우 권위주의적이거나 심지어 파시스트적일 때 인간의 몸을 국가에 적합하게 만들고 존중의 본질로 정의한다고 말했으며, 클로드 르포르(Leforte 1986:279)는 실제로 국가가 '국민의 의지를 체화하는 것'으로 스스로를 간주한다고 말했다. 이러한 상황에서 국가는 푸코가 '성의 치안'이라고 부르는 일에 관여한다.

> 성은 단순히 판단하는 것이 아니라 관리하는 것이었다. 그것은 공공의 잠재력에 속하는 것이었고, 관리 절차가 필요했으며, 분석적 담론이 담당해야 했다. 18세기에 성은 '치안'의 문제가 되었다.
> (Foucault 1980:24-5)

중국에서 성, 그리고 섹슈얼리티의 관리는 국가의 특권 안에 있다. 민족주의와 부르주아 도덕성의 동맹은 "멈추기 어려운 엔진을 주조했다"고 모스(Mosse 1985:9)는 주장한다. 천안문 광장의 학생들은 섹슈얼리티, 저항, 단식이라는 신체적 위치에서 국가로부터 자신의 몸을 재전유함으로써 중국의 전통적인 신체 공학을 실패하도록 하려 했을 것이다.

1980년 후난사범대학 파업을 재현한 단식 투쟁을 통해 학생들은 '국사를 위해 죽겠다'는 매우 전통적인 역할을 취했다. 이 잘 알려진 문구는 기원전 3세기에 황제가 자신의 충고를 듣지 않자 자살한 충신 취위안의 이야기에서 유래한 것이다. 〈엘레지 강〉에서 '엘레지'라는 단어의 의미는 '성인이 되지 못한 사람의 때 이른 사망'을 의미하는데(Wakeman 1989:19의 시리즈 리뷰에서 인용), 강이 일찍 죽는다는 것은 중국 자체의 죽음과 난폭한 독재 정권에 맞서 중국을 위해 기꺼이 자신을 희생한 사람들의 죽음에 대한 은유이다. 〈엘레지 강〉은 이러한 테마로 가득하다. 프로그램의 첫 부분에서 다룬, 더 잘 훈련되고 장비를 갖춘 미국인들을 제치고 중국의 영광을 위해 황하를 가장 먼저 래프팅하려다 숨진 두 젊은 선수의 '희생' 장면, 1907년 애국심의 희생양이 되어 처형당한 여성 민족주의자 치우진의 이야기, 종결부의 끝 부분에 나오는 '이 세대 또는 앞으로 몇 세대의 희생이 필요할지 모르는 고통스럽고 위험하며 고된 과정'이 될 개혁의 마지막 호소까지 이어진다(〈엘레지 강〉, 6부). 천안문 광장의 학생들이 국가에 반대하는 가장 강력한 상징인 자신의 몸을 그 사선에 눕혔을 때, 학생들은 1989년 3월 시국에 대한 좌절감으로 자살한 베이징대 학생이자 시인인 하이즈의 죽음을 떠올렸을 것이다. 일부 학생들이 등유를 몸에 뿌리고 분신자살 위협을 가하기는 했지만, 이는 일부 학생들이 '국가를 위해 자신을 희생하겠다'는 의지가 어느 정도였는지를 명확히 보여준다. 컬럼비아 대학교 학생회장 원시에와의 인터뷰 내용은 국가를 위해 무엇보다 학생의 신체적 자기 희생이 필요하다는 믿음이 여전히 살아 있음을 보여준다.

> 완전한 민주주의 체제에 대해 이야기한다면 그것은 긴 행진이 되겠지만, 단기적으로는 중국의 지식인과 학생들이 민주화 과정의 시작을 위해 자신을 희생하는 선구자 또는 군인이 될 것이라고 생각한다. 너무 많은 학생들이 민주주의를 위해 죽었다. (Burras 1989:102)

많은 학생들이 광장에 나가기 전에 공개적으로 유서를 쓸 정도로, 이 운동에 참여하면서 학생들은 말 그대로 목숨을 걸고 있었다. 이러한 인식을 반영하여 저널리스트 멜린다 리우는 베이징 주변에서 전해지는 이야기를 보도했다. 이는 반부패 캠페인의 결과에 대해 우려하는 학생들의 불길하고 기묘한 예감을 암시한다.

> 5월 어느 날 덩과 자오는 기세 좋은 학생 시위에 대한 농담을 나누었다. 덩은 "젊은이 몇 명만 죽이면 이 동요는 끝날 것"이라고 단언했다.
> 깜짝 놀란 자오가 "몇 명? 스무 명?" 하고 묻자, 덩은 고개를 절레절레 흔든다.
> "2백 명?" 덩은 다시 아니라고 말한다. "2천?" 흥분한 자오가 묻는다.
> 덩은 "아니, 두 명만"이라고 대답한다. 안도한 자오는 "어떤 두 명?"이라고 되묻는다.

덩은 대답한다. "네 아들과 내 아들."(Turnley and Turnley 1989:30).

민주주의가 여신을 얻었다

서방 언론의 사랑을 한 몸에 받고 있는 이른바 민주주의의 여신(나는 중국에서 자유의 여신상도 신격화되어 있기 때문에 그렇게 표현했다. 하지만 '자유의 여신'이라는 문구는 언론에 소개되지 않았다) 또한 매우 비판적인 방식으로 정부의 정당성을 비난하는 대안적 신체의 구성과 전시를 포함했다. 마오쩌둥 사진 앞에 세워진 이 동상은 중국적 특징을 지닌 이국적 '여신'으로 마오 주석의 동상과 뚜렷한 병치를 이룬다. 여성을 대표하는 어머니 동상과 문화대혁명 기간에 신격화되어 '중국적 특징을 지닌' 서구의 마르크스주의 이념을 옹호하는 아버지 남성으로서 마오 주석의 동상의 병치인 것이다. 마오 주석의 동상은 중국 전역에 전시되었고 문화대혁명 기간에는 광장을 따라 행진하기도 했다. 〈엘레지 강〉은 20년 후인 5월 30일 유사한 방식으로 진행되었던 민주주의의 여신의 행렬과 황궁 앞 창안대로를 따라 끌려가는 마오쩌둥의 대형 동상의 긴 장면을 포착한다. 연극이 현실이 되고, 현실이 연극이 되는 놀라운 순간이다. 중국에서 이 명백한 유사성과 패러디를 놓친 사람은 거의 없었을 것이다.

컬럼비아 대학의 동아시아학 사서이자 베이징 사태의 목격자인 마샤 와그너는 대중강연에서 대부분의 국민들은 정부가 국가의 자녀인 학생들의 건강을 염려할 것이라고 생각했기 때문에 단식투쟁이 효과적이었다고 주장했다. 유사점과 상이점은 중요하다. 아버지로서의 국가와 같은 가족의 은유를 더 이상 받아들이지 않는 학생들은 그 누구의 자녀도 아닌, 그것이 무엇을 의미하든지, 민주주의라는 관념의 자녀로 생각되기를 희망했다. 이는 리펑의 연설과 극명한 대조를 이루었다. (5월 19일 급히 소집한 학생 대표들과의 면담에서 병원 복장을 한 우얼카이시와 대면하여 굴욕을 당하는 리펑의 모습이 국영 TV를 통해 중국과 전 세계에 방송되었다.) 리펑은 연설에서 당은 학생들을 아이들로 생각하기 때문에 학생들이 단식을 끝내고 스스로에게 해를 끼치지 않기를 바란다고 말했다. 베이징의 가장 피비린내 나는 일요일이었던 6월 4일 새벽 5시 30분에 인민해방군이 광장을 다시 점령하자마자 여신을 쓰러뜨린 것이 정복의 첫 번째 상징적 행동이었던 것은 놀라운 일이 아니었다.

많은 사람들이 '민주주의'가 학생들에게 추상적이고 거의 의미가 없는 개념이었다고 주장하지만, 나는 이것이 과장된 것이라는 벤 슈워츠(Schwartz 1989)의 평가에 동의한다. 중국인은 민주주의에 대한 이해가 부족하다거나 더 심하게는 민주주의에 적합하지 않다고 주장하는 편협한 오리엔탈리즘이다. 이러한 생각에 대한 반응으로, 메인주 베이츠대학의 전 비교문학 교수이자 미국 내 중국 학생 및 학자 독립연맹의 리더인 예양은 대중강연에서 "우리 중국인은 ET와 다르다. 우리는 당신과 같은 것을 원한다"고 말했다. 중국의 많은 사람들이 변화를 갈망하고 있으며, 이는 종종 오늘날의 -**주의**로 분류된다. 멜린다 리우는 한 중국 노인 여성이 "민주주의가 무엇인지 모르겠지만, 우리는 확실히 더 많은 민주주의가 필요하다"고 말한 것을 보도했다(Turnley and Turnley 1989:32). 현 정권의 실패, 심지어 중국 문화 자체의 실패에 대한 불만과 절망감, 불관용이 새로운 사회 질서에 대한 열망으로 반영되어 '엘레지 강'의 기초가 된 것이다.

학생들은 분명히 민주주의에 대한 '최소한'의 정의를 가지고 있었다. 앤드류 네이선(Nathan 1985:226)이 주장하는 현재 서구 민주주의 이론의 핵심은 정부가 국민에 대해 책임을 지고 대표성을 갖도록 하는 기술이라는 개념이다. 이 수준에서 '진짜' 대화, 열린 언론, 민주주의 여신의 모습에 담긴 목표의 재구현이라는 학생들의 요구는 대부분 〈엘레지 강〉에서 스치듯 보인 텍스트 몽타주에서 형상화된 것들로, 현 지도부의 생명을 위협하는 것으로 인식되는 대안적인 사회, 보다 '민주적인' 사회 건설을 제기한 것이다. 민주주의에 대한 학생의 생각은 아마도 서방의 어떤 것보다도 페레스트로이카의 목표에 근거를 둔 모델에 가까웠을 것이다. 고르바초프가 도착하자마자 중국 국민들의 환영이 쏟아졌다(혁명 순교자 기념관에 화환을 놓기 위해 광장에 들어가는 원래 계획을 이행하지 못할 정도로). 한 현수막에는 '민주주의—우리 공동의 꿈'이라는 문구가 적혀 있었다(Morrison 1989:173). 무엇보다도 중소 화해와 동아시아의 긴장 완화로 학생들은 고르바초프 방문을 국가가 민중의 삶에 대한 지배를 지속할 근거가 더 이상 없다고 주장하는 기회로 삼았을 것이다. (5월의 고르바초프 방문은 3개월 전의 조지 부시 시니어 방문보다 학생들에게 상징적으로 훨씬 더 큰 의미가 있었다.) 이제 중국의 국가 안보에 대한 외부 위협이 더 이상 존재하지 않으므로 내부 탄압을 정당화하기 어려워진 것이다.

학생들은 자신들의 운동이 혼란이나 국가 안보에 위협이 되지 않는다는 것을 보여주기 위해 광장에 대한 평화적인 통제를 효과적으로 유지했으며, 중국 언론도 한때는 학생들이 '사회 혼란'을 일으켰다는 정부의 주장에 반박하며 국가의 통제로부터 거리를 두려는 의지를 드러내기도 했다(학생들의 광장 점거에도 불구하고 뉴스를 통해 개방된 도로와 정상적으로 운행되는 버스 모습을 보여줌). 많은 중국인이 개인적 재난보다 더 두려워한 혼란은 학생들이 조직화되지 않았음에도 불구하고 뛰어난 규율로 인해 발생하지 않았다. 그러나 어느 측면에서 보면 국가는 적어도 일시적으로는 자기 사회에 대한 통제력을 상실했다. 도시의 심장부인 천안문 광장이 국가의 선택에 의해서가 아니라 여신이 눈 아래 대중에 의해 효과적으로 운영되고 있었다. 혼란보다 통제력 상실이 국가를 더 위협했다.

공적 영역의 신체적 점거

제국 시기 이후 중국에서 천안문 광장이 의례의 중심지인 천단을 대체하며 정치적 중심지가 되었고, 학생들은 바로 그 천안문 광장에서 야영을 함으로써 국가의 위신을 훼손할 수 있는 가장 효과적인 수단을 찾았다. 학생들은 몸으로 광장을 점거함으로써 중국 국가의 상징물을 점령한 것이었다. 기단 주변에는 이전 '인민 혁명'의 비문이 새겨진 인민 영웅 기념비, 인민대회당과 혁명역사 박물관을 둘러싼 건축물들, 그리고 심지어 웅장한 무덤에 안장된 마오쩌둥의 시신까지 모두 사실상 학생들이 획득한 것으로 보였다. 학생들은 인민대회당이나 자금성 같은 건물을 점유할 수 있었고 그곳에서 더 편안하게 지내며 더 오래 버틸 수도 있었지만, 그 대신 광장을 선택했던 것이다.

제임스 헤비아(Hevia 1989)는 1900년 8월 28일 의화단 운동(Boxer Rebellion) 이후 영국과 프랑스 연합군이 중국 정부를 모욕하기 위한 승리의 행진으로 현재의 창안대로를 따라 천안문 광장을 가로질러 자금성까지 이동하는 모습을 (전통적으로 중국 황제들이 하늘에 제사를 지낸 후 천단에서 자금성까지 가마를 타고 이동했던 것처럼) 시간에 따라 기록했다. 아마 학생들도 이러한 왕실 의례를 모방한 듯이(Bryant 1989:414-15) 천안문 광장을 지나 창안대로를 따라 이동하면서 현수막을 내걸고 구호를 외쳤고, 이러한 장면은 텔레비전 화면에서 수백 번이나 방송되었다. 이 장면은 〈엘레지 강〉에서도 재연되었다. 학생들은 천안문을 중심으로 행렬과 점거가 이루어졌던 의화단 운동, 1919년 5월 4일의 봉기, 문화대혁명, 저우언라이 장례식 등 중국 혁명사 속에서 극화되어온 오래 묵은 각본을 따랐던 것이다. 마오쩌둥 사진 반대편의 공개되고 취약한 위치에 자신들의 신체와 성상을 배치함으로써 전 세계의 관심을 정부에서 자신들로 옮겼다. 중국 지도자들의 얼굴은 결코 예전과 같지 않을 것이다. (덩샤오핑조차도 6월 24일의 사적인 연설에서 리펑의 얼굴이 국민들에게 매력적이지 않다고 인정했다.)

정부 지도부를 진정으로 화나게 한 것은 광장을 통과하는 행렬이 아니라 광장을 점거한 것이었다. 많은 사람들이 학생들이 광장에 너무 오래 머물러 결국 진압을 촉발한 것이라며 학생들의 어리석음을 논하지만, 그들은 학생들 행동의 매우 중요한 본질을 놓치고 있었다. 학생들은 광장에 몸을 둠으로써 천안문 광장을 공적 영역으로 다시 편입시키려 했다는 것이다. 민족국가의 등장에서 발생하는 이 실체의 구조적 변화에 대한 위르겐 하버마스의 논의는 중국에 전적으로 적합하다. 중화인민공화국 인민의 자칭 대표자로서 지도부는 광장이라는 공적 공간에서 국민을 만나야 한다는 것이다. 그렇지 않으면 그것은 변덕스럽게 대화를 거부하는 전제적 왕권처럼 보인다. 하버마스에 따르면 대표제 민족국가에서 공적 영역은 권위의 중심인으로서 군주의 지위를 대체한다.

> 이러한 대표의 공공성은 사회적 영역, 즉 공적 영역으로 구성된 것이 아니라, 이 용어가 허용된다면 지위의 속성과 같은 것이었다. 영주의 지위는 그 자체로 어떤 수준에서든 '공적'과 '사적'이라는 기준과 관련하여 중립적이었지만, 현직자는 영지를 공적으로 대표했다. 그는 자신을 일종의 '더 높은' 권력의 화신으로 자신을 드러냈다. (Habermas 1989:7)

이는 황제를 신과 인간의 권위가 결합된 하늘의 아들로 구현했던 중국과 매우 밀접한 관련이 있다. 그러나 학생들은 '중국의 마지막 황제, 덩샤오핑'이라는 슬로건으로 실제 상황을 패러디했다. 황제라는 인간에게 구현되어 부여되었던 권위가 중화인민공화국 인민에 의해 대체되어야 한다는 개념은 중국의 혁명 교육과정의 본질적인 부분이다(Gladney 1990). 이러한 다원주의 담론은 현재 중국 지도자들을 괴롭히고 있다. '리펑 총리는 왜 인민을 만나러 나오지 않는가'라는 외침처럼 대중 구호는 더욱 신랄해졌다. 천안문 광장 점거는 더 이상 공산당의 포퓰리즘적 수사를 받아들이지 않겠다는 학생들의 열망을 상징하는 것으로, 그들은 공공의 영역을 몸으로 다시 차지하려 한 것이다.

진압 직전에 학생들이 마지막으로 보여준 극적인 행동 중 하나는 〈엘레지 강〉의 시작을 알리는 몸짓, 즉 엎드려 절하는 동작을 생생하게 떠올리게 했다. 그러나 이번에는 불교도, 도교도, 무슬림이 각자의 신에게 간청하는 절이 아니라 천안문 광장 옆 인민대회당 계단에 무릎을 꿇고 고개를 세 번 두드리는 전통적 방식의 절을 하며 정부 지도자와의 공개 대화를 촉구하는 수천 명의 시민 이름이 적힌 청원서를 손에 높이 들고 있는 외로운 학생의 모습이었다. 〈엘레지 강〉에 그려진 순례자들과 달리 이들은 여전히 중국의 신들과 대화를 기다리고 있고, 다른 이들은 그들의 퇴위를 기다리고 있다.

---16장---
결론

9/11 이후의 중국

20세기 말 중화인민공화국의 경제적, 정치적 부상은 주변 국가들을 긴장시켰다. 실제로는 2001년 미국이 중국과 러시아의 호응을 받아 시작한 테러와의 전쟁으로 인해 모든 국가의 불안감이 높아졌다고 주장하는 사람들도 있지만, 중국은 오히려 이 전쟁의 혜택을 받은 국가 중 하나이다. 2002년 이후 중국의 국경은 더욱 안전해졌고 외국인 직접투자는 급증했으며, 중국의 국제적 위상(특히 미국과 비교할 때)은 향상되었다. 홍콩과 대만의 회수에 대한 중국의 의도는 분명하지만, 중국의 다른 팽창주의 목표에 대해서는 많은 의구심이 남아 있다. 이 책은 중국이 아직 중국의 일부로 간주되지 않는 주변 영토에 대한 지리적 확장의 계획은 없을지 모르지만, 중국의 서발턴 집단에 대한 문화적, 정치적 조치들은 중국 민족주의가 점진적이지만 현저하게 증대되고 있으며 이는 중국의 내부 식민주의에 대한 중대한 함의를 가질 것이라고 주장한다.

나는 이 책에서 정치경제, 사회계급, 젠더, 민족성, 국적에 이르기까지 중국 사회의 모든 수준에서의 범주화와 분류가 광범위하고 지속적인 내부 식민주의 프로젝트를 의미한다고 주장했다. 비록 오래전에 가라앉았지만, 마이클 헥터의 역사서 『내부 식민주의: 영국의 국가 발전에서의 켈트족 주변부, 1536-1966』(Hechter 1976)이 촉발한 논쟁은 그 자체로 흥미로운 역사를 지니고 있다. 1960년대 중반과 1970년대 초반에 이 주제에 관해 쓰인 몇 편의 논문은 주로 중남미에서 이전 식민지배의 지속적인 정치경제적 영향에 관한 것이었고, 헥터의 책은 식민시기 이후의 서구 도시 사회들에 폭넓게 적용될 수 있는 이론적 접근을 최초로 공식화한 저서이다.

헥터(Hechter 1975:8)는 레닌의 『러시아 자본주의의 발전』(1956)과 그람시의 「남부 문제」[1] 사이의 중요한 이론적 연관성을 도출하며, 국제 관계가 내부의 사회적 관계와 연관되어 있다고 주장한다. 이와 관련하여 헥터는 식민지 행정하에서 특정 사람들이 '위계적인 문화적 분업' 안으로 편입되면서 계급을 대체하는 민족 정체성이 발달했다고 제시한다(Hechter and Levi 1979:263). 이러한 '내부 식민주의'는 도시의 권력 중심지와 주변부, 종종 민족적 지방 사이의 불균등한 교환 비율을 근거로 한다. 헥터(Hechter 1975)는 '켈트족 주변부'에 대한 연구에서 마치 이 지역이 여전히 경제적으로 식민지 착취를 받고 있는 것처럼 탈식민지 영국의 국가적 발전을 추적한다.

헥터의 내부 식민주의 이론의 정교화는 영국 이외의 지역, 특히 탈식민지 사회와 사회주의 사회에서의 연구에 매우 유익한 것으로 입증되었다. 1970년대 중반에 이 용어가 제목에 포함된 40여 편의 논문과 최소 두 권의 책이 쏟아져나왔고, 내부 식민주의를 다룬 〈민족과 인종 연구〉의 1979년 특별호에서 절정에 달했다. 이 이론은 남아프리카, 태국, 수단, 웨일즈, 브르타뉴, 퀘벡, 오스트리

---

[1] 반대당에 대한 무솔리니의 탄압 시기였던 1926년 그람시가 체포되었는데, 당시 그는 이제는 유명해진 에세이를 기록하고 있었다. 따라서 그의 에세이는 완성되지 못했고 이탈리아에서조차 1966년까지 출판되지 못했다(Gramsci 1966 참고).

아-헝가리, 스코틀랜드, 방글라데시, 미국의 체로키 원주민과 치카노 원주민, 이스라엘의 팔레스타인, 그리고 소련에서 스탈린의 민족 정책의 원래 의도와 성공 원인까지 적용가능한 것으로 드러났다(Gouldner 1978:11-14). 이 사례들의 대부분은 자본에 대한 접근과 분배를 통제하는 도시의 권력 엘리트 소수에 의해 지배적 전통에서 문화적으로 지식이 적은 다수의 민족이 착취당하는 상황을 강조한다. 흥미롭게도 이 이론은 나중에 너무 일반적이고 광범위하게 적용된다는 이유로 비판을 받고 대체로 폐기되었지만, 중국에는 적용되지 않았다. 그럼에도 불구하고 나는 최근 중국의 정책 변화로 인해 이 접근법이 21세기 초 중국의 식민 정치를 이해하는 데 더욱 적합하다고 주장하려 한다.

중화인민공화국이 '반제국주의적 민족주의'(Friedman 1994)를 기반으로 건국되었지만, 탈식민지 이후 대부분의 국가가 영토를 되찾기는커녕 잃어가고 있는 이 시기에 중국이 홍콩, 대만, 난사군도에 대한 영유권을 주장하기 위해 분주하게 움직이고 있다는 것은 상당히 역설적이다. 중국의 주장과는 반대로 1997년 홍콩에서 영국 식민지 행정부가 철수했다고 해서 홍콩이 해방된 것은 아니었다. 내부 식민주의 이론의 정의적 문제에도 불구하고 티베트가 말 그대로 중국의 식민지라는 주장은 사실에 부합하는 부분이 있다.

중국 지리체(geo-body)에 대한 서발턴의 관점

통차이 위니차쿨(Winichakul 1994:15)이 『지도에 그려진 시암』을 통해 주장했듯이, 현대 국가는 이전에 국경이나 경계가 없고 분류되지 않은 지역, 민족, 공간에 국경, 경계, 구성 범주를 부과함으로써 세워진다. 위니차쿨은 태국 지리체라는 '상상된 공동체'(Anderson 1991)의 발명은 국가가 지지하는 경계, 민족, 중심지, 주변부의 정의를 통해 이루어진다고 주장한다. 홍콩, 대만, 티베트, 신장 등 중국의 지리체에 속하는 것으로 간주되는 지역이 중국의 권한에서 벗어나는 것은 결코 고려되지 않을 것이다. 대부분의 중국인들은 그렇게 하는 것은 자신의 사지를 자르는 일이라고 믿는다. 홍콩과 대만의 회복은 단지 재건 수술에 불과한 것이다.

이 책은 남아시아 학계의 서발턴 연구와 문화비평 연구에서 영감을 얻어 중국의 내부 식민주의와 중국 지리체 개념이 서발턴 주체들에게 미치는 영향을 이해하고자 했다.

에드워드 사이드는 구하와 스피박의 1988년 선집을 소개하는 글에서 다음과 같이 언급한다.

> 그렇다면 대안적 담론으로서 서발턴 학자들의 작업은 여성, 소수자, 가난하거나 쫓겨난 집단, 난민, 망명자 등 수많은 집단의 숨겨진 또는 억압된 이야기를 표현하려는 서구 및 전 세계의 모든 최근의 시도와 유사하게 볼 수 있다. (Said 1988:vi)

중국에서는 아직 토착의 '서발턴 학문'이 발전하지 못했지만, 주변부나 하위 지역 또는 '하위 민족'의 위치에 놓이기 보다는 그들만의 용어로 이해가 되어야 하는 독립적인 역사와 문화적 기억을 가진 서발턴의 목소리를 대변하는 몇 가지 연구가 진행되어왔다. 그렇기 때문에 중국의 민족주의 강화만이 아니라 근대 내부 식민주의의 본질을 이해하는 데 있어 20세기 말 중국 서발턴의 상태가 점점 더 중요해지고 있다. 이 책에서 '서발턴 주체들'은 중국의 핵심적 전통에서 멀리 떨어지고 진정성이 약하며 주변적인 것으로 지속적으로 간주되는 바로 그 집단, 개인들, 주체성들을 말한다.

중국 민족주의와 서발턴의 함의

전직 신화통신 기자이자 현재 미국 프린스턴에서 망명 생활을 하고 있는 중국 반체제 작가 리우빈옌은 〈극동경제리뷰〉(1995년 11월)와의 인터뷰에서 중국의 서발턴 소수민족에 대한 관심이 현대 중국 민족주의를 이해하는 데 매우 중요하다고 분명히 밝혔다. 리우는 "민족주의와 한족 우월주의는 이제 중국공산당의 이데올로기적 무기고에서 유일하게 효과적인 도구"이며 "외국과의 관계나 소수민족 간의 관계에 어떠한 균열이라도 생기면 인민들의 '애국적' 정서를 자극해 공산당 당국을 지지하도록 만들 수 있다"고 단언했다. 2001~2002년 중국 관영 언론에서 신장 등지에서 발생한 분리주의 사건에 대한 보도가 쏟아진 것을 보면 아마도 리우빈옌의 말이 맞을지도 모른다.

수십 년 동안 내부 갈등이 있다는 사실을 부인하고 대신 중국의 '국가적 단결'을 강조해온 정부는 이제 티베트, 윈난성, 신장, 닝샤, 내몽고 국경 지역에서 티베트와 무슬림의 갈등이 발생하고 있다는 공식 보고서를 반복적으로 발표하고 있다. 1992년 이후로 시안, 윈난성, 그리고 중국에서 가장 규모가 큰 무슬림 소수민족을 위한 유일한 자치구인 닝샤에서 무슬림 내 갈등과 후이족의 반정부 시위가 발생하고 있다.

달라이 라마의 사진을 공공장소에 전시하는 것을 금지하고 승려들을 정치적으로 재교육히는 등 티베트에 대한 정책 변화와 강경책에 대해서 많이 보도되긴 했지만, 신장의 불안과 단속이 어느 정도 수준인지에 대해서는 알려진 바가 별로 없다. 무슬림 내 파벌주의와 정치-종교적 살인으로 인해 무슬림 지역의 상황은 티베트보다 훨씬 더 복잡하고 변동이 심해 보인다. 분쟁을 해결하고 제지할 달라이 라마가 없는 상황에서 정치, 종교, 지역 파벌주의에 찢긴 중국 무슬림은 국지적이고 광범위한 폭력에 더 취약할 수 밖에 없다. 최소 30개 국제 단체든은 암스테르담, 뮌헨, 이스탄불, 멜버른, 뉴욕, 워싱턴 DC에 본부를 두고 신장의 독립을 위해 활동하고 있다. 신장이 공산주의 치하의 마지막 무슬림 지역인 만큼 중국 당국은 티베트 독립에 대한 국제적 지지보다 더 많은 것을 염려해야 할 것이다.

진짜 의문은 내가 연구를 수행하던 1980년대에 중국 정부는 티베트와 무슬림의 활동과 외부 조직에 대해 반복적으로 부인했는데, 지난 10년간 이들에 대한 관심을 환기시키는 이유는 무엇인가라는 것이다. 1980년대 웃는 얼굴의 애국적인 위구르족과 티베트인은 1990년대 후반 불만을 품은 '후진적인' 테러리스트에게 자리를 내주었다. 이스탄불에 기반을 둔 단체는 1950년대부터 존재했으며 달라이 라마는 1959년 망명 이후에도 활발한 활동을 이어가고 있다. 분리주의자들의 행동은 중국의 시장 및 무역 정책이 확대된 이후 미미하지만 때때로 발생해왔으며, 1991년 이후 유라시아 횡단 철도에 이어 신장으로 향하는 육로 관문 6곳이 추가로 개통되면서 더 이상 문을 닫을 가능성은 없는 것으로 보인다. 1994년 중앙아시아의 신생 독립국가들을 방문한 리펑은 '새로운 실크로드'의 개설을 촉구했는데, 이는 기존의 중국-중앙아시아 국경을 공고히 한 1996년 4월 상하이 공동성명처럼 중국의 팽창주의에 대한 신생 중앙아시아 국가들의 공포를 진정시키려는 분명한 시도였다. 이것은 아마도 중국 정부가 자국의 지리체를 공고히 하고 완전한 지도를 완성하려는 가장 최근의 가장 명확한 사례일 것이다.

서발턴 분리주의와 중국의 대응

중국의 지리체는 내부 분열로 인해 위협받지 않는다. 중국의 분리주의자들은 그 수가 적고, 장비도 제대로 갖추지 못했으며, 느슨하게 연결되어 있고, 군대와 경찰의 화력에 크게 밀리고 있기 때문이다. 특히 분리주의 활동에 대한 신장 현지의 지지는 이 지역과 대체로 훨씬 더 가난한 이웃 국가들, 그리고 내전으로 혼란을 겪은 타지키스탄 같은 일부 국가의 경제적 격차를 고려할 때 기껏해야 양면적이고 모호한 수준이다. 이 지역에는 20세기 중일전쟁과 내전으로 인한 대량 기아와 광범위한 파괴, 그리고 문화대혁명의 끔찍한 혼돈에 대한 기억이 강하게 남아 있다. 티베트에 대한 국제사회의 지원은 티베트에 대한 중국의 지배력을 흔들기에는 역부족이었다. 많은 지역 활동가들도 완전한 분리주의나 진정한 독립을 요구하기보다는 환경 파괴, 핵실험, 종교의 자유, 과도한 세금, 1990년대 후반에 시행된 산아제한에 더 큰 관심을 갖고 있다. 여러 소수민족 지도자들은 한족 제1당서기가 이끄는 5개 자치구에 대해 법적으로 인정된 진정한 자치권을 요구하고 있다. 신장에 대한 '강경진압' 방침을 강화했던 신장 당서기 왕러취안은 "우리와 분리주의자들 사이에 타협은 없다"고 일관되게 선언했다. 그는 이러한 강경정책에 대한 보상으로 2002년 가을 중국 정치국 상무위원으로 승진했다. 신장 정책은 분명하게 중국공산당 지도자들의 중심이 되고 있는 것이다.

 정부가 분리주의 문제를 공식적으로 공론화하는 것은 실제 대내외 위협보다는 국내 정치와 더 관련이 있을 수 있다. 최근의 움직임은 중국의 민족주의를 공산주의보다 더 매력적이고 자본주의보다 더 관리하기 쉬운 '통합 이데올로기'로 증진하려는 노력을 드러내는 것이다. 분리주의 위협과 외부 개입을 강조함으로써 중국은 인플레이션 상승, 소득 격차 확대, 쫓겨나는 '유동 인구', 홍콩의 재통합, 덩샤오핑 이후 시기의 승계 등 불안정한 국내 문제에서 주의를 돌릴 수 있다. 민족주의는 어쩌면 과거에 중국이 유교, 불교, 도교와 거리를 두었던 것과 마찬가지로 공산주의와 거리를 두기 시작하면서 남은 유일한 '통합 이데올로기'가 될지도 모른다. 브루스 카퍼러가 지적했듯이 민족주의는 "정치적인 것을 종교적인 것으로 만든다." 중국이 이슬람 근본주의나 티베트 불교와 같은 종교 기반 민족주의를 표적으로 삼는 반면 샤머니즘과 민속 종교의 부상은 방치하는 이유일 것이다. 동시에 중국 내 무슬림 운동에 대한 확고한 봉쇄는 해외의 무슬림 무장 조직에게 중국 내정에 관여하지 말라는 메시지를 전달하는 것이다. 1994년 7월 테헤란에서 있었던 이란의 전 주중 대사와의 인터뷰에서 이란은 간쑤성 출신 쿠브라위야 수피 이맘의 훈련을 지원하고 중국과 긴밀한 외교 관계를 맺고 있지만 중국 내 무슬림 탄압에는 개입하지 않을 것이라고 말했다.

국내적이든 국제적이든 모든 사건은 민족주의적 목표, 즉 새로운 통합 이데올로기 건설을 촉진하기 위한 구실로 사용될 수 있다. 대외무역경제협력부의 선궈팡은 1996년 중미 무역분쟁에 관한 성명에서 "미국이 무역 보복을 단행한다면, 중국도 대외무역법에 따라 주권과 국위를 지키기 위한 대응 조치를 취할 것"이라고 밝혔다. 무역과 분리주의는 경제 및 정치 발전이 아니라 국위를 지키는 데 장애물이 되는 것이다. 중국이 '비애국적'이라고 간주하는 어떤 행동도 곧바로 국가를 분열시키려는 시도로 해석되며, 이는 중국 전체 지리체의 통합 노력에 역행하는 것이다. 대만은 말할 것도 없고 난사군도와 댜오위타이 같은 섬들이 국가 발전과 물리적 재결합의 장애물로 여겨지는 상황에서 홍콩은 중국의 역사적 운명을 성취하는 첫 번째 사례가 된다. 정융니엔은 중국 민족주의에 대한 통찰력 있는 해석을 통해 중국의 '서방으로의 개방'과 자본주의적 시장화가 소수민족의 민족주의뿐만 아니라 이에 대한 대응으로 중국 민족주의의 확대에 기여했다고 설득력 있게 주장했다.

> 중국의 개혁 정책은 민족 의식을 고취시켰고, 티베트에서 볼 수 있듯이 소수민족 민족주의의 출현으로 이어졌다. … 중국 민족주의의 목표는 국내 발전을 통해 국력과 부를 추구하는 것이다. 지도부가 '이익'을 추구하는 한, 민족주의적 '열정'은 통제되며 합리성을 유지할 수 있을 것이다. (Zheng 1999:35, 147)

중국의 내부 식민주의 확대

1998년 미국을 방문한 당시 치하오텐 국방부 장관은 "[대만 문제에 대한] 평화적 해결을 희망하지만 무력 사용을 포기하지 않을 것이다. … 중국 역사 전체를 보면 조국을 분열시키는 자는 결국 역사의 단죄를 받게 된다는 것을 알 수 있다"고 밝혔다. 이는 1995년 쑹젠 전 과학기술부 장관이 중국의 새로운 연대기를 쓰기 위해 의뢰한 중국 역사 프로젝트에 따른 것이다. 1998년 5월 17일 자 〈과학기술일보〉 사설에서 쑹젠은 이 프로젝트의 목표는 6,000년 동안의 '단절 없는 단선적' 발전을 입증하는 것이라고 밝혔다. 그는 "이집트, 바빌론, 인도 문명과 달리 중국 문명은 5,000년 동안 단절 없이 지속됐다"고 단언했다. 1999년 10월 1일까지 완공될 예정이었던 이 프로젝트는 분리주의에 대한 비난을 의식한 발언이었다. 무슬림 운동이 '분리주의'로 간주되는 한, 그것은 중국의 국가적 운명뿐만 아니라 역사 자체에 반하는 것으로 간주될 것이다.

프라센짓 두아라(Duara 1995)는 민족주의적인 역사 다시 쓰기는 중국에만 국한된 것이 아니라 전 세계의 민족주의자들이 같이 한다고 우리를 상기시켰다. 이러한 역사 다시 쓰기의 위협은 중국의 이웃 국가들에 대한 것이 아니다. 그들이 중국의 과거나 미래의 지리체에 대한 민족주의적 역사에 속하지 않기 때문이다. 오히려 중국에서 민족주의적 수사의 부상은 중국 내부의 식민지적 타자, 즉 서발턴 주체들에게 가장 큰 영향을 미칠 수 있다. 진짜 문제는 국경에 있는 중국인들을 다국적, 다민족 국가인 중국의 일부가 아닌 위협으로 간주하는 민족주의 운동이 일어날 경우 그들에게 어떤 일이 벌어질 것인가 하는 것이다. 이 전환기에 민족주의적 정서가 만연한다면, 현재 중국에 거주하고 있지만 만리장성 너머에 있는 서발턴 주체들에게 어떤 일이 벌어질 것인가?

역자 후기

책의 영문 제목을 한글로 옮기는 일은 언제나 그렇듯 이번에도 쉽지 않았다. 여러 중국 연구자들에게 의견을 구하면서 독자들이 좀 더 흥미롭게 접근할 수 있는 매력적인 제목이 하나둘 모아졌다. 그럼에도 결국은 원제의 'dislocating'이 문자 그대로 의미하는 '탈구'로 돌아왔다. 탈구(脫臼)는 내외적인 과도한 압력으로 인해 뼈가 제자리에서 이탈해 분리되는 것을 의미한다. 몸체에서 뼈가 이탈되었다면 그 분리된 부분을 지탱하기 위해 주변 근육과 혈관까지 극심한 무리가 발생하며, 그로 인한 고통은 이루 말할 수 없을 것이다. 전체 형체의 기괴해짐도, 강력한 힘으로 원 모습을 지탱하려는 안간힘도 상상할 수 있다. 저자는 2000년 초반의 중국을 이처럼 탈구된 모습으로 보고 있었으며, 다가올 위기를 불안하게 예측하고 있었던 것이다. 그 상상된 이미지 속에서 저자는 책의 말미에 다음과 같은 질문을 던진다. "국경 지역에 있는 중국인들을 다국적, 다민족 중국의 일부가 아닌 위협으로 간주하는 민족주의 운동이 일어날 경우, 그들에게 어떤 일이 벌어질 것인가?"

이 책이 출간된 2004년 이전 이미 수차례의 위구르족 시위와 분리주의 테러가 발생하기도 했지만 그 이후의 상황은 보다 복잡해지고 심각해졌다. 위구르 분리주의 세력에 의한 폭탄 테러가 신장의 우루무치는 물론이고 중국과 해외 곳곳에서 연이어 발생했고, 이에 위협을 느낀 중국 정부는 2017년부터 위구르 자치구 지역에 '재교육 캠프'를 설치하여 위구르인들을 광범위하게 수용하기 시작했다. 누구에게도 통보되지 않은 채 수많은 위구르인들이 사라지고 있으며, 이미 100만 명 이상이 수용되어 민족 말살, 즉 '위구르 제노사이드'가 자행된다고 알려져 있다. 물론, 중국 정부는 인권 탄압이라는 국제적 비난을 부정하고 극단주의자 단속과 직업 교육이 수용의 목적이라고 주장한다.

이렇게 우려가 짙게 깔려 있는 상황에서 글래드니 교수는 서구 학계에서 오랫동안 중국에 대해 전제해왔던 주류민족과 소수민족, 중심부와 주변부, 원시와 근대라는 이분법적 사고에 비판적으로 도전한다. 즉, 중국 무슬림 민족들이 현대 중국 사회와 정체성을 구성하는 데 매우 중요한 역할을 해왔으며, 주변부에 존재하는 것으로 보이나 현대 중국을 이해하는 데 있어서는 결코 주변적이지 않다는 것이다. 물론, 대다수의 소수민족들이 국경 지역에서 삶을 살아가고 있지만, 특히 책에서 주로 다루고 있는 무슬림들은 중국 전역의 도시 곳곳에 퍼져 이슬람 문화를 새롭게 정립하고 자신들의 무슬림 정체성과 연대를 확보하며, 한족과 해외 무슬림 사이에서 중요한 교량 역할을 담당해왔다. 중국 정부가 한족 중심의 민족국가를 건설하는 과정에서 소수민족 정체성은 구별과 동화의 복합적 과정을 거치며 한족의 정체성을 구성하고 궁극적으로 중국의 국가성을 구성하는 데 핵심적인 역할을 해온 것이다. 저자가 수행한 것과 같이 현장에 근거한 인류학적 연구 덕분에 우리는 중국에서 소수민족 형성의 정치경제적, 역사적 과정과 한족을 포함한 대부분 중국 민족들의 내부적 이질성을 더 자세히 이해하게 되었다.

이 책은 총 7부로 구성되어 다양한 층위에서 민족의 형성과 정체성, 국가성, 민족주의를 다루고 있다. 1부에서는 소수민족과 주류민족의 민족 형성적 정치학을 탐구하며, 국가의 권력과 통제 메커니즘이 민족을 범주화하는 방식을 보여준다. 이어서 소수민족들이 각종 미디어와 영화를 통해 상업적, 문화적으로 어떻게 재현되고 전시되는지를 보여주는데, 여기서 소수민족은 대체로 이국화되고 에로틱하게 그려지며 이에 반해 보다 문명화되고 근대화된 한족의 본질이 구성되는 데 중요한 역할을 한다. 3부와 4부에 걸쳐 저자는 새뮤얼 헌팅턴의 '문화의 충돌' 이론을 반박하며, 후이족 무슬림의 문명의 본질이 아니라 그들의 문화, 종교적 의례와 상징 속에서 보이는 문화적 혼종의 양상들, 여타의 문화적 전통들과 지역성의 혼재를 여실히 드러낸다. 이러한 정체성 형성의 과정은 국가의 헤게모니적 담론으로 둘러싸인 상태에서 국가 및 다른 민족들과의 대화와 상호작용을 통해서 이루어진다. 이러한 관계적 타자성의 복잡한 역학 속에서 저자는 중국 내에서 지속되어온 민족성의 경합을 논의하고, 한족 민족주의의 강화 속에서 등장하는 범후이족(pan-Hui), 범이슬람 정체성을 논의한다. 제5부에서는 위구르족을 중심으로, 20세기까지 하나의 민족으로 다루어지지 않은 다양한 사람들이 위구르족이라는 단일 명칭을 갖게 되는 과정을 역사적, 정치적으로 풀어나가고, 사이버 분리주의 운동으로 이어지는 과정까지 세밀하게 보여준다. 이어서 후이족이라는 민족의 재창조와 한족 자본주의, 그리고 걸프전이라는 외부 사건으로 인한 이슬람 부흥 운동에 대한 논의가 책의 마지막 7부까지 이어진다. 저자는 중국의 경제적 급성장과 2001년 미국에서의 9/11 테러 이후 가속화되고 있는 무슬림 소수민족에 대한 중국 정책의 변화, 한족 민족주의의 강화, 그리고 정치적, 경제적 위계를 명확히 드러내는 '내부 식민주의'의 확대에 대한 논의로 결론짓는다.

   본 역자는 중국의 제약 및 의료산업의 사회문화적 구성에 대한 연구를 수행해왔지만, 중국 소수민족이나 무슬림에 대한 전문가라고 말할 수 없다. 본인의 연구 주제와 글래드니 교수의 연구와의 공통점이라면 급부상하고 있으며 갈수록 첨예해지는 경제적 민족주의를 본인 연구의 핵심적인 주제 중 하나로 다루고 있다는 것이다. 본인의 전문성 부족에도 불구하고 이 책을 번역하고자 한 이유는 중국의 소수민족 및 무슬림과 관련된 최근의 심각한 사건들을 보면서 중국의 소수민족을 통해 중국 통치성에 대한 이해를 확장하고 심화하고자 함이었다. 또한 번역을 빌미로 역자가 가질 수 있는 가장 큰 이점인 저자와의 직접 대화를 기대했다. 그러나 번역을 시작하고 저자의 소속과 이메일을 검색하면서 글래드니 교수가 2022년 봄날에 갑작스럽게 세상을 떠났다는 안타깝고 슬픈 소식을 접했다. 부고를 미처 보지 못했던 역자는 그가 60대 초중반으로 여전히 연구에 매진하고 있을 것이라고만 생각했다. 슬픔의 충격과 함께 저자가 전달하고자 하는 명확한 의미를 저자에게 확인하지 못한 채 번역을 진행해야 한다는 두려움이 앞섰다. 어떤 이유에서든 저자의 문장을 충실하게 전달하지 못한 부분은 전적으로 역자인 본인의 잘못이다. 또한 소수민족들과 중국 이웃 국가들의 인물, 장소, 지역의 명칭들을 현지 발음에 맞추어 번역하기 위해 최대한 노력하였으나, 역자의 한계로 오류가 있을 수 있다고 생각한다.

　이 책의 번역은 동서대학교 중국연구센터에서 제안되었고, 인천대학교 장정아 교수님과 한성대학교 박우 교수님의 소개와 권유로 본인에게까지 오게 되었다. 좋은 공부의 기회를 전해주신 두 분 교수님께 진심으로 감사의 말씀을 드린다. 또한 이 번역의 처음부터 끝까지 살펴주신 동서대학교 중국연구센터의 이홍규 소장님께도 감사의 말씀을 전한다. 마지막으로 한없이 부족한 초고를 읽고 교정과 편집을 진행해주신 산지니 출판사의 이혜정 선생님을 포함한 편집진에게는 어떻게 감사를 표해야 할 지 두고두고 고민해야 할 일이 되었다.

　중국과 미국의 경제적, 정치적, 이데올로기적 경쟁 구도 속에서 미래를 예측하기가 더 어려워지고 있다. 경쟁으로 치닫는 두 강대국의 미래와 이를 둘러싼 지정학적 불안이 어느 곳을 향할지 가늠이 안 되기도 한다. 분명한 것은 국가 민족주의의 강화가 외부적으로 강력하게 작동하고 있는 이상으로 중국 내부에서는 여러 소수 집단들에 대한 낙인과 탄압이 이어지고 있다는 것이다. 따라서 이 책은 그들에 대한 우리의 관심과 연민을, 그리고 이러한 상황을 주조하고 있는 통치 권력에 대한 비판을 적극적으로 요청한다. 탈구되어 기괴해진 형체로 안간힘을 쓰는 중국이 아니라 다양성과 혼종성을 포용하는 진정한 의미의 다민족 사회로 인정되기를, 계급적 모순을 극복하기 위한 혁명이 진정으로 지속되기를 희망한다.

2024년의 변덕스러운 5월
문우종

참고문헌

Adams, Kathleen. 1984. '"Come to Tana Toraja, Land of Heavenly Kings": Travel Agents as Brokers in Ethnicity.' *Annals of Tourism Research* 11:469–85.

Allès, Élisabeth. 1994. 'L'islam Chinois: Femmes Ahong.' *Études Oriental* 13/14:163–8.

———. 2000. *Musulmans de Chine: Une Anthropologie des Hui du Henan*. Paris: Éditions de l'École des Hautes Études en Sciences Sociale.

Alloula, Malek. 1986. *The Colonial Harem*. Minneapolis: University of Minnesota Press.

Allsen, Thomas T. 1983. 'The Yuan Dynasty and the Uighurs of Turfan in the 13th Century' in *China among Equals*. Edited by Morris Rossabi. Berkeley: University of California Press. pp. 243–80.

Allworth, Edward. 1980. 'Ambiguities in Russian Group Identity and Leadership of the RSFSR' in *Ethnic Russia in the USSR: The Dilemma of Dominance*. Edited by Edward Allworth. New York: Pergamon Press.

Alptekin, Erkin. 1988. 'Relations between Eastern and Western Turkestan.' Radio Liberty Research, 30 November.

Alptekin, Isa Yusuf. 1992. *Dogu Türkestan Davasi*. Istanbul: Seha Nesriyat.

Anagnost, Ann S. 1986. 'The Mimesis of Power.' Paper presented at the conference 'Anthropological Perspectives on Mainland China, Past and Present', Center for Chinese Studies, University of California, 22 November.

———. 1994. 'The Politics of Displacement' in *State and Religion in East and Southeast Asia*. Edited by Laurel Kendal and Helen Hardacre. Honolulu: University of Hawai'i Press.

———. 1997. *National Past-Times: Narrative, Representation, and Power in Modern China*. Durham, NC: Duke University Press.

Anderson, Benedict. 1991. *Imagined Communities: Reflections on the Origin and Spread of Nationalism*. 2nd ed. (1st ed. 1983). London: Verso Press.

Appadurai, Arjun. 1986a. 'Introduction: Commodities and the Politics of Value' in *The Social Life of Things: Commodities in Cultural Perspective*. Edited by Arjun Appadurai. Cambridge University Press. pp. 3–63.

―. 1986b. 'Theory in Anthropology: Center and Periphery.' *Comparative Studies in Society and History* 13:745–61.

―. 1990. 'Disjuncture and Difference in the Global Cultural Economy.' *Public Culture* 2(2):1–24.

―. 1993. 'Patriotism and its Futures.' *Public Culture* 5(3):411–30.

'Appealing Call.' 2002. *Tianmu Musilin jianxun (Tianmu Muslim Bulletin)* 14 (20 May):3.

Ardener, Shirley. 1987. 'A Note on Gender Iconography: The Vagina' in *The Cultural Construction of Sexuality*. Edited by Pat Caplan. London: Routledge Press. pp. 113–42.

Asian Journal of Social Science. 2002. Special number 'The Internet and Social Change in Asia and Beyond'. Edited by Zaheer Baber. 30(2).

Atwill, David. Forthcoming. 'Blinkered Visions: Islamic Identity, Hui Ethnicity and the Panthay Rebellion in Southwest China, 1856–1873.' *Journal of Asian Studies*.

Bai Shouyi. 1947. 'Sai Dianchi Shan Siding zhuan' (Biography of Sai Dianchi Shans Al-din). *Qingzhen Yuebao* 31. (Reprinted in *Zhongguo Yisilanjiaoshi Cankao Ziliao Xuanbian, 1911–1949 [China Islamic History Reference Material Selections, 1911–1949]*. 1985. Vol. 1. Edited by Li Xinghua and Fen Jinyuan. Yinchuan: Ningxia People's Publishing Society.)

―. 1951. 'Huihui Minzu de Xingcheng' (The Nature of the Hui Nationality). *Guangming Ribao* 17 February.

Bai Shouyi and Ma Shouqian. 1958. 'Jizhong Huihui Jiapu Zhong Suofanying de Lishi Wenti' (Several Historical Problems Reflected in Huihui Genealogies). *Beijing Normal University Journal 2*. (Reprinted in *Huizu Shilun Ji 1949–1979 [Hui History Collection 1949–1979]*. 1984. Chinese Academy of Social Sciences Ethnology Department and Central Nationalities Institute Ethnology Department, Hui History Team. Yinchuan: Ningxia People's Publishing Society.)

Bai Shouyi and Yang Huaizhong (eds). 1985. *Huizu Renwu Zhi, Yuandai (Annals of Hui Personages, Yuan Dynasty)*. Yinchuan: Ningxia People's Publishing Society.

Bakhtin, M. Mikhail. 1981. *The Dialogic Imagination*. Russian edition 1975. Edited by Michael Holquist. Translated by Caryl Emerson and Michael

Holquist. Austin: University of Texas Press.

———. 1984. *Problems of Dostoevsky's Poetics*. Russian edition 1963. Edited and translated by Caryl Emerson. Minneapolis: University of Minnesota Press.

Banister, Judith. 1987. *China's Changing Population.* Palo Alto, CA: Stanford University Press.

Bao, Jigang. 1994. 'A study on the distribution of theme parks.' *Ti Li Yan Jiu* (*Geographical Research*) 13(3):83–93.

Barfield, Thomas. 1989. T*he Perilous Frontier: Nomadic Empires in China.* New York: Basil Blackwell.

Barmé, Geremie R. 1988. 'TV Requiem for the Myths of the Middle Kingdom.' *Far Eastern Economic Review* 1 September:40–3.

———. 1996. *Shades of Mao: The Posthumous Cult of the Great Leader.* New York: M.E. Sharpe.

Barthold, V.V. 1956. *Four Studies on the History of Central Asia*. Leiden: E.J. Brill.

Bateson, Gregory. 1972. *Steps to an Ecology of Mind*. San Francisco: Chandler Publishing Co.

Baudrillard, Jean. 1981. *Simulacres et Simulation*. Paris: Editions Galilee.

Befu, Harumi. 1993, 'Introduction' in *Cultural Nationalism in East Asia: Representation and Identity*. Edited by Harumi Befu. Berkeley, CA: Institute of East Asian Studies.

Beijing City Sociology Committee *et al*. 1984. 'Beijing Shi Canzaju Xiaoshu Minzu Jiaoyu Wenti Diaocha Baogao' (Research Report on the Problem of Education among Dispersed Minorities in Beijing City). *Central Institute for Nationalities Journal* 1:18–26.

Benedek, Emily. 1996. 'How Circumcision Came Full Circle.' *New York Times* 19 May:B3.

Bentley, G. Carter. 1983. 'Theoretical Perspectives on Ethnicity and Nationality.' *Sage Race Relations Abstracts* 8(2):1–53.

———. 1987. 'Ethnicity and Practice.' *Comparative Study of Society and History* 1:24–55.

Bernstein, Richard. 1989. 'To Be Young and in China: A Colloquy.' *New York Times*, 7 October:11.

Berry, Chris. 1991a. 'Market Forces: China's "Fifth Generation" Faces the

Bottom Line' in *Perspectives on Chinese Cinema*. Edited by Chris Berry. London: BFI Publishing. pp. 114-24.

———. 1991b. 'Tian Zhuangzhuang' in *Perspectives on Chinese Cinema*. Edited by Chris Berry. London: BFI Publishing. pp. 194-6.

Bhabha, Hommi K. 1994. *The Location of Culture*. London: Routledge Press.

Blake, C. Fred. 1981. *Ethnic Groups and Social Change in a Chinese Market Town*. Honolulu: University Press of Hawai'i.

Boas, Franz. 1955. *Primitive Art*. First published 1927. New York: Dover Publications.

Borchigud, Wurlig. 1995. 'The Impact of Urban Ethnic Education on Modern Mongolian Ethnicity, 1949-1966' in *Cultural Encounters on China's Ethnic Frontiers*. Edited by Stevan Harrell. Seattle: University of Washington Press. pp. 278-300.

Botham, Mark E. 1924. 'A Saint's Tomb in China.' Moslem World 14(2):185-6.

Bourdieu, Pierre. 1977. *Outline of a Theory of Practice*. Cambridge University Press.

Bowen, John. 1995. 'The Forms Culture Takes: A State-of-the-field Essay on the Anthropology of Southeast Asia.' *Journal of Asian Studies* 54(4):1004-68.

Brandt, Conrad, Benjamin Schwartz, and John Fairbank. 1952. *A Documentary History of Chinese Communism*. London: Allen and Unwin.

Breckenridge, Carol A. 1990. 'The Work of Leisure, the Culture of Place: The Humble Geographies of Tourism in India.' Paper presented at a seminar at the Institute for Advanced Study, April.

Broomhall, Marshall. 1910. *Islam in China: A Neglected Problem*. New York: Paragon Book Co.

Brownell, Susan. 1995. *Training the Body for China: Sports in the Moral Order of the People's Republic*. University of Chicago Press.

Brudny, Yitzhak. 2000. *Reinventing Russia: Russian Nationalism and the Soviet State*, 1953-1991. Cambridge, MA: Harvard University Press.

Bryant, Lawrence M. 1989. 'Royal Ceremony and the Revolutionary Strategies of the Third Estate.' *Eighteenth-Century Studies Spring*:413-50.

Buck, Elizabeth. 1993. Paradise Remade: *The Politics of Culture in the History of Hawaii*. Philadelphia: Temple University Press.

Bulag, Uradyn Erden. 1998. *Nationalism and Hybridity in Mongolia*. Oxford

University Press.

Burhan Shahidi. 1984. *Xinjiang Wushi Nian* (*Xinjiang: Fifty Years*). Beijing. Wenshi Ziliao Chubanshe.

Burras, Laurie. 1989. 'Chinese Students Speak Out.' *World and I* September:100–5.

Buruma, Ian. 1990. 'The Last Days of Hong Kong.' *New York Review of Books* 37(6):41–6.

Cahill, James. 1983. 'Figure, Bird, and Flower Painting in China Today' in *Contemporary Chinese Painting*. Edited by Lucy Lim. San Francisco: Chinese Culture Foundation.

Calhoun, Craig. 1989. 'Tiananmen, Television and the Public Sphere: Internationalization of Culture and the Beijing Spring of 1989.' *Public Culture* 2(1):54–72.

'A Call for Quality, Not Quantity.' 1994. *China Daily* 26 May:3.

Campbell, Joseph. 1983. *The Power of Myth*. New York: Doubleday.

Caplan, Pat. 1987. 'Introduction' in *The Cultural Construction of Sexuality*. Edited by Pat Caplan. London: Routledge Press. pp. 1–30.

Chang, Arnold. 1980. *Painting in the People's Republic of China: The Politics of Style*. Boulder, CO: Westview Press.

Chang Chih-i. 1966. *The Party and the National Question in China*. Translated by George Moseley. Cambridge, MA: MIT Press.

Changji Hui Autonomous Prefectural Situation Committee. 1985. *Changji Huizu Zizhizhou Gaikuang* (*Changji Hui Autonomous Prefectural Basic Situation*). Ürümqi: Xinjiang Nationalities Publishing Society.

Chatterjee, Partha. 1986. *Nationalist Thought and the Colonial World: A Derivative Discourse*. London: Zed Books.

Che, Kang. 1996. 'Bomb Explodes in Lhasa, Local Authorities Offer Reward for Capture of Criminals.' *Ta Kung Pao* (Hong Kong), 30 December. FBIS, FTS19970409001371.

Chen Dasheng. 1983. 'Tentative inquiry into the Islamic Sects at Quanzhou and the "Isbah" Disturbance toward the End of the Yuan Dynasty' in *Symposium on Quanzhou Islam*. Quanzhou Foreign Maritime Museum. Quanzhou: Fujian People's Publishing Society.

—— (ed.). 1984. *Islamic Inscriptions in Quanzhou*. Translated by Chen Siming. Yinchuan and Quanzhou: Ningxia People's Publishing Society and Fujian People's Publishing Society.

Chen Erjin. 1984. *China Crossroads Socialism: An Unofficial Manifesto for Revolution*. Translated by Robin Munroe. London: Verso Press.

Chen, Jack. 1977. *The Sinkiang Story*. New York: Macmillan.

Chen Sadong. 1975. 'Li Zhi de Jiashi, Guju ji qi qi Mubei' (Li Zhi's Family, Ancient Residences, and His Wife's Gravestone). *Wenwu* 1. (Reprinted in *Huizu Shilun Ji 1949–1979* [*Hui History Collection 1949–1979*]. 1984. Chinese Academy of Social Sciences Ethnology Department and Central Nationalities Institute Ethnology Department, Hui History Team. Yinchuan: Ningxia People's Publishing Society.)

Ch'en Yüan. 1966. *Western and Central Asians in China under the Mongols: Their Transformation into Chinese*. Monumenta Serica Monograph XV. Los Angeles: Monumenta Serica at the University of California.

Cheng, Allen T. 2003. 'A Surprise Move by the Mainland's Islamic Community.' *South China Morning Post* 25 March.

Cherif, Leîla. 1994. 'Ningxia, l'École au Fémini.' *Études Oriental* 13/14:156–62.

Chiang Kai-shek. 1947. *China's Destiny*. First published 1943. New York: Roy Publishers.

'China also Harmed by Separatist-Minded Eastern Turkestan Terrorists.' 2001. *People's Daily* 10 October.

'China Increases Suppression in Xinjiang.' 2002. *Oxford Analytica* 20 December.

'China is Taking a Great Leap into the Auto Age.' 1994. *Toronto Globe and Mail* 18 August.

China Islamic Association. 1985. *A Collection of Painting and Calligraphy Solicited for Charity in Aid of the Disabled*. Beijing: China Islamic Association.

'China's Rural Exodus is Threatening Stability of Coastal Regions.' 1994. Agence France Press English Wire, 24 August.

Chinese Nationalities. 1989. Beijing: China Nationality Photography and Art Press.

Chow, Rey. 1990. 'Violence in the Other Country: China as Crisis, Spectacle, and Woman' in *Third World Women and Feminist Perspectives*. Edited by Chandra Mohanty et al. Bloomington: Indiana University Press.

———. 1993. *Writing Diaspora*. Minneapolis: University of Minnesota Press.

———. 1995. *Primitive Passions: Visuality, Sexuality, Ethnography, and Contemporary Chinese Cinema*. New York: Columbia University Press.
Christie, Anthony. 1983. *Chinese Mythology*. New York: Peter Bedrick Books.
Christofferson, Gaye. 1993. 'Xinjiang and the Great Islamic Circle: The Impact of Transnational Forces on Chinese Regional Economic Planning.' *China Quarterly* 133:130–51.
Chu Wen-djang. 1955. Ch'ing Policy towards the Muslims in the Northwest. Supplement IV: 'Ma Hua-lung and the "New Sect".' PhD thesis, University of Washington.
Clark, Paul. 1987a. *Chinese Cinema*. Cambridge University Press.
———. 1987b. 'Ethnic Minorities in Chinese Films: Cinema and the Exotic.' *East–West Film Journal* 1(2):15–32.
Cohen, Erik. 1979. 'The Impact of Tourism on the Hill Tribes of Northern Thailand.' *Internales Asienforum* 10(1/2):5–38.
Cohen, Joan Lebold. 1987. *The New Chinese Painting 1949–1986*. New York: Harry N. Abrams.
———. 1988. *The Yunnan School: A Renaissance in Chinese Painting*. Minneapolis, MN: Fingerhut Group Publishers.
Cohen, Myron L. 1991. 'Being Chinese: The Peripheralization of Traditional Identity.' *Daedalus* 120(2):113–34.
Cohen, Ronald, and John Middleton (eds). 1970. *From Tribe to Nation in Africa*. Scranton, PA: Chandler Publishing Co.
Cohn, Bernard S. 1987. 'The Census, Social Structure and Objectification in South Asia' in *An Anthropologist among the Historians and Other Essays*. Edited by Bernard S. Cohn. Delhi: Oxford University Press.
Comaroff, Jean. 1994. 'Epilogue – Defying Disenchantment: Reflections on Ritual, Power, and History' in *Asian Visions of Authority: Religion and the Modern States of East and Southeast Asia*. Edited by Helen Hardacre, Laurel Kendall, and Charles Keyes. Honolulu: University of Hawai'i Press.
Comaroff, John. 1987. 'Of Totemism and Ethnicity: Consciousness, Practice and the Signs of Inequality.' *Ethnos* 52(3–4):301–23.
Connor, Walker. 1984. *The National Question in Marxist–Leninist Theory and Strategy*. Princeton University Press.
Cooper, Richard. 1994. 'Will the Fault Lines Between Civilizations be the Battle

Lines of the Future?' *Centerpiece* Winter/Spring:9.
Corbey, Raymond, and Joep Leerssen (eds). 1991. *Alterity, Identity, and Image: Selves and Others in Society and Scholarship*. Atlanta, GA: Rodopi.
Coyajee, Jehangir Colverjee. 1936. *Cults and Legends of Ancient Iran and China*. Bombay: M.J. Karani.
Crapanzano, Vincent. 1973. *The Hamadsha: A Study in Moroccan Ethnopsychiatry*. Berkeley: University of California Press.
Crossley, Pamela Kyle. 1990. 'Thinking about Ethnicity in Early Modern China.' *Late Imperial China* 11(1):1-35.
Cui Wenhua (ed.). 1988. *He Shang Lun* (*Discussions of River Elegy*). Beijing: Wenhua Yishu Press.
Dachang Huizu Zizhixian Gaikuang. 1985. *Dachang Huizu Zizhixian Gaikuang* (T*he Situation of the Dachang Hui Autonomous County*). Shijiazhuang: Hebei People's Publishing Society.
'Danger to Economy Lies in Moral Decay.' 1994. *China Daily* 18 May:3.
Debord, Guy. 1983. *Society of the Spectacle*. Detroit, MI: Black and Red.
de Certeau, Michel. 1984. *The Practice of Everyday Life*. Translated by Steven F. Randall. Berkeley: University of California Press.
DeFrancis, John. 1984. *The Chinese Language: Fact and Fantasy*. Honolulu: University of Hawai'i Press.
Deleuze, Gilles, and Felix Guattari. 1987. *A Thousand Plateaus: Capitalism and Schizophrenia*. Minneapolis: University of Minnesota.
Demko, George J. 1969. *The Russian Colonization of Kazakhstan, 1896-1916*. Bloomington: Indiana University Press.
Department of Population Statistics of State Statistical Bureau and Economic Department of State Nationalities Affairs Commission, People's Republic of China. 1994. *Zhongguo Minzu Renkou Ziliao* (*1990 nian Renkou Pucha Shuju*). (*Population of China's Nationality* [*Data of 1990 Population Census*]). Beijing: China Statistical Publishing House.
De Rachewiltz, Igor. 1983. 'Turks in China under the Mongols: A Preliminary Investigation of Turco-Mongol Relations in the 13th and 14th Centuries' in *China among Equals*. Edited by Morris Rossabi. Berkeley: University of California Press. pp. 281-311.
Despres, Leo A. 1984. 'Ethnicity: What Data and Theory Portend for Plural

Societies' in *The Prospects for Plural Societies*. Edited by David Maybury-Lewis. Washington, DC: American Ethnological Society. pp. 7-29.

Diamond, Norma. 1985. 'Rural Collectivization and Decollectivization in China – A Review Article.' *Journal of Asian Studies* 44(4):785-92.

——. 1988. 'The Miao and Poison: Interactions on China's Southwest Frontier.' *Ethnology* 27.1:1-25.

Dikötter, Frank. 1992. *The Discourse of Race in Modern China*. Stanford University Press.

—— (ed.). 1997. *The Construction of Racial Identities in China and Japan*. London: C. Hurst & Co.

Dillon, Michael. 1995. *Xinjiang: Ethnicity, Separatism, and Control in Chinese Central Asia*. Durham East Asian Papers 1. University of Durham.

Ding Shaoguang. 1990. Hiestand Gallery portfolio brochure. Oxford, OH: Miami University.

Ding Xiancao. 1990. 'Chendai: The Past and the Present' in *Chendai Huizushi Yanjiu (Research on Chendai Hui Nationality History)*. Edited by Chen Guoqiang. Beijing: China Academy of Social Sciences Press. pp. 1-6.

Dittmer, Lowell, and Samuel S. Kim (eds). 1993. *China's Quest for a National Identity*. Ithaca, NY: Cornell University Press.

Dominguez, Virginia R. 1996. *White by Definition: Social Classification in Creole Louisiana*. New Brunswick, NJ: Rutgers University Press.

Drake, F.S. 1940. 'Mohammedanism in the T'ang Dynasty.' *Monumenta Serica* 8:1-40.

Dreyer, June. 1970. 'China's Minority Nationalities: Traditional and Party Elites.' *Pacific Affairs* 43(4):506-30.

——. 1976. *China's Forty Million: Minority Nationalities and National Integration in the People's Republic of China*. Cambridge, MA: Harvard University Press.

Duara, Prasenjit. 1992. 'Book Review: Muslim Chinese.' *Journal of Asian Studies* 53(3):644-6.

——. 1995. *Rescuing History from the Nation: Questioning Narratives of Modern China*. University of Chicago Press.

Dundes, Alan. 1965.'What is Folklore?' in *The Study of Folklore*. Edited by Alan Dundes. Englewood Cliffs, NJ: Prentice Hall.

Dunlop, John B. 1983. *The Faces of Contemporary Russian Nationalism*. Princeton University Press.

Dyer, Svetlana Rimsky-Korsakoff. 1979. *Soviet Dungan Kolkhozes in the Kirghiz SSR and the Kazakh SSR*. Oriental Monograph Series No. 25. Canberra: Australian National University Press.

——. 1981-83. 'T'ang T'ai-tsung's Dream: A Soviet Dungan Version of a Legend on the Origin of the Chinese Muslims.' *Monumenta Serica* 35:545-70.

Eberhard, Wolfram. 1965. *Folktales of China*. University of Chicago Press.

——. 1970. *Studies in Chinese Folklore and Related Essays*. The Hague: Mouton.

——. 1982. *China's Minorities: Yesterday and Today*. Belmont, CA: Wadsworth.

Eckholm, Erik. 2002. 'U.S. Labeling of Group in China as Terrorist is Criticized.' *New York Times* 13 September.

Eickelman, Dale F. 1976. *Moroccan Islam: Tradition and Society in a Pilgrimage Center*. Austin: University of Texas Press.

Ekvall, Robert B. 1968. *Fields on the Hoof: Nexus of Tibetan Nomadic Pastoralism*. New York: Holt, Rinehart and Winston.

Elias, Norbert. 1972. *A History of the Moghuls of Central Asia being the Tarikh-i-Rashidi of Mirza Muhammad Haidar, Dughlat*. First published 1895. Translated by E. Denison Ross. Edited by Norbert Elias. London: Curzon Press.

Eliot, Alexander. 1993. *The Global Myths: Exploring Primitive, Pagan, Sacred, and Scientific Mythologies*. New York: Penguin Books.

Emerson, Rupert. 1960. *From Empire to Nation*. Boston: Beacon Press.

Eminov, Sandra. 1972. 'Folklore and Nationalism in Modern China' in *Folklore, Nationalism and Politics*. Edited by Felix J. Oina. Columbus, OH: Slavica Publishers.

Eriksen, Thomas H. 1993. *Ethnicity and Nationalism:Anthropological Perspectives*. London: Pluto Press.

Esposito, John L. 2002. *Unholy War: Terror in the Name of Islam*. Oxford University Press.

Evans-Pritchard, E.E. 1940. *The Nuer*. Clarendon: Oxford University Press.

Ewing, Catharine. 1984. 'The Sufi as Saint, Curer, and Exorcist in Modern Pakistan.' *Contributions to Asian Studies* 18:106-14.

'Exile Group Claims Bomb Blast in Xinjiang.' 1997. Agence France Presse (Hong Kong), 1 March. FBIS, FTS19970513001183.

'Explosion Hits Tibet's Capital after China Announces New Regional Leader.' 2000. Agence France Presse (Hong Kong), 9 November. FBIS, CPP20001109000079.

Fabian, Johannes. 1982. 'Six Theses Regarding the Anthropology of African Religious Movements.' *Religion* 11:109-26.

Fallers, Lloyd. 1974. *The Social Anthropology of the Nation-State*. Chicago: Aldine Publishing.

'Family Time in Wealthy China.' 1994. *Christian Science Monitor* 25 August.

Fan Chang jiang. 1980. *Zhongguo de Xibei Jiao* (*China's Northwest Corner*). First published 1936. Chinese Academy of Social Sciences. Beijing: New China Publishing Society.

Faure, David. 1989. 'The Lineage as Cultural Invention: The Case of the Pearl River Delta.' *Modern China* 15:4-36.

FBIS (Foreign Broadcasting Information Service). 1988a. 'KazakhstanXinjiang Railroad Completion in View.' 18 October:9.

——. 1988b. 'Muslim Pilgrims Leave Xinjiang for Mecca.' 10 June:13-14.

——. 1988c. 'Protocol Signed.' 24 October:9.

——. 1988d. '600 Uygurs Demonstrate in Xinjiang Capital.' 21 June:61.

——. 1988e. 'Xinjiang Tourism Develops Rapidly.' 10 June:4.

——. 1988f. 'Xinjiang-USSR Volume of Border Trade Increases.' 15 June:6.

Fei Xiaotong. 1981. *Toward a People's Anthropology*. Beijing: New World Press.

——. 1989. 'Zhonghua minzu de duoyuan jiti juge' (Plurality and Unity in the Configuration of the Chinese Nationality). *Beijing Daxue Xuebao* 4:1-19.

——. 1987. 'Minorities Hold Key to Own Prosperity.' *China Daily* 28 April:4.

Feng Jinyuan and Li Xinghua (eds). 1985. *Zhongguo Yisilanjiaoshi Cankao Ziliao Xuanbian, 1911-1949* (*China Islamic History Reference Material Selections, 1911-1949*) 2 vols. Yinchuan: Ningxia People's Publishing Society.

Feng Zenglie. 1985. '"Gedimu" bayi' ('Gedimu' eight opinions) in *Xibei Yisilanjiao Yanjiu* (*Northwest Islam Research*). Gansu Provincial Ethnology Department. Lanzhou: Gansu Nationality Publishing Society.

Fischer, Michael M.J. 1986. 'Ethnicity and the Post-Modern Arts of Memory' in *Writing Culture: The Poetics and Politics of Ethnography*. Edited by James Clifford and George E. Marcus. Berkeley: University of California Press.

———. 1980. *Iran: From Religious Dispute to Revolution*. Cambridge, MA: Harvard University Press.

Fletcher, Joseph F. 1978. 'Ch'ing Inner Asia c. 1800' in *The Cambridge History of China*, vol. 10, *Late Ch'ing 1800-1911*. Edited by John King Fairbank. Cambridge University Press. pp. 35-106.

———. 1979. 'A Brief History of the Chinese Northwestern Frontier' in *China's Inner Asian Frontier*. Edited by Mary Ellen Alonso. Cambridge, MA: Peabody Museum.

———. 1988. The Sufi 'Paths' (*turuq*) in China. Unpublished manuscript, Harvard University. (French version published in 1985 as 'Les "Voies" [*turuq*] a Soufites en Chines' in *Les Ordres Mystiques dans l'Islam, Cheminements et Situation Actuelle*. Edited by Alexandre Popovic and Gilles Veinstein. Paris: EHESS.)

———. 1995. *Studies on Chinese and Islamic Inner Asia*. Edited by Beatrice Manz. London: Valorium.

Fogden, Scott. 2002. Writing Insecurity: The PRC's Push to Modernize China and the Politics of Uighur Identity. MscEcon thesis, University of Wales, Aberystwyth.

Forbes, Andrew D.W. 1976. 'Survey Article: The Muslim National Minorities of China.' *Religion* 6(2):67-87.

———. 1986. *Warlords and Muslims in Chinese Central Asia*. Cambridge University Press.

———. 1987. 'The Role of the Hui Muslims (Tungans) in Republican Sinkiang.' Paper presented at the Second European Seminar on Central Asian Studies, University of London (SOAS), 7-10 April.

Ford, J. 1974. 'Some Chinese Muslims of the 17th and 18th Centuries.'

Asian Affairs New Series 5(2):144-56. Foster, Derek. 1997.'Community and Identity in the ElectronicVillage' in *Internet Culture*. Edited by David Porter. New York: Routledge Press. Foucault, Michel. 1972. 'Truth and Power' in *Power/Knowledge*. Edited by Colin Gordon. New York: Pantheon Books, 1972.

———. 1980. *The History of Sexuality*.Vol. 1. Translated by Robert Hurley. New

York: Vintage Press.

Fox, Richard. 1990. 'Introduction' in *Nationalist Ideologies and the Production of National Cultures*. Edited by Richard Fox. American Ethnological Society Monograph Series, No. 2. Washington, DC: American Ethnological Society.

——. 1991. 'Introduction: Working in the Present' in *Recapturing Anthropology: Working in the Present*. Edited by Richard Fox. Santa Fe, NM: School of American Research Press.

Francis, E.K. 1976. *Interethnic Relations*. New York: Elsevier.

Franda, Marcus. 2002. *Launching into Cyberspace: Internet Development and the Politics of Five World Regions*. Boulder, CO: Lynne Rienner Publishers.

Frank, Andre Gunder. 1992. 'The Centrality of Central Asia.' *Bulletin Of Concerned Asian Scholars* 24(2):50-66. Frankenberg, Ruth. 1993. *White Women, Race Matters: The Social Construction of Whiteness*. Minneapolis: University of Minnesota Press.

Fried, Morton. 1969. *Fabric of Chinese Society*. First published 1953. New York: Octagon.

Friedman, Edward. 1993. 'China's North-South Split and the Forces of Disintegration.' *Current History* 92(575):270-4.

——. 1994. 'Reconstructing China's National Identity: A Southern Alternative to Mao-Era Anti-Imperialist Nationalism.' *Journal of Asian Studies* 53(1):67-91.

Fujitani, Takashi. 1993. 'Inventing, Forgetting, Remembering: Toward a Historical Ethnography of the Nation-State' in *Cultural Nationalism in East Asia*. Edited by Harumi Befu. Berkeley: University of California Press.

Fuller, Graham E. 1993. 'Turkey's New Eastern Orientation' in *Turkey's New Geopolitics: From the Balkans to Western China*. Edited by Graham E. Fuller and Ian O. Lesser. Boulder, CO: Westview Press. pp. 37-99.

Furnival, J.S. 1939. *Netherlands India*. Cambridge University Press.

Gansu. 1982. Lanzhou: Gansu People's Publishing Society.

Gao Jun. 1991. 'A Changed Director: Transcription of a Dialogue with Zhang Junzhao' in *Perspectives on Chinese Cinema*. Edited by Chris Berry. London: BFI Publishing. pp. 130-3.

Gao Zhanfu. 1985.'Guanyu Jiaopai Zhizheng Zai Qingdai Xibei Huimin Qiyi Zhong Xiaoji Zuoyong de Tantao' (Discussion Regarding the Inactive Role of Factional Struggles in the Qing Dynasty Northwest Hui Rebellions) in *Xibei Yisilanjiao Yanjiu* (*Northwest Islam Research*). Gansu Provincial Ethnology Department. Lanzhou: Gansu Nationality Publishing Society.

Garber, Marjorie. 1992. 'The Occidental Tourist: *M. Butterfly* and the Scandal of Transvestism' in *Nationalisms and Sexualities*. Edited by Andrew Parker, Mary Russo, Doris Sommer, and Patricia Yaeger. London: Routledge Press. pp. 121-46.

Garthwaite, Gene R. 1993. 'Reimagined Internal Frontiers: Tribes and Nationalism Bakhtiyari and Kurds' in *Russia's Muslim Frontiers*. Edited by Dale F. Eickelman. London: Routledge Press. pp. 130-48.

Gates, Hill. 1981. 'Ethnicity and Social Class' in *The Anthropology of Taiwanese Society*. Edited by Emily Ahern and Hill Gates. Stanford University Press.

Gaubatz, Piper. 1996. *Beyond the Great Wall: Urban Form and Transformation on the Chinese Frontiers*. Stanford University Press.

Gay, Craig M. 1992. *With Liberty and Justice for Whom? The Recent Evangelical Debate over Capitalism*. Grand Rapids, MI: Eerdmans Publishing Co. Geertz, Clifford. 1963. 'The Integrative Revolution: Primordial Sentiments and Civil Politics in the New States' in *Old Societies and New States*. Edited by Clifford Geertz. New York: Free Press.

——. 1968. *Islam Observed*. University of Chicago Press.

——. 1988. *Works and Lives: The Anthropologist as Author*. Stanford University Press.

Gellner, Ernest. 1983. *Nations and Nationalism*. Ithaca, NY: Cornell University Press.

Geng Shimin. 1984. 'On the Fusion of Nationalities in the Tarim Basin and the Formation of the Modern Uighur Nationality.' *Central Asian Survey* 3(4):1-14.

Gillette, Maris Boyd. 2002. *Between Mecca and Beijing: Modernization and Consumption among Urban Chinese Muslims*. Stanford University Press. Gilmartin, Christina K., Gail Hershatter, Lisa Rofel, and Tyrene

White (eds). 1994. *Engendering China:Women, Culture, and the State*. Contemporary China Series. Cambridge, MA: Harvard University Press.

Gladney, Dru C. 1987a.'Muslim Tombs and Ethnic Folklore: Charters for Hui Identity.' *Journal of Asian Studies* 46(3):495-532.

——. 1987b. Qing Zhen: A Study of Ethnoreligious Identity among Hui Muslim Communities in China. PhD thesis, University of Washington.

——. 1990. 'The Peoples of the People's Republic: Finally in the Vanguard?' *Fletcher Forum of World Affairs* 12(1):62-76.

——. 1993. 'The Muslim Face of China.' *Current History* 92(575):275-80.

——. 1994. 'Salman Rushdie in China: Religion, Ethnicity, and State Definition in the People's Republic' in *Asian Visions of Authority: Religion and the Modern States of East and Southeast Asia*. Edited by Helen Hardacre, Laurel Kendall, and Charles Keyes. Honolulu: University of Hawai'i Press. pp. 255-78.

——. 1995. 'Economy and Ethnicity: The Revitalization of a Muslim Minority in Southeastern China' in *The Waning of the Communist State: Economic Origins of Political Decline in China and Hungary*. Edited by Andrew Walder. Berkeley: University of California Press. pp. 242-66.

——. 1996a. *Muslim Chinese: Ethnic Nationalism in the People's Republic*. 2nd ed. (1st edition 1991). Council on East Asian Studies. Cambridge, MA: Harvard University Press.

——. 1996b. 'Relational Alterity: Constructing Dungan (Hui), Uyghur, and Kazakh Identities across China, Central Asia, and Turkey.' *History and Anthropology* 9(2):445-77.

——. 1998. 'Introduction: Making and Marking Majorities' in *Making Majorities: Composing the Nation in Japan, China, Korea, Malaysia, Fiji, Turkey, and the U.S.* Edited by Dru C. Gladney. Stanford University Press. pp. 1-24.

——. 1999.'The Salafiyya Movement in China: An Oppositional Modality among the Muslim Chinese?' in *Islamic Mysticism Contested: Thirteen Centuries of Controversies and Polemics*. Edited by Frederick de Jong and Bernd Radtke. Leiden: Brill.

——. Forthcoming. Decentering Central Asia. Unpublished manuscript.

Gladney, Dru C., and Ma Qicheng. 1996. 'Local and Muslim in China: The Making of Indigenous Identities among the Uygur and Hui.'

Paper presented at the Annual Association of Asian Studies Meetings, Honolulu, Hawai'i, 10-14 April.

Glass, Charles. 1990. *Tribes With Flags: A Dangerous Passage through the Chaos of the Middle East.* New York: Atlantic Monthly Press.

Gold, Thomas B. 1989. 'Urban Private Business in China.' *Studies in Comparative Communism* 22(2-3):187-202.

Goldstein, Jonathon (ed.). 1999. *The Jews of China.* 2 vols. Armonk, NY: M.E. Sharpe.

Goldstein, Melvyn C. 1990. 'The Dragon and the Snow Lion: The Tibet Question in the 20th Century' in *China Briefing, 1989.* Edited by Anthony J. Kane. Boulder, CO: Westview Press. pp. 129-67.

Goodman, David S.G., and Gerald Segal. 1994. *China Deconstructs: Politics, Trade, and Regionalism.* London: Routledge Press. Gong Weiduan. 1987. 'Yongning Xian Na Jiahu Cun Shi Diaocha' (Yong Ning County Na Homestead History Investigation). *Ningxia Shizhi Yanjiu* 1:34-40.

Gormsen, E. 1990. 'The Impact of Tourism on Regional Change in China.' *Geojournal* 21:127-35.

Gouldner, Alvin W. 1978. 'Stalinism: A Study of Internal Colonialism.' *Telos* 34:5-48.

Gramsci, Antonio. 1966. *La Questione Meridionale.* Rome: Editori Riuniti.

Grayburn, Nelson. 1977. 'Tourism: The Sacred Journey' in *Hosts and Guests.* Edited by V. Smith. Philadelphia: University of Pennsylvania Press.

Greenfeld, Liah. 1992. *Nationalism: Five Roads to Modernity.* Cambridge, MA: Harvard University Press.

Greenwood, D.M. 1972. 'Tourism as an Agent of Change: A Spanish Basque Case.' *Ethnology* 11:80-91.

'Guanyu 1990 Nian Renkou Pucha Zhuyao Shuju de Gongbao' (Report Regarding the 1990 Population Census Main Statistics). 1991. *Renmin Ribao.* 14 November:3.

Guha, Ranajit, and Gayatri Chakrovorty Spivak (eds). 1988. *Selected Subaltern Studies.* Oxford University Press.

Gulliver, Philip Hugh (ed.). 1969. *Tradition and Transition in East Africa: Studies of the Tribal Element in the Modern Era.* Berkeley: University of California Press.

Gupta, A., and James Ferguson. 1992. 'Beyond "culture": Space, Identity, and the Politics of Difference.' *Cultural Anthropology* 7(1):6-23.

Gürün, Kamuran. 1981. *Türkler ve Türk Devletleri Tarihi*. Ankara: Bilgi Yayinevi.

Habel, Shelley. 1996. 'The "Folklore of a Regime" and Other Minority Tales.' Unpublished seminar paper, University of Hawai'i at Manoa. Habermas, Jürgen. 1989. *The Structural Transformation of the Public Sphere*. First published 1962. Translated by Thomas Burger and Frederick Lawrence. Cambridge, MA: MIT Press.

Hadi Su Junhui. 1990. *Islamic in Beijing*. Beijing Nationality Pictorial Academic Society.

Haidu, Peter. 1990. 'The Semiotics of Alterity: A Comparison with Hermeneutics.' *New Literary History* Spring:671-91.

Hall, Stuart. 1991.'The Local and the Global: Globalization and Ethnicity' in *Culture, Globalization, and the World System: Contemporary Conditions for the Representation of Identity*. Edited by Anthony D. King. Binghamton, NY: SUNY Press.

Hamada, Masami. 1978. 'Islamic Saints and Their Mausoleums.' *Acta Asiatica* 34: 79-105.

Handler, Richard. 1988. *Nationalism and the Politics of Culture in Quebec*. Madison: University of Wisconsin Press.

Haneda, Akira. 1978. 'Introduction: The Problems of Turkicization and Islamization of East Turkestan.' *Acta Asiatica* 34:1-21.

Harrell, Stevan. 1990. 'The Invention of Ethnicity: The History of the History of the Yi.' *Comparative Studies in Society and History* 2.

——. 1995. 'Civilizing Projects and Reaction to Them' in *Cultural Encounters on China's Ethnic Frontiers*. Edited by Stevan Harrell. Seattle: University of Washington Press. pp. 3-36.

Harrell, Stevan, and Elizabeth Perry. 1982. 'An Introduction' in *Symposium: Syncretic Sects in Chinese Society*. Edited by Stevan Harrell and Elizabeth Perry. *Modern China* 8(3):283-305.

Harris, Lillian Craig. 1991a. 'China's Middle East Position Damaged by Gulf Crisis.' *Al Ahram Weekly* 28 March:7.

——. 1991b. 'The Gulf Crisis and China's Middle East Dilemma.' *Pacific Review* 4(2):116-25.

——. 1993a. 'Xinjiang, Central Asia and the Implications for China's Policy in

the Islamic World.' *China Quarterly* 133:111-29.
———. 1993b. *China Considers the Middle East*. London: I.B.Tauris.
Harumi Befu (ed.). 1993. *Cultural Nationalism in East Asia*. Berkeley, CA: Institute of East Asian Studies.
Harwit, Eric. 2003. 'The Digital Divide of China's Internet Use.' Paper presented at the Association for Asian Studies Annual Meeting, New York, 28 March.
Harwit, Eric, and Duncan Clark. 2001. 'Shaping the Internet in China: Evolution of Political Control over Network Infrastructure and Content.' *Asian Survey* 41(3):377-80.
Hassan, Ihab. 1990. 'Alterity? Three Japanese Examples.' *Meanjin* Spring:410-20.
Hawkins, John N. 1983. *Education and Social Change in the People's Republic of China*. New York: Praeger Press.
———. 1973. 'The Politics of Intergroup Relations: Minority Education in the People's Republic of China' in *Politics and Education*. Edited by Murray Thomas. New York: Pergamon Press.
Heberer, Thomas. 1989. *China and Its National Minorities: Autonomy or Assimilation?* Armonk, NY: M.E. Sharpe.
Hechter, Michael. 1975. *Internal Colonialism: The Celtic Fringe in British National Development, 1536-1966*. London: Routledge and Kegan Paul.
———. 1976.'Ethnicity and Industrialization:The Proliferation of the Cultural Division of Labor.' *Ethnicity* 3(3):214-24.
Hechter, Michael, and Margaret Levi. 1979.'The Comparative Analysis of Ethnoregional Movements.' *Ethnic and Racial Studies* 2(3):260-74. Helly, Denise. 1985. 'The Identity and Nationality Problem in Chinese Central Asia.' *Central Asian Survey* 3(3):99-115.
Helm, June (ed.). 1968. *Essays on the Problem of the Tribe*. Seattle: University of Washington Press.
Henze, Paul B. 1993. 'Turkey: Toward the Twenty-First Century' in *Turkey's New Geopolitics: From the Balkans to Western China*. Edited by Graham E. Fuller and Ian O. Lesser. Boulder, CO: Westview Press. pp. 1-36.
Hershatter, Gail, Emily Honig, Jonathan N. Lipman, and Randall Stross (eds). 1996. *Remapping China: Fissures in Historical Terrain*. Stanford

University Press.

Herzfeld, Michael. 1982. *Ours Once More: Folklore, Ideology, and the Making of Modern Greece*. Austin: University of Texas Press.

Hevia, James. 1989. 'Making China Perfectly Equal.' Paper presented at the American Anthropological Association Annual Meetings, Washington, DC, 20 November.

Hewitt, Giles, 'What Became of the Chinese Hero?' 1994. Agence France Presse, 14 January.

Higashino, Kazunon. 1991. 'Theme Parks in Japan.' *Journal of Japanese Trade and Industry* 10(5):22-35.

Hobbes, Thomas. 1962. *Leviathan*. First published 1651. New York: Fontana Publishers.

Hobsbawm, Eric. 1983a. 'Introduction: Inventing Traditions' in *The Invention of Tradition*. Edited by Eric Hobsbawm and Terence Ranger. Cambridge University Press. pp. 1-14.

———. 1983b. 'Mass-Producing Traditions: Europe, 1870-1914' in *The Invention of Tradition*. Edited by Eric Hobsbawm and Terence Ranger. Cambridge University Press.

———. 1990. *Nations and Nationalism since 1780: Programme, Myth, Reality*. Cambridge University Press.

———. 1992. 'Ethnicity and Nationalism in Europe Today.' *Anthropology Today* 8(1):3-8.

Hobsbawm, Eric, and Terence Ranger (eds). 1983. *The Invention of Tradition*. Cambridge University Press.

Honig, Emily. 1992. *Creating Chinese Ethnicity: Subei People in Shanghai, 1850-1980*. New Haven, CT: Yale University Press.

Honig, Emily, and Gail Hershatter. 1988. *Personal Voices: Chinese Women in the 1980s*. Stanford University Press.

Hoppe, Thomas. 1988. 'Kazakh Pastoralism in the Bogda Range' in *The Kazakhs of China: Essays on an Ethnic Minority*. Edited by Ingvar Svanberg and Linda Benson. Uppsala: Studia Multiethnica Uppsalinensia.

———. 1995. 'Ethnic Composition in Xinjiang.' Paper presented at the Fifth European Seminar on Central Asian Studies, Nordic Institute of Asian Studies, Copenhagen, 21-26 August.

Horowitz, Donald L. 1985. *Ethnic Groups in Conflict*. Berkeley: University of California Press.

Hualong Hui Autonomous County Basic Situation Committee. 1984. *Hualong Huizu Zizhixian Gaikuang* (*Hualong Hui Autonomous County Basic Situation*). Xining: Qinghai Nationalities Publishing Society. Huang Tianzhu and Liao Yuanquan. 1983. 'An Informal Talk on the Moslem Descendants at the Quanzhou Area and Their Heritage' in *Symposium on Quanzhou Islam*. Quanzhou Foreign Maritime Museum. Quanzhou: Fujian People's Publishing Society.

Hudson, Alfred E. 1938. *Kazak Social Structure*. Yale University Publications in Anthropology 20. New Haven, CT: Yale University Press.

Huizu Jianshi Editorial Committee. 1978. *Huizu Jianshi* (*Brief History of the Hui*).Yinchuan: Ningxia People's Publishing Society.

Huntington, Samuel P. 1993a. 'The Islamic-Confucian Connection.' *New Perspectives Quarterly* 10(3):19-35.

——. 1993b. 'The Clash of Civilizations?' *Foreign Affairs* 72(3):22-49. Huo Da. 1992. *The Jade King: History of a Chinese Muslim Family*. Beijing: Panda Press.

——. 1993. *Musilin de Zangli* (*Muslim Funeral*). 2nd ed. (1st ed. 1988). Beijing Changpian Xiaoshuo Zhuang Zuo Congshu.

Hutzler, Charles. 2001. 'China-Iraq Policy is Risky for US.' *Asian Wall Street Journal* 10 September.

——. 2002. 'US Gesture to China Raises Crackdown Fears.' *Wall Street Journal* 13 September.

Huxley, Julian S., and A.C. Haddon. 1936. *We Europeans: A Survey of 'Racial' Problems*. New York: Harper.

Hymes, Dell. 1975. 'Folklore's Nature and the Sun's Myth.' *Journal of American Folklore* 88:345-69.

International Monetary Fund. 1990. *Yearbook Review*. Washington, DC: International Monetary Fund.

Isaacs, Harold Robert. 1976. *Idols of the Tribe: Group Identity*. New York: Harper Collins.

Israeli, Raphael. 1978. *Muslims in China*. London: Curzon.

——. 1982. 'Muslim Plight under Chinese Rule' in *Islam in Asia Minor*. Edited by Raphael Israeli. London: Curzon.

——. 1984. 'Muslims in China: Islam's Incompatibility with the Chinese Order' in *Islam in Asia*.Vol. 2. Edited by Raphael Israeli and Anthony H. Johns. Boulder, CO: Westview Press.

Izutsu, Toshihiko. 1983. *Sufism and Daoism*. Berkeley: University of California Press.

Jaschok, Maria, and Jingjun Shui. 2001. *The History of Women's Mosques in Chinese Islam: A Mosque of their Own*. London: Curzon Press.

Jin Binggao. 1984. 'The Marxist Definition of Nationality, Its Origin and Influence.' *Minyuan Xuebao* 3:64-7.

Jin Yijiu. 1985. 'Sufeipai yu Zhongguo Menhuan' (Sufism and China's Menhuan) in *Xibei Yisilanjiao Yanjiu* (*Northwest Islam Research*). Gansu Provincial Ethnology Department. Lanzhou: Gansu Nationality Publishing Society.

Johnson, David. 1985. 'Communication, Class, and Consciousness in Late Imperial China' in *Popular Culture in Late Imperial China*. Edited by David Johnson, Andrew J. Nathan, and Evelyn Rawski. Berkeley: University of California Press. pp. 34-72.

Jones, Steven G. 1997. 'The Internet and Its Social Landscape' in *Virtual Culture: Identity and Community in Cybersociety*. Edited by Steven G. Jones. London: Sage.

Jordan,Tim. 1999. *Cyberpower: The Culture and Politics of Cyberspace and the Internet*. London: Routlege.

Juergensmeyer, Mark. 1993. *The Next Cold War*. Berkeley: University of California Press.

Kanat, Omer. 1986. 'Comments on "The Identity and Nationality Problem in Chinese Central Asia".' *Central Asian Survey* 5(2):113-19.

Kazakh History Editorial Committee. 1987. *Hasakezu Jianshi* (*A Brief History of the Kazakh*). Beijing: People's Publishing House.

Ke Lei, Sang Ya. 1989. *Xing Fengsu* (*Sexual Customs*). Shanghai Chubanshe.

Kessler, Clive S. 1978. *Islam and Politics in a Malay state: Kelantan 1838-1969*. Ithaca, NY: Cornell University Press.

Keyes, Charles F. 1981.'Introduction: The Dialectics of Ethnic Change' in *Ethnic Change*. Edited by Charles F. Keyes. Seattle: University of Washington Press. pp. 4-30.

——. 1984. 'The Basis of Ethnic Group Relations in Modern NationStates' in *Ethnic Processes in the USA and the USSR: Material of the Soviet American Symposium*. Edited by V.I. Kozlov. Moscow: INION, the Academy of Sciences.

Kim Ho-dong. 1986. The Muslim Rebellion of the Kashgar Emirate in Chinese Central Asia, 1864-1877. PhD thesis, Harvard University. Kondo, Dorinne. 1989. *Crafting Selves*. University of Chicago Press. Kotkin, J. 1993. *Tribes: How Race, Religion, and Identity Determine Success in the New Global Economy*. New York: Random House.

Krader, Lawrence. 1963. *Social Organization of the Mongol Turkic Pastoral Nomads*.The Hague: Mouton.

Kristeva, Julia. 1993. *Nations without Nationalism*. Translated by Leon S. Roudiez. New York: Columbia University Press.

Kristof, Nicholas D. 1993. 'A Muslim Region is Tugging at the Ties that Bind China.' *New York Times* 14 August:1.

Kuhn, Thomas. 1996. *The Structure of Scientific Revolutions*. 3rd ed. (1st ed. 1962.) University of Chicago Press.

Kwong, Julia, and Hong Xiao. 1989.'Educational Equality among China's Minorities.' *Comparative Education* 25(2):229-43.

LaBelle,Thomas, and Robert E. Verhine. 1975.'Education, Social Change, and Social Stratification.' *Harvard Education Review* 45:3-71.

Lai Cunli. 1988. *Huizu Shangye Shi (A History of Hui Nationality Mercantilism)*. Beijing: Zhongguo Shangye Chubanshe.

Laing, Ellen Johnston. 1988. *The Winking Owl: Art in the People's Republic of China*. Berkeley: University of California Press.

Lal, Amrit. 1970. 'Sinification of Ethnic Minorities in China.' *Current Scene* 8(4):1-25.

Lapidus, Ira M. 1988. *A History of Islamic Societies*. Cambridge University Press.

Lardy, Nicholas R. 1986. 'Agricultural Reforms in China.' *Journal of International Affairs* 32(2):91-104.

——. 1994. *China in the World Economy*. Washington, DC: Institute for International Economics.

Leach, Edmund R. 1954. *Political Systems of Highland Burma*. Cambridge, MA: Harvard University Press.

Le Coq, Albert von. 1985. *Buried Treasures of Chinese Turkestan*. First

published 1928. Oxford University Press.
Lee, Chae-Jin. 1986. *China's Korean Minority: The Politics of Ethnic Education*. Boulder, CO:Westview Press.
Leforte, Claude. 1986. *The Political Forms of Modern Society: Bureaucracy, Democracy and Totalitarianism*. Translated by Roger B. Thompson. Cambridge: Polity Press.
Lenin, Vladimir Il'ich. 1956. *The Development of Capitalism in Russia: The Process of the Formation of a Home Market for Large-Scale Industry*. Moscow: Foreign Languages Publishing House.
Leslie, Donald Daniel. 1981. *Islamic Literature in Chinese, Late Ming and Early Ch'ing: Books, Authurs, and Associates*. Canberra College of Advanced Education.
——. 1986. *Islam in Traditional China: A Short History to 1800*. Canberra College of Advanced Education.
Lewis, Bernard. 1996. *The Middle East: A Brief History of the Last 2,000 Years*. New York: Scribner.
Lewis, Paul. 1993. 'At U.N., Russian Compares Peril of Ethnic Strife to Nuclear War.' *New York Times* 28 September:A4.
Li Shujiang and Karl W. Luckert. 1994. *Mythology and Folklore of the Hui, A Muslim Chinese People*. New York: SUNY Press.
Li Yang and Wu Hsin-i. 1990. 'Status of Grasslands in China: With Special Emphasis on the Qinghai-Tibet Plateau.' Paper presented at the CSCPRC workshop on Grasslands in China, 30 May.
Liao Ping-hui. 1993.'Commentary as Literature: Reading Taiwan's Newspaper Literary Supplements in 1993.' Paper presented at the 'Symposium on Cultural Studies in Asia, the Pacific, and the US', Program for Cultural Studies, East-West Center, Honolulu, 16-18 September.
Lin Yueh-hwa. 1984.'Yizu of Liang Shan, Past and Present' in *The Prospects for Plural Societies*. Edited by David Maybury-Lewis. Washington, DC: American Ethnological Society. pp. 88-103.
Lindbeck, J. 1950.'Communism, Islam and Nationalism in China.' *Review of Politics* 12:473-88.
Linke, Uli. 1990. 'Folklore, Anthropology, and the Government of Social Life.' *Comparative Studies in Society and History* 32(1):117-48.
Linxia Hui Autonomous Prefectural Basic Situation Committee. 1986.

Linxia Huzu Zizhou Gaikuang (*Linxia Hui Autonomous Prefectural Basic Situation*). Lanzhou: Gansu Nationalities Publishing Society. Lipman, Jonathan N. 1981.The Border World of Gansu, 1895-1935. PhD thesis, Stanford University.

——. 1984. 'Ethnicity and Politics in Republican China:The Ma Family Warlords of Gansu.' *Modern China* 10(3):285-316.

——. 1988. 'Ethnicity and Economics: The Tibetan-Muslim-Han Trading Network in Northwest China.' Paper presented at the Association for Asian Studies Meetings, San Francisco, 26 March.

——. 1989.'Ethnic Violence in Modern China: Hans and Huis in Gansu, 1781-1929' in *Violence in China*. Edited by Stevan Harrell and Jonathon Lipman. Albany, NY: SUNY Press. pp. 65-87.

——. 1994. 'The Third Wave: Establishment and Transformation of the Muslim Brotherhood in Modern China.' *Etude Orientales* 13/14:89-105.

——. 1996. 'Hyphenated Chinese: Sino-Muslim Identity in Modern China' in *Remapping China: Fissures in Historical Terrain*. Edited by Gail Hershatter, Emily Honig, Jonathan N. Lipman, and Randall Stross. Stanford University Press.

——. 1997. *Familiar Strangers*. Seattle: University of Washington Press. Litzinger, Ralph A. 2000. *Other Chinas:The Yao and the Politics of National Belonging*. Durham, NC: Duke University Press.

Liu Binyan. 1993. 'Civilization Grafting: No Culture is an Island.' *Foreign Affairs* 72(4):19-21.

Liu Shao-ch'i. 1968. 'Internationalism and Nationalism' (1 November 1948). *Collected Works of Liu Shao-ch'i*, vol. 2, *1945-1957*. Hong Kong: Union Research Institute.

Lo Hsiang-lin. 1965. *K'e Chia Shi Liao Hui P'ien* (*Historical Sources for the Study of the Hakkas*). Hong Kong: Institute of Chinese Culture.

'London Organization Migrants' Shops Bombed in Tibet.' 1996. Agence France Presse (Hong Kong), 27 December. FBIS, FTS19970409001372.

Löwenthal, Rudolf. 1940.'The Mohammedan Press in China' in *The Religious Periodical Press in China*. Peking: Synodal Commission in China.

Lufkin, Felicity. 1990. Images of Minorities in the Art of the Peoples Republic of China. MA thesis, University of California, Berkeley.

Lutz, Katherine, and Jane L. Collins. 1993. *Reading National Geographic*.

University of Chicago Press.

Ma, Rosey. 2002. 'Chinese Muslims in Malaysia in Different Periods of History' in *Colloquium on Chinese Scholarship on the Malay World: A Reevaluation of a Scholarly Tradition*. Proceedings of conference held at Bilik Senat, Universiti Kebangsaan Malaysia, Baangi, 16-17 September.

Ma Shouqian. 1989.'The Hui People's New Awakening at the End of the 19th Century and Beginning of the 20th Century.' Paper presented at the conference 'The Legacy of Islam in China: An International Symposium in Memory of Joseph F. Fletcher', Harvard University, 14-16 April.

Ma Tong. 1983. *Zhongguo Yisilan Jiaopai yu Menhuan Zhidu Shilue* (*A History of Muslim Factions and the Menhuan System in China*). 2nd ed. (1st ed. 1981).Yinchuan: Ningxia People's Publishing Society.

——. 1989. 'China's Islamic Saintly Lineages and the Muslims of the Northwest' in The Legacy of Islam in China: An International Symposium in Memory of Joseph F. Fletcher. Edited by Dru C. Gladney. Unpublished proceeds of conference, Harvard University, 14-16 April.

Ma Weiliang. 1980. 'Various Aspects of the Nationality Question, Situation Discussed.' Foreign Broadcast Information Service 76883, 25 November:78.

——. 1986.'Yunnan Daizu, Zangzu, Baizu, he Xiao Liangshan Yizu: Diqu de Huizu' (The Hui of Yunnan's Dai, Tibetan, Bai and Small: Liangshan Yi Areas). *Ningxia Shehui Kexue* 1.

Ma Yin (ed.). 1989. *China's Minority Nationalities*. Beijing: People's Publishing Society.

MaYunfu and Yang Zhihua (eds). 1988. *Aizihaer Daxue* (*Al-Azhar University*). Changsha: Hunan Educational Publishing Society.

Ma Zheng. 1981. 'Trouble between Han, Uygur Minority Reported in Xinjiang.' Joint Publications Research Service 78873. 1 September:22-5.

Ma Zikuo. c. 1933. 'Linxia Gongbei Siyuan' (Tracing to the Source Linxia Gongbei). Reprinted in Li Xinghua and Fen Jiuyan (eds). 1985. *Zhongguo Yisilanjiaoshi Cankao Ziliao Xuanbian, 1911-1949* (*China Islamic History Reference Material Selections, 1911-1949*).Vol. 1.Yinchuan: Ningxia People's Publishing Society.

Mackerras, Colin. 1969. 'Sino-Uighur Diplomatic and Trade Contacts (744 to

840).' *Central Asiatic Journal* 13:215-40.

———. 1972. *The Uighur Empire: According to the T'ang Dynastic Histories*. Columbia: University of South Carolina Press.

———. 1994. *China's Minorities: Integration and Modernization in the Twentieth Century*. Oxford University Press.

McKhann, Charles. 1995. 'The Naxi and the Nationalities Question' in *Cultural Encounters on China's Ethnic Frontiers*. Edited by Stevan Harrell. Seattle: University of Washington Press. pp. 39-62.

McMillen, Donald H. 1979. *Chinese Communist Power and Policy in Xinjiang, 1949-1977*. Boulder, CO: Westview Press.

McNeal, Dewardic L. 2001. *China's Relations with Central Asian States and Problems with Terrorism*. CRS report for Congress RL31213. Washington, DC: Congressional Research Service, Library of Congress.

'Magnificent Paintings: The Murals of the Beijing International Airport.' 1980. *China Pictorial* 1:18-31.

Mair, Walter. 1994. 'Will the Fault Lines between Civilizations be the Battle Lines of the Future?' *Centerpiece* Winter/Spring:10.

Malkki, Liisa. 1992. 'National Geographic: The Rooting of Peoples and the Territorialization of National Identity among Scholars and Refugees.' *Cultural Anthropology* 7.

Mann, Jim. 1985. 'China's Uighurs - A Minority Seeks Equality.' *Los Angeles Times* 13 July.

Marcus, George E. 1994. 'The Modernist Sensibility in Recent Ethnographic Writing and the Cinematic Metaphor of Montage' in *Visualizing Theory*. Edited by Lucien Taylor. London: Routledge Press. pp. 37-53.

Martin, Emily. 1987. *The Woman in the Body: A Cultural Analysis of Reproduction*. Boston: Beacon Press.

Martin, Terry. 2001. *The Affirmative-Action Empire: Nations and Nationalism in the Soviet Union*. Ithaca, NY: Cornell University Press.

Maybury-Lewis, David. 1984. 'Living in Leviathan: Ethnic Groups and the State' in *The Prospects for Plural Societies*. Edited by David Maybury-Lewis. Washington, DC: American Ethnological Society. pp. 220-31.

Maybury-Lewis, David, and Uri Almagor (eds). 1989. *The Attraction of Opposites:Thought and Society in the Dualistic Mode*. Ann Arbor: University of Michigan Press.

Mayer, Iona. 1975. 'The Patriarchal Image: Routine Dissociation in Gusii Families.' *African Studies* 34(4):260-76.

Mengcun Huizu Zizhixian Gaikuang. 1983. *Mengcun Huizu Zizhixian Gaikuang* (*The Situation of the Mengcun Hui Autonomous County*). Shijiazhuang: Hebei People's Publishing Society.

Menjani, Nikmet. 1989. 'The Spread of Islam among the Kazakh People' in *The Legacy of Islam in China*. Edited by Dru C. Gladney. Conference collection. Cambridge, MA: Fairbank Center, Harvard University.

Menyuan Hui Autonomous County Basic Situation Committee. 1983. *Menyuan Huizu Zizhixian Gaikuang* (*Menyuan Hui Autonomous County Basic Situation*). Xining: Qinghai Nationalities Publishing Society. Mian Weiling. 1981. *Ningxia Yisilan Jiaopai Gaishu* (*The Islamic Factions of Ningxia*).Yinchuan: Ningxia People's Publishing Society.

———. 1985. 'Ningxia Huizu Yisilanjiao de Jiaopai Fenhua Qiantan' (Brief Talk on the Distribution of Ningxia Hui Islamic Factions) in *Xibei Yisilanjiao Yanjiu* (*Northwest Islam Research*). Gansu Provincial Ethnology Department. Lanzhou: Gansu Nationality Publishing Society.

Miller, Lucien (ed.). 1994. *South of the Clouds: Tales From Yunnan*. Translated by Guo Xu, Lucien Miller, and Xu Kun. Seattle: University of Washington Press.

Millward, Christopher. 1994. 'A New Paradigm for Self in the *Chuang Tzu*.' Paper presented at the 6th Annual SHAPS Graduate Student Conference, University of Hawai'i at Manoa, 4 March.

Millward, James A. 1988. 'The Chinese Border Wool Trade of 1880-1937.' Paper presented at the Association for Asian Studies Meetings, San Francisco, 26 March.

Minhe Hui and Tu Autonomous County Basic Situation Committee. 1986. *Minhe Huzu Zizhixian Gaikuang* (*Minhe Hui and Tu Autonomous County Basic Situation*). Xining: Qinghai Nationalities Publishing Society.

'Minorities Hold Key to Own Prosperity.' 1987. *China Daily* 28 April:4. Moerman, Michael. 1965. 'Ethnic Identity in a Complex Civilization: Who are the Lue?' *American Anthropologist* 67(5):1215-30. Moore, Rachel. 1994.'Marketing Alterity' in *Visualizing Theory*. Edited by Lucien Taylor. London and New York: Routledge Press. pp. 126-42. Morgan, Lewis Henry. 1985. *Ancient Society*. 1st ed. 1878.Tucson:

University of Arizona Press.

Morrison, Donald (ed.). 1989. *Massacre in Beijing: China's Struggle for Democracy*. New York:Warner Books and Time Inc.

Mosse, George L. 1985. *Nationalism and Sexuality: Middle-Class Morality and Sexual Norms in Modern Europe*. Madison: University of Wisconsin Press.

Mudimbe,V.Y. 1988. *The Invention of Africa: Gnosis, Philosophy, and the Order of Knowledge*. Bloomington: Indiana University Press.

Muzaffar, Chandra. 1994. Interview in *Third World Network Features*, Penang. Reprinted in 'The Clash of Civilizations? Responses from the World.' *Centerpiece* Winter/Spring:8.

Naby, Eden. 1986.'Uighur Elites in Xinjiang.' *Central Asian Survey* 5(3/4):241-54.

Nagata, Judith A. 1981. 'In Defense of Ethnic Boundaries:The Changing Myths and Charters of Malay Identity' in *Ethnic Change*. Edited by Charles Keyes. Seattle: University of Washington Press. Nakada, Yoshinobu. 1971. *Kaikai Minzoku no Shomondai (Studies on the Hui People)*. Tokyo: Ajia Keizai Kenkyujo.

Naquin, Susan, and Evelyn S. Rawski. 1987. *Chinese Society in the Eighteenth Century*. New Haven, CT: Yale University Press.

Nathan, Andrew. 1985. *Chinese Democracy*. New York: Knopf Press.

'Nationality Identity Can Be Bought.' 1996. *China Focus* 4(2):4.

Nationality Pictorial (Minzu Huabao). 1985. *Minzu Fengmao: 'Minzu Huabao' Qujingzuoping Xuan, 1955-85 (Nationality Special Characteristics: 'Nationality Pictorial' Selected Photographs, 1955-85)*. Beijing: Nationalities Publishing Society.

Ningxia Hui Autonomous Region Population Census Office. 1983. *Ningxia Huizu Zizhiqu Di san ci Renkou Pucha (Ningxia Hui Autonomous Region Third Population Census)*. Beijing.

Norman, Jerry. 1988. *Chinese*. Cambridge University Press. Oakes,T.S. 1993. 'The Cultural Space of Modernity: Ethnic Tourism and Place Identity in China.' *Environment and Planning Development: Society and Space* 11:47-66.

———. 1995. 'Tourism in Guizhou: The Legacy of Internal Colonialism' in *Tourism in China: Geographic, Political, and Economic Perspectives*.

Edited by Alan A. Lew and Lawrence Yu. Boulder, CO: Westview Press.

'Obesity and Stress Becoming the Downside of Economic Boom.' 1994. Agence France Presse English Wire, 5 August. Oda, Juten. 1978. 'Uighuristan.' *Acta Asiatica* 34: 22-45.

Office of Strategic Services. 1944. Japanese Infiltration among Muslims in China. Unpublished report, Office of Strategic Services, Research and Analysis Branch.

——. 1945. Peoples and Politics of China's Northwest. Unpublished report, Office of Strategic Services, Research and Analysis Branch.

Oi, Jean. 1989. 'Market Reform and Corruption in Rural China.' *Studies in Comparative Communism* 22(2/3):221-33.

Olcott, Martha Bill. 1983. 'Pastoralism, Nationalism and Communism in Kazakhstan.' *Canadian Slavic Papers* Spring.

——. 1987. *The Kazakhs*. Stanford: Hoover Institution Press. O'Leary, Stephen. 2000. 'Falun Gong and the Internet.' *Online Journalism Review* 15 June. HYPERLINK http://www.ojr.org/ojr/ethics/1017964337.php http://www.ojr.org/ojr/ethics/1017964337.php

Orleans, Leo A. 1988. *Chinese Students in America: Policies, Issues and Number*. Washington, DC: National Academy Press.

Paglia, Camille. 1990. *Sexual Personae: Art and Decadence from Nefertiti to Emily Dickinson*. New York: Vintage Books.

Pan, Lynn. 1992. 'A Chinese Master.' *New York Times Magazine* 1 March:30-7.

Pang Shiqian. 1988. *Aiji Jiu Nian (Nine Years in Egypt)*. First published 1951. Beijing: China Islamic Association Publishing Society.

Pang Keng-Fong. 1992. The Dynamics of Gender, Ethnicity, and State among Austronesian-speaking Muslims of Hui-Utat of Hainan Island. PhD thesis, University of California, Los Angeles.

Parker, Andrew, Mary Russo, Doris Sommer, and Patricia Yaeger (eds). 1992. 'Introduction' in *Nationalisms and Sexualities*. Edited by Andrew Parker, Mary Russo, Doris Sommer, and Patricia Yaeger. London: Routledge Press. pp. 1-20.

Parks, Michael. 1983.'Color, Flavor Emerge in Xinjiang Province: China's Minorities Enjoy New Freedom.' *Los Angeles Times*:1-4.

Passell, Peter. 1996. 'Why the Best Doesn't Always Win.' *New York Times Magazine* 5 May:60-1.

Pei Zhi. 1959. 'Hai Rui shi fo Huizu' (Was Hai Rui a Hui?). *Guangming Daily* 26 November. (Reprinted in 1984 in *Huizu Shilun Ji 1949-1979* [*Hui History Collection 1949-1979*]. Chinese Academy of Social Sciences Ethnology Department and Central Nationalities Institute Ethnology Department, Hui History Team. Yinchuan: Ningxia People's Publishing Society. pp. 274-6.)

Peletz, Michael. 1993. '"Ordinary Muslims" and Muslim Resurgents in Contemporary Malaysia: Notes on an Ambivalent Relationship.' Paper presented at the 'Islam and the Social Construction of Identities: Comparative Perspectives on Southeast Asian Muslims' conference, cosponsored by the Center for Southeast Asian Studies at the University of Hawai'i at Manoa, and the East-West Center, 4-6 August.

Pickens, Claude L. 1933. 'Across China in Two Weeks.' *Chinese Recorder* 64:625-28.

———. 1937. 'The Challenge of Chinese Moslems.' *Chinese Recorder* 68:414-17.

———. 1942. 'The Four Men Huans.' *Friends of Moslems* 16(1). *Picture Album of Turpan Landscape and Custom* (*Tulufan Fengqing Huaji*). 1985. Ürümqi: Sinkiang People's Press.

Pillsbury, Barbara L.K. 1973. Cohesion and Cleavage in a Chinese Muslim Minority. PhD thesis, Columbia University.

———. 1976. 'Blood Ethnicity: Maintenance of Muslim Identity in Taiwan.' Paper presented at the Conference on Anthropology in Taiwan, Portsmouth, New Hampshire, 19-24 August.

———. 1978. 'Being Female in a Muslim Minority in China' in *Women in the Muslim World*. Edited by Lois Beck and Nikki Keddie. Cambridge, MA: Harvard University Press.

———. 1981. 'The Muslim Population of China: Clarifying the Question of Size and Ethnicity.' *Journal, Institute for Muslim Minority Affairs* 3(2):35-58.

Piscatori, James P. 1987. 'Asian Islam: International Linkages and Their Impact on International Relations' in *Islam in Asia*. Edited by John L. Esposito. New York: Oxford University Press.

Pomfret, John. 2003. 'China Executes Tibetan Monk for Alleged Bombings.' *Washington Post Foreign Service* 28 January.

Population Census Office of the State Council of the People's Republic of China and the Institute of Geography of the Chinese Academy of

Sciences. 1987. *The Population Atlas of China*. Oxford University Press.

Postiglione, Gerard A., Teng Xing, and Ai Yiping. 1995. 'Basic Education and School Discontinuation in National Minority Border Regions of China' in *Social Change and Educational Development: Mainland China, Taiwan, and Hong Kong*. Edited by Gerard A. Postiglione and Lee Wing On. University of Hong Kong Press.

Price, Sally. 1989. *Primitive Art in Civilized Places*. University of Chicago Press.

Prochaska, David. 1995. 'Viewing Postcards Viewing Others.' Paper presented at the American Historical Association annual meeting, Pacific Coast Branch, Maui, Hawai'i, 6 August.

'Proper Financing May Quash Dodgy Levies.' 1994. *China Daily* 29 April:3.

Pye, Lucien. 1975. 'China: Ethnic Minorities and National Security' in *Ethnicity*. Edited by Nathan Glazer and Daniel P. Moynihan. Cambridge, MA: Harvard University Press. pp. 489-512.

——. 1993.'How China's Nationalism was Shanghaied.' *Australian Journal of Chinese Affairs* January:130.

Quanzhou Foreign Maritime Museum. 1983. *Symposium on Quanzhou Islam*. Quanzhou: Fujian People's Publishing Society.

Quanzhou Historical Research Society. 1980. 'Ding Clan Genealogy' in *Quanzhou Wenxian Congkan di san Zhong* (*Quanzhou Documents Collection*) 13. Quanzhou Historical Research Society.

Rabinow, Paul. 1986. 'Representations are Social Facts: Modernity and Post-Modernity in Anthropology' in *Writing Culture: The Poetics and Politics of Ethnography*. Edited by James Clifford and George E. Marcus. Berkeley: University of California Press. pp. 234-61.

Radio Free Asia, Uyghur Service. 2003. 'Separatist Leader Vows to Target Chinese Government (RFA).' 24 January. HYPERLINK http://www.rfa.org/service/ http://www.rfa.org/service/ index.html?service=uyg

Rahim, Syed A. 1994. 'Participatory Development Communication as a Dialogical Process' in *Participatory Communication: Working for Change and Development*. Edited by Shirley A. White, K. Sadanandan Nair, and Joseph Ascroft. New Delhi: SAGE Publications.

Rahman, Fazlur. 1968. *Islam*. New York: Doubleday Anchor Books.

Ramsay, Robert S. 1989. *The Languages of China*. Princeton University Press.

Rayns,Tony. 1991.'Breakthroughs and Setbacks: The Origins of the New Chinese Cinema' in *Perspectives on Chinese Cinema*. Edited by Chris Berry. London: BFI Publishing. pp. 104-11.

Riftin, Boris. 1989. 'Muslim Elements in the Folklore of the Chinese Huizu and the Soviet Dungans' in The Legacy of Islam in China: An International Symposium in Memory of Joseph F. Fletcher. Edited by Dru C. Gladney. Unpublished proceeds of conference, Harvard University, 14-16 April.

Roff, William R. 1984. 'The Meccan Pilgrimage: Its Meaning for Southeast Asian Islam' in *Islam in Asia*. Vol. 2. Edited by Raphael Israeli and Anthony H. Johns. Boulder, CO: Westview Press

——. 1985. 'Islam Obscured? Some Reflections on Studies of Islam and Society in Asia.' *L'Islam en Indonesie* 1(29):7-34.

——. 1987. *Islam and the Political Economy of Meaning*. Edited by William Roff. Berkeley: University of California Press.

Rosen, Stanley P. 1992. 'The Role of Chinese Students at Home and Abroad as a Factor in Sino-American Relations.' *In Depth* 2(1):115-53.

Ross, Andrew. 1993.'Cultural Preservation in the Polynesia of the Latter-Day Saints' in *The Chicago Gangster Theory of Life: Nature's Debt to Society*. University of Chicago Press.

Rossabi, Morris. 1969-70.'The Tea and Horse Trade with Inner Asia during the Ming.' *Journal of Asian History* 3-4:136-68.

——. 1979. 'Muslim and Central Asian Revolts' in *From Ming to Ch'ing*. Edited by Jonathon D. Spence and John E. Wills Jr. New Haven, CT: Yale University Press.

Rousseau, Jean-Jacques. 1968. *The Social Contract*. Translated by Maurice Cranston. First published 1762. London: Penguin Books.

Rowe, William. 1994. 'Education and Empire in Southwest China, Ch'en Hung-mou in Yunnan, 1733-38' in *Education and Society in Late Imperial China, 1600-1900*. Edited by Alexander Woodside and Benjamin A. Elman. Berkeley: University of California Press. pp. 417-57.

Roy, Olivier. 1994. *The Failure of Political Islam*. Translated by Carol Volk. Cambridge, MA: Harvard University Press.

Ruan Fangfu. 1991. *Sex in China*. Stanford University Press.

Rubenstein, Richard L. 1978. *The Cunning of History: The Holocaust and the American Future*. New York: Harper & Row.

Rudelson, Justin Jon. 1988. *Uighur Ethnic Identity Change in the Oases of Chinese Turkestan*. Unpublished paper, Harvard University.

——, 1992. *Bones in the Sand: The Struggle to Create Uighur Nationalist Ideologies in Xinjiang, China*. PhD thesis, Harvard University.

——. 1997. *Oasis Identities: Uyghur Nationalism along China's Silk Road*. New York: Columbia University Press.

Rushkoff, Douglas. 1994. *Cyberia: Life in the Trenches of Hyperspace*. New York: Harper Collins. Saguchi Toru. 1978. 'Kashgaria.' *Acta Asiatica* 34:61-78. Said, Edward. 1978. *Orientalism*. New York: Random House.

——. 1988. 'Introduction' in *Selected Subaltern Studies*. Edited by Ranajit Guha and Gayatri Chakrovorty Spivak. Oxford University Press. Salisbury, Harrison E. 1985. *The Long March:The Untold Story*. New York: Harper & Row.

Samolin,William. 1964. *East Turkistan to the Twelfth Century: A Brief Political Survey*.The Hague: Mouton & Co.

Saray, Mehmet. 1993. *Kazak Türkleri Tarihi: Kazaklarin Uyanisi*. Istanbul: YAY Grafik.

Schafer, Edward H. 1967. *The Vermilion Bird: Tang Images of the South*. Berkeley: University of California Press.

Schein, Louisa. 1990. 'Gender and Oriental Orientalism in China.' Paper presented at the Annual Meetings of the American Anthropological Association, New Orleans, 2 December.

——. 2000. *Minority Rules: The Miao and the Feminine in China's Cultural Politics (Body, Commodity,Text)*. Durham, NC: Duke University Press. Schell, Orville. 1989. *Discos and Democracy: China in the Throes of Reform*. New York: Anchor Books.

Schlesinger, David. 1994. 'China's Press Raises Spectre of Instability.' Reuters, 4 January.

Schmetzer, Uli. 1994. 'Deng Turns 90, Strong Leader Needed for Reforms.' *Chicago Tribune* 21 August.

Schwartz, Benjamin. 1989. 'Democracy in China.' *Dissent*.

Schwarz, Henry G. 1971. *Chinese Policies Toward Minorities: An Essay and Documents*. Bellingham:Western Washington State College.

——. 1976. 'The Khwajas of Eastern Turkestan.' *Central Asiatic Journal* 20:266-96.

―. 1984. *The Minorities of Northern China: A Survey*. Bellingham: Western Washington University Press.

Scott, Charles E. 1990. 'Genealogy and *Différance*.' *Research in Phenomenology* 20:55-66.

Selden, Mark. 1971. *The Yenan Way in Revolutionary China*. Cambridge, MA: Harvard University Press.

Shahrani, M. Nazif. 1984. '"From Tribe to Umma": Comments on the Dynamics of Identity in Soviet Central Asia.' *Central Asian Survey* 3(3):26-38.

Sharp, Gene. 1973. *The Methods of Nonviolent Action*. Boston: Porter Sargent Publishers.

Shi, Jinghuan. 1995. 'Cultural Tradition and Women's Participation in Education' in *Social Change and Educational Development: Mainland China,Taiwan, and Hong Kong*. Edited by Gerard A. Postiglione and Lee Wing On. University of Hong Kong Press.

Shichor, Yitzhak. 1984. 'The Role of Islam in China's Middle-Eastern Policy' in *Islam in Asia*. Vol. 2. Edited by Raphael Israeli and Anthony H. Johns. Boulder, CO: Westview Press.

―. 1988. 'Unfolded Arms: Beijing's Recent Military Sales Offensive.' *Pacific Review* 1(3):320-1.

―. 1989. *East Wind over Arabia: Origins and Implications of the Sino-Saudi Missile Deal*. Berkeley: University of California Press.

―. 2002. Virtual Transnationalism: Uyghur Communities in Europe and the Quest for East Turkestan Independence. Unpublished paper. Shils, Edward (ed.). 1975. *Center and Periphery: Essays in Macro-sociology*. University of Chicago Press.

Shue, Vivienne. 1984. 'The Fate of the Commune.' *Modern China* 10(3):250-83.

Sinor, Denis. 1969. *Inner Asia: A Syllabus*. Bloomington: Indiana University.

Smedal, Olaf H. 1992. 'Social Anthropology, Radical Alterity, and Culture.' *Canberra Anthropology* 15(1):58-74.

Smith, Mark A., and Peter Kollock (eds). 1999. *Communities in Cyberspace*. London: Routledge.

Smith, Valene (ed.). 1977. *Hosts and Guests: The Anthropology of Tourism*. Philadelphia: University of Pennsylvania Press. Snow, Edgar. 1938. *Red Star over China*. New York: Grove Press.

Snyder, Louis L. 1951. 'Nationalistic Aspects of the Grimm Brothers' Fairy Tales.' *Journal of Social Psychology* 33:209-23.

Sorkin, Michael (ed.). 1992. *Variations on a Theme Park:The New American City and End of Public Space*. New York: Hill & Wang.

'Special Report: Uighur Muslim Separatists.' 2001. Virtual Information Center, 28 September:6. HYPERLINK http://www.vic-info.org/ http://www.vic-info.org

Spivak, Gayatri Chakravorty. 1990. 'Women in Difference: Mahasweta Devi's "Duoloti the Beautiful"' in *Nationalisms and Sexualities*. Edited by Andrew Parker, Mary Russo, Doris Sommer, and Patricia Yaeger. London: Routledge Press. pp. 96-120.

Stafford, Charles. 1992. 'Chinese Nationalism and the Family.' *Man* 27(2): 362-74.

Ståhlberg, Sabira. 1995. 'An Ethnic Melting pot - the Case of the Gansu Corridor.' Paper presented at the Fifth European Seminar on Central Asian Studies, Nordic Institute of Asian Studies, Copenhagen, 21-26 August.

Stalin, J.V. 1953. *Works*, Vol. 11, *1907-1913*. Moscow: Foreign Languages Publishing House.

Stallybrass, Peter, and Allon White. 1986. *The Politics and Poetics of Transgression*. London: Methuen.

Stark, David, and Victor Nee. 1989. 'Toward and Institutional Analysis of State Socialism' in *Remaking the Economic Institutions of Socialism: China and Eastern Europe*. Edited by Victor Nee and David Stark. Stanford University Press. pp. 1-31.

State Commission for Ethnic Affairs (ed.). 1983. *Minzu Lilun yu Minzu Zhengce* (*Nationality Theory and Nationality Policy*). Beijing: State Commission for Ethnic Affairs Education Department.

Statistics Bureau of Xinjiang Uyghur Autonomous Region. 2002. *Xinjiang Tongii Nianshu* (*Xinjiang Statistical Yearbook*). Beijing: China Statistics Press.

Stoler, Laura Ann. 2002. *Carnal Knowledge and Imperial Power: Race and the Intimate in Colonial Rule*. Berkeley: University of California Press.

Strassberg, Richard E. 1994. *Inscribed Landscapes: Travel Writing from Imperial China*. Berkeley: University of California Berkeley Press.

Su Shaokang and Xia Jun (directors). 1989. *He Shang (River Elegy)*. Six-part film. Beijing.

Sun Yat-sen. 1924. *The Three Principles of the People: San Min Chu I*.Translated by Frank W. Price.Taipei: China Publishing Co.

'Surge in Corruption Threatening China's Reforms.' 1994. Agence France Presse English Wire, 30 August.

'Suspect Detained for Bomb Attack on Tibetan Clinic.' 1999. Agence France Presse (Hong Kong), 14 January. FBIS, FTS19990114000015. Svanberg, Ingvar. 1989a. 'The Dolans of Xinjiang' in The Legacy of Islam in China: An International Symposium in Memory of Joseph F. Fletcher. Edited by Dru C. Gladney. Unpublished proceeds of conference, Harvard University, 14-16 April.

——. 1989b. *Kazak Refugees in Turkey: A Study of Cultural Persistence and Social Change*. Stockholm and Uppsala: Almqvist and Wiksell International.

——. 1989c. 'Turkistani Refugees.' *Ethnic Groups in the Republic of Turkey*. Edited by Peter Andrews. Heihefte zum Tubinger Atlas des Vorderen Orients: Reihe B, Bd. 60.Wiesbaden: Reichert Publications. Svanberg, Ingvar, and Linda Benson (eds). 1988. *The Kazakhs of China: Essays on an Ethnic Minority*. Uppsala: Studia Multiethnica Uppsalinensia. Taussig, Michael T. 1993. *Mimesis and Alterity: A Particular History of the Senses*. New York: Routledge Press.

Thierry, François. 1989. 'Empire and Minority in China' in *Minority Peoples in the Age of Nation-States*. Edited by Gérard Chaliand. London: Pluto Press.

Thomas, Nicholas. 1992. *Colonialism's Culture: Anthropology, Travel, and Government*. Princeton University Press. Thompson, Stuart. 1988. 'Death, Food, and Fertility' in *Death Ritual in Late Imperial and Modern China*. Berkeley: University of California Press. Thurston, Anne F. 1987. *Enemies of the People*. New York: Knopf Publishers.

Tian Xueyuan. 1983. *Xin Shiqi Renkou Lun (On the Population in the New Period)*. Harbin: Heilongjiang People's Press.

'Tibet Blames Dalai Lama for Bombing in Lhasa.' 1996. Tibet People's Radio Network (Lhasa), 27 December. FBIS, FTS19970409001370

Ting Shao Kuang. 1990. Hiestand Gallery, Miami University, Oxford, Ohio, 15 September to 12 October. Oxford, OH: Segal Fine Art.

Togan-Aricanli, Isenbike. 1988. 'Islam as a State Power in a Changing Society: The Kwajas of Eastern Turkestan.' Paper presented at the Workshop on Approaches to Islam in Central and Inner Asian Studies, Columbia University, 4-5 March.

Tonkin, Elizabeth, Maryan McDonald, and Malcolm Chapman. 1989. 'Introduction' in *History and Ethnicity*. London: Routledge Press. Toops, Stanley. 1991.'Recent Uygur Leaders in Xinjiang.' Paper presented at the Annual Meetings of the Association of Asian Studies, New Orleans, 11-14 April.

Townsend, James. 1996. 'Chinese Nationalism' in *Chinese Nationalism*. Edited by Jonathon Unger. Armonk, NY: M.E. Sharpe.

Trippner, Joseph. 1961. 'Islamische Gruppe und Graberkult in Nordwest China' (Muslim Groups and Grave-Cults in Northwest China). *Die Welt des Islams* 7:142-71.

Tu Weiming. 1989. 'Embodying the Universe: A Note on Confucian Self-Realization.' *World and I* August:475-85.

——. 1991. 'Cultural China: The Periphery as the Center.' *Daedalus* 120(2):1-21.

Tu Weiming, Milan Hejtmanek, and Allen Wacman (eds). 1993. *The Confucian World Observed: A Contemporary Discussion of Confucian Humanism in East Asia*. Honolulu: East-West Center Press.

Turnley, David, and Peter Turnley. 1989. *Beijing Spring*. NewYork: Steward, Tabori & Chang.

'Twenty-Nine Provinces, Cities, and Autonomous Regions Minority Nationality Population.' 1984. *Minzu Tuanjie (United Nationalities Magazine)* 2:38-9; 3:46-7.

'268 Million without a Job in 2000.' 1994. Agence France Presse, 16 August.

Unger, Jonathan (ed.). 1996. *Chinese Nationalism*. Armonk, NY: M.E. Sharpe.

Vaidyanath, R. 1967. *The Formation of the Soviet Central Asian Republics: A Study in Soviet Nationalities Policy 1917-1936*. New Delhi: People's Publishing House.

Voll, John O. 1985. 'Muslim Minority Alternatives: Implications of Muslim Experience in China and the Soviet Union.' *Journal, Institute for*

Muslim Minority Affairs 8(2):332-53.

Wakeman, Frederic. 1989. 'All the Rage in China.' *New York Review of Books* 2 March:19-21.

Wales, Nym. 1952. *Red Dust: Autobiographies of Chinese Communists as Told to Nym Wales*. Stanford University Press.

Wang Jianping. 1996. *Concord and Conflict:The Hui Communities of Yunnan Society in Historical Perspective*. Lund Studies in African and Asian Religions 11. Stockholm: Almquist and Wiksell International.

Wang Shoujie. 1930. 'Niu jie Huimin Shenghuo Tan' (Discussion of the Lifestyle of the Oxen Street Hui). *Yue Hua* 25 May; 5 July.

——. 1937. 'Beiping shi Huimin Gaikuang' (A Survey of the Hui People of Beiping). *Li Gong* 1 May.

Wang Yiping. 1985. 'Najiahucun de Zongjiao Zhuangkuang' (The Religious Situation in Najiahu Village). *Ningxia Shehui Kexue* 9:7-9.

Wang,Yuejin. 1989.'Mixing Memory and Desire: *Red Sorghum* a Chinese Version of Masculinity and Femininity.' *Public Culture* 2(1):31-53. Warikoo, K.B. 1985. 'Chinese Turkestan during the Nineteenth Century: A Socio-Economic Study.' *Central Asian Survey* 4(3):75-114. Wasserstrom, Jeffrey N. 1989. 'Student Protests in the Chinese Tradition, 1919-1989.' *Perspectives on the Chinese People's Movement: Spring 1989*. Edited by Tony Saich. New York: M.E. Sharpe.

Watson, Burton (trans.). 1968. *The Complete Works of Chuang Tzu*. New York: Columbia University Press.

Weber, Max. 1952. *Ancient Judaism*. Translated and edited by Hans H. Gerth and Don Martindale. Glencoe: Free Press.

——. 1958. *The Protestant Ethic and the Spirit of Capitalism*. Translated by Talcot Parsons. New York: Charles Scribner.

——. 1978. *Economy and Society*.Vol. 1. First published 1956.Translated by Guenther Roth and Claus Wittich. Berkeley: University of California Press.

Weigert, Andrew. 1991. *Mixed Emotions: Certain Steps toward Understanding Ambivalence*. Albany: SUNY Press.

Whiting, Allen S. 1957. '"Contradiction" in the Moscow-Peking Axis.' ASTIA Document No. AD 133049. Santa Monica: Rand Corporation.

Whiting, A.S., and Sheng Shih-tsai. 1958. *Sinkiang: Pawn or Pivot?* Lansing:

Michigan State University Press.

Williams, Brackette. 1989. 'A Class Act: Anthropology and the Race to Nation across Ethnic Terrain.' *Annual Review of Anthropology* 18:401-44.

Wilson, William A. 1976. *Folkore and Nationalism in Modern Finland*. Bloomington: Indiana University Press.

Wimbush, S. Enders. 1985. 'The Politics of Identity Change in Soviet Central Asia.' *Central Asian Survey* 3(3):69-78.

Wingrove, David. 1989. *Chung Kuo,* Book 1, *The Middle Kingdom*. London: New English Library.

Winichakul, Thongchai. 1994. *Siam Mapped: A History of the Geo-Body of a Nation*. Honolulu: University of Hawai'i Press.

Wittfogel, Karl A. 1957. *Oriental Despotism: A Comparative Study of Total Power*. New Haven, CT: Yale University Press.

Wolf, Arthur P. 1978. 'Gods, Ghosts, and Ancestors' in *Studies in Chinese Society*. Edited by Arthur P. Wolf. Stanford University Press.

Woodside, Alexander, and Benjamin A. Elman. 1994. 'Introduction' in *Education and Society in Late Imperial China, 1600-1900*. Edited by Alexander Woodside and Benjamin A. Elman. Berkeley: University of California Press. pp. 1-15.

Worsley, Peter. 1984. *The Three Worlds*. University of Chicago Press.

WuDunn, Sheryl. 1991. 'China Opposes Oscar Nomination of Film it Suppresses at Home.' *New York Times* 25 February:B1, B3.

Yang Hongxun. 1985. ' A Preliminary Discussion on the Building Year of Quanzhou Holy Tomb and the Authenticity of its Legend' in *The Islamic Historic Relics in Quanzhou*. Committee for Protecting Islamic Historical Relics in Quanzhou and Research Center for the Historical Relics of Chinese Culture. Quanzhou: Fujian People's Publishing House.

Yang Huaizhong. 1981. 'Lun Shiba Shiji Zhehlinye Musilin di Qiyi' (On the 18th-Century Jariyya Muslim Uprisings) in *Qingdai ZhongguoYisilan jiao Lunji* (*Essays on Islam in China During the Qing Period*). Ningxia Philosophy and Social Science Institute. Yinchuan: Ningxia People's Publishing Society.

-- (ed.) 1988. 'Lüe Lun Sufeipai Zai Zhongguo Neidi Yisilanjiao Zhong de Fazhan' (A Discussion of the Development of Sufism in Internal China's Islam) in *Zhongguo Yisilanjiao Yanjiu Wenji* (*Compendium of Chinese*

Islamic Research). Chinese National Research Committee. Yinchuan: Ningxia People's Publishing Society.

———. Forthcoming. 'Sufism among the Muslims in Gansu, Ningxia, and Qinghai' in *Minority Nationalities of China: Language and Culture*. Edited by Charles Li and Dru C. Gladney. Amersterdam: Mouton Press.

Yang Kun. 1992. *Minzu Xue Diaocha Fang fa* (*Nationality Studies Research Methodology*). Original dedication 1984. Beijing: CASS.

Yang, Mayfair Mei-Hui. 1989. 'The Gift Economy and State Power in China.' *Comparative Studies in Society and History* 31(1):25-54.

Yang Ping. 1991. 'A Director Who is Trying to Change the Audience: A Chat with Young Director Tian Zhuangzhuang' in *Perspectives on Chinese Cinema*. Edited by Chris Berry. London: BFI Publishing. pp. 127-30.

Yanov, Alexander. 1987. *The Russian Challenge and the Year 2000*. Translated by Iden J. Rosenthal. Oxford: Basil Blackwell.

Yasuo Yuan (ed.). 1987. *The Body*. Albany: State University of New York. Ye Zhengang. 1981. 'Ningxia Yihewanyi Zhuming Jingxuejia Hu Gaoshan' (The Renowned Scriptural Scholar of the Ningxia Ikwan, Hu Gaoshan) in *Qingdai Zhongguo Yisilan jiao Lunji* (*Essays on Islam in China during the Qing Period*). Ningxia Philosophy and Social Science Institute. Yinchuan: Ningxia People's Publishing Society.

Yeo, Kwang-Kyoon. 1996. The Koreans in China: The Most Educated Minority and its Ethnic Education. Unpublished seminar paper, University of Hawai'i at Manoa.

Yin Xiao-huang. 1994. 'China's Gilded Age: Part 2.' *Atlantic Monthly* April.

Yokoyama, Hiroko. 1988. 'Ethnic Identity among the Inhabitants of the Dali Basin in Southwestern China.' Paper presented at the 87th Annual Meeting of the American Anthropological Association, Phoenix, Arizona, 16-20 November.

Yoshino, Kosaku. 1995. *Cultural Nationalism in Contemporary Japan*. 2nd ed. (1st ed. 1992). London: Routledge Press.

Young, Robert J.C. 1995. *Colonial Desire: Hybridity in Theory, Culture, and Race*. London: Routledge Press.

Zhang Chengzhi. 1991. *Xinling Shi* (*A History of the Soul*). Beijing: Huacheng Publishing Society.

Zhang Yuzhi and Jin Debao. 1940. 'Dao Chendaixiang Qu‐Baogao' (Trip to

Chendai Xiang - Report). Unpublished report, Quanzhou, February.

Zheng,Yongnian. 1999. *Discovering Chinese Nationalism in China: Modernization, Identity, and International Relations.* Cambridge University Press. Zhongguo Shaoshu Minzu (ed.). 1981. *Zhongguo Shaoshu Minzu (China's Minority Nationalities).* Beijing: People's Publishing Society. Zhu Yuntao. 1985 'Najiahucun Chanye Jiegou de Diaocha' (Najiahu Village Industrial Production Structure Research). *Ningxia Shehui Kexue* 9:1-6.

Zhuang Jinghui. 1993. 'Chendai Dingshi Huizu Hanhua de Yanjiu' (Research on Han Assimilation of the Ding Lineage in Chendai). *Haijiaoshi yanjiu* 34(2):93-107.

Zipes, Jack. 1979. *Breaking the Magic Spell: Radical Theories of Folk and Fairy Tales.* Austin: University of Texas Press.

찾아보기

ㄱ

가야트리 스피박 91, 127, 480
간부 29, 33, 66, 102, 117, 165, 178, 187-188, 195-196, 199, 202, 207, 251, 259, 309, 371, 387, 392, 398, 423
간쑤성 42, 102, 147, 171, 179, 183-185, 189, 197, 207, 251, 259, 265-266, 269, 290, 315-316, 360, 364-365, 371-373, 383, 390, 467, 484
거라오족 43
걸프전 23, 82, 147, 419, 422, 424, 428-429, 430, 435, 439, 441, 443, 445
게디무 180, 183-184, 198-199, 203, 425-427, 438
경로 의존성 53, 55-56, 77, 79, 81
경전주의 179-180, 187, 427
경찰, 치안 102, 139, 314, 325, 339, 344, 440, 458, 468, 483
계보 44, 46, 53, 163, 167, 175-176, 193-194, 204-206, 233, 254, 273-275, 459
공산당 29, 32-34, 42, 45, 49, 131-132, 178, 227-228, 239, 253, 278, 297, 324, 384, 387, 401, 405-406, 427-429, 461, 476, 481, 483
공산주의 32, 35, 38, 66, 74, 82, 169, 188, 228, 269, 308, 318, 329, 331, 343, 382, 399, 401-403, 410-411, 482-484
관계적 타자성 79, 249, 261, 265, 274-275
광저우 157, 174, 176, 178, 304, 424, 440
국가민족사무위원회 64, 70, 92, 165, 175-176, 211, 352, 362, 384, 388
권력 18, 32, 42, 48-49, 51, 79-80, 85, 104, 113, 117, 135, 169, 190, 193, 205, 218, 223, 230, 239-241, 245, 248, 257-258, 264-265, 268, 276, 279, 289, 300, 333, 354, 380, 389, 413, 450, 465, 475, 478-479
근대성 22, 56, 76, 86, 92, 99, 105, 120-121, 247
근대화 37, 88, 131, 137, 275, 358, 360
근본주의 184, 187, 214, 322, 484
급진주의 188, 239
기독교 149, 167, 170, 217, 266, 285, 291, 299, 346, 368, 396
기업가 정신 139, 232-233, 379, 381, 383-385, 396-399, 412

ㄴ

나시족 63, 97, 131, 312
내륙아시아 246, 258, 275-276, 284, 310, 325
내전 33, 331, 344, 427, 483
니우지에, 베이징 158-159, 233, 361-362, 365-366, 418-419, 422, 435

닝샤 후이족 자치구 42, 177, 184, 198, 213, 234, 387, 456

ㄷ

다이족 226
대만 45, 48, 60, 70, 88, 102-104, 129, 131, 145, 148, 165, 167, 169, 205, 235, 238, 251, 354, 392, 402, 417, 451, 477, 479-480, 484-485
대장정 32, 227-228, 401
덩샤오핑 49, 51, 309, 379, 399, 401, 404-406, 408, 411-413, 421, 461, 465, 475-476, 483
도교 149, 183, 192-193, 217, 476, 484
도덕성 121, 357, 411, 461, 464, 469
도시화 136-137, 302, 437
동남아시아 48, 60, 103, 147, 149, 167, 169, 180, 200, 219, 232, 304, 359, 392, 402, 413
동튀르키스탄 이슬람 운동(ETIM) 324, 327, 336-340, 342-343
동화 23, 35, 39, 43, 45, 95, 122, 148, 150, 166-167, 228, 233, 290, 308-309, 353, 355, 378, 393, 400, 412, 428
둥간 158, 251, 258, 260, 264, 268, 275, 297, 299-300
둥샹족 363-364, 369, 371-372
디아스포라 22, 45, 81, 144, 146, 148, 155, 160-161, 168-170, 248-249, 257, 259, 277, 279, 312-313, 323-324, 334, 336, 345, 347, 402

ㄹ

라싸, 티베트 77, 218, 340
루홀라 호메이니 375, 444
리펑 313, 434, 438, 458, 471-472, 475-476, 482
린샤 후이족 자치주 184, 189, 225, 371-373, 383

ㅁ

마드라사 208, 302, 371, 422-423, 433
마르크스주의 31, 62, 65-66, 94-95, 216-217, 224-225, 228, 278, 300, 346, 471
마오주의 91, 262, 406
마오쩌둥 23, 32, 89, 108, 150, 185, 228, 406, 409-412, 451, 460, 466, 471, 474-475
마퉁 384
말도둑 22, 75, 113, 126-142
메카 22, 40, 189, 193, 196, 200, 206, 306, 314, 318-319, 321, 345, 359, 373-375, 398, 421
모스크 40, 46, 120, 156-159, 164, 172, 175-176, 180, 183-184, 187, 189, 196, 201, 207-208, 214-218, 231, 234, 260, 329, 357-358, 360-361, 366, 368, 370-371, 373-374, 376, 385, 387-388, 392, 395, 397-398, 412, 418, 422-423, 429, 435-437, 441-443
몽족 27, 63, 69
묘족 43, 131-132, 312
문명화 20, 66-67, 72, 116, 122, 131, 133, 136-137, 257, 352, 355

문화대혁명 46, 100, 104, 127-128, 132, 140-142, 188, 204, 219, 241, 308-309, 344, 347, 361, 401, 409, 423, 427, 437, 456, 459-460, 471, 475, 483
미셸 푸코 20, 104, 236, 240, 464, 468
미하일 바흐친 222, 242, 467
민족 정체성 27-29, 32, 35, 48, 56, 62, 68, 84-85, 94, 113, 172, 174, 206, 212, 218-220, 222, 225, 231-233, 237, 239-240, 242, 245, 257, 270, 276-279, 286-288, 299, 308, 310-311, 313, 316, 352, 380, 382, 395, 400, 478
민족 형성 222-223, 241-242, 265, 284, 286, 288, 310, 312
민족국가 22, 26-27, 36, 54-56, 66, 79-81, 85, 88, 90, 117, 125, 127, 135, 144, 148, 169, 218-224, 227, 229, 232, 239, 243, 245, 247-249, 251, 257, 264-265, 268, 275-277, 279, 286-288, 295-296, 298, 300, 303, 306-308, 310-312, 475
민족성 22, 26, 28-31, 36, 57, 63, 65, 78, 85-86, 124, 218-220, 225, 231, 233, 237, 241, 245, 249, 257, 286, 290, 477
민족주의 21, 26-27, 29, 34-38, 40, 48, 51, 56-57, 62, 64, 81, 84-86, 94, 96, 140, 145, 150-151, 169, 187, 220-221, 225, 227, 229-230, 237-238, 244-250, 257, 260, 277-278, 284, 308-309, 316, 341, 343, 354, 360, 368, 427, 431, 445, 454, 456-457, 468-469, 477, 479-481, 483-486
민족지 54, 63, 79-80, 110, 126, 133, 136, 172, 214, 238, 275, 450
민주주의 91, 326, 434-435, 453-454, 456, 464, 470-473
민주주의의 여신 462, 471

ㅂ

바오안족 225-226, 364, 369, 371, 424
바이쇼우이 174, 224-225, 366
바이족 97, 132, 217-218, 242
버마 31, 41, 100, 299, 327, 426
베네딕트 앤더슨 37, 55, 84, 245-246, 311
베이징 21, 23, 27-29, 37-39, 41, 43, 50-51, 54, 57, 60, 64-65, 67, 70-72, 76-77, 88, 95, 98, 100, 102-105, 107, 113-114, 117, 119, 127, 129, 132, 137, 141, 157-159, 169, 207, 213, 215, 232, 234, 259, 264, 303-305, 313-314, 316, 318-319, 322, 337-338, 344-345, 355, 357, 359-363, 365-367, 374-375, 377, 398-399, 405-406, 408-409, 417, 419-420, 422-424, 428, 432-434, 437-438, 442-443, 445, 447-449, 456-460, 464, 467, 469-472
변증법 151, 178, 180, 186-187, 220, 223, 262-263, 287, 310
봉건주의 104, 308, 382, 401-402
분리주의 27, 32, 39, 150, 253, 279,

305, 324-325, 327, 336-338, 340, 343-345, 421, 444, 481-485
분파 46, 89, 119-120, 139, 149, 163, 183, 217, 226, 234, 260, 266-267, 285-287, 290-293, 298, 346, 368, 451, 476, 484

ㅅ

사담 후세인 417, 429-433, 435-436, 438-440
사우디아라비아 40, 194, 317, 322, 328, 334-335, 417, 436
사이버 분리주의 23, 312-313, 336
사인방 309, 456
살만 루슈디 93, 103, 241, 312-316, 420, 467-468
상품화 22, 56, 78, 87, 91, 93, 117
새뮤얼 헌팅턴 22, 85, 144-148, 155, 168-169
서발턴 18-24, 93, 126, 347-348, 416, 419, 428, 445, 477, 480-481, 486
세계 종교 180, 225, 368
세계화 22
섹슈얼리티 85, 104, 106-107, 122, 137, 356, 467-469
소비에트 연방, 소련 10, 30, 32, 35, 44, 51, 56, 65, 91, 169, 219, 225-226, 228-229, 236, 239, 245-248, 253, 256, 259, 269-272, 274, 277, 284, 287, 297-298, 300-301, 305, 307, 311, 316, 319, 331, 333, 380, 382, 417, 424, 458, 462, 479
소수민족 정책 44, 240

수피, 수피 교단 147, 173, 179-199, 203, 205-207, 213-215, 234, 268, 294, 296, 345, 358, 360, 381, 425-427, 484
순례 40, 178, 189, 193, 200, 232, 234, 289, 304, 306, 314, 318-320, 322, 345, 359-360, 398, 421, 423, 426, 432, 435, 442, 476
순수성 150-151, 221, 227, 427
식민주의 20-21, 93, 144, 246, 248, 261, 429, 477-480
신장 위구르 자치구 226, 253, 282-283, 326, 330, 420
실크로드 45, 118, 120, 147, 266, 326, 377, 382, 395-396, 425-426, 482
쑤베이족 21, 65
쑨얏센 34, 36-38, 190, 238, 278-279, 359

ㅇ

아랍 26, 89, 146-147, 149, 153, 155, 157, 175, 180, 184, 191, 200-201, 208, 214, 216, 218, 224, 251, 273, 292, 302, 319, 321-322, 353, 366, 373, 385, 391, 397, 422, 427, 432-435, 437, 442, 444-445, 458, 467
아르준 아파두라이 22, 87, 196, 230, 244, 247, 253, 447, 450
아프가니스탄 250, 254, 319, 337, 344, 420, 429
아훙 193, 196-201, 203, 205, 373-374, 387-388
악마의 시 241, 420, 468
알마티, 카자흐스탄 249, 259, 270-271,

276, 304-305, 332
알아자르 대학 317, 320-322, 359, 433
에드거 스노우 32, 227-228
에로틱한 73, 86, 93, 102-104, 108, 110, 117-119, 131, 135, 313, 346-347, 356
에릭 홉스봄 26, 55-56, 124, 229, 247, 249, 256, 260, 285
엘레지 강 19, 117, 446-447, 450-451, 453-457, 459, 461, 465-466, 469, 471-474, 476
예언자 무함마드 157, 175, 191, 193, 376, 432
오리엔탈리즘 20, 86, 93, 117, 120, 250, 472
오아시스 39, 120, 224, 226, 231, 253, 267-268, 273, 277, 282, 284, 286, 288, 291-299, 303, 311, 313, 426
우얼카이시 314, 409, 434, 460, 467, 472
우월주의 353, 380, 481
원시적, 원시주의 35, 76, 78, 81, 84, 91, 96, 99, 116, 121, 131, 134, 136, 250
위구르족 23, 29, 37, 39-40, 69, 81, 118, 120, 132, 224, 226, 231, 235, 242, 248-249, 251-254, 256-257, 265-268, 273-277, 279, 283-307, 309-318, 320-337, 340-347, 357-358, 364-365, 369, 373, 382, 412, 417, 420, 424-425, 433, 440-442, 444, 482
위구리스탄 254, 267, 291-292, 295, 327-328, 332, 337, 341, 344
윈난 31, 41, 45, 96-97, 100, 107-109, 111, 117, 131, 166, 178, 183, 185, 213, 217-218, 234, 241, 259, 304, 315, 360, 373-374, 426, 481
윈난학파 106-107, 109, 111-112, 124, 356-357
유교 19, 63, 85, 116, 121, 145-147, 149, 169, 183, 238, 357, 399, 401-403, 411, 413-414, 462-464, 484
유동 인구 407, 483
유엔 51, 239, 320, 324, 336, 416-417, 429, 431-432, 435
이국화 22, 75-76, 81, 88, 93, 96, 99-100, 108, 117, 121, 125, 132-134, 136, 142, 346
이맘 159, 175, 177, 190-191, 214, 217, 234, 360, 366, 368, 387, 397-398, 418, 423, 435-437, 441, 443, 484
이주 44, 122, 155, 159, 194, 223, 251-252, 254, 256, 266-267, 273-274, 282, 284, 287-288, 290, 294-295, 300-301, 304, 334-335, 339, 392, 407-408, 420, 426, 443
이헤아니 179, 184, 187, 198-199, 203, 360, 425, 427
인구조사 29-30, 42, 46, 53, 78, 80, 88, 177, 211, 258, 276, 283, 297, 300-301, 312, 323, 326, 363, 365, 380-381, 388-389, 416, 420, 424-426, 437

인민해방군 133, 333, 344, 472
인종 19-20, 22, 27, 50, 64, 80, 85, 100, 149, 151, 154, 169, 171, 238, 244-245, 260, 279, 292, 453, 478

ㅈ

자본주의 74, 124, 144, 233, 346-347, 379, 382, 384, 399, 401-404, 409, 411-412, 465, 478, 483-484
자유아시아방송(RFA) 327-328, 338, 340
장 코마로프 223, 462
장이머우 86, 105, 113, 122-123, 128-129
장제스 32, 49, 227, 238
재현, 표상 53, 56, 58, 62, 68, 70-73, 75, 77-81, 84, 86-88, 90-93, 95, 97, 100, 107-108, 110-111, 114, 117-121, 134-136, 142, 158, 227, 248, 256, 261, 263, 275-277, 312, 351, 355-357, 375-376, 425, 450, 460, 469
저우언라이 49, 319, 475
저항 23, 33, 41, 53, 56, 85, 121, 123-124, 133, 162, 241, 247-248, 254, 258, 263, 267, 292, 294, 299, 308, 338, 345, 401, 428, 457-458, 462, 469
전체주의 104, 108, 124, 218, 236, 346
제국 33, 36-38, 53, 56, 63, 65, 67, 69-70, 86, 89, 91, 169-170, 220, 224, 246, 248, 250-251, 266, 278-279, 287-290, 293, 296, 308, 333, 354, 358, 427, 430, 435-436, 452, 474, 479
젠더 19, 80, 84-85, 121, 124, 368, 370, 477
조셉 스탈린 30, 90-91, 100, 211-212, 217, 227, 229, 238, 240, 242, 271-272, 275, 380, 382-384, 400, 412, 431, 479
조셉 플레처 181-182, 270, 294, 320, 359, 425
존 코마로프 57, 249
주변화 28, 87
중국무슬림협회 359
중국화 35, 87, 180, 275, 308, 355
중동 40, 44, 51, 118, 147, 178, 189, 224, 232, 241, 245, 313, 315, 317-320, 322, 335, 343, 353, 358-360, 368, 413, 416-419, 421-424, 428, 431-434, 438, 441, 443-445
중앙아시아 40-41, 44, 119-120, 149, 155, 168-169, 180, 184, 214, 219, 224-226, 245-248, 250-251, 253, 255-256, 258-260, 270, 274-275, 277-278, 283-285, 287, 289, 292, 297, 299-302, 305-306, 315-318, 323, 325-326, 330, 332-333, 335, 339, 351, 385, 420-421, 425-426, 482
지역주의 267, 294
집체화 188, 228, 259, 272, 381-382, 392

ㅊ

창잉 후이족 자치촌 367

천다이, 푸젠성 159, 166, 378, 392-394, 396
천안문 항쟁/사태 23, 50, 85, 104, 106, 313-314, 319, 331, 416, 434, 438, 446, 453, 456, 458, 460, 462
체첸 247-248, 336, 345
초국가적, 초국적 22, 81, 101, 131, 146, 196, 206, 235, 244, 247, 253, 270, 272, 275, 277, 279, 312, 316, 347, 421
출산 계획 정책 199, 394
취안저우 28, 174-176, 178, 181, 194, 216-217, 219, 233-235, 377-378, 381-382, 392, 395-397, 407, 413, 426, 428

ㅋ

카자흐스탄 40, 249, 254, 256, 271-272, 275, 306-307, 316-317, 321, 324, 330, 332, 419
카자흐족 37, 39, 69, 132, 226, 231, 235, 248-249, 254, 256-257, 269-276, 279, 305, 314, 327, 344, 364-365, 369, 382, 421
코란 164, 189, 198, 201, 203, 205, 208, 214, 234, 260, 368, 370-371, 373-374, 388, 430, 432-433, 436
코뮌 188, 367, 372, 389, 391-392
키르기스스탄 40, 266, 268, 290, 317, 327, 332, 339, 344, 419
키르기즈족 226, 274-275, 290, 314, 327, 364-365, 368, 382, 421

ㅌ

타림 분지 226, 231, 265, 267, 282, 284-286, 291, 293-295, 297, 313
테러 253, 312, 323-324, 327, 337-340, 342, 345, 416, 421, 424, 441, 477, 482
테마공원 53-54, 56-57, 61-62, 64-65, 71-73, 75-78, 80-81
토지 개혁 188, 228-229, 390, 401
투자족 43
튀르키스탄 39, 169-170, 252-254, 256, 265, 277, 282-283, 296, 298, 320, 323-333, 335, 337-343, 421
튀르키예 215, 224, 228, 246, 248-249, 252-256, 260, 263-264, 269-273, 275, 277-278, 282, 284, 289, 291, 305, 310, 317-318, 322, 324, 328, 330, 332, 334-335, 341-342, 347, 365, 421, 440
티베트 22, 27, 29, 32, 34, 37, 39, 41-42, 44, 54, 62, 68, 70, 76-77, 88-89, 91, 97, 112, 126, 128, 132-134, 136-142, 213, 218-219, 225-228, 235, 239, 242, 247, 266, 269, 278, 292, 327, 329, 339-340, 346, 354, 383, 401, 421, 451, 479-485,

ㅍ

파룬궁 336, 347
파르타 채터지 21
파키스탄 40, 183, 190, 237, 251-252, 254, 305-307, 317-319, 344, 373-374, 416, 420, 435

판옵티콘 236, 401
페이샤오퉁 30, 95, 211, 233, 383, 399-400
프라센짓 두아라 53, 57, 249, 485

ㅎ

하지, 메카 순례 314, 318, 320, 345, 359, 374, 421
하카족 21, 48-50, 69-70, 237, 255, 277, 279
한족 19, 26, 28, 30-31, 34-38, 42-51, 62-73, 75-78, 81, 84-90, 92-96, 98-108, 111-124, 126, 131, 134-136, 156-157, 160-166, 168-171, 173, 186, 195, 204-205, 207-208, 211, 213-216, 224-225, 231, 236-240, 243, 255-256, 259-260, 263, 265, 268, 278, 283-284, 290, 294-295, 297, 299-304, 306-308, 312-315, 317, 326-327, 333, 344, 346-347, 351-353, 355-358, 362-369, 372, 375, 378-380, 382, 385, 387, 389-391, 393-396, 398-403, 408, 411-413, 420, 425, 430, 434, 437, 439-440, 451, 481, 483
한족 민족주의 35, 64, 94, 237-238
할랄 163, 207, 215-216, 365
항의, 시위 23, 40, 51, 53, 75, 103, 106, 114, 118, 137, 164, 241, 276, 299, 303, 312, 314-316, 323, 329-330, 336, 339, 345, 356, 409, 418-420, 456, 438, 443-444, 458, 460-462, 465-467, 470, 481
홍위병 82, 140, 204
후야오방 49, 390, 461, 465
후이족 22, 31, 32, 37, 42, 43-46, 63, 69, 82, 89, 94, 102, 138-140, 144-145, 147-149, 151-152, 154-160, 162-186, 188-191, 193-196, 198-208, 212-219, 223-235, 237-242, 248-249, 251, 256-260, 264-265, 268, 273-276, 278-279, 297-301, 304, 312, 314-317, 319, 321-322, 344, 352-353, 358-375, 378-387, 389-399, 401, 407-408, 412-413, 420, 422, 424-426, 431-433, 435-440, 442-444, 456, 481

지은이 드루 C. 글래드니(Dru C. Gladney)

글래드니 교수는 마노아 하와이대학에 이어 캘리포니아의 포모나대학에 재직하면서 <태평양 유역 연구소> 소장을 역임했다. 시애틀 워싱턴대학교에서 사회인류학 박사학위를 받았으며, 중국의 위구르족 및 무슬림 소수민족에 대한 전문가로 중국, 중앙아시아, 튀르키예에 이르는 광범위한 현지조사를 수행하여 100편이 넘는 학술 문헌을 발표했다. 주요 저서로는 『Muslim Chinese: Ethnic Nationalism in the People's Republic』(1991), 『Ethnic Identity in China: The Making of Muslim Minority Nationality』(1998), 『Making Majorities: Constituting the Nation in Japan, Korea, China, Malaysia, Fiji, Turkey, and the United States』(ed. 1998) 등이 있다. 오랜 기간 실크로드를 따라 국가의 경계를 오가며 사람과 정치, 문화를 연구하고 소수민족과 서발턴의 목소리를 대변하던 그는 2022년 65세의 나이로 갑자기 세상을 떠났다.

옮긴이 문우종

중국의 제약산업과 공립병원을 배경으로 약품의 사회적 구성에 관한 의료인류학 및 기업인류학적 연구를 수행하여 멜버른대학에서 인류학 박사학위를 받았다. 이후 서울대 아시아연구소에서 선임연구원으로 재직하였고, 한양대에서 조교수로 재직 중이다. 중국의 통치성과 제약산업에 관한 논문, 최근에는 의료와 과학기술에 대한 관심을 확장하여 인공지능과 간호, 병원정보시스템에 관한 논문을 발표했다. 역서로는 『의료인류학: 불평등한 아픔을 넘어 더 나은 세상으로』(2022, 공역), 『우울증은 어떻게 병이 되었나?: 일본에서 우울증의 탄생』(2023, 공역)이 있다. 의료정보시스템에 관한 질적연구, 다양한 조직문화에 대한 기업인류학적 연구, 중국의 기술산업과 통치성에 관심을 두고 연구를 수행하고 있다.

탈구된 중국
무슬림, 소수민족, 서발턴 주체들에 관한 성찰

초판 1쇄 발행 2025년 6월 30일

지은이 드루 글래드니
옮긴이 문우종
펴낸이 강수걸
편집 이혜정 강나래 이선화 이소영 오해은 한수예 유정의
디자인 권문경 조은비
펴낸곳 산지니
등록 2005년 2월 7일 제333-3370002510020050000001호
주소 부산시 해운대구 수영강변대로 140 BCC 626호
전화 051-504-7070 | 팩스 051-507-7543
홈페이지 www.sanzinibook.com
전자우편 sanzini@sanzinibook.com
블로그 http://sanzinibook.tistory.com

ISBN 979-11-6861-464-2 93300

* 책값은 뒤표지에 있습니다.
* 잘못 만들어진 책은 구입처에서 교환해드립니다.
* 이 저서는 2022년 대한민국 교육부와 한국연구재단의 지원을 받아 수행된 연구임
  (NRF-2022S1A5C2A02091373)